Entscheidungen

des

Reichsgerichts.

Herausgegeben

von

**den Mitgliedern des Gerichtshofes
und der Reichsanwaltschaft.**

Entscheidungen in Zivilsachen.

157. Band.

Berlin 1938

Walter de Gruyter & Co.

vormals G. J. Göschen'sche Verlagshandlung – J. Guttentag, Verlags-
buchhandlung – Georg Reimer – Karl J. Trübner – Veit & Comp.

Entscheidungen

des

Reichsgerichts

in

Zivilsachen.

---

157. Band.

Berlin 1938

Walter de Gruyter & Co.

vormals G. J. Göschen'sche Verlagshandlung – J. Guttentag, Verlags-buchhandlung – Georg Reimer – Karl J. Trübner – Veit & Comp.

Archiv-Nr. 28 03 38

Printed in Germany

Druck von Metzger & Wittig in Leipzig

Inhalt.

I. Bürgerliches Recht.

1. Allgemeines.

2. Schuldverhältnisse.

a) Allgemeines.

b) Einzelne Schuldverhältnisse.

α) Verträge und vertragsähnliche Verhältnisse.

3. Sachenrecht.

a) Besitz.

b) Bewegliche Sachen.

c) Grundstücke.

4. Familienrecht.

a) Ehe.

c) Handelsgeschäfte.

d) See- und Binnenschiffahrtsrecht.

e) Wechsel- und Scheckrecht.

7. Landesrechtliche Verhältnisse.

II. Gerichtliches Verfahren.

1. Rechtsweg.

2. Streitiges Verfahren.

a) In erster Instanz.

b) In zweiter und dritter Instanz.

3. Zwangsvollstreckung. Konkurs.

4. Schiedsrichterliches Verfahren.

5. Freiwillige Gerichtsbarkeit.

III. Öffentliches Recht.

1. Wann verstößt ein im Richtigkeitsstreit abgeschlossener Vergleich gegen die guten Sitten wegen Erschleichung der Patentruhe?

I. Zivilsenat. Urt. v. 8. Dezember 1937 i. S. B. (Kl.) w. A. W. GmbH. (Bekl.). I 72/37.

I. Landgericht Berlin.
II. Kammergericht daselbst.

Der Kläger ist Inhaber des mit Wirkung vom 15. Juni 1927 erteilten DRP. 473490 und des als Zusatzpatent mit Wirkung vom 24. August 1927 erteilten DRP. 474151.

Die Ansprüche des DRP. 473490 lauten:

1. Untersatz für Kaffee-, Tee- und ähnliche Kannen, dadurch gekennzeichnet, daß er mit zwei elastischen oder teilweise elastischen Haltezügen versehen ist, mit denen er an Vorsprüngen der Kanne zu befestigen ist.
2. Untersatz nach Anspruch 1, dadurch gekennzeichnet, daß das eine Ende jedes Haltezuges dauernd am Untersatz befestigt und das andere Ende mit einem Haken versehen ist, der um die Tülle, den Handgriff oder den Rand der Einfüllöffnung der Kanne greift.
3. Untersatz nach Anspruch 1, dadurch gekennzeichnet, daß die Haltezüge als Schlaufen ausgebildet sind, die über die Mitte bzw. den Handgriff der Kanne fassen.

Die Ansprüche des Zusatzpatents 474151 lauten:

1. Untersatz für Kaffee-, Tee- und ähnliche Kannen nach DRP. 473490, dadurch gekennzeichnet, daß die beiden elastischen oder unelastischen Haltezüge durch ein Zwischenglied verbunden sind, das sich auf den Kannendeckel auflegt.
2. Untersatz nach Anspruch 1, dadurch gekennzeichnet, daß die Haltezüge in der Länge verstellbar sind.

Die verklagte Gesellschaft mbH. befaßt sich mit der Herstellung und dem Vertriebe von Untersätzen für Kaffee-, Tee- und ähnliche Kannen, die mit einer Vorrichtung zum Festhalten des Untersatzes an der Kanne und des Deckels auf der Kanne versehen sind. Diese Vorrichtungen bestehen aus zwei für sich durchgehenden, nebeneinander laufenden, an zwei veränderlichen Stellen beiderseits der Mitte zu einer Schlaufe verbundenen, mit ihren beiden Enden am Untersatz befestigten Haltezügen aus umsponnenem Gummi. Die Haltezüge werden über den Deckel der Kanne gelegt, die Schlaufe umfaßt den Deckelknopf, so daß Deckel und Untersatz mit der Kanne elastisch fest verbunden sind.

Der Kläger erblickt hierin eine Verletzung seiner Patente und hat deshalb gegen die verklagte Gesellschaft und einen mit dem Vertrieb ähnlicher Kannenuntersätze befaßten Berliner Großhändler Klage auf Unterlassung, Rechnungslegung und Feststellung der Schadensersatzpflicht erhoben. Die Beklagten haben die Patentverletzung bestritten und dabei den Antrag auf Klagabweisung folgendermaßen begründet: Schon nach dem Stande der Technik, insbesondere nach DRP. 257161 und der österreichischen Patentschrift 45251 (ausgegeben am 10. Dezember 1910) seien die Erfindungsgedanken der Klagepatente völlig vorweggenommen. Sie seien aber auch von dem Fabrikanten L. in N. durch Herstellung und Vertrieb solcher Kannenuntersätze in den Jahren 1924 und 1925 in vollem Umfang offenkundig vorbenutzt. Danach müsse der Schutz der Patente auf den Wortlaut der Ansprüche, auf die darin beschriebene Ausführungsform der Erfindungen beschränkt werden. Dann fielen die angegriffenen Kannenuntersätze nicht unter den Schutz der Klagepatente. Der Kläger könne sich aber auch nicht einmal auf einen noch so beschränkten Schutz der beiden Patente berufen, da er deren formellen Fortbestand in der Zeit vor Ablauf der Ausschlußfrist wider besseres Wissen, insbesondere in voller Kenntnis der offenkundigen Vorbenutzung durch den Fabrikanten L. erschlichen und damit gegen die guten Sitten verstoßen habe. Gegen den Kläger habe nämlich L. die Nichtigkeitsklage erhoben und im ersten Rechtsgang beim Reichspatentamt obsiegende Urteile auf Vernichtung beider Patente erstritten. In der Berufungsinstanz habe sich aber der Kläger dann mit L. verglichen und diesem gegen Abtretung des Vorbenutzungsrechts 12500 RM. gezahlt. Dabei habe der Kläger in vollem Bewußtsein der die Nichtigkeit seiner Patente begründenden Tatsachen gehandelt, nämlich des schon vom Reichspatentamt anerkannten Mangels an Neuheit und Erfindungshöhe seiner Patente wie auch in Erkenntnis der Unwiderleglichkeit der von L. geltend gemachten offenkundigen Vorbenutzung, die das Reichspatentamt nicht geprüft hatte. Diese Behauptungen hat der Kläger bestritten.

Das Landgericht hat nach dem Klagantrag erkannt. Das Kammergericht hat, nachdem es über die offenkundige Vorbenutzung durch Vernehmung von Zeugen Beweis erhoben hatte, die Klage abgewiesen. Die Revision, die sich nur gegen die verklagte Gesellschaft richtet, hatte Erfolg.

Aus den Gründen:

Das Kammergericht hat die auf Patentverletzung gestützte Klage abgewiesen, weil der Kläger den Fortbestand seiner die Klagegrundlage bildenden Patente durch einen die Zurücknahme der schwebenden Nichtigkeitsklagen betreffenden Vergleich im vollen Bewußtsein der Nichtigkeit der Patente infolge mangelnder Neuheit, insbesondere offenkundiger Vorbenutzung, und deshalb in sittenwidriger Weise herbeigeführt habe. Das Kammergericht nimmt Bezug auf die Rechtsprechung des Reichsgerichts über Patenterschleichung und Erschleichung der Patentruhe (vgl. RGZ. Bd. 140 S. 184) und folgert daraus, daß man auch dann von einem sittenwidrigen Verhalten des Patentinhabers reden könne und müsse, wenn dieser mit einem Nichtigkeitskläger die Zurücknahme der Nichtigkeitsklage vereinbare, obwohl beide Beteiligte damit rechnen, daß die Klage wegen der behaupteten Tatsachen — mangelnder Neuheit — Erfolg haben werde. Dabei hat das Kammergericht im Anschluß an die Ausführungen in RGZ. Bd. 140 S. 184flg. [190] als wesentlich die Kenntnis der Beteiligten von den die Sittenwidrigkeit begründenden Umständen bezeichnet. Die Revision rügt demgegenüber, daß das Kammergericht zu Unrecht nur auf den objektiven Tatbestand und nicht auch subjektiv darauf abgestellt habe, ob die Beteiligten davon überzeugt gewesen seien, daß die Klagen voraussichtlich auch endgültig zur Vernichtung der Patente führen würden. Diese Rüge ist unbegründet, weil die Revision die Ausführungen des Kammergerichts offenbar mißversteht. Das Kammergericht betont, es komme auf die in Kenntnis aller Tatumstände getroffene

Vereinbarung an, daß eine offensichtlich Erfolg versprechende Nichtigkeitsklage zurückgenommen werde. Danach erblickt das Kammergericht für den vorliegenden Fall die Sittenwidrigkeit des Verhaltens der Beteiligten im Nichtigkeitsstreit darin, daß sie den Fortbestand des Patents durch vergleichsweise bewilligte Zurücknahme der Nichtigkeitsklage vereinbaren, obwohl sie von dem bevorstehenden endgültigen Erfolg dieser Klage überzeugt sind, aber dem Patentinhaber — mit oder ohne Beteiligung des Nichtigkeitsklägers — die Früchte des formellen Bestandes des angefochtenen, von anderer Seite aber nicht mehr anfechtbaren Patents sichern wollen. Gegen diese Rechtsauffassung sind Bedenken dann nicht geltend zu machen, wenn festgestellt werden kann, daß die Überzeugung der beiden Beteiligten vom endgültigen Erfolg der Nichtigkeitsklage auf der übereinstimmenden Annahme beruht, das Patent sei tatsächlich zu Unrecht erteilt worden, und daß diese Ansicht auch objektiv richtig ist. Dann verstößt allerdings ein Vergleich, der durch Vereinbarung der Zurücknahme der Nichtigkeitsklage den Bestand des Patents gegen Vernichtung wegen mangelnder Patentfähigkeit nach §§ 1 und 2 PatG. sicherstellt, trotz Verwendung an sich einwandfreier Mittel gegen die guten Sitten. Wenn aber die Überzeugung des Patentinhabers von dem voraussichtlichen Erfolg der Nichtigkeitsklage nur darauf beruht, daß er glaubt, die Gründe und die Beweisführung des Nichtigkeitsklägers nicht widerlegen zu können, obwohl er fest an die Rechtsbeständigkeit seines Patents glaubt, — ein Fall, der z. B. vorkommen kann bei einem Zeugenbeweis für offenkundige Vorbenutzung, dessen Widerlegung der Patentinhaber trotz abweichender eigener Überzeugung für wenig aussichtsreich halten muß, — ist mit der vom Kammergericht aufgestellten Regel nicht auszukommen. Denn in solchen Fällen kann ein sittenwidriges Verhalten des Patentinhabers, der im Bewußtsein seines guten Rechts durch einen Vergleich aus der ungünstigen Lage noch möglichst viel zu retten sucht, nicht angenommen werden; dann kann auch der Vergleich, der das Bestehen des Patents sichert, nicht als sittenwidrig behandelt werden. Diesen rechtlichen Gesichtspunkt, der hier besonders im Hinblick auf behauptete offenkundige Vorbenutzung durch L. und die Stellungnahme des Klägers dazu von Bedeutung sein kann, hat das Kammergericht überhaupt nicht in den Kreis seiner Erwägungen gezogen.

Die Frage könnte auf sich beruhen bleiben und ihre Außerachtlassung würde den Bestand des angefochtenen Urteils nicht berühren, wenn die Nichtigkeit des Vergleichs in den Nichtigkeitsprozessen auf andere Weise rechtlich einwandfrei festgestellt worden wäre. Das wäre der Fall, wenn auf Grund der in diesen Prozessen geltend gemachten Vorwegnahmen beide Parteien an den Erfolg der Nichtigkeitsklagen geglaubt hätten und diese Auffassung objektiv zutreffend gewesen wäre. Aber auch in dieser Richtung hat das Kammergericht nicht ausreichend die Grundsätze beachtet, die das Reichsgericht für die rechtliche Beurteilung der hier in Betracht kommenden Verträge entwickelt hat. Wie in dem Urteil vom 28. Mai 1936 I 224/35 (GRUR. 37, 380 = MuW. 36, 413) dargelegt ist, kann von einer Sittenwidrigkeit des Vertrages, durch den die Zurücknahme einer erfolgversprechenden Nichtigkeitsklage vereinbart wird, nicht schon dann die Rede sein, wenn beide Parteien an den Erfolg der Klage glauben; es muß vielmehr noch hinzukommen, daß die Klage auch objektiv wirklich gerechtfertigt war. Ist letzteres nicht der Fall, beruht also die Annahme der Vergleichspartner auf einem Irrtum, so handeln sie bei dem Vertragsschluß objektiv durchaus berechtigt; der erstrebte Rechtszustand steht mit der Rechtsordnung in Einklang. Einem solchen Vertrage kann lediglich wegen des nicht zu billigenden, aber irrtümlichen Beweggrundes die Rechtswirksamkeit nicht versagt werden; das überwiegende Interesse der Verkehrssicherheit muß hier den Vorrang vor der Berücksichtigung des unschädlich gebliebenen bösen Willens beanspruchen (vgl. RGZ. Bd. 138 S. 376).

Es erscheint zweifelhaft, ob das Kammergericht diese Gesichtspunkte bei Prüfung des Sachverhalts ausreichend beachtet hat, ob es sich überhaupt darüber klar war, daß in dieser Weise zwischen dem objektiven und dem subjektiven Tatbestand unterschieden werden muß und daß jedenfalls weder aus der bösen Absicht der Vergleichsparteien ohne weiteres auf die objektiven Aussichten der Nichtigkeitsklage, noch umgekehrt aus diesem objektiven Tatbestand auf die Überzeugung der Parteien geschlossen werden kann, solange beachtliche Gründe dafür geltend gemacht werden, daß wenigstens der Patentinhaber die Überzeugung des Nichtigkeitsklägers nicht teilte . . .

2. Macht bei der Lebensversicherung die Vollstreckung der Todesstrafe an dem Versicherten den Versicherer von der Verpflichtung zur Leistung frei?

Gesetz über den Versicherungsvertrag vom 30. Mai 1908 (RGBl. S. 263) — VVG. — §§ 169, 170.

VII. Zivilsenat. Urt. v. 11. Januar 1938 i. S. Öffentliche Versicherungsanstalt der Sächsischen Sparkassen (Bekl.) w. Gemeinnützige Beamten-Baugenossenschaft (Kl.). VII 168/37.

I. Landgericht Dresden.
II. Oberlandesgericht daselbst.

Die Klägerin hat von der Beklagten ein Darlehen von 100000 RM. erhalten und dafür auf ihrem Erbbauhaus in L. eine Hypothek eintragen lassen. Die Tilgung des Darlehns sollte u. a. in der Weise erfolgen, daß die Klägerin sich verpflichtete, mit der Beklagten eine Anzahl von Lebensversicherungen abzuschließen, in denen diese unwiderruflich als Bezugsberechtigte bezeichnet würde. Die jeweils fälligen Versicherungssummen sollten auf die Darlehnsschuld der Klägerin verrechnet werden. Da sich die Klägerin als Genossenschaft nicht selbst auf den Todes- oder Erlebensfall versichern lassen konnte, sollte sie als Versicherungsnehmerin Kinder ihrer Mitglieder oder sonstige dritte Personen versichern lassen. Demgemäß hatte sie im Jahre 1934 den am 14. Dezember 1914 geborenen kaufmännischen Angestellten G., dessen Vater ihr Genosse ist, bei der Beklagten zu 10000 RM. mit der Maßgabe versichern lassen, daß diese unwiderruflich für alle Zahlungen aus dem Vertrage bezugsberechtigt sein sollte. Die Versicherungsleistung sollte beim Tode des Versicherten, spätestens am 1. Juli 1969, fällig werden.

Der Versicherte G. ist wegen eines am 12. Dezember 1935 an dem Kaufmann R. begangenen Raubmordes am 23. Juni 1936 zum Tode verurteilt und am 30. September 1936 hingerichtet worden. Die Beklagte hat bei dieser Sachlage die Auszahlung der Versicherungssumme von 10000 RM. (im Wege der Verrechnung auf ihre Darlehnsforderung gegen die Klägerin) abgelehnt. Die Klägerin hat deshalb mit der Klage die Feststellung verlangt, daß die Versicherungsleistung durch den Tod des G. fällig geworden sei.

Das Landgericht hat dem Klagantrage stattgegeben, das Oberlandesgericht die Berufung der Beklagten zurückgewiesen. Ihre Revision hatte keinen Erfolg.

Aus den Gründen:

... Die Revision der Beklagten geht davon aus, daß der zwischen den Parteien geschlossene Lebensversicherungsvertrag nicht anders ausgelegt werden dürfe, als wenn der Versicherte ihn für sich und seine Erben abgeschlossen hätte. Sie begründet das damit, daß die Allgemeinen Versicherungsbedingungen für die Selbstversicherung und die Fremdversicherung übereinstimmten und daß sie bei beiden Arten der Versicherung nur gleichmäßig ausgelegt werden dürften. Bei einer Selbstversicherung müsse aber die Möglichkeit als ausgeschlossen erachtet werden, daß die Versicherungssumme auch dann fällig werde, wenn der Versicherungsnehmer einen Mord begehe und deshalb hingerichtet werde. Man könne sich einen Vertrag, der eine ausdrückliche Bestimmung in diesem Sinne enthalte, nicht wohl vorstellen. Jede Versicherungsgesellschaft würde sie ablehnen, und es würde sich auch kein „Versicherungsinteressent" finden, der ihre Aufnahme verlangte. Deshalb müsse bei einer Auslegung nach Treu und Glauben grundsätzlich davon ausgegangen werden, daß der Fall nicht als unter Versicherungsschutz stehend gewollt sei. Es gebe Dinge, die man, auch wenn sie gewollt seien, in einen Vertrag nicht hineinschreiben könne. Eine Versicherungsgesellschaft dürfe es einem anständigen Menschen nicht zumuten, die Möglichkeit, daß der Versicherte in Zukunft vielleicht einen Mord begehe und deshalb hingerichtet werde, zum Gegenstande besonderer Regelung in einem Vertrage zu machen. Darüber, daß in einem solchen Falle kein Anspruch auf die Versicherungssumme bestehe oder das Gericht zu ermitteln habe, was als Vertragswille zu erachten sei, könnten die Vertragschließenden einig sein, ohne daß dies in den Vertrag aufgenommen werde. Da bei einer Selbstversicherung die Vereinbarung der Leistungspflicht des Versicherers in solchem Falle, wenn sie erörtert wäre, ausgeschlossen sei, auch gegen die guten Sitten verstoßen würde, so könne bei einer Selbstversicherung die Auslegung des Vertrages nur dahin gehen, daß bei Vollstreckung der Todesstrafe an dem Versicherten der Versicherer von der Leistungspflicht frei sei. Dann könne aber der gleiche Vertrag bei einer Fremdversicherung nicht anders ausgelegt werden.

Der Revision mußte Erfolg versagt bleiben. Die Grundlage für die Nachprüfung ihrer Einwendungen bildet die Feststellung, daß bei der gewöhnlichen Todesfallversicherung, wie sie hier vorliegt, gleichviel ob es sich dabei um eine Selbstversicherung oder um eine Fremdversicherung handelt, nach dem Versicherungsvertragsgesetz sowohl wie auch nach den Allgemeinen Versicherungsbedingungen für die Lebensversicherung grundsätzlich die Leistungspflicht des Versicherers mit dem Tode des Versicherten eintritt. Todesart und Todesursache sind dabei ohne Belang. Eine Ausnahme ist im § 169 VVG. nur für den Fall getroffen, daß der, auf dessen Person die Versicherung genommen ist, Selbstmord begangen hat, sofern die Tat nicht in einem die freie Willensbestimmung ausschließenden Zustande krankhafter Störung der Geistestätigkeit begangen worden ist. § 170 Abs. 1 VVG. bestimmt für den Fall der Fremdversicherung, daß der Versicherer von der Verpflichtung zur Leistung frei wird, wenn der Versicherungsnehmer vorsätzlich durch eine widerrechtliche Handlung den Tod des Versicherten herbeiführt. Die Allgemeinen Versicherungsbedingungen der Beklagten beschränken im § 10 die Leistungsfreiheit des Versicherers im Fall eines Selbstmordes des Versicherten insofern, als ihre Verpflichtung bestehen bleibt, wenn beim Ableben des Versicherten seit Beginn der Leistungspflicht zwei Jahre verstrichen sind. Weder im Gesetz noch in den Allgemeinen Versicherungsbedingungen sind im übrigen Fälle geordnet, in denen der Versicherungsnehmer (der Versicherte) infolge eines ihm zuzurechnenden Verhaltens sein Leben verliert, so infolge Zweikampfes, im Raufhandel, bei Gelegenheit einer vorsätzlich verübten rechtswidrigen Handlung oder im Falle der Verurteilung zur Todesstrafe. Insoweit sind nach dem heutigen Rechtszustande die Vertragschließenden befugt, zu vereinbaren, was in solchen Fällen Rechtens sein soll. Wird nichts vereinbart, so besteht die Leistungspflicht des Versicherers im Falle des Todes des Versicherten. Vor dem Inkrafttreten des Reichsgesetzes über den Versicherungsvertrag vom 30. Mai 1908 ist der Rechtszustand kein anderer gewesen. Die Entwicklung, die sich aus den Bedingungen der Versicherungsgesellschaften ergibt, rechtfertigt vielmehr die dargelegte Auffassung. In dem Urteil des Reichsoberhandelsgerichts vom

4. November 1874 (ROHG. Bd. 14 S. 431 [435—440]) ist die Frage behandelt, ob sich in Deutschland ein allgemeines ungeschriebenes Versicherungsrecht dahin gebildet habe, daß die Versicherung ungültig sei und die gezahlten Prämien der Gesellschaft verbleiben sollten, wenn der Versicherte während einer „kriminellen Verhaftung" sterbe. Die damals verklagte Lebensversicherungsgesellschaft hatte dem Gericht die Bedingungen von 35 deutschen, österreichischen und schweizerischen Lebensversicherungsanstalten zum Nachweis dafür vorgelegt, daß eine solche allgemeine Rechtsanschauung bestehe. Das Reichsoberhandelsgericht hatte daraus entnommen, daß die Bedingungen in einer ganzen Reihe von Fällen die Versicherung schon im Falle der bloßen Verurteilung des Versicherten zu einer Freiheitsstrafe für ungültig erklärten, anderwärts dafür der Verlust der bürgerlichen Ehrenrechte, Verurteilung wegen eines Verbrechens oder Verurteilung wegen eines gemeinen Verbrechens gefordert, wieder in anderen Fällen auf die Dauer oder die Art der verhängten Strafe abgestellt wurde. Es hat seine Feststellung, daß das Vorbringen der damals verklagten Versicherungsgesellschaft unerheblich sei, mit der Anführung geschlossen, daß sieben Gesellschaften die Ungültigkeit des Vertrages nur für den Fall bedungen hätten, „daß der Versicherte durch die Hand der Gerechtigkeit seinen Tod finde, resp. infolge des Vollzuges einer gerichtlichen Verurteilung sterbe oder durch eine verbrecherische Handlung und deren Folgen sein Leben ende, verkürze oder seine Gesundheit verschlechtere" (a. a. O. S. 439). In dem Geschäftsbericht des Kaiserlichen Aufsichtsamts für Privatversicherung für das Jahr 1908 (Veröffentlichungen des Amts, 8. Jahrgang 1909 S. 165) heißt es: „Die früher üblichen Bestimmungen über den Fall des Todes des Versicherten infolge Vollstreckung der Todesstrafe sind als nicht mehr zeitgemäß mit Recht weggelassen worden". Aus diesen Darlegungen ergibt sich als auch schon vor dem Inkrafttreten des Reichsgesetzes über den Versicherungsvertrag bestehende Rechtslage, daß der Tod des Versicherten durch Vollstreckung der Todesstrafe den Versicherer von seiner Leistungspflicht nur dann freimachte, wenn das in den Versicherungsbedingungen bestimmt oder sonst besonders vereinbart war.

Die Revision sucht dem entgegenzutreten, indem sie ausführt, es bestehe kein Anlaß, die mitgeteilte Äußerung des Reichsaufsichtsamts dahin zu deuten, daß das Amt etwa hätte sagen wollen, es sei nicht mehr zeitgemäß, daß im Falle einer Hinrichtung eine Versicherungssumme nicht gezahlt werde. Es liege viel näher, die Worte dahin zu verstehen, daß es nicht mehr zeitgemäß sei, einem Versicherungsnehmer zuzumuten, den Fall, daß er zum Mörder werde, in einer Vertragsbestimmung zu regeln. Im übrigen komme es auf die damalige Meinung des Reichsaufsichtsamts zu dieser Frage entscheidend zum mindesten heute nicht mehr an. Der Gedanke, daß jemand seinen Hinterbliebenen für den Fall seiner Hinrichtung wegen Mordes wirksam eine Geldsumme versprechen lasse, sei jedenfalls mit dem Rechtsempfinden der gegenwärtigen Zeit schlechterdings so unvereinbar, daß ein dahin gehender Vertragswille nicht angenommen werden könne, wenn er nicht klar im Vertrage zum Ausdruck gelangt sei, ganz abgesehen davon, ob er nicht schon wegen grundsätzlicher Sittenwidrigkeit in Allgemeinen Bedingungen, die auch für die Selbstversicherung maßgebend sein sollten, keinen Platz finden könne.

Auch diese Ausführungen vermögen die Revision nicht zu begründen. Daß für die Meinungsäußerung des Aufsichtsamts für Privatversicherung nur diejenige Deutung zutreffen kann, die ihr die Klägerin gibt, ist nach dem Zusammenhang des Geschäftsberichts nicht zweifelhaft. Wenn in früheren Zeiten die Versicherungsbedingungen die Bestimmung enthielten, daß der Versicherer im Falle des Todes des Versicherten infolge Vollstreckung der Todesstrafe von der Leistungspflicht frei werde, so war damit eine Ausnahme von der Regel zu Gunsten der Versicherer geschaffen. Ließen sie später diese Bestimmung in ihren gedruckten Bedingungen weg, so verzichteten sie damit auf die Leistungsfreiheit in einem solchen Falle, und zwar aus der Erwägung, daß sie ihn wegen seiner Seltenheit unbedenklich in ihr Risiko aufnehmen konnten. Hätten sie die Bestimmung beibehalten wollen, so ist nicht einzusehen, weshalb die Rücksicht auf die Person des Versicherten sie daran hätte hindern sollen und warum sich jemand durch die Aufnahme in die Bedingungen hätte abhalten lassen, einen Versicherungsvertrag abzuschließen. Es kann der Beklagten auch nicht zugegeben werden, daß die Aufnahme der Bestimmung in einen Lebensversicherungsvertrag dem gesunden Volksempfinden widersprechen würde. Das ist ebensowenig anzunehmen insofern, als es sich um die Auszahlung der Versicherungssumme beim Tode durch Hinrichtung handelt.

Wollte man der Revision zugeben, daß sich Fälle denken lassen, die so liegen, daß es im Sinne des § 242 BGB. gegen Treu und Glauben verstieße, wenn der Versicherer gehalten sein sollte, im Falle einer Hinrichtung des Versicherten die Versicherungssumme zu zahlen, so könnte es sich dabei doch nur um ganz besondere Einzelfälle handeln, die dem Selbstmord nach Treu und Glauben gleichgestellt werden müßten. Solche Fälle würden aber für Selbstversicherung und Fremdversicherung nicht ohne weiteres gleich zu beurteilen sein. Sie würden bei der letzteren zum mindesten zur Voraussetzung haben, daß der Versicherungsnehmer vorsätzlich und widerrechtlich die Hinrichtung des Versicherten mit herbeigeführt hätte. Im vorliegenden Falle hat die Klägerin mit der Verübung des Mordes durch den Versicherten G. nichts zu tun. Das Berufungsgericht hat aus zutreffenden Erwägungen verneint, daß die Geltendmachung ihres Anspruchs auf die Versicherungssumme irgendwie gegen Treu und Glauben verstieße.

---

3. Ist § 846 BGB. auf andere Fälle als die der §§ 844, 845 das. entsprechend anzuwenden, wenn ein Dritter Schaden an seiner Gesundheit und damit Vermögensschaden erleidet infolge der seelischen Einwirkung, die er durch die körperliche Verletzung oder den Tod des von der unerlaubten Handlung unmittelbar Betroffenen erfährt?

VI. Zivilsenat. Urt. v. 15. Januar 1938 i. S. A. (Bekl.) w. Eheleute Kn. (Kl.). VI 168/37.

I. Landgericht Stendal.
II. Oberlandesgericht Naumburg a. S.

Am Sonnabend, dem 23. November 1935, ging der Sohn der Kläger, der Flieger-Obergefreite Konrad Kn., mit dem Obergefreiten Kr. vom Fliegerhorst S. auf der Straße von A. nach S.; er hielt sich dabei auf der rechten Kante der Asphaltbahn, während Kr. rechts von ihm auf dem Sommerwege ging. Unmittelbar vor der Stadtgrenze von S. fuhr der Beklagte, der die Straße mit seinem DKW.-Personenkraftwagen in der gleichen Richtung wie die beiden

Gefreiten benutzte, den Sohn der Kläger von hinten an und verletzte ihn dabei so schwer, daß er auf der Stelle verstarb. Die Kläger nehmen den Beklagten auf Grund des Kraftfahrzeuggesetzes und aus unerlaubter Handlung auf Schadensersatz in Anspruch. Sie begehren Zahlung von 1224,93 RM. als Kosten der Leichenüberführung und der Beerdigung, sowie — mit der Behauptung, daß sie beide durch die Nachricht von dem plötzlichen Tod ihres Sohnes schweren Schaden an ihrer Gesundheit erlitten hätten, — die Feststellung der Verpflichtung des Beklagten, den Schaden zu ersetzen, der ihnen infolge der seelischen Erschütterung an ihrer Gesundheit entstanden sei und noch entstehen werde.

Das Landgericht hat den Zahlungsanspruch dem Grunde nach für gerechtfertigt erklärt und die begehrte Feststellung getroffen. Der Beklagte hat Berufung eingelegt und beantragt, den Zahlungsanspruch dem Grunde nach höchstens zur Hälfte für gerechtfertigt zu erklären und ihn im übrigen sowie den ganzen Feststellungsanspruch abzuweisen. Das Oberlandesgericht hat die Berufung zurückgewiesen. Die Revision des Beklagten führte zur Aufhebung und Zurückverweisung.

Aus den Gründen:

(Zunächst wird ein Rechtsirrtum des Berufungsgerichts näher dargelegt; dann heißt es weiter:) Der erörterte Rechtsirrtum liegt dem Berufungsurteil in seinem ganzen Umfange zugrunde. Denn der Vorderrichter wägt die beiderseitige Verursachung und das Verschulden des Beklagten und des Getöteten nach §§ 846, 254 BGB. nicht nur für den aus § 844 Abs. 1 BGB. abgeleiteten Zahlungsanspruch ab, sondern er erachtet den § 846 und damit den § 254 BGB. auch auf den aus § 823 das. abgeleiteten Feststellungsanspruch der Kläger für entsprechend anwendbar und nimmt daher insoweit eine Abwägung der Verursachung und des Verschuldens unter denselben Gesichtspunkten und mit demselben Ergebnis vor wie bei jenem Anspruch. Der rechtliche Ausgangspunkt dieser Erwägungen, daß auf Ansprüche der vorliegenden Art die Vorschrift des § 846 BGB. entsprechende Anwendung finde, muß entgegen der Meinung der Revisionsbeklagten als zutreffend anerkannt werden. Allerdings ist es richtig, daß die §§ 844, 845 BGB. eine Ausnahme von dem Grundsatze bilden, dem zufolge Ersatz für den aus einer unerlaubten Handlung entstandenen Schaden nur der unmittelbar Verletzte verlangen kann, wie auch, daß die Kläger einen unmittelbaren Anspruch gegen den Beklagten aus § 823 BGB. besitzen, weil in ihrer Person die Voraussetzungen der unerlaubten Handlung (fahrlässige Gesundheitsschädigung) durch das Verhalten des Beklagten verwirklicht worden sind. Diese Umstände stehen jedoch einer entsprechenden Anwendung des § 846 BGB. auf Fälle, in denen ein Dritter eine durch die unmittelbare Verletzung oder Tötung eines anderen herbeigeführte Gesundheitsschädigung erlitten hat, nicht entgegen. Solche entsprechende Anwendung war in RGZ. Bd. 81 S. 215 — allerdings für einen etwas anders liegenden Fall — grundsätzlich bereits als möglich anerkannt worden. Die Erstreckung des § 823 BGB. auf andere (als die in §§ 844, 845 BGB. geregelten) Fälle, in denen ein Dritter Schaden an seiner Gesundheit und damit Vermögensschaden erleidet infolge der seelischen Einwirkung, die er durch die körperliche Verletzung oder die Tötung des von der unerlaubten Handlung unmittelbar Betroffenen erfährt, war im Bürgerlichen Gesetzbuch nicht ausdrücklich vorgesehen, sondern ist erst im Laufe der Zeit von der Rechtsprechung durch ausdehnende Auslegung des Begriffs des ursächlichen Zusammenhangs herbeigeführt. Da der Gesetzgeber grundsätzlich nur dem durch die unerlaubte Handlung unmittelbar Verletzten einen Schadensersatzanspruch gewähren und von dieser Regel nur zu Gunsten der Hinterbliebenen die in den §§ 844, 845 BGB. geregelten Ausnahmen machen wollte, bestimmte er in § 846 die Anwendung des § 254 natürlich nur für die Fälle jener Gesetzesbestimmungen. Wenn aber im Wege der ausdehnenden Auslegung die Haftung des unerlaubt Handelnden auf Fälle einer anderen Art von mittelbarer Schädigung eines Dritten ausgedehnt wird, dann entspricht es dem Sinne des Gesetzes und der Billigkeit, diese ausdehnende Auslegung nicht schrankenlos, sondern auch nur mit der Einschränkung anzuwenden, die nach § 846 BGB. für die im Gesetz geregelten Fälle einer mittelbaren Schädigung gilt. Das Entscheidende für die entsprechende Anwendung des § 846 auf diese Fälle ist, daß auch bei ihnen die Schädigung des Dritten erst mittelbar dadurch herbeigeführt wird, daß der Täter einem anderen gegenüber die unerlaubte Handlung unmittelbar beging.

Die entsprechende Anwendung des § 846 BGB. auf die Fälle einer Schädigung durch sogenannte Fernwirkung ist auch deshalb geboten, weil man ohne sie zu unbilligen Ergebnissen gelangen würde. Könnte sich der Schädiger im Falle der Fernwirkung bei mitwirkendem Verschulden des unmittelbar Verletzten nicht auf die Grundsätze der §§ 846, 254 BGB. berufen, d. h. müßte er dem durch Fernwirkung Geschädigten, den selbst kein mitwirkendes Verschulden trifft, den ganzen Schaden ersetzen, so bliebe ihm nur die Möglichkeit, gegen den unmittelbar Verletzten, der neben ihm dem durch Fernwirkung Geschädigten als Gesamtschuldner für den Schaden haftete, oder gegen die Erben des unmittelbar Verletzten einen Ausgleichsanspruch nach §§ 840, 426, 254 BGB. zu erheben. Diese rechtliche Möglichkeit würde aber nicht nur in allen den Fällen, wo der ausgleichspflichtige Verletzte nicht zahlungsfähig ist, oder wo — wenn er getötet ist — kein Nachlaß zur Deckung des Ausgleichsanspruchs vorhanden ist, dem Ausgleichungsberechtigten nichts nützen. Sie würde vielmehr auch in den Fällen, in denen ein ausreichender Nachlaß vorhanden ist, dahin führen, daß die nicht durch Fernwirkung geschädigten Hinterbliebenen unter Umständen bei überwiegendem eigenem Verschulden des Getöteten nicht nur keine Ansprüche aus den §§ 844 und 845 BGB. herleiten könnten, sondern auch noch als Erben des Getöteten im Ausgleichswege ihre Erbteile hergeben müßten, um den Schaden des mittelbar (durch Fernwirkung) Geschädigten zu decken, mag dieser nun selbst zu den Hinterbliebenen im Sinne der §§ 844, 845 BGB. gehören oder nicht.

Ist hiernach die entsprechende Anwendung des § 846 BGB. auf den Feststellungsanspruch der Kläger rechtlich zutreffend, so ergibt sich, daß die Entscheidung des Vorderrichters doch auch zu diesem Punkte nicht bei Bestand bleiben kann, da die — auch insoweit hiernach mit Recht vorgenommene — Abwägung durch den oben erörterten Rechtsirrtum beeinflußt ist. Das angefochtene Urteil mußte daher in vollem Umfang aufgehoben und die Sache zur anderweiten Verhandlung und Entscheidung an das Berufungsgericht zurückverwiesen werden . . .

---

4. Wann beginnt die Verjährung der Schadensersatzansprüche aus § 945 ZPO., falls über die dem Arrest zugrunde liegende Hauptforderung ein Rechtsstreit geführt wird? Inwieweit ist

solchenfalls gegenüber der Einrede der Verjährung der Einwand unzulässiger Rechtsausübung gegeben?

BGB. §§ 242, 852.

VI. Zivilsenat. Urt. v. 15. Januar 1938 i. S. Sch. (Kl.) w. R. u. Gen. (Bekl.). VI 190/37.

I. Landgericht Stuttgart.
II. Oberlandesgericht daselbst.

Der Kläger macht auf Grund des § 945 ZPO. einen ihm abgetretenen Anspruch des Landwirts O. B. auf Schadensersatz wegen Vollziehung eines angeblich zu Unrecht erlassenen Arrestbefehls geltend.

Der Vater des O. B., A. B., schuldete den Beklagten aus vollstreckbaren Titeln erhebliche Beträge. Er hat am 14. Januar 1927 den Offenbarungseid geleistet; von ihm ist nichts zu erlangen. A. B. betätigte sich geschäftlich, so auch als Generalbevollmächtigter des Klägers und der Eheleute K. Diese Eheleute waren Eigentümer der Gutshöfe U. und L. Deren Bewirtschaftung hatte A. B. schon vom 1. September 1926 ab seinem damals 22jährigen Sohn O. übertragen. Nachdem A. B. auf diesen Grundstücken hinter 22500 RM. Hypotheken fünf Eigentümergrundschulden von 20000, 10000 und dreimal 5000 RM. für die Eheleute K. hatte eintragen lassen, verkaufte er sie namens der Eigentümer seinem vermögenslosen Sohne für 75000 RM. Nach dem notariellen Vertrage vom 17. Januar 1927 hatte O. B. damals bereits 22000 RM. an die Verkäufer gezahlt. Er übernahm die Hypotheken von 22500 RM. und verpflichtete sich, den Restkaufpreis von 30500 RM. in der Zeit vom 31. März 1927 bis zum 31. März 1928 zu tilgen; alsdann sollten ihm die Eigentümergrundschulden übertragen werden. O. B. wurde dann auch als Eigentümer der Höfe eingetragen und die Grundschulden sehr bald auf seinen Namen umgeschrieben. Nach der Behauptung des Klägers hatte O. B. einen erheblichen Teil der zur Zahlung des Restkaufpreises verwandten Gelder als Darlehn von ihm erhalten, nachdem ihm selbst A. B. auf eine alte Schuld Ansprüche aus einem gerichtlichen Vergleich abgetreten hatte und unter anderem 10000 und 1500 RM. auf sein Konto bei einer Bank hatte einzahlen lassen.

Die Beklagten behaupteten nun, das alles seien nur Schiebungen gewesen, die A. B. im Einverständnis mit seinem Sohne O. und den

Eheleuten K. vorgenommen habe. Tatsächlich habe das Geld dem Vater A. B. gehört; dieser habe das Konto des Klägers nur benutzt, um auf diesem Wege das Geld seinem Sohne zuzuschieben und angeblich auf dessen Namen, in Wahrheit für sich selbst die Güter zu erwerben. So habe er sein Vermögen seinen Gläubigern entzogen. Die Beklagten erhoben deshalb Anfang Juni 1927 auf Grund des § 826 BGB. und des Anfechtungsgesetzes Klage gegen Sohn und Vater B. sowie den Ehemann K. auf Zahlung der ihnen nach ihren vollstreckbaren Titeln zustehenden Beträge. Zugleich beantragten sie wegen derselben Beträge Erlaß des dinglichen Arrestes gegen O. B. und K. Diesen Arrest erließ das Landgericht in Stuttgart am 11. Juni 1927. Daraufhin ließen die Beklagten bei O. B. die drei Grundschuldbriefe über je 5000 RM. und später auch einen Hanomagschlepper pfänden. O. B. und K. erhoben gegen den Arrestbefehl Widerspruch. Sie und A. B. beantragten in dem Hauptrechtsstreit Abweisung, indem sie die Darstellung der damaligen Kläger bestritten und die oben wiedergegebenen Behauptungen aufstellten.

In dem Arrestverfahren bestätigte das Landgericht den Arrest gegen O. B., hob ihn dagegen insoweit auf, als er gegen K. erlassen war. Auf die Berufung des O. B. änderte das Oberlandesgericht das erste Urteil insofern ab, als es die Bestätigung des Arrestes davon abhängig machte, daß die Arrestkläger eine Sicherheit von 10000 RM. leisteten. Es führte aus: die Arrestkläger hätten ihren Anspruch auf Zahlung nicht hinreichend glaubhaft gemacht; die ganze Sachlage spräche aber doch so für ein sittenwidriges Vorgehen von Vater und Sohn B., über das nur eine eingehende Beweisaufnahme Aufklärung bringen könne, daß es geboten erscheine, gegen Sicherheitsleistung den Arrest zu bestätigen. Nachdem dann die jetzigen Beklagten die Sicherheit geleistet hatten, nahm O. B. den Antrag auf Aufhebung des Arrestes zurück.

In dem Hauptprozeß, der ausgesetzt war, wurden demnächst O. B. und K. durch Urteil des Landgerichts vom 28. Januar 1929, abgesehen von gewissen Zinsbeträgen, nach dem Klagantrag verurteilt. Das Oberlandesgericht in Stuttgart wies durch Urteil vom 11. März 1930 die Berufung des O. B. zurück, die Klage gegen K. aber ab. Auf die Revision des O. B. hob das Reichsgericht das Berufungsurteil auf und verwies die Sache zurück. Es mißbilligte, daß das Berufungsgericht sein Urteil auf einen Anscheinsbeweis gegründet hatte, und gab ihm zu prüfen auf, ob A. B. die beiden Beträge nur zum Schein auf das Konto des jetzigen Klägers überwiesen habe. Durch Urteil vom 20. Oktober 1931 wies dann das Oberlandesgericht die Klage auch gegen O. B. ab, indem es insbesondere ausführte: die Verdachtsgründe für ein unlauteres Verhalten der beiden B. seien auch jetzt noch sehr stark; aber der vom Reichsgericht verlangte volle Beweis dafür könne doch nicht als erbracht angesehen werden; es sei möglich, daß A. B. mit der Überweisung an den jetzigen Kläger seine Schuld an diesen habe tilgen wollen. Dieses Urteil wurde rechtskräftig.

Mit der vorliegenden, im Februar 1933 eingereichten und im Oktober 1933 zugestellten Klage hat der Kläger nunmehr von den Beklagten als Gesamtschuldnern die Zahlung von 10000 RM. nebst Zinsen als den dem O. B. aus der Vollziehung des Arrestes entstandenen, näher dargelegten Schaden verlangt. Diesen Schaden hat er auch darauf zurückgeführt, daß der Beklagte R. den O. B. in der Pfingstzeit 1927 überall schlecht gemacht und so dessen Kredit untergraben habe. Die Beklagten haben Verjährung eingewendet und den behaupteten Schaden sowie dessen Zusammenhang mit der Arrestvollziehung und den angeblichen Äußerungen des Beklagten R. bestritten. Der Kläger hat die Voraussetzungen der Verjährung bestritten, auch geltend gemacht, es sei unzulässig, daß die Beklagten diesen Einwand erhöben. Das Landgericht hat die Beklagten teilweise verurteilt, im übrigen aber die Klage abgewiesen. Es erachtet den Einwand der Verjährung wohl für die Klagegrundlage der üblen Nachrede — § 826 BGB. —, dagegen nicht für die Begründung aus § 945 ZPO. als durchgreifend, sieht aber einen Schaden als Folge der Arrestvollziehung nur zu einem Teil des Klagebetrages als erwiesen an. Das Oberlandesgericht hat die Berufung des Klägers zurückgewiesen, auf die Berufung der Beklagten aber die Klage völlig abgewiesen, weil der Einwand der Verjährung auch gegenüber dem Anspruch aus § 945 ZPO. durchgreife. Die Revision führte zur Aufhebung des Berufungsurteils und zur Zurückverweisung der Sache.

Aus den Gründen:

... Entscheidend kommt es auf die (auch allein von der Revision erörterte) Frage an, ob die Verjährung des Anspruchs aus § 945

ZPO. in einem Zeitpunkt begonnen hat, der länger als die Verjährungsfrist vor der Klagerhebung liegt und ob einer Geltendmachung der danach etwa durchgreifenden Verjährung nach den Umständen des Falles der Einwand der unzulässigen Rechtsausübung entgegensteht.

Mit Recht gehen beide Vorderrichter davon aus:

Der Anspruch aus § 945 ZPO. ist dem Wesen nach ein Anspruch aus Gefährdungshaftung. Denn der Arrestgläubiger vollzieht auf seine Gefahr eine gerichtliche Anordnung, die nur auf Grund vorläufiger, mit beschränkten Mitteln vorgenommener Prüfung erlassen ist. Deshalb muß er dafür einstehen und Schadensersatz leisten, wenn die Anordnung aus den vorgesehenen besonderen Gründen wieder aufgehoben werden muß oder sich später als von vornherein ungerechtfertigt erweist. Der Anspruch erwächst also aus unerlaubter Handlung in weiterem Sinn, obwohl dem Vorgehen des Gläubigers zunächst eine gerichtliche Anordnung zugrunde liegt. Deshalb ist auf ihn auch die Verjährungsvorschrift des § 852 BGB. anzuwenden. Diese in der Rechtsprechung des Reichsgerichts ständig festgehaltenen Grundsätze — RGZ. Bd. 74 S. 249, Bd. 78 S. 207, Bd. 104 S. 250, Bd. 106 S. 289, Bd. 113 S. 134, Bd. 149 S. 321 (324); RG. vom 3. Dezember 1923 in IV 786/22, vom 31. Januar 1927 in IV 625/26; WarnRspr. 1926 Nr. 35; JW. 1933 S. 2057 Nr. 13 — erweisen sich auch nach erneuter Prüfung als zutreffend.

Die dreijährige Verjährung beginnt also in dem Augenblick, in dem der Verletzte von dem Schaden und der Person des Ersatzpflichtigen Kenntnis erlangt. Diese Kenntnis ist nach der Rechtsprechung vorhanden, wenn der Geschädigte auf Grund der ihm bekannten Tatsachen gegen eine bestimmte Person eine Schadensersatzklage, sei es auch nur eine Feststellungsklage, mit einigermaßen sicherer Aussicht auf Erfolg erheben kann (WarnRspr. 1909 Nr. 103, 1912 Nr. 308; JW. 1915 S. 139 Nr. 3; RGZ. Bd. 106 S. 289, Bd. 142 S. 280 und 348). Nach der Rechtsprechung des Reichsgerichts ist es nun für die Schadensersatzklage aus § 945 ZPO. nicht erforderlich, daß der Arrestbefehl (einstweilige Verfügung) im Arrestverfahren aufgehoben oder daß über den Hauptanspruch in einem besonderen Rechtsstreit entschieden worden ist. Vielmehr sind jene Fragen, wenn sie in anderen Verfahren nicht erörtert sind, im Schadensprozeß selbständig zu prüfen und zu entscheiden. Ist die Prüfung in anderen Verfahren erfolgt, so wird der Schadensrichter durch eine in dem Rechtsstreit über den Hauptanspruch ergangene und ebenso durch eine im Arrestverfahren getroffene Entscheidung, daß die Besorgnis der Vollstreckungsvereitelung oder -erschwerung von vornherein bestanden oder nicht bestanden habe, gebunden (s. Gaupp-Stein-Jonas, Kommentar zur ZPO. 15. Aufl. § 945 Bem. II 2 und 3). Von diesem Standpunkt aus hat das Reichsgericht auch bisher stets die Ansicht vertreten: Für den Verjährungsbeginn kommt es allein darauf an, wann der Geschädigte die erforderliche Kenntnis von dem Schaden und dem Ersatzpflichtigen erlangt hat. Rechtsunkenntnis ist dabei zu seinen Gunsten nur insoweit in Betracht zu ziehen, als sie ihn gehindert hat, zu erkennen, wer der Ersatzpflichtige ist (RGZ. Bd. 142 S. 280 und 348). Die Verjährung wird durch das Schweben des Rechtsstreits über den Hauptanspruch nicht gehemmt (s. RGZ. Bd. 106 S. 289 [292]; WarnRspr. 1926 Nr. 35; JW. 1933 S. 1058 Nr. 13 und HRR. 1933 Nr. 1709).

In zwei Sonderfällen — Entscheidungen vom 14. Januar 1935 in VI 301/34 und vom 4. November 1935 in VI 153/35 — hat der erkennende Senat angenommen, das Schweben des Anspruchsprozesses habe bis zu dessen Entscheidung die Verjährung des Schadensersatzanspruchs gehemmt, weil dort nach der besonderen Sachlage die Frage, ob der Hauptanspruch bestehe oder nicht, so zweifelhaft gewesen sei, daß der Geschädigte nicht die zur aussichtsreichen Klagerhebung erforderliche Kenntnis gehabt habe. Gadow will (in seinem Aufsatz S. 97flg. der Zeitschrift Deutsches Gemein- und Wirtschaftsrecht 1935) diesen Standpunkt dahin verallgemeinern, daß der Geschädigte, wenn der Rechtsstreit über den Hauptanspruch schwebe, die erforderliche Kenntnis vom Ersatzpflichtigen in der Regel erst dann haben werde, wenn der Vorprozeß entschieden sei, oder daß er zum mindesten der Verjährungseinrede stets den Einwand unzulässiger Rechtsausübung entgegenhalten könne. Gadow begründet die erste Erwägung damit, daß der Geschädigte die Ersatzpflicht, also auch die Rechtswidrigkeit des Vorgehens des Gegners kennen müsse und daß davon in der Regel so lange nicht die Rede sein könne, wie der Hauptprozeß schwebe. Denn die Kenntnis von einem ersatzfähigen Schaden, ja von einem Schaden überhaupt, werde oft durch Rechtsirrtum oder Rechtsunkenntnis gehindert. Weiterhin führt Gadow als Begründung seiner Ansicht aber auch an, es sei dem Geschädigten, falls der Rechtsstreit über den Hauptanspruch schwebe, nicht zuzumuten, vor Beendigung dieses Rechtsstreites auf gut Glück und unter Aufwendung von Kosten mit einer Schadensersatzklage oder -widerklage vorzugehen.

Es ist das Verdienst Gadows, die entscheidenden Fragen klar herausgestellt und wesentliche Gedanken zu ihrer Lösung beigetragen zu haben. Doch kann ihm nicht in allen Punkten gefolgt werden. Zunächst ist darauf hinzuweisen, daß die Frage, ob der Hauptanspruch besteht oder nicht, vielfach nicht von Rechtsfragen, sondern von der Richtigkeit der vom Gläubiger zur Begründung angeführten Tatsachen abhängt, diese aber dem Gegner vielfach bekannt sind. Ist das aber der Fall, dann wird es ganz von den Umständen abhängen, ob man sagen kann, es seien Schädiger und Schaden jenem so bekannt gewesen, daß er den Schadensersatzanspruch mit einigermaßen sicherer Aussicht auf Erfolg geltend machen könne. Nur eine Prüfung der Umstände des einzelnen Falles kann hier die Entscheidung bringen. Schon hieraus ergibt sich, daß man nicht so allgemein sagen kann, die Verjährungsfrist beginne bei Schadensersatzansprüchen aus § 945 ZPO. erst mit der endgültigen Entscheidung des Prozesses, der über den Hauptanspruch schwebt. Gadow kann weiter aber auch darin nicht gefolgt werden, daß das Nichtkennen der Rechtssätze, die zur Begründung einer Schadensersatzpflicht oder eines Schadens dienen, oder ein Irrtum darüber stets die Kenntnis der Rechtswidrigkeit und damit den Beginn der Verjährung hindere. Für die Regel ist daran festzuhalten, daß der Geschädigte — abgesehen von der Person des Ersatzpflichtigen — nur die Tatsachen zu kennen braucht, aus denen sich sein Schadensersatzanspruch ergibt, nicht aber, daß das Recht daraufhin einen Anspruch gibt. Gewiß wird es bei sehr verwickelten und zweifelhaften Rechtsfragen und nach der Persönlichkeit des Geschädigten auch anders sein können, aber im allgemeinen wird es hier auf die Rechtskenntnis nicht ankommen. Schließlich kann auch nicht anerkannt werden, daß Zweckmäßigkeitsgründe in entscheidender Weise eine andere Stellungnahme geböten. Für den Geschädigten ist es natürlich bequemer und sicherer, erst den Ausgang des Hauptprozesses abzuwarten. Dem stehen aber gewichtige Belange des Gläubigers und der Allgemeinheit gegenüber. Gerade weil Schadensersatzansprüche eine rasche Klärung erfordern und insbesondere auch der Schädiger in der Regel nur dann sich sachgemäß und erfolgreich verteidigen kann, wenn sie in nicht allzu langer Frist gerichtlich geltend gemacht werden, ist die kurze Verjährungsfrist eingeführt worden. Und auch diese Belange verdienen um so mehr Berücksichtigung, als in nicht ganz seltenen Fällen die Durchsetzung des Hauptanspruchs nur daran scheitert, daß der Erwartung zuwider nicht der volle Beweis erbracht werden kann, der Gläubiger aber mit gutem Grunde von dem Bestehen und der Durchführbarkeit seines Anspruchs sowie dessen Gefährdung überzeugt sein konnte.

Entscheidend ist also im einzelnen Falle, ob der Geschädigte nach Lage der Umstände die erörterte Kenntnis hatte und ob einigermaßen sichere Erfolgsaussicht für den Schadensprozeß bestand. Damit ist aber auch die ausreichende Handhabe geboten, um unbillige Ergebnisse zu vermeiden und insbesondere der besonderen Sachlage bei Schweben des Prozesses über die Hauptsache Rechnung zu tragen. Denn ist die Sachlage wegen der Zweifelhaftigkeit, sei es der tatsächlichen Verhältnisse, sei es der rechtlichen Grundlage des Hauptanspruchs so, daß keine einigermaßen sichere Erfolgsaussicht für den Schadensprozeß besteht, der ja in diesen Fällen das Nichtbestehen des Hauptanspruchs voraussetzt — hierfür hat im Schadensprozeß der Geschädigte die Beweislast —, so wird eben die Verjährung nicht beginnen können, bis diese Zweifel in ausreichender Weise gelöst sind. Vielfach wird also die Verjährung des Schadensersatzanspruchs durch das Schweben des Hauptanspruchsprozesses hinausgeschoben werden, aber durchaus nicht in allen Fällen. Und es wird weiterhin auch nicht stets so sein, daß der hinausgeschobene Verjährungsbeginn nun erst mit der endgültigen Entscheidung des Vorprozesses einsetzt. Vielmehr wird wenigstens öfter schon nach Erlaß des erstinstanzlichen Urteils oder gar nach einer Beweisaufnahme mit klarem Ergebnis dem Geschädigten die Erhebung der Schadensersatzklage zuzumuten sein.

Es kann auch nicht anerkannt werden, daß in den Fällen, in denen über den Hauptanspruch ein Rechtsstreit durchgeführt ist, der Gläubiger stets unzulässigerweise sein Recht ausübe, wenn er gegenüber dem Schadensersatzanspruch die Einrede der Verjährung erhebt. Denn man wird nicht sagen können, daß es stets Treu und Glauben widerspreche, wenn der Gläubiger nun im Schadensersatzprozeß einen anderen Standpunkt einnimmt als im Vorprozeß, indem er jetzt geltend macht, der Gegner habe das Nichtbestehen des Anspruchs gekannt, obwohl er im Vorprozeß dessen Bestehen entschieden selbst vertreten hat. Es wird Fälle geben, in denen die ganze Sachlage in hohem Maße für den Gläubiger spricht, die Durchführung des Anspruchs aber doch an der Unmöglichkeit vollen Beweises scheitert. Man kann dann dem Gläubiger nicht die Verletzung von Treu und Glauben vorwerfen, wenn er sich nun wenigstens gegen Schadensersatzansprüche, die der Gegner auf das Nichtbestehen des Hauptanspruchs gründet, mit allen Mitteln wehrt. Auch hier werden also stets die Einzelumstände zu würdigen sein. Aber auch wenn man den Einwand der unzulässigen Rechtsausübung im besonderen Falle — wohl vielfach — zuläßt, kann das nicht dazu führen, ihm nun erst mit der Beendigung des Vorprozesses oder dem sonst in Betracht kommenden Zeitpunkt die Wirkung zu verleihen, daß erst mit jenem Zeitpunkt die Verjährung beginne, wie das der Vertreter des Klägers ausführt. Vielmehr wird auch hier wie in sonstigen derartigen Fällen — RGZ. Bd. 115 S. 135 (139), Bd. 144 S. 378 (381), Bd. 145 S. 239 (244), Bd. 152 S. 147 (150), Bd. 153 S. 101 (108) — nur anzunehmen sein, daß die Verjährung um eine angemessene, nach Treu und Glauben zu bestimmende Zeit hinausgeschoben wird.

Von dieser rechtlichen Auffassung aus muß hier dem Einwand der unzulässigen Rechtsausübung der Verjährungseinrede gegenüber die Wirksamkeit versagt werden. Denn einmal läßt sich hier nach der besonderen Sachlage ein Verstoß gegen Treu und Glauben nicht erkennen. Sodann ist aber jedenfalls auch eine angemessen erstreckte Frist für die Erhebung der Schadensersatzklage nicht gewahrt worden. Denn diese ist erst im Oktober 1933 erfolgt, während sogar das Berufungsurteil im Vorprozeß bereits am 20. Oktober 1931 erlassen worden war. In längstens etwa einem halben Jahre aber wäre hier dem Kläger die Erhebung der Schadensersatzklage zuzumuten gewesen.

Dagegen hat der Berufungsrichter ersichtlich die oben erörterten Grundsätze über die erforderliche Kenntnis beim Schweben eines Rechtsstreits über den Hauptanspruch nicht beachtet . . . (Wird näher dargelegt.)

5. Kann sich ein Kläger, dem das Landgericht bei Festsetzung von Rentenbezügen Beträge zugesprochen hat, die zum Teil über seinen Antrag hinausgehen, in der Berufungsinstanz zur Aufrechterhaltung dieses Urteils auf den Antrag beschränken, die Berufung zurückzuweisen?

ZPO. §§ 308, 521.

VI. Zivilsenat. Urt. v. 26. Januar 1938 i. S. M. u. a. (Bekl.) w. Witwe Th. u. a. (Kl.). VI 220/37.

I. Landgericht Dresden.
II. Oberlandesgericht daselbst.

Witwe und Töchter eines durch Kraftwagenunfall tödlich Verunglückten verlangen Schadensersatz. Zur Frage, ob der Witwe für die Zeit vom 1. Januar 1961 bis Ende September 1965 ein Rentenbetrag über ihren Antrag hinaus zuerkannt und dadurch gegen § 308 ZPO. verstoßen worden ist, heißt es in den

Gründen:

Darauf, daß die Beklagten keine ausdrückliche Rüge des Verstoßes gegen § 308 ZPO. erhoben haben, würde es nicht ankommen; denn der erkennende Senat hat in seinem Urteil vom 2. September 1937 (VI 82/37, abgedr. RGZ. Bd. 156 S. 372flg. [376]) bereits dargelegt, daß ein Verstoß gegen § 308 ZPO. von Amts wegen zu beachten ist. Verlangt hatte die Witwe vor dem Landgericht für den angegebenen Zeitraum vierteljährlich 154,24 RM. Zugesprochen hat ihr das Landgericht vierteljährlich 304,32 RM. In der Berufungsinstanz, die auch im übrigen von beiden Parteien angerufen wurde, hat sich die Witwe insoweit auf den Antrag beschränkt, die Berufung der Beklagten zurückzuweisen. Das Berufungsgericht spricht der Witwe für jene Zeitdauer vierteljährlich 283 RM. zu, bleibt also hinter dem vom Landgericht zuerkannten Betrage zurück, geht aber über den Betrag hinaus, den die Witwe vor dem Landgericht verlangt hatte. Es ist der Meinung, daß die Witwe durch den Antrag auf Zurückweisung der Berufung den Klagantrag insoweit erhöht habe. Diese Auffassung widerspricht allerdings der Entscheidung des Reichsgerichts in RGZ. Bd. 110 S. 150. Dort ist (S. 151/152) ausgeführt, daß der Antrag auf Zurückweisung der Berufung sich nur gegen den von der Gegenseite erhobenen Angriff richte und nur dessen Abweisung, nicht aber eine Verstärkung der eigenen prozessualen Stellung zum Ziele haben könne. Wenn der Berufungsbeklagte den von ihm im ersten Rechtsgang gestellten Antrag erweitern wolle, so könne das nur im Wege der Anschlußberufung geschehen; sei solche zwar (in jenem Falle) auch eingelegt worden, so fehle doch ein Antrag auf Zuerkennung der vom Landgericht festgesetzten Rentenbeträge.

An dieser Rechtsprechung ist jedoch nicht festzuhalten. Der Antrag auf Zurückweisung der Berufung darf in solchem Falle nicht buchstäblich ausgelegt, muß vielmehr seinem Sinne nach beurteilt werden. Absicht der Partei ist dabei, daß sie den Anspruch in ihrem Vermögen behalten will, der ihr durch das Urteil des früheren Rechtsganges zugesprochen worden ist. Es ist nicht ersichtlich, warum sie beantragen sollte, ihr nochmals etwas zuzuerkennen, was ihr bereits zugebilligt wurde. Allenfalls käme nur ein Antrag auf Feststellung in Betracht, daß es bei dem Zugesprochenen sein Bewenden behalten solle. Das liegt aber schon in dem Antrage, die Berufung des Gegners zurückzuweisen. Hinzukommt im vorliegenden Falle, daß das Berufungsgericht für andere Zeiträume als den erwähnten den Klägerinnen weniger zugesprochen hat, als sie beantragt hatten. Man kann also hier noch erwägen, daß die Klagepartei gewisse Durchschnittsbeträge erhält und daß erst die Betrachtung der einzelnen Beträge als Gesamtheit den Maßstab dafür abgibt, ob den Klägerinnen etwas zugesprochen worden ist, was sie nicht beantragt hatten.

---

6. 1. Fällt der Rangrücktritt einer bereits eingetragenen Hypothek hinter eine gleichzeitig einzutragende neue Hypothek unter die Vorschriften der §§ 877, 879 oder die des § 880 BGB.?

2. Kann § 181 BGB. auf die Zustimmung des Eigentümers nach § 880 Abs. 2 das. auch dann Anwendung finden, wenn diese dem Grundbuchamt gegenüber erklärt wird?

V. Zivilsenat. Beschl. v. 27. Januar 1938 in einer Grundbuchsache. V B 13/37.

I. Amtsgericht (Grundbuchamt) Beuthen O. Schl.
II. Landgericht daselbst.

Der Sachverhalt und die Entscheidung ergeben sich aus folgenden

Gründen:

W. ist eingetragener Eigentümer eines Grundstücks, auf dem in Abteilung III Nr. 3 des Grundbuchs eine Grundschuld von 30000 RM. für die J.-GmbH. lastet. Er ist zugleich auch Geschäftsführer dieser Gesellschaft. Er erklärte in zwei notariell beglaubigten Urkunden vom 7. Juni 1937:

1. als Grundstückseigentümer bewillige und beantrage er die Eintragung einer neuen Grundschuld von 12000 RM. für die Stadtsparkasse in B.,

2. als Geschäftsführer der Grundschuldgläubigerin Abt. III Nr. 3 räume er der neuen Grundschuld von 12000 RM. den Vorrang ein und bewillige die Eintragung dieser Rangänderung in das Grundbuch,

3. als Grundstückseigentümer stimme er der Rangänderung zu.

Die beiden Urkunden wurden dem Grundbuchamt eingereicht mit dem Antrag, die neue Grundschuld von 12000 RM. mit dem Vorrang vor der Grundschuld von 30000 RM. einzutragen. Das Grundbuchamt beanstandete den Antrag und verlangte den Nachweis, daß die J.-GmbH. den W. in Ansehung der Vorrangseinräumung von der Vorschrift des § 181 BGB. befreit habe. Die gegen diese Beanstandung gerichtete Beschwerde des Antragstellers wurde vom Landgericht als unbegründet zurückgewiesen. Das Kammergericht möchte auch die weitere Beschwerde zurückweisen, sieht sich daran aber gehindert durch die Rechtsprechung des Reichsgerichts und des Bayerischen Obersten Landesgerichts zu § 181 BGB. und hat die Sache daher gemäß § 79 Abs. 2 GBO. dem Reichsgericht vorgelegt. Im Vorlegungsbeschluß ist ausgeführt:

Wie jetzt allgemein anerkannt sei, falle der Rücktritt einer bereits bestehenden Hypothek hinter eine gleichzeitig einzutragende neue Hypothek nicht unter § 877, § 879 Abs. 2, sondern unter § 880 BGB. Die nach § 880 Abs. 2 Satz 2 erforderliche Zustimmung des Grundstückseigentümers sei eine einseitige, empfangsbedürftige rechtsgeschäftliche Erklärung, die der Beschränkung des § 181 BGB. unterliege. Diese Beschränkung müsse auch dann Platz greifen, wenn der Grundstückseigentümer, wie das hier geschehen sei, seine Erklärung gemäß § 880 Abs. 2 Satz 3 BGB. nicht an den vortretenden oder den zurücktretenden Hypothekengläubiger, sondern an das Grundbuchamt richte. Die gegenteilige Meinung des Reichsgerichts und des Bayerischen Obersten Landesgerichts werde dem Gesetze nicht gerecht und sei in der neueren Rechtsprechung des Kammergerichts wiederholt abgelehnt worden. Bei dieser Rechtsprechung wolle der vorlegende Senat stehen bleiben.

Die Voraussetzungen des § 79 Abs. 2, 3 GBO. sind erfüllt. Sachlich sind zwei grundsätzliche Fragen zu entscheiden:

1. Fällt der Rücktritt einer bereits bestehenden Hypothek hinter eine gleichzeitig einzutragende neue Hypothek unter § 880 BGB.?

2. Greift § 181 BGB. bei einer Zustimmungserklärung nach § 880 Abs. 2 Satz 2, 3 BGB. auch dann Platz, wenn der Eigentümer diese Erklärung dem Grundbuchamt gegenüber abgibt?

Die erste Frage hat das Reichsgericht in Übereinstimmung mit dem Vorlegungsbeschluß bejaht, die zweite aber entgegen der Auffassung des Kammergerichts verneint.

Zu 1: Wenn das Kammergericht glaubt, es sei schon jetzt „allgemein anerkannt", daß der Rangrücktritt einer bestehenden Hypothek hinter eine gleichzeitig neu einzutragende Post nicht unter die §§ 877, 879, sondern unter § 880 BGB. falle, so geht es allerdings zu weit. Richtig ist, daß das Kammergericht selbst in fester Rechtsprechung diese Rechtsansicht vertritt (KGJ. Bd. 21 S. A 308, Bd. 34 S. A 240, Bd. 40 S. A 243). Das Bayerische Oberste Landesgericht scheint aber im Beschluß vom 19. Juni 1908 zur Gegenansicht zu neigen (Seuff. Archiv Bd. 64 S. 69 Nr. 31). Das Reichsgericht hat in einer älteren stempelrechtlichen Entscheidung vom 2. Oktober 1908 (RGZ. Bd. 69 S. 327) die Auffassung des Kammergerichts geteilt und näher begründet (S. 328flg.). Auch das Urteil vom 6. Februar 1915 (RGZ. Bd. 86 S. 221) geht ersichtlich von diesem Rechtsstandpunkt aus (S. 224). Dagegen läßt sich aus dem Erkenntnis vom 9. November 1910 (WarnRspr. 1911 Nr. 83) wohl eher ein Rückschluß auf die Gegenmeinung ziehen. In dem zuletzt ergangenen Urteil vom 26. April 1930 (RGZ. Bd. 128 S. 276) hat der erkennende Senat die Frage, ob § 880 oder die §§ 877, 879 BGB. anwendbar seien, ausdrücklich offen gelassen (S. 279). Man wird also nicht sagen können, daß diese Frage in der Rechtsprechung bereits im einen oder andern Sinne abschließend geklärt sei. Aber auch die Meinungen im Schrifttum gehen bisher immer noch auseinander.

Die Erläuterungsbücher von Planck-Strecker (BGB. Bd. III[1] 5. Aufl. Anm. II 2d S. 194) und Güthe-Triebel (GBO. 6. Aufl. Bd. I Anm. 34 zu § 45 S. 979) stehen auf dem Boden der Rechtsprechung des Kammergerichts. Andere namhafte Werke, z. B. der Reichsgerichtsräte-Kommentar (BGB. 8. Aufl. Bd. III Anm. 1 zu § 880) und Staudinger-Kober (BGB. Bd. III[1] 10. Aufl. Anm. 3 unter b, β zu § 880 S. 152) verfechten die Gegenansicht. Es ist nunmehr an der Zeit, höchstrichterlich eine endgültige Stellung zu dieser Frage einzunehmen. Der vorgelegte Fall gibt dazu die erwünschte Gelegenheit. Der beschließende Senat ist dem Kammergericht beigetreten. Zwar ist nicht zu verkennen, daß rechtstheoretisch und logisch sich die eine wie die andere Ansicht verteidigen läßt. Handelt es sich doch im Grunde genommen lediglich um die Frage, ob ein Recht, das genau im Augenblick seiner Eintragung vorrücken soll, in diesem mathematischen Zeitpunkt „schon eingetragen" oder „noch nicht eingetragen" sei. Das Rechtsleben verlangt aber klare, einfache Lösungen, die den Verkehrsbedürfnissen entgegenkommen. Was in dieser Richtung schon in RGZ. Bd. 69 S. 329 angedeutet worden ist, das gilt auch heute noch. Der gesunde Menschenverstand wird keinen durchschlagenden Grund dafür finden, daß eine Vorrangseinräumung, die sich gleichzeitig mit der Eintragung des vortretenden Rechts vollziehen soll, rechtlich anders behandelt werden müßte als eine Vorrangseinräumung, die unmittelbar darauf, vielleicht nur einige Sekunden später, zwischen denselben Rechten vollzogen wird. Der Wortlaut und die Entstehungsgeschichte des § 880 BGB. hindern jedenfalls nicht, beide Fälle gleichmäßig unter diese Vorschrift zu bringen. Damit wird eine einfache, klare, zweckmäßige, einheitliche Behandlung innerlich zusammengehöriger Lebensvorgänge erzielt. Diese Behandlung hat nun auch bereits die von der kammergerichtlichen Rechtsprechung geführte Übung im größten Teile des Deutschen Reiches für sich. Bewußt dieser Rechtsprechung sich entgegenstellende Stimmen höherer Gerichte in anderen Reichsgebieten sind nicht bekannt geworden. Das Reichsgericht hat daher keinen Anlaß gefunden, sich für eine abweichende Gesetzesauslegung einzusetzen.

Zu 2: Das Kammergericht geht in seinem Vorlegungsbeschluß bei der Anwendung des § 880 BGB. davon aus, daß die zur grundbuchmäßigen Verlautbarung der Einigung aus § 880 Abs. 2 Satz 1 erforderliche, von W. namens der J.-GmbH. erklärte Bewilligung des Rangrücktritts der Grundschuld von 30000 RM. hinter die neue Sparkassengrundschuld von 12000 RM. ebensowenig durch § 181 BGB. behindert sei wie die von W. im eigenen Namen erklärte Bestellung der neuen Grundschuld für die Stadtsparkasse. Nur in Ansehung der Zustimmung des Eigentümers aus § 880 Abs. 2 Satz 2 BGB. hält das Kammergericht dem W. die Schranke des § 181 BGB. entgegen, indem es ausführt:

Zwar habe W. seine Zustimmung nicht der von ihm vertretenen J.-GmbH., sondern gemäß § 880 Abs. 2 Satz 3 BGB. dem Grundbuchamt gegenüber erklärt. Rein äußerlich betrachtet sei er also nicht zugleich Erklärender im eigenen Namen und Erklärungsempfänger im Namen der von ihm vertretenen Gesellschaft. Rein äußerlich liege mithin auch der Abschluß eines Rechtsgeschäfts mit sich selbst im Sinne des § 181 BGB. nicht vor. Dennoch spreche für die Anwendung dieser Vorschrift auf den vorliegenden Fall die Erwägung, daß das Mit-sich-selbst-abschließen stets die Gefahr eines Widerstreits der Interessen und einer Schädigung des einen oder des anderen Teils mit sich bringe. Das Verbot des Handelns mit sich selbst bezwecke den Schutz des Vertretenen gegen die sich für ihn aus den gegensätzlichen Interessen ergebende Schädigungsgefahr. Dieser gesetzgeberische Grund rechtfertige es aber nicht, eine verschiedene rechtliche Behandlung Platz greifen zu lassen, je nachdem der Vertreter „die zu dem von ihm mit einem Dritten vorgenommenen Rechtsgeschäft erforderliche Zustimmung des Vertretenen" sich selbst oder dem Dritten gegenüber erkläre. Denn fehle ihm kraft Gesetzes die Vertretungsbefugnis für den Fall, daß er die Zustimmung sich selbst erteile, so könne sie ihm auch dann nicht zustehen, wenn er die Einwilligung dem Dritten erkläre. Andernfalls wäre es dem Zufall oder dem Belieben des Vertreters überlassen, ob das in seiner Wirksamkeit von der Zustimmung des Vertretenen abhängige Rechtsgeschäft wirksam werde oder nicht. Damit würde zugleich dem Vertreter die Möglichkeit gegeben, die dem Schutze des Vertretenen dienende Gesetzesbestimmung dadurch auszuschalten, daß er die Zustimmung dem anderen Teile gegenüber erkläre. Von Bedeutung sei ferner die Erwägung, daß es bei den Geschäften, deren Wirksamkeit von der Zustimmung des Vertretenen abhänge, nicht so sehr auf die Art der Erteilung wie auf die Tatsache der Zustimmung selbst ankomme. Die Tatsache als solche mache das von dem Vertreter im eigenen Namen vorgenommene Rechtsgeschäft wirksam. Und diese Wirkung sei die gleiche, ob der Vertreter die Zustimmung sich selbst oder dem anderen Teile gegenüber erkläre. Von diesem Standpunkt aus könne die Zustimmung, die W. in seiner Eigenschaft als Grundstückseigentümer erklärt habe, nach dem Grundgedanken des § 181 BGB. nicht für wirksam angesehen werden. Denn bei dem Rücktritt der bestehenden Hypothek hinter die neu bestellte Hypothek einerseits und der Zustimmung des Eigentümers hierzu andererseits handle es sich, vom Endzweck aus betrachtet, um ein einheitliches Rechtsgeschäft, nämlich die Bestellung einer neuen Hypothek mit dem Vorrang vor einer bestehenden Hypothek. Bei diesem Rechtsgeschäft werde der für die Wirkung des Rangrücktritts maßgebende Wille sowohl auf der Seite der zurücktretenden Gläubigerin als auch auf seiten des zustimmenden Eigentümers gebildet und erklärt von einer und derselben Person, die auf der Gläubigerseite als deren Vertreter und auf der Eigentümerseite im eigenen Namen auftrete. Das Handeln einer Person in einer derartigen rechtlichen Doppelstellung beim Abschluß von Rechtsgeschäften mit nicht gleichgerichteten Interessen der mehreren Beteiligten solle aber durch § 181 BGB. grundsätzlich verhindert werden. Bei anderer Auslegung des § 181 wäre der Grundstückseigentümer in der Lage, die Absicht des Gesetzes — tunlichste Verhinderung einer Schädigung oder Gefährdung fremder Interessen durch gleichzeitiges Handeln des Erklärenden in eigener Person und als Vertreter eines Dritten — dadurch zu durchkreuzen, daß er zu eigenem Vorteil unter Mißbrauch seiner Vertreterstellung und unter Schädigung oder Gefährdung der Belange des bei dem Rechtsgeschäft auf der Gegenseite Beteiligten, durch ihn Vertretenen, als Erklärungsempfänger das Grundbuchamt oder den vortretenden Gläubiger wähle.

Diese Begründung für die Anwendung des § 181 BGB. im gegebenen Falle hält der rechtlichen Nachprüfung nicht stand. Schon auf den ersten Blick fällt ein gewisser Widerspruch zwischen den Anfangs- und den Schlußgedanken des Kammergerichts auf. Seine Ausführungen beginnen mit der Klarstellung, daß die Einigung des zurücktretenden und des vortretenden Berechtigten nach § 880 Abs. 2 Satz 1 BGB. und die nach § 880 Abs. 2 Satz 2, 3 außerdem erforderliche Zustimmung des Eigentümers zwei rechtlich getrennte

Rechtsgeschäfte seien. Am Schlusse seiner Ausführungen neigt das Kammergericht dagegen der Auffassung zu, daß jene Einigung und diese Zustimmung ein einheitliches Rechtsgeschäft darstellten. Nur die Eingangsansicht kann richtig sein. Weder die Erwägung, daß beide Rechtsgeschäfte auf einen gemeinsamen Endzweck abzielen, noch die Tatsache, daß sachlich-rechtlich im vorliegenden Sonderfalle nicht, wie im Regelfalle, drei, sondern nur zwei natürliche Personen zur Erreichung des Endzwecks mitzuwirken brauchten und mitgewirkt haben, kann den Schluß rechtfertigen, daß hier die Einigung der beiden Hypothekengläubiger und die Zustimmung des Grundstückseigentümers rechtlich in ein einheitliches Rechtsgeschäft zusammenfielen. Es bleibt vielmehr bei der aus § 880 BGB. klar erhellenden Trennung in zwei rechtlich selbständige Willenserklärungen: die Einigung der beiden Gläubiger auf der einen, die Zustimmung des Eigentümers auf der anderen Seite. Daß W. an jener Einigung, bei der er als Vertreter der zurücktretenden Gläubigerin mitwirkte, durch § 181 BGB. nicht gehindert war, liegt auf der Hand und wird auch vom Kammergericht nicht bezweifelt. Aber auch der Zustimmung, die er im eigenen Namen als Eigentümer dem Grundbuchamt gegenüber erklärt hat, steht § 181 BGB. nicht im Wege. Freilich hätte W. diese Zustimmung nicht gegenüber der zurücktretenden Gläubigerin, also der von ihm selbst vertretenen Gesellschaft mbH., erklären können, weil ihm dieser nach § 880 Abs. 2 Satz 3 BGB. regelmäßig zulässige Weg hier ausnahmsweise durch § 181 BGB. versperrt gewesen wäre. Anders aber liegt es mit der dem Grundbuchamt gegenüber erklärten Zustimmung. Das Kammergericht möchte auch ihr im Hinblick auf den Schutzzweck des § 181 BGB. einen Riegel vorschieben. Damit geht es aber über das Gesetz hinaus. Soweit es im ersten Teil seiner Begründung mehrfach von einer „Zustimmung des Vertretenen" spricht, scheint es nicht scharf im Auge zu behalten, daß hier ja nur eine im eigenen Namen erklärte Zustimmungserklärung des Eigentümers W. in Betracht kommt. Diese Zustimmung erforderte aber das Gesetz (§ 880 Abs. 2 Satz 2 BGB.) auch lediglich im eigenen Interesse des Eigentümers, nämlich im Hinblick auf die Möglichkeit, daß aus dem zurücktretenden oder aus dem vortretenden Recht einmal eine Eigentümergrundschuld entstehen könnte. An einen Schutz des zurücktretenden Gläubigers als solchen dachte das Gesetz jedenfalls nicht, als es den Rangrücktritt an die Zustimmung des Eigentümers knüpfte. Die Begründung des Kammergerichts würde also zu dem seltsamen Ergebnis führen, daß die zurücktretende Grundschuldgläubigerin, für die eine Rücktrittserklärung abzugeben W. nicht gehindert war, in ihrer Interessenlage geschützt werden soll nicht durch ein Rechtsbedenken gegen die Rücktrittseinigung, sondern durch Behinderung einer Zustimmungserklärung, die W. lediglich in seinem eignen Interesse abzugeben hatte und die er auch nicht im fremden, sondern im eigenen Namen und nicht der von ihm vertretenen Gesellschaft, sondern einer anderen Stelle, dem Grundbuchamt, gegenüber abgegeben hat. Ein solches Ergebnis läßt sich aus dem Gesetzeszweck des § 181 BGB. nicht rechtfertigen. Richtig ist allerdings, daß diese Vorschrift den Vertretenen gegen Mißbrauch der Vertretungsmacht durch den Vertreter schützen will, und zwar regelmäßig in Fällen, in denen die Gefahr eines Interessengegensatzes besteht (RGZ. Bd. 68 S. 175, Bd. 143 S. 354). Nicht richtig ist es aber, wenn das Kammergericht diesem Schutzzweck zuliebe das Anwendungsgebiet des § 181 ausdehnen will über die Grenzen hinaus, die sich aus der klaren Fassung des Gesetzes ergeben. Der § 181 untersagt dem Vertreter nur ein Rechtsgeschäft mit sich selbst, nicht etwa jedes Handeln teils im eigenen, teils im fremden Namen, sofern dabei die Gefahr besteht, daß die Interessen des Vertretenen denen des Vertreters zuwiderlaufen. Das Gesetz gibt also keine allgemeine Schutzvorschrift gegen Mißbrauch der Vertretungsmacht, die ohne weiteres Platz greifen könnte, sobald beim Handeln des Vertreters teils im eigenen teils im Namen des Vertretenen die Möglichkeit eines Interessengegensatzes ersichtlich wäre, und die sinngemäß ausscheiden müßte, sobald bei solchem Handeln ein Interessenwiderspruch unmöglich wäre. Eine Gesetzesauslegung in diesem Sinne würde den Boden der Gesetzesvorschrift nach der einen Richtung hin ausdehnen, nach der anderen Richtung hin einschränken, alles in allem also verlassen. Das Reichsgericht hat denn auch in fester Rechtsprechung eine solche Auslegung abgelehnt. Es hat, falls der Vertreter mit sich selbst abgeschlossen hatte, den § 181, seiner eindeutigen Fassung gemäß, auch dann für anwendbar erklärt, wenn das Geschäft dem Vertretenen nur Vorteil bringen konnte, ein Mißbrauch der Vertretungsmacht also ausgeschlossen war (WarnRspr. 1910 Nr. 414, 1932 Nr. 200). Umgekehrt hat es, sofern der Vertreter nicht mit sich selbst abgeschlossen hatte, den § 181 auch dann ausgeschaltet, wenn bei einem Rechtserfolg, den der Vertreter, in Doppelstellung auftretend, teils im eigenen Namen teils im Namen des Vertretenen durch Abschluß mit einem Dritten herbeigeführt hatte, ein Mißbrauch der Vertretungsmacht erkennbar war oder doch im Bereich der Möglichkeit lag (RGZ. Bd. 76 S. 89, Bd. 103 S. 417, Bd. 108 S. 407, Bd. 127 S. 105; WarnRspr. 1915 Nr. 179; JW. 1931 S. 2229 Nr. 3). Natürlich wird damit nicht etwa der Vertretene einem Vollmachtsmißbrauch, der nicht unter § 181 fällt, schutzlos preisgegeben. In solchen Fällen kann und muß vielmehr der Vertretene je nach den Umständen des Einzelfalles andere Rechtsbehelfe sich zunutze machen. Meist wird er aus dem der mißbrauchten Vollmacht zugrunde liegenden Rechtsverhältnis vertragliche Schadensersatzansprüche gegen den ungetreuen Vertreter herleiten können. Unter Umständen werden ihm auch die Vorschriften des § 138 oder des § 826 BGB. sowie der § 266 StGB. oder § 81a GmbHG. in Verbindung mit § 134 BGB. und § 823 Abs. 2 BGB. zur Seite stehen. Das Verbot des Selbstabschließens im § 181 BGB. aber darf nicht erstreckt werden auf Fälle, wo der Vertreter überhaupt nicht mit sich selbst abgeschlossen hat, sondern nur mit Dritten, also außerhalb des Anwendungsgebiets dieser Vorschrift in den rechtsgeschäftlichen Verkehr eingetreten ist. Das ist jetzt auch die einhellige Ansicht des Schrifttums zu § 181 BGB.[1]) Ihr hat sich das Bayerische Oberste Landesgericht angeschlossen (HRR. 1934 Nr. 1053). Auch das Kammergericht hat früher (KGJ. Bd. 39 S. A 235) diese Auffassung vertreten. Soweit es später davon abgewichen ist (JFG. Bd. 2 S. 283, Bd. 12 S. 286), hat es den Boden des Gesetzes verlassen. Da im vorliegenden Falle W. weder bei der Einigung mit der vortretenden Sparkasse, wobei er als Vertreter der J.-GmbH. aufgetreten ist, noch bei der Zustimmung, die er als Eigentümer im eigenen Namen dem Grundbuchamt gegenüber

[1]) Vgl. Komm. v. RGR. 8. Aufl. Bd. I S. 306 Anm. 1 zu § 181; Planck-Flad 4. Aufl. Bd. I S. 481 Anm. 1 e α) und β) zu § 181; Güthe-Triebel 6. Aufl. Bd. II S. 2052; Enneccerus-Nipperdey Lehrbuch des Bürgerlichen Rechts 13. Bearbeitung S. 553 Fußnote 12 zu § 168; Staudinger-Riezler 10. Aufl. Bd. I S. 912 Anm. 8 unter 5a) zu § 181 (abw. allerdings wohl S. 917 Anm. 23 unter 9b), wo eine „analoge" Anwendung des § 181 bei Erklärungen des Vertreters gegenüber dem Grundbuchamt unter gewissen Umständen befürwortet wird).

erklärte, ein Rechtsgeschäft mit sich selbst im Sinne des § 181 BGB. vorgenommen hat, ist die weitere Beschwerde begründet. Das Grundbuchamt war demnach anzuweisen, von der aus § 181 BGB. hergeleiteten Beanstandung der Eintragungsanträge abzusehen.

---

7. 1. Gilt der Satz ausnahmslos, daß im Falle der notwendigen Streitgenossenschaft (§ 62 ZPO.) die Streitgenossen, die einen Termin oder eine Frist versäumen, als durch die nichtsäumigen vertreten angesehen werden?

2. Wie gestaltet sich die Rechtslage für die einzelnen notwendigen Streitgenossen, wenn ein Teil von ihnen gar nicht oder verspätet, ein anderer Teil dagegen rechtzeitig von einem Rechtsmittel Gebrauch macht, zur Zeit dieses Rechtsmittelgebrauchs aber die Rechtsmittelfrist für die säumigen Streitgenossen bereits verstrichen war?

3. Hat etwa der für einen Teil der notwendigen Streitgenossen eintretende Rechtsmittelverlust insbesondere die Folge, daß das streitige Rechtsverhältnis allen Streitgenossen gegenüber als rechtskräftig festgestellt zu behandeln ist, so daß das Rechtsmittel der nichtsäumigen Streitgenossen ohne weiteres als unbegründet zurückgewiesen werden muß?

§ 62 ZPO.

V. Zivilsenat. Urt. v. 31. Januar 1938 i. S. S. u. a. (Bekl.) w. Bank f. Saar- und Rheinland AG. (Kl.). V 105/37.

I. Landgericht Zweibrücken.
II. Oberlandesgericht daselbst.

Die Parteien streiten über Grund und Betrag der dinglichen Haftung der Beklagten aus einer von dem praktischen Arzt Dr. S. in W. auf seinem Hausgrundstück daselbst zur Sicherung des Eingebrachten seiner Ehefrau, der Erstbeklagten, bestellten Hypothek von 32586 M. Dr. S. ist am 28. Februar 1919 verstorben und kraft Gesetzes beerbt worden von seiner Witwe, der Erstbeklagten, und den gemeinschaftlichen Kindern, den Beklagten zu 2a, 3, 4 und 5a.

Die Beklagten zu 2b und 5b sind die Ehemänner der Beklagten zu 2a und 5a. In den Jahren 1920 bis 1923 hat die Erstbeklagte bei der Klägerin Kredit in Anspruch genommen und ihr, als sie Sicherung ihrer Ansprüche verlangte, am 24. Oktober 1925 die vorerwähnte Sicherungshypothek nebst der zugrunde liegenden Forderung abgetreten.

Mit der vorliegenden Klage verfolgt die Klägerin ihre Befriedigung aus dem Grundstück. Sie hat beantragt, die Beklagten zu 1, 2a, 3, 4 und 5a zur Duldung der Zwangsvollstreckung in das belastete Grundstück aus der mit dem Aufwertungsbetrage von 8146,50 GM. eingetragenen Hypothek, die Beklagten zu 2b und 5b aber zur Duldung der Zwangsvollstreckung in das eingebrachte Gut ihrer Ehefrauen zu verurteilen. Auf die Klage haben sich im ersten und zweiten Rechtsgang nur die Beklagten zu 2a und b, 5a und b eingelassen und Abweisung begehrt.

Das Landgericht hat unter Annahme notwendiger Streitgenossenschaft sämtliche Beklagten als durch die Beklagten vertreten angesehen, die sich auf die Klage eingelassen haben. Es hat aber die Klage insoweit abgewiesen, als beantragt war, die beklagten Miterben zur Duldung der Zwangsvollstreckung aus der Hypothek zu einem höheren Betrage als 2812,50 GM. und die beklagten Ehemänner wegen eines höheren Betrages zur Duldung der Zwangsvollstreckung in das Eingebrachte zu verurteilen. Im übrigen hat es den Anspruch der Klägerin einstweilen mit Rücksicht auf die noch ausstehende Entscheidung der Aufwertungsstelle über einen Antrag auf Herabsetzung der Aufwertung nur dem Grunde nach für gerechtfertigt erklärt.

Die Klägerin und die Beklagten zu 2a und b, 5a und b haben das Urteil mit Berufung angefochten. Das Oberlandesgericht hat, wie das Landgericht, notwendige Streitgenossenschaft aller Beklagten angenommen und daher sämtliche Beklagten gemäß § 62 ZPO. als vertreten behandelt. Es hat aber ihre Berufungen zurückgewiesen. Auf die Berufung der Klägerin hat es die Entscheidung des Landgerichts unter Zurückweisung weitergehender Anträge dahin abgeändert, daß es die Klägerin mit der Klage nur insoweit abgewiesen hat, als beantragt war, die Beklagten zu 1, 2a, 3, 4, 5a zur Duldung der Zwangsvollstreckung aus der Hypothek in höherem Betrage als 6400 GM. und die Beklagten zu 2b und 5b wegen eines höheren Betrages zur Duldung der Zwangsvollstreckung in das Eingebrachte der Ehefrauen zu verurteilen. Im übrigen hat es den Anspruch der Klägerin dem Grunde nach für gerechtfertigt erklärt.

Gegen dieses Urteil haben die bisher nicht durch einen Prozeßbevollmächtigten vertretenen Beklagten zu 3 und 4 und die bisher schon durch einen Prozeßbevollmächtigten vertretenen Beklagten zu 5a und b Revision eingelegt, mit der sie die völlige Abweisung der Klage verfolgen. Die Revisionen blieben ohne Erfolg.

Über die Frage der notwendigen Streitgenossenschaft besagen die

Gründe:

I. Die Zulässigkeit der von den einzelnen Beklagten eingelegten Revisionen war von Amts wegen zu prüfen.

Den Vorinstanzen ist darin beizutreten, daß auf Seite der Beklagten, soweit sie Miterben sind, eine notwendige Streitgenossenschaft im Sinne des § 62 ZPO. vorliegt. Es handelt sich bei der gegen die Gesamtheit der Erben des verstorbenen Dr. S. gerichteten Klage auf Duldung der Zwangsvollstreckung aus einer Hypothek auf einem zum ungeteilten Nachlaß gehörigen Grundstück um eine Gesamthandsklage gemäß § 2059 Abs. 2 BGB., bei der die Streitgenossenschaft, wenn alle Miterben zusammen verklagt sind, eine notwendige ist; denn sachlich ist die begehrte Duldung gleichzustellen einer Verfügung über einen einzelnen Gegenstand des ungeteilten Nachlasses; sie könnte von den Miterben nur gemeinsam getroffen werden (§ 2033 Abs. 2, § 2040 BGB.). Daher läßt das Sachverhältnis, nämlich die Frage, ob der Klägerin aus der Hypothek der behauptete Duldungsanspruch zusteht, allen Miterben gegenüber nur eine einheitliche Entscheidung zu. Somit liegt eine notwendige Streitgenossenschaft im Sinne des ersten Falles des § 62 ZPO. vor (siehe auch RGZ. Bd. 93 S. 292flg.).

Das Bestehen einer notwendigen Streitgenossenschaft hindert nicht, daß einzelne Streitgenossen des Rechtsmittels gegen eine gerichtliche Entscheidung durch Verstreichenlassen der Rechtsmittelfrist verlustig gehen. Denn diese Frist läuft auch bei der notwendigen Streitgenossenschaft gegen jeden einzelnen Streitgenossen gesondert (Vereinigte Zivilsenate RGZ. Bd. 48 S. 417). Gemäß § 62 ZPO.

werden zwar die in der Einlegung eines Rechtsmittels säumigen Streitgenossen durch die nichtsäumigen vertreten. Das gilt aber nur, wenn die Rechtsmittelfrist für die säumigen Streitgenossen zur Zeit der Einlegung des Rechtsmittels durch die nichtsäumigen noch nicht verstrichen war (RG. in JW. 1931 S. 3541 Nr. 1). Die Frage, ob im vorliegenden Falle für diejenigen Streitgenossen, die sich weder im ersten noch im zweiten Rechtsgang auf die Klage eingelassen haben, bereits in der Berufungsinstanz ein Rechtsmittelverlust eingetreten ist, braucht hier nicht untersucht zu werden, weil die auf die Berufung der Klägerin ergangene Entscheidung des Oberlandesgerichts gegenüber der des Landgerichts eine erhebliche Verschlechterung des Prozeßergebnisses für die Beklagten bedeutet, so daß an sich — beim Vorliegen aller übrigen gesetzlichen Voraussetzungen der Anfechtung — allen notwendigen Streitgenossen auf der Beklagtenseite die Revisionsinstanz eröffnet sein muß, ohne Rücksicht darauf, ob einige von ihnen sich bis zum Erlaß der Berufungsentscheidung völlig untätig verhalten haben. Die Selbständigkeit der Anfechtungsbefugnis eines jeden der notwendigen Streitgenossen nötigt aber zu der Prüfung, ob die Revisionsfrist von einem jeden der Anfechtenden gewahrt worden ist ... (Folgt Darlegung, daß die Revisionsfrist von den Beklagten zu 3 und 4 gewahrt, von den Beklagten zu 5a und b dagegen versäumt worden ist. Dann wird fortgefahren:)

Die Revision der Beklagten zu 5a und b war hiernach als unzulässig zu verwerfen.

II. Es erhebt sich die Frage, ob bei der hier gegebenen Notwendigkeit einer einheitlichen Entscheidung des streitigen Rechtsverhältnisses gegenüber allen notwendigen Streitgenossen (auf der Beklagtenseite) der Eintritt der Unanfechtbarkeit durch eigenes Rechtsmittel für einen Teil der Streitgenossen die Wirkung hat, daß eine abändernde Entscheidung zu Gunsten des anderen Teils der Streitgenossen, der in der Wahrung der Rechtsmittelfrist nicht säumig war, ausgeschlossen ist. Müßte diese Frage bejaht werden, dann wäre die Revision der Beklagten zu 3 und 4 ungeachtet ihrer prozessualen Zulässigkeit als unbegründet zurückzuweisen, ohne Rücksicht darauf, ob die angefochtene Entscheidung an verfahrensrechtlichen oder sachlichrechtlichen Mängeln litte, die ihren Bestand unter anderen Umständen in Frage stellen würden.

Das Unanfechtbarwerden der Berufungsentscheidung für die Beklagte zu 5a hindert indessen das Revisionsgericht nicht, die Revision der Beklagten zu 3 und 4 einer sachlichrechtlichen Prüfung zu unterziehen und auf Grund dieser Prüfung in der Sache frei zu entscheiden.

Das Gesetz weist im § 62 ZPO. dem nichtsäumigen Streitgenossen im Rahmen der notwendigen Streitgenossenschaft eine führende und schützende Rolle zu. Ist von den notwendigen Streitgenossen ein Termin oder eine Frist zu wahren, so werden die in der Wahrung des Termins oder der Frist säumigen Streitgenossen als durch die nichtsäumigen vertreten angesehen. Welche Bedeutung diese Vorschrift für die Wahrung einer Rechtsmittelfrist hat, ist bereits angedeutet worden. Nach der Entscheidung der Vereinigten Zivilsenate RGZ. Bd. 48 S. 417 — vgl. auch RGZ. Bd. 68 S. 221, Bd. 71 S. 370 — wirken die von oder gegenüber einzelnen notwendigen Streitgenossen bewirkten Urteilszustellungen nicht auch gegenüber den andern Streitgenossen. Jeder Streitgenosse ist vielmehr in der Anfechtung des Urteils oder in der Verteidigung auf die vom Gegner erklärte Anfechtung insofern selbständig, als es in seiner Hand liegt, ob er die Anfechtung erklären oder auf die Anfechtung des Gegners sich einlassen will. Es liegt namentlich in seiner Hand, ob er die gegen ihn laufende Rechtsmittelfrist wahren oder ungenutzt verstreichen lassen will. Deshalb ist es möglich, daß für ihn das Urteil unanfechtbar durch eigenes Rechtsmittel wird, während die in der Wahrung ihrer Interessen tätigen Streitgenossen durch rechtzeitige Einlegung eines Rechtsmittels sich den Anspruch auf eine verfahrensrechtliche und sachlichrechtliche Nachprüfung der ihnen ungünstigen Entscheidung sichern. Nur insoweit findet bei sinngemäßer Auslegung des § 62 ZPO. in der Wahrung der Rechtsmittelfrist eine Vertretung der untätigen notwendigen Streitgenossen durch die tätigen statt, als der Lauf der von den untätigen Streitgenossen zu wahrenden Rechtsmittelfrist in den Lauf der von den tätigen gewahrten Rechtsmittelfrist fällt. Insoweit wirkt allerdings die Vertretung durch den tätigen Streitgenossen für und gegen den untätigen sogar ohne Rücksicht darauf, ob sie von dem Handelnden mit oder ohne Vertretungswillen vorgenommen oder ob von dem säumigen Streitgenossen ein widerstreitendes Verhalten beobachtet wird (RGZ. Bd. 90 S. 46).

Mit dieser Regelung, die deutlich den Willen des Gesetzgebers erkennen läßt, dem tätigen Streitgenossen die Verfolgung seines Rechtsmittels zu sichern (vgl. auch die oben angezogene Entscheidung der Vereinigten Zivilsenate), ist die Auffassung unvereinbar, daß die säumigen Streitgenossen es in der Hand haben sollten, durch Verstreichenlassen der gegen sie laufenden Rechtsmittelfrist oder durch Rechtsmittelverzicht die Rechtskraft des Urteils jenem gegenüber mit der weiteren Folge herbeizuführen, ihm die Weiterverfolgung seiner Rechte aussichtslos zu machen. Dem Gesetz ist ja auch sonst das Ausscheiden eines notwendigen Streitgenossen aus dem Prozeß durch Zurücknahme des Rechtsmittels oder Verzicht auf dieses nicht fremd, ohne daß die Befugnis der übrigen Streitgenossen zur Fortführung des Rechtsstreits durch dieses Ausscheiden berührt würde. Scheidet ein Streitgenosse durch Rechtsmittelverlust aus dem Rechtsstreit prozessual, d. h. als Rechtsmittelkläger aus, so bleibt ihm als notwendigem Streitgenossen immer noch das Recht, sich an dem Rechtsmittel der andern Streitgenossen zu beteiligen. Er ist deshalb auch weiterhin zu dem Verfahren hinzuzuziehen (RGZ. Bd. 76 S. 298, Bd. 96 S. 48 [52]; IV B 40/27, Beschluß vom 22. September 1927). Darin zeigt sich gerade die Wirkung der notwendigen Streitgenossenschaft. Die Verwerfung der von der Beklagten zu 5a als notwendigen Streitgenossin eingelegten Revision zieht also für die Beklagten zu 3 und 4 als notwendige Streitgenossen der Beklagten zu 5a nicht den Verlust des Anspruchs auf eine sachlichrechtliche Prüfung der von ihnen zulässigerweise eingelegten Revision nach sich. Eine andere Auffassung müßte dazu führen, z. B. der Beklagten zu 5a als einzelner notwendigen Streitgenossin die Befugnis zuzugestehen, im Ergebnis allein über das allen Streitgenossin in ungeteilter Erbengemeinschaft zustehende Grundstück zu verfügen. Das aber würde dem materiellen Recht, den Vorschriften der § 2033 Abs. 2, § 2040 BGB. widersprechen.

Diese Überlegungen führen zu der Erkenntnis, daß in den Fällen der notwendigen Streitgenossenschaft die Rechtskraft der ergangenen Entscheidung so lange in der Schwebe bleibt, als die Entscheidung von einem der Streitgenossen noch mit der Berufung oder der Revision oder einem anderen Rechtsmittel angefochten werden kann. Der Verlust des Rechtsmittels auf seiten eines der Streitgenossen hat nur die Folge, daß die Entscheidung von diesem Streitgenossen nicht mehr angefochten werden kann; sie wird für ihn prozessual unanfechtbar. Der Mangel der Befugnis eines einzelnen notwendigen Streitgenossen zur eigenen selbständigen Anfechtung der Entscheidung hindert aber nicht die Rechtsverfolgung der übrigen Streitgenossen. Er hindert daher auch nicht das Zustandekommen einer abändernden Entscheidung. Soweit die neue Entscheidung reicht, äußert sie ihre Wirkung auch für und gegen die Streitgenossen, die des Rechtsmittels gegen die abgeänderte Entscheidung verlustig gegangen, aber Teilnehmer des Rechtsstreits als Streitgenossen der obsiegenden Rechtsmittelkläger geblieben waren. Die betonte Notwendigkeit einer einheitlichen Entscheidung des streitigen Rechtsverhältnisses führt also nicht dazu, daß sich die tätigen Streitgenossen wegen des Rechtsmittelverlusts der säumigen Streitgenossen schlechthin mit dem ihnen nachteiligen Urteil abzufinden hätten, sondern umgekehrt dazu, daß die auf das Rechtsmittel der tätigen Streitgenossen ergehende abändernde Entscheidung für und gegen sämtliche Streitgenossen gleiches Recht schafft. Ein Gebundenbleiben der säumigen Streitgenossen an die angefochtene Entscheidung würde ja hier auch der Klägerin nichts nützen, da sie zur Zwangsvollstreckung in das gemeinschaftliche Grundstück eines Titels bedarf, der alle notwendigen Streitgenossen zur Duldung der Vollstreckungsmaßnahmen verpflichtet.

Soweit in der vom IV. Zivilsenat des Reichsgerichts für einen ähnlich liegenden Fall am 15. Juni 1931 getroffenen Entscheidung IV 374/30 in JW. 1931 S. 3541 Nr. 1 ein anderer Rechtsstandpunkt vertreten wird, kann dem nicht gefolgt werden. Durch diese Entscheidung ist der jetzt erkennende Senat im Hinblick auf Art. 2 des Gesetzes vom 28. Juni 1935 — RGBl. I S. 844 — an einer abweichenden Beurteilung der Rechtsfrage nicht gehindert. Im übrigen hat der IV. Zivilsenat auf Anfrage auch erklärt, daß er an der in jenem Urteil ausgesprochenen Auffassung nicht festhalte.

III. In der Sache selbst konnte die Revision der Beklagten zu 3 und 4 keinen Erfolg haben ... (Wird näher ausgeführt.)

8. 1. Können die Vorschriften über Ersatzherausgabe bei Unmöglichkeit der Leistung (§ 281 BGB.) oder die über Schadensersatzleistung aus (unechter) Geschäftsführung (§ 687 BGB.) zu Gunsten des Sicherungseigners eines Fabrikzubehörstücks angewendet werden, wenn der Verwalter im Konkurse über das Vermögen des Fabrikeigentümers dessen aus dem Fabrikgrundstück und dem Erwerbsgeschäft nebst allem Zubehör bestehendes Gesamtunternehmen nach der Beschlagnahme des Grundbesitzes an einen der Grundstücksgläubiger im ganzen veräußert hat, um so die Zwangsversteigerung der Fabrik abzuwenden?

2. Kann eine Sauerstoffanlage als Zubehör einer Röhrenfabrik angesehen werden, wenn sie in einer etwa 1 km von der Fabrik entfernt liegenden, vom Fabrikherrn gemieteten Mühle untergebracht ist und wenn der dort erzeugte Sauerstoff nicht ausschließlich zum Schweißen in der Fabrik verwendet, sondern zum Teile verkauft wird?

3. Über die Rechtsstellung des Sicherungseigentümers eines Zubehörstücks im Konkurse des Fabrikherrn.

4. Zum Begriffe des Anschlußkonkurses (mit Bezug auf ein vom Schuldner während der Dauer des Vergleichsverfahrens zur Fortführung seines Geschäfts aufgenommenes Darlehen).

BGB. §§ 97, 98, 930flg., 1120, 1121, 1147, 1192. ZPO. § 865 Abs. 1. ZVG. § 20 Abs. 2. KO. § 127. Vergleichsordnung v. 5. Juli 1927 — VerglO. — §§ 83 bis 87.

VII. Zivilsenat. Urt. v. 1. Februar 1938 i. S. Firma K. & F. (Kl.) w. W. als Verwalter im Konkurse über das Vermögen der Firma G. K., Alleininhaberin Witwe G., und w. diese persönlich (Bekl.). VII 174/37.

I. Landgericht Ulm.
II. Oberlandesgericht Stuttgart.

Am 1. Juni 1934 wurde über das Vermögen der Firma G. K., Röhrenwerk in S., nunmehrigen Gemeinschuldnerin, das Vergleichsverfahren eröffnet unter Bestellung des Buchprüfers Schn. zur Vertrauensperson. Die Firma besaß auch eine Anlage zur Herstellung von Sauerstoff, die sich anfänglich auf ihrem eigenen Werksgrundstück, dann seit 1920 auf einem hierzu gemieteten Mühlengrundstück befand, das etwa 800 bis 1000 m vom Werke der Firma entfernt liegt; der dort hergestellte Sauerstoff wurde zunächst nur zu Schweißarbeiten im Werke gebraucht, später teils zum Betriebe des Röhrenwerks verwendet, teils an Kunden verkauft. Mit Zustimmung des Schn. veräußerte die Firma durch Sicherungsübereignungsvertrag vom 5. Juli 1934 die vollständige Sauerstoffanlage an die Klägerin zur Sicherung eines mit 1% über Reichsbankdiskont verzinslichen Darlehens von 12000 RM. Die Übergabe der einzelnen zur Anlage gehörigen Gegenstände wurde dadurch ersetzt, daß diese der Schuldnerin zur Aufrechterhaltung und Fortführung ihres Betriebes belassen wurden. Die Klägerin gab das Darlehen angeblich am 5. Juli 1934 in Höhe von 6000 RM., am 17. Juli und am 4. August 1934 in Höhe von je 3000 RM. Im Vergleichstermin vom 16. Juli 1934 wurde der Vergleichsvorschlag der Firma G. K. von deren Gläubigern angenommen und vom Gericht bestätigt. Auf Grund des Vergleichs übereignete die Schuldnerin ihr gesamtes pfändbares Vermögen dem Schn. als Treuhänder zur bestmöglichen Verwertung und zur Verteilung des Erlöses an die Gläubiger; das Vergleichsverfahren wurde aufgehoben.

Am 22. Dezember 1934 verkaufte der Treuhänder Schn. die Sauerstoffanlage an eine Firma in B. für 42500 RM. Die Kreissparkasse, zu deren Gunsten eine (vollstreckbare) Briefgrundschuld von 160000 RM. für ein der Firma G. K. gewährtes Darlehen von 150000 RM. auf dem Grundbesitz der Alleininhaberin Witwe G. eingetragen war, erwirkte eine einstweilige Verfügung des Landgerichts vom 9. Januar 1935, wonach der Firma G. K. und dem Treuhänder verboten wurde, das Sauerstoffwerk zu veräußern und den Kaufvertrag vom 22. Dezember 1934 zu erfüllen. Dieser Rechtsstreit fand in der Hauptsache dadurch seine Erledigung, daß am 9. Februar 1935 auf Antrag der Kreissparkasse das Konkursverfahren über das Vermögen der Firma G. K. eröffnet wurde. Der zum Konkursverwalter bestellte Beklagte verweigerte die Erfüllung des Kaufvertrags.

Am 17. Januar 1935 war auf Antrag der Kreissparkasse wegen der bezeichneten Grundschuld die Zwangsversteigerung des Grundbesitzes der Schuldnerin Witwe G. angeordnet worden. Am 30. August

1935 bewilligte die Kreissparkasse die einstweilige Einstellung dieses Verfahrens; der Versteigerungstermin vom 5. September 1935 wurde aufgehoben.

Die Klägerin meldete im Konkursverfahren u. a. ihre Darlehnsforderung von 12000 RM. nebst den vereinbarten Zinsen seit dem 1. Januar 1935 an. Der Beklagte erkannte die Forderung in Höhe des Ausfalls an.

Durch notariellen Vertrag vom 14. September 1935 verkaufte der Beklagte als Konkursverwalter und als Bevollmächtigter der Witwe G. deren gesamtes Anwesen einschließlich der Sauerstoffanlage und der Handelsgewerbe (Röhrenwerk, Sauerstoffanlage, Dampfziegelei) zum Preise von 230000 RM. an ihren Bruder Gustav K. Nach § 2 des Kaufvertrags entfallen von dem Kaufpreis auf die Grundstücke 120000 RM., auf die Zubehörteile 80000 RM. und auf die beiden Handelsgeschäfte 30000 RM. Der Käufer übernahm in Anrechnung auf den Kaufpreis von der Schuld der Gemeinschuldnerin an die Kreissparkasse den Teilbetrag von 100000 RM.; der Verkäufer verpflichtete sich, von der Grundschuld der Kreissparkasse von 160000 RM. den Teilbetrag von 60000 RM. zur Löschung zu bringen. Der Käufer, der vier Eigentümergrundschulden in Höhe von je 25000 RM. hatte pfänden und sich zur Einziehung überweisen lassen, erklärte, daß er als Pfändungsgläubiger die Löschung dieser vier Grundschulden bewillige und auf das ihm als Pfändungsgläubiger insoweit zustehende Recht auf abgesonderte Befriedigung aus den belasteten Grundstücken verzichte. In § 13 des Kaufvertrags heißt es:

> Die mitverkaufte Sauerstoffanlage einschließlich der dazu gehörigen Flaschen ist laut Kaufvertrag vom 5. Juli 1934 der Firma K. & F. (Klägerin) zur Sicherung eines Darlehns in Höhe von 12000 RM. nebst 6 v. H. Zinsen vom Auszahlungstag an übereignet worden. Die Sauerstoffanlage ist als Zubehör anzusehen, die Übereignung kann deshalb nicht wirksam werden, weil die Anlage der abgesonderten Befriedigung der Hypothekengläubiger diente. Gerichtliche Schritte hierwegen gegen den Darlehnsgeber sind eingeleitet. Sollten diese nicht zum Erfolg führen, insbesondere weil die Zubehöreigenschaft der Sauerstoffanlage samt Flaschen vom Gericht verneint würde, so verpflichtet sich der Verkäufer, die Firma K. & F. zu befriedigen und dem Käufer das

Eigentum an der Anlage durch Abtretung des Anspruchs auf Rückübertragung des Eigentums zu verschaffen.

In der Sitzung des Gläubigerausschusses vom 1. November 1935 wurde das Absonderungsrecht der Klägerin an der Sauerstoffanlage in Höhe des Hauptschuldbetrags von 12000 RM. anerkannt. Dies teilte der verklagte Konkursverwalter der Klägerin am 2. November 1935 mit; er fügte hinzu, der Gläubigerausschuß erwarte, daß die Klägerin auf die Zinsen verzichte. Einen solchen Verzicht lehnte diese mit Brief vom 9. November 1935 ab.

Mit der Klage hat die Klägerin von dem verklagten Konkursverwalter die Bezahlung von 12000 RM. nebst 5% Zinsen seit dem 1. Januar 1935 verlangt. Den Klaganspruch hat sie in erster Linie auf § 127 Abs. 1 Satz 2 KO., weiter auf das Schuldanerkenntnis in dem Briefe vom 2. November 1935 gestützt. Ferner hat sie sich auf Verschulden des Beklagten als Konkursverwalters (wegen unterwertigen Verkaufs der Sauerstoffanlage) berufen. Die Eigenschaft der Sauerstoffanlage als Zubehörs des Werkes der Gemeinschuldnerin hat sie bestritten. Das Landgericht hat die Klage abgewiesen.

Im zweiten Rechtsgang hat die Klägerin beantragt, unter Abänderung des ersten Urteils für Recht zu erkennen: der Beklagte sei schuldig, in seiner Eigenschaft als Konkursverwalter, hilfsweise auf Grund persönlicher Haftung, an sie 12000 RM. nebst 5% Zinsen hieraus seit dem 1. Januar 1935 zu zahlen; hilfsweise die Forderung der Konkursmasse gegen Gustav K. aus dem Kaufvertrage vom 14. September 1935 in Höhe des bezeichneten Schuldbetrags an sie (Klägerin) abzutreten; weiter hilfsweise zu erkennen: der Beklagte sei schuldig, ihr den unmittelbaren Besitz an 700 Stück der ihr durch Vertrag vom 5. Juli 1934 übereigneten Sauerstoffflaschen nebst Inhalt zu beschaffen und diese an sie herauszugeben; hilfsweise: diese Flaschen zum Zwecke der abgesonderten Befriedigung an sie herauszugeben.

Das Oberlandesgericht hat die Berufung der Klägerin zurückgewiesen. Auch ihre Revision blieb ohne Erfolg.

Aus den Gründen:

1. Den Anspruch der Klägerin auf den vom Beklagten beim Verkaufe der Sauerstoffanlage an Gustav K. erzielten Erlös lehnt der Vorderrichter ab, weil die Anlage nicht nach Maßgabe der Vor-

schriften über die Zwangsvollstreckung oder den Pfandverkauf — § 127 KO. —, sondern gemäß §§ 117, 6 KO. freihändig verkauft worden sei. Diese Erwägung ist zutreffend. Richtig geht der Vorderrichter auch davon aus, daß der Konkursverwalter in einem derartigen Fall an den dem Absonderungsrecht eines Gläubigers unterliegenden Gegenständen keine weitergehenden Rechte geltend machen könne als vorher der Gemeinschuldner. Wenn daher der Konkursverwalter die Anlage ohne Einwilligung des Absonderungsberechtigten veräußert hat, so hat der Erwerber Gustav K. sie nur mit dem dinglichen Rechte der Klägerin belastet erworben, falls er nicht insoweit gutgläubig war (§§ 932, 936 BGB.). Da aber Gustav K. vom Beklagten beim Abschluß des Kaufvertrags vom 14. September 1935 auf das Bestehen des Eigentumsrechts der Klägerin hingewiesen worden ist, so kann er das Eigentum an der Anlage nicht erlangt haben. Durch die Veräußerung ist das Eigentumsrecht der Klägerin nicht beeinträchtigt worden; sie kann dem Beklagten gegenüber nur eine etwaige Ausfallsforderung geltend machen, die indessen im Konkursverfahren festgestellt worden ist. Eine Zahlung kann die Klägerin insoweit nicht verlangen (KO. §§ 149 flg.).

2. Auch die Anwendbarkeit des § 281 BGB. auf den vorliegenden Fall hat der Vorderrichter mit zutreffender Begründung verneint. Allerdings hat der Beklagte durch die Veräußerung der Sauerstoffanlage und durch die Übertragung des unmittelbaren Besitzes daran auf Gustav K. den dinglichen Herausgabeanspruch der Klägerin gegen ihn selbst unmöglich gemacht. Dafür hat aber die Klägerin einen Herausgabeanspruch auf Grund ihres unberührt gebliebenen Eigentums an der Anlage gegenüber dem Erwerber erlangt, der bei der Übergabe nicht gutgläubig war. Die Klägerin kann den Herausgabeanspruch ohne Beeinträchtigung ihrer Rechtsstellung gegenüber dem Erwerber verfolgen (§ 985 BGB.). Von einer unrichtig gewordenen tatsächlichen Verteilung des Vermögenswertes, wie sie in § 281 BGB. vorausgesetzt wird, kann hier keine Rede sein. Diese Vorschrift beruht, wie das Reichsgericht wiederholt ausgesprochen hat, auf dem Gedanken, daß das Schuldverhältnis trotz der nachträglich eingetretenen Unmöglichkeit der Leistung nicht vernichtet wird, sondern seine Wirkung in einer anderen Richtung, und zwar in der Verpflichtung zur Ersatzherausgabe äußert. Es muß also eine schuldrechtliche Beziehung zwischen dem Gläubiger und dem

Ersatzpflichtigen bestehen, und dieses Schuldverhältnis muß so beschaffen sein, daß es seiner Natur nach eine Änderung der Leistungspflicht überhaupt zuläßt; es muß m. a. W. die Möglichkeit des Weiterbestehens der Verpflichtung in sich selbst tragen (RGZ. Bd. 115 S. 31 [33], Bd. 120 S. 297 [299], S. 347 [351]). Ein derartiges Schuldverhältnis hat aber zwischen der Klägerin und dem verklagten Konkursverwalter in Ansehung der zur Sicherung übereigneten Gegenstände auf Grund der Sicherungsübereignung nicht bestanden. Dem Konkursverwalter gegenüber beschränkt sich die Rechtsstellung des Sicherungseigners auf ein dingliches Recht; dieser kann jenem gegenüber ein Absonderungsrecht geltend machen, und da er förmliches Eigentum erlangt hat und nur schuldrechtlich in der Verfügung beschränkt ist, kann er auf Grund seines dinglichen Rechts (§ 127 Abs. 2 KO.) vom Konkursverwalter die Herausgabe der zur Sicherung übereigneten Sachen verlangen, solange sich diese im Besitze des Verwalters befinden, und zwar nur zum Zwecke seiner abgesonderten Befriedigung (vgl. Jaeger KO. 6./7. Aufl. § 127 Anm. 5b; Mentzel KO. 5. Aufl. § 127 Anm. 7). Mit der Beendigung des Besitzes des Konkursverwalters an der Sauerstoffanlage ist eine für den dinglichen Anspruch wesentliche Voraussetzung weggefallen und damit das dingliche Verpflichtungsverhältnis zwischen der Klägerin und dem Konkursverwalter überhaupt und im ganzen erloschen. Für die Anwendung des § 281 BGB. ist danach kein Raum (RGZ. Bd. 115 S. 33, Bd. 143 S. 374 [376]; RGRKomm. z. BGB. § 985 Anm. 5).

Daß etwa die Veräußerung der Sauerstoffanlage an Gustav K. von der Klägerin dadurch, daß sie den Erlös verlangte, genehmigt worden und daß sie deshalb trotz § 932 BGB. rechtswirksam geworden wäre, hat der Vorderrichter aus rechtlich einwandfreien tatsächlichen Erwägungen verneint. In diesem Punkte hat auch die Revision keine Angriffe erhoben.

3. Der Vorderrichter hat ferner der aus § 687 Abs. 2 BGB. abgeleiteten Klagbegründung den Erfolg versagt. Der beklagte Konkursverwalter habe — so führt er aus — durch die Veräußerung der Sauerstoffanlage nicht ein fremdes Geschäft als sein eigenes behandelt, obwohl er wußte, daß er dazu nicht berechtigt sei; vielmehr habe er in seiner Eigenschaft als Konkursverwalter mit dem gesamten Unternehmen der Gemeinschuldnerin auch die Anlage an Gustav K. veräußert, weil er angenommen habe, daß das Absonderungsrecht

der Klägerin nicht zum Zuge kommen könne, da ja die Anlage samt Flaschen als Zubehör anzusehen sei und daher zuerst zur abgesonderten Befriedigung der Grundschuldgläubiger diene. Zugleich habe er die Rechte der Klägerin vorsorglich dadurch gewahrt, daß er den Erwerber auf den Sicherungsübereignungsvertrag hingewiesen und sich für den Fall, daß die Zubehöreigenschaft vom Gericht verneint werden sollte, dem Käufer gegenüber verpflichtet habe, die Klägerin zu befriedigen und ihm das Eigentum an der Anlage zu verschaffen (§ 13 des Kaufvertrags).

Auch in dieser Ausführung tritt kein Rechtsirrtum zutage. Wenn es zutrifft, daß die Sauerstoffanlage Zubehör des Fabrikgrundstücks der Gemeinschuldnerin (§§ 97, 98 BGB.) war und deshalb zu Gunsten der Grundschuldgläubiger der Beschlagnahmewirkung gemäß § 1120 BGB., § 865 Abs. 1 ZPO., § 20 Abs. 2 ZVG. unterlag, mindestens dann ist die Auffassung des Vorderrichters gerechtfertigt, es liege in der Mitveräußerung der Sauerstoffanlage schon der Sache nach kein fremdes Geschäft im Sinne des § 687 Abs. 1 und 2 BGB. Denn der Beklagte war gehalten, bei allen seinen Maßnahmen die Belange der Konkursmasse und der Konkursgläubiger zu beachten; für die Erfüllung der ihm obliegenden Pflichten war er allen Beteiligten verantwortlich (§ 82 KO.). Wenn er sich aber dazu entschloß, das Gesamtunternehmen der Gemeinschuldnerin einschließlich des Zubehörs einheitlich zu verwerten, dabei jedoch die etwaigen Rechte der Klägerin auf einen Teil des Zubehörs (die Sauerstoffanlage) so zu wahren, wie es im Vertrage vom 14. September 1935 geschehen ist, so kommt gerade in dieser Maßnahme sein Wille deutlich zum Ausdruck, im Rahmen der ihm zustehenden Befugnisse und der ihm obliegenden Pflichten ein eigenes Geschäft der Konkursverwaltung zu besorgen. Hierbei ist die Gesamtwesensart des einheitlichen Veräußerungsgeschäfts ins Auge zu fassen; dieses wird nicht dadurch zu einem fremden, daß ein einzelnes Zubehörstück infolge der früher vorgenommenen Sicherungsübereignung nicht zur Konkursmasse gehört hat, sofern es nur dem Zugriffe der Grundschuldgläubiger mitunterlag und in erster Linie mit zu deren Befriedigung zu dienen hatte.

4. Die Frage, ob die Sauerstoffanlage Zubehör des Fabrikgrundstücks (Röhrenwerks) der Gemeinschuldnerin ist und ob das Absonderungsrecht der Klägerin im Konkurse dem Absonderungs-

rechte der Grundschuldgläubiger, insbesondere des Erwerbers Gustav K., im Range nachsteht, hat der Vorderrichter nur hilfsweise geprüft. Er nimmt an, daß es hierauf nicht ankomme. Aber diese Frage ist, wie schon hervorgehoben, für die Anwendbarkeit des § 687 BGB. von ausschlaggebender Bedeutung. Die Auffassung des Vorderrichters ist aber belanglos, weil er die Zubehöreigenschaft tatsächlich erörtert und bejaht hat (§§ 1192, 1120, 1121, 1147 BGB.).

Unter Bezugnahme auf RGZ. Bd. 47 S. 197 (200), Bd. 55 S. 281 (285), Bd. 87 S. 43 und andere Erkenntnisse des Reichsgerichts nimmt der Vorderrichter an, daß bewegliche Sachen nicht auf dem Grundstück selbst zu sein brauchten, um dessen Zubehör zu sein. Die geringe Entfernung der Mühle, wo die Sauerstoffanlage untergebracht war, von dem Fabrikgrundstück der Gemeinschuldnerin hält er in Anbetracht des Verwendungszwecks und der bestimmungsmäßigen und für die Fabrik nutzbringenden tatsächlichen Verwendung der Anlage für unschädlich. Diese Auffassung begründet er mit tatsächlichen Erwägungen, die ebenfalls rechtsirrtumsfrei sind. Er führt weiter aus, Voraussetzung der Zubehöreigenschaft der Sauerstoffanlage sei nur noch, daß die dazu gehörigen Gegenstände nicht wesentliche Bestandteile eines anderen Grundstücks seien und daß sie trotz der räumlichen Entfernung ihre Bestimmung erfüllten, dem wirtschaftlichen Zwecke der Hauptsache zu dienen. Diese Vorbedingungen der Zubehöreigenschaft hält er hier für gegeben. Er ist auch der Meinung, es sei nicht notwendig, daß die Anlage ausschließlich dem wirtschaftlichen Zwecke der Hauptsache zu dienen bestimmt sei, und erachtet es deshalb für unerheblich, daß die Gemeinschuldnerin, um die Ertragsfähigkeit ihres Werkes zu erhöhen, sei es von Anfang an oder später, zugleich Handel mit Sauerstoff getrieben habe, und zwar in solchem Ausmaße, daß allmählich von dem hergestellten Sauerstoff etwas mehr für den Handel als für den Selbstverbrauch im Röhrenwerk benötigt wurde.

Hiergegen erhebt die Revision ein rechtliches Bedenken nur in der Richtung, daß es nach der Meinung des Berufungsrichters unwesentlich sei, ob die Anlage hauptsächlich dem Grundstücke diente oder nicht. Im zweiten Falle sei sie nicht schon deshalb allein Zubehör gewesen, weil sie neben anderen Zwecken auch dem Grundstück diente. Mindestens könnten diejenigen Flaschen nicht als Zubehör des Grundstücks angesehen werden, welche die Gemeinschuldnerin im Verlaufe der Zeit, als sie auch zum Handel mit Sauerstoff überging, angeschafft habe; denn diese Anschaffung sei nicht zu Gunsten des Grundstücks geschehen; beweispflichtig für jede Neuanschaffung von Flaschen sei der Beklagte.

Allein auch dieser Angriff ist unbegründet, wie auch sonst in diesem Punkte kein Rechtsverstoß zum Nachteil der Klägerin hervortritt. Nach der Feststellung des Berufungsgerichts diente die Sauerstoffanlage zuerst nur zur Herstellung des eigenen Bedarfs der Gemeinschuldnerin in ihrem Betriebe. Bis Anfang 1920 befand sie sich auf ihrem Werksgrundstück selbst. Dann wurde die Anlage auf ein etwa 800 bis 1000 m vom Werk entferntes, hierzu gemietetes Mühlengrundstück verlegt, und zwar zu dem Zwecke, um die dortige billige Wasserkraft auszunützen. Der Sauerstoff wurde im Röhrenwerk zum Schweißen benötigt. Nach ihrer ursprünglichen, auch durch die Verlegung auf das Mühlengrundstück nicht geänderten Zweckbestimmung war also die Sauerstoffanlage zweifellos allein dazu bestimmt, dem wirtschaftlichen Zwecke der Hauptsache, des Werkbetriebs der Gemeinschuldnerin, zu dienen. Wenn diese nun später, um ihr Werk im ganzen vorteilhafter auszunützen, dazu überging, mehr Sauerstoff zu erzeugen, als sie für ihre eigenen wirtschaftlichen Zwecke, zum Eigenverbrauche, benötigte, so wurde hierdurch die Zubehöreigenschaft der Anlage keineswegs mit Notwendigkeit aufgehoben. Eher ließe sich sagen, daß der ursprünglich nur auf die Erzeugung und den Vertrieb von Röhren gerichtete Geschäftszweck der Gemeinschuldnerin auch auf den Handel mit dem von ihr im Rahmen des einheitlichen Geschäftsbetriebs hergestellten (oder gar hinzugekauften) Sauerstoff erweitert worden sei. Es ist aber keineswegs auszuschließen, daß die Sauerstoffanlage trotz dieser Veränderung nach wie vor dem wirtschaftlichen Zwecke der Hauptsache, nämlich des dergestalt erweiterten Werks der Klägerin, zu dienen bestimmt war, und an der rechtlichen Beurteilung, die das Berufungsgericht seiner Entscheidung zugrunde gelegt hat, ist unter dieser Voraussetzung selbst dann nichts auszusetzen, wenn die Gemeinschuldnerin mit der Zeit allmählich mehr Sauerstoff erzeugt und in den Handel gebracht hat, als sie zum Eigenverbrauch in ihrer Fabrik, zum Schweißen bei der Herstellung der Röhren, benötigte. Durch eine derartige nachträgliche Änderung einerseits in der Betriebsweise des Unternehmens im ganzen, wie andrerseits in der Ausnutzung der dem Werke dienenden Sauerstoffanlage kann deren Eigenschaft als Zubehörs zum ganzen Werk kein Eintrag geschehen. Insbesondere kann hierdurch die einmal begründete Rechtsstellung der Grundstücksgläubiger, mit Bezug auf die Mithaftung des Zubehörs für die das Werkgrundstück belastenden Rechte, nicht berührt werden. Tatsächliche Umstände, die in dieser Hinsicht eine andere rechtliche Beurteilung ermöglichen könnten, sind nicht vorgebracht worden.

Den Einwand der Klägerin, daß die lediglich für die Belieferung der Kundschaft verwendeten Sauerstoffflaschen, angeblich mindestens 700 Stück, nicht Zubehör sein könnten, hat das Berufungsgericht unter der Feststellung zurückgewiesen, es sei nicht so, daß bestimmte Flaschen ausschließlich für die Kundschaft, bestimmte andere ausschließlich für das Röhrenwerk verwendet worden seien. Die unterschiedslose Verwendung der Flaschen bald für die Zwecke des Röhrenwerks, bald zur Belieferung der Kundschaft schließe es aus, eine gewisse Anzahl von Flaschen von der Haftung für die Grundstücksschulden auszunehmen. In der Tat waren also alle Flaschen mehr oder weniger dem wirtschaftlichen Zwecke der Hauptsache zu dienen bestimmt. Bei dieser Sachlage ist der Auffassung des Berufungsgerichts, es sei unerheblich, daß an sich für das Röhrenwerk allein keine 1031 Flaschen, sondern weniger als die Hälfte notwendig gewesen wären, mit rechtlichen Erwägungen nicht entgegenzutreten.

Unbegründet ist schließlich der Angriff der Revision, daß das Berufungsgericht es nicht hätte ablehnen dürfen, Sachverständige darüber zu vernehmen, daß eine Sauerstoffanlage im Verkehr nicht als Zubehör angesehen werde. Denn das Berufungsgericht hat erklärt, diese Frage selbst (und zwar im entgegengesetzten Sinne) beurteilen zu können. Es steht aber in der Rechtsprechung des Reichsgerichts fest, daß unter dieser Voraussetzung der Tatrichter davon absehen darf, sich der Hilfe von Sachverständigen zu bedienen (RGZ. Bd. 99 S. 70 [72]).

5. Die Tatsache, daß die das Fabrikgrundstück belastenden Grundschulden im Vollzuge des Kaufvertrags vom 14. September 1935 zum Teil gelöscht worden sind, ist für die Frage der Anwendbarkeit des § 687 BGB. ohne Belang. Denn insoweit kommt es nur darauf an, daß zur Zeit der Veräußerung des Gesamtunternehmens durch den Konkursverwalter der Grundbesitz mit dinglichen Schulden überhaupt belastet und daß für diese die Beschlagnahme des Grundbesitzes

angeordnet worden war. Bei dieser Sachlage war es eine den Belangen der Konkursmasse dienende Maßnahme und demnach ein eigenes Geschäft der Konkursverwaltung, wenn der Beklagte behufs Abwendung der sonst unvermeidlichen Zwangsversteigerung und der damit der Konkursmasse drohenden Belastung mit Ausfällen den Grundbesitz einschließlich des gesamten Zubehörs im ganzen veräußerte. Für die zwischen den Prozeßparteien bestehenden rechtlichen Beziehungen ist es unerheblich, daß später, und zwar gerade infolge der die Konkursmasse entlastenden Gesamtveräußerung, eine Verminderung der dinglichen Belastung des Grundbesitzes der Gemeinschuldnerin eingetreten ist. Die Frage, ob diese nachträgliche Veränderung etwa für eine Auseinandersetzung im Verhältnisse zwischen der Klägerin und dem Grundstückserwerber Gustav K. von wesentlicher Bedeutung sein könnte, bedarf im Rahmen des vorliegenden Streites keiner Prüfung.

6. Da der Erwerber des Grundbesitzes einschließlich der Sauerstoffanlage, Gustav K., zur Zeit der Veräußerung ein dem Eigentumsrecht der Klägerin vorgehendes dingliches Recht auf Befriedigung aus dem Grundbesitz nebst Zubehör gehabt hat, so kann auch die Ausführung der Revision nicht zutreffen, zur Begründung eines Anspruchs aus Schadenszufügung (auch aus § 823 BGB. und gemäß § 82 KO.) müsse es genügen, daß die Klägerin den mittelbaren Besitz und damit die Möglichkeit verloren habe, auf dem in § 127 KO. vorgesehenen Wege in den Besitz des Erlöses zu gelangen. Denn die Klägerin hätte in jedem Falle, um eine Möglichkeit der Befriedigung aus der Sauerstoffanlage überhaupt zu gewinnen, erst den zur Befriedigung der ihr im Range vorgehenden Grundschuldgläubiger erforderlichen Betrag aufwenden müssen, den sie auch jetzt aufwenden müßte, um dasselbe Ziel zu erreichen. In dieser Hinsicht wäre eine andere der Klägerin günstigere Beurteilung nur dann möglich, wenn die „Unterstellung" der Revision zuträfe, daß der Beklagte die Anlage weit unter dem wirklichen Werte verkauft habe. Gerade das Gegenteil hat aber der Vorderrichter angenommen. Denn er geht unter eingehender tatsächlicher Begründung davon aus, daß der Erwerbspreis, für den Gustav K. das Gesamtunternehmen einschließlich der Sauerstoffanlage erworben habe, hinter dem wirklichen Werte des Werkes nicht zurückbleibe und daß auch kein höherer Gesamterlös hätte erzielt werden können, wenn die Sauerstoffanlage gesondert verkauft

worden wäre. Damit hat er ohne Rücksicht auf die Beweislast eine Feststellung getroffen, welche die „Unterstellung" der Revision ausschließt. An diese tatrichterliche Würdigung ist das Revisionsgericht gebunden. Unter diesen Umständen bedarf es nicht des Eingehens auf den naheliegenden, auch von der Revisionsbeantwortung in der mündlichen Verhandlung betonten Gedanken, ob es nicht als unzulässige Rechtsausübung anzusehen wäre, wenn die Klägerin vom Beklagten eine Ersatzleistung verlangte, um dann — wie die Revision ausführt — das Vorgehen der Grundstücksgläubiger „abzuwarten", obwohl jetzt schon feststeht, daß diesen ein besseres Recht an der umstrittenen Anlage zustand als ihr selbst.

7. Die Klägerin will die Forderung aus dem der Gemeinschuldnerin zur Fortführung des Geschäfts gegebenen Darlehen (Vertrag vom 5. Juli 1934), zu deren Sicherung sie die Sauerstoffanlage übereignet erhalten hat, entsprechend der Vorschrift in § 86 der damals noch geltenden Vergleichsordnung vom 5. Juli 1927 als Masseschuld (§ 59 Nr. 1 KO.) anerkannt wissen.

Das am 1. Juni 1934 eröffnete Vergleichsverfahren endigte mit einem Abwicklungsvergleich (bestätigt am 16. Juli 1934) und wurde infolgedessen aufgehoben. Auf Antrag der Kreissparkasse wurde dann am 9. Februar 1935 das Konkursverfahren eröffnet. Mangels der Voraussetzung des § 82 VerglO. handelt es sich also nicht um einen Anschlußkonkurs im Sinne der bezeichneten Bestimmung. Nach herrschender Rechtslehre können die an einen Anschlußkonkurs geknüpften Änderungen des sachlichen Konkursrechts (§§ 83—87 VerglO.) nur angewendet werden beim eigentlichen Anschlußkonkurs, wie ihn § 82 VerglO. im Auge hat; eine entsprechende Anwendung des § 86 auf andere Fälle ist nicht möglich (vgl. Bley VerglO. § 82 A I, § 86 IV 1; Kiesow § 82 A II 2). Unbedenklich ist dieser mit der Gesetzesauffassung allein verträglichen Meinung, der auch der Vorderrichter folgt, beizutreten, zumal auch die neuen gesetzlichen Vorschriften (Vergleichsordnung vom 26. Februar 1935 — in den §§ 102, 106 —) keine davon abweichende Regelung getroffen haben (vgl. Vogels § 102 A II 5). Die Revision hat diese Frage auch nur zur Nachprüfung gestellt, aber keine durchgreifenden Gründe, die für eine andere Auffassung gelten könnten, vorzubringen vermocht.

9. 1. Kann der Verpfänder des Geschäftsanteils einer Gesellschaft mbH. das Stimmrecht auf den Pfandgläubiger übertragen?

2. Kann der Pfandgläubiger mit dem ihm verpfändeten Geschäftsanteil anders stimmen als der Verpfänder mit einem ihm verbliebenen, nicht verpfändeten Anteil?

3. Wie wirken Beschränkungen in der Ausübung des Stimmrechts und die Anfechtung seiner Übertragung wegen eines Willensmangels gegenüber der Gesellschaft mbH.?

GmbHG. §§ 15, 16, 47.

II. Zivilsenat. Urt. v. 2. Februar 1938 i. S. J. (Kl.) w. Chemische Fabrik P. GmbH. (Bekl.). II 174/37.

I. Landgericht Berlin.
II. Kammergericht daselbst.

Die verstorbene Julia J. war Inhaberin einer Fabrik für pharmazeutische Erzeugnisse. Am 3. August 1933 gründete sie mit S., dem jetzigen Geschäftsführer der Beklagten, zum Zwecke des Fortbetriebes der Fabrik die verklagte Gesellschaft mbH. Von dem Stammkapital zu 40000 RM. übernahm sie 38000 RM., S. 2000 RM. Nach dem Tode der Julia J. wurden von deren Geschäftsanteil von 38000 RM. am 21. Juli 1934 auf den Apotheker L. 13000 RM., auf den Kläger 14000 RM. und auf S. 11000 RM. übertragen. L. trat laut notarieller Verhandlung vom 1. November 1934 von seinem Geschäftsanteil von 13000 RM. 7000 RM. an den Kläger und 6000 RM. an S. ab. In derselben notariellen Verhandlung verpfändeten der Kläger und S. die ihnen abgetretenen Geschäftsanteile zur Sicherung einer Geldforderung an L. unter Ausschluß des Gewinnbezugs- und Stimmrechts. Später boten sie dem L. in einer notariellen Urkunde vom 23. November 1936 auch das Stimmrecht für die verpfändeten Geschäftsanteile an. L. nahm das Angebot in einer notariellen Urkunde vom 24. November 1936 an. Geschäftsführer der Beklagten waren damals der Kläger und S. Der Kläger hatte den pharmazeutischen Teil des Unternehmens zu leiten und erhielt ein Gehalt von 1000 RM. im Monat.

Am 25. November 1936 wurde auf Antrag des L. eine außerordentliche Gesellschafterversammlung abgehalten. Der Kläger und S. hatten sich in einer schriftlichen Erklärung vom selben Tage mit der Abhaltung ohne die gesetzlich vorgeschriebene Einberufungsfrist einverstanden erklärt. Zu der Versammlung erschienen nur der Kläger und S., während L. sich auf Grund besonderer Vollmacht durch S. vertreten ließ. Mit den Stimmen des S. und L. wurde gegen die Stimme des Klägers beschlossen, diesen als Geschäftsführer der verklagten Gesellschaft abzuberufen.

Der Kläger macht geltend, dieser Gesellschafterbeschluß sei ungültig, insbesondere weil L., der lediglich ein Pfandrecht an den Geschäftsanteilen gehabt habe, nicht habe mitstimmen dürfen; zum wenigsten sei L. verpflichtet gewesen, nicht gegen ihn (Kläger) zu stimmen. L. und S. hätten sich schon vor der Gesellschafterversammlung geeinigt, ihn (Kläger) auf jeden Fall von seinem Geschäftsführerposten zu entfernen, und das sei sittenwidrig. Er hat beantragt, festzustellen, daß der Beschluß der Gesellschafterversammlung vom 25. November 1936 nichtig sei. Die Beklagte hat die Ungültigkeit des Beschlusses bestritten.

Das Landgericht gab der Klage statt; das Kammergericht wies sie ab. Die Revision des Klägers blieb ohne Erfolg.

Gründe:

Das Berufungsgericht hat die Ausübung des Stimmrechts an dem verpfändeten Geschäftsanteil durch den Pfandgläubiger L. für zulässig erachtet und dazu ausgeführt: Das Stimmrecht gehe zwar nicht schon schlechthin auf Grund der Bestellung des Pfandrechts auf den Pfandgläubiger über. Der Anteilsinhaber könne diesem aber unwiderrufliche Vollmacht zur Ausübung des Stimmrechts geben, und darüber hinaus könne das Stimmrecht durch einen besonderen Akt auf den Pfandgläubiger übertragen werden. Die Übertragung des Stimmrechts habe hier durch das Angebot vom 23. November 1936 und die Annahme vom 24. November 1936 stattgefunden. Da die Sachlage nichts dagegen ergebe, sei L. befugt gewesen, auf Grund der Übertragung einem anderen Vollmacht zur Abstimmung zu erteilen. Die Frage, ob er das Stimmrecht zum Nachteil des Klägers ausgeübt habe, berühre die Gültigkeit der Stimmabgabe nicht.

Sie sei nur für die inneren Abmachungen des Klägers mit L. von Bedeutung in der Richtung, ob dieser abredewidrig gehandelt habe. Im Verhältnis zu der beklagten Gesellschaft müsse sich der Kläger die Gültigkeit der Stimme, so wie sie abgegeben sei, gefallen lassen. Daraus, daß der an L. verpfändete Geschäftsanteil dem Kläger gehört habe, lasse sich nicht folgern, daß die Stimme nur so hätte abgegeben werden dürfen, wie der Kläger gestimmt habe. Der zunächst an L. abgetretene und später wieder an ihn verpfändete Geschäftsanteil sei von dem ursprünglichen Geschäftsanteil der Julia J. abgespalten. Er habe seine Selbständigkeit weiter behalten und es habe nichts im Wege gestanden, das auf ihn entfallende Stimmrecht anders auszuüben, als es der Kläger mit dem ihm unbeschränkt verbliebenen Anteil getan habe.

Das Stimmrecht sei auf das Verlangen des L. hin auf diesen übertragen worden, um ihn zu beruhigen und seine Besorgnisse wegen der Sicherheit seiner wirtschaftlichen Belange an der verklagten Gesellschaft zu zerstreuen. Danach seien mit der Übertragung keine sittenwidrigen Zwecke verfolgt worden. Das könne auch nicht aus der plötzlichen Einberufung der Gesellschafterversammlung ohne Fristen gefolgert werden. Wenn der Kläger behaupte, es habe sich dabei um einen Versuch gehandelt, ihn aus der Gesellschaft herauszubringen, so müsse dem entgegengehalten werden, daß die Belange der Gesellschaft für die Abberufung hätten sprechen können. Ein sittenwidriges Verhalten des S. oder auch des L. komme nach den Sachumständen nicht in Betracht. Beiden hätten erkennbar berechtigte wirtschaftliche Gründe für die Abberufung des Klägers zur Seite gestanden.

Die Revision führt demgegenüber aus: Wenn die Verpfändung eines GmbH.-Anteils das Stimmrecht des verpfändenden Gesellschafters nicht mitergreife, dann könne auch das Stimmrecht nicht rechtswirksam auf den Pfandgläubiger übertragen werden. Im vorliegenden Falle sei noch besonders zu prüfen, ob sich die Übertragung des Stimmrechts, losgelöst von der Verpfändung, durch eine spätere Abmachung vollziehen könne.

Die Frage, ob der Anteilseigner dem Pfandgläubiger im Zusammenhang mit der Verpfändung des Geschäftsanteils das Stimmrecht übertragen kann, wird in Schrifttum und Rechtsprechung verschieden beantwortet. Jedenfalls besteht darüber kein Zweifel, daß der Pfandgläubiger das Stimmrecht nicht schon auf Grund der Verpfändung erlangt. Denn das Stimmrecht gehört zu den aus der Mitgliedschaft fließenden Rechten rein gesellschaftsrechtlichen Charakters; es kann für sich allein nicht Gegenstand eines Pfandrechts sein und wird auch nicht von dem am Geschäftsanteil als solchem bestellten Pfandrecht mitergriffen. Das Pfandrecht gibt dem Pfandgläubiger nur das Recht, aus dem verpfändeten Gegenstand nach den hierfür geltenden gesetzlichen Vorschriften Befriedigung für seine Forderung zu suchen; es verschafft ihm kein Mitbenutzungsrecht und kein Mitverwaltungsrecht. Durch eine Anteilsverpfändung wird daher das Stimmrecht des verpfändenden Gesellschafters als körperschaftliches Mitverwaltungsrecht nicht ergriffen (vgl. RGZ. Bd. 139 S. 228). Das schließt aber nicht aus, daß dem Pfandgläubiger auch das Stimmrecht durch eine besondere Regelung kraft Parteiwillens übertragen werden kann.

Die Zulässigkeit einer solchen besonderen Regelung wird im allgemeinen bejaht, nur über den Weg bestehen Meinungsverschiedenheiten. Brodmann, Anm. 2a, und Scholz, Anm. VIII 1 e zu § 15 GmbHG., vertreten den Standpunkt, daß das Stimmrecht dem Pfandgläubiger nur auf Grund einer besonderen, jederzeit widerruflichen Vollmacht übertragen werden könne. Dagegen läßt das Oberlandesgericht Frankfurt a. M. in JW. 1933 S. 131 Nr. 3 die Erteilung einer unwiderruflichen Vollmacht zu. Nach Baumbach, Anm. 3 C zu § 15 GmbHG., ist es zulässig, daß dem Gläubiger die Ausübung aller Gesellschaftsrechte, insbesondere auch des Stimmrechts, zu eigenem Recht übertragen wird (ebenso das Oberlandesgericht München in JW. 1933 S. 1037 Nr. 5). In der Rundschau für GmbH. 1935 S. 805 ist neuerdings Becker für die Zulässigkeit der Übertragung des Stimmrechts auf den Pfandgläubiger eingetreten. Er bezeichnet die Legitimationsübertragung des Stimmrechts zu eigenem Recht auf den Pfandgläubiger oder dessen Bevollmächtigung zur Ausübung des Stimmrechts in Verbindung mit der Verpfändung als unbedenklich zulässig und läßt auch eine unwiderrufliche Vollmacht zu, wenn diese nicht den Belangen des Vollmachtgebers, sondern denen des Bevollmächtigten oder eines Dritten zu dienen bestimmt ist. Zum Ausgangspunkt seiner Darlegungen hat Becker die Entscheidung des Reichsgerichts in JW. 1934 S. 2906 Nr. 3 (in RGZ. Bd. 145 S. 99 nur teilweise abgedruckt) genommen, die zwar nicht von der Verpfändung, sondern von der Sicherungsabtretung eines GmbH.-Anteils handelt. Die Entscheidung läßt sich aber doch insofern auch für die Verpfändung heranziehen, als darin ausgesprochen ist, daß durch die Sicherungsabtretung eines Geschäftsanteils das Stimmrecht zwar grundsätzlich auf den Abtretungsempfänger übergeht, die Parteien aber erreichen können, daß der Abtretende stimmberechtigt bleibt, indem der Abtretungsempfänger ihn zur Ausübung des Stimmrechts im eigenen Namen ermächtigt. Man wird daher umgekehrt den Verpfänder für berechtigt halten müssen, den Pfandgläubiger zur Ausübung des Stimmrechts im eigenen Namen zu ermächtigen, ohne daß es zur Erreichung dieses Zweckes des von Baumbach mit Recht als überflüssig bezeichneten Umweges über die unwiderrufliche Vollmacht bedarf (vgl. auch die Anm. von Hueck zu der letztgenannten Entscheidung in JW. 1934 S. 2906). Für die Zulassung einer solchen Ermächtigung sprechen auch wirtschaftliche Gründe. Sie dient den Belangen des Pfandgläubigers wie des Verpfänders. Die Rechtsstellung des Pfandgläubigers wird durch die Übertragung des Stimmrechts stärker gesichert und sein Pfandrecht dadurch wertvoller gemacht. Andererseits wird der Inhaber seine Geschäftsanteile leichter und besser verpfänden können, wenn er dem Pfandgläubiger auch das Stimmrecht übertragen kann. Läßt man die Übertragung des Stimmrechts auf den Pfandgläubiger grundsätzlich zu, so genügt es, daß sie im Zusammenhange mit der Verpfändung des Geschäftsanteils erfolgt, mag dies auch, wie hier, in einer späteren Abmachung geschehen sein. Dem Berufungsgericht ist somit darin beizutreten, daß rechtliche Bedenken gegen die Übertragung des Stimmrechts auf L. nicht bestehen.

Die Revision macht weiter geltend, für jede Übertragung des Stimmrechts auf den Pfandgläubiger müsse gelten, daß der Pfandgläubiger dieses Recht nicht frei ausüben könne, vielmehr dabei Rücksicht auf die Belange des Verpfänders nehmen müsse.

Es kann dahingestellt bleiben, inwieweit im vorliegenden Fall der Pfandgläubiger dem Verpfänder gegenüber nach dem Inhalt des zwischen ihnen geschlossenen Vertrages in der Ausübung des Stimmrechts frei oder gebunden sein sollte. Im Verhältnis zur Gesellschaft kann der Kläger aus einer solchen Beschränkung des Stimmrechts keine Rechte herleiten. In dem Vertrage vom 23. und 24. November 1936 ist die Übertragung des Stimmrechts auf L. klar und unzweideutig, ohne Vorbehalt und ohne Beschränkung erklärt. Die Rechtssicherheit erfordert es, daß volle Klarheit herrscht und daß das Stimmrecht bedingungslos und in vollem Umfang übertragen wird. Ist dies nicht geschehen, so ist die Stimmrechtsübertragung im Verhältnis zur Gesellschaft überhaupt unwirksam. Für das gesellschaftliche Leben der Gesellschaft darf kein Zweifel darüber möglich sein, wer die gesellschaftsrechtliche Betätigung der Abstimmung wahrnimmt. Im Innenverhältnis zwischen dem Anteilsinhaber und dem Pfandgläubiger können Beschränkungen in der Ausübung des Stimmrechts bestehen, die aus dem Vertrag oder dem zwischen ihnen sonst bestehenden Rechtsverhältnisse herzuleiten sind. Diese Beschränkungen können sich aber immer nur in den Rechtsbeziehungen zwischen ihnen, nicht im Verhältnis zur Gesellschaft auswirken. Sollte daher L. bei der Abstimmung die im inneren Verhältnis zum Kläger gezogenen Schranken überschritten haben, so würde sich der Kläger deswegen nur an ihn halten können. Die Rechtswirksamkeit des Gesellschafterbeschlusses kann durch solche Beschränkungen nicht in Frage gestellt werden. Eine Beschränkung der Rechtsübertragung im Verhältnis zur Gesellschaft ist auch nicht in der Weise möglich, daß der Pfandgläubiger nicht berechtigt sein solle, einem Dritten Vollmacht zur Ausübung des Stimmrechts zu erteilen. Das GmbHGesetz setzt voraus, daß sich der Stimmberechtigte durch Bevollmächtigte vertreten lassen kann (Brodmann, Anm. 5 zu § 47 GmbHG.), wenn auch die Zulässigkeit der Vollmacht nicht wie in § 114 AktG. (§ 252 HGB.) zwingend vorgeschrieben ist (für das Aktiengesetz vgl. Schlegelberger-Quassowski, Anm. 12; v. Godin-Wilhelmi, Anm. 10; Baumbach, Anm. 4 zu § 114).

Die Revision wendet sich ferner gegen die Annahme des Berufungsgerichts, daß L. mit dem ihm vom Kläger verpfändeten Geschäftsanteil anders habe stimmen können als der Kläger mit seinem restlichen Geschäftsanteil. Es ist richtig, daß bei der GmbH. die Gesellschafter stimmen und nicht die Geschäftsanteile. Grundsätzlich kann daher ein Gesellschafter zu ein und demselben Punkt nicht teils dafür und teils dagegen stimmen; er kann es auch dann nicht, wenn er mehrere Geschäftsanteile besitzt (vgl. Scholz, Anm. II 1 f zu § 47 GmbHG.). Dieser Grundsatz muß aber dann durchbrochen werden, wenn das Stimmrecht für einen der mehreren Geschäftsanteile auf einen Pfandgläubiger übertragen ist und so die Inhaberschaft an dem Geschäftsanteil und das Stimmrecht auseinander fallen. Die Übertragung des Stimmrechts an dem verpfändeten Geschäftsanteil würde ihren Sinn verlieren, wenn der Pfandgläubiger nicht anders stimmen dürfte als der Verpfänder mit einem nichtverpfändeten weiteren Geschäftsanteil. Der Grundsatz der einheitlichen Stimmabgabe kann nur soweit gelten, wie dem Gesellschafter das Stimmrecht auch einheitlich zusteht. Hat er es einem Pfandgläubiger übertragen, so übt dieser das Stimmrecht unabhängig von ihm aus, gleichviel ob der Verpfänder noch das Stimmrecht für einen weiteren Geschäftsanteil behalten hat oder nicht. Der Kläger hatte dem L. einen selbständigen Geschäftsanteil verpfändet, den er vorher von ihm erworben hatte. Da das Stimmrecht dem L. übertragen war, so war dieser auch der Gesellschaft gegenüber völlig frei, damit unabhängig vom Kläger nach seiner Meinung und nach seinem Interesse zu stimmen. Dem Berufungsurteil ist somit auch in diesem Punkte beizutreten.

Die Revision fährt fort: In jedem Falle hätte das Berufungsgericht den unter Beweis gestellten Vortrag des Klägers beachten müssen, ihm sei bei dem Vorschlag, das Stimmrecht auf L. zu übertragen, ausdrücklich zugesichert worden, das Stimmrecht würde keinesfalls gegen ihn ausgeübt oder ausgenutzt werden, man würde vielmehr zusammenarbeiten. Dabei sei von L. und S. bereits beabsichtigt gewesen, die Stimmrechtsübertragung an L. zur Abberufung des Klägers als Geschäftsführers zu benutzen. Dieses Vorbringen könne nicht damit entkräftet werden, daß das Berufungsgericht eine unsittliche Ausnutzung der Mehrheit gegenüber dem Kläger deswegen verneint habe, weil das Verlangen, das Stimmrecht zu übertragen, von L. ausgegangen sei, der Kläger auch nicht widerlegen könne, daß die Abberufung durch die wirtschaftliche Lage der Beklagten geboten gewesen sei. Wenn sich S. und L. die Mehrheit in der Gesellschafterversammlung unter falschen Zusagen erschlichen und sie dann ausgenutzt hätten, um den Kläger zu beseitigen, so liege darin eine Sittenwidrigkeit, die auch den Abberufungsbeschluß erfasse.

Der Kläger hat behauptet, S. habe ihn veranlaßt, das Stimmrecht zu übertragen, indem er ihm arglistig versicherte, daß nichts gegen ihn (Kläger) unternommen werde und daß beide zusammenarbeiten würden. S. habe aber schon am 23. November 1936 die Absicht gehabt, sich zum alleinigen Geschäftsführer zu machen, und habe das Vorgehen in der Gesellschafterversammlung mit L. verabredet. Er hat für diese Behauptungen Beweis durch Benennung des L. als Zeugen und durch den Antrag auf Parteivernehmung angetreten. Es trifft zu, daß das Berufungsgericht auf diese unter Beweis gestellten Behauptungen des Klägers nicht eingegangen ist. Wenn aber das Vorbringen des Klägers als richtig unterstellt wird, so ergibt sich folgendes: Der Kläger hätte, sofern dem L. gegenüber die Voraussetzungen des § 123 Abs. 2 BGB. gegeben gewesen wären, die Übertragung des Stimmrechts wegen arglistiger Täuschung anfechten können. Er hat auch solche Anfechtung in dem Schreiben vom 11. Dezember 1936 erklärt. Hier ist aber wieder der Grundsatz zu beachten, daß der Gesellschaft gegenüber zur Wahrung der Rechtssicherheit volle Klarheit darüber herrschen muß, wem das Stimmrecht zusteht und wer zu seiner Ausübung berechtigt ist. Die Rechtslage ist hier ähnlich, wie im Falle des § 16 GmbHG.; denn was für die Übertragung des Geschäftsanteils, d. h. der Gesamtheit der Mitgliedschaftsrechte, gilt, muß entsprechend auch dann gelten, wenn ein Teil der Mitgliedschaftsrechte, nämlich das Stimmrecht, auf einen anderen übertragen wird. Nach § 16 GmbHG. gilt im Falle der Veräußerung eines Geschäftsanteils der Gesellschaft gegenüber nur derjenige als Erwerber, dessen Erwerb unter Nachweis des Übergangs bei der Gesellschaft angemeldet ist. Einer Anmeldung bedarf es nicht, wenn der Geschäftsführer selber veräußert hat, sei es im eigenen Namen, sei es als Vertreter der Gesellschaft (vgl. Brodmann, Anm. 1b; Scholz, Anm. IV 1 zu § 16 GmbHG.). Das Stimmrecht an den verpfändeten Geschäftsanteilen ist hier in einem einheitlichen Akt durch die beiden Geschäftsführer der verklagten Gesellschaft auf L. übertragen worden. Einer besonderen Anmeldung bedurfte es somit nicht mehr. Nun geht die herrschende Meinung dahin, daß, wenn die Übertragung von dem Veräußerer dem Erwerber gegenüber wegen eines Willensmangels angefochten wird, die Anmeldung zwar unter Nachweis der erfolgten Anfechtung zurückgezogen werden kann, die Gesellschaft aber bis dahin wegen der Rechtshandlungen des angemeldeten Erwerbers geschützt ist (vgl. Scholz, Anm. VI 7 zu § 16 GmbHG.). Der Senat trägt kein Bedenken, sich dieser Ansicht anzuschließen, die dem Bedürfnis nach Rechtssicherheit Rechnung trägt und geeignet ist, die Schwierigkeiten zu beseitigen, die sich sonst für die Gesellschaft während des Schwebezustandes bis zur Anfechtung ergeben würden. § 16 Abs. 1 beruht auf dem Gedanken, daß derjenige, der sich einmal der Gesellschaft gegenüber als Gesellschafter ausgewiesen hat, so lange als Gesellschafter zu behandeln ist, bis dieser Ausweis durch eine Anmeldung gegenüber der Gesellschaft seine Wirksamkeit verloren hat. Die nachträgliche Anfechtung der Übertragung des Stimmrechts durch den Kläger würde deshalb den Gesellschafterbeschluß nicht unwirksam gemacht haben, und der Angriff der Revision gegen das Berufungsurteil ist schon aus diesem Grunde nicht gerechtfertigt.

Es kommt hinzu, daß der Kläger sein Anfechtungsrecht, sofern es ihm zugestanden haben sollte, jedenfalls nach § 144 BGB. dadurch wieder verloren hat, daß sein Verhalten bei und nach der Abstimmung mit dem Willen unvereinbar war, die Übertragung des Stimmrechts auf L. als nichtig zu behandeln ... (wird näher ausgeführt).

Die Revision macht endlich geltend, daß, wenn sich S. und L. die Mehrheit in der Gesellschafterversammlung unter falschen Zusicherungen erschlichen und sie dann dazu ausgenutzt hätten, um den Kläger zu benachteiligen, darin eine Sittenwidrigkeit liege, die auch den Abberufungsbeschluß erfasse. Äußert sich die sittenwidrige Handlungsweise aber nur darin, daß eine unzulässige Willensbeeinflussung durch arglistige Täuschung stattgefunden hat, ohne daß zugleich ein Verstoß gegen die guten Sitten hinsichtlich des Geschäftsinhalts vorliegt, dann ist ein solches Rechtsgeschäft nur anfechtbar, nicht aber nichtig. Das Berufungsgericht hat mit Recht ausgeführt, daß die Abberufung des Klägers von seinem Geschäftsführerposten nicht gegen die guten Sitten verstoßen habe, weil sie, was auch der Kläger nicht widerlegen könne, geeignet gewesen sei, die wirtschaftliche Lage des Unternehmens zu verbessern. Eine Nichtigkeit des Abberufungsbeschlusses nach § 138 Abs. 1 BGB. wegen Sittenwidrigkeit kommt somit nicht in Frage. Die bloße Anfechtbarkeit des Beschlusses kann aber der Kläger nicht mehr geltend machen, nachdem er die Ausübung des Stimmrechts für L. durch S. mit seinem Verhalten bei und nach der Abstimmung bestätigt hat.

10. 1. Ist für die Bemessung des Streitwerts einer bei dem Inkrafttreten des Aktiengesetzes anhängigen aktienrechtlichen Anfechtungs- oder Nichtigkeitsklage der § 199 Abs. 6 AktG. maßgebend?

2. Welches Interesse hat die Gesellschaft an der Aufrechterhaltung des angegriffenen Entlastungsbeschlusses, dessen Beseitigung die Geltendmachung von Rückgriffsansprüchen gegen den Vorstand oder Aufsichtsrat ihrer Rechtsvorgängerin ermöglichen oder erleichtern soll?

3. Ist bei einer zur Zeit des Inkrafttretens des Aktiengesetzes anhängigen Anfechtungs- oder Nichtigkeitsklage für die Streitwertbemessung auch der Umstand von Bedeutung, daß eine wesentliche Heraufsetzung des Streitwertes infolge der Anwendung des neuen Gesetzes für die Beteiligten eine unbillige Härte bedeuten würde?

AktG. § 199 Abs. 6, § 201 Abs. 1.

II. Zivilsenat. Beschl. v. 26. Februar 1938 i. S. K. (Kl.) w. J. G. AllgVers.AG. (Bekl.). II 22/38.

I. Landgericht Berlin.
II. Kammergericht daselbst.

Der Sachverhalt ergibt sich aus den

Gründen:

Im Jahre 1935 bestanden als Versicherungsgesellschaften in der Form von Aktiengesellschaften nebeneinander die Beklagte und die J. G. L.; eine jede von ihnen war am Aktienkapital der anderen mit etwa 95% beteiligt. Durch Beschluß der Generalversammlung der J. G. L. vom Jahre 1935 wurde deren Vorstand ermächtigt, ihren Versicherungsbestand auf einen Versicherungsverein auf Gegenseitigkeit zu übertragen. Der Vorstand übertrug daraufhin durch Vertrag vom 11. Juli 1935 den Versicherungsbestand der J. G. L. auf die zu diesem Zwecke neu gegründete J. G. Versicherungsgesellschaft a. G. (kurz: J.G.-Verein); hierfür wurde als Kaufpreis 1 Million RM. vereinbart. Demnächst wurde die J. G. L. auf Grund des Umwandlungsgesetzes vom 5. Juli 1934 in der Weise umgewandelt, daß ihr Vermögen auf die Beklagte als Hauptaktionärin übertragen wurde; hierbei sollten die Minderheitsaktionäre mit 140% des Nennbetrages ihrer Aktien abgefunden werden. Ferner wurde durch Beschluß der Generalversammlung vom 20. Dezember 1935 dem Vorstand und dem Aufsichtsrat der J. G. L. Entlastung erteilt.

Ein Teil der Minderheitsaktionäre, u. a. der Kläger, der Aktien der J. G. L. im Nennwerte von 6000 RM. besaß, ist mit der Abfindung nicht zufrieden und wirft dem Vorstande vor, daß er den Versicherungsbestand, der etwa 11,6 Millionen RM. wert gewesen sei, an den J. G.-Verein viel zu billig abgegeben habe. Für diese angebliche Verschleuderung des Versicherungsbestandes ist nach Ansicht des Klägers der Vorstand der J. G. L. verantwortlich; der Geltendmachung des Rückgriffsanspruchs durch die Beklagte als die Rechtsnachfolgerin der J. G. L. steht jedoch nach seiner Meinung der Entlastungsbeschluß entgegen. Gegen diesen Beschluß hat der Kläger deshalb Anfechtungsklage, hilfsweise Klage auf Feststellung seiner Nichtigkeit erhoben. Er macht geltend, daß die Beklagte mit ihrer Mehrheit von etwa 95% bei der Abstimmung sittenwidrig zum Nachteile der Minderheitsaktionäre gehandelt habe, um ihnen den Anspruch auf eine höhere Abfindung abzuschneiden.

Die Vorinstanzen haben die Klage abgewiesen, und zwar das Berufungsgericht durch Urteil vom 28. Oktober 1937, also nach dem Inkrafttreten des Aktiengesetzes. Nunmehr hat der Kläger Revision eingelegt.

Das Berufungsgericht hat — ebenso wie das Landgericht — den Streitwert auf 18000 RM. festgesetzt. Die Beklagte bittet, den Streitwert für die Revisionsinstanz, und zugleich auch für die Berufungsinstanz mit Wirkung vom 1. Oktober 1937, auf 200000 RM. nach Maßgabe des § 199 Abs. 6 AktG. festzusetzen. Sie macht folgendes geltend: Die Kleinaktionäre hätten zusammen ein Aktienkapital im Nennwerte von 135000 RM. gehabt; weitere Aktien im Nennwerte von 87500 RM. habe die Beklagte erst im Dezember 1935 zum Kurse von 140%, also wirtschaftlich unter Vorwegnahme der Auszahlung des Abfindungsbetrages erworben; wenn der Kaufpreis für den Versicherungsbestand auch nur 5 Millionen RM. (statt 1 Million RM.) betragen hätte, dann würden den Kleinaktionären weitere 100% ihres Aktienbetrages als Abfindung zustehen, also weitere 135000 + 87500 RM. = etwa 200000 RM.

Beizustimmen ist der Beklagten darin, daß für die Zeit seit dem 1. Oktober 1937 auch für früher anhängig gemachte Anfechtungs-

und Nichtigkeitsklagen gegen Hauptversammlungsbeschlüsse der Streitwert nach Maßgabe der §§ 199 Abs. 6, 201 Abs. 1 AktG. festzusetzen ist; denn es handelt sich insoweit um eine Verfahrensvorschrift, die den Zweck hat, das Verfahren in gewisser Weise zu lenken und zu beeinflussen (vgl. auch Schlegelberger-Quassowski AktG. zu § 14 EG. Anm. 2 Abs. 2, S. 1129). Gemäß § 9 GKG. in Verbindung mit § 4 ZPO. ist für die Wertberechnung der Zeitpunkt der Erhebung der Klage, in der Berufungs- und Revisionsinstanz der Zeitpunkt der Einlegung des Rechtsmittels entscheidend; für die Berufungsinstanz kommt hierbei noch die Sonderbestimmung des § 9 Abs. 2 GKG. in Betracht, wonach der bei dem Erlasse des Urteils etwa höhere Wert zugrunde zu legen ist.

Hiernach ist der Streitwert nach den gesamten im einzelnen Fall gegebenen Verhältnissen unter Berücksichtigung des Interesses der Gesellschaft an der Aufrechterhaltung des angefochtenen Beschlusses zu bestimmen (§ 199 Abs. 6 AktG.). Das Interesse der umgewandelten Gesellschaft ist hierbei im vorliegenden Falle nicht ohne weiteres dem der Beklagten gleichzusetzen. Mag auch die Beklagte wegen des ihr drohenden Anspruchs auf Zahlung einer höheren Abfindung ein erhebliches Interesse an der Aufrechterhaltung des Entlastungsbeschlusses haben, so hat sie doch dieses Interesse nur in ihrer Eigenschaft als Hauptaktionärin, auf die das Vermögen der Gesellschaft übertragen worden ist und die daher die Kleinaktionäre gemäß § 5 der 1. DurchfVO. vom 14. Dezember 1934 abzufinden hat. Die Vorschrift des § 199 Abs. 6 AktG., wonach das Interesse der Gesellschaft zu berücksichtigen ist, hat dagegen nur das Interesse der Gesellschaft im Auge, deren Hauptversammlungsbeschluß angefochten wird; daher ist nach dieser Vorschrift das Interesse der Beklagten nur insoweit von Bedeutung, als es sich aus ihrer Eigenschaft als Rechtsnachfolgerin, also als Trägerin der Rechte und Pflichten der früheren J. G. L., ergibt. Das Interesse der beschließenden Gesellschaft und ihrer Rechtsnachfolgerin als solcher an der Aufrechterhaltung des angefochtenen Entlastungsbeschlusses, der in seiner Wirkung einem Verzicht auf etwaige Rückgriffsansprüche gegen Vorstand und Aufsichtsrat gleichkommt, kann aber nur ganz gering sein. Falls ihr wirklich Rückgriffsansprüche zustanden, liegt es viel näher, anzunehmen, daß sie im Gegenteil ein Interesse an der Beseitigung des Beschlusses hat, damit sie in die Lage versetzt wird, jene Ansprüche noch geltend zu machen. Falls dagegen von vornherein kein Anlaß zu Rückgriffsansprüchen gegen den Vorstand gegeben war, dann würde weder ein Erfolg noch eine Abweisung der Anfechtungs- und Nichtigkeitsklage die Rechtslage wesentlich ändern.

Mit Rücksicht hierauf können für die Bemessung des Streitwerts nur die sonstigen „im einzelnen Fall gegebenen Verhältnisse" ins Gewicht fallen. Bei deren Berücksichtigung ist dem Gericht im weitesten Maße freier Spielraum gelassen. Es kann daher z. B. in der Übergangszeit gegebenenfalls auch der Umstand berücksichtigt werden, daß eine wesentliche Heraufsetzung des Streitwertes infolge Anwendung des neuen Gesetzes auf eine zur Zeit seines Inkrafttretens anhängige Anfechtungsklage für die Beteiligten eine unbillige Härte bedeuten würde. Ferner kann in diesem Zusammenhang auch den Folgen eine gewisse Bedeutung zukommen, die ein etwaiger Erfolg der Anfechtungs- oder Nichtigkeitsklage für die Beklagte ebenso wie für die zur Verantwortung zu ziehenden Vorstandsmitglieder haben würde, wenn ihnen auch naturgemäß eine geringere Bedeutung beizumessen ist als den im Gesetz besonders hervorgehobenen Interessen der Gesellschaft an der Aufrechterhaltung des Beschlusses. Mögen nun auch diese Folgen insgesamt auf etwa 200000 RM. zu bewerten sein, wie die Beklagte geltend gemacht hat, während das Interesse des Klägers allein an der Durchführung der Anfechtungs- und Nichtigkeitsklage nur etwa 6000 RM. beträgt, so darf doch nicht übersehen werden, daß die gegenwärtige Klage nur der Vorbereitung eines von den Kleinaktionären geltend zu machenden weiteren Abfindungsanspruchs dient, der seinerseits wiederum das Bestehen eines Rückgriffsanspruchs der J. G. L. (jetzt der Beklagten als Rechtsnachfolgerin) gegen ihre früheren Vorstandsmitglieder gemäß § 241 HGB. zur Voraussetzung hat. Über diese weiteren Ansprüche wird aber mit der gegenwärtigen Anfechtungs- und Nichtigkeitsklage, falls sie selbst Erfolg haben sollte, noch keineswegs entschieden. Bei Berücksichtigung aller dieser Umstände erscheint es angebracht, den Streitwert nicht höher als auf 18000 RM., also auf den Betrag zu bemessen, den bereits das Berufungsgericht angenommen hat.

11. Ist der obsiegende Scheidungskläger für mitschuldig zu erklären, wenn zur Rechtfertigung des Scheidungsanspruchs verziehene Verfehlungen mitherangezogen werden mußten, die unverziehen allein schon als Scheidungsgrund hingereicht hätten, denen aber ebenfalls verziehene eigene schwere Eheverfehlungen gegenübergestanden hatten?

BGB. § 1573, § 1574 Abs. 3.

IV. Zivilsenat. Urt. v. 10. Februar 1938 i. S. Ehefrau Mo. (Bekl.) w. Ehemann Mo. (Kl.). IV 256/37.

I. Landgericht Berlin.
II. Kammergericht daselbst.

Die Parteien haben einander am 29. September 1933 geheiratet. Am 22. Juni 1935 ist ihnen ein Sohn geboren. Seit dem 9. Dezember 1936 haben sie nicht mehr miteinander geschlechtlich verkehrt, seit dem 13. desselben Monats leben sie voneinander getrennt. Mit der im März 1937 erhobenen Klage hat der Kläger die Scheidung seiner Ehe aus alleinigem Verschulden der Beklagten begehrt, weil diese durch ihr zänkisches und unverträgliches Verhalten das eheliche Verhältnis zerrüttet, insbesondere am 13. Dezember 1936 ihn grundlos beschimpft und mißhandelt habe, nachdem sie schon am 17. November 1936 das Gleiche getan, ihn unerlaubter Beziehungen zu seiner Schwester verdächtigt und ihm gedroht habe, ihn um seine Stellung und ins Zuchthaus zu bringen. Die Beklagte hat unter Bestreiten dieses Vorbringens um Klagabweisung gebeten und widerklagend Verurteilung des Klägers zur Herstellung der ehelichen Gemeinschaft, hilfsweise aber seine Mitschuldigerklärung beantragt, weil er sich immer wieder wochen- und monatelang von der ehelichen Wohnung ferngehalten, sie am 13. Dezember 1936 mißhandelt, bedroht und beschimpft und in der Folge ohne jeden Unterhalt gelassen und am 20. Januar 1937 erklärt habe, daß er nichts für sie und das Kind zahlen, seine Stellung aufgeben und Provisionsreisender werden wolle. Das Landgericht hat nach Beweisaufnahme unter Abweisung der Widerklage die Ehe aus beiderseitigem Verschulden geschieden. Hiergegen hat die Beklagte Berufung eingelegt und nunmehr in erster Reihe Scheidung der Ehe aus Alleinverschulden des Klägers beantragt, weil dieser sich im Juni und Juli 1937 auf Heiratsanzeigen hin mit anderen Frauen in

Verbindung gesetzt und sich im Oktober/November 1937 in ihrer Wohnung in so unanständiger Weise aufgeführt habe, daß die bei ihr tätige Haustochter kündigte. Das Kammergericht hat nach Beweisaufnahme unter Abweisung der Klage die Ehe auf die Widerklage hin geschieden, aber beide Parteien für schuldig erklärt. Mit der Revision beantragte die Beklagte, das angefochtene Urteil aufzuheben und die Ehe auf die Widerklage hin aus Alleinschuld des Klägers zu scheiden. Dem wurde entsprochen aus folgenden

Gründen:

Die Revision greift das Berufungsurteil nur insoweit an, als die Beklagte für mitschuldig an der Scheidung erklärt ist. Zu dieser Entscheidung ist das Berufungsgericht gelangt auf Grund der Erwägung: Zwar habe sich der Vorgang vom 13. Dezember 1936 nicht aufklären lassen; auch habe sich der Vorfall vom 21. April 1937 nicht zwischen den Parteien, sondern zwischen der Beklagten und ihrer eigenen Mutter abgespielt, so daß der Kläger für sein Scheidungsbegehren daraus nichts herleiten könne; endlich fehle es für die behauptete Beschimpfung des Klägers durch die Beklagte nicht bloß an einem Beweisantritt, sondern auch an einer näheren Darstellung, wie sie nötig sei, um beurteilen zu können, inwieweit der Beklagten ein Vorwurf zu machen sei, und auch sonst sei nichts gegen die Beklagte aus der Zeit nach dem letzten Geschlechtsverkehr zwischen den Parteien erwiesen. Andrerseits reiche aber auch das, was sich der Kläger in dieser Zeit an Ehewidrigkeiten habe zuschulden kommen lassen, nämlich sein Verhandeln mit anderen Frauen auf Heiratsanzeigen hin, noch bevor er mit der Rechtskraft des landgerichtlichen Urteils habe rechnen können, sowie seine lieblose Äußerung zur Beklagten über das gemeinsame Kind im September oder Oktober 1937 allein als Scheidungsgrund nicht hin, sondern nur, wenn zur Unterstützung seine früheren, verziehenen Verfehlungen herangezogen würden; diesen Verfehlungen ständen jedoch schwer beschimpfende öffentliche Äußerungen der Beklagten über den Kläger aus derselben Zeit gegenüber, und zwar hätten sich damals beide Teile so schwer gegen ihre Ehepflicht vergangen, daß jeder von ihnen deswegen damals hätte Scheidung verlangen können; die Heranziehung jenes früheren Verhaltens des Klägers nötige darum dazu, auch das frühere Verhalten der Beklagten zu berücksichtigen und sie deshalb für mitschuldig zu erklären.

Das wird von der Revision mit Recht als rechtsirrig bekämpft. Hätten die früheren Ehewidrigkeiten für sich allein als Scheidungsgrund nicht genügt, so würde auch nach der Auffassung des Berufungsgerichts für eine Mitschuldigerklärung der Beklagten kein Raum gewesen sein, weil dann dem vollendeten Scheidungsgrunde zu Gunsten der Beklagten keine unverziehene Verfehlung ihrerseits gegenübergestanden hätte. Es kann aber nicht Rechtens sein, daß die Beklagte deswegen schlechter zu stellen, nämlich abweichend hiervon für mitschuldig zu erklären wäre, weil der Kläger sich in der früheren Zeit schwerer vergangen hat, nämlich so schwer, daß diese alte Verfehlung allein schon damals eine Scheidungsklage hätte rechtfertigen können. Sofern in älteren Urteilen des Reichsgerichts, die in RGZ. Bd. 104 S. 88 angezogen sind, die gegenteilige Ansicht ausgesprochen sein sollte, kann daran nicht festgehalten werden.

Es kann deshalb dahingestellt bleiben, ob das Berufungsgericht die festgestellten Ehewidrigkeiten des Klägers aus der Zeit nach dem letzten ehelichen Verkehr der Parteien mit Recht als nicht so schwer betrachtet hat, daß sie ohne Berücksichtigung seiner früheren Verfehlungen allein schon das Scheidungsbegehren der Beklagten rechtfertigen könnten. Denn auch, wenn dem nicht beizutreten sein sollte, durfte doch die Beklagte, da sie sich nach jenem Zeitpunkt keine nachweisbaren Ehepflichtverletzungen hat zuschulden kommen lassen, ihre früheren Verfehlungen aber verziehen sind, nicht deretwegen für mitschuldig erklärt werden.

---

12. Unter welcher Voraussetzung und in welchem Umfang kann der Versicherer bei Verletzung von Obliegenheiten, die der Versicherungsnehmer vor dem Eintreten des Versicherungsfalls zu erfüllen hatte, die vertragsmäßige Leistung auch dann verweigern, wenn für den Fall der Obliegenheitsverletzung keine Verwirkung der Versicherungsansprüche ausbedungen worden ist?

Gesetz über den Versicherungsvertrag vom 30. Mai 1908 (RGBl. S. 263) — VVG. — § 6. BGB. § 242.

VII. Zivilsenat. Urt. v. 11. Februar 1938 i. S. Firma R. A. (Kl.) w. V. Versicherungs-AG. u. a. (Bekl.). VII 165/37.

I. Landgericht Berlin.
II. Kammergericht daselbst.

Die Klägerin, die eine Herrenwäschefabrik betreibt, war bei den verklagten Gesellschaften nach Maßgabe des Sonderversicherungsscheins Nr. 6310 für den Interessenverband der Deutschen Bekleidungsindustrie e. V. und die ihm angeschlossenen Fachverbände vom 16. Mai 1924 gegen alle Gefahren bis zur Höchstgrenze von 100000 GM. versichert, soweit nicht nach den §§ 1 bis 4 der Allgemeinen Versicherungsbedingungen (AVB.) bestimmte Ausschlüsse vereinbart waren. Die Beklagten hatten sich zu bestimmten Anteilen verpflichtet. Nach § 2 AVB. sind auch Schäden, Nachteile oder Verluste versichert, die durch Einbruchsdiebstahl entstehen.

In die Versicherungszeit fällt ein Einbruchsdiebstahl, der in der Nacht vom 5. zum 6. Oktober 1931 in den Geschäftsräumen der Klägerin verübt wurde. Die Klägerin hat den Wert des gestohlenen Gutes auf 42369,32 RM. berechnet und von den Beklagten die Zahlung dieses Betrags, hilfsweise der auf sie entfallenden Anteile, nebst Zinsen begehrt. Die Beklagten haben eingewendet, die Klägerin habe den Versicherungsanspruch durch arglistige Täuschung bei der Schadensermittlung verwirkt, auch ihre Bücher nicht ordentlich geführt und sonstige Obliegenheiten, insbesondere die Auskunftspflicht, verletzt. Außerdem haben sie ein Zurückbehaltungsrecht geltend gemacht und mit Gegenansprüchen aufgerechnet.

Das Landgericht hat die Beklagten nur zur Zahlung einzelner für jede von ihnen berechneter Teilbeträge (von zusammen 31769,90 RM.) nebst Zinsen verurteilt und die Klage im übrigen abgewiesen. Auf die Berufung der Beklagten hat das Kammergericht die Klage im vollen Umfang abgewiesen. Die Revision der Klägerin führte zur Aufhebung und Zurückverweisung.

Gründe:

I. 1. Die von den Parteien abgeschlossene Einheitsversicherung umfaßt alle von der Klägerin für eigene oder für fremde Rechnung bezogenen, hergestellten oder vertriebenen Waren. Nach § 5 Ziffer 4 AVB. hat die versicherte Firma die Pflicht,

> am Schlusse eines jeden Monats, spätestens jedoch bis zum 12. des darauffolgenden Monats, der Versicherungsvermittlerin den Gesamtbetrag der ihren Abnehmern im Laufe des Monats in Rechnung gestellten Beträge in einer Summe in Goldmark aufzugeben und gleichzeitig mit dieser Umsatzanmeldung den von ihr selbst gemäß

§ 6 zu errechnenden Prämienbetrag zuzüglich des jeweilig gültigen Reichsstempels zu zahlen...

In § 6 AVB. ist bestimmt (unter B):

Die Zahlung der Prämie einschließlich Reichsstempels erfolgt unter Zugrundelegung der in § 5 Ziffer 4 vorgeschriebenen monatlichen Aufgabe des Gesamtbetrags der monatlichen Versandfakturen...

Der Berufungsrichter ist der Meinung, die Klägerin sei des Versicherungsanspruchs verlustig gegangen, weil sie die Beklagten bei der Meldung des Umsatzes und bei der damit zusammenhängenden Berechnung und Zahlung der Beiträge arglistig getäuscht habe. In dieser Beziehung führt er aus:

Durch die bezeichnete Regelung sei die Berechnung der für die Haftung der Versicherungsgesellschaften vorgesehenen Gegenleistung ausschließlich in die Hände der Versicherungsnehmerin gegeben und ihr damit — im Rahmen des in besonderem Maß auf Treu und Glauben abgestellten Versicherungsverhältnisses — eine verstärkte Treupflicht auferlegt worden. Die Klägerin habe streng darauf zu achten gehabt, daß der gesamte Umsatz, soweit er ihren Abnehmern in Rechnung gestellt worden sei, angemeldet und daß die laufenden Beiträge nach dem Gesamtbetrage der Versandrechnungen entrichtet würden. Die Verknüpfung der Umsatzmelde- mit der Beitragszahlungspflicht lasse klar erkennen, daß der zu ermittelnde Gesamtbetrag der Beitragsberechnung habe zugrunde gelegt werden sollen; bei einer kaufmännischen Gepflogenheiten entsprechenden Auslegung der Allgemeinen Versicherungsbedingungen könne also keine Rede davon sein, daß die in § 5 bezeichnete Umsatz- und Beitragsberechnung einerseits und die in § 6 erwähnte Beitragszahlung andrerseits nach verschiedenen Grundsätzen zu geschehen hätten. Für diese komme es nicht darauf an, ob es sich um Umsätze von Waren handle, die von der Versicherungsnehmerin „versandt“, oder um solche, die von der Kundschaft bei ihr „abgeholt“ würden; noch weniger sei eine Trennung der Verkäufe in „Bar- (sogenannte Komptant-) verkäufe“ und in „Kreditverkäufe“ gerechtfertigt. Allerdings sei in § 6 von „Versandfakturen“ die Rede; dies besage aber weiter nichts, als daß bei den Bekleidungsunternehmen, auf die der Sonderversicherungsschein zugeschnitten sei, ein Großbetrieb vorausgesetzt werde, in dessen Rahmen regelmäßig ein Warenversand und die

Ausstellung von Rechnungen stattfänden. Die Klägerin habe als Herstellerin sich darüber klar sein müssen, daß sie zur Erfassung ihres Umsatzes den Warenausgang buchmäßig festzulegen und ihren Abnehmern urkundlich in Rechnung zu stellen hatte. Auch die sogenannten Verkäufe über den Ladentisch, bei denen kein eigentlicher „Versand" notwendig ist, hätten zum meldepflichtigen Umsatz gehört. Bei der Eigenschaft des Geschäftsbetriebs der Klägerin als eines Großbetriebs und in Anbetracht des Umstandes, daß die Versicherungsgefahr die gesamte auf Lager befindliche Ware unterschiedslos umfaßt habe, sei die Klägerin nicht berechtigt gewesen, nach ihrem Belieben in einzelnen Fällen die Ausstellung von Rechnungen zu unterlassen und so den entsprechenden Wert der Beitragsberechnung zu entziehen.

Bei seinen Erwägungen hat der Vorderrichter sachgemäß berücksichtigt, wie sich in dem Betriebe der Klägerin in den Geschäftsjahren Oktober 1926/27 bis 1930/31 die Unterscheidung zwischen „fakturierten" Verkäufen und sogenannten „Komptant"-Verkäufen auf die Umsatzberechnung ausgewirkt hat:

Geschäftsjahr	Verkäufe mit Rechnungen	ohne Rechnungen
Oktober 1926/27	39561 RM.	2144 RM.
Oktober 1927/28	35883 RM.	8187 RM.
Oktober 1928/29	29077 RM.	12468 RM.
Oktober 1929/30	22107 RM.	14550 RM.
Oktober 1930/31	17379 RM.	13012 RM.
insgesamt rund	144000 RM.	rund 50000 RM.

Er weist darauf hin, daß es widersinnig sei, der Versicherungsnehmerin zu gestatten, ihren Umsatz in „unberechneten" Warenlieferungen beliebig immer mehr zu erhöhen, um schließlich womöglich ganz oder in der Hauptsache von der Ausstellung von Rechnungen abzusehen und so vielleicht ohne Gegenleistung in den Genuß des Versicherungsschutzes zu kommen.

Diese Auslegung des Berufungsrichters unterliegt der freien Nachprüfung des Revisionsgerichts, weil die Allgemeinen Versicherungsbedingungen eine allgemein gebräuchliche („typische") Vertragsgrundlage darstellen. Sie ist zu billigen. Daß eine Unklarheit in der Fassung der Bedingungen vorliege, die zu Lasten des Vertragsteiles gehe, der sie verfaßt und vorgelegt habe, nämlich der

Versicherungsgesellschaften, ist der Revision nicht zuzugeben; denn es steht in der Rechtsprechung des erkennenden Senats fest, daß nur dann die für den Versicherungsnehmer günstige Auslegung entscheidet, wenn anscheinend vorhandene Unklarheiten nicht zu Gunsten des Versicherers behoben werden können (RGZ. Bd. 145 S. 21 [26]). Von solchen Unklarheiten kann keine Rede sein, wenn sich, wie es hier nach den zutreffenden Ausführungen des Berufungsurteils der Fall ist, nach Sinn und Zweck der einzelnen Vertragsabrede und aus den sonstigen nach Treu und Glauben zu berücksichtigenden Begleitumständen ein bestimmter Vertragsinhalt feststellen läßt (RGUrteile vom 30. Oktober 1934 VII 158/34, JW. 1935 S. 1009 Nr. 2, und vom 23. Juli 1937 VII 45/37, JW. 1937 S. 2668 Nr. 29)

2. Der Vorderrichter hält für erwiesen, daß der Inhaber der Klägerin bei der Anmeldung des Umsatzes sowie bei der Berechnung und Zahlung der Beiträge nicht gutgläubig verfahren sei, indem er bis zu der gelegentlich der Schadensermittlung bewirkten Aufdeckung und Beanstandung seiner Berechnungsart die sogenannten Komptantverkäufe von den Umsatzmeldungen ausschloß, und daß er sich schon im Verlauf des Geschäftsjahres 1928/29 der Pflicht zur Meldung der rechnungslosen Verkäufe bewußt gewesen sei, diese Pflicht jedoch absichtlich verletzt habe; auch daß er dies nur getan habe, um die Beklagten über den Umfang ihrer Beitragsansprüche zu täuschen; er habe sich bei seiner schlechten Geschäftslage einen ungerechtfertigten Vermögensvorteil in dem Bewußtsein verschaffen wollen, daß er das Vermögen der Beklagten schädige, er habe den Erfolg seiner Unehrlichkeit bewußt mit in den Kauf genommen und auf diese Weise die Beklagten betrogen. Der Berufungsrichter meint schließlich, die Beklagten müßten bei so schweren, in den letzten zwei Geschäftsjahren ständig wiederholten Verstößen der Klägerin gegen die ihr obliegende Treupflicht für befugt erachtet werden, die versprochene Vertragsleistung zu verweigern.

Alle diese Erwägungen stellt der Vorderrichter zur Frage der Anwendbarkeit der Vorschriften der §§ 5, 6 AVB. an, nur mit dem Hinzufügen, daß der Verstoß der Klägerin gegen die Umsatzmelde- und Beitragszahlungspflicht nicht geringer zu werten sei als eine gelegentlich der Ermittlung des Schadens begangene arglistige Täuschung des Versicherers, die — auch ohne ausdrückliche Erwähnung in den Allgemeinen Versicherungsbedingungen — den Verlust des

Anspruchs des schuldigen Versicherungsnehmers nach sich ziehe. Ob die Meinung der Revision zutrifft, daß der Tatbestand arglistiger Täuschung bei der Schadensermittlung nur dann die Verwirkung der Versicherungsansprüche begründe, wenn diese Rechtsfolge im Versicherungsvertrage besonders ausbedungen sei, kann an dieser Stelle auf sich beruhen. Denn in Wirklichkeit hat der Vorderrichter nicht festgestellt, daß und durch welches Verhalten sich die Klägerin einer derartigen Täuschungshandlung bei der Schadens*ermittlung* schuldig gemacht hat. Er lehnt es vielmehr ausdrücklich ab, auf die hierauf bezügliche Sachdarstellung der Beklagten noch sachlich einzugehen, und zieht insoweit nur einen Vergleich, indem er darauf hinweist, daß die Handlungsweise der Klägerin vor dem Eintritt des Schadensfalles (5./6. Oktober 1931) nicht weniger verwerflich gewesen sei als ein etwaiges auf Täuschung des Versicherers berechnetes arglistiges Verhalten des Versicherungsnehmers bei der Schadensermittlung. Die von ihm für verletzt erachteten Pflichten der Klägerin (Treupflicht, Umsatzmeldepflicht, Beitragsberechnungs- und -zahlungspflicht) sind in den Allgemeinen Versicherungsbedingungen unter der Überschrift „Obliegenheiten des Versicherungsnehmers" geregelt. Die Bedingungen enthalten — von den noch zu erwähnenden Ausnahmen abgesehen — keine ausdrückliche Regelung der Rechtsfolgen, die in den Fällen schuldhafter Verletzung von Obliegenheiten, insbesondere von solchen eintreten, die — wie hier — vor dem Versicherungsfall dem Versicherer gegenüber zu erfüllen sind. Es steht indessen in der Rechtsprechung des erkennenden Senats fest, daß bei Verletzung vertraglich vorgesehener Obliegenheiten Leistungsfreiheit des Versicherers grundsätzlich nur dann eintritt, wenn sie im Versicherungsvertrag als Folge der Verletzung besonders vorgesehen ist (RGUrteil vom 25. November 1927 (VII) VI 291/27, abgedr. in JW. 1928 S. 791 Nr. 7). Die hier maßgeblichen Versicherungsbedingungen leiden an dem Mangel, daß eine Rechtsfolge der bezeichneten Obliegenheitsverletzungen nicht besonders vorgesehen ist. Allerdings scheinen ihre Verfasser von der selbstverständlichen grundsätzlichen Anwendbarkeit der Vorschriften des § 6 Abs. 1 und 2 VVG. ausgegangen zu sein; denn in § 9 AVB. werden für das Verhalten des Versicherten bei Schadensfällen bestimmte Obliegenheiten ausbedungen, also solche, die nach dem Eintritt des Versicherungsfalls dem Versicherer gegenüber zu erfüllen sind, und für die Verletzung oder Nichtbefolgung dieser Obliegenheiten wird nur (verneinend) bestimmt, daß sie die Versicherer von ihrer Ersatzpflicht nicht befreie, es sei denn, daß der versicherten Firma Vorsatz zur Last falle (§ 9 Abs. 4 AVB.). Daraus ergibt sich der Schluß, daß nach Absicht der Vertragschließenden die Verletzung der bezeichneten, nach dem Eintritt des Versicherungsfalls zu erfüllenden Obliegenheiten jedenfalls dann für den Versicherer befreiend wirken soll, wenn eine Obliegenheitsverletzung vorsätzlich begangen wurde. Hierbei handelt es sich um eine Einschränkung der an sich als bestehend vorausgesetzten Befreiung des Versicherers zu Gunsten des Versicherungsnehmers, die nach § 6 Abs. 3 VVG. zulässig ist. Daraus ist zu schließen, daß die Vertragsteile den Eintritt der Verwirkungsfolge bei Verletzung von Obliegenheiten, die nach dem Schadensfall zu erfüllen waren, grundsätzlich vorausgesetzt und gewollt haben, nur mit der doppelten Einschränkung, daß der Versicherer erstens nur bei vorsätzlichem Zuwiderhandeln frei werden und zweitens für den Vorsatz beweispflichtig sein sollte (im Gegensatz zur Regel des § 6 Abs. 2 VVG., wonach der Versicherungsnehmer Vorsatz und grobe Fahrlässigkeit ausräumen muß). Ob sich der gleiche Schluß auch hinsichtlich der Verletzung der vor dem Schadensfall zu erfüllenden Obliegenheiten ergibt, nämlich derjenigen, die der Vorderrichter als verletzt bezeichnet hat, ist jedoch unsicher. Denn in § 5 Nr. 3 AVB. ist wiederum zu Gunsten des Versicherungsnehmers eine Ausnahme für den Fall gemacht, daß dieser sich einer nur versehentlichen Verletzung (seiner Pflicht zur Verbuchung der täglichen Ein- und Ausgänge und zur ordnungsmäßigen Sammlung der Rechnungen) schuldig macht. Es wird aber hier nur gesagt, daß in diesem Falle der versicherten Firma kein Nachteil erwachsen solle, ohne daß ersichtlich ist, welche Nachteile die Versicherungsnehmerin treffen sollen, wenn sie sich eines schuldhaften, zumal vorsätzlichen Verstoßes gegen die ihr auferlegten Obliegenheiten schuldig macht. In diesem Punkte bleibt also eine Unklarheit, die angesichts der nicht zu beseitigenden Zweifel grundsätzlich zu Lasten der verklagten Versicherer gehen müßte.

Indessen ist im vorliegenden Falle nach dem vom Vorderrichter festgestellten Sachverhalt die Leistungsverweigerung der Versicherer grundsätzlich auch ohnehin gerechtfertigt. Nach dem Versicherungsschein schließt die Versicherung alle Arten von Versendungen und

Lagerungen von Waren ein (§ 1 B); ausgeschlossen sind nur gewisse Gegenstände, nicht Waren (§ 1 D). Versichert sind alle Gefahren, denen die versicherten Güter während der Dauer der Versicherung ausgesetzt sind, Feuer, Zerknall, Blitzschlag, Wasserschäden, Diebstähle, Veruntreuungen usw. (§ 2 AVB.), mit Ausnahme lediglich einzelner bestimmter, hier nicht in Betracht kommender Gefahren (§ 3). Nach § 4 kann die versicherte Firma die Versicherung von Fall zu Fall ausschließen für Waren, die sich unterwegs befinden, aber nur in genau bezeichneten Fällen (§ 4 Abs. 1 zu a und b). Bringt sie im Schadensfall die im § 6 A unter 2 a) und b) angegebenen Beitragsermäßigungen in Abzug, so gilt dies — vorbehaltlich etwaiger Nachprüfung der Versicherer — als Erklärung der versicherten Firma, daß die Beförderungen, für die der Abzug vorgenommen wird, für die bestimmte Reise von der Versicherung ausgeschlossen sind (§ 4 Abs. 2). Daraus folgt, daß die Versicherungsnehmerin nicht etwa befugt ist, die bei ihr lagernden Waren nach Belieben teilweise unversichert zu lassen. Sie muß vielmehr alles tun, um ihre vollen Bestände unter Versicherung zu bringen. Die Versicherten haften dann entsprechend der von ihr angegebenen Summe im Schadensfall für alle auf Grund des Sonderversicherungsscheins gedeckten Waren bis zur Höchstgrenze von 100000 Goldmark (§ 5 Ziffer 1 AVB.).

Wenn nun der Versicherungsnehmer, wie dies der Vorderrichter für den vorliegenden Fall annimmt, im Laufe der Versicherung dazu übergeht, durch bewußt unrichtige Umsatzmeldungen den Versicherer über den Umfang der Versicherung und über den Umfang der ihm zustehenden Beiträge zu täuschen, trotzdem aber für die abhanden gekommenen Warenbestände volle Entschädigung beansprucht, die nach dem Vertrage grundsätzlich ohne Rücksicht auf Umsatz und Beitragshöhe festzusetzen und zu leisten ist; wenn er dies tut in der Absicht, sich einen rechtswidrigen Vermögensvorteil zu verschaffen, und in dem Bewußtsein der dem Versicherer damit zugefügten Schädigung, so muß ein derartiges, sich über einen langen Zeitraum erstreckendes, also planmäßiges Verhalten notwendigerweise das Vertrauensverhältnis zwischen ihm und dem Versicherer von Grund aus erschüttern, zumal wenn, wie hier, der Versicherer der versicherten Firma die Feststellung und Berechnung der von ihr zu leistenden Beiträge nach Maßgabe ihres Umsatzes anvertraut, der Versicherer darauf also in aller Regel keinen unmittelbaren Einfluß genommen, sondern sich auf die Redlichkeit des Versicherungsnehmers verlassen hat. In einem derartigen Verhalten liegt ein so grober Verstoß gegen den Versicherungs- und auch gegen den Gefahrengemeinschaftsgedanken sowie gegen Treu und Glauben, daß die Vertragsgrundlage erschüttert wird und dem Versicherer nicht mehr zugemutet werden kann, für den Versicherungsnehmer im vertragsmäßigen Umfang einzutreten, auch wenn sich dieser bei der Ermittlung des Schadens selbst keines Täuschungsversuchs mehr schuldig gemacht haben sollte. Ein solcher müßte übrigens in einem Fall der vorliegenden Art notwendigerweise schon darin liegen, daß der Versicherungsnehmer bei der Schadensermittlung über die unrichtige Berechnung der Umsätze und der Beiträge dem Versicherer keine oder nur irreführende Aufschlüsse gegeben hat. Unter solchen Voraussetzungen muß dem Versicherer der Einwand der unzulässigen Rechtsausübung zugebilligt und sein hierauf gegründetes Leistungsverweigerungsrecht wenigstens insoweit anerkannt werden, als der Versicherungsnehmer trotz seines unredlichen und der Versicherungstreue widerstreitenden Verhaltens die volle vertragsmäßige Entschädigung verlangt, und zwar auch dann, wenn die Verwirkung für diesen Fall in den Versicherungsbedingungen nicht besonders ausbedungen ist (vgl. RGZ. Bd. 117 S. 327 [331], Bd. 149 S. 69 [74]).

In der Rechtsprechung des Reichsgerichts steht aber auch fest, daß da, wo an sich gegenüber dem Klagbegehren die Arglisteinrede (der Einwand der unzulässigen Rechtsausübung) begründet ist, die Klagforderung nicht stets und ohne weiteres im ganzen hinfällig wird. Es bedarf hier vielmehr einer sorgfältigen Prüfung an der Hand der gesamten Umstände des einzelnen Falles, um zu ermessen, inwieweit das Verlangen des Klägers in Anbetracht seiner eigenen — seinen Vertragspflichten oder Obliegenheiten und den Anschauungen und Regeln des redlichen Geschäftsverkehrs zuwiderlaufenden — Handlungsweise mit den Grundsätzen von Treu und Glauben nicht mehr in Einklang zu bringen ist (vgl. u. a. RGZ. Bd. 152 S. 403, Bd. 153 S. 356 [359]; ferner RGUrteile vom 14. April 1937 V 249/36 in JW. 1937 S. 2036 Nr. 5, und vom 9. Oktober 1937 V 55/37 in JW. 1937 S. 3155 Nr. 7). Die Richtlinien, die der erkennende Senat in dieser Beziehung in Fällen arglistiger Täuschung bei der Ermittlung des

Schadens nach dem Eintritt des Versicherungsfalls gegeben hat (RGZ. Bd. 150 S. 147 [150 flg.]; RGUrteile vom 9. Juni 1936 VII 292/35, abgedr. in JRPrV. 1936 S. 216 Nr. 1; vom 3. Juli 1936 VII 287/35 in JW. 1936 S. 2978 Nr. 4 und vom 18. September 1936 VII 41/36 das. S. 3452 Nr. 3), sind in Fällen der vorliegenden Art, wo das arglistige und auf Täuschung des Versicherers abzielende Verhalten des Versicherungsnehmers schon vor dem Versicherungsfall stattgefunden oder eingesetzt hat, unbedenklich entsprechend anzuwenden. Diese Rechtslage hat der Vorderrichter verkannt, da er ohne Rücksicht auf die Gesamtheit der zu beachtenden Tatumstände davon ausgeht, daß das arglistige Verhalten der Klägerin bei der Anzeige der versicherungspflichtigen Umsätze und bei der Berechnung und Entrichtung der von ihr geschuldeten laufenden Versicherungsbeiträge schlechthin die Beklagten von ihrer Versicherungspflicht überhaupt befreie. In dieser Richtung bedarf aber der Sachverhalt der völligen Aufklärung in tatsächlicher Beziehung, weil erst dann das Maß des rechtswidrigen, Treu und Glauben widerstreitenden Verhaltens der Klägerin richtig eingeschätzt und weiter ermessen werden kann, in welchem Umfang es recht und billig ist, sie ihres vertragsmäßigen Anspruchs auf Entschädigung für verlustig zu erklären. Selbstverständlich ist hierbei nicht nur das Verhältnis zu berücksichtigen, in dem die hinterzogenen Versicherungsbeiträge zum Gesamtbetrag der Beitragsschuld der Klägerin gestanden haben, sondern auch zu beachten, ob und in welchem Ausmaße sie etwa noch nach dem Einbruchsdiebstahl ihr Bestreben fortgesetzt hat, die Beklagten sei es über die Höhe ihrer wahren Beitragsschuld, sei es über den Umfang des durch den Versicherungsfall entstandenen Schadens zu täuschen oder ihnen die Aufklärung darüber zu erschweren. Zu den danach zu berücksichtigenden Umständen wird es insbesondere auch gehören, wenn etwa die Klägerin noch während des Streites über die Entschädigungspflicht bemüht gewesen wäre, bei den Beklagten oder beim Gericht wahrheitswidrig den unrichtigen Eindruck zu erwecken, als habe es sich bei den an sich versicherungspflichtigen, von ihr aber nicht angegebenen Umsätzen nur um gelegentliche geringfügige Barverkäufe gehandelt, für die (nach § 6 AVB.) entweder überhaupt keine oder keine nennenswerte Beitragspflicht bestanden habe. Wie im einzelnen Falle das Maß des Verschuldens des Versicherungsnehmers in Anbetracht aller Umstände so wenig ins Gewicht fallen kann, daß es nach Treu und Glauben vertretbar erscheint, ihm trotz seiner Unredlichkeit die Versicherungssumme ungeschmälert zuzusprechen (vgl. die oben bezeichnete Entscheidung vom 9. Juni 1936 VII 292/35), so kann es gegebenenfalls umgekehrt mit Rücksicht auf den Umfang, die Hartnäckigkeit und die Gefährlichkeit der auf die Täuschung und die Schädigung des Versicherers abzielenden unlauteren Handlungsweise des Versicherungsnehmers, namentlich wenn durch die Vertragsgestaltung ein besonderes Vertrauensverhältnis zwischen den Vertragsteilen begründet, das Vertrauen des Versicherers aber in besonders verwerflicher Weise getäuscht worden ist, bei Beachtung aller Umstände gerechtfertigt sein, dem Versicherungsnehmer den Entschädigungsanspruch im vollen Umfang abzuerkennen. Ob im Einzelfalle die Verhältnisse zu solcher Beurteilung Anlaß geben, kann aber nur in der Tatsacheninstanz geprüft und entschieden werden.

II. Unter den hervorgehobenen Gesichtspunkten wird das Berufungsgericht den Sachverhalt erneut zu prüfen haben. Schon deshalb ist das Urteil aufzuheben und die Sache an die Vorinstanz zurückzuverweisen. Gegen die Annahme des Vorderrichters, daß sich die Klägerin der arglistigen Täuschung der Beklagten über Umsatz- und Beitragshöhe schuldig gemacht und hierdurch ihre vor dem Versicherungsfall zu erfüllenden Obliegenheiten vorsätzlich verletzt habe, hat die Revision eine Reihe von Verfahrensrügen erhoben. Hierauf einzugehen, erübrigt sich wegen der Zurückverweisung der Sache ... Hervorzuheben ist nur noch: keineswegs sind die Beklagten, wie die Revision meint, durch ihren Verzicht auf die Aufrechnung mit einem geringfügigen Betrag, den ihnen die Klägerin wegen unrichtiger Umsatz- und Beitragsberechnung noch schulde, ihres Rechts überhaupt verlustig gegangen, die Verwirkung der Versicherungsansprüche der Klägerin noch geltend zu machen, sofern die tatsächlichen Voraussetzungen dafür vorliegen. Es kann insbesondere keine Rede davon sein, daß die Beklagten, wie die Revision ausführt, durch jenen Verzicht auf Aufrechnung ihr Recht auf Geltendmachung der Verwirkung selbst „verwirkt" hätten.

13. Liegt in der Erstattung der Schadensanzeige durch den Versicherungsnehmer in der Regel die Geltendmachung des Anspruchs auf die Leistung, so daß der Versicherer nach ihrem Eingang die Klagefrist wirksam setzen kann?

Gesetz über den Versicherungsvertrag vom 30. Mai 1908 (RGBl. S. 263) — VVG. — § 12 Abs. 2.

VII. Zivilsenat. Urt. v. 15. Februar 1938 i. S. H. (Kl.) w. D. Bauerndienst Allg. Vers. AG. (Bekl.). VII 181/37.

I. Landgericht Berlin.
II. Kammergericht daselbst.

Der Kläger ist bei der Beklagten seit dem 25. August 1931 gegen Unfall versichert. Die Versicherungssumme beträgt im Falle dauernder Arbeitsunfähigkeit 100000 RM. Am 1. November 1932 wurde ein Personenkraftwagen, in dem sich der Kläger befand, von einem Lastkraftwagen angefahren. Hierbei wurde der Kläger mit dem Kopf zweimal gegen den Holzrahmen des Wagenfensters gestoßen. Infolgedessen traten bei ihm in den nächsten Tagen Kopfschmerzen auf. Am 13. November 1932 brach er plötzlich bewußtlos zusammen. Der sofort herbeigerufene Arzt stellte Bewußtseinstrübungen, Sprachstörungen, dumpfe Kopfschmerzen, Lähmung des rechten Armes und Schwächung des rechten Beines fest. Der Kläger begab sich dann in eine Heilanstalt, wo er bis zum 9. Februar 1933 verblieb. Am 6. März 1933 erstattete er der Beklagten Anzeige von dem Unfall. Mit Schreiben vom 9. März 1933 teilte diese ihm mit, daß sie sich mit der Angelegenheit nicht beschäftigen könne, weil der Schaden verspätet angemeldet worden sei; gemäß § 9 Abschnitt 1 ihrer Allgemeinen Versicherungsbedingungen (AVB.) sei jeder Unfall unverzüglich anzuzeigen; wenn diese Obliegenheit verletzt werde, sei die Gesellschaft von der Verpflichtung zur Leistung frei. Die Beklagte fügte hinzu:

> Um einer gesetzlichen Vorschrift zu genügen, weisen wir noch auf § 19 AVB. hin, nach dem ein von der Versicherungsgesellschaft bestrittener Versicherungsanspruch binnen einer Frist von 6 Monaten geltend gemacht werden muß, andernfalls die Ablehnung unumstößliche Rechtskraft erlangt. Die Frist beginnt mit dem Tage zu laufen, an dem Sie das Ablehnungsschreiben der Gesellschaft erhalten haben.

Mit Schreiben vom 22. August 1933 verlängerte die Beklagte dem Kläger die Frist zur Erhebung der Klage bis zum 31. Dezember 1933. Ende 1933 bat er um weitere Frist, die ihm aber nicht gewährt wurde. Am 1. November 1935 hat er dann die vorliegende Klage erhoben. Mit der Behauptung, daß er infolge des Unfalls schwer krank und mindestens zu $33^1/_3$ % dauernd arbeitsunfähig sei, verlangt er Zahlung von 33333,33 RM. nebst Prozeßzinsen, hilfsweise die Feststellung, daß die Beklagte aus der Einzel-Unfall-Versicherung Nr. 126444 nebst den dazu ergangenen Nachträgen wegen des Unfalls vom 1. November 1932, vorbehaltlich der der Ärztekommission bedingungsgemäß zu übertragenden Feststellungen, leistungspflichtig sei.

Die Beklagte hat zur Begründung ihres Antrags auf Klagabweisung vorgetragen: der Kläger sei nur vorübergehend beschränkt arbeitsunfähig; darüber, ob er dauernd arbeitsunfähig sei, habe nur die Ärztekommission zu entscheiden. Die Geltendmachung etwaiger Ansprüche seinerseits sei aber ausgeschlossen, weil er nicht fristgemäß Klage erhoben und den Schadensfall zudem nicht unverzüglich gemeldet habe.

Das Landgericht hat die Beklagte, weil der Kläger infolge des Unfalls zu 20% dauernd arbeitsunfähig sei, zur Zahlung von 20000 RM. verurteilt, im übrigen aber die Klage abgewiesen. Auf die Berufung der Beklagten hat das Kammergericht unter Zurückweisung der Anschlußberufung des Klägers die Klage im vollen Umfang abgewiesen. Die Revision des Klägers blieb ohne Erfolg.

Gründe:

§ 12 Abs. 2 VVG. schreibt vor:

Ist im Vertrage bestimmt, daß der Versicherer von der Verpflichtung zur Leistung frei sein soll, wenn der Anspruch auf die Leistung nicht innerhalb einer bestimmten Frist gerichtlich geltend gemacht wird, so beginnt die Frist erst, nachdem der Versicherer dem Versicherungsnehmer gegenüber den erhobenen Anspruch unter Angabe der mit dem Ablaufe der Frist verbundenen Rechtsfolge schriftlich abgelehnt hat. Die Frist muß wenigstens sechs Monate betragen.

Im § 19 Nr. 1 der Allgemeinen Versicherungsbedingungen der Beklagten ist bestimmt, daß ein von der Gesellschaft bestrittener

Versicherungsanspruch, soweit nicht nach § 12 Nr. 2 die Ärztekommission zuständig ist, bei Meidung des Verlustes durch Erhebung der Klage binnen einer Frist von sechs Monaten geltend zu machen ist. Die Frist soll mit dem Tage beginnen, an dem der Anspruchsberechtigte durch eingeschriebenen Brief unter Hinweis auf die Rechtsfolgen der Fristversäumung davon in Kenntnis gesetzt worden ist, inwieweit sein Anspruch bestritten werde.

Die Beklagte hat dem Kläger auf die Schadensanzeige vom 6. März 1933 am 9. März 1933 mitgeteilt, daß sie sich mit der Sache nicht befassen könne, weil der Schaden verspätet angemeldet worden sei, und hat ihn darauf hingewiesen, daß ein von ihr bestrittener Versicherungsanspruch binnen sechs Monaten nach Eingang des Ablehnungsschreibens bei dem Versicherungsnehmer geltend gemacht werden müsse. Sie hat mit Schreiben vom 22. August 1933 auf Verlangen des Klägers die Frist zur Erhebung der Klage bis zum 31. Dezember 1933 verlängert; der Kläger hat aber die Klage erst am 1. November 1935 erhoben.

Das Berufungsgericht hat, wie schon vor ihm das Landgericht, dargelegt, daß der Kläger weder in der Schadensanzeige vom 6. März 1933 noch auch zuvor in dem Ferngespräch vom 4. März 1933, womit er der Hauptgeschäftsstelle der Beklagten Mitteilung von dem Unfall machte, einen Anspruch im Sinne der mitgeteilten Bestimmungen erhoben habe. Es unterstellt dabei, daß ein Versicherungsanspruch vom Versicherungsnehmer auch bedingt oder betagt, also bevor er fällig sei, erhoben werden könne. Immer sei jedoch für die Erhebung des Anspruchs erforderlich, daß eine Leistung im Rahmen des Versicherungsverhältnisses verlangt werde. Das sei aber hier nicht der Fall. Zu beachten sei, daß der Kläger auf Grund des Versicherungsvertrages von der Beklagten lediglich eine Kapitalabfindung für den Fall der Arbeitsunfähigkeit oder des Todes, nicht aber Tagegelder beanspruchen könne. Die Schadensanzeige ergebe nicht, daß der Kläger irgendwelche Ansprüche erhoben habe. Er habe vielmehr bei der Besprechung vom 6. März 1933 mit dem Hauptgeschäftsleiter der Beklagten ausdrücklich erklärt, daß er damit keine Ansprüche erheben, sondern nur eine Förmlichkeit, eine Obliegenheit, erfüllen wolle, damit ihm später in dem von ihm nicht für wahrscheinlich gehaltenen Falle, daß er Ansprüche stellen müsse, von der Beklagten keine Einwendungen entgegengestellt werden könnten. Das Berufungsgericht meint, die Rechtsprechung habe stets angenommen, daß der Versicherer nicht das Recht habe, den Versicherungsnehmer zur vorzeitigen Erhebung von Ansprüchen zu zwingen. Dabei sei berücksichtigt, daß der § 12 VVG. sowohl wie auch der § 19 AVB. den Interessen des Versicherers diene. Dieser habe gewiß die Möglichkeit, schon auf die Schadensanzeige hin einen weder durch diese noch sonst erhobenen Anspruch des Versicherungsnehmers von vornherein abzulehnen. Aber eine solche Ablehnung sei nicht wirksam im Sinne des § 12 VVG. und des § 19 AVB.

Das Berufungsgericht kommt trotzdem zur Abweisung der Klage, weil es der Auffassung ist, der Kläger habe, nachdem er der Fristsetzung vom 9. März 1933 nicht widersprochen und eine Verlängerung dieser Frist bis Ende 1933 erwirkt habe, nach Treu und Glauben mit der Erhebung der Klage nicht bis zum Herbst 1935 warten dürfen.

Die Revision des Klägers wendet sich gegen diesen Entscheidungsgrund des Berufungsgerichts. Auf die Begründung, die sie dazu vorträgt, braucht indes nicht eingegangen zu werden, weil sich die Entscheidung des Kammergerichts aus einem anderen Grunde als richtig darstellt und deshalb die Revision nach § 563 ZPO. zurückzuweisen ist. Dem Berufungsgericht ist insofern ein Verstoß gegen sachliches Recht untergelaufen, als es den Begriff und die Bedeutung der Schadensanzeige verkannt hat. Der Versicherer hat ein berechtigtes Interesse daran, möglichst bald von dem Eintritt des Versicherungsfalls Kenntnis zu erhalten, um für die Aufklärung und die Feststellung des Tatbestandes zu sorgen, aus dem sich für ihn erst ergibt, ob und in welchem Umfang er zu einer Leistung verpflichtet ist. Dazu ist der Versicherer aber in weitem Umfang auf den Versicherungsnehmer angewiesen. Diesem ist deshalb die Pflicht zur Schadensanzeige für den Fall auferlegt, daß er aus dem den Eintritt der Versicherung auslösenden Ereignis Ansprüche gegen den Versicherer herleiten will. Infolgedessen liegt in der Schadensanzeige regelmäßig der Hinweis für den Versicherer, daß er sich auf eine geldliche oder geldeswerte Leistung einzustellen hat. Will er im Interesse seines Geschäftsbetriebes möglichst bald Klarheit darüber haben, welche *bestimmte* Leistung demnächst von ihm gefordert werden soll, so bietet ihm dazu die Setzung der Klagefrist die Möglichkeit, wie sie im gesamten Bereich des Versicherungsvertragsgesetzes in den Allgemeinen Versicherungsbedingungen ausnahmslos vereinbart zu werden pflegt. Aus diesen Erwägungen ergibt sich zum Vorteil der Rechtssicherheit, daß in der Erstattung einer Schadensanzeige durch den Versicherungsnehmer dessen Wille zum Ausdruck kommt, den Versicherer aus dem Versicherungsfall auf die Leistung in Anspruch zu nehmen. Ohne Bedeutung ist es dabei, ob der Versicherungsnehmer in der Schadensanzeige seinen Anspruch beziffert hat oder nicht, und ob er im Zeitpunkt ihrer Erstattung zur Bezifferung schon in der Lage war. Die Sach- und Rechtslage wird auch dadurch für den Versicherer keine andere, daß der Versicherungsnehmer noch Zweifel daran hat, ob er den Anspruch auf die Leistung durchführen kann oder will, und daß er solche Zweifel bei Erstattung der Anzeige zum Ausdruck bringt. Wenn er die Schadensanzeige erstattet, so erhebt er dadurch dem Versicherer gegenüber regelmäßig den ihm aus dem Schadensereignis zustehenden Anspruch auf die Leistung. Hierdurch setzt er diesen in die Lage, den Anspruch abzulehnen und damit die vereinbarte Klagefrist in Lauf zu setzen, mit deren Ablauf der Versicherungsnehmer seinen Anspruch auf die Leistung verliert, wenn er die Klage nicht innerhalb der Frist erhoben hat. Einer solchen Auffassung von der Bedeutung der Schadensanzeige im Rahmen der eingangs mitgeteilten Bestimmungen steht nicht etwa die Erwägung entgegen, daß der Versicherungsnehmer die Klage innerhalb der ihm gesetzten Frist nur erheben könnte, wenn er seinen Anspruch zu beziffern vermöchte. Ist er dazu innerhalb der Klagefrist nicht in der Lage, so würde er immer ein rechtliches Interesse an der alsbaldigen Feststellung haben, daß er gegen den Versicherer einen Anspruch auf die Leistung habe, und würde somit gemäß § 256 ZPO. vorgehen können.

Im vorliegenden Fall ist der Kläger selbst der Auffassung gewesen, daß die Beklagte ihm nach der Schadensanzeige zulässigerweise die Frist zur Erhebung der Klage gestellt habe. Er hat um Verlängerung dieser Frist gebeten und die Beklagte hat sie gewährt. Der Kläger hat dann aber die Klage erst etwa zwei Jahre später erhoben, nachdem er sich dahin hatte „belehren" lassen, daß die Setzung der Frist zur Erhebung der Klage unwirksam gewesen sei, weil er bislang den Anspruch auf die Leistung noch nicht geltend gemacht habe. Da seine Rechtsauffassung aus den angegebenen Gründen unzutreffend ist, muß er die Folgen tragen.

14. Ist die Beweislast im Falle des § 181 Abs. 1 Satz 2 des Gesetzes über den Versicherungsvertrag anders verteilt als in dem des § 170 Abs. 1 das.? Kommt es auf die Art des „Unfalls" an? Welche Anforderungen an die Beweisführung sind zu stellen?

Gesetz über den Versicherungsvertrag vom 30. Mai 1908 (RGBl. S. 263) — VVG. —

VII. Zivilsenat. Urt. v. 18. Februar 1938 i. S. Prov.-Lebens- usw. Vers.-Anstalt Schl.-H. (Bekl.) w. G. (Kl.). VII 146/37.

I. Landgericht Kiel.
II. Oberlandesgericht daselbst.

Der Kläger hatte seine Ehefrau bei der Beklagten für den Fall ihres Todes oder des Erlebens des 1. September 1973 in Höhe von 20000 RM. versichert. Hinzu trat eine Unfall-Zusatzversicherung über 20000 RM. Nach § 2 Nr. 1 der besonderen Bedingungen für die Unfall-Zusatzversicherung war ein Unfall dann als vorliegend anzusehen, wenn der Versicherte durch ein plötzlich von außen auf seinen Körper wirkendes Ereignis unfreiwillig eine Gesundheitsschädigung erleide. Den Unfall im Sinne dieser Bedingungen hat nach § 1 Nr. 1 Abs. 2 das. der Ansprucherhebende zu beweisen. Als bezugsberechtigt war für jeden Versicherungsfall der Kläger bezeichnet.

Am Abend des 10. November 1934 haben sich die Eheleute in T. an den Strand der Ostsee und auf die Landungsbrücke begeben, um das Meeresleuchten besser beobachten zu können. In der Zeit zwischen ihrem letzten Besuch und dem 10. November war die Landungsbrücke in den Winterzustand versetzt, insbesondere eine Treppe entfernt worden, die den aus Beton bestehenden, dem Strande zugekehrten Teil der Brücke mit dem in die See vorspringenden, auf Jochen ruhenden Holzteil verbunden hatte. Dadurch war ein leerer Zwischenraum entstanden, ein „Wasserbassin", wie ihn das Berufungsgericht bezeichnet, weil er auch links und rechts an den Seiten von Verbindungsbalken umschlossen war, die von der Beton- zur Holzbrücke führten. Die Ehefrau des Klägers ist von der Betonbrücke ins Meer gestürzt und ertrunken. Gegen den Kläger wurde Anklage wegen Mordes an ihr erhoben. Vom Schwurgericht in L. ist er wegen erwiesener Unschuld freigesprochen worden.

Mit der Klage begehrt der Kläger von der Beklagten die für den Fall des Todes der Versicherten durch Unfall fällige Versicherungssumme von 40000 RM. Die Beklagte weigert sich zu zahlen mit der Begründung, der Kläger, der das Vorliegen eines Unfalls zu beweisen habe, müsse hierzu auch den Nachweis führen, daß er nicht selbst seine Frau ins Wasser gestoßen oder, was dem gleichstehe, vorsätzlich ihre Rettung unterlassen habe; in diesen beiden Fällen liege kein Unfall im Sinne der Versicherungsbedingungen vor. Diesen Beweis habe der Kläger nicht geführt und könne ihn nicht führen. Es widerspreche auch den Grundsätzen von Treu und Glauben im Versicherungsrecht, daß der Kläger bei solcher Sachlage die Auszahlung der Versicherungssumme begehre.

Der Klage wurde in allen drei Instanzen stattgegeben.

Aus den Gründen:

Eine der für die Entscheidung des Berufungsgerichts besonders erheblichen Fragen ist die nach der Beweislast. In dieser Richtung hat das Berufungsgericht zunächst zwischen dem aus der Lebensversicherung und dem aus der zusätzlichen Unfallversicherung je in Höhe von 20000 RM. erhobenen Anspruch unterschieden. Bei jenem liege der Beweis für die Voraussetzungen der Leistungsbefreiung nach § 170 Abs. 1 VVG. dem Versicherer ob. Aber auch für den Unfallanspruch sei das nach § 181 Abs. 1 Satz 2 des Gesetzes nicht anders. Für den auf die Unfallversicherung gestützten Anspruch habe allerdings der Versicherungsnehmer zunächst den vollen Tatbestand des „Unfalls" im Sinne der Versicherungsbedingungen zu beweisen, was in § 1 der hier maßgebenden Allgemeinen Versicherungsbedingungen (AVB.) noch besonders ausgesprochen sei. Der Versicherungsnehmer habe also auch zu beweisen, daß der Versicherte unfreiwillig von dem Ereignis, das im übrigen die Voraussetzungen des Unfallbegriffes erfülle, betroffen worden sei. Für den Fall, daß der Versicherungsnehmer den Unfall des Versicherten vorsätzlich herbeigeführt haben solle, ergebe sich keine Änderung der aus dem Gesetze (§ 181 Abs. 1 Satz 2) herzuleitenden Beweislast des Versicherers. Für den Tatbestand des Unfalls als solchen im Sinne der Allgemeinen Versicherungsbedingungen komme es nur darauf an, wie auf den Versicherten eingewirkt worden sei. Ein (im Sinne der Unfallbegriffsbestimmung nach diesen Bedingungen) „plötzlich von außen unfreiwillig auf den Körper des Versicherten wirkendes Ereignis" liege auch dann vor, wenn es durch den Versicherungsnehmer verursacht worden sei; der Unfallstatbestand sei dann ebenfalls erfüllt.

Diese Grundlagen der angefochtenen Entscheidung werden von der Revision beanstandet, aber mit Unrecht. Sie meint, § 181 Abs. 1 Satz 2 des Gesetzes habe einen Fall „wie den vorliegenden" nicht im Auge, nämlich den der Annahme, daß der Kläger seine Ehefrau durch Hinabstoßen in das Wasser vorsätzlich getötet haben könnte; denn wenn die Tätigkeit des Versicherungsnehmers einen Bestandteil des Unfallvorgangs selbst bilde, wenn also „der Unfall ohne Berücksichtigung der Tätigkeit des Versicherungsnehmers gar nicht denkbar sei", dann regle sich die Beweislast nicht nach jener Bestimmung zu Ungunsten des Versicherers. Diese von der Revision aufgestellte und mit Beispielen vertretene Unterscheidung, die schon an sich als schlechthin undurchführbar gelten muß, ist jedoch nicht gerechtfertigt; weder das Gesetz noch die vertragliche Regelung bieten irgendwelchen Anhalt dafür. Auch in Schrifttum und Rechtsprechung wird sie nicht vertreten. Es erübrigt sich, auf diese Unterscheidung im einzelnen einzugehen. Vielmehr stellt der Berufungsrichter mit Recht auf die Person des Versicherten, d. h. auf die Einwirkung ab, die gegen ihn erfolgt; dabei ist es vollkommen gleichgültig, ob sie durch den Versicherungsnehmer oder durch einen Dritten, vorsätzlich oder fahrlässig, oder auch ohne Mitwirkung eines anderen Menschen stattfindet; gleichgültig ist es ferner, ob die Tätigkeit des Versicherungsnehmers (oder eines Dritten) einen „Bestandteil des Unfalls selbst bildet" oder ob sie „als den Unfall auslösend vorhergegangen ist". Auf die Tätigkeit des Versicherungsnehmers kommt insoweit überhaupt nichts an, sondern nur darauf, ob sich an dem Versicherten der durch die Allgemeinen Versicherungsbedingungen festgelegte Tatbestand des Unfallbegriffs verwirklicht hat. Deshalb ist es folgerichtig, wenn der Berufungsrichter ausführt, der Kläger genüge, was den Beweis des Unfallstatbestandes im Sinne der Bedingungen betrifft, seiner Beweispflicht, wenn er dartue, daß seine Frau unfreiwillig durch ein plötzlich von außen auf ihren Körper einwirkendes Ereignis den Tod gefunden habe.

Es ist sonach unrichtig, daß der Kläger den Beweis eines Unfalls nach den Ausführungen des Berufungsgerichts nur im Sinn einer „wahldeutigen Tatsachenfeststellung" (um diesen dem Strafrecht angehörigen Begriff hier entsprechend zu gebrauchen) erbracht habe, nämlich dahin, daß seine Ehefrau zwar keinesfalls freiwillig in das Wasser geraten, daß aber dabei offen geblieben sei, ob sie durch ein Versehen ins Meer gestürzt sei oder ob er sie hineingestoßen habe, so daß letzteres für dieses Tatbestandsmerkmal unterstellt werden müßte. Vielmehr liegt die Sache so, daß der Kläger zunächst einmal die begrifflichen Tatbestandsmerkmale des Unfalls (im Sinne der Versicherungsbedingungen), nicht mehr und nicht weniger, zu beweisen hatte. Denn dadurch, daß das Merkmal der Unfreiwilligkeit zum Bestandteil des Begriffes „Unfall" vertragsmäßig erhoben wurde, ist die Beweislast für die vorsätzliche Herbeiführung des Unfalls durch den Versicherten (§ 181 Abs. 1 Satz 1 VVG.), die sonst den Versicherer treffen würde, dem Versicherungsnehmer aufgebürdet. Nach der Auffassung des Berufungsrichters hat der Kläger diese Tatbestandsmerkmale bewiesen; alles andere gehörte noch nicht hierher, insofern blieb also für die Beweisführung hier nichts offen. Eine wahldeutige Tatsachenfeststellung darüber, daß ein Unfall im Sinne der Versicherungsbedingungen anzunehmen war, liegt deshalb nicht vor; die von der Revision hierzu herangezogene Frage des Beweises dafür, ob Frau G. durch ein Versehen ins Meer gestürzt sei oder ob der Kläger sie hineingestoßen habe, hat mit dieser Beweisführung nichts zu tun. Sie gehört vielmehr zu der anderen und weiteren Frage, ob der Versicherer von der Pflicht zur Leistung frei wird, obgleich der Tod der Versicherten eingetreten ist und zwar in Verwirklichung eines „Unfalls"; hierbei handelt es sich um die Voraussetzungen des § 181 Abs. 1 Satz 2 VVG., die zweifellos vom Versicherer darzutun sind.

Die Revision meint nun weiter, wenn von dem Versicherungsnehmer kein strenger Beweis dafür, wie der Unfall vor sich gegangen sei, gefordert werde, dann dürfe der Richter auch nicht hinsichtlich desselben Vorgangs, wegen dessen er insofern mildere Anforderungen stelle, vom Versicherer zur Anwendung des § 181 Abs. 1 Satz 2 VVG. strenge Beweisführung verlangen. In Betreff dieser Anforderungen an den vom Versicherungsnehmer zu erbringenden Nachweis der Unfreiwilligkeit liegt der vom Berufungsgericht erwähnten Rechtsprechung (vgl. insbesondere aus letzter Zeit RGZ. Bd. 156 S. 113 [118] und die dort angeführten Urteile des erkennenden Senats) der Gedanke zugrunde, es sei ohne besondere Anhaltspunkte im allgemeinen nicht anzunehmen, daß ein Mensch sich selbst freiwillig körperliche Verletzungen oder den Tod zufüge. Dieser auf dem menschlichen Selbsterhaltungstrieb beruhende Erfahrungssatz trifft aber auf die Voraussetzungen von § 181 Abs. 1 Satz 2 a. a. O. nicht zu. Ein Widerspruch liegt also nicht vor, wenn an den Nachweis der Voraussetzungen dieser Vorschrift keine milderen Anforderungen gestellt werden, als § 286 ZPO. mit § 282 das. bestimmt. Es ist auch nicht richtig, daß der Berufungsrichter strengere Anforderungen, als das Gesetz vorschreibe, an die Beweisführung der Beklagten gestellt hätte. Die von der Revision hierfür angeführten Stellen der Entscheidungsgründe ergeben das nicht. Der Berufungsrichter hat dort offenbar lediglich diejenige Beweisführung im Auge, die ihm die Überzeugung von dem nachzuweisenden Hergang zu verschaffen geeignet ist. Einen solchen Beweis hat er vermißt. Ebensowenig läßt sich dem Urteil entnehmen, daß der Vorderrichter dem Zusammenhang der gesamten Umstände nicht die gebührende Aufmerksamkeit zugewandt hätte.

Die Beweislast für die beiden hier in Betracht kommenden Befreiungsgründe (§ 170 Abs. 1 und § 181 Abs. 1 Satz 2 VVG.) trifft also nicht den Kläger, sondern die Beklagte. Sollte sich aus der knappen Bemerkung von Prölß (Versicherungsvertragsgesetz Bem. 2 zu § 181) für § 181 Abs. 1 Satz 2 des Gesetzes die gegenteilige Ansicht ergeben, so wäre ihr nicht zu folgen. Denn es ist jedenfalls nicht allgemein richtig, daß schon der Beweis der Unfreiwilligkeit die Aufklärung, ob der Unfall durch den Versicherungsnehmer herbeigeführt wurde, in sich schließe. Im vorliegenden Falle hat dies der Berufungsrichter mit Erwägungen begründet, die rechtlich nicht zu beanstanden sind; insoweit hat auch die Revision keine Angriffe erhoben.

Was den sonach in vollem Umfang von der Beklagten zu führenden Beweis insbesondere der Voraussetzungen des § 181 Abs. 1 Satz 2 VVG. betrifft, so kommt der Vorderrichter zu dem Ergebnis, es sei weder der Beweis, noch auch nur eine Wahrscheinlichkeit dafür erbracht. Selbst wenn man gemäß den Regeln des Beweises nach dem ersten Anschein verfahren und die Beweispflicht dem Kläger auferlegen wolle, so müsse der ihm danach obliegende Beweis als geführt angesehen werden. Daran ist nun zwar rechtsirrig, daß sich durch die Anwendung der Grundsätze über den sogenannten Beweis nach dem ersten Anschein die Beweislast umkehren und daß sie dem Kläger auferlegt werden würde. Vielmehr gehören nach ständiger Rechtsprechung die Grundsätze über den Beweis nach dem ersten

Anschein überhaupt nicht der Frage nach der Beweislast, sondern der Beweiswürdigung an und ist von einer Umkehrung der Beweislast dabei nicht die Rede (RGZ. Bd. 134 S. 241 und oft). Der Berufungsrichter verkennt aber selbst nicht, daß die Grundsätze über die Beweisführung nach dem ersten Anschein für die Frage, ob der Kläger den tödlichen Unfall seiner Frau vorsätzlich herbeigeführt hat, überhaupt nicht anwendbar sind. Es erübrigt sich deshalb, in diesem Zusammenhang auf die Ausführungen des Vorderrichters hierzu weiter einzugehen. Es bedarf also auch nicht der Nachprüfung, ob er bei diesen Ausführungen die Anforderungen an die Beweisführung zutreffend bemessen hat.

Sachlich-rechtlich meint die Revision weiter, der Kläger hätte, auch wenn er völlig unschuldig sei, das Bestehen der Versicherung unter den obwaltenden Umständen (weil es ihn schwerem Verdacht aussetze) als ein Unglück betrachten und auf jeden Anspruch verzichten müssen. Das entspreche dem gesunden Parteiwillen. Ob nun die Revision daraus, daß der Kläger dies nicht getan hat, weiter auch ein Beweisanzeichen für seine Schuld im Sinne von § 170 Abs. 1, § 181 Abs. 1 Satz 2 VVG. oder etwa eine Einwendung aus § 242 BGB. gegen den trotzdem erhobenen Anspruch herleiten will (was unklar bleibt) oder ob sie beides beabsichtigt, ist gleichgültig; denn jede solche Auffassung wäre fehlsam. Von einem Parteiwillen solcher Art kann keine Rede sein. Wenn der Kläger unschuldig ist (und das unterstellt die Revision bei diesen Ausführungen selbst), dann ist es im übrigen keine auf dem Rechtsgebiete liegende Frage, ob er es für angebracht hält, den ihm zustehenden Anspruch aus dem Versicherungsvertrage zu erheben oder nicht. Für die Entscheidung des Klägers nach der einen oder anderen Richtung konnten mannigfache Erwägungen maßgebend sein, so die Rücksicht auf seine Kinder oder auch die Erwägung, daß gerade ein nachträglicher Verzicht auf den Anspruch den Schuldverdacht gegen ihn verstärken könnte.

Die Revision will weiter aus dem der Versicherung zugrunde liegenden Begriff der Gemeinschaft und der sich daraus ergebenden Treupflicht herleiten, der Kläger habe unter den hier vorliegenden besonderen Umständen nicht ohne Verstoß gegen diese Pflicht Anspruch auf die Versicherungssumme erheben dürfen. Es kann aber nicht darauf ankommen, ob die Versicherung erst kurze Zeit bestand, ebensowenig, ob der Versicherungsnehmer — wie die Revision meint — eine „Gefahrenlage herbeigeführt" hat, die ihn dem Verdachte der vorsätzlichen Herbeiführung des Versicherungsfalles aussetzte, und ob die Tatsache des Bestehens einer Versicherung und die Erhebung von Ansprüchen daraus selbst als Anzeichen solcher Herbeiführung gewertet werden können. Alle diese Umstände konnten nur Bedeutung haben für die Frage, ob ein Unfall vorlag, und weiter, ob die Voraussetzungen gegeben waren, unter denen der Versicherer, obwohl der Versicherungsfall eingetreten war, von der Verpflichtung zur Leistung befreit wird. Hat aber der Tatrichter die Umstände sorgfältig geprüft und hat er sich dann nicht davon überzeugen können, daß jene Voraussetzungen vorliegen, dann geht es nicht an, solche Umstände, die sich als Anzeichen für das Vorliegen der Voraussetzungen einer Befreiung von der Leistungspflicht als unstichhaltig erwiesen haben, doch dahin zu verwerten, daß der Versicherungsnehmer die Leistung, auf die er sonst einen Rechtsanspruch hat, nicht sollte fordern dürfen. Mit Recht hat der Berufungsrichter eine solche Auffassung als vollkommen abwegig bezeichnet; auch dem von der Revision angeführten Aufsatz von Prölß (JW. 1934 S. 1073) ist Gegenteiliges nicht zu entnehmen; er hat wesentlich andere Verhältnisse zum Gegenstand.

Nach alledem bestehen keine sachlich-rechtlichen Bedenken gegen die Auffassung des Berufungsgerichts.

---

15. 1. Inwieweit ist der Zwangsversteigerungsrichter verpflichtet, die ihm nach § 19 Abs. 2 ZVG. vom Grundbuchamt erteilten Abschriften und Auskünfte auf ihre Richtigkeit zu prüfen?

2. Welche Pflichten liegen dem Zwangsversteigerungsrichter bei Bestellung und Überwachung des Zustellungsvertreters gemäß § 6 ZVG. ob?

3. Genügt das Grundbuchamt in der Regel der ihm im § 19 Abs. 2 ZVG. auferlegten Verpflichtung, die bei ihm bestellten Zustellungsbevollmächtigten zu bezeichnen und Nachricht zu geben, was ihm über Wohnort und Wohnung der eingetragenen Beteiligten und deren Vertreter bekannt ist, wenn es dem Versteigerungsgericht eine beglaubigte Abschrift des Wohnungsblatts übersendet?

4. Über die Bedeutung des Wohnungsblatts (§ 21 Nr. 5 der Aktenordnung vom 28. November 1934 — DJ. S. 1492 —).

V. Zivilsenat. Urt. v. 28. Februar 1938 i. S. J. u. Gen. (Kl.) w. Deutsches Reich (Bekl.). V 205/37.

I. Landgericht Berlin.
II. Kammergericht daselbst.

Die Kläger sind die Erben ihres Bruders, des am 10. April 1932 verstorbenen O. J. Für diesen war im Grundbuch von B.-M. eine Darlehnshypothek von 10000 RM. eingetragen. Über das belastete Grundstück wurde durch Beschluß vom 27. März 1936 das Zwangsversteigerungsverfahren angeordnet. Auf das Ersuchen gemäß § 19 ZVG. teilte das Grundbuchamt dem Vollstreckungsgericht beglaubigte Abschriften des Wohnungs- und Grundbuchblattes mit. Auf der Abschrift des Wohnungsblatts war zu dem Namen des Hypothekengläubigers O. J. mit Tintenstift der Vermerk gesetzt „verstorben". Die Zustellung der Terminsbestimmung wurde jedoch zunächst an O. J. gerichtet. Als der Rückbrief mit dem Vermerk „vor Jahren unbekannt verzogen" zu den Akten gelangte, bestellte der Versteigerungsrichter am 5. Mai 1936 den Justizangestellten N. zum Zustellungsvertreter „für den Hypothekengläubiger O. J. (angeblich verstorben) und seine etwaigen Rechtsnachfolger". Dem Zustellungsvertreter wurde die Ladung zum Versteigerungstermin ausgehändigt. Auf förmliche Zustellung verzichtete er. In dem Versteigerungstermin vom 7. Juli 1936 waren die Kläger nicht vertreten. Der Zuschlag wurde dem Handelsmann K. B. zu einem Bargebot von 5150 RM. mit der Maßgabe erteilt, daß Rechte am Grundstück nicht bestehen blieben. Am 9. Juli 1936 berichtete der Zustellungsvertreter, daß er sich durch Auskunft des Einwohnermeldeamtes die Gewißheit von dem Tode des O. J. verschafft, aber auf die Anfrage nach den Erben vom Amtsgericht einen negativen Bescheid erhalten habe. Am 10. Juli 1936 teilte er mit, daß nach Auskunft des Erstklägers die drei Kläger die Erben seien. Diese fochten den Zuschlagsbeschluß mit der sofortigen Beschwerde an. Das Landgericht wies die Beschwerde zurück. Die von den Klägern eingelegte weitere sofortige Beschwerde wurde als unzulässig verworfen.

Die Kläger, die mit ihrer Hypothek teilweise ausgefallen sind, haben vorgetragen, sie hätten, wenn sie von dem Versteigerungstermine Kenntnis erlangt hätten, das Grundstück ersteigert und dadurch ihre Hypothek voll gerettet. Ihren Schaden beziffern sie einschließlich der Kosten der im Zwangsversteigerungsverfahren eingelegten Beschwerden auf 7371,60 RM. Für diesen Betrag machen sie den Beklagten wegen fahrlässiger Amtspflichtverletzung der Grundbuchbeamten und des Vollstreckungsrichters haftbar. Von dem früheren Grundstückseigentümer und von dem Zustellungsvertreter können sie nach ihrer Behauptung Ersatz ihres Schadens nicht erwarten.

Das Versehen der Grundbuchbeamten erblicken die Kläger darin, daß dem Vollstreckungsgericht nicht alles mitgeteilt worden sei, was sich aus den Grundakten über den Tod des O. J. und dessen Erben ergeben habe. Als nämlich im Laufe des Jahres 1935 eine an O. J. gerichtete Nachricht des Grundbuchamts als unbestellbar zurückgekommen sei, habe dieses die Namen und Anschriften der Erben ermittelt und auf dem Wohnungsblatt im Verzeichnis der an dem Grundstück berechtigten Personen zum Namen des O. J. mit Bleistift ein Kreuz und den Vermerk „Erben s. Ord. Nr. 11" gesetzt. Die Mitteilung dieses Hinweises an das Vollstreckungsgericht sei schuldhaft unterlassen worden.

Dem Vollstreckungsrichter machen die Kläger zum Vorwurf, daß er sich durch den Bleistiftvermerk „verstorben" auf der ihm mitgeteilten Abschrift des Wohnungsblatts nicht veranlaßt gesehen habe, bei dem Grundbuchamt nach dem Bekanntsein der Erben zu fragen und selbst die Grundakten einzusehen; weiter daß er den Zustellungsvertreter nicht hinreichend belehrt und überwacht und daß er nicht die Bestellung eines Pflegers angeregt habe.

Der Beklagte hat jedes Verschulden der beteiligten Beamten in Abrede gestellt. Er hat weiter die Ursächlichkeit einer etwaigen Amtspflichtverletzung für den eingetretenen Schaden verneint mit der Begründung, daß die Kläger nach ihren Vermögensverhältnissen gar nicht in der Lage gewesen wären, das Grundstück anzusteigern. Endlich hat er geltend gemacht, daß die Voraussetzung des § 839 Abs. 1 Satz 2 BGB. von den Klägern nicht hinreichend dargetan sei, und daß die Kläger selbst das Hauptverschulden an dem Schaden treffe, da sie nichts zur Wahrung ihrer Rechte getan hätten, obwohl sie mit der Einleitung des Zwangsversteigerungsverfahrens rechneten. Die Kläger waren in den Vorinstanzen unterlegen. Auch ihre Revision blieb ohne Erfolg.

Gründe:

Das Kammergericht erachtet die Voraussetzung des § 839 Abs. 1 Satz 2 BGB. für gegeben. Es nimmt auch an, daß den Klägern infolge der Nichtkenntnis des Versteigerungstermins ein Schaden erwachsen ist. Es verneint jedoch eine schuldhafte Amtspflichtverletzung der in Frage kommenden Beamten.

Bei der Beurteilung des Verhaltens des Versteigerungsrichters ist zunächst von der Vorschrift des § 9 ZVG. auszugehen. Danach gelten diejenigen, die ein Recht an dem Grundstück haben, das aber zur Zeit der Eintragung des Vollstreckungsvermerks für sie im Grundbuch weder eingetragen noch durch Eintragung gesichert ist, nur dann als Beteiligte, wenn sie ihr Recht bei dem Vollstreckungsgericht anmelden und auf Verlangen glaubhaft machen. Dem Schutz der nicht aus der Grundbucheintragung ersichtlichen Berechtigten dient die Vorschrift des § 37 Nr. 4 in Verbindung mit § 39 ZVG. Die Klage geht von der unrichtigen Auffassung aus, als sei es Aufgabe des Versteigerungsrichters, von sich aus Ermittlungen nach den nicht eingetragenen Berechtigten anzustellen. Eine solche Pflicht besteht für den Versteigerungsrichter nicht. Sie würde ihn über Gebühr belasten, kaum zu übersehende Haftungsgefahren auslösen und das Verfahren ungebührlich verzögern. Das Gesetz verlangt vielmehr, wie die Vorschrift des § 37 Nr. 4 klar ergibt, daß die nicht im Grundbuch eingetragenen Grundstücksberechtigten ihrerseits die erforderlichen Schritte unternehmen, um im Verfahren berücksichtigt zu werden. Deshalb erfolgt die öffentliche Aufforderung an sie gemäß § 39 ZVG. Grundlage für die Tätigkeit des Versteigerungsrichters ist demnach der Grundbuchstand zur Zeit der Eintragung des Vollstreckungsvermerks. Dieser Grundbuchstand ergibt sich aus den beglaubigten Abschriften des Grundbuchblattes und der im Grundbuch in Bezug genommenen Urkunden, die nach § 19 Abs. 2 ZVG. vom Grundbuchamt dem Vollstreckungsgericht zu erteilen sind. Auf die Richtigkeit und Vollständigkeit dieser Abschriften darf sich der Vollstreckungsrichter verlassen. Er ist nicht verpflichtet, das Grundbuch und die Grundakten selbst einzusehen. Dies ist nur dann geboten, wenn sich aus den Abschriften selbst Unstimmigkeiten oder offenbare Unrichtigkeiten ergeben. Die von der Revision angezogenen Bemerkungen in den Motiven zum Preußischen Zwangsversteigerungsgesetz können gegenüber der reichsgesetzlichen Regelung keine Bedeutung beanspruchen. Aus den vom Grundbuchamt erteilten beglaubigten Abschriften des Grundbuch- und des Wohnungsblatts war aber im gegebenen Falle nichts ersichtlich, was den Versteigerungsrichter bei pflichtmäßiger Prüfung hätte veranlassen müssen, Grundbuch und Grundakten selbst einzusehen. Der in der Abschrift des Wohnungsblatts zu dem Namen des Hypothekengläubigers O. J. gesetzte Bleistiftvermerk „verstorben" deutete lediglich auf den Tod des eingetragenen Berechtigten hin. Zu einer Ermittelung der Erben war der Versteigerungsrichter nicht verpflichtet. Als Beteiligte hatte er diese erst zuzuziehen, wenn sie sich gemeldet und ihm gegenüber ausgewiesen hatten. Der Versteigerungsrichter verfuhr daher entsprechend der Vorschrift des § 6 ZVG., wenn er für den Bruder der Kläger und seine etwaigen Rechtsnachfolger einen Zustellungsvertreter bestellte, nachdem die an O. J. gerichtete Terminsnachricht als unbestellbar zurückgekommen war. Die Meinung der Kläger, der Versteigerungsrichter hätte sich mit der Mitteilung der Abschrift des Wohnungsblatts nicht begnügen dürfen, sondern eine vom Grundbuchrichter unterzeichnete Auskunft verlangen müssen, geht, wie unten darzulegen ist, fehl.

Darüber, welche Amtspflichten dem Versteigerungsrichter wegen der Person des Zustellungsvertreters obliegen, schweigt das Gesetz. Da aber die im § 6 ZVG. festgesetzte Amtspflicht zur Bestellung des Zustellungsvertreters offensichtlich darauf abzielt, daß die Belange des Vertretenen tunlichst geschützt werden sollen, so ergibt sich für den Vollstreckungsrichter die Amtspflicht, nur eine solche Person auszuwählen, die zur Erfüllung der Aufgabe des Zustellungsvertreters annehmbar fähig und willens ist. Im vorliegenden Fall hat der Versteigerungsrichter den Justizangestellten N. zum Zustellungsvertreter bestellt, der schon in sehr vielen anderen Fällen als solcher tätig gewesen war. Er hat also bei der Auswahl der Person des Zustellungsvertreters seine Amtspflicht nicht verletzt. Da er auch davon ausgehen durfte, daß N. über die ihm als Zustellungsvertreter obliegenden Aufgaben hinlänglich unterrichtet sei und über die erforderliche Erfahrung verfüge, so kann dem Kammergericht nicht entgegengetreten werden, wenn es annimmt, daß keine Veranlassung bestand, hier dem Zustellungsvertreter noch besondere Anweisungen und Belehrungen zu erteilen. Bei der Frage, inwieweit dem Vollstreckungsrichter eine Pflicht zur Überwachung des Zustellungsvertreters obliegt, ist davon auszugehen, daß dieser nicht, wie ein Pfleger, eine verwaltende Tätigkeit auszuüben, sondern lediglich eine bestimmte Ermittelungsaufgabe zu erfüllen hat, bis zu deren Erledigung die für den Vertretenen bestimmten Zustellungen an ihn erfolgen dürfen (§ 7 Abs. 1 und 2 ZVG.). Wenn daher auch eine gewisse Überwachungspflicht des Vollstreckungsrichters insoweit zu bejahen ist, als er einen Zustellungsvertreter, der seine Aufgabe offenbar nicht erfüllen kann oder will, entlassen muß, so können ihm doch im allgemeinen besondere Überwachungsmaßnahmen, wie die Anordnung einer periodischen Berichterstattung durch den Zustellungsvertreter, nicht zugemutet werden. Im gegebenen Falle war für den Vollstreckungsrichter kein Anhalt dafür gegeben, daß N., gegen dessen Zuverlässigkeit in früheren Fällen nichts vorgebracht ist, seiner Aufgabe nicht gerecht werde.

Schließlich ist dem Versteigerungsrichter auch kein Vorwurf daraus zu machen, daß er nicht die Bestellung eines Pflegers bei dem zuständigen Gericht angeregt hat. Hierzu wäre er nach § 50 FGG. nur dann verpflichtet gewesen, wenn eine Vertretung des Hypothekengläubigers oder seiner Erben im Zwangsversteigerungsverfahren erforderlich gewesen wäre. Das war aber nicht der Fall. Die Frage, ob es etwa zweckmäßig war, daß der Hypothekengläubiger mitbot, war vom Versteigerungsrichter nicht zu prüfen.

Das Ersuchen des Vollstreckungsgerichts hat das Grundbuchamt am 3. April 1936 erledigt. Damals waren die Grundbuchordnung in der Fassung vom 5. August 1935 (RGBl. I S. 1073) und die Ausführungsverordnung vom 8. August 1935 (RGBl. I S. 1089), ferner die Geschäftsordnung für die Grundbuchämter vom 25. Februar 1936 (DJ. S. 350) bereits in Kraft getreten.

Was nun das Wohnungsblatt betrifft, so beruht dessen Einrichtung auf § 21 Nr. 5 der Aktenordnung vom 28. November 1934. Es ist danach nur im Bedarfsfall anzulegen. Vermerke in das Wohnungsblatt sind aufzunehmen, wenn eine nähere Angabe über die Wohnung eines Berechtigten, die aus dem Grundbuch selbst nicht hervorgeht, bekannt geworden ist oder wenn ein Berechtigter die Veränderung seiner Wohnung oder die Bestellung eines Vertreters oder eines Zustellungsbevollmächtigten zu den Grundakten anzeigt oder wenn die Wohnungsänderung eines Berechtigten, eines Vertreters oder eines Zustellungsbevollmächtigten dem Grundbuchamt anderweit in hinlänglich sicherer Weise bekannt wird. Hieraus ergibt sich zunächst, daß das Wohnungsblatt kein öffentliches Register im Sinne des Handelsregisters oder auch nur des Schuldnerverzeichnisses gemäß § 915 ZPO. darstellt, das bestimmt wäre, Rechte oder rechtserhebliche Tatsachen offenkundig zu machen. Es handelt sich vielmehr um eine Einrichtung, die im wesentlichen für den inneren Dienst eingeführt ist, um dem Grundbuchamt die ihm obliegenden Bekanntmachungen und die Mitteilung an das Vollstreckungsgericht gemäß § 19 Abs. 2 ZVG. zu erleichtern. Das Wohnungsblatt hat daher den Inhalt des Grundbuchs lediglich nach der tatsächlichen Seite hin zu ergänzen, keineswegs aber Veränderungen der im Grundbuch eingetragenen Rechte, die sich außerhalb des Grundbuchs vollzogen haben, zu verlautbaren. Zutreffend nimmt daher das Kammergericht an, daß die Erben des verstorbenen Hypothekengläubigers O. J., selbst wenn sie sich dem Grundbuchamt gegenüber durch Vorlage eines Erbscheins ausgewiesen haben sollten, nicht in das Wohnungsblatt aufzunehmen waren. Demnach war auch P. J. nicht als Vertreter dort aufzuführen. Abgesehen davon hatte er sich nicht als Vertreter gemeldet, sondern das Grundbuchamt hatte ihm, wie das Kammergericht feststellt, von sich aus eine Bekanntmachung zugleich für die anderen Erben zugehen lassen. Eine Amtspflichtverletzung in der Führung des Wohnungsblatts ist sonach nicht dargetan. Soweit in § 19 Abs. 2 ZVG. dem Grundbuchamt außer der Verpflichtung zur Erteilung der beglaubigten Abschrift des Grundbuchblatts und der im Grundbuch in Bezug genommenen Urkunden eine weitere Pflicht zur Mitteilung bestimmter Tatsachen auferlegt ist, handelt es sich um eine Auskunfterteilung. Zur Erledigung dieses Geschäfts war nach § 4 Abs. 1c der Ausführungsverordnung der Urkundsbeamte der Geschäftsstelle des Grundbuchamts zuständig. Er hatte die Verfügung zu treffen, während ihre Ausführung durch einen anderen Beamten der Geschäftsstelle erfolgen konnte. Wenn er nun angeordnet hat, daß dem Vollstreckungsgericht eine beglaubigte Abschrift des Wohnungsblatts übersandt werden sollte, so kann dies nicht beanstandet werden. Da das ordnungsmäßig geführte Wohnungsblatt gerade die Angaben enthält, deren Mitteilung nach § 19 Abs. 2 ZVG. erfolgen soll, so ist die Übersendung einer beglaubigten Abschrift davon in der Regel das geeignete Mittel, um dem Zweck des § 19 Abs. 2 ZVG. gerecht zu werden. Ein weiterer Bericht an das Vollstreckungsgericht war nicht erforderlich. Da es sich bei dem Wohnungsblatt nicht um eine Abschrift aus dem Grundbuch handelt, so findet für die Beglaubigung nicht § 4 Abs. 3 der Ausführungsverordnung, sondern Art. 35 Pr. FGG. Anwendung. Der Beglaubigungsvermerk brauchte demnach nur von einem Beamten der Geschäftsstelle unterschrieben zu werden. Da schließlich der in dem Wohnungsblatt bei dem Namen des O. J. befindliche Bleistiftvermerk „Erben s. Ord. Nr. 11“ nicht zum Inhalt des Wohnungsblatts gehörte, so war er auch nicht in die beglaubigte Abschrift des Wohnungsblatts aufzunehmen. Folgerichtig hätte der Beglaubigungsbeamte allerdings auch den auf die beglaubigte Abschrift gesetzten Vermerk „verstorben“ weglassen müssen. Allein dieser Vermerk war unschädlich. Es mag der Revision zugegeben werden, daß der Urkundsbeamte der Geschäftsstelle, der die Übersendung der beglaubigten Abschrift des Wohnungsblatts an das Vollstreckungsgericht verfügte, zweckmäßig verfahren wäre, wenn er angeordnet hätte, daß dem Vollstreckungsgericht der Tod des eingetragenen Hypothekengläubigers und die Namen der Erben mitgeteilt würden. Allein eine Verletzung der Amtspflicht kann in der Unterlassung dieser Verfügung nicht erblickt werden. Denn die Amtspflicht bezog sich nach der Vorschrift des § 19 Abs. 2 ZVG. nur auf die Mitteilung dessen, was über Wohnort und Wohnung der eingetragenen Beteiligten und deren Vertreter bekannt war. Die Kläger waren aber nicht eingetragen, noch waren sie Vertreter des als Berechtigten eingetragenen Erblassers. Allerdings ist es, abgesehen von der Vorschrift des § 82 GBO., die sich nur auf das Eigentum und das Erbbaurecht bezieht, den Berechtigten nicht zur Pflicht gemacht, eine Berichtigung des Grundbuchs herbeizuführen, wenn sich eine Rechtsänderung außerhalb des Grundbuchs vollzogen hat. Die Unterlassung der Berichtigung des Grundbuchs geschieht jedoch auf eigene Gefahr des Berechtigten. Solange er nicht im Grundbuch eingetragen ist, kann er nicht verlangen, daß das Grundbuchamt ihn als eingetragenen Berechtigten behandle, auch wenn er die Rechtsänderung mitgeteilt und nachgewiesen hat.

Daß der Staat nicht für das Versehen des Zustellungsvertreters haftet, hat das Kammergericht zutreffend angenommen.

---

16. Kann das Armenrecht noch auf ein Gesuch bewilligt werden, welches nach Abschluß des Rechtsgangs gestellt wird?

ZPO. §§ 114, 115.

VII. Zivilsenat. Beschl. v. 22. Februar 1938 i. S. Ch. (Kl.) w. Preußisch-Süddeutsche Staatslotterie (Bekl.). VII 170/37.

Die Frage ist verneint worden aus folgenden

Gründen:

Die Beklagte hatte dem Kläger zum 1. April 1929 eine staatliche Lotterieeinnahme im Stadtkreise Berlin übertragen, sie ihm aber am 10. Februar 1932 mit Wirkung zum Schluß der 38. Lotterie wieder gekündigt. Der Kläger war der Meinung, die Kündigung sei zu Unrecht geschehen, und hatte auf Schadensersatz geklagt. Das Landgericht hatte die Klage abgewiesen, das Kammergericht die Berufung des Klägers hiergegen am 20. Juli 1937 zurückgewiesen. Das Berufungsurteil war am 3. August 1937 zugestellt worden. Der Kläger hatte am 26. August 1937 Revision eingelegt und durch einen am 27. August 1937 beim Reichsgericht eingegangenen Schriftsatz um Bewilligung des Armenrechts für die Revisionsinstanz gebeten. Der beschließende Senat hatte ihm aber am 10. September 1937 das Armenrecht verweigert, weil die beabsichtigte Rechtsverfolgung keine hinreichende Aussicht auf Erfolg biete. Der Kläger hatte dann die von ihm erforderte Prozeßgebühr bezahlt und deren Zahlung innerhalb der ihm gesetzten Frist nachgewiesen. Die demnächst fristgemäß begründete Revision führte zur Aufhebung des angefochtenen Urteils und Zurückverweisung der Sache an das Berufungsgericht. Der Kläger hat nunmehr durch einen am 17. Februar 1938 beim Reichsgericht eingegangenen Schriftsatz erneut um Bewilligung des Armenrechts für die Revisionsinstanz nachgesucht.

Dem Gesuche konnte nicht stattgegeben werden.

Das Armenrecht bezweckt, einer Partei, die außerstande ist, ohne Beeinträchtigung des für sie und ihre Familie notwendigen Unterhalts die Kosten eines Rechtsstreits zu bestreiten, dessen Durchführung zu ermöglichen, wenn die beabsichtigte Rechtsverfolgung oder Rechtsverteidigung eine hinreichende Aussicht auf Erfolg bietet und nicht mutwillig erscheint (§ 114 ZPO.). Daraus ergibt sich, daß das Armenrecht nicht mehr bewilligt werden kann, wenn dieser Zweck des Gesetzes auch ohne das Armenrecht erreicht worden ist, d. h. der Gesuchsteller den Rechtsstreit in der Instanz, für die er um Bewilligung des Armenrechts gebeten hatte, durchführen konnte, wenn also die Instanz beendigt ist. Diese Erwägung findet ferner darin eine Stütze, daß die Bewilligung des Armenrechts nur vorläufige Maßnahmen zur Folge hat. Der Begünstigte ist einstweilen von der Berichtigung rückständiger und künftig erwachsender Gerichtskosten befreit (§ 115 Abs. 1 Nr. 1 ZPO.) und hat das Recht auf vorläufig unentgeltliche Beiordnung eines Gerichtsvollziehers sowie eines Rechtsanwalts, wenn Anwaltszwang für die beabsichtigte Prozeßführung besteht (§ 115 Abs. 1 Nr. 3 ZPO.). Ist die Instanz beendet, so kann von solchen vorläufigen Maßnahmen keine Rede mehr sein. Gerichtskosten können künftig überhaupt nicht mehr neu erwachsen. Von der durch den Erlaß des Urteils fällig gewordenen Gebührenschuld des Gesuchstellers gegenüber seinem Prozeßbevollmächtigten (§ 85 RAGO.) könnte ihn auch das Armenrecht nicht befreien, höchstens könnte die Staatskasse zur Zahlung eines Teils der Gebühren, wenn auch unter einem anderen Gesichtspunkt, verpflichtet sein. Das Verhältnis des Gesuchstellers gegenüber der Staatskasse wegen der rückständigen Gebühren kann kein anderes sein, als es sonst ist; die allgemeinen Vorschriften über Stundung und Erlaß von Gebühren im Falle der Armut einer zahlungspflichtigen Partei kommen in Anwendung. Das Armenrecht der Zivilprozeßordnung ist nur für eine zukünftige Prozeßführung gedacht, wie das Gesetz auch von einer „beabsichtigten Rechtsverfolgung oder Rechtsverteidigung" spricht (§ 114 Abs. 1 ZPO.).

Es mag dahingestellt bleiben, ob und gegebenenfalls inwieweit das Gericht eine Rückwirkung des Armenrechts anordnen kann. Es mag auch die Bewilligung des Armenrechts noch nach Abschluß einer Instanz in dem Falle zulässig sein, wenn ein in der Instanz gestellter Antrag nicht vor ihrer Beendigung beschieden worden ist (RGZ. Bd. 152 S. 221). Wenn jedoch der Antrag auf Erteilung des Armenrechts während des Laufes des Rechtsstreits in einer Instanz abgelehnt worden war, so kann ein nach dem Ablauf der Instanz gestellter neuer Antrag nicht zu Bewilligung des Armenrechts führen. Die vom Gesetz angeordnete Prüfung der Voraussetzungen des Armenrechts hat dann in der Instanz stattgefunden, sie hat zu einer abschlägigen Entscheidung geführt, und dieser Beschluß kann nach Abschluß der Instanz nicht mehr durch Bewilligung des Armenrechts abgeändert werden, etwa weil die Aussichten der Rechtsverfolgung oder Rechtsverteidigung jetzt anders zu beurteilen seien, als zur Zeit der Erlassung des ablehnenden Bescheides (vgl. RGZ. Bd. 2 S. 378; RG. vom 23. Juli 1892 VI B 91/92 [abgedr. JW. 1892 S. 369 Nr. 1]; RG. vom 29. Dezember 1903 II B 194/03 [abgedr. SeuffArch. Bd. 59 S. 285 Nr. 162]).

17. Wann entsteht der Schadensersatzanspruch des Grundeigentümers wegen Entwertung von Bauland durch drohende Bergbaugefahr?

Allg. Berggesetz für die Preuß. Staaten v. 24. Juni 1865 (GS. S. 705) — ABG. — §§ 148, 151.

V. Zivilsenat. Urt. v. 24. Februar 1938 i. S. Wasserwerk des Landkr. A. GmbH. (Kl.) w. E. Bergwerksverein AG. (Bekl.). V 169/37.

I. Landgericht Aachen.
II. Oberlandesgericht Köln.

Im Jahre 1910 hatte die Gemeinde A. auf einem in der Nähe des Bürgermeisteramts gelegenen Grundstück, dem höchsten Punkt ihres Gebiets, einen Wasserturm errichtet. Die Gemeindeverwaltung sah das Bauwerk als durch den Bergbau der Beklagten gefährdet an und hielt zur Sicherung eine Verankerung oder Eisenarmierung der Betonfundamente des Turms für notwendig. Die Beklagte übernahm die dadurch entstehenden Kosten von 1800 M. Im Jahre 1927 erwarb die Klägerin das Gemeindewasserwerk. Sie ersetzte im Jahre 1936 den alten, 350 cbm fassenden Wasserbehälter des Turms durch einen neuen Behälter von 1000 cbm Inhalt. Der Umbau erforderte eine Verstärkung der Turmgründung, deren Kosten sich auf etwa 34000 RM. belaufen haben sollen. Unter dem Grundstück war Bergbau der Beklagten in den Jahren von 1857 bis 1898 umgegangen; dann war erneut im Jahre 1914 und schließlich wieder von 1928 an abgebaut worden.

Die Klägerin forderte als Ersatz ihrer durch den Bergbau der Beklagten veranlaßten besonderen Aufwendungen zunächst einen Teilbetrag von 6500 RM. Die Beklagte bestritt nicht die Aufwendung besonderer Gründungskosten in Höhe dieser Summe und deren durch ihren Bergbau veranlaßte Notwendigkeit. Aber sie wandte Verjährung ein, da die Gefährdung bereits im Jahre 1910 ersichtlich gewesen und vom Vertreter der Rechtsvorgängerin der Klägerin erkannt worden, der Anspruch also damals entstanden und bekannt gewesen sei.

Das Landgericht verurteilte nach Klagantrag. Das Oberlandesgericht wies die Klage ab. Die Revision der Klägerin führte zur Wiederherstellung des landgerichtlichen Urteils.

Gründe:

Das Berufungsgericht führt aus: Die Entwertung des Baugrundes durch die vom Bergbau drohende Gefahr habe schon 1910 bestanden und sei der Rechtsvorgängerin der Klägerin bekannt gewesen. Die Gefährdung, der man damals durch Gründungsverstärkung habe begegnen wollen, habe nicht auf dem alten, zum Stillstand gekommenen Bergbau beruht, sondern sei von dem 1910 vorausgesehenen weiteren Abbau zu erwarten gewesen. Die so verursachte Minderung in der Baulandeignung habe seit 1910 unverändert fortbestanden. Die dadurch dem Grundeigentümer zugefügte Vermögensschädigung sei nicht erst mit der Planung oder dem Beginn eines bestimmten Baues entstanden. Wenn die Gemeinde damals nicht vorausgesehen habe, daß später eine Vergrößerung des Wasserturms mit erheblicher Fundamentverstärkung notwendig werden könnte, so handle es sich dabei lediglich um einen Irrtum über den Schadensumfang, der die Verjährung des auf einheitlicher Ursache, nämlich der Gefahr künftiger Bergbaueinwirkung beruhenden Ersatzanspruchs nicht habe aufhalten können. Deswegen berufe sich die Beklagte mit Recht auf die binnen drei Jahren nach Kenntnis vom Dasein und Urheber des Schadens abgelaufene Verjährung. Der von der Klägerin vorgebrachte Einwand unstatthafter Rechtsausübung stehe der Beklagten nicht entgegen, da sie den Berechtigten nirgends gehindert habe, den mindestens seit 1910 begründeten Anspruch wegen Entwertungsschadens früher geltend zu machen.

Demgegenüber mußte die Revision Erfolg haben, wenn auch die Bedenken nicht begründet sind, die sie gegen die einschlägige Rechtsprechung des Reichsgerichts erhebt. Denn es sind vielmehr die sich aus dieser ergebenden Rechtsregeln nicht der besonderen Lage des Einzelfalls entsprechend angewandt worden.

Dem Grundeigentum ist durch den Bergwerksbetrieb ein Vermögensschaden auch dann zugefügt, wenn, ohne daß eine körperliche Einwirkung an ihm zutage tritt, doch die Verwertbarkeit oder Benutzbarkeit des Grundstücks infolge der vom Bergbau *drohenden Gefahr* gelitten hat. Wird ein Grundstück nach der allgemeinen Meinung als bauunsicher angesehen, so ist es, falls eine Bebauung vernünftigerweise völlig ausgeschlossen erscheint, weder durch Verkauf, noch durch eigene Bebauung als Bauland zu verwerten. Der besondere Wert, der ihm in dieser Eigenschaft beizumessen war, ist vernichtet. Erscheint aber eine Bebauung zwar noch möglich, dies aber doch nur unter besonderen Vorsichtsmaßnahmen (z. B. Verankerung, Betongründung), so ist nach dem gewöhnlichen Laufe der Dinge sowohl der Verkaufswert wie auch der Gebrauchswert für den Eigentümer um den Betrag gemindert, auf den die voraussichtlich nötigen Sicherungskosten zu veranschlagen sind. Denn ein Käufer wird solche Baukostenerhöhung bei der Bemessung des Kaufpreises berücksichtigen und für den Eigentümer wird sich die eigene Ausnutzung als Bauland um so viel teurer stellen. Allerdings darf es sich bei der Gefahrbefürchtung nicht nur um die Einschätzung einer unbestimmten fernliegenden Möglichkeit handeln; vielmehr muß eine „objektive Gefahr" bestehen. Für die Minderbewertung müssen wirkliche, greifbare Unterlagen in der Gestaltung des in Betracht kommenden Bergbaus vorliegen, so daß nach dem regelmäßigen Geschehensablauf mit dem Eintritt von Schädigungen zu rechnen ist. Entstanden ist der Schaden am Grundeigentum in dem Zeitpunkt, in dem die durch den Bergbau herbeigeführte bestimmte Gefahr erkennbar geworden und infolgedessen die auf objektiven Unterlagen beruhende Minderbewertung des Grundstücks — für Verkauf, wie für eigenen Gebrauch — nach der Verkehrsanschauung eingetreten ist. Daß das Vermögen des Grundbesitzers von diesem Augenblick an um den Betrag der Minderbewertung geschädigt ist, ergibt sich in richtiger Gedankenfolge aus der Gegenüberstellung des Werts des vom Bergbau unbeeinflußten Grundstücks und des unter Berücksichtigung der Bergbaugefahr zu rechnenden Wertes. Solche Einschätzung nach allgemeingültigen Gesichtspunkten und unter Zugrundelegung einer Bebauung von Durchschnittsbeschaffenheit hängt nicht von einem bestimmten Bauvorhaben ab, erfolgt vielmehr in der allgemeinen Bewertung unabhängig davon. Dem Grundeigentümer erwächst der Anspruch auf Ersatz aus § 148 ABG. in dem Zeitpunkt, wo der Schaden eingetreten ist. War das Grundstück nicht gänzlich bauunbrauchbar geworden, sondern nur so entwertet, daß die Bebauung durch die Notwendigkeit von Sicherungsmaßnahmen erschwert ist, so erfolgt die Schadensberechnung nach der Höhe der voraussichtlichen Mehrkosten. Da besteht nun kein Anlaß, die Entstehung des Ersatzanspruchs des Grundeigentümers verschieden anzusehen, je nachdem, ob der Eigentümer Verkauf des Baulands oder eigene Bebauung beabsichtigt.

Diese Grundsätze stehen in der bergrechtlichen Rechtsprechung seit langem fest (RGZ. Bd. 30 S. 250, Bd. 93 S. 262, Bd. 95 S. 78; Zeitschrift für Bergrecht Bd. 43 S. 233, S. 355, Bd. 47 S. 256, Bd. 52 S. 508, Bd. 54 S. 271, S. 557, Bd. 58 S. 114, Bd. 59

S. 392, Bd. 62 S. 201, Bd. 69 S. 365, Bd. 73 S. 516). Im neueren Schrifttum sind keine abweichenden Meinungen hervorgetreten. Praktische Unzuträglichkeiten, die eine andere Lösung erwünscht erscheinen lassen möchten, haben sich, soweit ersichtlich, nicht ergeben. Die Gefahr, daß die Bergwerksbesitzer bei solcher Auffassung über die Anspruchsentstehung mit einer großen Zahl von Feststellungsklagen überzogen werden könnten, weil in den Kohlenbezirken schließlich jedes Grundstück der Gefahr der Bergbaueinwirkung unterliege, besteht nicht, wenn nur ausreichend beachtet wird, daß von einer Entwertung als Bauland nur bei solchen Grundstücken die Rede sein kann, die noch unbebaut oder nur teilweise bebaut in einer von der Bebauung schon unmittelbar ergriffenen Gegend liegen, und daß es sich, wie hervorgehoben, bei der Besorgnis späterer Einwirkung nicht um die Erwartung unbestimmter Möglichkeiten handeln darf, daß vielmehr bestimmte Unterlagen für ihre Berechtigung vorliegen müssen. Die Befürchtung, daß die eben dargelegte Auffassung dem Grundeigentümer nachteilig sein möchte, wenn er den Zeitpunkt der Anspruchsentstehung nicht beachtet und ihm dann bei späterer Klage Verjährung entgegengehalten wird, ist nicht stichhaltig, weil es bei der Verjährung nach § 151 ABG. nicht nur auf das Entstandensein des Anspruchs ankommt, sondern wesentlich auch auf die Wissenschaft vom Dasein des Schadens (vgl. RGZ. Bd. 30 S. 256; Zeitschrift für Bergrecht Bd. 54 S. 271, Bd. 59 S. 392). Ist aber der Eigentümer über die ernstlich drohende Gefahr und eine hierdurch nach der Verkehrsauffassung eingetretene nicht unerhebliche Entwertung seines Grundstücks aufgeklärt, so muß er allerdings zur Vermeidung der Verjährung eine Klarstellung seines Anspruchs fristgerecht und in einer die Verjährung unterbrechenden Weise betreiben. Das ist kein unbilliges Erfordernis; vielmehr liegt es im Zwecke der Verjährung, der dahin geht, die Dauer der Ungewißheit über etwa drohende Ansprüche auf eine angemessene, wirtschaftlich erträgliche Zeitspanne zu beschränken.

Der Satz, daß die Entstehung und Berechnung des Anspruchs wegen Herabminderung der Bauplatzeigenschaft von einem bestimmten Bauvorhaben unabhängig ist, kann aber seinem Inhalte nach nur gelten, soweit es sich um zukünftig zu erwartende Haus- und Fabrikbauten von durchschnittlicher Beschaffenheit auf der Bebauung noch offenstehenden Grundstücken handelt. Nur insoweit sind die

Zukunftserfordernisse an die Sicherheit des Baugrunds und die Notwendigkeit von Sicherungsmaßnahmen nach allgemeingültigen durchschnittlichen Maßstäben voraus zu bemessen. Das ist aber nicht möglich in Beziehung auf Bauten von Ausnahmebeschaffenheit: z. B. solche von besonderem Gewicht oder sonst erhöhten Sicherheitserfordernissen. Ein Baugrund, der für Durchschnittsbauten hinreichende Sicherheit bietet, mag für Werke besonderer Art nicht mehr ausreichen. Oder das Maß der Entwertung mag nach Durchschnittserfordernissen annähernd einzuschätzen sein; dies aber nicht bei der Notwendigkeit außergewöhnlicher Standfestigkeit und erhöhter Sicherung des Baus. In solchen Fällen handelt es sich dann nicht um eine voraussehbare Folge des allgemeinen Einflusses der Bergbaugefahr, sondern um einen Schaden, dessen Entstehung mit der Planung und Errichtung eines Baus dieser außergewöhnlichen Beschaffenheit verbunden ist als einem Unternehmen, mit dem nicht von vornherein zu rechnen war.

So liegt die Sache in dem zur Entscheidung stehenden Fall. Im Jahre 1910 war die Gemeinde A. wegen des Entwertungsanspruchs, der sich für sie angesichts des damals unternommenen Baues des Wasserturms aus der Bergschädengefahr ergab, befriedigt worden. Das Grundstück war nun nicht mehr ein für weitere Bebauung offenstehendes Bauland, sondern vollständig bebaut. Neue Beitragsleistung der Beklagten für Bebauung dieses Grundstücks konnte nur im Falle eines Umbaus und Erweiterungsbaues in Frage kommen. Damit aber war nach Herstellung des den Bedürfnissen der Gemeinde entsprechenden Wasserbehälters nicht zu rechnen. Erst eine nicht zu erwartende Neugestaltung der Verhältnisse, die Veräußerung des Wasserwerks an eine umfassendere Gemeinschaft und die danach vorgenommene wesentliche Vergrößerung des Behälters führten zu einer so vermehrten Inanspruchnahme des Baugrundes, daß nun ein stärkerer Schutz gegen die Bergschädengefahr notwendig wurde. Wenn bei solcher Sachlage die begründete Befürchtung späterer Einwirkungen des Bergbaus eine Vergrößerung des Wasserwerks durch die Notwendigkeit noch stärkerer Gründung erschwerte, so handelt es sich um Schaden am Grundeigentum, der erst zu der Zeit entstanden ist, wo an diese Veränderung herangegangen wurde; also nicht schon im Jahre 1910 für die Gemeinde A., sondern erst 1936 für die jetzige Klägerin. Rechtsirrtümlich ist die Erwägung des Berufungsgerichts, dieser Schaden sei als Einheit mit dem im Jahre

1910 durch Zahlung von 1800 M. ausgeglichenen Gefährdungsschaden und als dessen bloße Fortsetzung anzusehen. Richtig ist vielmehr, daß die Zweckbestimmung des Grundstücks für den größeren Behälter eine völlig neue, nicht zu erwartende war, und daß der in der verminderten Eignung des Grundstücks hierfür bestehende, durch erneute stärkere Gründung auszugleichende Schaden untrennbar mit der Planung des Neubaus zusammenhing; daß infolgedessen der sich hieraus ergebende Ersatzanspruch auch erst mit ihr entstanden sein kann. Frühestens von diesem Zeitpunkt an kann die Verjährung laufen. Schon deshalb kann sie nicht vollendet sein.

Aber selbst von dem Standpunkt des Berufungsgerichts aus, daß die im Jahre 1936 eingetretene Notwendigkeit stärkerer Gründung in einheitlichem Zusammenhang mit der bereits im Jahre 1910 vorhandenen Grundstücksentwertung stehe und daß deswegen der jetzt geltend gemachte Ersatzanspruch schon von da ab als entstanden zu gelten habe, hätte doch der Verjährungseinrede nicht stattgegeben werden sollen. Die in § 151 ABG. bestimmte dreijährige Verjährung beginnt erst mit Kenntnis vom Dasein des Schadens. Nun hindert zwar eine Ungewißheit über Umfang und Höhe des Schadens nicht den Beginn der Verjährung für den Gesamtschadensanspruch, und alle voraussehbaren Folgezustände gelten als dem Verletzten durch die allgemeine Kenntnis vom Schaden bekannt geworden. Dies gilt aber doch nicht für spätere neue Nachteile, die unvorhersehbar und nicht zu erwarten waren. Im vorliegenden Falle konnten, wie schon in anderem Zusammenhange hervorgehoben, die Vertreter der Gemeinde A. den Grundstücksentwertungsschaden im Jahre 1910 als mit der Zahlung der 1800 M. ausgeglichen ansehen. Das Grundstück war damals mit Zustimmung der Beklagten für die Zwecke der Wasserversorgung der Gemeinde nutzbar gemacht und baulich so ausgestaltet worden, daß die solcher Benutzung aus dem Bergbau drohenden Gefahren aller Voraussicht nach beseitigt waren. Die Gemeinde hatte keinen Anlaß, mit späterer wesentlicher Änderung des damals hergestellten, von vornherein auf lange Sicht berechneten Bauwerks zu rechnen. Erst die nachträglich eingetretenen Umstände des Verkaufs und der notwendig gewordenen Neuplanung, an die im Jahre 1910 nicht zu denken war, haben als neue Wirkung der Bergbaugefährdung die Notwendigkeit einer wesentlichen Gründungsverstärkung hervorgerufen. Deswegen handelt es sich, selbst wenn man den Entwertungsschaden von 1936 objektiv in Zusammenhang mit dem von 1910 bringen wollte, in Ansehung der Verjährungsfrage bei dem von 1936 doch um einen im Rechtssinne neuen Schaden mit neuem Beginn der Verjährung von der Wissenschaft des Verletzten vom Schadensdasein an. Hätte die Gemeinde A. im Jahre 1910 nach Empfang der 1800 M. eine Feststellungsklage wegen Schadensersatzes auf Grund fernerer Gefährdung erhoben, so wäre sie sicherlich wegen mangelnden rechtlichen Interesses abgewiesen worden.

In dem von der Beklagten angezogenen, vom erkennenden Senat am 28. September 1932 entschiedenen Fall (V 87/32, Zeitschrift für Bergrecht Bd. 73 S. 516), in dem die Verjährungseinrede für durchgreifend erachtet wurde, war der Sachverhalt wesentlich anders. Dort hatte die damalige Klägerin im Jahre 1920 Fabrikgebäude errichtet und hierbei mit Rücksicht auf die ihr bekannte Gefährdung des Geländes durch den Bergbau der damaligen Beklagten besondere Sicherungsmaßnahmen getroffen. Sie hatte aber zu jener Zeit bewußt davon abgesehen, wegen ihrer besonderen Aufwendungen, überhaupt wegen der Bauunsicherheit des Geländes gegen den Bergwerksbesitzer vorzugehen. In den Jahren 1925 und 1926 errichtete die Klägerin auf eben dem Gelände, das 1920 noch nicht vollständig bebaut worden war, Erweiterungen der Fabrikanlage, ebenfalls mit Sicherungen gegen Bergbaueinwirkungen. Ihre im Jahre 1925 wegen der besonderen Aufwendungen aus 1925 und 1926 erhobene Klage wurde vom Oberlandesgericht, unter Billigung des Reichsgerichts, wegen Verjährung abgewiesen. In jenem Falle war also von vornherein ersichtlich, daß die Wirkung der Bergbaugefahr auf das Baugelände nicht mit der ersten Bebauung und den dabei angebrachten Sicherungen erledigt war, daß vielmehr die Gefährdung und die so bewirkte Entwertung des noch nicht bebauten Grundstücksteils, dessen demnächstige Bebauung aber zu erwarten war, fortbestand. Da wäre es allerdings Sache des Grundeigentümers gewesen, der Verjährung vorzubeugen, indem er den von der Errichtung eines bestimmten Baus unabhängigen, klar ersichtlichen Entwertungsschaden mindestens mit Feststellungsklage geltend machte. Ganz anders liegt der gegenwärtige Fall, da hier der Grundeigentümer den Entwertungsschaden im Jahre 1910 für vollständig erledigt ansehen durfte und erst eine lange Jahre später eingetretene wesentliche Veränderung der Verhältnisse eine durch die früheren Maßnahmen nicht berührte Schädigung durch Bergbaugefahr hat hervortreten lassen.

Greift der Verjährungseinwand nicht durch, so bestehen keine weiteren Bedenken gegen die in der Person der Klägerin entstandene Klagforderung.

---

18. 1. Zur rechtlichen Natur der Schiedsgerichte nach der Verordnung über die Bildung von Schiedsgerichten für die landwirtschaftliche Marktregelung vom 26. Februar 1935.

2. Unter welchen Voraussetzungen fallen Streitigkeiten zwischen Mitgliedern eines milchwirtschaftlichen Zusammenschlusses unter die Zuständigkeit dieser Schiedsgerichte?

3. Wird der Rechtsweg für einen vor dem ordentlichen Gericht geltend gemachten Anspruch unzulässig, wenn der Beklagte mit einer Forderung aufrechnet, über die ein nach jener Verordnung gebildetes Schiedsgericht zu entscheiden hat?

Verordnung über die Bildung von Schiedsgerichten für die landwirtschaftliche Marktregelung vom 26. Februar 1935 (RGBl. I S. 293) § 3. ZPO. § 274 Abs. 2 Nr. 2.

II. Zivilsenat. Urt. v. 26. Februar 1938 i. S. B. (Bekl.) w. T. u. a. (Kl.). II 111/36.

I. Landgericht Kiel.
II. Oberlandesgericht daselbst.

Die Parteien gehörten dem Milchversorgungsverband Schleswig-Holstein-Ost an und sind jetzt Mitglieder des an dessen Stelle getretenen Milchwirtschaftsverbandes. Die Kläger sind Milcherzeuger, der Beklagte ist Milchgroßhändler und Abnehmer der Kläger. Er läßt bei ihnen die Milch abholen. Dafür haben sie ihm eine Vergütung zu entrichten, die für die Zeit vom 9. Februar 1934 bis zum 10. Februar 1935 von dem Vorsitzenden des Milchversorgungsverbandes gemäß § 8 Abs. 1 Nr. 7 der Satzung für Milchversorgungsverbände (RGBl. 1934 I S. 280) auf 0,7 RPfg. für das Liter festgesetzt worden war. Dem Beklagten war dieser Satz zu niedrig. Er hat sich geweigert, den Klägern den Preis für die von ihnen in der Zeit vom 1. bis 10. Februar 1935 gelieferte Milch auszuzahlen mit der Begründung, daß er den Kaufpreis wegen seiner Ansprüche auf eine höhere Vergütung für das Abholen der Milch zurückhalte, fürsorglich mit diesen Gegenansprüchen auch aufrechne. Darauf haben die Kläger auf Zahlung der näher bezifferten Kaufpreisbeträge für die Milchlieferungen vom 1. bis 10. Februar 1935 gegen ihn Klage erhoben. Der Beklagte hat Klagabweisung beantragt und in erster Linie Unzulässigkeit des Rechtswegs eingewandt. Er macht geltend, der Streit drehe sich im Kern nicht um den Milchpreis an sich, sondern darum, ob er einen höheren Fuhrlohn als 0,7 RPfg. für jedes Liter Milch während der Zeit vom 9. Februar 1934 bis 10. Februar 1935 in Anrechnung bringen und den sich hiernach für die genannte Zeit ergebenden Mehrbetrag an Fuhrlohn auf den Milchpreis verrechnen dürfe. Zur Entscheidung darüber und damit über den Streitstoff überhaupt seien aber unter Ausschluß des Rechtswegs die auf Grund der Verordnung über die Bildung von Schiedsgerichten für die landwirtschaftliche Marktregelung vom 26. Februar 1935 gebildeten Schiedsgerichte berufen. Dem sind die Kläger entgegengetreten; sie führen aus, daß für die Beantwortung der Frage, ob der ordentliche Rechtsweg offen stehe, die Klagforderung maßgebend sei; daß aber für die Klage auf Zahlung des Milchkaufpreises die Zulässigkeit des Rechtswegs keinem Bedenken unterliegen könne.

Im ersten Rechtsgang ist die Verhandlung auf die Einrede der Unzulässigkeit des Rechtswegs beschränkt worden. Das Landgericht hat die Einrede durch Zwischenurteil verworfen, das Oberlandesgericht die Berufung des Beklagten zurückgewiesen. Mit seiner Revision verfolgt der Beklagte seine Berufungsanträge weiter. Der erkennende Senat hat gemäß § 137 GVG. eine Entscheidung des Großen Senats für Zivilsachen beim Reichsgericht darüber herbeigeführt, ob die Vorschrift des § 3 Abs. 1 der Verordnung vom 26. Februar 1935 die Zulässigkeit des Rechtswegs oder nur die sachliche Zuständigkeit der ordentlichen Gerichte ausschließe. Der Große Senat für Zivilsachen hat durch Beschluß vom 21. Dezember 1937, GSZ. 2/37 (RGZ. Bd. 156 S. 279) dahin entschieden, daß durch die genannte Vorschrift für die dort bezeichneten Streitigkeiten im Sinne des § 547 Nr. 1 ZPO. der Rechtsweg für unzulässig erklärt wird.

Die Revision des Beklagten blieb ohne Erfolg.

Gründe:

I. Die im Streit befangenen Milchgeldforderungen der Kläger erreichen entfernt nicht die Revisionssumme. Es handelt sich auch nicht um Ansprüche, für welche die Landgerichte ohne Rücksicht auf den Wert des Streitgegenstandes ausschließlich zuständig sind, oder um die Frage der Unzulässigkeit der Berufung. Wohl aber streiten die Parteien über die Zulässigkeit des Rechtswegs; die Kläger behaupten, der Beklagte verneint sie unter Berufung auf § 3 Abs. 2 Nr. 2 der Verordnung vom 26. Februar 1935. Die Vorinstanzen haben die Zulässigkeit des Rechtswegs bejaht. Das Berufungsgericht stellt an die Spitze seiner Ausführungen den Satz, daß bei Prüfung der Frage, ob ein Anspruch der Verfolgung im ordentlichen Rechtsweg entzogen sei, von der Klage und der Klagbegründung ausgegangen werden müsse. Es erwägt sodann, daß nach § 3 Abs. 2 Nr. 2 der Verordnung vom 26. Februar 1935 die Schiedsgerichte zuständig seien bei sämtlichen Streitigkeiten zwischen Mitgliedern der Zusammenschlüsse, die aus Maßnahmen der Zusammenschlüsse mit unmittelbarer Wirkung gegen beide Parteien entstehen; zu diesen Zusammenschlüssen gehörten auch die auf Grund der Verordnung über den Zusammenschluß der deutschen Milchwirtschaft vom 27. März 1934 (RGBl. I S. 259) gebildeten Milchversorgungsverbände. Beide Parteien seien Mitglieder eines solchen Verbandes und mit der Klage werde Bezahlung der dem Beklagten gelieferten Milch verlangt. Darüber, daß der Beklagte die Milch bezahlen müsse, bestehe kein Streit; ebensowenig über die Höhe des Milchpreises an sich. Die von den Klägern verlangten Preise seien unbestritten ausgerichtet nach den vom Vorsitzenden des Milchversorgungsverbandes — gemäß § 8 Abs. 1 Nr. 7 der Satzung für Milchversorgungsverbände (RGBl. 1934 I S. 280 flg.) erlassenen — Anordnungen. Es liege also eine reine Kaufklage vor. Klagen auf Bezahlung des festgesetzten Milchpreises unterlägen aber nicht der Verordnung vom 26. Februar 1935, da es sich bei ihnen gar nicht um Streitigkeiten handele, die sich aus Maßnahmen der Zusammenschlüsse ergäben. Für sie sei der Rechtsweg zulässig. Der Beklagte mache nun gegenüber der Milchgeldforderung ein Zurückbehaltungsrecht geltend, rechne hilfsweise auch mit der zugrunde liegenden angeblichen Gegenforderung auf, die sich darauf stütze, daß der Beklagte wegen Abholens der Milch bei den Klägern noch Ansprüche auf Fuhrlohn erheben könne. Kein Zweifel bestehe, daß für die Festsetzung der Höhe des von den Klägern dem Beklagten zu zahlenden Betrags für das Abholen der Milch die nach der Verordnung vom 26. Februar 1935 gebildeten Schiedsgerichte zuständig seien unter Ausschluß des Rechtswegs. Denn es handele sich bei dieser Gegenforderung um eine Streitigkeit, die mit Maßnahmen der Zusammenschlüsse, nämlich hier einer Anordnung gemäß § 8 Abs. 1 Nr. 2 der Satzung für Milchversorgungsverbände in Verbindung stehe und aus solchen erwachsen sei. Der Streit drehe sich darum, ob die Anordnungen des Vorsitzenden des Milchversorgungsverbandes über die Festsetzung des Fuhrlohns unter allen Umständen einzuhalten seien oder ob sie Ausnahmen aus Billigkeitsgründen zuließen und ob solche Gründe hier bestünden. Durch diesen Streit über die Gegenforderung könne aber die Zulässigkeit des Rechtswegs für die Klagforderungen nicht in Frage gestellt werden, denn maßgeblich sei die Natur der Klagforderungen, für die eben der Rechtsweg statthaft sei.

Das Berufungsgericht erörtert sodann noch, wie das Landgericht mit der Gegenforderung zu verfahren habe. Es weist auf § 148 ZPO. hin und bemerkt im übrigen, das Landgericht werde sich darüber schlüssig zu machen haben, ob es sich für berufen halte, über die Gegenforderung mit Wirkung für die Klagforderungen im vorliegenden Rechtsstreit mitzuentscheiden, oder ob es deren Geltendmachung zurückweisen wolle unter entsprechender Anwendung der Grundsätze, die der jetzt erkennende Senat des Revisionsgerichts in RGZ. Bd. 123 S. 348 für ein vereinbartes Schiedsgericht entwickelt habe.

Die Revision rügt demgegenüber Verletzung des § 13 GVG. und des § 286 ZPO. Sie führt unter Bezugnahme auf RGZ. Bd. 77 S. 411 aus, die Zulässigkeit des Rechtswegs könne allerdings nicht dadurch beseitigt werden, daß der Beklagte eine Gegenforderung aus einem mit dem Klaganspruch an sich in keinerlei Zusammenhang stehenden Rechtsverhältnisse geltend mache, das nicht vor die ordentlichen Gerichte gehöre. Im vorliegenden Fall stehe jedoch die Gegenforderung im engsten Zusammenhang mit dem Klaganspruch. Ein Streit über die Höhe des Milchgeldpreises gehöre gemäß § 3 Abs. 1 und Abs. 2 Nr. 2 der Verordnung vom 26. Februar 1935 unter Ausschluß des ordentlichen Rechtswegs zur Zuständigkeit der Schiedsgerichte. Nach der Behauptung des Beklagten berechtige ihn der zwischen den Parteien bestehende Vertrag, von dem Milchgeld den Fuhrlohn einzubehalten. Die Kläger könnten also gar nicht den reinen Milchpreis beanspruchen, sondern nur den sich nach Abzug des

Fuhrlohns ergebenden Überschuß. Da der Streit über die Höhe des Fuhrlohns zur Zuständigkeit der Schiedsgerichte gehöre, unterliege somit auch die Frage, welcher Kaufpreisüberschuß den Klägern für ihre Milchlieferungen gebühre, dieser Zuständigkeit unter Ausschluß des ordentlichen Rechtswegs.

1. Es handelt sich in erster Linie um die Frage der Zulässigkeit der Revision. Wie eingangs dargelegt, kann sich der Beklagte insoweit nur darauf berufen, daß der erste und zweite Richter die Zulässigkeit des Rechtswegs zu Unrecht bejaht habe. Der Beklagte stützt auch seine Revision auf diese Behauptung, also auf § 547 Nr. 1 ZPO. (ersten Fall). Er begründet die Revision damit, daß zur Entscheidung des vorliegenden Rechtsstreits unter Ausschluß des Rechtswegs gemäß §§ 1, 3 Abs. 1 und Abs. 2 Nr. 2 der Verordnung vom 26. Februar 1935 die dort erwähnten Schiedsgerichte berufen seien. Nun macht es für die Anwendbarkeit des § 547 Nr. 1, ersten Falls, ZPO. keinen Unterschied, ob über die Zulässigkeit des Rechtswegs durch Zwischenurteil nach §§ 274, 275 ZPO. oder zugleich mit der Entscheidung in der Sache selbst entschieden ist. Gleichgültig ist ferner, ob der Vorderrichter die Zulässigkeit des Rechtswegs bejaht oder verneint hat, und ob die Entscheidung an und für sich richtig ist oder nicht. Voraussetzung ist aber zunächst, daß der Beklagte durch die Entscheidung über die Zulässigkeit des Rechtswegs beschwert ist. Dies ist hier ohne weiteres zu bejahen, da im Falle der Unzulässigkeit des Rechtswegs die Klage abzuweisen wäre. Weiter ist erforderlich, daß die Revision gerade auf die Unzulässigkeit des Rechtswegs gestützt wird und daß es sich so, wie sie begründet ist, auch wirklich um die Frage der Zulässigkeit des Rechtswegs und nicht unter Zugrundelegung der Revisionsbehauptungen in Wahrheit um die Einrede des Schiedsvertrags oder um die der Unzuständigkeit des Gerichts handelt.

2. Die Revision ist darauf gestützt, daß der vorliegende Rechtsstreit vor die auf Grund der Verordnung vom 26. Februar 1935 gebildeten Schiedsgerichte des Reichsnährstandes gehöre. Unterstellt man diese Behauptung als richtig, so hängt die Entscheidung von der Rechtsnatur dieser Schiedsgerichte ab.

a) Wären sie Schiedsgerichte im Sinne der §§ 1025 flg. ZPO., so würde die unter Berufung auf ihre Zuständigkeit erhobene Einrede sich in Wahrheit rechtlich nicht als Einwand der Unzulässigkeit des Rechtswegs, sondern als Einrede des Schiedsvertrags nach § 274

Abs. 2 Nr. 3 ZPO. darstellen. Aus der Zurückweisung dieser Einrede könnte aber, auch wenn die Entscheidung insofern sachlich zu Unrecht ergangen wäre, eine von der Revisionssumme unabhängige Zulässigkeit der Revision nicht hergeleitet werden. Das ist anerkannten Rechtes. Für die Entscheidung kann es, wie keiner weiteren Ausführung bedarf, vorab nicht ausschlaggebend darauf ankommen, daß die in der Verordnung vom 26. Februar 1935 im Rahmen der Marktordnung vorgesehenen Gerichte als „Schiedsgerichte" bezeichnet sind. Echte Schiedsgerichte im Sinne der §§ 1025 flg. ZPO. sind freilich die nach der Anordnung des Reichsbauernführers, betr. Schiedsgerichtsordnung für die Schiedsgerichte beim Reichsnährstand für Lieferstreitigkeiten, vom 18. Juli 1935 (Verkündungsblatt des Reichsnährstandes — RNVBl. — 1935 S. 399) gebildeten sog. Lieferschiedsgerichte. Denn nach § 2 der Anordnung wird die sachliche Zuständigkeit dieser Schiedsgerichte durch Vereinbarung der Parteien begründet. Die Zuständigkeit der Marktschiedsgerichte im Sinne der Verordnung vom 26. Februar 1935 beruht aber nicht auf einer Vereinbarung der Parteien. Der berufsständische Aufbau der Milchwirtschaft, in deren Rechtskreis der vorliegende Rechtsstreit fällt, nimmt seinen Ausgang von § 38 Abs. 1 bis 3 des Milchgesetzes vom 31. Juli 1930 (RGBl. I S. 421), wonach milcherzeugende und milchverarbeitende Betriebe zu Milchwirtschaftsverbänden zusammengeschlossen werden konnten. Durch § 38 Abs. 1 bis 6 des Milchgesetzes in der Fassung vom 20. Juli 1933 (RGBl. I S. 527) wurden die Organisation und der Wirkungsbereich der Zusammenschlüsse weiter ausgebaut. Es folgte sodann die Verordnung über den Zusammenschluß der deutschen Milchwirtschaft vom 27. März 1934 (RGBl. I S. 259), die am 1. April 1934 in Kraft getreten ist (s. § 29 das.). Nach § 26 Abs. 2 dieser Verordnung galten die auf Grund der Anordnungen des Reichskommissars für die Milchwirtschaft und der zuständigen Landesbehörden gebildeten Milchversorgungs- und Milchwirtschaftsverbände, die bei Inkrafttreten der Verordnung bestanden, mit gewissen Änderungen als nach §§ 1, 2 der neuen Verordnung gebildet. Die Anordnungen und Maßnahmen der bisherigen Zusammenschlüsse blieben, von gewissen Ausnahmen abgesehen, bestehen. Auf sie sollten die Vorschriften der Verordnung vom 27. März 1934 entsprechende Anwendung finden. Diese letztgenannte Verordnung ist ihrerseits aufgehoben worden durch die Verordnung vom 17. April

1936 (RGBl. I S. 374), die mit Wirkung vom 1. April 1936 in Kraft getreten ist (§§ 12, 14). Eine der wichtigsten Änderungen, welche die Verordnung vom 17. April 1936 brachte, ist die Ersetzung der bis dahin bestehenden Dreigliederung der milchwirtschaftlichen Zusammenschlüsse—Milchversorgungsverbände, Milchwirtschaftsverbände und Hauptvereinigung der deutschen Milchwirtschaft — durch die Zweigliederung — Michwirtschaftsverbände und Hauptvereinigung. Dabei sind die Hauptaufgaben der früheren Milchversorgungsverbände auf die Milchwirtschaftsverbände übergegangen (s. auch § 12 Abs. 2 Satz 3 der Vo. vom 17. April 1936). Die Zusammenschlüsse der Verordnung vom 27. März 1934 waren rechtsfähig (s. § 4 das.). Gleiches gilt für die Zusammenschlüsse der Verordnung vom 17. April 1936 (s. § 2 Abs. 2 das.). Bei diesen Zusammenschlüssen handelt es sich durchweg um Körperschaften des öffentlichen Rechts; die zwischen den Angehörigen dieser Verbände und dem Verbande bestehenden Rechtsbeziehungen gehören dem öffentlichen Recht an (s. a. RGZ. Bd. 145 S. 369 flg.). Das den Verkehr mit Milch und Milcherzeugnissen regelnde Milchgesetz enthält öffentliches Recht. Die Versorgung der Bevölkerung mit guter einwandfreier Milch zu angemessenen Preisen ist eine außerordentlich wichtige Forderung des Gemeinwohls, die auch gesetzliche Zwangsmaßnahmen rechtfertigt. So enthält insbesondere § 38 des Milchgesetzes in der Fassung vom 20. Juli 1933 öffentliches Recht. Gleiches gilt für die auf Grund dieser Vorschrift und der §§ 3, 9, 10 des Reichsnährstandgesetzes vom 13. September 1933 (RGBl. I S. 626) erlassene Verordnung vom 27. März 1934 und nicht minder für die auf Grund der gleichen Ermächtigung ergangene Verordnung vom 17. April 1936. In beiden Verordnungen finden sich zahlreiche gesetzlich zugelassene und vorgesehene Zwangsmaßnahmen und Möglichkeiten zur Anordnung solcher. Die Beachtung der danach getroffenen Anordnungen ist weiterhin durch Strafvorschriften gesichert, s. z. B. § 23 der Vo. vom 27. März 1934 und § 10 der Vo. vom 17. April 1936. Die Mitgliedschaft bei den Zusammenschlüssen der Milchwirtschaft ist keine freiwillige. Vielmehr sind die in Betracht kommenden Betriebsinhaber kraft Gesetzes oder Rechtsverordnung zwangsweise in den Verbänden zusammengeschlossen. Ein freiwilliges Ausscheiden bei Betriebsfortführung findet nicht statt. Die Mitgliedschaft endet vielmehr — vom Tod abgesehen — durch dauernde Betriebseinstellung in Verbindung mit einer Anzeige an den Verband (s. §§ 1flg. der Vo. vom 27. März 1934 in Verbindung mit § 4 der Satzung für Milchversorgungsverbände und §§ 1, 3 der Vo. vom 17. April 1936 in Verbindung mit § 4 der Satzung der Milchwirtschaftsverbände). Die Satzungen der Verbände beruhen ferner nicht auf autonomen Verbandsbeschlüssen, sondern wiederum auf einem Akt des Gesetzgebers. So sind die Satzungen der Zusammenschlüsse der Verordnung vom 27. März 1934 Bestandteil eben dieser Rechtsverordnung (s. § 9 das.) und damit gesetztes Recht. Nicht anders verhält es sich mit den Satzungen der Zusammenschlüsse nach der Verordnung vom 17. April 1936. Sie sind festgesetzt durch die Anordnung des Reichsbauernführers, betr. die Satzungen der Milchwirtschaftsverbände und der Hauptvereinigung der deutschen Milchwirtschaft, vom 18. Juni 1936 (RNVBl. S. 305) auf Grund des § 3 Abs. 1 der 4. Vo. über den vorläufigen Aufbau des Reichsnährstandes vom 4. Februar 1935 (RGBl. I S. 170) und der Vo. über den Zusammenschluß der deutschen Milchwirtschaft vom 17. April 1936 (RGBl. I S. 374). Wenn und soweit in diesen Verordnungen die Zuständigkeit von Schiedsgerichten vorgesehen ist (s. z. B. § 13 der Vo. vom 27. März 1934 in Verbindung mit § 4 Abs. 6, § 8 Abs. 2, § 9 der Satzung für Milchversorgungsverbände, ferner § 5 der Vo. vom 17. April 1936 in Verbindung mit § 4 Abs. 6, § 10 Abs. 2 der Satzung für Milchversorgungsverbände sowie mit § 11 der Satzung der Hauptvereinigung der deutschen Milchwirtschaft), so beruht diese Zuständigkeit nirgends auf einer Vereinbarung oder einer sonstigen dem Privatrecht angehörenden Rechtshandlung, vielmehr auf einem zwingenden Gesetzesbefehl. Und nicht anders verhält es sich mit den Marktschiedsgerichten (s. §§ 1, 3 der Vo.). Bei dieser Sachlage scheidet die Möglichkeit aus, die Marktschiedsgerichte, die mit zu den wichtigsten im öffentlichen Interesse geschaffenen Organen der Marktordnung gehören, zu den Schiedsgerichten im Sinne der §§ 1025flg. ZPO. zu zählen. Soweit ersichtlich wird die gegenteilige Ansicht auch im Schrifttum kaum vertreten.

b) Die Marktschiedsgerichte fallen aber auch nicht unter die Schiedsgerichte im Sinne des § 1048 ZPO. Wäre dies der Fall, so würde daraus ebenfalls nicht die Unzulässigkeit des Rechtswegs, sondern wiederum nur die Möglichkeit einer Einrede gemäß § 274 Abs. 2 Nr. 3 ZPO. folgen (s. a. Stein-Jonas ZPO., Anm. I

Abs. 4 zu § 1048). Indessen scheitert die Möglichkeit, die Marktschiedsgerichte unter die Schiedsgerichte des § 1048 einzureihen, wiederum daran, daß ein schiedsgerichtliches Verfahren im Sinne der ZPO. voraussetzt und erfordert, daß ihm ein Schiedsvertrag, eine letztwillige Verfügung oder eine anderweitige nicht auf einer Vereinbarung beruhende Verfügung, immer aber ein Privatrechtsgeschäft zugrunde liegt. Wie schon zu a) dargelegt, beruht aber die Einsetzung der Marktschiedsgerichte nicht auf einer Rechtshandlung des Privatrechts, sondern auf Gesetz oder einer diesem gleichstehenden Rechtsnorm (§ 12 EG.z.ZPO.) und damit eben auf einem staatlichen Gesetzesbefehl. Alsdann aber fällt eine so geschaffene besondere gerichtliche Instanz, auch wenn sie Schiedsgericht benannt ist, nicht unter die Schiedsgerichte i. S. des § 1048 ZPO. (s. a. RGZ. Bd. 107 S. 76, S. 352 flg., Bd. 108 S. 194 [198]). Es kann auch kein Zweifel sein, daß die Marktschiedsgerichte im Rahmen des ihnen zugewiesenen Geschäftskreises auf Grund einer unmittelbaren staatlichen Anordnung tätig werden. Sie sind Träger der öffentlichen Gewalt und damit öffentliche Sondergerichte. Daran vermag wiederum der Umstand nichts zu ändern, daß auf das Verfahren vor den Marktschiedsgerichten, soweit es nicht ohnehin in der Verordnung vom 26. Februar 1935 geregelt ist, die Vorschriften des 10. Buches der ZPO. Anwendung zu finden haben (s. §§ 28, 29 das.). Ebensowenig erscheint insofern erheblich die Tatsache, daß die Schiedssprüche der Marktschiedsgerichte keine selbständigen Vollstreckungstitel bilden, vielmehr der Vollstreckbarerklärung bedürfen durch das ordentliche Gericht, bei dem der Schiedsspruch niedergelegt ist (s. §§ 28, 29 der Vo. vom 25. Februar 1935, verglichen mit §§ 1042, 1046, 1047 ZPO.).

c) Nach den Ausführungen unter a) und b) ist die Einsetzung der Marktschiedsgerichte durch Gesetz oder Rechtsverordnung erfolgt, und zwar, wie in § 3 Abs. 1 der Verordnung vom 26. Februar 1935 ausdrücklich gesagt ist, mit der Begründung ihrer ausschließlichen Zuständigkeit für die ihnen nach § 3 Abs. 2 Nr. 1 und 2 und Abs. 3 der Verordnung kraft Gesetzes zugewiesenen Angelegenheiten. Die Rechtsfolge der ausschließlichen Zuständigkeit dieser „Schiedsgerichte" kann sein entweder daß die sachliche Unzuständigkeit der ordentlichen Gerichte oder daß die Unzulässigkeit des Rechtswegs herbeigeführt worden ist. Nur letzterenfalls wäre die Zulässigkeit der Revision zu bejahen. Nachdem der Große Senat für Zivilsachen durch den

Beschluß vom 21. Dezember 1937 mit bindender Kraft für die vorliegende Sache (§ 138 Abs. 4 GVG.) dahin erkannt hat, daß durch die Vorschrift des § 3 Abs. 1 der Verordnung vom 26. Februar 1935 für die dort bezeichneten Streitigkeiten im Sinne des § 547 Nr. 1 ZPO. der Rechtsweg für unzulässig erklärt wird, ist davon auszugehen, daß es sich bei der Behauptung des Beklagten, zur Entscheidung des Rechtsstreits seien die in der genannten Verordnung erwähnten Schiedsgerichte berufen, um die Frage der Zulässigkeit des Rechtswegs handelt. Daraus folgt, daß die Revision nach § 547 Nr. 1 ZPO. ohne Rücksicht auf den Wert des Beschwerdegegenstandes zulässig ist, und es bleibt zu prüfen, ob die Berufung des Beklagten auf die Unzulässigkeit des Rechtswegs begründet, ob also der mit der Klage geltend gemachte Anspruch in der Tat einer Beurteilung durch die ordentlichen Gerichte entzogen ist.

3. Für die Frage der Zulässigkeit des Rechtswegs ist nach der ständigen Rechtsprechung des Reichsgerichts die Natur des Rechtsverhältnisses entscheidend, aus dem der Klaganspruch abgeleitet wird (so z. B. RGZ. Bd. 71 S. 421, Bd. 83 S. 304, Bd. 113 S. 125 [131], Bd. 125 S. 399, Bd. 146 S. 244). Stellt sich dieser nach seiner tatsächlichen Begründung als Folge eines Sachverhalts dar, der nach Grundsätzen des bürgerlichen Rechts für die Entstehung eines solchen Anspruchs Raum läßt, so kann ihm der Rechtsschutz durch die ordentlichen Gerichte nach § 13 GVG. nicht versagt werden. Dagegen ist ihm der Rechtsweg in der Regel verschlossen, wenn er nach dem vom Kläger vorgetragenen Tatbestand nur als öffentlich-rechtlicher Anspruch bestehen und auch nur insofern Gegenstand des Streites sein kann. Dabei kann es darauf, wie der Kläger seinen Anspruch rechtlich beurteilt, ebensowenig ankommen, wie auf die Verteidigung, mit der sich der Beklagte seiner zu erwehren sucht (vgl. RGZ. Bd. 80 S. 371, Bd. 106 S. 150). Macht der Beklagte geltend, daß er dem auf bürgerlich-rechtlicher Grundlage beruhenden Anspruch des Klägers nicht Genüge zu tun brauche, weil ihm ein Recht zur Seite stehe, das nach seiner öffentlich-rechtlichen Natur einer Erörterung vor den ordentlichen Gerichten nicht zugänglich sei, so wird dadurch der Rechtsweg nicht unzulässig.

Im vorliegenden Falle fordern die Kläger Bezahlung von Milch, die sie dem Beklagten in der Zeit vom 1. bis 10. Februar 1935 geliefert haben. Die Parteien sind darüber einig, daß die Vergütung nach den vom Vorsitzenden des Milchversorgungsverbandes gemäß § 8 Abs. 1 Nr. 7 der Satzung festgesetzten Milchpreisen zu entrichten ist, und der Beklagte behauptet nicht, daß die Kläger insoweit gehindert seien, die ordentlichen Gerichte anzurufen. Wäre zwar denkbar, daß auch Streitigkeiten zwischen Mitgliedern eines Zusammenschlusses über die Bezahlung von Milchlieferungen vor dem Marktschiedsgericht auszutragen sind, so würde doch Voraussetzung hierfür sein, daß diese Streitigkeiten ihre Ursache in einer Maßnahme des Zusammenschlusses hätten, die unmittelbare Wirkung gegen beide Parteien äußert. Nach § 1 der Verordnung vom 26. Februar 1935 werden die Schiedsgerichte gebildet für Streitigkeiten, die im Rahmen der Marktordnung entstehen. Nach § 2 Abs. 1 Nr. 2 werden die Schiedsgerichte gebildet beim Reichsnährstand, soweit dieser ... zur Regelung der Erzeugung, des Absatzes sowie der Preise und Preisspannen für landwirtschaftliche Erzeugnisse ermächtigt ist. Nach § 3 Abs. 2 Nr. 2 können die Schiedsgerichte angerufen werden bei Streitigkeiten zwischen Mitgliedern der Zusammenschlüsse, die aus Maßnahmen der Zusammenschlüsse mit unmittelbarer Wirkung gegen beide Parteien entstehen. Danach sind die Schiedsgerichte nur zuständig, soweit es sich um Streitigkeiten handelt, die mit der öffentlich-rechtlichen Marktregelung zusammenhängen. Das wäre, soweit die Bezahlung von Milchlieferungen in Betracht kommt, der Fall, wenn Meinungsverschiedenheiten der Parteien darüber bestünden, wie sich eine Preisfestsetzung des Verbandes auf ihre vertraglichen Beziehungen auswirke, mit anderen Worten, ob und inwiefern ein zwischen ihnen vereinbarter Milchpreis durch die Preisregelung des Zusammenschlusses eine Änderung erfahre. Daß er aus diesem Grunde Anlaß habe, gegen die Klagforderung anzugehen, macht der Beklagte nicht geltend. Er erkennt nicht nur die Richtigkeit der von den Klägern geübten Berechnung des Milchpreises nach den Festsetzungen des Verbandes an, sondern hat auch, wie dem Vorbringen der Parteien zu entnehmen ist, die in die Zeit vor dem 1. Februar 1935 fallenden Milchlieferungen der Kläger nach diesen Sätzen bezahlt. Danach ist aber dem Berufungsgericht beizutreten, wenn es als Grundlage der mit der Klage geltend gemachten Ansprüche lediglich die dem bürgerlichen Recht entspringenden Beziehungen der Parteien aus dem Milchlieferungsvertrag ansieht. Mögen auch die vertraglichen Verpflichtungen der Parteien zur Lieferung, Annahme und Bezahlung der Milch durch Maßnahmen und Anordnungen des Zusammenschlusses berührt werden, so haben diese für die hier allein zu erörternde Frage nach der Natur der Klagansprüche und der danach zu beurteilenden Zulässigkeit des Rechtswegs außer Betracht zu bleiben. Sie sind, soweit sie den Milchpreis betreffen, nicht Gegenstand des Streites und könnten für sich allein keinen Rechtsgrund dafür abgeben, daß die Kläger im Umfange der Klage forderungsberechtigt seien. Diese können vielmehr ihre Ansprüche nur als bürgerlich-rechtliche geltend machen.

Soweit dem der Beklagte Forderungen entgegensetzt, die er darauf stützt, daß er für das Abholen der Milch in der Zeit vom 9. Februar 1934 bis 10. Februar 1935 einen höheren Fuhrlohn als den vom Vorsitzenden des Verbandes festgesetzten beanspruchen könne, ist dieses Vorbringen nicht geeignet, die Klagansprüche ihres bürgerlich-rechtlichen Charakters zu entkleiden. Auch wenn der Streit über das Bestehen dieser Gegenforderungen als aus einer mit unmittelbarer Wirkung gegen beide Parteien ausgestatteten Maßnahme des Zusammenschlusses entstanden anzusehen und deshalb gemäß § 3 Abs. 2 Nr. 2 der Verordnung vom 26. Februar 1935 ausschließlich vor dem Marktschiedsgericht auszutragen wäre, könnte dies nicht zur Folge haben, daß dadurch die Klagansprüche ebenfalls dem Gebiete des privaten Rechts entrückt und der ausschließlichen Zuständigkeit des Marktschiedsgerichts unterstellt werden. Denn nur soweit Fragen der Marktregelung eingreifen, hat dieses zu entscheiden. Im übrigen entscheidet das ordentliche Gericht. Die Revision führt zur Begründung ihrer gegenteiligen Auffassung an, der Beklagte sei, wie er behauptet habe, nach den zwischen ihm und den Klägern bestehenden Verträgen berechtigt, von dem an die Kläger auszuzahlenden Milchgeld den Fuhrlohn einzubehalten. Sie will daraus herleiten, daß die Kläger von vornherein nicht den reinen Milchpreis, sondern nur den Überschuß über den Fuhrlohn hätten verlangen können, der Streit der Parteien also in Wahrheit auch nur den Fuhrlohn betreffe und deshalb vor das Schiedsgericht gehöre. Dem ist entgegenzuhalten, daß sich die eingeklagten Milchgelder schon zeitlich keineswegs mit den Beträgen decken, die der Beklagte als weiteren Fuhrlohn kürzen zu können glaubt. Während er eine Erhöhung des Fuhrlohns bereits für die Zeit vom 9. Februar 1934 ab beansprucht und den ihm hiernach zukommenden Betrag bis zum 10. Februar 1935 berechnet, bezieht sich die Forderung der Kläger auf Milchlieferungen, die sie in der Zeit vom 1. bis 10. Februar 1935 bewirkt haben. Selbst wenn man mit dem Beklagten annehmen wollte, die den Klägern zustehende Vergütung bestehe nach der Art der von den Parteien vereinbarten Zahlungsweise lediglich in dem Überschuß über den Fuhrlohn und der allein sei bei dem Einverständnis der Parteien über die Verbindlichkeit des vom Verbande festgesetzten Milchpreises im Streit befangen, so ließe sich bei dieser Betrachtungsweise eine Forderung, wie sie die Kläger für die Zeit vom 1. bis 10. Februar 1935 geltend machen, nicht rechtfertigen. Denn der ihnen vom Beklagten für diese Zeit vorenthaltene Fuhrlohn wäre wesentlich niedriger als die Klagforderung. Es geht aber nicht an, auch den vom Beklagten für die frühere Zeit als weiteren Fuhrlohn beanspruchten und innebehaltenen Betrag der Klagforderung gleichzusetzen und als Gegenstand des Klagbegehrens anzusehen. Das widerspräche der tatsächlichen Begründung, welche die Kläger ihren Ansprüchen geben. Stellen sie Kaufgeldforderungen zur Entscheidung, die ihnen in der Zeit vom 1. bis 10. Februar 1935 erwachsen sind, so bestimmt sich danach die rechtliche Natur ihrer Klagansprüche auch dann, wenn der Beklagte deren Erfüllung verweigert, weil er Gegenforderungen zu haben behauptet, die möglicherweise nicht nach Grundsätzen des privaten Rechts zu beurteilen sind. Will er wegen solcher Forderungen zurückhalten oder mit ihnen aufrechnen, so müßte er erst die Grundlage hierfür schaffen, indem er die Stelle anruft, die über die Höhe des Fuhrlohns und die Verbindlichkeit der insoweit erlassenen Anordnungen zu befinden hat. Das wäre nach seiner Behauptung das Schiedsgericht. Dieses hätte zu entscheiden, soweit Fragen der Marktregelung eingreifen. Seine Zuständigkeit wäre aber nicht begründet, soweit es sich um Streitigkeiten handelt, die außerhalb dieses Rahmens liegen. Dabei mag dahinstehen, ob mit der Austragung des Streites der Parteien über die Höhe des Fuhrlohns wirklich schon endgültige Klarheit über das Bestehen oder Nichtbestehen der Klagforderungen geschaffen wäre und nichts übrig bliebe, was einer weiteren Entscheidung bedürfte. Das bisherige Vorbringen und die Anträge der Parteien lassen nicht mit hinreichender Gewißheit erkennen, ob für die Kläger nicht auch noch nach der Klärung der Frage des Fuhrlohns Anlaß bestünde, die Höhe ihrer Forderungen durch Richterspruch feststellen zu lassen. Eine Übereinstimmung der Parteien dahin, daß mit der

Erledigung des Streites über den Fuhrlohn jede Meinungsverschiedenheit zwischen ihnen auch hinsichtlich der noch offenen Milchgeldbeträge beseitigt sei, kann dem gegenwärtigen Sachstand nicht entnommen werden. Ihre Berechnungen weichen, soweit erkennbar, auch unerachtet der sich aus dem Streit über den Fuhrlohn ergebenden Unterschiede voneinander ab. Auch das vertrüge sich nicht mit der Annahme der Revision, Gegenstand des Rechtsstreits sei allein die Höhe des Fuhrlohns.

II. Ist hiernach der Auffassung des Berufungsgerichts beizutreten, daß für die Klagforderungen der Rechtsweg gegeben sei, so unterliegen auch keinem Bedenken seine weiteren Ausführungen darüber, in welcher Weise das Landgericht hinsichtlich der Gegenforderungen zu verfahren habe. Insoweit mag immerhin folgendes bemerkt werden:

Der Beklagte behauptet selbst nicht, daß die Anordnung des Vorsitzenden des Milchversorgungsverbandes über die Höhe der Entlohnung für das Abholen der Milch während der Zeit vom 9. Februar 1934 bis 10. Februar 1935 etwa schlechthin nichtig gewesen sei. Er behauptet nur, die Bemessung der Entlohnung auf 0,7 RPfg. für das Liter abgeholte Milch sei nicht angemessen. Solange aber die Anordnung des Vorsitzenden nicht aufgehoben oder nicht abgeändert war, blieb sie maßgebend und mußte von den Parteien beachtet werden. Daß die Geltung der Anordnung für die Zeit vor dem 10. Februar 1935 weggefallen oder die Anordnung inhaltlich geändert wäre, ist von dem Beklagten bislang eindeutig jedenfalls nicht behauptet worden. Der Umstand, daß sie mit dem 11. Februar 1935 außer Kraft trat, war von Bedeutung für die Zukunft, nicht aber für die Vergangenheit. Der Verordnung vom 27. März 1934 ist sodann nicht zu entnehmen, daß die streitige Anordnung der Nachprüfung oder Abänderung durch das Schiedsgericht unterlegen hätte. Im § 12 das. war vielmehr gegen Anordnungen der Zusammenschlüsse unter Ausschluß des ordentlichen Rechtswegs ein Beschwerderecht an den unmittelbar übergeordneten Zusammenschluß vorgesehen, ferner unter gewissen Voraussetzungen das Recht der weiteren Beschwerde an die Hauptvereinigung. Diese Beschwerde mußte binnen einer Frist von einem Monat nach der Veröffentlichung oder nach dem Zugehen der Anordnung schriftlich eingereicht werden. Soweit Anordnungen der Vorsitzenden der Milchversorgungsverbände gemäß § 8 Abs. 1 Nr. 2, 3 und 7 der Verbandssatzung in Betracht kommen, ergibt sich auch aus der Satzung nichts für die Zuständigkeit der Schiedsgerichte. Die im § 8 Abs. 2 und § 9 der Satzung der Milchversorgungsverbände zugelassene Anrufung des Schiedsgerichts erstreckt sich gerade nicht auf Anordnungen gemäß § 8 Abs. 1 Nr. 2, 3 und 7 der Satzung, sondern nur auf solche im Sinne der Nr. Nr. 11 und 12. Auch § 9 der Satzung schlägt hier nicht ein. Auch aus der Verordnung vom 26. Februar 1935 ergibt sich nicht, daß die Marktschiedsgerichte zur Nachprüfung einer solchen Anordnung des Vorsitzenden eines Milchversorgungsverbandes berufen wären, die gemäß § 8 Abs. 1 Nr. 2, 3 und 7 der Verbandssatzung erfolgt war.

Ob hiernach — auch angesichts der Tatsache, daß sich das Schiedsgericht mit dem Streite der Parteien bereits befaßt hat — eine Aussetzung des Verfahrens in Betracht kommt, muß der Entschließung des Landgerichts überlassen bleiben.

---

19. Ist eine ohne Einwilligung der Landeszentralbehörde in das Grundbuch eingetragene Inhaltsänderung bei einer Hypothek in ausländischer Währung sachlich-rechtlich unwirksam?

Verordnung über die Eintragung von Hypotheken in ausländischer Währung vom 13. Februar 1920 (RGBl. S. 231) § 3.

V. Zivilsenat. Urt. v. 28. Februar 1938 i. S. K. (Bekl.) w. B. LebensversicherungsAG. (Kl.). V 157/37.

I. Landgericht Berlin.
II. Kammergericht daselbst.

Für die Klägerin, eine schweizerische Aktiengesellschaft, lasteten auf einem Grundstück, als dessen Eigentümer nach dem Verzicht des früheren Eigentümers J. seit dem 31. März 1936 der Beklagte eingetragen ist, zwei zu $4^5/_8$% verzinsliche Darlehnshypotheken, die sich Ende 1914 auf zusammen noch 485000 M. beliefen. Beide Hypotheken waren am 19. Oktober 1923 gelöscht worden; gleichzeitig mit der Löschung war für die Klägerin eine Grundschuld von 598732,50 Schweizer Franken nach Maßgabe der deutsch-schweizerischen Goldhypotheken-Abkommen vom 6. Dezember 1920 (HauptA.) und 25. März 1923 (ZusA.) eingetragen worden. Der Zinssatz dieser Grundschuld wurde gemäß Art. 19b, 20, 21 ZusA. festgesetzt und im Grundbuche vermerkt.

In einer Vereinbarung vom 28. November/5. Dezember 1930 waren die Klägerin und der damalige Eigentümer J. dahin übereingekommen, daß die Grundschuld vom 1. Januar 1931 ab nicht mehr nach den Vorschriften der Art. 19flg. ZusA., sondern zum festen Satz von $4^5/_8\%$, unabhängig vom Reinertrage des Grundstücks, verzinst werden sollte; zugleich waren die Fälligkeitsbedingungen für die Zinsen und das Kapital neu geregelt worden; im übrigen sollte die Grundschuld weiter den Staatsverträgen vom 6. Dezember 1920 und 25. März 1923 unterliegen. Der Inhalt dieser Vereinbarung war bewilligungs- und antragsgemäß am 16. Dezember 1930 in das Grundbuch eingetragen worden.

Auf eine Anregung des Beklagten vom 27. April 1936 wurde am 6. Mai 1936 gegen die Eintragung vom 16. Dezember 1930 gemäß § 53 Abs. 1 Satz 1 GBO. von Amts wegen ein Widerspruch im Grundbuch vermerkt, weil diese Eintragung ohne die im § 3 der Verordnung vom 13. Februar 1920 über die Eintragung von Hypotheken in ausländischer Währung erforderte Einwilligung der Landeszentralbehörde erfolgt war. Die auf Löschung des Widerspruchs gerichtete Beschwerde der Klägerin wurde vom Landgericht am 25. Juni 1936 zurückgewiesen. Die weitere Beschwerde der Klägerin hatte Erfolg. Das Kammergericht ordnete durch Beschluß vom 15. Oktober 1936 (abgedruckt unter dem Datum des 29. Oktober 1936 in JFG. Bd. 14 S. 365 Nr. 99 und in JW. 1937 S. 641 Nr. 30) die Löschung des Widerspruchs an. Die Löschung erfolgte am 7. November 1936.

Die Klägerin verlangt nunmehr mit der dinglichen Grundschuldklage, daß der Beklagte ihr für die Jahre 1933 bis 1935 aus dem Grundstück $4^5/_8\%$ Zinsen des inzwischen auf 524662,50 Schweizer Franken ermäßigten Grundschuldkapitals zahle. Nach ihrer Berechnung hat sie unter Abzug bereits empfangener 17320,79 Schweizer Franken für die genannte Zeit noch eine Restzinsforderung von 55074,80 Schweizer Franken.

Beide Vorinstanzen haben der Klage stattgegeben. Die Revision des Beklagten führte zur Aufhebung und Zurückverweisung an das Berufungsgericht.

Gründe:

Beide Vorinstanzen gehen, dem kammergerichtlichen Beschluß vom 15. Oktober 1936 beitretend, davon aus, daß die Vereinbarung vom 28. November/5. Dezember 1930 zwischen der Klägerin und J.

verbindlich war. Sie bejahen aber auch die dingliche Bindung des Beklagten an diese Vereinbarung kraft ihrer Eintragung in das Grundbuch vom 16. Dezember 1930. Sie führen zwar aus, daß die Eintragung nicht durch die Art. 5, 13 ZusA. der Genehmigungspflicht nach § 3 Vo. vom 13. Februar 1920 entrückt gewesen sei, meinen aber, der Mangel der Genehmigung habe lediglich eine Ordnungswidrigkeit dargestellt, die der Rechtswirksamkeit der Eintragung nicht entgegenstehe.

Diese Begründung hält der von der Revision erbetenen Nachprüfung nicht stand. Richtig ist, daß die Zinsvereinbarung vom Jahre 1930 rechtlich eine Inhaltsänderung der in ausländischer Währung eingetragenen Grundschuld herbeiführen sollte, gleichviel ob sie wirtschaftlich auf eine wesentliche Neubelastung des Grundstücks abzielte oder nicht. Richtig ist ferner, daß die zu dieser Inhaltsänderung erforderliche Eintragung nicht unter die Art. 5, 13 ZusA. fiel, sondern der Einwilligung der Landeszentralbehörde gemäß § 3 Abs. 1 Vo. vom 13. Februar 1920 bedurfte (vgl. Geiler-Pfefferle Die Schweizerischen Goldhypotheken in Deutschland S. 193 unter f, auch S. 194 oben). Nicht beizupflichten ist aber der Ansicht, daß der Mangel der behördlichen Einwilligung auf die Gültigkeit der Eintragung keinen Einfluß gehabt habe.

Die Frage, wie eine ohne die behördliche Zustimmung nach den §§ 1, 3 Vo. vom 13. Februar 1920 vorgenommene Grundbucheintragung rechtlich zu beurteilen sei, ist höchstrichterlich bis zu dem vorliegenden Einzelfall noch nicht entschieden worden. Drei Lösungsmöglichkeiten sind denkbar. Alle drei werden im Schrifttum vertreten:

1. Die erste Ansicht nimmt an, die ohne behördliche Zustimmung erfolgte Eintragung sei sachlich-rechtlich nichtig, weil sie nach ihrem Inhalt unzulässig sei; sie müsse daher gemäß § 53 (§ 54) Abs. 1 Satz 2 GBO. von Amts wegen gelöscht werden. Diese Ansicht verficht der in JW. 1923 S. 193 Nr. 2 abgedruckte Beschluß des Landgerichts Dortmund, dem das Erläuterungsbuch zu den wirtschaftlichen Nebengesetzen des BGB. von Warneyer-Buchwald beipflichtet (S. 180).

2. Die zweite Meinung geht dahin, die ohne behördliche Einwilligung vorgenommene Eintragung sei zwar nicht inhaltlich unzulässig, aber sachlich-rechtlich unwirksam, weil der Hypothek ein materielles Entstehungserfordernis fehle. Das Grundbuchamt habe

also unter Gesetzesverletzung eine Eintragung vorgenommen, durch die das Grundbuch unrichtig geworden sei, indem es eine in Wirklichkeit nicht bestehende Hypothek als vorhanden ausweise. Folglich müsse ein Amtswiderspruch nach § 53 (§ 54) Abs. 1 Satz 1 GBO. eingetragen werden. Von dieser Meinung scheint das Erläuterungsbuch von Staudinger-Kober (BGB. 10. Aufl. Bd. III 2 § 1115 Anm. 22 S. 1070) auszugehen, wenn es der nachträglich erteilten staatlichen Zustimmung „heilende Kraft" zuspricht. Auf denselben Rechtsboden haben sich bei der Bearbeitung des vorliegenden Falles gestellt das Grundbuchamt bei seiner Eintragung vom 6. Mai 1936 und das Landgericht im Beschlusse vom 25. Juni 1936.

3. Die dritte Ansicht hält die ohne behördliche Zustimmung bewirkte Eintragung zwar für ordnungswidrig, aber weder für inhaltlich unzulässig noch für sachlich unwirksam. Sie mißt der Eintragung trotz des Genehmigungsmangels volle materielle Wirkung bei und schaltet demgemäß den § 53 (§ 54) GBO. gänzlich aus. Diese Auffassung vertritt Predari (bei Gruch. Bd. 67 S. 226 flg.). Ihm sind beigetreten Cammerer (in der Zeitschrift für Rechtspflege in Bayern 1924 S. 1) und die Erläuterungsbücher von Planck-Strecker (BGB. 5. Aufl. Bd. III 2 § 1115 Anm. 3b S. 995), Güthe-Triebel (GBO. 6. Aufl. Bd. I § 28 Anm. 16) und Hesse-Saage-Fischer (GBO. § 28 Anm. IV 5). Bei der Bearbeitung des vorliegenden Falles haben sich auf diesen Standpunkt gestellt der kammergerichtliche Beschluß vom 15. Oktober 1936 und die Urteile der beiden Vorinstanzen.

Der erkennende Senat hat sich der zweiten Ansicht angeschlossen, und zwar aus folgenden Erwägungen:

Die erste Meinung geht zu weit. Sie beruht auf dem Gedanken, daß die Eintragung einer Hypothek in ausländischer Währung bis zum Erlaß der Verordnung vom 13. Februar 1920 nicht nur gegen formelles Grundbuchrecht (§ 28 Satz 2 GBO.), sondern auch gegen das materielle Liegenschaftsrecht, nämlich den Bestimmtheitsgrundsatz der §§ 1113, 1115 BGB. verstoßen habe. Ob dieser Gedanke richtig ist, mag zweifelhaft sein. Er wird abgelehnt von Planck-Strecker (a. a. O. S. 994) und Hesse-Saage-Fischer (a. a. O.), die meinen, daß das Recht des Bürgerlichen Gesetzbuchs, wenn es für die Hypothek einen bestimmten Geldbetrag vorschreibe, zwischen inländischem und ausländischem Geld nicht unterscheide. Die Gegenmeinung vertritt z. B. Schlegelberger (bei Gruch. Bd. 71 S. 466 flg.), der in der Zulassung der Valutahypothek durch die Verordnung vom 13. Februar 1920 nicht nur einen Einbruch in das formale Grundbuchrecht, sondern begrifflich auch die Preisgabe des im materiellen Liegenschaftsrecht (§ 1113 BGB.) festgelegten Bestimmtheitsgrundsatzes in Ansehung des Erfordernisses der Eintragung eines festen Geldbetrages erblickt. Dieser grundsätzlichen Frage braucht jedoch hier nicht näher nachgegangen zu werden. Denn auch wenn man der ersten Ansicht insoweit folgen und bis zum Februar 1920 die Eintragung einer Hypothek in ausländischer Währung an den zwingenden Vorschriften des sachlichen Liegenschaftsrechts scheitern lassen wollte, so hat sich doch jedenfalls mit der Verordnung vom 13. Februar 1920 die Gesetzeslage so verändert, daß fortan unter der Geltung dieser Verordnung von einer sachlich-rechtlichen Unzulässigkeit der Valutahypothek nicht mehr gesprochen werden konnte. Eine solche Hypothek war vielmehr nunmehr grundsätzlich zulässig geworden, und wenn der Gesetzgeber ihre Eintragung an eine behördliche Zustimmung knüpfte, so durfte daraus nicht gefolgert werden, daß die ohne Zustimmung erfolgte Eintragung nach materiellem Recht inhaltlich unzulässig und deshalb nach formellem Recht ohne weiteres von Amts wegen zu löschen sei. Das Landgericht Dortmund hat in JW. 1923 S. 193 Nr. 2 den Begriff der „inhaltlich unzulässigen" Eintragungen überspannt. Die Verordnung vom 13. Februar 1920 hat nicht die Valutahypothek für grundsätzlich unzulässig geblieben und für nur ausnahmsweise (nämlich bei staatlicher Einwilligung) eintragungsfähig erklärt, sondern sie hat einer solchen Hypothek grundsätzlich die Eintragungsfähigkeit zugesprochen und nur die Eintragung im Einzelfall an gewisse sonst nicht vorgeschriebene Voraussetzungen, insbesondere die Staatszustimmung, gebunden. Der Mangel dieser Voraussetzungen darf aber nicht zu dem Schlusse führen, die eingetragene Hypothek sei überhaupt nicht „eintragungsfähig" gewesen.

Überschätzt somit die erste Ansicht die Folgen des Fehlens der behördlichen Zustimmung, so werden sie von der dritten unterschätzt. Es geht nicht an, in dem Mangel der gesetzlich vorgeschriebenen Einwilligung der Landeszentralbehörde zur Eintragung einer Hypothek in ausländischer Währung oder einer Inhaltsänderung bei einer solchen Hypothek nur eine für die sachliche Wirksamkeit der Eintragung belanglose bloße Ordnungswidrigkeit zu sehen. Die Vertreter der dritten Meinung nehmen zum Ausgangspunkt ihrer

Betrachtung die Vorschrift des § 28 Satz 2 GBO. Sie betonen, daß diese Vorschrift (trotz ihrer für das Gegenteil sprechenden Fassung) keine zwingende Rechtsnorm, sondern nur eine Ordnungsvorschrift darstelle. Das ist richtig und allgemein anerkannt (Güthe-Triebel a. a. O. § 28 Anm. 2; Komm. von RGR. 8. Aufl. Bd. 3 § 1115 Anm. 4 S. 512; Planck-Strecker a. a. O. § 1115 Anm. 3 S. 987). Nicht bestreiten läßt sich ferner, daß die Verordnung vom 13. Februar 1920 in ihren §§ 1, 3 den Grundsatz des § 28 Satz 2 GBO. durchbrochen hat. Damit ist aber noch keineswegs gesagt, daß diese Durchbrechung den Gehalt der §§ 1, 3 der Verordnung erschöpfe und daß insbesondere die Aufstellung des staatlichen Einwilligungszwangs keine neue sachlich-rechtliche Begründungsvoraussetzung für die Valutahypothek geschaffen habe. Die Frage, ob die Staatszustimmung vom Gesetzgeber nur als formelles, sachlich belangloses Erfordernis für das Grundbuchverfahren oder aber als materielles Erfordernis für die gültige Entstehung der Hypothek gedacht war, läßt sich nicht allein vom § 28 Satz 2 GBO. und von seiner Rechtsnatur her lösen, sondern nur durch erschöpfende Betrachtung der Fassung, des Sinnes und des Zwecks der Verordnung vom 13. Februar 1920 selbst beantworten. Eine solche Betrachtung ergibt nun aber, daß der Gesetzgeber von 1920 das Erfordernis der staatlichen Einwilligung als sachlich-rechtliche Voraussetzung für die wirksame Begründung einer Hypothek in ausländischer Währung und für eine Inhaltsänderung bei ihr angesehen hat.

Die Fassung des § 3 Abs. 1 Vo. („ist . . . erforderlich") spricht auf den ersten Blick für eine sachlich-rechtliche Norm. Bloße Ordnungsvorschriften pflegt der Gesetzgeber anders zu fassen. Weniger deutlich ist die Fassung des § 1. Nun wäre es allerdings, wie das Kammergericht mit Recht ausgeführt hat, ein kaum annehmbares Ergebnis, wenn man die staatliche Einwilligung im § 1 geringer bewerten wollte als im § 3, wenn man also den Mangel dieser Einwilligung bei der Begründung der Hypothek nur als Verletzung einer Ordnungsvorschrift, bei der Inhaltsänderung aber als Verletzung einer sachlich-rechtlichen Norm ansähe. Dieses Ergebnis wird aber gerade dann zwanglos vermieden, wenn man sagt: Spricht schon die klare Fassung des § 3 bei einer Inhaltsänderung für den sachlich-rechtlichen Charakter der Staatszustimmung, so liegt es um so näher, die insoweit undeutliche Fassung des § 1 bei der Begründung der Hypothek erst recht ebenso auszulegen. Der Schluß vom klar gefaßten § 3 auf den unklar gefaßten § 1 scheint jedenfalls empfehlenswerter als der Schluß vom unklar gefaßten § 1 auf den klar gefaßten § 3, dessen Wortlaut sich wohl nur mit einigem Zwang zur Ordnungsvorschrift würde verflüchtigen lassen. Doch mag dem Kammergericht zugegeben werden, daß über solche Fassungsbedenken hinwegzukommen wäre, wenn Sinn und Zweck der Verordnung dafür sprächen, die Staatszustimmung im § 1 und folglich erst recht im § 3 als reines Formalerfordernis für die Eintragung anzusehen. Sinn und Zweck der Verordnung sprechen aber für das Gegenteil. Insbesondere zeigt das die amtliche Begründung, die der Verordnung beigegeben worden ist. Der Gesetzgeber, der im Jahre 1897 die Grundbuchordnung schuf, konnte der Währungsfrage verhältnismäßig kühl gegenüberstehen und sich ohne Nachteil für das Volksganze damit begnügen, die ihm unerwünschten Grundbucheinträge in ausländischer Währung durch eine bloße Ordnungsvorschrift (§ 28 Satz 2) zu bekämpfen. Die deutsche Währung stand damals fest und ließ auf unabsehbare Zeit hinaus keine nennenswerte Schwankung befürchten. Die deutschen Grundbuchämter boten Gewähr dafür, daß auch die Ordnungsvorschrift beachtet wurde. Und wenn schon einmal eine Hypothek in ausländischer Währung ordnungswidrig ins Grundbuch hineingeschlüpft wäre, so brauchte man keine Gefahr für den einzelnen und für das Ganze zu befürchten, wenn man sie wirksam sein ließ. Einer völlig veränderten Lage stand aber der Gesetzgeber des Jahres 1920 gegenüber. Die deutsche Währung war bereits zerrüttet. Die deutsche Wirtschaft konnte ohne ausländische Rohstoffe und Gelder nicht in Gang gehalten werden. Der Ausländer aber wollte nur liefern und borgen, wenn seine Forderung in seiner heimischen Währung begründet und gesichert wurde. Nur schweren Herzens entschloß sich die Reichsregierung, dem Druck der Wirtschaft nachzugeben und der Valutahypothek das Grundbuch zu öffnen. Sie erkannte deutlich die Gefahren, die dem deutschen Grundbesitz und damit der Volksgemeinschaft aus solchen Hypotheken drohten. Wenn sie trotzdem ihre „ernsten rechts-, wirtschafts- und allgemeinpolitischen Bedenken grundsätzlich zurückstellte", so tat sie es nur, weil sie gleichzeitig den staatlichen Einwilligungszwang für jede derartige Eintragung einführte. „Bei der Tragweite, die einer Verschuldung deutschen Grundbesitzes in ausländischer Währung für unser ganzes Wirtschaftsleben notwendig innewohnen wird, kann die Aufnahme von Hypotheken und Grundschulden fremder Währung nicht schlechthin freigegeben werden. Die Eintragung kann vielmehr nur da zugelassen werden, wo das allgemeine Interesse sie rechtfertigt; sie muß also an eine Genehmigung im Einzelfalle geknüpft werden... Das Interesse der Allgemeinheit erheischt es auch, daß die Bedingungen und Voraussetzungen, unter denen Eintragungen in fremder Währung zugelassen worden sind, nicht hinterher willkürlich und zum Nachteil der Gesamtwirtschaft geändert werden." Das sind die Leitsätze, mit denen die amtliche Begründung der Verordnung den Genehmigungszwang der §§ 1, 3 rechtfertigt. So spricht aber nicht ein Gesetzgeber, der mit dem Genehmigungszwang nur eine Ordnungsvorschrift aufstellen will, deren Übertretung sachlich bedeutungslos wäre. Die starke Betonung des zu schützenden Gemeinwohls verbietet es, die Schutznorm als eine sachlich belanglose Ordnungsvorschrift auszudeuten. Und daß der Gesetzgeber von der sachlichrechtlichen Bedeutung der staatlichen Zustimmung ausgegangen sein muß, ergibt auch einerseits der Hinweis auf § 183 BGB. in der Begründung zu § 1 Vo., andrerseits die unmittelbar darauf folgende Bemerkung, daß die staatliche Einwilligung „wegen der besonderen Rechtswirkungen" der genehmigten Eintragung im Grundbuche mit zu vermerken sei (§ 1 Satz 3 Vo.). Für den Sonderfall des § 3 Vo. wäre es schließlich nicht verständlich, wenn der vom Gesetzgeber in den Vordergrund gestellten (Abs. 1) Einwilligung der Landeszentralbehörde eine schwächere Wirkung beizumessen sein sollte als der erst in zweiter Linie (Abs. 2) unter Umständen verlangten Zustimmung der im Range gleich- oder nachstehenden Berechtigten. Gelangt man aus allen diesen Erwägungen dazu, der Einwilligung der Landeszentralbehörde nach §§ 1, 3 Vo. vom 13. Februar 1920 die Bedeutung einer sachlich-rechtlichen Wirksamkeitsvoraussetzung für die Grundbucheintragungen beizulegen, so reiht man diese Einwilligung auch organisch ein in den Kreis anderer behördlicher Zustimmungserklärungen, die für ähnliche Lebensvorgänge und zu demselben Zweck, nämlich zum Schutze der Volksgemeinschaft gegen Überfremdungsgefahr, in anderen Gesetzen der Kriegs- und Nachkriegszeit eingeführt worden sind und deren sachlich-rechtliche Bedeutung für die Wirksamkeit der mit ihnen verknüpften Rechtsverhältnisse ausdrücklich vorgesehen ist und schon deshalb nicht in Zweifel gezogen werden kann. Man denke z. B. an die Genehmigungen nach der Verordnung vom 15. März

1918 über den Verkehr mit landwirtschaftlichen Grundstücken und nach dem Preußischen Gesetz vom 10. Februar 1923 über den Verkehr mit Grundstücken. Diese Genehmigungen können sachlich keine größere Bedeutung haben als die Einwilligung nach §§ 1, 3 Vo. vom 13. Februar 1920. Dafür spricht schon die Tatsache, daß der Gesetzgeber jene Genehmigungen in die Hand der örtlichen Verwaltungsbehörde gelegt, diese Einwilligung aber der Landeszentralbehörde vorbehalten hat. Der Reichsgesetzgeber hat sicher nicht daran gedacht, eine Entscheidung des Preußischen Staatsministeriums nach §§ 1, 3 Vo. vom 13. Februar 1920 sachlich-rechtlich geringer zu bewerten als die Entscheidung eines preußischen Landrats nach § 1 Vo. vom 15. März 1918. Beide Entscheidungen genügen nicht nur Ordnungsvorschriften, sondern sie schaffen mitwirkend die materielle Rechtsgrundlage für die genehmigten Grundbuchvorgänge.

Nach alledem ergibt sich: Mangels staatlicher Zustimmung hat die am 16. Dezember 1930 in das Grundbuch aufgenommene Vereinbarung vom 28. November/5. Dezember 1930 nicht zu einer wirksamen Inhaltsänderung bei der Grundschuld geführt. Die Vereinbarung mag zwischen der Klägerin und F. Bindungen herbeigeführt haben; dingliche Wirkungen gegen den Beklagten hat sie nicht. Das Grundbuch ist unter Verletzung gesetzlicher Vorschriften unrichtig geworden (§ 53 Abs. 1 Satz 1 GBO.). Der Beklagte braucht die Vermutung des § 891 BGB. für die Eintragung vom 16. Dezember 1930 nicht gegen sich gelten zu lassen, weil sie widerlegt ist; er kann insoweit die Berichtigung des Grundbuchs verlangen. Zu verzinsen braucht er die Grundschuld nur nach Maßgabe der ursprünglichen Eintragung vom 19. Oktober 1923, also nach Maßgabe der Goldhypotheken-Abkommen vom 6. Dezember 1920 und 25. März 1923. Ob durch die Leistungen von insgesamt 17320,79 Schweizer Franken die Zinspflicht für die Jahre 1933 bis 1935 auf der Grundlage der Eintragung vom 19. Oktober 1923 bereits voll erfüllt oder ob der Klaganspruch auch von dieser Grundlage aus noch in mehr oder weniger erheblichem Umfange berechtigt ist, darüber fehlen bisher tatsächliche Feststellungen (insbesondere zum Reinertrag des Grundstücks). Damit sie getroffen werden und hierdurch der Rechtsstreit einwandfreie Erledigung finde, mußte die Sache gemäß § 565 Abs. 1 Satz 1 ZPO. an das Berufungsgericht zurückverwiesen werden.

20. Ist eine Bestätigung der Ehe, die der zur Zeit der Eheschließung geschäftsunfähige Ehegatte nach dem Wegfall der Geschäftsunfähigkeit vornimmt, deswegen unwirksam, weil der Bestätigende mit einer Erbkrankheit behaftet ist?

BGB. § 1325; Ehegesundheitsgesetz vom 18. Oktober 1935 (RGBl. I S. 1246) §§ 1, 3.

IV. Zivilsenat. Urt. v. 28. Februar 1938 i. S. Ehemann S. (Kl.) w. Ehefrau S. (Bekl.). IV 251/37.

I. Landgericht Frankenthal.
II. Oberlandesgericht Zweibrücken.

Die Parteien, die dem katholischen Glaubensbekenntnis angehören, haben am 22. Oktober 1929 vor dem Standesamt in L. die Ehe geschlossen. Bereits einen Monat nach der Eheschließung haben sie sich getrennt. Die Beklagte ist von Ende November 1929 bis September 1930 in der psychiatrischen Klinik der Universität H. und in der Heilanstalt in W. wegen ihres Geisteszustandes in Behandlung gewesen. Im Jahre 1934 hat der Kläger Scheidungsklage gegen sie erhoben, die durch Urteil des Landgerichts abgewiesen worden ist. Dann hat der Kläger im kanonischen Eheprozeß die Ungültigerklärung der Ehe betrieben, da die Beklagte zur Zeit der Eheschließung geisteskrank und deshalb ein im Sinne des kirchlichen Eherechts gültiger Ehekonsens nicht vorhanden gewesen sei. Das kirchliche Ehegericht hat durch Urteil vom 26. April 1935 die Nichtigkeit der Ehe der Parteien ausgesprochen. Der Kläger hat darauf von neuem Klage erhoben mit dem Antrage, die Nichtigkeit der Ehe auszusprechen, und hat sich zur Begründung ebenfalls darauf berufen, daß die Beklagte zur Zeit der Eheschließung geschäftsunfähig gewesen sei. Das Landgericht hat der Klage entsprochen; das Oberlandesgericht hat sie abgewiesen. Die Revision des Klägers führte zur Aufhebung und Zurückverweisung.

Gründe:

Das Berufungsgericht stellt auf Grund der von der Heilanstalt in W. und von der Psychiatrischen Universitätsklinik in H. erstatteten Gutachten fest, daß die Beklagte zur Zeit der Eheschließung geschäftsunfähig gewesen ist, die Ehe der Parteien daher nach § 1325 Abs. 1

BGB. nichtig war. Es ist aber der Ansicht, die Nichtigkeit der Ehe sei gemäß § 1325 Abs. 2 BGB. dadurch geheilt worden, daß die Beklagte die Ehe nach dem Wegfall der Geschäftsunfähigkeit bestätigt habe. Die Revision wendet zunächst ein, von einer Bestätigung der Ehe durch die Beklagte könne schon deswegen nicht die Rede sein, weil die Beklagte bis zuletzt bestritten habe, bei der Eheschließung geschäftsunfähig gewesen zu sein; eine Bestätigung könne nur erfolgen, wenn die Beklagte in Erkenntnis der früheren Nichtigkeit der Ehe den Fortsetzungswillen erklärt habe. Dieser Revisionseinwand kann nicht als gerechtfertigt anerkannt werden. Es ist zur Ehebestätigung begrifflich nicht erforderlich, daß der Bestätigende selbst davon überzeugt ist, bei der Eheschließung geschäftsunfähig gewesen zu sein. Es genügt, daß der Bestätigende Kenntnis davon hatte, daß begründete Zweifel an seiner damaligen Geschäftsfähigkeit und damit an der Gültigkeit der Ehe entstanden waren, und daß er in Kenntnis dieses Umstands durch seine Erklärung seinen Willen kundgeben wollte, die Ehe aufrechtzuerhalten. Die Kenntnis davon, daß ihre Zurechnungsfähigkeit zur Zeit der Heirat mit guten Gründen in Zweifel gezogen wurde, besitzt die Beklagte seit dem Ausgang des kirchlichen Eheprozesses, wenn sie auch von dessen Einzelheiten nichts erfahren haben will, spätestens aber aus den ärztlichen Gutachten, die im gegenwärtigen Rechtsstreit erstattet worden sind...

Dagegen kann dem weiteren Revisionseinwand die Berechtigung nicht abgesprochen werden, der dahin geht, daß das Berufungsgericht nicht mit genügender Bestimmtheit festgestellt, jedenfalls aber nicht ausreichend begründet habe, daß die Beklagte jetzt wirklich wieder geschäftsfähig sei. (Das wird näher ausgeführt; es wird dargelegt, daß die Entscheidung darüber, ob der Geisteszustand der Beklagten im Zeitpunkt der Bestätigung der Ehe ein solcher war, daß von einer Geschäftsfähigkeit bei ihr die Rede sein konnte, nur durch eine nochmalige, auf diesen Punkt gerichtete Befragung eines psychiatrischen Sachverständigen getroffen werden könne, und daß zu diesem Zweck die Sache zur neuen Verhandlung und Entscheidung an das Berufungsgericht zurückzuverweisen sei. Dann wird fortgefahren:)

Führt die neue Verhandlung des Berufungsgerichts einwandfrei zu dem Ergebnis, daß die Beklagte zur Zeit der Bestätigung der Ehe geschäftsfähig war, so standen einer Bestätigung durch sie die Vorschriften des Ehegesundheitsgesetzes auch dann nicht entgegen, wenn man mit dem Berufungsgericht als erwiesen ansieht, daß die Beklagte an einer Erbkrankheit (manisch-depressivem Irresein) leidet. Nach § 1 Abs. 1 zu d des Ehegesundheitsgesetzes darf zwar keine Ehe schließen, wer an einer Erbkrankheit leidet. Eine entgegen diesem Verbot geschlossene Ehe ist aber keineswegs allein deswegen nichtig. Sie ist nichtig nur dann, wenn beide Eheschließenden arglistig gehandelt haben, nämlich wenn beide, wie § 3 des Ehegesundheitsgesetzes besagt, durch wissentlich falsche Angaben die Mitwirkung des Standesbeamten (oder, wenn künftig § 2 des Ehegesundheitsgesetzes in Kraft gesetzt sein wird, die Ausstellung des Ehetauglichkeitszeugnisses) herbeigeführt haben. Dieser besondere Tatbestand kann, wie ohne weiteres ersichtlich ist, bei einer Bestätigung der Ehe überhaupt nicht vorliegen; denn die Bestätigung ist nach § 1325 Abs. 2 BGB. ein einseitiges, keiner Form bedürftiges Rechtsgeschäft, bei dem eine Mitwirkung des Standesbeamten (oder, künftig, des Gesundheitsamtes) nicht in Frage kommt. Die Behaftung der Beklagten mit einer Erbkrankheit macht also die von ihr erklärte Bestätigung der Ehe nicht unwirksam. Noch eine weitere Erwägung führt zu dem Ergebnis, daß der Kläger sich gegenüber der Bestätigung der Ehe durch die Beklagte, auch wenn diese an einer Erbkrankheit leidet, nicht auf die Vorschriften des Ehegesundheitsgesetzes berufen kann. Denn wäre selbst die Ehebestätigungserklärung der Beklagten wegen ihrer Erbkrankheit nichtig, so könnte doch diese Nichtigkeit nicht vom Ehepartner, sondern nach der Vorschrift im Schlußsatz des § 3 Abs. 1 des Ehegesundheitsgesetzes nur vom Staatsanwalt geltend gemacht werden. Dem einzelnen Ehegatten, der zu der Erkenntnis gelangt, daß sein Ehepartner zur Zeit der Eheschließung mit einem unheilbaren Leiden behaftet war, stellt das geltende Recht einen anderen Weg zur Verfügung, um sich von einer Ehe zu lösen, die er bei Kenntnis der Sachlage und bei verständiger Würdigung des Wesens der Ehe nicht eingegangen sein würde. Ein solcher Ehegatte kann nach § 1333 BGB. die Ehe wegen Irrtums anfechten. Dieses Anfechtungsrecht ist an die in den §§ 1333 flg. BGB. bestimmten Voraussetzungen geknüpft und seine erfolgreiche Geltendmachung hat die in den §§ 1343 flg. das. geregelten gesetzlichen Wirkungen. Diesen Weg hat der Ehegatte auch dann zu beschreiten, wenn es sich um eine nachträglich von ihm erkannte Erbkrankheit seines Ehepartners handelt. Das gilt besonders auch für die geistigen Erbkrankheiten. Bei ihnen ist durch die reichsgerichtliche Rechtsprechung — hinsichtlich der Zulässigkeit einer Irrtumsanfechtung beim Vorhandensein einer bloßen Krankheitsanlage und hinsichtlich der Anfechtungsfrist, deren Lauf erst beginnt mit der einwandfreien ärztlichen Feststellung des Vorhandenseins einer wirklichen Erbkrankheit — dafür gesorgt, daß das berechtigte persönliche Interesse des gesunden Ehegatten an der Auflösung einer solchen Ehe nicht verkürzt wird. Auf diesen Rechtsbehelf der Irrtumsanfechtung aber ist der gesunde Ehegatte beschränkt. Es steht ihm daneben nicht noch ein weiterer Rechtsbehelf zu, womit er die Nichtigkeit der Eheschließung oder die Nichtigkeit der Bestätigung der Ehe durch seinen Ehepartner geltend machen könnte aus dem Grunde, weil der Ehepartner mit einer Erbkrankheit behaftet sei.

Die Vorschriften des Ehegesundheitsgesetzes werden also bei der weiteren Prüfung der Sache durch das Berufungsgericht völlig außer Betracht zu bleiben haben. Es bedarf daher insbesondere auch keiner Erörterung darüber, ob das Leiden der Beklagten nur unter d des § 1 Abs. 1 des Ehegesundheitsgesetzes fallen würde, wie das Berufungsgericht annimmt, oder gegebenenfalls auch unter a und c daselbst, wie von der Revision geltend gemacht wird. Ebenso ist es gleichgültig, ob das Berufungsgericht mit Recht den Ausnahmefall des § 1 Abs. 2 des Ehegesundheitsgesetzes als gegeben erachtet hat oder ob die dagegen erhobenen Revisionsangriffe als begründet anzusehen wären.

---

21. Entfällt die dem Fremdbesitzer gegenüber dem Eigentümer obliegende Haftung für Beschädigung oder Verlust der Sache, wenn der Fremdbesitzer Besitzmittler eines Dritten war, der ihm die das Eigentum verletzende Verfügung über die Sache in rechtswirksamer Weise erlaubt hatte?

BGB. §§ 823, 987 flg.

VII. Zivilsenat. Urt. v. 1. März 1938 i. S. Firma B., M. u. Co. (Bekl.) w. Stadtgemeinde W. (Kl.). VII 179/37.

I. Landgericht Berlin.
II. Kammergericht daselbst.

Die Klägerin hatte in den Jahren 1929 bis 1933 bei der Beklagten durch Vermittlung der Beschaffungsstelle für Kommunal- und Hypothekar-Kredit GmbH. in B. (im folgenden: Beschaffungsstelle) wiederholt Kredite mit kürzerer Laufzeit in Anspruch genommen. Im Sommer 1933 verhandelte sie wegen eines neuen Kredits. Ein Angebot der Beklagten vom 31. August 1933 lehnte sie ab, weil deren Inhaber Jude ist. Sie kam aber dann mit der Beschaffungsstelle überein, daß diese ihr das Darlehen — zunächst 165000 RM. auf drei Monate, gesichert durch 315000 RM. Reichs-Altbesitzanleihe (Rückzahlungswert) — gewähre und sich die Mittel hierzu bei der Beklagten beschaffen sollte, die ihrerseits einen Lombard-Kredit bei der Akzeptbank AG. in Berlin in Anspruch nehmen werde. Auf Anweisung der Beschaffungsstelle, die bei diesem Geschäftsverkehr durch ihren Geschäftsführer H. vertreten wurde, ließ die Klägerin demgemäß durch die Deutsche Girozentrale Berlin die zur Sicherstellung des Darlehns bestimmten Wertpapiere an das Kontor der Reichshauptbank Berlin auf das Konto der Akzeptbank AG. für Rechnung der Beklagten ausliefern. Bei gleichbleibender Sicherheit wurde der Kredit im Dezember 1933 um 15000 RM. und im Februar 1934 um weitere 30000 RM., also insgesamt auf 210000 RM. erhöht. In der Folge entnahm die Beschaffungsstelle bei der Beklagten weitere Beträge, ohne sie an die Klägerin abzuführen und ohne sich mit ihr darüber verständigt zu haben. Bei Rückzahlung des Darlehns erhielt die Klägerin einen Teil der als Sicherheit gegebenen Anleihestücke nicht zurück. Die Beschaffungsstelle hatte die fehlenden 48000 RM. der Altbesitzanleihe durch die Beklagte verkaufen und den Erlös von 53730 RM. ihrem Konto gutschreiben lassen. Unter Berücksichtigung dieser Gutschrift und der Zahlungen der Klägerin war das Konto zum 30. Juni 1935 bis auf einen Saldo von 1645 RM. zugunsten der Beklagten ausgeglichen. Die Beschaffungsstelle ist zusammengebrochen, ihr Geschäftsführer H. ist wegen Untreue zu einer Gefängnisstrafe von zwei Jahren verurteilt worden.

Die Klägerin nimmt die Beklagte wegen unberechtigten Verkaufs der 48000 RM. Altbesitzanleihe auf Schadensersatz in Anspruch und verlangt mit der Klage ihre Verurteilung zur Zahlung von 19079,10 RM. (des Erlöses von 17000 RM. Altbesitzanleihe) nebst Zinsen sowie zur Zahlung desjenigen Betrages, um den der etwa höhere Kurswert der 17000 RM. Altbesitzanleihe am Zahlungstage den Betrag von 19079,10 RM. nebst Zinsen übersteige.

Das Landgericht hat die Klage abgewiesen, das Kammergericht nach dem Klagantrage erkannt. Die Revision der Beklagten führte zur Aufhebung und Zurückverweisung.

Gründe:

Das Berufungsgericht hält die Beklagte für schadensersatzpflichtig, weil sie die den Gegenstand der Klage bildenden Wertpapiere zu Unrecht veräußert und den Erlös zur Abdeckung des Schuldsaldos der Beschaffungsstelle verwendet habe. Diese Schuld sei in Höhe von mindestens 26969,12 RM. ohne jeden Zusammenhang mit der Kreditgewährung an die Klägerin durch die Gewährung von Darlehen an die Beschaffungsstelle und deren Geschäftsführer H. entstanden. Bei der Belastung der Wertpapiere für diese Darlehen habe die Beklagte grobfahrlässig gehandelt; sie könne sich deshalb für den Erwerb eines Pfandrechts an den Papieren insoweit auf den Schutz des guten Glaubens nicht berufen. Der Beklagten habe auch der gute Glaube an die Verfügungsbefugnis der Beschaffungsstelle hinsichtlich der Papiere gefehlt.

Diese Begründung des Urteils läßt die rechtliche Grundlage der vom Berufungsrichter angenommenen Schadensersatzverpflichtung nicht klar erkennen. Die schädigende Handlung der Beklagten liegt in der Veräußerung der Wertpapiere, die der Berufungsrichter für unberechtigt hält, weil die Beklagte ein Pfandrecht an den Papieren für die der Beschaffungsstelle gewährten, aber der Klägerin nicht zugeflossenen Darlehnsbeträge nicht erworben habe und wegen der Verfügungsbefugnis der ersteren nicht gutgläubig gewesen sei. In Ermangelung festgestellter vertraglicher Beziehungen zwischen den Parteien kann der Berufungsrichter den Rechtsgrund für die Schadensersatzverpflichtung der Beklagten nur in den Vorschriften über unerlaubte Handlungen gefunden haben. Hierbei scheidet der Gesichtspunkt der sittenwidrigen Vermögensschädigung (§ 826 BGB.) aus, da ein hierzu geeigneter Tatbestand (etwa ein sittenwidriges Zusammenwirken der Beklagten mit dem ungetreuen Geschäftsführer H.) nicht festgestellt und auch nicht behauptet worden ist. Es bleibt daher nur die Möglichkeit, daß die angenommene Schadensersatzverpflichtung auf eine Verletzung des Eigentums der Klägerin an den veräußerten

Wertpapieren gegründet werden soll. Diese Annahme unterliegt indes rechtlichen Bedenken.

Die Beklagte war Besitzerin der ihr von ihrer Vertragsgegnerin, der Beschaffungsstelle, zum Pfande gegebenen Wertpapiere. Daß ihr im Zeitpunkt der Veräußerung dieses Recht zum Besitze nicht mehr zugestanden habe oder daß sie damals insoweit nicht mehr gutgläubig gewesen sei, erhellt nicht. Nach den Vorschriften über die Ansprüche aus dem Eigentum (§§ 989, 990, 993 BGB.) kann bei solcher Sachlage der Besitzer auch wegen verschuldeter Unmöglichkeit der Herausgabe nicht auf Schadensersatz in Anspruch genommen werden. Wie das Reichsgericht indessen bereits mehrfach ausgesprochen hat (RGZ. Bd. 101 S. 307 [310], Bd. 106 S. 149 [152]), gilt dieser Grundsatz für den Fremdbesitzer nicht uneingeschränkt. Dieser macht sich vielmehr, wenn er den Rahmen seines Besitzrechts überschreitet, insbesondere die in seinem Besitze befindliche Sache veräußert, über die Verletzung des gegen ihn persönlich begründeten Herausgabeanspruchs hinaus einer Eigentumsverletzung schuldig, für die er, wie jeder dritte nichtbesitzende Störer fremden Eigentums, nach § 823 BGB. dem Eigentümer haftet. Von diesem Grundsatz, an dem festzuhalten ist, muß jedoch eine sich aus § 991 Abs. 2 BGB. ergebende Ausnahme gelten. Ist der Fremdbesitzer gutgläubiger Besitzmittler eines Dritten, so bestimmt sich nach der genannten Vorschrift das Maß seiner Haftung für den durch sein Verschulden entstandenen Schaden gegenüber dem Eigentümer nach seiner Verantwortlichkeit gegenüber dem Dritten. Hieraus ist die Folgerung zu ziehen, daß der Besitzer (Fremdbesitzer) in diesem Falle von dem Eigentümer auch aus § 823 BGB. nicht in Anspruch genommen werden kann, wenn und soweit ihm der Dritte die das Eigentum verletzende Verfügung über die Sache in rechtlich einwandfreier Weise erlaubt hatte (RGRKomm. z. BGB. 8. Aufl. Anm. 2 zu § 991, Anm. 2 zu § 992).

Im vorliegenden Fall ist nach dem zwischen der Beklagten und der Beschaffungsstelle bestehenden Vertragsverhältnis in Ermangelung entgegenstehender Feststellungen davon auszugehen, daß jene auf Grund des ihr eingeräumten Pfandrechts Besitzmittlerin der Beschaffungsstelle für die streitigen Wertpapiere war. Hat nun, wie unstreitig ist, die Beschaffungsstelle die Beklagte beauftragt, die Papiere zu veräußern, so kann diese nach dem oben gewonnenen

Rechtsgrundsatz auch von der Klägerin als Eigentümerin wegen des durch den Verlust der Papiere entstandenen Schadens nicht in Anspruch genommen werden, wenn jener Auftrag in rechtlich wirksamer Form erteilt war. Hier erhebt sich jedoch ein die alsbaldige Entscheidung des Revisionsgerichts hinderndes Bedenken. Nach § 2 des damals (März 1935) in Geltung befindlichen Depotgesetzes vom 5. Juli 1896 ist eine Erklärung des Verpfänders von Wertpapieren, wodurch der Pfandgläubiger ermächtigt wird, über die Papiere zu seinem Nutzen zu verfügen, nur gültig, soweit sie für das einzelne Geschäft ausdrücklich und schriftlich abgegeben wird, falls nicht der Verpfänder gewerbsmäßig Bank- oder Geldwechslergeschäfte betreibt. In dieser Form ist der Auftrag zum Verkauf der streitigen Papiere, der zur Tilgung des Guthabens der Beklagten, also zu deren Nutzen erfolgen sollte, unstreitig nicht erteilt worden. Die Rechtswirksamkeit des Verkaufsauftrags hängt also davon ab, ob die Beschaffungsstelle im Zeitpunkt seiner Erteilung gewerbsmäßig Bank- oder Geldwechslergeschäfte betrieben hat. Zu dieser Frage sind Feststellungen noch nicht getroffen worden.

Die hiernach unzureichende und fehlerhafte rechtliche Begründung des der Klägerin zuerkannten Schadensersatzanspruchs nötigt zur Aufhebung des angefochtenen Urteils...

---

22. 1. Kann sich die Erhebung der Scheidungsklage eines deutschen Ehegatten vor einem ausländischen, nach deutschem Recht an sich zuständigen Gericht als eine zum Schadensersatz verpflichtende unerlaubte Handlung im Sinne des § 826 BGB. darstellen?

2. Worin besteht in diesem Falle der zu leistende Ersatz?

BGB. §§ 249, 251, 826.

IV. Zivilsenat. Urt. v. 3. März 1938 i. S. Ehemann H. (Bekl.) w. Ehefrau H. (Kl.). IV 224/37.

I. Landgericht Köln.
II. Oberlandesgericht daselbst.

Die Parteien, deutsche Reichsangehörige, haben am 10. Oktober 1908 in M. die Ehe geschlossen, aus der eine jetzt volljährige Tochter und ein noch minderjähriger Sohn hervorgegangen sind. Seit dem

Mai 1927 leben sie getrennt, nachdem der Beklagte im Jahre 1926 mit der ledigen H. B., der er sein Eheversprechen gab, ein Liebesverhältnis angeknüpft hatte, das er noch heute unterhält. In den Jahren 1927 und 1930 erhob der Beklagte gegen die Klägerin vor dem Landgericht K. Scheidungsklagen. Beide Klagen wurden abgewiesen. Ebenso verfiel der Abweisung eine von ihm im Jahre 1933 vor dem Landgericht B. gegen die Klägerin erhobene Klage auf Herstellung der häuslichen Gemeinschaft. Alsdann erhob der Beklagte im März 1935 vor dem lettischen Bezirksgericht in R. Scheidungsklage gegen die Klägerin. Das Bezirksgericht wies die Klage wegen Unzuständigkeit ab. Die Berufung des Beklagten führte dazu, daß das Appellationsgericht in R. die Zuständigkeit des Bezirksgerichts bejahte und diesem die Sachentscheidung aufgab. Über die von der Klägerin hiergegen erhobene Kassationsklage hatte der Oberste Lettische Gerichtshof zur Zeit des Erlasses des Berufungsurteils in der vorliegenden Sache noch nicht entschieden.

Die Klägerin erblickt in diesem Klagvorgehen des Beklagten vor den lettischen Gerichten eine gegen sie gerichtete unerlaubte Handlung im Sinne des § 826 BGB. Sie bringt vor, der Beklagte wolle die im Inland mangels ausreichender Scheidungsgründe für ihn unerreichbare Ehescheidung trotz fortgesetzter eigner schwerster Eheverfehlungen durch Inanspruchnahme der lettischen Gerichte herbeiführen, um sich ihrer zu entledigen und seine Geliebte heiraten zu können. Mit der Klage verlangt sie vom Beklagten die Zurücknahme seiner vor dem lettischen Gericht erhobenen Scheidungsklage und die Erstattung von Anwalts- und Gerichtskosten, die sie in Höhe von 3675 RM. für ihre Rechtsverteidigung vor den lettischen Gerichten aufgewandt haben will. Der Beklagte bittet um Abweisung der Klage. Er bestreitet das Vorliegen einer unerlaubten Handlung und macht geltend, daß er mit seiner im Ausland erhobenen Scheidungsklage von einem ihm nach deutschem Recht zustehenden Rechtsbehelf in erlaubter Weise Gebrauch mache.

Das Landgericht gab der Klage statt; das Oberlandesgericht wies die Berufung des Beklagten zurück. Auch seine Revision blieb erfolglos.

Gründe:

Zutreffend haben die Vorderrichter die Frage, ob das Verhalten des Beklagten eine unerlaubte Handlung darstelle, nach deutschem

Recht beurteilt, da ein Tatbestandsteil, nämlich die unerläßliche Klagzustellung an die in K. wohnende Klägerin, im Inland verwirklicht worden ist (RGRKomm. Vorbem. 7 vor § 823 BGB.).

Das Berufungsgericht unterstellt, daß der Beklagte für sich ernstlich einen Wohnsitz in R. begründet hatte, als er dort die Scheidungsklage gegen die Klägerin erhob, und zwar geht es hierbei ersichtlich auch davon aus, daß es sich um einen Wohnsitz im Sinne des deutschen Rechts gehandelt habe. In der Rechtsprechung ist anerkannt, daß dann, wenn der Ehemann einen Wohnsitz im Inland und einen zweiten im Auslande hat, die Scheidungsklage sowohl bei dem für den inländischen Wohnsitz zuständigen deutschen Landgericht als auch bei dem ausländischen Gericht, welches nach dem in Betracht kommenden ausländischen Recht zuständig ist, erhoben werden kann (RGZ. Bd. 102 S. 82, Bd. 145 S. 77). Das schließt aber, wie das Berufungsgericht mit Recht annimmt, nicht aus, daß sich die Anrufung des ausländischen Gerichts durch einen deutschen Ehegatten im Einzelfall als eine gegen die guten Sitten verstoßende Handlungsweise darstellt. Die Revision will dies nicht gelten lassen. Sie ist der Meinung, eine sittenwidrige Handlung könne keinesfalls darin gefunden werden, daß ein deutscher Reichsangehöriger ein nach deutschem Recht zuständiges Gericht anrufe; auch stehe die Beurteilung dieses Vorgehens lediglich dem zulässigerweise angerufenen Gericht zu. Hierin kann der Revision nicht beigetreten werden. Nach der feststehenden Rechtsprechung des Reichsgerichts muß § 826 BGB. auch auf eine in Ausübung eines formalen Rechts vorgenommene Handlung Anwendung finden, falls diese einem anderen in einer gegen die guten Sitten verstoßenden Weise Schaden zufügt (vgl. u. a. RGZ. Bd. 58 S. 214, Bd. 62 S. 137, Bd. 155 S. 58; WarnRspr. 1911 Nr. 79). Besteht die gegen die guten Sitten verstoßende Handlung in der Anrufung eines ausländischen Gerichts, so ist es im Gegensatz zur Ansicht der Revision rechtlich statthaft, dies zu verhindern, selbst wenn das ausländische Gericht nach deutschem Recht an sich zuständig ist. Darin liegt kein Eingriff in die ausländische Gerichtsbarkeit. Einen solchen Eingriff hat das Berufungsgericht auch nicht insofern begangen, als es im Rahmen der Schadensersatzklage aus § 826 BGB. u. a. geprüft hat, ob dem Beklagten ein Scheidungsgrund aus § 1568 BGB. zur Seite steht. Der dem lettischen Gericht zustehenden Beurteilung der ihm unterbreiteten Scheidungsgründe nach lettischem

Recht, das von ihm gemäß dem das lettische zwischenstaatliche Eherecht beherrschenden Wohnsitzgrundsatz anzuwenden ist, wird hierdurch, solange überhaupt die Klage bei ihm anhängig ist, nicht vorgegriffen. Auch auf die Vorschriften des § 328 ZPO. vermag sich die Revision für ihren Standpunkt nicht mit Erfolg zu berufen. Es handelt sich im vorliegenden Rechtsstreit nicht um die Frage, ob ein ausländisches Urteil im Inland anzuerkennen ist, sondern darum, zu verhindern, daß ein solches Urteil ergeht, weil sich das Vorgehen vor dem ausländischen Gericht unter den gegebenen Verhältnissen als eine zum Schadensersatz verpflichtende unerlaubte Handlung darstellt. Die Beurteilung dieses Tatbestandes steht im vollen Umfang dem von der Klägerin in zulässiger Weise angerufenen deutschen Gericht zu.

Die Sittenwidrigkeit erblickt das Berufungsgericht darin, daß der Beklagte, dem nach deutschem Recht kein Scheidungsgrund gegen die Klägerin zur Seite stehe, die von ihm durch sein eigenes gesetz- und pflichtwidriges Verhalten herbeigeführte langjährige Trennung der Parteien dazu benutze, um hieraus den Scheidungsgrund des dreijährigen ununterbrochenen Getrenntlebens der Ehegatten aus Art. 50 des lettischen Ehegesetzes vom 1. Februar 1921 herzuleiten und diesen Scheidungsgrund bei dem nach Art. 63 dieses Gesetzes zuständigen lettischen Gericht seines Wohnsitzes in R. zu verfolgen, sowie darin, daß er vor dem lettischen Gericht einen aus Verschulden der Klägerin hergeleiteten, in Wirklichkeit aber, was ihm auch bekannt sei, nicht bestehenden Scheidungsgrund vorschütze. Daß von ihm nur die aus Art. 50 des lettischen Ehegesetzes hergeleitete Begründung seines Klagvorgehens ernstlich gewollt sei, gehe daraus hervor, daß er nach seiner Angabe die deutsche Gesetzgebung als mangelhaft erkannt haben und sich deswegen in einem gewissen Notstand befinden wolle, der ihn zur Anrufung des lettischen Gerichts zwinge. Ferner ergebe sich dieser Wille des Beklagten auch daraus, daß er die bei dem lettischen Gericht eingereichte Klagergänzung vom 5. Juli 1935 nur mit allgemein gehaltenen Behauptungen über angebliche Verfehlungen der Klägerin versehen habe. Der Beklagte habe nicht in redlicher Überzeugung von der rechtmäßigen Verfolgung erlaubter Belange das ausländische Gericht angerufen, sondern er habe dies in dem Bewußtsein getan, ein Ziel zu verfolgen, dessen Erreichung ihm die inländische Gesetzgebung verwehre. Auch sei er sich bei seinem

Klagvorgehen in Lettland zum mindesten dessen bewußt gewesen, daß die Klägerin dadurch Schaden erleiden könne; er habe diesen möglichen Erfolg in seinen Willen aufgenommen und ihn für den Fall seines Eintritts gebilligt.

Diesen Ausführungen des Berufungsgerichts liegt kein Rechtsirrtum zugrunde. Besondere Angriffe werden von der Revision insoweit auch nicht erhoben. Dem Berufungsgericht ist darin beizutreten, daß es gegen die im deutschen Volke herrschenden sittlichen Anschauungen verstößt, wenn ein deutscher und in Deutschland wohnhafter Ehegatte unter Mißachtung der deutschen Gesetze einen von ihm in einem ausländischen Staate nebenher begründeten Wohnsitz und eine ausländische Gesetzgebung, die anders als das deutsche Recht den Scheidungsanspruch ohne Rücksicht auf die Staatsangehörigkeit der Ehegatten lediglich nach dem am ausländischen Wohnsitz des Scheidungsklägers geltenden Recht beurteilt, dazu ausnutzt, vor einem ausländischen Gericht zum Schaden des anderen Ehegatten eine Scheidung herbeizuführen, die ihm nach den für ihn maßgebenden deutschen Gesetzen versagt ist. Der Beklagte kann sein Vorgehen auch nicht damit entschuldigen, daß er das deutsche Ehescheidungsrecht für mangelhaft halte. Die Neugestaltung dieses Rechts ist Sache der Reichsregierung und von ihr auch bereits in Angriff genommen. Solange sie nicht durchgeführt ist, muß der Beklagte das geltende Recht achten und darf sich nicht zu dessen Umgehung der Hilfe eines ausländischen Gerichts bedienen.

Ohne Rechtsirrtum hat das Berufungsgericht weiter angenommen, daß der vom Beklagten zu leistende Ersatz außer in der Erstattung der von der Klägerin für ihre Rechtsverteidigung vor den lettischen Gerichten bereits aufgewandten Beträge (§ 251 Abs. 1 BGB.) in der Zurücknahme der vom Beklagten erhobenen Scheidungsklage bestehe (§ 249 Satz 1 das.). Es hat den Einwand des Beklagten, daß die Klägerin den Ausgang des lettischen Scheidungsverfahrens abwarten und ihre Rechte gegebenenfalls in einem Verfahren nach § 328 ZPO. geltend machen müsse, zutreffend mit der Begründung zurückgewiesen, daß die vom Beklagten begangene unerlaubte Handlung fortwirke und einen noch andauernden, schädigenden Zustand geschaffen habe, der zu dem der Klägerin durch Verauslagung von Rechtsverteidigungskosten schon entstandenen Vermögensschaden eine weitere Schädigung der Klägerin sowohl auf vermögensrechtlichem wie auch auf nicht vermögensrechtlichem Gebiet erwarten lasse. Den gegenteiligen Ausführungen der Revision, die dahin gehen, daß die Klägerin durch das Urteil des lettischen Gerichts mit Rücksicht auf die Vorschriften des § 328 ZPO. keinesfalls geschädigt werden könne, kann nicht gefolgt werden. Erginge ein der Klägerin nachteiliges Urteil des lettischen Gerichts, so würde ihre Rechtslage, wie auf der Hand liegt, eine weitere Verschlechterung erfahren. Dies abzuwarten, kann ihr nicht angesonnen werden. Sie kann vielmehr verlangen, daß der Beklagte den durch sein sittenwidriges Vorgehen geschaffenen, die Klägerin schädigenden und die Gefahr weiterer Schädigungen in sich schließenden Zustand durch die Zurücknahme der von ihm bei dem lettischen Gericht erhobenen Scheidungsklage beseitige...

---

23. Ist in Ehesachen ein Vergleich mit der Wirkung möglich, daß die Rechtshängigkeit beseitigt und ein bereits ergangenes Scheidungsurteil hinfällig wird?

ZPO. § 118a Abs. 3, §§ 271, 794 Abs. 1 Nr. 1.

IV. Zivilsenat. Beschl. v. 10. März 1938 i. S. Ehemann K. (Bekl.) w. Ehefrau K. (Kl.). IV B 6/38.

I. Landgericht Essen.
II. Oberlandesgericht Hamm.

Die Frage ist verneint worden aus folgenden, den Sachverhalt und die Entscheidung ergebenden

Gründen:

Das Landgericht hat die Ehe der Parteien aus Alleinschuld des Beklagten geschieden. Gegen dieses den Parteien am 12. Oktober 1937 von Amts wegen zugestellte Urteil hat zunächst die Klägerin Berufung eingelegt und in der Begründungsschrift den Antrag angekündigt, unter Abänderung des landgerichtlichen Urteils die Klage für erledigt zu erklären, weil sich die Parteien ausgesöhnt hätten. Über die Berufung der Klägerin ist bisher keine Entscheidung ergangen. Beide Parteien haben dann um Bewilligung des Armenrechts für das Berufungsverfahren gebeten. Der Beklagte hat in seinem Armenrechtsgesuch ebenfalls erklärt, daß die Parteien sich ausgesöhnt hätten und daß er zur Beseitigung des Scheidungsurteils Berufung einlegen wolle. Auf Ersuchen des Oberlandesgerichts sind die Parteien vor das Amtsgericht ihres Wohnortes vorgeladen worden und haben dort die Erklärung abgegeben, daß sie sich versöhnt hätten; die Klägerin hat außerdem die Klage zurückgenommen. Über die Kosten haben sie vereinbart, daß die Gerichtskosten geteilt, die außergerichtlichen gegeneinander aufgehoben werden sollten. Das Oberlandesgericht hat darauf die Armenrechtsgesuche beider Parteien zurückgewiesen, weil die Klägerin nach erfolgter Versöhnung die Klage im Armenrechtsverfahren in zulässiger Weise (§ 118a Abs. 3 ZPO.) zurückgenommen und der Rechtsstreit hierdurch seine Erledigung gefunden habe. Nunmehr hat auch der Beklagte Berufung eingelegt mit dem Antrag, unter Abänderung des landgerichtlichen Urteils die Hauptsache für erledigt zu erklären. Das Oberlandesgericht hat seine Berufung als unzulässig verworfen, aber die sofortige Beschwerde gegen diesen Beschluß zugelassen. Indem es sich den Ausführungen von Scherling DJustiz 1937 S. 1382flg., 1842flg. anschließt, nimmt es an, daß durch den im Armenrechtsverfahren geschlossenen Vergleich nicht nur dieses Verfahren, sondern auch der Rechtsstreit beendigt worden sei. Das ergebe sich aus dem Sinn und Zweck des § 118a ZPO., der den Parteien die Möglichkeit einer Einigung über den streitigen Anspruch einräume. Ein solcher Vergleich stehe nach § 794 Abs. 1 Nr. 1 ZPO. einem Prozeßvergleich gleichwertig zur Seite. Für das Verfahren nach § 118a ZPO. bestehe hier kein Anwaltszwang, da es vor dem ersuchten Richter stattgefunden habe. Dieses Verfahren finde auch zur Beendigung von Eheprozessen Anwendung, wie sich schon daraus ergebe, daß die nach der Novelle vom 13. Februar 1924 bestehende Beschränkung auf vermögensrechtliche Ansprüche durch die Novelle vom 27. Oktober 1933 beseitigt worden sei. Die Bestimmungen über das Verfahren in Ehesachen stünden einer Einigung der Parteien über den Scheidungsanspruch zwecks Aufrechterhaltung der Ehe nicht entgegen. Da dem Vergleiche nach § 118a Abs. 3 ZPO. prozeßbeendigende Wirkung zukomme, habe das Verfahren seine Erledigung gefunden. Durch die im Vergleich noch überdies erklärte Klagrücknahme sei gemäß § 271 Abs. 3 ZPO. der Rechtsstreit in der Weise beendet worden, daß er als nicht anhängig geworden anzusehen sei. Damit sei die Entscheidung des Landgerichts außer Kraft getreten. Die Rücknahmeerklärung sei nicht auf die mündliche Verhandlung vor dem Prozeßgericht beschränkt, sondern könne ebenso vor dem ersuchten Richter in einem Beweis- oder Sühnetermin erfolgen. Dann sei es aber der Klägerin auch möglich gewesen, im Verfahren nach § 118a ZPO. vor dem ersuchten Richter ohne Zuziehung von Anwälten die Rücknahmeerklärung im Einverständnisse des Beklagten abzugeben. Da mithin keine beschwerdefähige Entscheidung mehr vorhanden sei, bleibe für eine Berufungseinlegung kein Raum.

Die hiergegen in der rechten Form und Frist eingelegte sofortige Beschwerde des Beklagten ist auch sachlich begründet.

Es bedarf keiner näheren Ausführung, daß der Beklagte durch das Urteil des Landgerichts an sich beschwert und daß seine Beschwer auch nicht durch die nach der Zustellung dieses Urteils erfolgte Aussöhnung mit der Klägerin weggefallen ist. Fraglich kann nur sein, ob durch die von den Parteien vor dem ersuchten Richter abgegebenen Erklärungen der Rechtsstreit mit der Wirkung beendigt worden ist, daß damit auch der Scheidungsausspruch des landgerichtlichen Urteils ohne weiteres hinfällig wurde. Daß ein Vergleich im Sinne des § 794 Abs. 1 Nr. 1 ZPO. den Rechtsstreit beendigt, ist unbestritten. Es unterliegt auch keinen Bedenken, mit Gaedeke JW. 1935 S. 2866 anzunehmen, daß dieselbe Wirkung einem im Armenrechtsverfahren gemäß § 118a Abs. 3 ZPO. zu richterlichem Protokoll genommenen Vergleiche zukommt, wenn er im Lauf eines bereits schwebenden Rechtsstreits abgeschlossen wird.

Voraussetzung hierfür ist aber, daß die Parteien in der Lage sind, sich „über den streitigen Anspruch" zu einigen. Das ist in Ehesachen nicht der Fall, da den Ehegatten die Verfügung über den Bestand der Ehe entzogen ist (vgl. Gaupp-Stein-Jonas ZPO. § 794 Bem. II, 1 Abs. 3 bei N. 17). Der obsiegende Scheidungskläger ist daher, wie in der Entscheidung WarnRspr. 1916 Nr. 143 (vgl. auch JW. 1913 S. 1047 Nr. 17) ausgeführt, auch nicht in der Lage, die aus dem bereits ergangenen Scheidungsurteil erlangten Rechte wieder aufzugeben. Er muß vielmehr, um die Urteilswirkungen zu beseitigen, von dem gegen das Urteil gegebenen Rechtsmittel Gebrauch machen, im Rechtsmittelverfahren die Klage zurücknehmen und eine die Aufhebung des Scheidungsurteils aussprechende Entscheidung des Rechtsmittelgerichts herbeiführen. Diese hat allerdings mit Rücksicht darauf, daß bereits die Klagrücknahme die Rechtshängigkeit und damit den Rechtsstreit beendigt hat, nur noch feststellende Bedeutung, ist aber in Ehesachen geboten, damit jeder mögliche Zweifel an dem Fortbestande der Ehe beseitigt wird (WarnRspr. 1930 Nr. 80; Urteil des vormal. IX. Zivilsenats vom 29. Oktober 1930 IX 272/30; Gaupp-Stein-Jonas § 271 Bem. II, 2 bei N. 21).

Die Schlußfolgerungen des Berufungsgerichts daraus, daß die in § 118a ZPO. in der Fassung der Novelle vom 13. Februar 1924 früher ausgesprochene Beschränkung auf vermögensrechtliche Ansprüche durch die Novelle vom 27. Oktober 1933 beseitigt worden ist, gehen fehl. Wenn nach der jetzigen Fassung des § 118a Abs. 3 ZPO. nunmehr auch in Streitigkeiten über nichtvermögensrechtliche Ansprüche ein Vergleich im Armenrechtsverfahren geschlossen werden kann, so kommen doch hierfür nur solche nichtvermögensrechtliche Ansprüche in Betracht, über die die Parteien zu verfügen in der Lage sind (über derartige Ansprüche vgl. Gaupp-Stein-Jonas § 1 Bem. II, 1 Abs. 2 bei N. 11 flg.). Ausgeschlossen ist die Annahme, daß der Gesetzgeber durch die Neufassung des § 118a Abs. 3 ZPO. den Ehegatten das ihnen bisher versagte Recht hätte geben wollen, über den streitigen Scheidungsanspruch einen Vergleich zu schließen. Die Einigung, von der in § 118a Abs. 3 ZPO. die Rede ist, kann in Ehescheidungssachen nach den zutreffenden Ausführungen von Gaedeke JW. 1937 S. 1935, 2021, 2753 flg. nur darin bestehen, daß die Ehegatten sich aussöhnen oder daß der scheidungsberechtigte Ehegatte auf seinen Scheidungsanspruch verzichtet. Eine solche Einigung vermag aber weder die Rechtshängigkeit noch die Wirkungen eines bereits ergangenen Scheidungsurteils zu beseitigen. Der gegenteiligen Auffassung, die dem angefochtenen Beschluß sowie dem in JW. 1936 S. 3326 Nr. 29 abgedruckten Beschluß des Oberlandesgerichts Frankfurt zugrunde liegt, kann nicht gefolgt werden.

Kann mithin in Ehesachen ein Vergleich im Sinne der § 794 Abs. 1 Nr. 1, § 118a Abs. 3 ZPO. nicht wirksam geschlossen werden, so entfällt damit auch die Grundlage für die Ansicht des Berufungsgerichts, daß die Klägerin im Rahmen des Vergleichs die Klage ohne Mitwirkung ihres Prozeßbevollmächtigten habe zurücknehmen können. Selbst wenn aber eine wirksame Klagrücknahme vorläge, wäre doch dem Beklagten das Recht verblieben, die förmliche Aufhebung des landgerichtlichen Scheidungsurteils zu verlangen (WarnRspr. 1930 Nr. 80). Seine Berufung, gegen deren Zulässigkeit im übrigen keine Bedenken bestehen, konnte daher vom Berufungsgericht nicht aus dem Grunde als unzulässig verworfen werden, daß keine beschwerdefähige Entscheidung mehr vorhanden sei.

---

24. 1. Können aus dem Deutschen Beamtengesetz für die Zeit vor seinem Inkrafttreten Folgerungen auf den Umfang der Dienstpflichten der Beamten gezogen werden?

2. Verletzt eine Behörde ihre Fürsorgepflicht, wenn sie auf einen Beamten dienstlich dahin einwirkt, daß er Vermögensstücke, die er von ihr erworben hat, zurückgebe?

Deutsches Beamtengesetz vom 26. Januar 1937 (RGBl. I S. 39) § 184. BGB. § 618.

III. Zivilsenat. Urt. v. 10. Dezember 1937 i. S. B. (Kl.) w. Landesbank der Provinz W. (Bekl.). III 98/37.

I. Landgericht Münster.
II. Oberlandesgericht Hamm.

Der jetzt im Ruhestande lebende Kläger ist als Prokurist Beamter der Beklagten gewesen.

Zur Zeit der Hochinflation im Jahre 1923 hatten sich bei der Beklagten große Mengen festverzinslicher Wertpapiere angesammelt, die gekündigt oder ausgelost waren. Diese Papiere waren so stark entwertet, daß es schließlich nicht mehr des Portos lohnte, sie den Ausgabestellen (Emissionsstellen) zwecks Einlösung vorzulegen. Ein erheblicher Teil dieser Papiere ist damals von Beamten der Beklagten übernommen worden. Die Übernahme wurde ordnungsmäßig gebucht, wobei der von den Beamten bezahlte oder ihnen belastete geringfügige Gegenwert den Kunden, welche die Papiere zur Einlösung eingereicht oder in Depot gegeben hatten, gutgebracht wurde. An der Übernahme war der Kläger mit einem Gesamtnennwert von über 800000 M. beteiligt. Der damalige Direktor der Beklagten, G., hat unstreitig in einigen Fällen den Erwerb der Papiere durch die

Beamten genehmigt. Er selbst hielt die Papiere für wertlos, während die Beamten glaubten, daß sie durch ein Steigen der Mark an Wert gewinnen könnten. G. ist Anfang 1924 gestorben. Als Ende 1924 der Kurs der übernommenen Papiere erheblich stieg, wollte ein Teil der Kunden über sie verfügen. Die neue Leitung stellte jetzt zu ihrer Überraschung fest, daß die Papiere nicht mehr in den Depots, sondern im Besitze der Beamten waren. Da sie den Angaben der Beamten, G. habe die Übernahme genehmigt, nicht glaubte, nahm sie einen unrechtmäßigen Erwerb der Papiere durch die Beamten an. Sie forderte die Beamten deshalb dienstlich unter Hinweis auf disziplinare Folgen zur Rückgabe der Papiere auf. Daraufhin unterschrieb der Kläger — ebenso wie die anderen beteiligten Beamten — am 22. Januar 1925 folgende Erklärung:

> Im Jahre 1923 habe ich eine Reihe Papiere, die seinerzeit verlost waren, übernommen und nunmehr diese Papiere auf meinen Namen wieder eingereicht. Hierdurch erkläre ich mich damit einverstanden, daß diese Papiere wieder auf den Namen des früheren Eigentümers gebucht werden.

Zwei Tage später hat der Kläger u. a. Rheinisch-Westfälische Rentenbriefe und Schalker Grubenobligationen zum Gesamtnennwerte von 180000 M. und zum damaligen Gesamtkurswerte von 1629 RM. zurückgegeben. Die Papiere sind dann den in Betracht kommenden Kundendepots wieder zugeführt worden.

Wegen des Erwerbs und der Zurückbehaltung der Papiere wurde gegen den Kläger und 16 andere Beamte der Beklagten Anfang 1926 das förmliche Disziplinarverfahren eingeleitet, das sowohl vor dem Bezirksausschuß wie auch vor dem Oberverwaltungsgericht mit Freisprechung endete. Ein nebenherlaufendes Strafverfahren wurde Ende 1926 eingestellt. Ebenso blieb eine durch alle Instanzen durchgeführte Schadensersatzklage der Beklagten gegen den Kläger erfolglos.

Der Kläger hat nunmehr die Beklagte auf Zahlung des Kurswerts der zurückgegebenen Wertpapiere mit 1629 RM. nebst Zinsen in Anspruch genommen. Er stützt die Klage auf Verletzung der Fürsorgepflicht, die der Beklagten ihm als Beamten gegenüber obgelegen habe. Er habe die Papiere angesichts der von G. erteilten Genehmigung auf völlig einwandfreiem Wege erworben. Die Rückgabe an die Beklagte sei auf dienstlichen Befehl und unter dem Drucke des angedrohten Disziplinarverfahrens erfolgt. Die Beklagte habe sich dieses Druckmittels nicht bedienen dürfen, um sich die Papiere wiederzuverschaffen; sie hätte etwaige Ansprüche im ordentlichen Rechtswege verfolgen müssen.

Die Klage ist in beiden Vorinstanzen abgewiesen worden. Auch die Revision des Klägers blieb erfolglos.

Gründe:

Für Schadensersatzansprüche, die ein Beamter wegen Verletzung der Fürsorgepflicht gegen seinen öffentlich-rechtlichen Dienstherrn erhebt, steht nach Art. 129 WeimVerf. der Rechtsweg offen. Den Voraussetzungen des § 7 des Preuß. Kommunalbeamtengesetzes vom 30. Juli 1899 hat der Kläger genügt. Gegen die Zulässigkeit der Revision bestehen trotz des Mangels der Revisionssumme keine Bedenken (§ 547 Nr. 2 ZPO., § 71 Abs. 3 GVG., § 39 Abs. 1 Nr. 3 Pr. AG. z. GVG.; vgl. auch RGZ. Bd. 152 S. 1). Indessen kann in der Revisionsinstanz nur der öffentlich-rechtliche Klagegrund der Fürsorgepflichtverletzung nachgeprüft werden, während etwaige bürgerlich-rechtliche Haftungsgründe wegen Fehlens der Revisionssumme unberücksichtigt bleiben müssen (RGZ. Bd. 130 S. 401 [404]).

Der Kläger erblickt die Verletzung der Fürsorgepflicht darin, daß die Beklagte ihn im Januar 1925 durch dienstliche Weisung unter Androhung des Disziplinarverfahrens zur Herausgabe von Wertpapieren veranlaßt habe, obwohl diese von ihm auf sachlich-rechtlich einwandfreiem Wege und ohne Verstoß gegen seine öffentlich-rechtlichen Beamtenpflichten erworben gewesen seien. Auch das Berufungsgericht geht auf Grund der im Disziplinarverfahren und im Vorprozesse getroffenen Feststellungen davon aus, daß der Erwerb der Wertpapiere durch den Kläger nicht zu beanstanden sei, weil der Kläger erwiesenermaßen die Genehmigung des Direktors G. hierzu erhalten habe. Es sieht hiernach die Androhung dienstlicher Zwangsmittel als ungerechtfertigt an und erblickt in diesem Eingriff zugleich eine schuldhafte Verletzung der Fürsorgepflicht. Die Beklagte habe nämlich die entscheidenden Schritte gegen ihre Beamten nicht unternehmen dürfen, ohne zuvor eine eingehende Aufklärung des Sachverhalts zu versuchen. Insoweit sei nicht genug geschehen. Gründlichere Ermittlungen, die damals unschwer hätten durchgeführt werden können, würden — so meint das Berufungsgericht — mindestens die Unwahrscheinlichkeit eines unrechtmäßigen

Verhaltens der Beamten ergeben haben; denn es hätte sich alsbald herausgestellt, daß G. die Genehmigung, wenn vielleicht auch nicht allgemein, so doch in einzelnen Fällen erteilt hatte. Außerdem habe mit dienstlichen Unregelmäßigkeiten schon wegen der großen Anzahl der beteiligten Beamten und ihrer jahrelangen untadeligen Bewährung nicht gerechnet werden können. Über die Angaben der Beamten habe die Beklagte deshalb nicht ohne weiteres hinweggehen dürfen. Sie habe also schuldhaft gehandelt, indem sie gleich zu Mitteln gegriffen habe, die nur bei einem pflichtwidrigen Verhalten der Beamten gerechtfertigt sein konnten. Ebensowenig wie die Vorgänge beim Erwerbe der Papiere habe auch die spätere Entwicklung der Dinge einen genügenden Grund für die Maßnahmen der Beklagten abgegeben. Diese sei nach der gegebenen Rechtslage ihren Kunden gegenüber weder zur Rückgabe der Papiere noch zur Aufwertung oder zum Schadensersatz verpflichtet gewesen. Auch unter dem Gesichtspunkt des Anstandes oder der Erhaltung ihres geschäftlichen Ansehens sei die Beklagte nicht genötigt gewesen, die Papiere ihren Beamten zu entziehen und den Kunden zurückzuerstatten. Unter diesen Umständen habe von dem Kläger nach den damaligen beamtenrechtlichen Anschauungen die Rückgabe der Papiere nicht verlangt werden dürfen. Der Kläger könne daher zu Recht Ersatz seines Vermögensschadens verlangen.

Gleichwohl ist das Berufungsgericht zur Abweisung der Klage gelangt. Es meint, der Kläger verstoße mit der Geltendmachung seines Anspruchs gegen die heute gewandelten Anschauungen über das Verhältnis des Beamten zu seinem öffentlich-rechtlichen Dienstherrn. Nach § 3 des Deutschen Beamtengesetzes sei die Berufung in das Beamtenverhältnis ein Vertrauensbeweis der Staatsführung, den der Beamte dadurch zu rechtfertigen habe, daß er sich der erhöhten Pflichten, die ihm seine Stellung auferlege, stets bewußt sei. Auch werde von ihm Opferbereitschaft verlangt, so daß er sich nicht scheuen dürfe, auch persönliche Opfer zu bringen. Diese — bei Erlaß des Berufungsurteils zwar noch nicht in Kraft befindlichen — Bestimmungen seien der gesetzliche Niederschlag der seit dem Umbruch gültigen Auffassung, der sich auch der Ruhestandsbeamte beugen müsse. Der Kläger habe bei der Übernahme der Papiere einen wirklichen Vermögenswert nicht aufgewandt, der mit der Klage geforderte Kurswert sei für ihn also ein reiner Gewinn gewesen. Mit Rücksicht darauf aber, daß ihm dieser Gewinn in Wahrheit nur deshalb, weil er Beamter der Beklagten war, möglich gewesen, und daß andrerseits die Beklagte infolge seines Verhaltens in Schwierigkeiten geraten sei und zu deren Beseitigung die Papiere an die Kunden zurückgegeben habe, erscheine es unangemessen und unbillig, daß sie dem Kläger nunmehr diesen entgangenen Gewinn ersetzen solle.

Der Revision ist zuzugeben, daß die Klagabweisung so nicht begründet werden kann. Das Deutsche Beamtengesetz hat in § 36 das Gebot beamtenrechtlicher Fürsorge, wie dieses früher durch die reichsgerichtliche Rechtsprechung nach dem Vorbilde des § 618 BGB. entwickelt worden war, nunmehr ausdrücklich bestätigt. Schon deshalb kann dem Gesetz nichts ferner gelegen haben, als früher entstandene Schadensersatzansprüche dieses Ursprungs irgendwie einzuschränken. Eine solche Absicht läßt sich aus keiner Bestimmung des Gesetzes entnehmen. Für derartige Ansprüche aus der zurückliegenden Zeit muß aber schon aus Gründen innerer Selbstverständlichkeit hinsichtlich des Maßes der Fürsorge die Rechtslage zur Zeit der Verletzung des Fürsorgegebots maßgebend sein, auch was die Frage angeht, welche Anforderungen die Behörde an den Beamten stellen durfte, ohne dem Fürsorgegebot zuwiderzuhandeln. Wenn das Berufungsgericht dem Klaganspruch gleichwohl Bedenken aus dem Deutschen Beamtengesetz entgegenhalten zu müssen glaubt, so beruht das ersichtlich auf der Annahme, daß der Kläger diejenigen Vorteile, die er durch den Erwerb der Wertpapiere erlangt hatte, unter der Herrschaft des neuen Rechts nicht weiter hätte behalten dürfen. Genauer ausgedrückt wird damit der Beklagten der Einwand der unerlaubten Rechtsausübung (Einwand der Arglist) zugestanden, wonach niemand von seinem Gegner etwas verlangen kann, was er diesem aus einem anderen Rechtsgrunde selbst gewähren muß. Ein solcher Rechtsgrund soll nach der Ansicht des Berufungsgerichts durch das Deutsche Beamtengesetz nachträglich geschaffen worden sein. Dabei ist indessen übersehen, daß dieses Gesetz in § 23 Abs. 1 durchaus übereinstimmend mit den früher geltenden landesrechtlichen Bestimmungen in §§ 88flg. Preuß. ALR. II 10 dem öffentlichen Dienstherrn einen Anspruch gegen den Beamten nur bei vorliegendem Verschulden gibt. Ein solches Verschulden auf seiten des Klägers wird aber vom Berufungsgericht ausdrücklich verneint. Das Berufungsgericht nimmt vielmehr an, daß der Erwerb der Wertpapiere sowohl in bürgerlich-rechtlicher wie auch in beamtenrechtlicher Hinsicht einwandfrei gewesen sei. War das einmal der Fall, so ist daran durch die Bestimmungen des Deutschen Beamtengesetzes, die sich keinerlei rückwirkende Kraft beilegen und den Umfang der Beamtenpflichten jedenfalls für die Zeit vor dem Umbruch unberührt lassen, nichts geändert worden. Dazu kommt, daß nach § 184 Abs. 1 Satz 3 dieses Gesetzes für Ruhestandsbeamte das bisherige Recht im allgemeinen sogar weiterhin in Geltung belassen worden ist. Was endlich die Opferbereitschaft anbelangt, die in § 3 des Gesetzes von den Beamten erwartet wird, so läßt sich diese fraglos nicht soweit ausdehnen, daß der Beamte einwandfrei erworbene Vermögensstücke zur Verfügung stellen müßte, um Schwierigkeiten zu beseitigen, die dem öffentlichen Dienstherrn ohne Verschulden des Beamten entstanden sind. Derartige Anforderungen können weder jetzt noch konnten sie jemals früher an einen Beamten gestellt werden. Hiernach kann jedenfalls aus den Vorschriften des Deutschen Beamtengesetzes gegen den Klaganspruch, dessen Bestand vorausgesetzt, nichts hergeleitet werden.

Eine andere Frage ist, ob in der Tat die Voraussetzungen für den erhobenen Anspruch im Zeitpunkt seiner vermeintlichen Entstehung gegeben waren. Dafür ist nicht schon entscheidend, ob der Erwerb der Wertpapiere durch den Kläger als einwandfrei anzusehen ist, was das Berufungsgericht in Übereinstimmung mit den im Disziplinarverfahren und im Vorprozeß ergangenen Urteilen bejaht hat. Die Haftung der Beklagten ist vielmehr in erster Linie davon abhängig, ob ihre Maßnahmen die nach den obwaltenden Umständen gebotene Rücksichtnahme auf die Belange des Beamten verletzten und ob ihr insoweit ein Verschulden zur Last fällt. Dabei kann nicht außer acht gelassen werden, wie sich die Aufteilung der Wertpapiere unter die Beamten damals der Beklagten darstellte und welche Schritte ihr dieserhalb als sachdienlich und vertretbar erscheinen mußten.

Die Aufteilung so großer Mengen ausgeloster oder gekündigter Wertpapiere unter die Beamten war kein Vorgang des regelmäßigen Geschäftsbetriebs und brauchte als solcher von dem Vorstande der Beklagten nicht hingenommen zu werden. Es handelte sich vielmehr um ein ganz ungewöhnliches Verfahren, das mit den innerdienstlichen Verhältnissen in engstem Zusammenhang stand. Der Kläger hatte deshalb auch die Zustimmung des damaligen Direktors G. für den Erwerb der Wertpapiere erbeten, was er nicht notwendig gehabt hätte, wenn er in der Rolle eines Außenstehenden mit der Beklagten ein gewöhnliches Bankgeschäft hätte abschließen wollen. Dementsprechend mußte die Angelegenheit vom Vorstande nicht lediglich vom rein geschäftlichen Standpunkt, sondern auch vom Standpunkt der Beamtendisziplin aus beurteilt werden. Der Umstand, daß die Wertpapiergeschäfte ordnungsmäßig durch die Handelsbücher der Beklagten gelaufen waren, ändert daran nichts. Es kann nun nicht Wunder nehmen, daß der Vorstand, als er einige Zeit nach dem Tode von G. das Fehlen der inzwischen wieder zu erheblichem Wert gelangten Papiere entdeckte und feststellte, daß die Papiere im Besitze der Beamten waren, zu der Vermutung gelangen mußte, daß dies kaum mit rechten Dingen vor sich gegangen sein könne. Zwar mag für den Vorstand, wie das Berufungsgericht annimmt, alsbald erkennbar geworden sein, daß nicht gerade Unredlichkeiten der Beamten im Spiele waren. Daß aber dienstliche Mißgriffe oder Ordnungswidrigkeiten obgewaltet hätten, damit hatte der Vorstand, wenn er seine Aufsichtspflichten ernst nahm, bei der gegebenen Sachlage zu rechnen. Die Beamten beriefen sich damals darauf, daß G. die Papiere für wertlos und für vernichtungsreif angesehen und den Beamten deshalb den Erwerb gestattet habe. Indessen konnte das die Bedenken gegen die Vorgänge keineswegs hinwegräumen. Denn auf der anderen Seite haben die Beamten kein Hehl daraus gemacht, daß sie die Papiere in der Absicht, daran zu verdienen, erworben hatten. Sie glaubten nämlich, die Mark würde noch einmal steigen und die Papiere dadurch wertvoller werden. Wenn auch diese Hoffnung trügerisch war und die Wertsteigerung der Papiere dann später lediglich durch die immer deutlicher werdenden Aussichten auf eine Aufwertung eintrat, so ändert das nichts daran, daß die Beamten ihre Stellung im Betriebe der Beklagten zu dem Zwecke benutzt hatten, um sich Gewinnaussichten zu sichern, die — mögen sie auch noch so gering gewesen sein — der Beklagten selbst oder ihren Kunden gebührten. Der erkennende Senat hat bereits in seinem im Vorprozeß ergangenen Urteil vom 9. Januar 1934 III 153/33 (SeuffArch. Bd. 88 S. 311) hervorgehoben, daß ein solches Vorgehen von Beamten einer öffentlichen Bank aufs schwerste zu mißbilligen ist. Niemand wird bezweifeln können, daß insoweit ein Mißgriff geschehen war, der auch einer Privatbank nicht zur Ehre gereicht haben würde. Um wieviel mehr mußte das erst die Aufmerksamkeit des Vorstandes einer öffentlichen Bank erregen, die als amtliche Zentralstelle und Girozentrale der westfälischen Sparkassen in der Hauptsache öffentliche Gelder verwaltete und auf peinlichste Sauberkeit ihrer Geschäftsführung bedacht sein mußte. Das oben erwähnte Urteil des erkennenden Senats hatte deshalb die Zustimmung des Direktors G. nicht ohne weiteres als Entschuldigung für die Beamten gelten lassen, sondern hatte an diese Genehmigung und ihre Grundlagen besondere Anforderungen gestellt, bevor sie zur Wegräumung eines Verschuldens des Klägers für ausreichend angesehen werden konnte. Diesen Anforderungen ist im Vorprozesse später allerdings so weit genügt worden, daß dem Kläger zugute gehalten werden durfte, er habe sich bei der Zustimmung seines Direktors beruhigen können. (Vgl. das im Vorprozeß ergangene weitere Urteil des erkennenden Senats vom 21. Juni 1935 III 339/34). Auf der anderen Seite wird man aber auch nicht mißbilligen können, daß der Vorstand damals einen anderen Standpunkt eingenommen hat. Er konnte völlig zutreffend davon ausgehen, daß das Verhalten der Beamten an sich in einem auffälligen Widerspruch zu ihren Dienstpflichten stehe. Die von den Beamten behauptete Zustimmung von G. war schwerlich schon damals abschließend zu klären. Das ist selbst mit den Mitteln des Prozeßverfahrens erst später nach manchen Weiterungen gelungen. Im übrigen konnte der Vorstand auch auf dem Grundsatze fußen, daß sich in der Regel kein Beamter auf die Mitverantwortung eines anderen berufen darf, um damit seine Haftung für eine Dienstpflichtwidrigkeit abzuwenden. Die damalige Einlassung der Beamten brauchte daher für den Vorstand nicht so schwer zu wiegen, um ihn von den ergriffenen Maßnahmen abzuhalten. Sein Rechtsstandpunkt hatte jedenfalls äußerlich so viel für sich, daß dem Vorstand kein Ermessensmißbrauch vorgeworfen werden kann, wenn er den geschaffenen Zustand als dienstpflichtwidrig ansah und sich auf dem Dienstwege bemühte, die Beamten zur Rückgabe der Papiere anzuhalten. Insoweit hatte er auch in erster Linie auf die zweifellos gefährdet erscheinenden Belange der Beklagten Rücksicht zu nehmen. Diese waren denen der Beamten schon deshalb voranzustellen, weil den Beamten die sehr erheblich angewachsenen

Vermögenswerte ohne jede innere Berechtigung zugefallen waren. Auch das Berufungsgericht betont, daß die Beamten für die Papiere so gut wie gar nichts bezahlt und sie eigentlich nur als eine Zuwendung empfangen hatten. Die Beamten konnten die Papiere auch weit eher entbehren als die Beklagte, die nach den getroffenen Feststellungen dieserhalb in Schwierigkeiten versetzt war. Im Grunde handelte es sich nur um die Frage, ob es hiernach den Beamten oder der Beklagten eher zuzumuten war, den Rechtsweg zu beschreiten. Auch diese Umstände mußten dem Vorstande die getroffenen Maßnahmen als vertretbar erscheinen lassen. Wenn das Berufungsgericht meint, der Vorstand habe sein Heil in weiteren Ermittlungen suchen müssen, so ist nicht einzusehen, was er sich — nachdem die Beamten angehört waren — hiervon noch versprechen konnte, während die Verhältnisse zu Entschlüssen drängten, um die Beklagte vor einer Vergrößerung der bereits entstandenen Schwierigkeiten zu bewahren. Bei der grundsätzlichen Bedeutung, welche die Angelegenheit nicht nur in wirtschaftlicher, sondern auch in ideeller Hinsicht hatte, war es durchaus verständlich, daß der Vorstand eine weitere Klärung durch eigene Ermittlungen nicht für ratsam hielt, schon um sich der Öffentlichkeit gegenüber nicht dem Vorwurf einer Verschleierung von Mißständen in der inneren Verwaltung der Beklagten auszusetzen. Es war also das gute Recht des Vorstandes, die endgültige Aufklärung in die Hand der disziplinären Anklagebehörde zu legen. Dem entsprach auf der anderen Seite seine Pflicht, den Beamten vorher Kenntnis davon zu geben. Wenn also der Vorstand den Beamten unter Hinweis auf den Ernst der Lage vorher nahelegte, die Papiere zurückzugeben, so war das nicht verfehlt. Den Beamten war eine ausreichende Zeit zur Überlegung gelassen worden. Es blieb schließlich ihrem eigenen Entschluß anheim gestellt, ob sie sich nach der einen oder anderen Richtung hin entscheiden wollten. Es fehlte dem Kläger auch nicht an der nötigen Geschäftsgewandtheit, um die Folgen seines Entschlusses selbst zu verantworten. Nach alledem ist eine schuldhafte Verletzung der Fürsorgepflicht der Beklagten zu verneinen, so daß der Entscheidung des Berufungsgerichts im Endergebnisse beizutreten war.

25. Umfaßt bei vollständig vorweggenommener Erfindung der Schutzbereich eines Patentes, bei dem sich der Gegenstand der Erfindung mit der beschriebenen Ausführungsform deckt, die glatten Gleichwerte der beschriebenen Ausführungsform?

Patentgesetz vom 5. Mai 1936 §§ 6, 13, 37.

I. Zivilsenat. Urt. v. 7. Januar 1938 i. S. Gebr. M. (Bekl.) w. L. (Kl.). I 83/37.

I. Landgericht Berlin.
II. Kammergericht daselbst.

Der Kläger ist Inhaber des mit Wirkung vom 12. August 1919 ab erteilten DRP. 339116, das während des Revisionsverfahrens am 12. August 1937 abgelaufen ist. Der Patentanspruch lautete:

> Schutzplatte für Keller- und Stallfenster, dadurch gekennzeichnet, daß die Schutzplatte und der Fensterflügel um gemeinsame Gelenkbänder drehbar hintereinander in einem gemeinsamen festen Rahmen angeordnet sind.

Die Beklagte stellt her und vertreibt Schutzvorrichtungen für Kellerfenster in zwei Ausführungsformen. In einem festen, von innen in das Mauerwerk einzufügenden Rahmen sind hintereinander ein Schutzgitter und ein Fensterflügel angebracht, die nach Wahl gemeinsam oder einzeln nach innen geschwenkt werden können und sich in jeder Lage decken. Dieses Ergebnis erreicht die Ausführungsform 1 dadurch, daß das Schutzgitter sich um ein am Rahmen befindliches Gelenk dreht, während der Fensterflügel sich um ein am Schutzgitter (in der Nähe des ersten Gelenks) angebrachtes zweites Gelenk bewegt. Bei der Ausführungsform 2 besitzt der Rahmen zwei senkrecht zu ihm umgebogene, dreiecksförmige Laschen mit je zwei nahe nebeneinander liegenden Öffnungen, in deren eines Paar die Gelenkzapfen des Schutzgitters und in deren anderes Paar die Gelenkzapfen des Fensterflügels eingreifen.

Der Kläger vertritt den Standpunkt, in den Schutzbereich seines Patents fielen alle Keller- und Stallfensterverschlüsse, bei denen Schutzplatte und Fensterflügel in einem gemeinsamen festen Rahmen hintereinander nach innen ausschwenkbar (und zwar nach Wahl zusammen oder einzeln) angeordnet seien, gleichgültig, ob sie um eine gemeinsame oder um zwei räumlich nahe nebeneinander liegende Drehachsen schwängen. Dieser Auslegung stehe weder das Erteilungsverfahren noch der Stand der Technik entgegen. Selbst wenn man aber davon ausgehen müßte, daß der Gegenstand der Erfindung nach dem Stande der Technik vollkommen vorweggenommen sei, verletzten die Ausführungsformen der Beklagten das Patent, weil sie sich als glatte, nicht vorbekannte Äquivalente der im Patente beschriebenen Ausführungsform darstellten. Der Kläger nahm deswegen die Beklagte auf Unterlassung, Rechnungslegung und Schadensersatz in Anspruch.

Die Beklagte machte geltend, die im Patente des Klägers geschützte Erfindung sei durch den Stand der Technik, insbesondere durch ein von der Firma W. F. in O. vor dem Kriege offenkundig vorbenutztes Kellerfenster mit Schutzgitter und Fensterflügel, restlos vorweggenommen. Deswegen müsse der Schutz des Patentes streng auf die darin beschriebene Ausführungsform beschränkt werden und fielen die von ihr hergestellten Kellerfenster nicht unter das Patent. Sie beantragte Klagabweisung.

Landgericht und Kammergericht gaben der Klage statt. Das Reichsgericht wies sie ab aus folgenden

Gründen:

Soweit die Revision dem Kammergericht unzureichende Bestimmung von Gegenstand und Schutzumfang des Klagepatents vorwirft, vermag sie nicht durchzudringen. Den im Patentanspruch und in der Patentbeschreibung gekennzeichneten Gegenstand der Erfindung, der sich auch in dem gezeichneten Ausführungsbeispiel verkörpert finde, sieht das Kammergericht in der Lehre, Schutzplatte und Fensterflügel eines Keller- oder Stallfensters in einem gemeinsamen festen Rahmen hintereinander derartig um gemeinsame Gelenkbänder (das ist um eine gemeinsame Drehachse) drehbar anzuordnen, daß sie nach innen gemeinsam oder einzeln ausgeschwenkt werden können. Das ist rechtlich nicht zu beanstanden und entspricht auch der Anschauung der Revision. Das Kammergericht fragt sich jedoch, ob das Patent nicht darüber hinaus einen allgemeineren Erfindungsgedanken offenbare, oder vielmehr, ob sein eigentlicher, in der beschriebenen Ausführungsform nur veranschaulichter Erfindungsgedanke nicht in der Lehre bestehe, Schutzplatte und Fensterflügel eines Keller- oder Stallfensters in einem gemeinsamen festen Rahmen derart drehbar (das ist sowohl gemeinsam wie einzeln nach innen ausschwenkbar) hintereinander anzuordnen, daß sie sich in jeder Lage decken. Es kommt zu dem Ergebnis, der Fachmann könne diesen sich aus Aufgabenstellung und Lösung ergebenden Erfindungsgedanken noch der Patentschrift entnehmen, wenn ihn diese auch nicht unmittelbar ausspreche; die Einsicht, daß die vom Patent zu bestimmten Zwecken und in bestimmter Weise gewollte bewegliche Anordnung von Schutzplatte und Fensterflügel nicht nur durch das im Patent ausdrücklich angegebene Mittel des Schwingens der beiden beweglichen Flügel um eine gemeinsame Drehachse, sondern auch durch ihr in mannigfacher Weise zu erzielendes Schwingen um zwei räumlich nahe nebeneinander angeordnete Drehachsen erreicht werde, habe dem Durchschnittsfachmann ohne weiteres und ohne erfinderische Bemühung nahe gelegen. Wenigstens ist das der Sinn der Ausführungen des Kammergerichts. Ein Rechtsirrtum tritt darin nicht zutage.

Das Kammergericht prüft nun das Erteilungsverfahren und den Stand der Technik daraufhin nach, ob sie dieser weiteren Auslegung des Patentes entgegenstünden, und verneint das, soweit das Erteilungsverfahren und der Stand der Technik abgesehen von der offenkundigen Vorbenutzung der Firma F. in Frage kommen. Zwar sei das technische Mittel, zwei Fensterflügel um eine gemeinsame Drehachse schwenkbar anzuordnen, als solches bekannt gewesen (DRP. 218269), aber nicht in der von der Erteilungsbehörde als patentwürdig angesehenen besonderen Verwendungsart. Hiergegen ist an sich ebenfalls rechtlich nichts zu erinnern. Es kann allerdings fraglich sein, ob diese Prüfung des Standes der Technik vollständig hätte durchgeführt werden müssen. Denn das Kammergericht kommt dann bezüglich des von der Firma F. offenkundig vorbenutzten Kellerfensters zu dem rechtlich nicht zu beanstandenden Ergebnis, daß dieses die Erfindung des Klagepatents vollkommen (restlos) vorweggenommen habe, indem es genau dieselbe Anordnung von Schutzplatte und Fensterflügel, schwenkbar um eine gemeinsame Drehachse (um gemeinsame Gelenkbänder), zeige wie das Patent, und zwar auch in derselben Verwendungsart. Deswegen beschränkt das Kammergericht im Anschluß an RGZ. Bd. 140 S. 366 den Schutzbereich des

Klagepatents doch wieder „auf den unmittelbaren Gegenstand, die bestimmte Ausführungsform der Erfindung". Darunter versteht es den oben gekennzeichneten engeren Erfindungsgedanken. Das ist im vorliegenden Fall rechtlich nicht zu beanstanden. Die Frage, wie der Schutz zu bemessen ist, wenn der Gegenstand der Erfindung weiter ist als die beschriebene Ausführungsform, braucht hier nicht erörtert zu werden. Denn im gegenwärtigen Rechtsstreit (wie übrigens auch im Falle der Entscheidung RGZ. Bd. 140 S. 366) fallen beide zusammen.

Die Verletzungsform liegt nun, wie das Kammergericht mit Recht annimmt, außerhalb des mit der beschriebenen Ausführungsform zusammenfallenden Gegenstandes der Erfindung des Klagepatents. Das Kammergericht entnimmt jedoch der Entscheidung RGZ. Bd. 140 S. 366 weiter den Satz, der Schutzbereich des Patentes für eine vollkommen vorweggenommene Erfindung umfasse grundsätzlich auch die glatten, nicht vorbekannten Gleichwerte. Deswegen prüft es, ob die Verletzungsform als glatter Gleichwert des „unmittelbaren Gegenstandes" der Erfindung des Klagepatents angesehen werden kann, und bejaht dies.

Dazu ist zunächst zu bemerken, daß die genannte Entscheidung die Frage des Schutzes der glatten Gleichwerte offen läßt. Es kann aber auch sonst der rechtlichen Auffassung des Kammergerichts nicht zugestimmt werden. Das Reichsgericht beschränkt in der angeführten Entscheidung den Schutzbereich des Patentes für eine vollkommen vorweggenommene Erfindung bei Fällen der vorliegenden Art auf seine als unmittelbarer Gegenstand bezeichnete, beschriebene Ausführungsform, und zwar grundsätzlich ohne die Möglichkeit, diesen Schutzbereich irgendwie durch Auslegung zu erweitern. Naturgemäß kommen dabei nur die erfindungswesentlichen Merkmale in Frage. Wenn die Verletzungsform nur in solchen Merkmalen von der geschützten Form abweicht, die keinen Bezug auf den geschützten Erfindungsgedanken haben, so kann das sie niemals aus dem Schutzbereich herausbringen. Im übrigen ist zu der Frage des Schutzes der glatten Äquivalente auszuführen: Da man, um die Äquivalenz festzustellen, auf die Gleichwertigkeit im Rahmen eines einheitlichen, das Lösungsmittel der Verletzungsform mitumfassenden Erfindungsgedankens, also in diesem Rahmen auf einen weiteren Erfindungsgedanken, als er dem mit der beschriebenen Ausführungsform übereinstimmenden Gegenstand der Erfindung entspricht, zurückgehen müßte, würde damit im Widerspruch zu dem verfolgten Grundgedanken eine erweiternde Auslegung des Patents eintreten. Hiergegen hat sich der Senat aus folgenden Erwägungen entschieden:

Wenn sich nach Ablauf der Fünfjahresfrist, innerhalb deren die Vernichtung eines erteilten, aber nach § 1 oder 2 PatG. in Wirklichkeit nicht patentfähigen Schutzrechtes betrieben werden kann, herausstellt, daß die Erfindung in Wirklichkeit vollkommen vorweggenommen ist, so verlangen verschiedene, einander entgegengesetzte Belange Beachtung. Auf der einen Seite steht die Forderung nach der Weitergeltung des unangreifbar gewordenen obrigkeitlichen Aktes der Patenterteilung und nach der Rechtssicherheit nicht nur des einzelnen Schutzrechtsinhabers, sondern der ganzen gewerblichen Wirtschaft, auf der anderen Seite die Forderung nach dem Schutze nur des wirklichen Erfinderverdienstes und nach einer möglichst geringen Sperrwirkung von Schutzrechten, hinter denen in Wirklichkeit keine Erfindung steht. Die einzige logisch rein aufgehende Lösung, die nachträgliche völlige Entwertung des Schutzrechtes, verbietet sich nach dem Gesetz, das die fünfjährige Ausschlußfrist für die Vernichtung vorsieht. Infolgedessen bleibt nur eine mittlere, die verschiedenen Belange gegeneinander abwägende Lösung übrig. Das Reichsgericht hat sie dahin getroffen, daß in Fällen der vorliegenden Art nur der Gegenstand der Erfindung im Sinne der beschriebenen Ausführungsform und zwar grundsätzlich ohne weitergehenden Schutzbereich geschützt sei. Damit ist zwar das Patent in einem gewissen Maße praktisch entwertet, es bleibt aber seine technische Lehre, wenn auch in ihrem engsten Umfange, geschützt. Auf der anderen Seite ist die Sperrwirkung des in Wirklichkeit erfinderischen Verdienstes entbehrenden Patentes verhältnismäßig gering und wird die Allgemeinheit nicht mehr beschränkt, als es das Vorhandensein des unangreifbar gewordenen Patentes unbedingt erfordert. Damit bleibt zwar die Möglichkeit, daß eine völlige Vorwegnahme den Schutzrechtsinhaber unter Umständen günstiger stellen kann als eine bloße Teilvorwegnahme. Diese Folge läßt sich aber — und das ist den hierauf bezüglichen Revisionsangriffen entgegenzuhalten — überhaupt nicht beseitigen, solange die nachträgliche völlige Vernichtung des Patentes nicht möglich ist. Sie ist unabhängig davon vorhanden, wie weit oder wie eng man den Schutzbereich des aufrechtzuerhaltenden Patentes bemißt.

Gegenüber dieser klaren, auf einem bestimmten sachlichen Ausgleich der Gegensätze beruhenden Abgrenzung bedeutete es nur einen durch sachliche Gründe nicht hinreichend gerechtfertigten Bruch, den Schutzbereich nachträglich durch Einbeziehung der glatten Gleichwerte doch wieder zu erweitern. Damit würde, wie gerade der vorliegende Fall zeigt, eine recht erhebliche Erweiterung dieses Schutzbereiches zugelassen. Es kann nicht anerkannt werden, daß die schützenswerten Belange des Patentinhabers das zwingend forderten. Gewiß bedeutet die Versagung dieser Schutzerweiterung, daß das unangreifbar gewordene Patent leichter umgangen werden kann. Nach der Auffassung des Senats wiegt jedoch innerhalb des oben gekennzeichneten allgemeinen Interessengegensatzes stärker das Interesse der Allgemeinheit und der sich fortentwickelnden Technik daran, daß ein in Wirklichkeit nicht schutzwürdiges Patent wenigstens nicht über seinen „unmittelbaren Gegenstand" hinaus geschützt werde. Nur den wirklich schöpferischen Kräften soll und muß umfassender Schutz zuteil werden; die materielle Belohnung eines Erfinders in Gestalt eines Ausschließungsrechts muß der Bereicherung der Allgemeinheit entsprechen (vgl. die amtliche Begründung zum PatG. vom 5. Mai 1936 und „Mein Kampf" Bd. 2 S. 483, 484).

---

26. Kann die Klage auf Erteilung der Vollstreckungsklausel zu dem Urteil aus einer früheren Streitsache im Wege der Klagänderung noch im zweiten Rechtsgang eines neuen Rechtsstreits erhoben werden, wenn dieser im ersten Rechtsgang vor dem Prozeßgericht erster Instanz der früheren Sache verhandelt wurde?

ZPO. § 731.

VII. Zivilsenat. Urt. v. 25. Februar 1938 i. S. D. (Kl.) w. H. (Bekl.). VII 196/37.

I. Landgericht Bremen.
II. Oberlandesgericht Hamburg.

Der Senat hat die Frage der Überschrift bejaht aus folgenden

Gründen:

Der § 731 ZPO. sagt zwar, für Klagen auf Erteilung der Vollstreckungsklausel sei das Prozeßgericht erster Instanz zuständig, und zwar nach § 802 ZPO. ausschließlich; aber damit ist das Gericht erster Instanz des früheren Rechtsstreits über die Hauptsache gemeint, nicht das eines späteren Rechtsstreits, in dem die Klage aus § 731 ZPO. erhoben wird. Diese Klage hängt mit dem früheren Rechtsstreit, der über die Hauptsache entschieden hat, eng zusammen, so daß das Gericht, welches früher erkannt hat, für die Entscheidung über die Klage auf Erteilung der Vollstreckungsklausel besonders geeignet erscheint. Es soll deshalb sachlich und örtlich zuständig sein. Es soll auch nicht etwa das Gericht höherer Ordnung zur Entscheidung berufen sein, wenn dieses die frühere Sache entschieden hat, oder wenn der Anspruch, der später anerkannt wurde und für den jetzt die Vollstreckungsklausel verlangt wird, überhaupt zum ersten Male in der höheren Instanz geltend gemacht worden war, wie dies z. B. in § 584 ZPO. vorgeschrieben ist. Es besteht auch kein Grund dafür, die Zuständigkeitsvorschrift des § 731 ZPO. über ihren nach dem Wortlaut gegebenen Umfang hinaus auf das Gericht erster Instanz eines neuen Rechtsstreits auszudehnen. Infolge Berufung kann das Gericht höherer Ordnung immer zur Entscheidung berufen sein, auch wenn die Klage aus § 731 im ersten Rechtsgang erhoben worden ist. Das Interesse, welches jeder Beklagte daran hat, daß ein Anspruch im Wege der Klage nicht im zweiten Rechtsgang zum ersten Male geltend gemacht werde, wird durch die Bestimmungen der Zivilprozeßordnung über die Klagänderung gewahrt. Ein besonderes Interesse des Beklagten daran, daß die Klage aus § 731 ZPO. nicht im zweiten Rechtsgang zum erstenmal in den Rechtsstreit eingeführt werden dürfe, besteht nicht. Ebensowenig wie § 731 das Verbot einer Berufung bei der Klage auf Erteilung der Vollstreckungsklausel enthält, verbietet er eine die Klage aus § 731 ZPO. zum erstenmal in den Rechtsstreit einführende Klagänderung im zweiten Rechtsgang.

Die Zuständigkeitsvorschrift des § 731 ZPO. steht danach der Erhebung der Klage auf Erteilung der Vollstreckungsklausel im zweiten Rechtsgang eines neuen Rechtsstreits nicht entgegen; es muß sich dabei nur um den zweiten Rechtsgang in einer Streitsache handeln, die im ersten Rechtsgang vor dem Prozeßgericht erster Instanz des früheren Rechtsstreits verhandelt wurde.

---

27. 1. Zur Frage der Rückwirkung einer Angleichungsmaßnahme. Wann kann dem Rückzahlungsanspruch der Behörde mit dem Einwande begegnet werden, die Rückzahlungsverpflichtung bedeute eine mit den Zwecken des Beamtenrechts-Änderungsgesetzes unvereinbare übermäßige Härte?

2. Stellt sich die Verzögerung einer Angleichungsmaßnahme über den 31. Dezember 1933 hinaus als eine zum Schadensersatz verpflichtende Amts- oder Fürsorgepflichtverletzung dar?

Gesetz zur Änderung von Vorschriften auf dem Gebiete des allgemeinen Beamten-, des Besoldungs- und des Versorgungsrechts vom 30. Juni 1933 (RGBl. I S. 433) — BRÄndG. — §§ 40flg.

III. Zivilsenat. Urt. v. 1. März 1938 i. S. B. (Bekl.) w. Verbandssparkasse der M.er Kreise und Städte in E. (Kl.). III 117/37.

I. Landgericht Halle a. S.
II. Oberlandesgericht Naumburg a. S.

Der Beklagte war beamteter Direktor der klagenden Verbandssparkasse; er wurde am 1. Januar 1932 vor Erreichung der Altersgrenze in den Ruhestand versetzt. Nach einer Abmachung („Vergleich") vom 17. Januar 1931 erhielt er damals eine einmalige Abfindung in Höhe von 13000 RM. Ferner wurde ihm für die Dauer von 13 Jahren die Weitergewährung seines vollen Gehalts zugesichert. In Erfüllung dieser Zusage gewährte ihm die Klägerin zu seinem Ruhegehalt von monatlich 475,15 RM. einen monatlichen „Zuschuß" von 220,05 RM., so daß seine laufenden Monatsbezüge 695,20 RM. ausmachten. Nach Erlaß des Beamtenrechts-Änderungsgesetzes teilte ihm die Klägerin durch Schreiben vom 16. Oktober 1933 mit, daß die weiteren Zahlungen im Hinblick auf das genannte Gesetz nur „unter Vorbehalt" erfolgen könnten. In einem weiteren Schreiben vom 18. Januar 1934 wurde er darauf hingewiesen, daß die Durchführung der gesetzlichen Angleichungsmaßnahmen „auf die vorgesetzten Behörden übergegangen" und daß zumindest mit einer Kürzung der Stellenzulage und Tantieme ab 1. Oktober 1933 bestimmt zu rechnen sei. Gleichzeitig wurde ihm mitgeteilt, daß vom Januar 1934 ab die Auszahlung der Stellenzulage und Tantieme gesperrt werde, um die demnächst zurückzuzahlenden Beträge „nicht zu sehr auflaufen zu lassen". Auf eine hiergegen gerichtete Beschwerde des Beklagten wurde die Klägerin von der Aufsichtsbehörde, dem Regierungspräsidenten in M., angewiesen, die einbehaltenen Beträge auszuzahlen. Daraufhin teilte sie dem Beklagten durch Schreiben vom 10. März 1934 mit, daß die von den Januar- und Februarbezügen gekürzte Tantieme und Stellenzulage mit der zweiten Märzrate des Ruhegehalts nachgezahlt werde, und sie zahlte dann auch in der Folgezeit die Bezüge wieder voll aus.

Am 29. November 1935 hat der Regierungspräsident in M. auf Grund der §§ 40 flg. BRÄndG. mit rückwirkender Kraft vom 1. Oktober 1933 an die Ruhegehaltsbezüge des Beklagten auf monatlich 302,89 RM. festgesetzt und den monatlichen Zuschuß von 220,05 RM. ganz gestrichen. Zweimalige Eingaben des Beklagten an den Regierungspräsidenten gegen diese Angleichungsmaßnahme blieben ebenso ohne Erfolg, wie zwei an den Reichs- und Preußischen Minister des Innern gerichtete Beschwerden. Auch eine Eingabe des Beklagten vom 16. Juli 1936, worin er um eine Entscheidung nach § 7 Preuß. KommunalBG. bat, wurde vom Regierungspräsidenten durch Entscheid vom 28. Juli 1936 abschlägig beschieden. Seit Dezember 1935 hat daraufhin die Klägerin von den dem Beklagten nach der Angleichungsmaßnahme verbliebenen Bezügen den pfändbaren Teil mit monatlich 50,96 RM. zur Verrechnung auf die ihm seit Oktober 1933 zuviel gezahlten Beträge gekürzt. Bis einschließlich August 1936 sind ihm so insgesamt 458,64 RM. einbehalten worden.

Mit der Klage hat die Klägerin Zahlung des danach noch verbleibenden Restes der zuviel gezahlten Bezüge mit 9741,42 RM. nebst Zinsen verlangt, abzüglich der vom 1. September 1936 an weiterhin einzubehaltenden Beträge mit monatlich 50,96 RM.

Der Beklagte hat um Abweisung der Klage gebeten, zumindest insoweit, als die Klägerin mehr fordere als 1296 RM. Zugleich verlangte er in den Vorinstanzen im Wege der Widerklage die Auszahlung der bis einschließlich Oktober 1936 einbehaltenen Beträge mit insgesamt 560,56 RM. nebst Zinsen. Er hält die Angleichungsmaßnahme an sich für nichtig, weil sie nicht innerhalb der in § 48 BRÄndG. vorgesehenen Frist, nämlich bis zum 31. Dezember 1933 durchgeführt worden sei. Er will die Angleichung als solche aber nicht angreifen. Er bestreitet jedoch ein Rückforderungsrecht der Klägerin für die danach bisher zuviel gezahlten Beträge, weil eine solche Rückforderung unbillig sei und gegen Treu und Glauben verstoße. Er meint, nach Wiedergewährung der im Januar 1934 zunächst gekürzten Bezüge hätte er damit rechnen müssen, daß es endgültig bei den bisherigen Bezügen verbleibe. Er habe deshalb seine Bezüge in gutem Glauben vereinnahmt und verbraucht. In der verspäteten Angleichung und der Rückforderung der danach zuviel gezahlten Beträge sei auch eine Amts- und Fürsorgepflichtverletzung der Klägerin zu erblicken, die sie ihm gegenüber schadensersatzpflichtig mache. Der Schaden bestehe darin, daß er jetzt mit einer Rückzahlungsverpflichtung belastet sei. Mit seiner dem etwaigen Rückzahlungsanspruch der Klägerin in der Höhe gleichkommenden Schadensersatzforderung rechne er auf. Jedenfalls müsse der Rückzahlungsanspruch in Höhe von 1296 RM. abgewiesen werden, nämlich in Höhe der ihm auf Grund der Preuß. Verordnung zur Sicherung des Haushalts vom 8. Juni 1932 (GS. S. 199) und des Gesetzes zur Milderung und Aufhebung der Einbehaltungsbestimmungen vom 26. März 1934 (GS. S. 230) einbehaltenen Gehaltsbeträge.

Beide Vorinstanzen haben nach dem Klagantrag erkannt und die Widerklage als unbegründet abgewiesen. Die Revision des Beklagten blieb erfolglos.

Gründe:

Der Beklagte hat von der Weiterverfolgung seiner Widerklage Abstand genommen, so daß es sich für die Revisionsinstanz nur noch um die Klage handelt. Daß für den mit der Klage verfolgten Anspruch auf Rückzahlung des nach der Angleichungsmaßnahme zuviel gezahlten Ruhegehalts der Rechtsweg gegeben ist, unterliegt keinem Zweifel. Darüber streiten die Parteien auch nicht. Sie sind sich weiter darüber einig, daß die dem Klaganspruch zugrunde liegende Angleichungsmaßnahme als solche nach § 41 Abs. 3 BRÄndG. im ordentlichen Rechtswege nicht nachgeprüft werden kann und vom Beklagten hingenommen werden muß. Der Streit dreht sich in erster Reihe darum, ob der Rückforderungsanspruch überhaupt noch geltend gemacht werden kann, nachdem die Angleichungsmaßnahme bis gegen Ende 1935 hinausgezögert worden ist.

In dieser Beziehung hat das Berufungsgericht zunächst zutreffend ausgeführt, daß die Angleichungsmaßnahme an sich trotz der in § 48 BRÄndG. gegebenen Vorschrift, wonach die notwendigen Maßnahmen spätestens bis zum 31. Dezember 1933 zu treffen seien, in keiner Weise dadurch beeinträchtigt wird, daß sie erst geraume Zeit nach dem Inkrafttreten des genannten Gesetzes getroffen worden ist. Diese Darlegungen stehen im Einklang mit der Rechtsprechung des erkennenden Senats (RGZ. Bd. 151 S. 25), sind auch von der Revision nicht angegriffen worden. Nicht zu beanstanden ist ferner auch die Ansicht des Vorderrichters, daß die sich aus § 79 BRÄndG. ergebende Rückzahlungsverpflichtung des Beklagten sich nicht etwa auf die Zeit vom 1. Oktober bis 31. Dezember 1933 (vgl. § 48 das.) beschränkt, sondern grundsätzlich uneingeschränkt für die ganze Zeit nach dem 1. Oktober 1933 besteht (vgl. RGZ. Bd. 151 S. 26/27). Auch das hat die Revision nicht bemängelt. Sie wendet sich zunächst nur dagegen, daß das Berufungsgericht den Einwand des Beklagten, die Rückforderung bedeute hier eine grobe Unbilligkeit, nicht hat gelten lassen.

Dieser Einwand des Beklagten geht zurück auf die genannte Entscheidung RGZ. Bd. 151 S. 19flg. Dort war (S. 27 Abs. 2) gesagt worden, es könne dahingestellt bleiben, ob die aus den §§ 48, 79 Abs. 1 BRÄndG. abgeleiteten Rückwirkungsgrundsätze in gewissen Fällen eine Einschränkung erfahren müßten, beispielsweise dann, wenn die Herabsetzung der Bezüge eines einzelnen Beamten so lange Zeit nach Erlaß des Gesetzes angeordnet würde, daß ihre Rückwirkung zum 1. Oktober Unbilligkeiten hervorrufe, die der Absicht des Gesetzes offensichtlich nicht entsprächen. Für den dort behandelten Fall war dies verneint worden, weil die Hinauszögerung der Angleichung des Ruhegeldes bis zum August 1935 keine mit den Zwecken des Beamtenrechts-Änderungsgesetzes unvereinbare übermäßige Härte im Gefolge habe, das um so weniger, als der Beklagte nichts zurückzuzahlen brauche, was er schon empfangen und dann vermutlich verbraucht hätte.

Im vorliegenden Falle trifft nun die Rückwirkung der Angleichung den Beklagten wegen der damit verbundenen Verpflichtung zur Erstattung des Zuvielempfangenen mit rund 10000 RM. zweifellos sehr hart, besonders dann, wenn seine Behauptung richtig ist, daß er mit Rücksicht auf die besonderen Umstände seiner vorzeitigen Zurruhesetzung — zumindest nach einer Rücksprache mit dem Sachbearbeiter bei der Regierung in M. anläßlich seiner Beschwerde gegen die vorläufige Einbehaltungsmaßnahme der Klägerin vom 18. Januar 1934 — der festen Überzeugung gewesen sei, daß eine Angleichung bei ihm überhaupt nicht in Frage komme. Selbst wenn er aber dieser Überzeugung gewesen sein sollte, so kann trotzdem nicht anerkannt werden, daß dann schon eine unerträgliche, der Absicht des Gesetzes offensichtlich nicht entsprechende Unbilligkeit oder eine mit dem Gesetzeszweck unvereinbare übermäßige Härte gegeben wäre. Wenn die zurückzuzahlende Summe in der verhältnismäßig kurzen Zeit von etwa zwei Jahren die angegebene Höhe erreicht hat, so zeigt das nur, wie stark das Ruhegehalt des Beklagten überhöht war. Das kann aber noch nicht ohne weiteres dazu führen, daß ihm das nach der gesetzlichen Regelung nun doch zu Unrecht Empfangene wegen seiner Höhe verbleiben müßte. Es wäre vielleicht wünschenswert gewesen, wenn das Gesetz im § 79 Abs. 1 Satz 3 zur Vermeidung von Härten im Hinblick auf die Vorschrift des § 48, wonach die notwendigen Maßnahmen „spätestens bis zum 31. Dezember 1933" zu treffen seien, eine entsprechende Beschränkung der Rückzahlungsverpflichtung (etwa auf die Dreimonatsfrist vom 1. Oktober bis zum 31. Dezember 1933) ausgesprochen hätte. Eine solche Beschränkung hat es aber offenbar nicht gewollt aus dem Gedanken heraus, daß die nach der Neuregelung zu Unrecht empfangenen Bezüge vom 1. Oktober ab zum gemeinen Nutzen grundsätzlich unter Hintansetzung der Belange des einzelnen Beamten in vollem Umfange zurückerstattet werden sollten. Daß das Gesetz bei Rückerstattungsansprüchen gegenüber Beamten auch Härten in Kauf nimmt, zeigt die Neufassung des § 39 Abs. 3 des Reichsbesoldungsgesetzes durch § 50 Nr. 4 BRÄndG., wonach zuviel gezahlte Dienst- und Versorgungsbezüge auch dann zurückgefordert werden können, wenn eine Bereicherung nicht mehr vorliegt. Bei dem in RGZ. Bd. 151 S. 27 vom erkennenden Senat gemachten Vorbehalt ist an Fälle gedacht, in denen die Umstände eine weit größere Härte ergeben würden als hier. Die Hinauszögerung der Angleichung bis gegen Ende November 1935 war, wie die bisherige Durchführung des Gesetzes gezeigt hat, noch keineswegs so außergewöhnlich, daß niemand mehr mit einer Angleichung hätte rechnen können. Wenn der Beklagte, wie er behauptet, von dem Sachbearbeiter der Regierung die Zusicherung erhalten hat, ein „irgendwie geartetes Kürzungsrecht" komme ihm gegenüber nicht in Frage, so war das, wie sich gezeigt hat, unrichtig. Ob der Beklagte daraus irgendwelche Rechte gegen den Preußischen Staat herleiten könnte, kommt hier nicht in Betracht. Jedenfalls würde das gesetzlich begründete Rückforderungsrecht der Klägerin dadurch nicht berührt werden. Auch wenn man die Behauptungen des Beklagten sämtlich als wahr unterstellt und dazu die nicht unbeträchtliche Höhe des zurückzuzahlenden Betrages berücksichtigt, kann doch noch keine mit den Zwecken des Beamtenrechts-Änderungsgesetzes unvereinbare Härte anerkannt werden, die zu einer Beseitigung oder auch nur Einschränkung der vom Gesetz gewollten Rückzahlungsverpflichtung führen müßte. Dazu sei noch darauf hingewiesen, daß der Beklagte unstreitig kinderlos ist; daß er, wie ebenfalls unstreitig ist, im Jahre 1931 eine Abfindung von 13000 RM. empfangen hat und daß er, wie er ernstlich nicht in Abrede stellt, auch sonst nicht ohne Vermögen ist. Kommt es hiernach darauf nicht an, ob der Beklagte die vollen Bezüge seines Ruhegehalts bis zur Angleichung gutgläubig, d. h. ohne an ein Fortbestehen der Angleichungsmöglichkeit zu denken, entgegengenommen und verausgabt hat, so können die dazu gemachten Ausführungen des Vorderrichters auf sich beruhen, und es liegen dann alle dazu erhobenen Revisionsrügen neben der Sache.

Dem gesetzlich begründeten Rückforderungsrecht der Klägerin kann der Beklagte, wie das Berufungsgericht zutreffend ausgeführt hat, auch nicht damit entgegentreten, daß er ihr eine Verletzung ihrer Treupflicht zum Vorwurfe macht. Ob und in welchem Umfang die Klägerin nach den vom Beklagten angeführten ministeriellen Erlassen die zurückzuzahlenden Beträge niederschlagen, ob sie Teilzahlungen bewilligen oder die dem Beklagten auf Grund der Preuß. Einbehaltungsverordnung vom 8. Juni 1932 und des Gesetzes vom 26. März 1934 einbehaltenen Gehaltsbeträge (angeblich 1296 RM.)

verrechnen wollte, unterlag allein ihrem pflichtmäßigen Ermessen. Zur Annahme eines Ermessensmißbrauchs genügt das Vorbringen des Beklagten nicht. Wenn das Berufungsgericht angenommen hat, die Niederschlagung des Zurückzahlungsanspruchs gegen einen Kommunalbeamten sei von der Zustimmung des Fachministers abhängig, so ist das zwar, wie der Revision zuzugeben ist, rechtsirrig. Es handelt sich dabei jedoch ersichtlich nur um eine Nebenerwägung des Gerichts, die für das Urteil ohne wesentliche Bedeutung war.

Es fragt sich hiernach nur noch, ob die vom Beklagten zur Aufrechnung gestellten Schadensersatzansprüche begründet sind, die er aus einer Amts- oder Fürsorgepflichtverletzung der Klägerin herleiten will. Eine zum Schadensersatz verpflichtende Amtspflichtverletzung sieht der Beklagte allein darin, daß die Klägerin die Angleichungsmaßnahme nicht alsbald selbst durchgeführt habe. Insoweit kann jedoch eine Amtspflichtverletzung gegenüber dem Beklagten nicht in Frage kommen. Denn die Pflicht zur alsbaldigen Angleichung nach dem Beamtenrechts-Änderungsgesetz bestand nicht gegenüber den in ihren Bezügen anzugleichenden Beamten, sondern nur gegenüber dem Reiche (vgl. RGZ. Bd. 151 S. 25).

Anders an sich die Fürsorgepflicht, die jedem öffentlich-rechtlichen Dienstherrn seinen Beamten gegenüber und zwar auch gegenüber seinen Ruhestandsbeamten obliegt. Einer solchen Fürsorgepflicht entsprach es, wenn die Klägerin dem Beklagten mit dem Schreiben vom 16. Oktober 1933 mitteilte, daß das weitere Gehalt nur unter Vorbehalt gezahlt werde, und wenn sie nachher im Schreiben vom 18. Januar 1934 erneut auf eine mögliche Gehaltsangleichung und die Folgen einer Rückwirkung hinwies. Darin, daß sie später die zunächst einbehaltenen Beträge (Stellenzulage und Tantieme) wieder voll auszahlte, ohne einen erneuten Vorbehalt auszusprechen, kann keine schuldhafte Fürsorgepflichtverletzung liegen, wenn die eigene Behauptung des Beklagten richtig ist, die Klägerin sei von dem Regierungspräsidenten als Aufsichtsbehörde dahin belehrt worden, gegenüber dem Beklagten komme „ein irgendwie geartetes Kürzungsrecht“ nicht in Frage. Wenn diese Behauptung des Beklagten zutrifft, kann er der Klägerin auch unmöglich einen Vorwurf daraus machen, daß sie weiterhin in der Angleichungsangelegenheit nichts mehr veranlaßt hat, zumal nach der in Preußen ergangenen Ersten Ausführungsanweisung zu Kapitel VIII des Gesetzes vom 30. Juni 1933 (Runderlaß des Ministers des Innern und des Finanzministers vom 19. Juli 1933, MBl.i.V. I S. 837 flg.) die Berechtigung und Verpflichtung zur Durchführung der Angleichung seit dem 31. Juli 1933 bereits auf die Landesregierungen oder die von ihnen beauftragten Behörden — wenn auch nicht mit ausschließlicher Zuständigkeit — übergegangen war. Dafür aber, daß die Klägerin neben ihren sonstigen Geschäftsaufgaben die Angleichung der Bezüge des Beklagten schon gleich in den ersten Monaten nach der Verkündung des Gesetzes hätte vornehmen können und daß die Hinausschiebung der Angleichung bis über den 31. Juli 1933 hinaus schuldhaft gewesen sei, fehlt es in dem eigenen Vorbringen des Beklagten an hinreichenden Unterlagen. Dem Berufungsgericht ist deshalb nur zuzustimmen, wenn es eine Schadensersatzverpflichtung der Klägerin aus diesem Grunde verneint hat. Eines Eingehens auf die Streitfrage, ob hier überhaupt eine Schädigung des Beklagten eingetreten ist, bedarf es demnach nicht mehr.

---

28. 1. Kann ein Urteil wirksam demjenigen zugestellt werden, der Zustellungsbevollmächtigter der beiderseitigen Prozeßbevollmächtigten ist?

2. Ist die arme Partei an der Einlegung eines Rechtsmittels auch dann noch verhindert, wenn ihr der Beschluß über die Bewilligung des Armenrechts und die Beiordnung eines Rechtsanwalts zwar nicht zugestellt, aber durch Übersendung einer Abschrift bekannt gegeben ist?

RAO. §§ 19, 20, 111. ZPO. §§ 185, 233, 234.

IV. Zivilsenat. Urt. v. 10. März 1938 i. S. Ehemann B. (Kl.) w. Ehefrau B. (Bekl.). IV 254/37.

I. Landgericht Wuppertal.
II. Oberlandesgericht Düsseldorf.

Die Parteien haben mit Klage und Widerklage Scheidung ihrer Ehe begehrt. Das Landgericht hat die Klage abgewiesen und der

Widerklage stattgegeben. Dieses Urteil ist am 29. Mai 1937 einer Persönlichkeit zugestellt worden, die Zustellungsbevollmächtigter beider Prozeßbevollmächtigten des ersten Rechtsgangs war. Am 11. Juni 1937 hat der Kläger für die Berufung das Armenrecht nachgesucht, das ihm durch Beschluß vom 26. Juni 1937 bewilligt worden ist. Der Beschluß ist zunächst nur dem Rechtsanwalt K., der dem Kläger beigeordnet wurde, am 30. Juni 1937 förmlich zugestellt worden. Dem Kläger selbst wurde zugleich eine Abschrift des Beschlusses übersandt, die er auch erhalten hat. Der genannte Anwalt hat dann für den Kläger am 1. Juli 1937 Berufung eingelegt. Er hat Berufung nochmals am 31. Juli 1937 durch Schriftsatz vom vorausgehenden Tage eingelegt, sie zugleich begründet und Wiedereinsetzung in den vorigen Stand gegen die Versäumung der Berufungsfrist beantragt, da die Armenrechtsbewilligung ihm, dem Anwalt, erst am 30. Juni 1937 zugestellt sei. Schließlich ist dem Kläger am 23. September 1937 der Beschluß vom 26. Juni 1937 noch förmlich zugestellt worden. Die zuerst eingelegte Berufung hat der Prozeßbevollmächtigte des Klägers mit Zustimmung der Beklagten zurückgenommen. Das Berufungsgericht hat die zweite Berufung als unzulässig verworfen, aber Revision zugelassen. Die Revision des Klägers hatte keinen Erfolg.

Gründe:

1. Daß die Zustellung des landgerichtlichen Urteils für beide Parteien an dieselbe Person als den Zustellungsbevollmächtigten der beiderseitigen Prozeßbevollmächtigten erfolgt ist, hat sie, wie das Berufungsgericht zutreffend darlegt, nicht unwirksam gemacht. Ist für einen Rechtsanwalt ein Zustellungsbevollmächtigter nach den §§ 19, 20, 111 der Reichsrechtsanwaltsordnung in der Fassung vom 21. Februar 1936 (RGBl. I S. 107) bestellt, so gilt die Zustellung an ihn als Zustellung an den Rechtsanwalt und damit zugleich als Zustellung an die von diesem vertretene Partei. Das ist insbesondere auch in der von der Revision angezogenen Entscheidung des Reichsgerichts (JW. 1899 S. 304 Nr. 13) ausgeführt. Daraus folgt aber nicht, daß die Zustellung an eine Person, die zugleich Zustellungsbevollmächtigter beider die Parteien in der Sache vertretenden Rechtsanwälte ist, unzulässig wäre. Unzulässig ist nach § 185 ZPO. nur die Zustellung an eine Person, die an dem Rechtsstreit

als Gegner der Partei beteiligt ist, an welche die Zustellung erfolgen soll. Daraus ist ersichtlich, daß es für die Frage der Zustellung nicht darauf ankommt, wer im Rechtssinne schließlich Empfänger der Zustellung ist, d. h. in wessen Person die Wirkungen dieser Zustellung eintreten. Entscheidend ist vielmehr, ob der unmittelbare Empfänger des zugestellten Schriftstücks Gegner der Partei ist, der gegenüber die Zustellungswirkung herbeigeführt werden soll. Das ist aber der Zustellungsbevollmächtigte auch bei dem hier vorliegenden Sachverhalt offensichtlich nicht. Ob es angängig wäre, neben den Vorschriften der Prozeßordnung auch noch § 181 BGB. bei Prüfung der Zulässigkeit einer Zustellung heranzuziehen, kann auf sich beruhen, denn der Empfang einer Zustellung sowohl für die eine, wie auch für die andere Partei eines Rechtsstreits ist kein Rechtsgeschäft, das der Empfänger als Vertreter der Parteien mit sich selbst vornimmt. Der Tatbestand des § 181 BGB. liegt deshalb überhaupt nicht vor. Die Zustellung ist entgegen der Auffassung der Revision als ordnungsmäßig und wirksam zu behandeln.

2. Hiernach war die Berufungsfrist bereits abgelaufen, als für den Kläger Berufung eingelegt wurde. Denn da die erste Berufung zurückgenommen wurde, kommt es allein darauf an, ob der mit der zweiten, am 31. Juli 1937 eingegangenen Berufung verbundene Antrag auf Wiedereinsetzung in den vorigen Stand gegen die Versäumung der Berufungsfrist mit Recht abgelehnt worden ist. Auch gegen diese Ablehnung wendet sich die Revision ohne Erfolg.

Soweit das Berufungsgericht den Gesichtspunkt verwendet, der Kläger habe, nachdem ihm der das Armenrecht bewilligende Beschluß förmlich zugestellt war, dem ihm im Armenrecht beigeordneten Anwalt eine unbeschränkte Prozeßvollmacht erteilt und damit auch die vorher von dem Anwalt vorgenommenen Prozeßhandlungen, somit die erste Berufung genehmigt, ist ihm allerdings nicht beizutreten. Die Genehmigung würde voraussetzen, daß der Kläger den Willen hatte, irgendwelche vorher vorgenommenen Handlungen seines Anwalts zu genehmigen, also wirksam zu machen, obwohl sie für ihn bisher nicht wirksam waren. Daß der Kläger einen solchen Willen gehabt hätte, ist nach dem gegebenen Sachverhalt nicht erkennbar; im Gegenteil ist davon auszugehen, daß niemand den Willen haben wird, ohne Notwendigkeit eine Handlung zu genehmigen, die ihm nur nachteilig ist. Nachteilig wäre dem Kläger aber die erste Berufung gewesen, da sie verspätet eingelegt und nicht rechtzeitig die Wiedereinsetzung beantragt worden war.

Das Berufungsgericht hat sich weiterhin mit der Frage beschäftigt, ob die Bewilligung des Armenrechts für den Kläger in der Tat erst wirksam geworden sei, als der Bewilligungsbeschluß dem Kläger förmlich zugestellt wurde, obwohl schon vorher seine förmliche Zustellung an den beigeordneten Anwalt und seine formlose Mitteilung an den Kläger erfolgt war. In diesem Zusammenhange äußert das Berufungsgericht rechtliche Bedenken gegen die Entscheidung des Reichsgerichts vom 15. März 1932 (RGZ. Bd. 135 S. 303). Es verweist ihr gegenüber auf die Grundsätze in der Entscheidung des Reichsgerichts vom 26. November 1926 (RGZ. Bd. 115 S. 60) und kommt zum Ergebnis, daß der Anwalt des Klägers auch vor seiner Bevollmächtigung durch den Kläger die erforderlichen Prozeßhandlungen hätte vornehmen müssen, daß er sie schuldhaft unterlassen habe und der Kläger sich dieses Verschulden nach § 232 Abs. 2 ZPO. anrechnen lassen müsse. Es ist nicht erforderlich, auf diese Ausführungen des Berufungsgerichts und die dagegen erhobenen Angriffe der Revision einzugehen. Auch wenn dem Berufungsgericht darin nicht zu folgen wäre, wenn also angenommen würde, es habe unbedingt der förmlichen Zustellung der Armenrechtsbewilligung an den Kläger bedurft, muß dessen Wiedereinsetzungsantrag wegen seines eigenen Verschuldens ohne Erfolg bleiben.

Die Wiedereinsetzung gegen die Versäumung der Berufungsfrist kann nach § 233 ZPO. nur gewährt werden, wenn die Partei durch Naturereignisse oder andere unabwendbare Zufälle an der Einhaltung der Frist gehindert war, und sie muß nach § 234 Abs. 1 und 2 ZPO. innerhalb von zwei Wochen seit dem Tage, an welchem das Hindernis behoben ist, beantragt werden. Aus diesen Bestimmungen ist klar ersichtlich, daß die Partei alles in ihren Kräften Liegende tun muß, um die Berufungsfrist einzuhalten, und daß ein Hindernis nur so lange besteht, als die Aufwendung dieser Kräfte nicht zum Erfolg führen kann. Als ein Hindernis im Sinne des § 233 ZPO. hat die Rechtsprechung auch die Armut einer Partei anerkannt, die sie hindert, einen Anwalt als Prozeßbevollmächtigten zu bestellen, der für sie das Rechtsmittel einlegen kann. Dieses Hindernis fällt alsbald weg, wenn die Partei ohne Aufwendung von Geldmitteln die Anwaltsbestellung und damit die Einlegung des Rechtsmittels vorzunehmen vermag. Kann sie das, so muß sie von dieser Möglichkeit unter Aufwendung jeder ihr möglichen Sorgfalt Gebrauch machen und darf nicht aus einem Grunde, der als unabwendbarer Zufall oder Naturereignis nicht wohl in Betracht kommt, die notwendigen Maßnahmen unterlassen. Bei dieser Rechtslage kann es für die Frage, ob das Hindernis der Armut für den Kläger noch bestand, gar nicht darauf ankommen, ob ihm der Beschluß, der ihm das Armenrecht bewilligte, nach den Vorschriften des Prozeßrechts förmlich zugestellt werden mußte. Vielmehr muß es genügen, daß dem Kläger ein Anwalt zur unentgeltlichen Wahrnehmung seiner Rechte beigeordnet und ihm diese Beiordnung bekannt gegeben war. Das war nach dem unstreitigen Sachverhalt spätestens am 30. Juni 1937 der Fall, denn an diesem Tage war der erwähnte Beschluß dem Anwalt zugestellt, dieser also bereit, unentgeltlich für den Kläger tätig zu werden; an diesem Tage hatte aber auch der Kläger die ihm formlos übersandte Abschrift des Beschlusses in Händen und aus ihr ersehen, daß er trotz seiner Armut einen Rechtsanwalt zur Verfügung hatte, durch den er seine Rechte wahrnehmen lassen konnte.

Bei Aufwendung auch nur geringer Sorgfalt hätte sich deshalb der Kläger alsbald mit dem Anwalt in Verbindung setzen und die Fortführung seines Rechtsstreits betreiben müssen. Das wäre das allein vernünftige Handeln gewesen, das man von ihm erwarten konnte. Wenn er nichts dergleichen tat, sondern sich um die Angelegenheit überhaupt nicht kümmerte, bis der Anwalt ihn zu einem Besuch aufforderte, so liegt darin eine grobe Nachlässigkeit, deren Folgen ihm nicht abgenommen werden können, denn es besteht kein berechtigter Grund, ihn davor zu schützen. Die Vorschriften über das Armenrecht verfolgen mit Recht das Ziel, einer unvermögenden Partei Schutz gegen alle Nachteile zu gewähren, denen nur sie, nicht aber eine Partei in besserer wirtschaftlicher Lage ausgesetzt ist; sie dürfen aber keine solche Anwendung finden, wodurch die arme Partei gegenüber einer nicht armen Partei ohne jeden Grund günstiger gestellt würde. Deshalb kann es nicht darauf ankommen, ob die förmliche Zustellung des Beschlusses an den Kläger vorgeschrieben ist. Diese ist keineswegs die rechtliche Voraussetzung dafür, daß der Beschluß überhaupt als vorhanden angesehen werden kann; das ist schon deshalb nicht möglich, weil der Beschluß dem Anwalt zugestellt war. Die Kenntnis von dem Beschluß hatte der Kläger. Er wußte deshalb, daß mindestens tatsächlich kein Hindernis mehr bestand, die Berufung genau so zu betreiben, wie es eine Partei tut und tun muß, die nicht auf das Armenrecht angewiesen ist. Mindestens mit dem 30. Juni 1937 war also das Hindernis im Sinne des § 234 Abs. 2 ZPO. behoben. Ob man zur Ausführung der maßgeblichen Schritte dem Kläger aus irgendwelchen Gründen noch eine Frist von wenigen Tagen zubilligen könnte, braucht nicht untersucht zu werden, denn er hat wochenlang gar nichts getan. Infolgedessen wurde der Wiedereinsetzungsantrag erst am 31. Juli 1937, also nach einem Monat gestellt. Damals aber war die Frist von zwei Wochen unter allen Umständen abgelaufen, der Antrag also verspätet, und die Ursache dieser Verspätung war allein das Verschulden des Klägers. Seine Berufung ist deshalb mit Recht als unzulässig verworfen worden. Einen Ausspruch über den Wiedereinsetzungsantrag in die Urteilsformel des Berufungsurteils aufzunehmen, war nicht nötig; es genügte die in den Urteilsgründen enthaltene Bescheidung. Somit war die Revision als unbegründet zurückzuweisen.

---

29. Ist die Anfechtung wegen Irrtums bei Mängeln der Miet- (Pacht-) Sache ausgeschlossen?

BGB. §§ 119, 537, 538, 539, 542.

IV. Zivilsenat. Urt. v. 10. März 1938 i. S. B. (Bekl.) w. Eheleute van K. (Kl.). IV 229/37.

I. Landgericht Dortmund.
II. Oberlandesgericht Hamm.

Durch schriftlichen Vertrag vom 27. November 1935 verpachtete der Beklagte seine Gemüsegärtnerei auf 6 Jahre an die Kläger. Am 27. Mai 1936 haben diese den Vertrag wegen arglistiger Täuschung und Irrtums angefochten. Mit der Klage verlangen sie die Feststellung der Nichtigkeit des Vertrags. Landgericht und Oberlandesgericht haben der Klage entsprochen; das Landgericht hält die Anfechtung wegen arglistiger Täuschung für begründet, das Oberlandesgericht nur wegen Irrtums. Die Revision des Beklagten hatte keinen Erfolg.

Aus den Gründen:

Das Berufungsgericht hält die Anfechtung für begründet, soweit sie sich auf die Grundwasser- und Feuchtigkeitsverhältnisse des mitverpachteten H.schen Grundstücks stützt. Die Angriffe der Revision sind nicht gerechtfertigt. Die Revision meint, für die Anwendung des § 119 BGB. sei kein Raum, weil die Sonderregelung, die bei Sachmängeln in den §§ 537 bis 539 BGB. getroffen ist, für den Bereich des Miet- und Pachtrechts die Vorschrift des § 119 BGB. ausschließe. Sie beruft sich auf die entsprechende Rechtsprechung zum Kaufrecht. Die Rechtslage ist jedoch nicht die gleiche. Beim Kauf gibt das Wandlungsrecht den Weg, einen Vertrag rückgängig zu machen. Hierin liegt der Grund dafür, daß neben dieser die Auflösung des Vertrags in anderer Weise regelnden Sondervorschrift für die Anwendung des § 119 BGB. kein Raum bleibt. Im Miet- und Pachtrecht fehlt eine der Wandlung entsprechende Bestimmung und damit auch der Grund, der für den Kaufvertrag bei Sachmängeln die Anwendung des § 119 BGB. untunlich erscheinen läßt. Bei grobfahrlässiger Unkenntnis von Mängeln werden allerdings unter gewissen Voraussetzungen Mängelansprüche aus den §§ 537, 538 BGB. durch § 539 das. ausgeschlossen. Ob dadurch auch das Anfechtungsrecht betroffen wird, kann indessen dahingestellt bleiben, da grobfahrlässige Unkenntnis bei dem vorliegenden Sachverhalt nicht in Frage kommt. Erst die sich wiederholenden Zustände in den Frühjahren 1936 und 1937 ließen den Schaden klar hervortreten.

Im Schrifttum wird denn auch die Meinung vertreten, daß es im Miet- und Pachtrecht bei der allgemeinen Vorschrift des § 119 BGB. sein Bewenden behalte. Diese Auffassung ist berechtigt. (Vgl. die Erläuterungswerke z. BGB.: RGR. § 537 Anm. 1; Planck Vorbem. 2 vor § 537 und Staudinger 10. Aufl. § 537 Anm. I 3 [S. 587]; ferner Mittelstein Die Miete 4. Aufl. § 30 B 4 c S. 202.)

Die Revision weist noch auf die Bestimmung des § 542 BGB. hin. Ein Kündigungsrecht ist jedoch kein Ersatz für die Auflösung eines Vertrags von Anbeginn an und daher kein Grund für die Ausschließung einer Vertragsanfechtung wegen Irrtums. Die Kläger brauchen sich daher auf Rechte, die ihnen nach § 542 BGB. zugestanden hätten, nicht verweisen zu lassen. Der Umstand, daß das H.sche Pachtland schon im Herbst 1936 aus dem Vertrag ausgeschieden ist — weil die Kläger nach erfolgter Anfechtung den Pachtzins dafür nicht entrichtet haben —, kann ein den Klägern zustehendes Recht, den ganzen Vertrag anzufechten und ihm damit die Wirksamkeit von vornherein zu nehmen, nicht schmälern.

---

30. Fällt die Ausbietungsgarantie für eine Grundschuld unter die Vorschrift des § 493 BGB.?

V. Zivilsenat. Urt. v. 17. März 1938 i. S. A. Z. AG. (Bekl.) w. von O. (Kl.). V 223/37.

I. Landgericht Berlin.
II. Kammergericht daselbst.

Auf einem dem E. gehörigen Waldgut K. lastete für die Beklagte eine beschränkte persönliche Dienstbarkeit — Holznutzungsrecht — sowie eine Grundschuld von 4200000 RM. E. konnte das Gut nicht halten. Die Beklagte schritt im Februar 1935 zur Zwangsversteigerung und Zwangsverwaltung. E. bot demnächst das Gut dem Kläger zum Kauf an. Ein Kaufvertrag kam auch zustande, aber nicht zur Durchführung, weil E. die Rechte der Beklagten nicht beseitigen konnte. Der Kläger setzte sich daraufhin mit der Beklagten in Verbindung. Am 11. September 1935 schlossen die Parteien einen notariellen Vertrag dahin: der Kläger verpflichtete sich, in der Zwangsversteigerung die Grundschuld der Beklagten in Höhe von 2950000 RM. auszubieten; die Beklagte sollte durch Zahlung dieses Betrags wegen ihrer Grundstücksrechte befriedigt sein; sie verpflichtete sich, gegen Zahlung der genannten Summe dem Kläger auf sein Verlangen jederzeit die Grundschuld abzutreten; sie übernahm ihm gegenüber die Gewähr für eine Größe des Guts von etwa 8300 Morgen. Durch ein am 5. Dezember 1935 privatschriftlich aufgesetztes Nachtragsabkommen trafen die Parteien „im Nachtrag und in Auslegung der Ausbietungsgarantie vom 11. September 1935" Vereinbarungen für den Fall, daß es dem E. gelingen sollte, vor dem Zuschlag die von der Beklagten aus der Grundschuld anzumeldenden rund 3572000 RM. zu bezahlen, oder daß ein Dritter über diesen Betrag hinaus bieten und den Zuschlag erhalten sollte.

Am 17. und 18. April 1936 ging über das Gut ein ungewöhnlich heftiger Schnee- und Wirbelsturm hinweg, der den Baumbestand erheblich schädigte. Der Kläger schrieb am 15. Mai 1936 an die Beklagte, er werde auf das Gut nur unter dem ausdrücklichen Vorbehalt bieten, daß bei der Erfüllung seiner Ausbietungsgarantie der eingetretene Waldschaden berücksichtigt werde; er sei damit einverstanden, daß die Beklagte sich beim Bieten in der Versteigerung beteilige. Im Versteigerungstermin am 9. Oktober 1936 trat als einziger Bieter der Kläger auf, erneuerte den Vorbehalt vom 15. Mai 1936 und erhielt für ein Gebot von 2200000 RM. den Zuschlag. Nachdem die Beklagte es abgelehnt hatte, sich die durch den Sturm verursachte Wertminderung des Guts auf die vom Kläger gewährleisteten 2950000 RM. anrechnen zu lassen, zahlte ihr der Kläger diesen Betrag am 2. Januar 1937 „unter Vorbehalt" aus. Mit der Klage verlangt er nunmehr die Zurückzahlung des Teils der gezahlten Summe, der jener Wertminderung entspricht. Er beziffert seinen Anspruch auf etwa 250000 RM., klagt aber zunächst nur einen Teilbetrag von 10000 RM. ein.

Beide Vorinstanzen haben der Klage stattgegeben. Die Revision der Beklagten führte zur Aufhebung und Zurückverweisung.

Gründe:

Die Vorinstanzen sprechen dem Kläger den in erster Reihe geltend gemachten Minderungsanspruch nach den §§ 493, 459 flg. BGB. zu. Diese Rechtsauffassung wird von der Revision mit Recht bekämpft. Es geht nicht an, das Vertragswerk vom 11. September/5. Dezember 1935 als ein auf die Veräußerung des Waldguts gerichtetes Geschäft anzusehen und gemäß § 493 BGB. die Mängelhaftung des Kaufrechts darauf anzuwenden. Wie das Reichsgericht schon mehrfach (vgl. WarnRspr. 1915 Nr. 14; HRR. 1930 Nr. 608) ausgesprochen hat, erfordert § 493 einen Vertrag, worin der eine Teil die Verpflichtung übernimmt, dem andern das Eigentum an einer Sache, insbesondere an einem Grundstück zu verschaffen. Ein solcher Vertrag liegt aber nicht vor, wenn der eine Teil dem andern nur die tatsächliche und rechtliche Möglichkeit verschaffen soll, das Grundstück eines Dritten in der Zwangsversteigerung zu erstehen (WarnRspr. a. a. O.). Demgemäß hat das Reichsgericht schon im Urteil vom 11. April 1911 (JW. 1911 S. 533 Nr. 3) einen Vertrag, wodurch sich jemand einem andern gegenüber zur Abgabe des Meistgebots auf ein Grundstück und zur Abtretung des Rechtes aus dem Meistgebot verpflichtet hatte, dem Anwendungsgebiet der §§ 493, 459 flg. BGB. entzogen, obwohl der Vertrag als Mittel und bester Weg zum Grundstückserwerb gedacht war. Und noch kürzlich hat der erkennende Senat im Urteil vom 20. März 1936 (RGZ. Bd. 150 S. 397) dieselbe Auffassung gebilligt sogar für einen Vertrag, in dessen Erfüllung ein Hypothekengläubiger, der bereits in der von ihm betriebenen Zwangsversteigerung das Meistgebot abgegeben und in Erwartung des Zuschlags „das Grundstück" in der Zeitung zum Kauf ausgeboten hatte, einem demnächst sich meldenden Kaufliebhaber das Recht aus dem Meistgebot abtrat und damit den Zuschlag verschaffte. Auch in diesem Falle wurde der Abtretungsempfänger, der sich auf die §§ 493, 459 flg. BGB. berufen wollte, enthört mit der Revisionsrüge, daß ihm nach dem Inhalt des Grundgeschäfts die Stellung eines Grundstückskäufers habe eingeräumt werden sollen und daß es für die Gewährleistungspflicht seines Vertragspartners auf den wirtschaftlichen Zweck, nicht auf die rechtliche Gestalt der Durchführung ankommen müsse. Nicht wesentlich anders, ja noch ungünstiger liegt aber die Sache für den Kläger hier. Mag die Beklagte durch ihre Grundstücksrechte „das Gut praktisch beherrscht" und durch das Abkommen vom 11. September 1935 dem Kläger „den Erwerb des Guts praktisch gesichert" haben, so viel steht fest: den Weg, das Gut zunächst von der Beklagten ersteigern zu lassen und dann einen Grundstückskauf zwischen ihr und dem Kläger zu schließen, haben die Parteien nach reiflicher Überlegung absichtlich nicht beschritten. Sie haben aber auch nicht die an sich denkbare und vom Berufungsgericht gestreifte Möglichkeit genutzt, daß die Beklagte dem Kläger das noch dem E. gehörige Grundstück verkaufte. Sie haben vielmehr dem Kläger lediglich den Weg geebnet, das Grundstück von E. zu ersteigern. Wie wenig sie daran gedacht haben können, der Beklagten dem Kläger gegenüber eine Rechtspflicht zur Verschaffung des Grundstückseigentums aufzuerlegen, zeigt insbesondere der Inhalt des Nachtragsabkommens vom 5. Dezember 1935. Mit einer solchen Eigentumsverschaffungspflicht der Beklagten im Sinne der §§ 493, 433 BGB. sind die Vereinbarungen für den Fall der Grundschuldablösung durch E. und für den Fall eines die Forderung der Beklagten übersteigenden Meistgebots eines Dritten unvereinbar. Beweggründe und Interessenlage, Zweck und Ziel des Vertragswerks vom 11. September/5. Dezember 1935 mögen dafür sprechen, daß die Beklagte „ihre tatsächliche Herrschaftsstellung" dem Kläger einräumen und ihm so eine mehr oder weniger sichere Anwartschaft auf die Ersteigerung des Gutes aus der Hand des E. verschaffen sollte. Das hindert aber nicht die Erkenntnis, daß die Parteien ihre Wünsche und Erwartungen rechtlich nicht auf dem Wege eines Grundstückskaufs oder eines nach § 493 BGB. gleichstehenden Vertrags, sondern auf anderem Wege, nämlich über eine besonders ausgestaltete Ausbietungsgarantie zu verwirklichen gedachten und verwirklicht haben. Diese Garantie kann jedoch nicht dem § 493 BGB. unterstellt werden, weil sie nicht auf die Veräußerung einer Sache, des Waldgutes, sondern höchstens auf die Übertragung eines Rechts, der Grundschuld, und der aus dem Recht sich ergebenden Machtstellung von der Beklagten auf den Kläger gerichtet war. Auf einen solchen Vertrag sind die Vorschriften über die Haftung des Verkäufers für Sachmängel (§§ 459flg. BGB.) nicht zugeschnitten und deshalb weder unmittelbar noch entsprechend anzuwenden.

Kann hiernach das angefochtene Urteil mit der bisher vorliegenden Begründung nicht aufrechterhalten bleiben, so ist doch der Rechtsstreit noch nicht endgültig spruchreif. Denn der Kläger hatte seinen Anspruch hilfsweise auf zwei weitere rechtliche Grundlagen gestützt: erstens auf teilweise Unmöglichkeit der Leistung (§ 323 Abs. 1 Halbsatz 2 BGB.), und sodann auf Erschütterung der Geschäftsgrundlage (§ 242 BGB.). Nun ist allerdings kaum ersichtlich, wie bei richtiger Behandlung des Vertragswerks, d. h. bei Ausschaltung der Betrachtung nach den §§ 493, 459flg. BGB., der erste dieser beiden Gesichtspunkte sollte eingreifen können, zumal nachdem der Vertrag voll abgewickelt worden ist. Damit erledigt sich aber noch nicht ohne weiteres auch der zweite rechtliche Gesichtspunkt der Hilfsbegründung. Zwar steht fest, daß nach den schriftlich festgelegten Vertragsbestimmungen die Beklagte nur die Gewähr für eine bestimmte Größe, nicht für die Beschaffenheit des Waldguts zur Zeit des Zuschlags in der Zwangsversteigerung übernommen hat. Unstreitig ist ferner, daß die Parteien auch mündlich die Frage der Gefahrtragung im Falle einer zufälligen Verschlechterung des Grundstücks in der Zeit zwischen Vertragsschluß und Zuschlag nicht geregelt haben. Das schließt aber noch nicht aus, daß sie zur Geschäftsgrundlage ihres Vertragsabschlusses einen nicht in dieser Zeit durch völlig unvorhersehbare höhere Gewalt wesentlich veränderten Baumbestand des Waldguts gemacht haben könnten. Der Vortrag des Klägers war nach dieser Richtung gegangen. Die Beklagte dagegen hatte behauptet, das Klagebegehren auf Rückzahlung auch nur eines Teilbetrags der in der Ausbietungsgarantie festgelegten und am 2. Januar 1937 entrichteten Summe sei mit Treu und Glauben und mit dem Sinn und Zweck des Vertrags unvereinbar; sie habe auch nach dem Eintritt des Wind- und Schneebruchs mit einem so günstigen Gebot wie dem des Klägers rechnen können. Das Kammergericht hat den Streitstoff insoweit noch nicht behandelt. Ohne tatsächliche Prüfung und Aufklärung dieses Parteivorbringens läßt sich aber die Rechtslage nicht abschließend übersehen. Deshalb mußte die Sache gemäß § 565 Abs. 1 ZPO. an das Berufungsgericht zurückverwiesen werden.

---

31. 1. Ist die Aufwertungsverordnung für das Saargebiet vom 22. April 1929 revisibel?

2. Können zur Zeit die Gläubiger solcher Markdarlehen saarländischer Gemeinden, über die keine Schuldscheine ausgestellt sind, Aufwertung dieser Darlehen verlangen?

ZPO. § 549. Verordnung über die vorläufige Regelung der Gerichtsverfassung im Saarland vom 22. Februar 1935 (RGBl. I S. 246) Art. II. Verordnung zur Überleitung der Rechtspflege im Saarland vom 22. November 1935 (RGBl. I S. 1351) Art. 3 Abs. 2. Gesetz über die Ablösung öffentlicher Anleihen vom 16. Juli 1925 (RGBl. I S. 137) — AnlAblG. — § 30 Abs. 3, § 40 Abs. 3. Aufwertungsverordnung für das Saargebiet vom 22. April 1929 (Amtsblatt der Regierungskommission des Saargebietes 1929 S. 189). Verordnung über die Ablösung der Markanleihen der Gemeinden und Gemeindeverbände im Saarland vom 25. September 1935 (RGBl. I S. 1196).

Verordnung über die Einführung reichsrechtlicher Vorschriften im Saarland vom 27. September 1935 (RGBl. I S. 1204).

IV. Zivilsenat. Urt. v. 21. März 1938 i. S. Reichsbahnversicherungsanstalt (Kl.) w. Stadt S. (Bekl.). IV 253/37.

I. Landgericht Saarbrücken.
II. Oberlandesgericht Köln, Zweigstelle Saarlautern.

Durch Vertrag vom 23./28. Juni 1917 verpflichtete sich die Klägerin, der Beklagten ein Darlehn von 5000000 M. zu geben, das vom Auszahlungstag ab mit 4% verzinst und vom 1. April 1918 ab mit 1½% zuzüglich der ersparten Zinsen getilgt werden sollte. Das Darlehn wurde am 29. Juni 1917 gegeben. Gemäß dem Wunsche der Klägerin stellte die Beklagte — und zwar unter dem 4. Juli 1917 — einen vom Vertreter des Oberbürgermeisters unterschriebenen Zins- und Tilgungsplan auf, den sie der Klägerin übersandte. Am 7. Juli 1923 wurde das Restdarlehn in entwertetem Gelde zurückgezahlt. Nunmehr erhebt die Klägerin Aufwertungsansprüche. Zur Begründung macht sie folgendes geltend: Da das Darlehn als nichtverbrieftes nicht als Anleihe im Sinne des § 30 Abs. 3 AnlAblG. anzusehen sei und daher diesem — durch Verordnung vom 25. September 1935 im Saarland eingeführten — Gesetz nicht unterfalle, bestimme sich seine Aufwertung nach § 40 Abs. 1, § 41 der Aufwertungsverordnung für das Saargebiet vom 22. April 1929. Die im § 40 Abs. 2 vorgesehene vorläufige Ausschließung der Aufwertung von Gemeindeanleihen stehe der Aufwertung im vorliegenden Falle schon deshalb nicht entgegen, weil der hier verwandte Begriff der „Anleihe" dem Anleihebegriff des Anleiheablösungsgesetzes gleichzusetzen sei, also nur verbriefte Darlehen umfasse. Hiervon abgesehen sei aber auch durch die genannte Verordnung vom 25. September 1935 und durch die Verordnung über die Einführung reichsrechtlicher Vorschriften im Saarland vom 27. September 1935 für die Aufwertung der Gemeindedarlehen der gleiche Rechtszustand wie im Reiche herbeigeführt worden, derart, daß die nichtverbrieften Gemeindedarlehen der allgemeinen Aufwertung nach Maßgabe der saarländischen Aufwertungsverordnung unterstellt seien. Unter Zugrundelegung eines Aufwertungssatzes von 25% hat die Klägerin ihren Aufwertungsanspruch auf 1169150,66 RM. errechnet und verlangt mit der Klage von der Beklagten Zahlung dieses Betrags nebst Zinsen.

Die Beklagte hat Abweisung der Klage beantragt. Sie vertritt die Auffassung, daß ein Schuldscheindarlehen vorliege. Aber auch wenn dies nicht der Fall sei, stehe § 40 Abs. 2 der saarländischen Aufwertungsverordnung einer freien Aufwertung entgegen. „Anleihen" im Sinne dieser Bestimmung seien alle, auch die nicht verbrieften Darlehensaufnahmen der Gemeinden. Die Lücke des § 40 Abs. 2 sei durch die Reichsverordnungen vom 25. und 27. September 1935 nur für die verbrieften Gemeindedarlehen, die „Anleihen" im Sinne des Anleiheablösungsgesetzes, ausgefüllt worden, während der Vorbehalt für die nichtverbrieften Gemeindedarlehen fortbestehe. Die Beklagte macht weiterhin geltend, daß die Klägerin ihren etwaigen Aufwertungsanspruch durch verspätetes Hervortreten damit verwirkt habe. Sie wendet sich schließlich auch gegen die Höhe der von der Klägerin begehrten Aufwertung.

Die Klägerin ist in beiden Vorinstanzen unterlegen. Auch ihre Revision blieb erfolglos.

Gründe:

(Es wird zunächst ausgeführt, daß gegen die Ansicht des Berufungsgerichts, es handle sich hier nicht um ein Schuldscheindarlehn im Sinne des § 30 Abs. 3 AnlAblG., keine rechtlichen Bedenken bestehen. Dann fährt das Urteil fort:)

Nachdem das Berufungsgericht somit die Anwendbarkeit des Anleiheablösungsgesetzes verneint hat, untersucht es, ob das Darlehn als Vermögensanlage gemäß § 40 Abs. 1 der saarländischen Aufwertungsverordnung nach deren allgemeinen Vorschriften aufzuwerten sei oder ob es als Gemeindeanleihe im Sinne des § 40 Abs. 2 der saarländischen Aufwertungsverordnung der darin gegebenen Sperrbestimmung („ob und inwieweit Ansprüche aus ... Anleihen der Gemeinden ... aufgewertet werden, bleibt einer späteren Regelung vorbehalten") unterfalle. Dabei berücksichtigt das Berufungsurteil zunächst die Rechtslage vor der Rückgliederung des Saarlands ins Reich, um dann später zu prüfen, ob die nach der Rückgliederung ergangenen einschlägigen reichsgesetzlichen Bestimmungen den früheren Rechtszustand geändert haben.

Für die Frage, ob das streitige Darlehn früher unter § 40 Abs. 2

der saarländischen Aufwertungsverordnung gefallen sei, komme es darauf an, wie man den Begriff „Anleihe" im Sinne dieser Bestimmung zu verstehen habe, nämlich ob im Sinne des allgemeinen Sprachgebrauchs oder aber im Sinne des deutschen Anleiheablösungsgesetzes. Letzteres sei in Übereinstimmung mit der Rechtsprechung des ehemaligen Obersten Gerichtshofes des Saargebietes abzulehnen. Wenn sich der saarländische Gesetzgeber auch sonst inhaltlich und im Wortlaut den reichsgesetzlichen Aufwertungsvorschriften angeschlossen habe, so sei er doch gerade für die Schuldner-Gemeinden von anderen, diesen günstigeren Erwägungen ausgegangen und habe deshalb eine dem Anleiheablösungsgesetz entsprechende Regelung überhaupt nicht eingeführt. Hätte der Gesetzgeber trotzdem den besonderen Anleihebegriff des Anleiheablösungsgesetzes übernehmen wollen, so hätte es nahegelegen, eine dem § 30 Abs. 3 AnlAblG. entsprechende Begriffsbestimmung anzufügen. Mangels einer solchen Begriffsbestimmung sei davon auszugehen, daß der Gesetzgeber das Wort „Anleihe" im Sinne des allgemeinen Sprachgebrauchs habe verstanden wissen wollen. Dafür spreche auch die Tatsache, daß die Regierungskommission des Saargebietes die Rechtsprechung des Obersten Gerichtshofs offenbar gebilligt habe, denn sonst würde sie wahrscheinlich zu dem Streitpunkt eine ergänzende gesetzliche Regelung erlassen haben. Habe man also von dem allgemeinen Sprachgebrauch des Begriffs „Anleihe" auszugehen, so falle das hier in Frage stehende Darlehn darunter, wie es auch als „Anleihe" von der Stadtverordnetenversammlung beschlossen und als „Anleihe" vom Bezirksausschuß genehmigt worden sei. Daß der Darlehnsnehmer sich an die Öffentlichkeit als Geldgeber wende oder die Anleihesumme durch eine Vielheit von Personen aufgebracht werde, sei nicht Begriffsmerkmal der Anleihe. Somit sei die Aufwertung des Darlehns durch die Sperrbestimmung des § 40 Abs. 2 der saarländischen Aufwertungsverordnung vorerst ausgeschlossen gewesen.

Zu verneinen sei aber auch die Frage, ob darin eine Änderung durch die reichsgesetzlichen Bestimmungen nach der Rückgliederung des Saarlands in das Reich eingetreten sei. Mit der Einführung des Anleiheablösungsgesetzes sei die im § 40 Abs. 2 der saarländischen Aufwertungsverordnung hinsichtlich der Gemeindeanleihen verbliebene Lücke nur in bezug auf die *verbrieften* Darlehen ausgefüllt worden, im übrigen habe, da das Reichsaufwertungsgesetz selbst ausdrücklich von der Einführung ausgenommen worden sei, § 40 Abs. 2 Geltung behalten, abgesehen von der gleichfalls besonders geregelten Aufwertung der Industrieobligationen und der ihnen verwandten Schuldverschreibungen. Daß die Reichsgesetzgebung auch hinsichtlich der verbrieften Gemeindedarlehen die Sperrbestimmung habe beseitigen und für diese Darlehen die allgemeine Aufwertung habe einführen wollen, lasse sich nicht annehmen. Auch wenn man auf Grund eines von dem Saarreferenten im Reichsjustizministerium herrührenden Aufsatzes in der Deutschen Justiz unterstelle, daß das Reichsjustizministerium, das gesetzgeberisch bei der Verordnung vom 27. September 1935 über die Einführung reichsgesetzlicher Vorschriften im Saarland beteiligt gewesen sei, das Aufwertungsrecht im Saarland für endgültig geregelt und die Lücke des § 40 Abs. 2 in dem von der Klägerin vertretenen Sinne für vollständig geschlossen erachtet habe, so sei das nicht entscheidend. Denn es ergebe sich aus einem Schreiben des Reichskommissars für das Saarland vom 16. Juli 1936, daß im Reichsministerium des Innern, das am Erlaß jener Verordnung vom 27. September 1935 ebenfalls beteiligt gewesen sei, eine solche Auffassung und ein solcher gesetzgeberischer Wille offenbar nicht bestanden hätten. Eine weitere Aufklärung des gesetzgeberischen Willens erübrige sich einmal auf Grund des genannten Schreibens des Reichskommissars für das Saarland, dann aber auch, weil jedenfalls der von der Klägerin behauptete Wille des Gesetzgebers im Gesetze selbst nicht in geeigneter Weise zum Ausdruck gekommen sei. Denn weder sei in der Verordnung vom 25. September 1935 — durch die das Anleiheablösungsgesetz im Saarland eingeführt ist — über die nicht verbrieften Gemeindeanleihen etwas enthalten, noch lasse sich deren Aufwertbarkeit aus der Verordnung vom 27. September 1935 deshalb entnehmen, weil diese Verordnung grundsätzlich den Rechtszustand im Saarland dem des Reiches angeglichen habe. Durch diese Verordnung sei gerade die saarländische Aufwertungsverordnung aufrechterhalten geblieben und damit auch deren Sperrbestimmung im § 40 Abs. 2. Auf Grund dieser hier anwendbaren Sperrbestimmung sei der Aufwertungsanspruch der Klägerin zur Zeit unbegründet.

Was zunächst die vom Berufungsurteil verneinte Frage anlangt, ob der Anleihebegriff des § 40 Abs. 2 der saarländischen Aufwertungsverordnung von vornherein dem des Anleiheablösungsgesetzes entsprochen habe und daher das Darlehn der Klägerin der Sperrbestimmung niemals unterfallen sei, so mußten die Revisionsrügen schon daran scheitern, daß es sich bei der saarländischen Aufwertungsverordnung — auf deren Auslegung das Berufungsurteil insoweit allein beruht — um nichtrevisibles Recht handelt. Nach Artikel 3 Abs. 2 der Verordnung zur Überleitung der Rechtspflege im Saarland vom 22. November 1935 bestimmt sich die Zulässigkeit von Rechtsmitteln gegen Entscheidungen des Oberlandesgerichts in solchen Sachen, die nach dem 31. Dezember 1935 rechtshängig geworden sind, nach den im übrigen Reich geltenden Vorschriften. Damit gilt auch hier die Bestimmung des § 549 ZPO., daß die Revision auf die Verletzung einer anderen als einer reichsgesetzlichen Vorschrift nur gestützt werden kann, wenn deren Geltungsbereich sich über den Bezirk des Berufungsgerichts hinaus erstreckt. Das ist hier nicht der Fall, das Berufungsgericht (Oberlandesgericht Köln, Zweigstelle Saarlautern) ist vielmehr nach Artikel II der Verordnung über die vorläufige Regelung der Gerichtsverfassung im Saarland das Oberlandesgericht für das gesamte Saarland. Die saarländische Aufwertungsverordnung ist auch nicht etwa dadurch Reichsrecht geworden, daß die reichsgesetzlichen Vorschriften sie bei der Rückgliederung des Saarlands — wenn auch nicht einmal ausdrücklich — in Kraft gelassen haben. Als Territorialrecht entstanden, ist sie mangels abweichender reichsgesetzlicher Regelung auch als solches bestehen geblieben. Sie ist sonach nicht revisibel. Auf die Revisionsrügen gegen die Auslegung, die das Berufungsgericht der hier in Betracht kommenden Bestimmung der saarländischen Aufwertungsverordnung gegeben hat, kann daher sachlich nicht eingegangen werden. Damit ist die Annahme des Berufungsgerichts, daß das Darlehn der Klägerin als „Anleihe" im Sinne der Sperrbestimmung des § 40 Abs. 2 zu gelten habe, für das Revisionsgericht bindend.

Die Revision bekämpft aber weiter die Ansicht des Berufungsgerichts, daß sich die Rechtslage für das Darlehn der Klägerin auch durch die Verordnungen vom 25. September und 27. September 1935 nicht geändert habe. Insoweit handelt es sich um reichsgesetzliche Vorschriften, auf deren Verletzung die Revision ohne Zweifel gestützt werden kann. Die von der Revisionsbeklagten für ihre Auffassung von der Irrevisibilität dieser Bestimmungen angezogene Entscheidung RGZ. Bd. 152 S. 86 trifft den vorliegenden

Fall nicht, da es sich hier nicht wie dort um „Landesgesetze neuer Prägung", sondern um eigentliche Reichsgesetze handelt, die vom Reichsgesetzgeber erlassen worden sind. Sachlich muß aber auch hier der Revision Erfolg versagt bleiben.

Zu Unrecht beruft sie sich zunächst auf die Verordnung über die Ablösung der Markanleihen der Gemeinden und Gemeindeverbände vom 25. September 1935. Insoweit macht sie geltend, durch diese Verordnung sei das Anleiheablösungsgesetz — von unwesentlichen Ausnahmen abgesehen — ohne jede Änderung im Saarland eingeführt worden, es gelte daher jetzt im Saarland auch § 30 Abs. 3 dieses Gesetzes in der ihm vom Reichsgericht gegebenen Auslegung. Damit seien alle entgegenstehenden Vorschriften der saarländischen Aufwertungsverordnung, insbesondere die etwa entgegenstehende Bestimmung des § 40 Abs. 2 beseitigt. Demgegenüber ist zu bemerken, daß erstens nach der — wie oben erwähnt rechtlich einwandfreien — Annahme des Berufungsgerichts das Darlehen der Klägerin kein Schuldscheindarlehn ist und damit keine Anleihe im Sinne des § 30 Ziffer 3 AnlAblG. darstellt, so daß es der Aufwertung nach dem Anleiheablösungsgesetz nicht unterliegt. Ferner aber hat dann das Berufungsgericht die nicht revisible saarländische Aufwertungsverordnung in § 40 Abs. 2 dahin ausgelegt, daß unter diese Bestimmung auch Darlehen fallen, über die Schuldscheine nicht ausgestellt sind. Da über solche — und damit über das Darlehn der Klägerin — das Anleiheablösungsgesetz keine Bestimmung trifft, kann insoweit die Einführung des Anleiheablösungsgesetzes die Sperrbestimmung des § 40 Abs. 2 der saarländischen Aufwertungsverordnung nicht beseitigt haben, denn diese Bestimmung steht mit dem Anleiheablösungsgesetz im Widerspruch nur hinsichtlich der Forderungen, deren Aufwertung das Anleiheablösungsgesetz selbst regelt.

Die Revision stützt sich weiter noch auf die Verordnung über die Einführung reichsrechtlicher Vorschriften im Saarland vom 27. September 1935. Sie macht dazu folgendes geltend: Durch diese Verordnung habe grundsätzlich der Rechtszustand im Saarland dem des Reiches angeglichen werden sollen. Für das Aufwertungsrecht stehe dem die Tatsache nicht entgegen, daß das Reichsaufwertungsgesetz nicht eingeführt, sondern die saarländische Aufwertungsverordnung in Kraft geblieben sei, da das, wie das Berufungsurteil anerkenne, nur wegen der abweichenden Fälligkeitstermine geschehen sei. Das Berufungsurteil unterstelle auch, daß der Wille des Reichsjustizministeriums der gewesen sei, die Lücke des § 40 Abs. 2 der saarländischen Aufwertungsverordnung ganz und zwar in dem von der Klägerin vertretenen Sinn auszufüllen. Zu Unrecht stelle aber das Berufungsurteil darauf ab, daß ein derartiger gesetzgeberischer Wille beim Reichsminister des Innern nicht bestanden habe und daß die Unterzeichnung durch alle Minister nur dahin zu verstehen sei, daß jeder von ihnen im Rahmen seiner nach § 7 des Gesetzes vom 30. Januar 1935 über die vorläufige Verwaltung des Saarlandes (RGBl. I S. 66) gegebenen Zuständigkeit mitgewirkt habe. Eine solche ressortmäßige Aufspaltung sei gerade im autoritären Führerstaat unhaltbar. Das Gesetz und der ihm zugrunde liegende Wille müßten als Ganzes gelten. Die Auffassung des Berufungsgerichts, daß ein Minister bewußt in der Regelung der Aufwertung von Gemeindedarlehen eine Lücke in der Gesetzgebung gelassen habe, finde in der Erforschung eines vernünftigen Willens des Gesetzgebers keinerlei Stütze.

Es kann dahingestellt bleiben, ob diese Auffassung der Revision berechtigt ist. Denn die Entscheidung des Berufungsgerichts zu diesem Punkt wird getragen durch seine weitere Erwägung, daß jedenfalls der von der Klägerin behauptete Wille des Gesetzgebers im Gesetze selbst nicht zum Ausdruck gekommen sei. Für eine Aufwertung der Gemeindedarlehen, über die Schuldscheine nicht ausgestellt sind, gibt in der Tat die Verordnung vom 27. September 1935 keinerlei Anhalt. Nach § 1 sind die im übrigen Reichsgebiet geltenden Vorschriften im Saarland nur nach Maßgabe der weiteren Bestimmungen der Verordnung in Kraft getreten, d. h. auf dem hier in Frage stehenden Gebiet unter Ausschluß des Reichsaufwertungsgesetzes. Es geht nicht an, entgegen dieser klaren gesetzlichen Regelung auf den Willen des Gesetzgebers abzustellen und demgemäß die Bestimmung dahin umzudeuten, daß die Vorschriften des Reichsaufwertungsgesetzes auch im Saarland — und zwar an Stelle der bisherigen Aufwertungsverordnung — gelten sollten mit der alleinigen Abweichung, daß an die Stelle seiner Fristen und Fälligkeitstermine die der saarländischen Aufwertungsverordnung träten. Nur dann aber wäre der Schluß zu ziehen, daß die Sperrfrist des § 40 Abs. 2 der saarländischen Aufwertungsverordnung für die Gemeindedarlehen, über die keine Schuldscheine ausgestellt sind, in Wegfall gekommen sei. Da aber das Reichsaufwertungsgesetz nicht eingeführt, vielmehr die saarländische Aufwertungsverordnung in Kraft geblieben ist, gilt das, wie das Berufungsgericht mit Recht angenommen hat, auch für den § 40 Abs. 2, soweit er nicht durch hier nicht einschlägige Sonderbestimmungen (außer der vorerwähnten Verordnung vom 25. September 1935 handelt es sich um die Verordnung über die Aufwertung von Industrieobligationen und verwandten Schuldverschreibungen im Saarland vom 27. September 1935 — RGBl. I S. 1199 —) in Wegfall gekommen ist. Die Ansicht des Berufungsgerichts, daß eine Aufwertung des Darlehns der Klägerin zur Zeit mit Rücksicht auf die Sperrbestimmungen des § 40 Abs. 2 der saarländischen Aufwertungsverordnung ausgeschlossen sei, erweist sich deshalb als rechtlich begründet ...

---

32. Bestand vor Inkrafttreten des Deutschen Beamtengesetzes vom 26. Januar 1937 und der Reichsdienststrafordnung von demselben Tage für den in den Ruhestand übergetretenen preußischen Beamten eine besondere Treupflicht gegenüber dem Staate, deren Verletzung einen Schadensersatzanspruch des Staates gemäß den §§ 88, 89 ALR. II 10 begründete?

V. Zivilsenat. Urt. v. 28. März 1938 i. S. H. (Bekl.) w. Deutsches Reich (Kl.). V 191/37.

I. Landgericht Prenzlau.
II. Kammergericht Berlin.

Der Beklagte war Justizobersekretär beim preußischen Amtsgericht A. und hatte seit einer Reihe von Jahren die Vormundschafts- und Nachlaßsachen zu bearbeiten; er ist am 31. März 1929 in den Ruhestand getreten.

Als Anfangs des Jahres 1935 die Akten 5 F VIII 43/25, 5 IV 44/25 und 5 VIII 50/26 vom Amtsgericht B. eingefordert wurden, waren sie bei dem Amtsgericht A. nicht aufzufinden. Sie befanden sich in der Wohnung des Beklagten, der sie auf Erfordern herausgab.

Es stellte sich heraus, daß in diesen Akten die Kosten nicht berechnet waren. Als dies im Jahre 1935 nachgeholt wurde, erhob der Kostenschuldner die Einrede der Verjährung. Unter den Gesichtspunkten der Dienstpflichtverletzung und der unerlaubten Handlung fordert der Kläger vom Beklagten Schadensersatz in Höhe von 1836,68 RM. nebst Zinsen.

Die Akten 5 F VIII 43/25 betrafen eine im Jahre 1925 angeordnete Pflegschaft über den Rittergutsbesitzer B. Graf F. von F. Nachdem der Pflegling am 24. Januar 1926 verstorben war, hatte der Pfleger am 28. April 1926 seine Bestallung zurückgereicht. Der Vormundschaftsrichter hatte am 21. Juni 1926 Wiedervorlage der Akten nach vier Wochen verfügt. Eine weitere Sachbearbeitung hat nicht mehr stattgefunden. In den Akten 5 IV 44/25 war ein Testament des vorgenannten Rittergutsbesitzers am 30. Januar 1926 eröffnet worden. Am 9. Februar 1926 hatte der Pfleger der minderjährigen Töchter des Erblassers das Testament zu Protokoll der Geschäftsstelle angefochten. Der Beklagte hatte am 30. Januar 1926 in den Akten vermerkt, daß mit der Festsetzung des Wertes für die Kostenberechnung gewartet werden solle bis zur Wertfestsetzung in den Akten 5 VIII 50/26. Am 18. Juni 1927 hatte er, vorbehaltlich genauer Berechnung der Gebühr nach Feststellung des Wertes des Nachlasses, unter vorläufiger Annahme eines Wertes von 300000 RM., eine Gebühr von 200 RM. für die Eröffnung des Testaments angefordert. Die endgültige Kostenrechnung hat er nicht aufgestellt. In den Akten 5 VIII 50/26 war zum Zwecke der Anfechtung des Testaments der Pfleger für die minderjährigen Töchter des Grafen F. von F. bestellt worden. Die an dem Nachlaß beteiligten Personen hatten am 9. April 1926 einen Erbauseinandersetzungsvertrag geschlossen. Der Vormundschaftsrichter hatte diesen Vertrag für die beiden Minderjährigen genehmigt und dann am 22. April 1929 die Pflegschaft aufgehoben.

Die in den drei Sachen erwachsenen Gebühren berechnet der Kläger auf 2036,68 RM. Davon bringt er die 200 RM. in Abzug, die für die Eröffnung des Testaments in den Akten 5 VIII 50/26 eingezogen waren.

Der Beklagte hat die Verletzung einer Dienstpflicht und den Tatbestand einer unerlaubten Handlung in Abrede gestellt. Er hat weiter bestritten, daß die Gebührenforderungen verjährt seien und daß sein Verhalten für den etwaigen Eintritt der Verjährung ursächlich gewesen sei.

Das Landgericht hatte der Klage stattgegeben. Auf die Berufung des Beklagten hat das Kammergericht diesen nur zur Zahlung von 1716,68 RM. nebst Zinsen verurteilt und den weitergehenden Klagantrag abgewiesen. Die Revision des Beklagten blieb ohne Erfolg.

Gründe:

Aus zutreffenden, auch von der Revision nicht angegriffenen Gründen hat das Kammergericht angenommen, daß die in den drei oben genannten Sachen noch ausstehenden Gebühren dem Kostenschuldner gegenüber verjährt sind und daß der Kläger der Verjährungseinrede gegenüber auch nicht den Einwand der unzulässigen Rechtsausübung erheben kann.

Zu Gunsten des Beklagten hat es erwogen, daß in der Unterlassung der Einforderung einer nach einem höheren Nachlaß berechneten Gebühr für die Testamentseröffnung gegenüber der zunächst eingezogenen Gebühr von 200 RM. in der Sache 5 IV 44/25 ein Verschulden des Beklagten nicht zu erblicken sei, da ihm bis zum 31. Dezember 1928, das ist dem Zeitpunkt, bis zu welchem eine Nachforderung gemäß § 12 Pr. GKG. nur möglich gewesen sei, Unterlagen für eine Höherbewertung des Nachlasses nicht zur Verfügung gestanden hätten. Demnach sei der Beklagte für den Verlust der 120 RM. Gebühren für die Testamentseröffnung nicht verantwortlich zu machen. Auch darin, daß der Beklagte in den beiden anderen Sachen die Gebühren nicht berechnete, hat das Kammergericht ein Verschulden nicht erblickt. Es hat erwogen, daß die Gebühren für die Pflegschaft über die minderjährigen Töchter des Grafen F. von F. in der Sache 5 VIII 50/26 erst nach dem Übertritt des Beklagten in den Ruhestand fällig geworden seien. Es sei weiter dem Beklagten zu glauben, daß er in den anderen Sachen mit der Berechnung der Kosten gewartet habe, weil er damit rechnete, daß die Ermittelungen in der Sache 5 VIII 50/26 zur Feststellung des Nachlasses führen würden. Fahrlässig wäre dieses Verhalten des Beklagten nach Ansicht des Kammergerichts nur dann gewesen, wenn die Verjährung der Gebührenforderungen unmittelbar bevorgestanden hätte und deshalb ein alsbaldiges Handeln erforderlich gewesen wäre. Zudem sei diese Unterlassung nicht als adäquate Ursache der Verjährung der

Kostenforderungen anzusehen. Denn damit, daß der Nachfolger des Beklagten pflichtwidrig die Aufstellung der Kostenrechnungen unterlassen werde, habe der Beklagte während seiner Amtszeit nach dem regelmäßigen Verlauf der Dinge nicht zu rechnen brauchen.

Dagegen hat das Kammergericht den Grund der Haftung des Beklagten darin erblickt, daß er die Akten Ende 1929 an sich genommen und über fünf Jahre in seiner Wohnung behalten habe. Eine unerlaubte Handlung hat es allerdings nicht für vorliegend erachtet. § 823 Abs. 2 BGB. in Verbindung mit § 133 oder § 274 StGB. komme nicht in Betracht. § 133 StGB. diene nicht dem Schutz des einzelnen, sondern nur der Aufrechterhaltung der öffentlichen Ordnung. § 274 StGB. setze voraus, daß der Täter in der Absicht, einem anderen Schaden zuzufügen, gehandelt habe. Der Beklagte habe aber, nachdem sein Nachfolger sich geweigert habe, die Kostenrechnungen aufzustellen, die Akten an sich genommen, um sich ein Beweismittel dafür zu sichern, daß ihn an der Nichteinziehung der Kostenforderungen kein Verschulden treffe. Demnach komme auch § 826 BGB. nicht zur Anwendung, da dieser nur den verantwortlich mache, der einem anderen vorsätzlich Schaden zugefügt habe. Jedoch sei darin, daß der Beklagte die Akten an sich genommen und so lange Zeit behalten habe, eine Verletzung der Beamtenpflicht, die auch über den Zeitpunkt des Übertritts in den Ruhestand nachwirke, zu erblicken. Der Beklagte habe sich sagen müssen, daß die Entfernung der Akten aus dem Gerichtsgebäude und deren Verbleib in seiner Wohnung den Zeugen N. in dem Entschluß, die Aufstellung der Kostenrechnungen nicht zu veranlassen, bestärken und ihm die Durchführung dieses Entschlusses erleichtern werde, weil damit die Möglichkeit entfallen sei, daß die Akten bei einer Nachprüfung gefunden und die Versäumnisse festgestellt würden. Das Vorgehen des Beklagten habe den N. auch tatsächlich mitbestimmt, bei seiner Weigerung, für die Aufstellung der Kostenrechnungen zu sorgen, zu beharren. Darüber hinaus wäre es bei der von N. dem Beklagten gegenüber noch Ende Januar 1930 wiederholt erklärten Weigerung Pflicht des Beklagten gewesen, dem Aufsichtsrichter unter Vorlegung der Akten Mitteilung von der bisher nicht erfolgten Berechnung der Kosten zu machen. Dann wäre der Schaden abgewendet worden. Demnach hafte der Beklagte gemäß Art. 80 EG.z.BGB. und §§ 88, 89 ALR. II 10 neben N. auf Ersatz des Schadens.

Die hiergegen von der Revision erhobenen Angriffe greifen nicht durch. Dem in den Ruhestand getretenen und daher aus dem eigentlichen Beamtenverhältnis ausgeschiedenen Beamten liegt auch nach dem vor Inkrafttreten des Deutschen Beamtengesetzes vom 26. Januar 1937 und der Reichsdienststrafordnung von demselben Tage geltenden Recht noch eine besondere Treuverpflichtung gegenüber dem Staate ob (vgl. RGZ. Bd. 143 S. 77 [81]). Zutreffend hat das Kammergericht angenommen, daß der Beklagte diese Treupflicht schuldhaft verletzt hat. Er hat Akten, die ihm nur deshalb zugänglich waren, weil er während seiner Amtszeit mit ihnen dienstlich befaßt war, in seine Wohnung mitgenommen, um sie dort dauernd zu behalten, indem er sich ein Beweismittel dafür sichern wollte, daß ihn für die Nichteinziehung der Kosten kein Verschulden treffe. Er hat die Akten über fünf Jahre in seinem Besitz gehalten, obwohl er wußte, daß noch die Kostenrechnungen in ihnen aufzustellen waren. Dieses Verhalten stellt eine gröbliche Verletzung der amtlichen Verfügungsgewalt des Staates über das amtliche Aktenmaterial dar, die auch von dem in den Ruhestand übergetretenen Beamten kraft der ihm obliegenden Treupflicht um so mehr zu achten ist, als schon für jeden Nichtbeamten die Bedeutung der amtlichen Verfügungsgewalt aus der Vorschrift des § 133 StGB. klar ersichtlich ist. Wenn die Revision darauf hinweist, daß nach dem Beweiserbieten des Beklagten die Mitnahme der Akten im Einverständnis der Beamten der Geschäftsstelle und des Amtsgerichtsrats K. erfolgt sei, so stand es diesen Beamten an sich schon nicht zu, die dauernde Entfernung der Akten aus der amtlichen Verwahrung zu genehmigen. Abgesehen davon kann aber auch aus dem unter Beweis gestellten Verhalten des Amtsgerichtsrats K. eine solche Genehmigung nicht gefolgert werden. Wenn der Beklagte, wie er behauptet hat, den Richter um die Überlassung der Akten bat mit der Begründung, er wolle die Urkunden anstreichen, die von der Vernichtung ausgeschlossen werden müßten, so war aus diesem Ansinnen überhaupt nicht zu entnehmen, daß der Beklagte die Akten in seine Wohnung verbringen, noch viel weniger, daß er sie dort dauernd behalten wollte. Zudem hat der Beklagte nach seiner eigenen Darstellung den Richter über den Grund, weshalb er sich die Akten ausbat, getäuscht und hierdurch ebenfalls die ihm obliegende Treupflicht verletzt.

Dem Kammergericht ist aber auch weiter in der Annahme

beizutreten, daß für den Beklagten die aus seinem früheren Beamtenverhältnis sich ergebende Verpflichtung bestand, den Aufsichtsrichter unter Vorlegung der Akten vor Ablauf der Verjährungsfristen darauf hinzuweisen, daß die Kosten noch nicht berechnet seien. Hier kommt insbesondere in Betracht, daß der Beklagte, soweit die Gebühren bereits während seiner Amtszeit fällig geworden waren, an sich gemäß § 15 Nr. 1 der preußischen Kassenordnung für die Justizbehörden vom 28. März 1907 (JMBl. S. 127) zur unverzüglichen Berechnung verpflichtet war. Wenn auch das Kammergericht mit Rücksicht auf die besonderen Umstände in der Nichtberechnung der Kosten durch den Beklagten keine schuldhafte Unterlassung erblickt hat, so erforderte es doch die dem Beklagten obliegende Treupflicht um so mehr, dem entgegenzuwirken, daß die auf sein Verhalten zurückzuführende Nichtberechnung der Kosten infolge einer vorsätzlichen Pflichtwidrigkeit eines anderen Beamten zu einer Schädigung des Staates führte.

Die Beurteilung des ursächlichen Zusammenhangs zwischen dem Verschulden des Beklagten und dem eingetretenen Schaden unterlag gemäß § 287 ZPO. dem freien tatrichterlichen Ermessen. Was die Revision in dieser Hinsicht gegen die Begründung des Berufungsurteils vorbringt, ist unbeachtlich. Die Tatsache, daß sich N. wiederholt geweigert hatte, die Kostenberechnung zu veranlassen, schließt nicht aus, daß er doch noch anderen Sinnes werden konnte. Die an sich bestehende Möglichkeit, daß ein Revisionsbeamter sich auf Grund der Register die Akten vorlegen läßt, steht der Annahme des Kammergerichts nicht entgegen, daß durch das Verbringen der Akten aus dem Gerichtsgebäude die Entdeckung der Säumnis in der Kostenberechnung erschwert worden sei. Mit dem vom Beklagten verfolgten Zweck steht die Annahme des Berufungsgerichts, daß der Beklagte sich der Folgen seiner Handlungsweise bei gehöriger Aufmerksamkeit hätte bewußt sein müssen, keineswegs im Widerspruch.

Wenn das Kammergericht bei diesem Sachverhalt die Haftung des Beklagten aus den §§ 88, 89 ALR. II 10 hergeleitet hat, so ist hierin ein Rechtsirrtum nicht zu erblicken. Es bedurfte daher keines Eingehens mehr auf den von der Revisionsbeantwortung vorgetragenen weiteren Gesichtspunkt der unerlaubten Handlung.

33. Muß der Kraftfahrer vor Eisenbahnübergängen, deren Schranken offenstehen, mit dem Herannahen von Zügen rechnen und außer der Fahrbahn auch die Zugstrecke beobachten? Geht insbesondere eine Unübersichtlichkeit des Geländes insoweit zu seinen Lasten?

BGB. §§ 254, 276, 823. KFG. §§ 7, 17. RStrVO. vom 28. Mai 1934 §§ 25, 27. AusfAnw. z. RStrVO. vom 29. September 1934 B II Abs. 2 zu § 25; Abs. 2 zu § 27. Eisenbahn-Bau- u. Betriebsordnung § 79.

VI. Zivilsenat. Urt. v. 12. Januar 1938 i. S. M. (Erstkl.) w. Kleinbahn Celle-Wittingen (Erstbekl.). VI 172/37.

I. Landgericht Hannover.
II. Oberlandesgericht Celle.

Die Erstbeklagte betreibt die Kleinbahn Celle—Wittingen, die die Landstraße Lüneburg—Celle bei dem Bahnhof A. schneidet. Der Übergang ist für die aus Celle kommenden Züge nach links in der Blickrichtung auf die aus Lüneburg heranführende Straße wenig übersichtlich, weil ein in diesem Winkel liegendes, mit hohen Hecken umgebenes und mit Bäumen bestandenes Anwesen bis an die Straße und den Bahnkörper heranreicht. Der Bahnübergang ist mit Schranken versehen und auch an der Landstraße als beschrankter Bahnübergang gekennzeichnet. Gemäß einer Anordnung der Erstbeklagten vom 28. Mai 1935 wurde aber die Schranke bei der Durchfahrt von Triebwagen nicht geschlossen; die Triebwagenführer waren lediglich angewiesen, vor dem Übergang zu halten und sich vor der Weiterfahrt davon zu überzeugen, ob die Straße frei sei. Am 26. Oktober 1935 fuhr der Zweitbeklagte mit dem von ihm geführten Triebwagen aus der Richtung von Celle her bei offenstehenden Schranken auf den Übergang, ohne vorher gehalten zu haben. Dabei erfaßte er den von links aus der Richtung von Lüneburg kommenden Kraftwagen des Erstklägers, schob den Wagen über die Straße und zertrümmerte ihn. Die Insassen des Kraftwagens, der Erstkläger und dessen Ehefrau, wurden erheblich verletzt; die Ehefrau des Erstklägers ist an den Unfallsfolgen alsbald verstorben.

Der Erstkläger hat die Beklagten auf Ersatz seines Schadens zunächst in Höhe eines Teilbetrages von 8000 RM. nebst Zinsen sowie auf Feststellung ihrer Ersatzpflicht für den weiteren Schaden in

Anspruch genommen. Das Landgericht hat seine Leistungsansprüche dem Grunde nach für gerechtfertigt erklärt und seinem Feststellungsantrage stattgegeben. Das Oberlandesgericht hat die Vorentscheidung aufgehoben, die Zahlungsansprüche des Erstklägers lediglich zur Hälfte dem Grunde nach als berechtigt anerkannt und seinem Feststellungsantrage zur Hälfte stattgegeben, die weitergehenden Ansprüche aber abgewiesen. Es stellt die Haftung der Kleinbahn und des Triebwagenführers fest, sieht aber auch Verschulden des Erstklägers als vorliegend an. Hierbei geht es zwar davon aus, daß die Maßnahme der Kleinbahn geeignet gewesen sei, die auf der Landstraße herankommenden Verkehrsteilnehmer irrezuführen und in den Glauben zu versetzen, der Übergang sei frei, und nimmt auch an, daß der Unfall auf einem hierdurch veranlaßten Irrtum des Erstklägers beruhe. Es sieht jedoch eine Fahrlässigkeit des Erstklägers u. a. darin, daß er ohne genügende Aufmerksamkeit auf den Bahnübergang gefahren sei, so daß er das Herannahen des Triebwagens nicht bemerkt habe.

Während die Revision der Erstbeklagten als unbegründet zurückgewiesen wurde, führte die des Erstklägers zur Aufhebung des Berufungsurteils und Zurückverweisung der Sache.

Aus den Gründen:

... Über das Verhalten des Erstklägers bis zum Unfall hat der Berufungsrichter bisher keine Feststellungen getroffen. Er geht zutreffend davon aus, daß der Erstkläger sich im Rahmen der §§ 7, 17 KFG. entlasten muß ... Soweit er jedoch über das Kraftfahrzeuggesetz hinaus ein Verschulden des Erstklägers annimmt, was sowohl für die Abwägung der Verantwortlichkeit gegenüber der Bahn nach § 17 KFG. als auch für die Anwendbarkeit des § 254 BGB. im Verhältnis zu dem Triebwagenführer bedeutsam ist, hätte es positiver Feststellungen bedurft, in welchen genau bezeichneten Handlungen oder Unterlassungen die Verletzung der verkehrserforderlichen Sorgfaltspflichten gesehen werden soll ...

Bei Annäherung an den Bahnübergang hatte der Erstkläger — wie jeder Teilnehmer am Straßenverkehr — die allgemeine Verpflichtung zur Aufmerksamkeit (§ 276 BGB.). Daneben enthält sowohl die Eisenbahn-Bau- und Betriebsordnung wie auch die Reichsstraßenverkehrsordnung Sondervorschriften für die Kreuzungen zwischen Straßen und Schienenwegen. Nach Abs. 2 der Ausführungsanweisung zu § 27 RStrVO. ist das auf § 79 der Eisenbahn-Bau- und Betriebsordnung beruhende Vorrecht der Eisenbahn an den Übergängen aufrechterhalten worden, wonach u. a. Kraftfahrzeuge in angemessener Entfernung vor dem Übergang angehalten werden müssen: „wenn die Übergänge geschlossen sind, wenn bei beschrankten Übergängen das Läutewerk ertönt oder wenn ein Zug sich nähert". Nach B II Abs. 2 Satz 1 und 2 der AusfAnw. zu § 25 RStrVO. ist dazu die Geschwindigkeit der Kraftwagen, besonders vor Eisenbahnübergängen in Schienenhöhe, so einzurichten, daß nötigenfalls rechtzeitig angehalten werden kann.

Dabei ist das Maß der von einem Kraftfahrer zu fordernden Sorgfalt nach der Natur der Sache verschieden, je nachdem, ob es sich um einen unbeschrankten oder um einen beschrankten Bahnübergang handelt (siehe auch RGZ. Bd. 142 S. 363 Mitte bis S. 364 Mitte). Im ersten Falle muß der Straßenbenutzer jederzeit mit dem Herankommen von Zügen rechnen und sich bereithalten, das Vorrecht der Bahn zu beachten. Im zweiten Fall übernimmt es die Bahn, die Annäherung von Zügen durch Herablassen der Schranken (und durch Läutezeichen) anzukündigen. Darin liegt u. a. die Bedeutung der Errichtung von Schranken gerade an unübersichtlichen Kreuzungen. Hiernach bestimmt sich der Inhalt der oben wiedergegebenen Verpflichtung eines Kraftfahrers bei Annäherung an einen beschrankten Bahnübergang dahin: er muß seine Geschwindigkeit so einrichten, daß er „nötigenfalls", d. h. beim Ertönen des Läutewerks oder beim Herunterlassen der Schranken, halten kann. Die Lage ähnelt derjenigen auf einer lichtgeregelten Straßenkreuzung, nur daß die Signale (Lichtwechsel—Schranken) nicht von der Polizei, sondern von einem der Verkehrsteilnehmer, der Bahn, bedient und in Tätigkeit gesetzt werden. So lange die Schranken auf „Offen" stehen, zeigt die Bahn an, daß sie den Übergang nicht in Anspruch nehmen will. (Im vorliegenden Falle hatte die Bahn ausweislich der Verfügung vom 28. Mai 1925 für die Triebwagen entgegen ihrem Vorrecht ausdrücklich angeordnet, daß „die Weiterfahrt über die Landstraße erst erfolgen dürfe, wenn ... die Straße frei sei und der Triebwagen ungehindert fahren könne.")

Bei Annäherung an einen als beschrankt gekennzeichneten Bahnübergang hat sich die Aufmerksamkeit des Fahrers in erster Linie und fortgesetzt bis zur Überquerung darauf zu richten, ob die Schranken offen sind und ob sie offen bleiben oder sich im Niedergehen befinden. Daneben hat er die vor ihm liegende Strecke auf eine mögliche Verengung der Straßenbreite zwischen den Schrankenpfosten, auf Bodenwellen, Gegenverkehr usw. zu beobachten. Nach diesen Erfordernissen bestimmt sich seine Annäherungsgeschwindigkeit und seine Pflicht, „nötigenfalls“ zu halten. Denn die oben erwähnten Vorschriften setzen gleichfalls voraus, daß die Zeichengebung an dem Übergang ordnungsmäßig bedient wird.

Eine Pflicht zur Beobachtung, ob ein Zug trotz Offenstehens der Schranken den Übergang überfahren will, kann nur aus § 276 BGB. und § 25 RStrVO. gefolgert werden. Sie entspringt der allgemeinen Pflicht zur Verhütung jeder vermeidbaren Schädigung im Verkehr. Sie wird aber auf die Beobachtungsmöglichkeiten beschränkt, die dem Fahrer — gemäß seiner Sicht- und Hörmöglichkeit vom fahrenden Fahrzeug aus — bei Erfüllung seiner oben wiedergegebenen, vorgehenden und seine Fahrweise bestimmenden Pflichten verbleiben. Unübersichtlichkeit in dieser Hinsicht geht nicht zu seinen Lasten; denn sonst würde das Vorhandensein von Schranken, welche u. a. die aus der Unübersichtlichkeit herrührenden Gefahren ausgleichen, umgekehrt zu einer Vermehrung der Pflichten des Straßenbenutzers, nämlich zur Beobachtung des Querverkehrs und der Schrankenbewegung führen. Bei offenstehenden Schranken ist der Kraftfahrer sonach zu Gegenmaßnahmen erst verpflichtet, sobald er in diesem Rahmen Umstände bemerkt, die eine freie Überfahrt in Frage stellen.

Im vorliegenden Fall steht bisher nur fest, daß der Erstkläger nicht mehr rechtzeitig gehalten hat und vor den Triebwagen geraten ist. Es war aber für das Verschulden überhaupt und jedenfalls für das Maß seines Verschuldens zu erörtern, ob oder bis zu welchem Zeitpunkt er annehmen konnte, daß der Übergang frei sei. Dabei hat das Berufungsgericht, wie die Revision des Erstklägers zutreffend rügt, bisher seine Behauptung übergangen, er hätte selbst bei Ansichtigwerden des Triebwagens aus dessen langsamer Fahrt in Verbindung damit, daß sich auch rechts der Straße ein Bahnsteig befand, entnehmen dürfen, daß der Triebwagen vor dem Straßenübergang halten werde. Die Behauptung kann von Bedeutung sein, soweit das Berufungsgericht das Verschulden nur nach den

Grundsätzen vom Beweise des ersten Anscheins annehmen will, weil es insoweit genügt, daß der Kläger auch die Möglichkeit eines anderen Geschehensablaufs dartut und damit die Wahrscheinlichkeit des Rückschlusses auf sein Verschulden entkräftet...

---

34. Unter welchen Voraussetzungen kann vom Deutschen Reich wegen Amtspflichtverletzung eines Steuerbeamten vor den ordentlichen Gerichten Schadensersatz gefordert werden und muß der Einwand, in Wirklichkeit werde in unzulässiger Weise ein Steuererstattungsanspruch verfolgt, vergeblich bleiben?

GVG. § 13. WeimVerf. Art. 131. BGB. § 839. RAbgO. § 242.

III. Zivilsenat. Urt. v. 4. Februar 1938 i. S. Witwe H. (Kl.) w. Deutsches Reich (Bekl.). III 138/37.

I. Landgericht Breslau.
II. Oberlandesgericht daselbst.

Der im Jahre 1935 verstorbene Ehemann der Klägerin betrieb in O. eine Fleischerei mit Wurstfabrik. Die Klägerin ist seine alleinige Erbin geworden. Im Mai 1932 fand bei ihrem Ehemann eine Betriebsprüfung durch die Steuerbehörde statt. Dabei wurde festgestellt, daß er für die Jahre 1927 bis 1930 den gewerblichen Gewinn zu niedrig angegeben hatte. Der Gewinn wurde daher geschätzt und durch Steuerbescheid des Finanzamts in O. vom 17. August 1932 eine Nachzahlung von 22000 RM. Einkommensteuer festgesetzt. Hiergegen legte der Ehemann der Klägerin Einspruch ein, den er im Schriftsatz vom 12. Oktober 1932 u. a. damit begründete, daß er im August 1931 auf Grund der Steueramnestieverordnung vom 23. August 1931 (RGBl. I S. 449) seine früheren Einkommensangaben berichtigt und Steueramnestie rechtzeitig in Anspruch genommen habe. Sein Einspruch gegen den Bescheid wurde jedoch zurückgewiesen, weil eine „Amnestieanzeige" nicht eingegangen sei. Aus demselben Grunde blieben seine Berufung und seine Rechtsbeschwerde erfolglos, obwohl er an Eidesstatt versichert hatte, daß er eine Amnestieanzeige nach einem von ihm vorgelegten Entwurf eigenhändig geschrieben und an das Finanzamt abgesandt habe. Am 16. Januar 1936 wurde jedoch eine Amnestieanzeige von ihm, vom 30. August 1931, in den sein Grundstück Breslauer Platz 7 betreffenden Einheitswertakten III vorgefunden. Das Schriftstück war mehrfach zusammengefaltet und mit einer leicht angerosteten Heftklammer zwischen dem etwa 9 cm breiten Heftrücken und dem hinteren Aktendeckel an diesem so versteckt angeheftet, daß es beim Öffnen des Aktenstückes nicht ohne Hebung des Aktenrückens zu sehen war. Es trägt keinen Eingangsstempel, ist stark abgenutzt, zerknittert und eingerissen und weist Heftlöcher sowie einen eingeknickten Heftrand auf. Die Auffindung wurde dem Bücherrevisor und Steuersachverständigen L., der die Klägerin (mit ihrem Ehemanne) vertrat, am 21. April 1936 bekannt gegeben. Die Klägerin hat darauf in einer an den Reichsminister der Finanzen gerichteten Eingabe vom 19. Juni 1936 gebeten, ihr den auf den Steuerbescheid vom 17. August 1932 noch geschuldeten Betrag (5977,68 RM.) zu erlassen und die bereits gezahlten Beträge zu erstatten. Das ist jedoch durch den Bescheid des Präsidenten des Landesfinanzamts vom 6. August 1936 abgelehnt worden.

Alsdann hat die Klägerin den ordentlichen Rechtsweg beschritten. Sie behauptet, die Amnestieanzeige sei von ihrem Manne mit seiner Vermögenssteuererklärung vom 28. August 1931 innerhalb der Amnestiefrist dem Finanzamt eingereicht worden. Sie selbst habe die von ihrem Manne geschriebene Anzeige in den Briefkasten des Finanzamts in O. geworfen. Sie habe dies damals auch dem Steuerberater L. mitgeteilt. Die verspätete Ermittlung der Urkunde könne nur durch eine Amtspflichtverletzung der mit der Bearbeitung betrauten Beamten verursacht worden sein. Dafür spreche, daß das Schriftstück keinen Eingangsvermerk trage und in die unrichtigen Akten gelangt sei. Bei ordnungsmäßiger Behandlung würde ihrem Manne die Steueramnestie zugute gekommen sein. Gestützt auf Art. 131 WeimVerf. und § 839 BGB. fordert sie Schadensersatz. Den Schaden erblickt sie darin, daß ihr Ehemann und sie selbst auf die Nachveranlagung Zahlungen habe leisten müssen.

Der Beklagte hat Unzulässigkeit des Rechtswegs eingewandt und geltend gemacht, eine Amtspflichtverletzung im Sinne des § 839 BGB., Art. 131 WeimVerf. sei nicht schlüssig dargelegt.

Das Landgericht hat die Klage wegen Unzulässigkeit des Rechtswegs abgewiesen. Im zweiten Rechtsgang hat die Klägerin noch ausgeführt: Es handle sich um einen echten Schadensersatzanspruch. Die Amtspflichtverletzung sei von dem freiwillig aus dem Leben geschiedenen Obersteuerinspektor B. begangen worden, der Darlehnsschuldner ihres Mannes gewesen sei. B. sei ihrem Manne feindlich gesinnt gewesen, weil dieser auf Rückzahlung des Darlehns bestanden habe. Er habe damals dem Steuerberater L. gegenüber geäußert: „Diesem verfluchten Lumpen und Halsabschneider werde ich schon etwas auswischen; er soll sein Lebtag an mich denken". B. habe aus diesem Grunde absichtlich die Amnestieanzeige nicht mit dem vorgeschriebenen Eingangsvermerk versehen und sie zu den falschen Akten gebracht. Die Ansicht, daß B. die Amnestieanzeige absichtlich unterdrückt habe, sei auch von dem Oberregierungsrat K., dem früheren Leiter des Finanzamts in O., geteilt worden; denn dieser habe nach Auffindung der Amnestieanzeige geäußert: „Ich bin heilfroh, daß B. heute nicht mehr am Leben ist".

Der Beklagte hat geltend gemacht: Auch wenn man mit der Möglichkeit rechnen wolle, daß der verstorbene Obersteuerinspektor B. die Amnestieanzeige absichtlich unterdrückt habe, werde für den Klaganspruch der Rechtsweg nicht eröffnet. Nach § 222 Abs. 1 Nr. 3 und 4 RAbgO. habe der Präsident des Landesfinanzamts auf Grund des durch die nachträgliche Auffindung der Amnestieanzeige geschaffenen Sachverhalts die Rechtmäßigkeit des gegen den Ehemann der Klägerin ergangenen Steuerbescheides nachgeprüft, aber nach eingehender Untersuchung die Aufhebung des Steuerbescheides und die Erstattung oder Niederschlagung der nachverlangten Steuer abgelehnt. Die Veranlagung zu dieser Steuer beruhe daher jetzt nicht mehr auf den früheren, durch die Unkenntnis von dem Vorhandensein der Amnestieanzeige beeinflußten Entscheidungen, sondern auf demselben Sachverhalt, auf Grund dessen die Klägerin die Erstattung der gezahlten Steuer im Wege der Schadensersatzklage verlange. Sie verlange also eine nach § 242 RAbgO. unzulässige Nachprüfung der Entscheidung des Landesfinanzamtspräsidenten.

Das Oberlandesgericht hat die Berufung der Klägerin zurückgewiesen.

Auf ihre Revision ist das Berufungsurteil aufgehoben und der Rechtsweg für zulässig erklärt worden.

Gründe:

Das Berufungsgericht verkennt nicht, daß trotz der Bestimmung des § 242 RAbgO. gegen das Deutsche Reich nach Art. 131 WeimVerf., § 839 BGB. ein Schadensersatzanspruch geltend gemacht werden kann, wenn Steuerbeamte einem Steuerpflichtigen durch schuldhafte Amtspflichtverletzung Schaden zugefügt haben. Unumgängliche Voraussetzung für die Verfolgung eines solchen Anspruchs ist freilich, daß der Kläger in genügend schlüssiger Weise durch bestimmte tatsächliche Angaben einen Sachverhalt darlegt, der ein schuldhaft pflichtwidriges und daher zum Schadensersatz verpflichtendes Verhalten eines beteiligten Beamten in Ausübung der ihm anvertrauten öffentlichen Gewalt klar erkennen läßt. Fehlt es daran, läuft also das Klagevorbringen darauf hinaus, daß eine Verwaltungsentscheidung oder eine andere Maßnahme der Verwaltungsbehörde unabhängig von der schuldhaften Amtspflichtverletzung eines beteiligten Beamten als unrechtmäßig angefochten werden soll, dann steht der Rechtsweg nicht offen (vgl. RGZ. Bd. 146 S. 257flg. mit Nachweisen). Dann liegt eben in Wahrheit keine Schadensersatzklage aus Amtspflichtverletzung vor, sondern der unzulässige Versuch, ohne schlüssige Behauptungen und Anhaltspunkte für eine Amtspflichtverletzung im Gewande der Amtshaftungsklage über einen Steuererstattungsanspruch durch die ordentlichen Gerichte entscheiden zu lassen, wofür der Rechtsweg unzulässig ist (RGZ. Bd. 140 S. 84flg., Urteil des erkennenden Senats vom 13. April 1934 III 307/33 in HRR. 1934 Nr. 955). Die tatsächliche Klagebegründung muß also mindestens die Möglichkeit eines bürgerlich-rechtlichen, vor den ordentlichen Gerichten zu verfolgenden Anspruchs ergeben (RGZ. Bd. 150 S. 174 [176]).

Im vorliegenden Falle haben beide Vorderrichter die Zulässigkeit des Rechtswegs verneint. Das Landgericht meint, die Klägerin wolle eine dem ordentlichen Gericht versagte Nachprüfung der Entscheidung der Finanzbehörden herbeiführen. Bei den vor die ordentlichen Gerichte gehörigen Rechtsstreitigkeiten würde das nachträgliche Auffinden einer Urkunde lediglich die Erhebung einer Restitutionsklage rechtfertigen können; falls diese versage, würde allenfalls ein Schadensersatzanspruch gegen den Prozeßgegner mit Erfolg geltend gemacht werden können, wenn er die Urkunde arglistig unterdrückt habe. Für einen solchen Sachverhalt sei jedoch von der Klägerin kein Beweis angetreten worden.

Das Oberlandesgericht geht bei seiner Entscheidung von ähnlichen Erwägungen aus. Es entnimmt den Steuerakten, daß der durch das Auffinden der Amnestieanzeige geänderte Sachverhalt bereits

Gegenstand der Nachprüfung durch den Präsidenten des Landesfinanzamts gewesen sei, diesen aber laut seines Bescheides vom 6. August 1936 nicht veranlaßt habe, die früheren Entscheidungen des Finanzamts und der Finanzgerichte zu ändern. Die Möglichkeit der Änderung habe trotz der formell rechtskräftigen Entscheidungen der Finanzgerichte nach § 222 Abs. 1 Nr. 4 RAbgO. bestanden, da diese keiner materiellen Rechtskraftwirkung fähig seien. Unerheblich sei, ob der Klägerin gegen die neue Entscheidung des Landesfinanzamtspräsidenten Rechtsmittel zur Verfügung gestanden hätten. Um insofern den Rechtsweg auszuschließen, genüge, daß bei einer solchen Sachlage die Zuständigkeit einer Finanzbehörde in irgendeiner Form gegeben sei. Nun gehöre aber zu dem der ausschließlichen Entscheidung der Steuerbehörden unterliegenden steuerrechtlichen Tatbestand vor allem die Frage, ob die Amnestieanzeige rechtzeitig eingegangen sei. Diese Frage habe die Steuerbehörde auf Grund des neuen Sachverhalts verneint. Ein Anspruch aus Amtspflichtverletzung würde aber nur dann bejaht werden können, wenn die Gerichte auf Grund desselben Sachverhalts den rechtzeitigen Eingang der Anzeige feststellten. Die begehrte Feststellung der Amtspflichtverletzung als solcher, nämlich der Beseitigung der Urkunde durch einen Finanzbeamten, stehe damit in einem so engen Zusammenhang, daß eine Trennung unmöglich sei. Es fehle also an einem außerhalb des rein steuerrechtlichen Tatbestandes liegenden tatsächlichen Vorbringen, das einen Schadensersatzanspruch aus Amtspflichtverletzung rechtfertigen könnte.

Diese Ausführungen werden von der Revision mit Recht beanstandet; sie verkennen die Bedeutung des § 242 RAbgO., des § 839 BGB. und des Art. 131 WeimVerf. und verletzen § 13 GVG.

Was das Landgericht für den bürgerlichen Rechtsstreit über die Möglichkeit der Restitutionsklage beim nachträglichen Auffinden einer Urkunde und die Möglichkeit eines Schadensersatzanspruchs gegen den Prozeßgegner ausführt, falls dieser eine Urkunde unterdrückt hat, paßt überhaupt nicht hierher. Denn das Steuerveranlagungs- und Steuerstreitverfahren läßt sich mit einem bürgerlichen Rechtsstreit, in dem sich mehrere Streitteile gleichberechtigt gegenüberstehen, nicht vergleichen; es folgt eigenen Regeln. Aber auch die Ausführungen des Oberlandesgerichts sind von Rechtsirrtum beeinflußt. Zuzugeben ist, daß der Präsident des Landesfinanzamts auf den Antrag der Klägerin vom 19. Juni 1936 trotz des rechtskräftig zu Ungunsten des Erblassers der Klägerin erledigten Steuerstreitverfahrens einen Steuernachlaß hätte bewilligen können, wenn er die Überzeugung gewonnen hätte, daß die erst am 16. Januar 1936 in anderen Steuerakten, nämlich den Einheitswertakten III vorgefundene Amnestieanzeige des Erblassers der Klägerin vom 30. August 1931 den gesetzlichen Vorschriften entspreche und rechtzeitig eingegangen sei. Nach der Steueramnestieverordnung vom 23. August 1931 §§ 15 flg. mußten zur Erlangung der Steueramnestie, die in gewissem Umfange die Befreiung von Nachzahlungen nach sich zog, der Behörde die früher nicht angegebenen Steuerwerte innerhalb der vom 18. Juli bis 16. September 1931 laufenden Amnestiefrist angezeigt werden. Diese Frist ist durch die Verordnung des Reichspräsidenten über Aktienrecht, Bankenaufsicht und über eine Steueramnestie vom 19. September 1931, Dritter Teil § 1 (RGBl. I S. 493, 503) bis zum 15. Oktober 1931 und sodann durch die Verordnung über Verlängerung der Steueramnestiefrist vom 17. Oktober 1931 (RGBl. I S. 581) § 1 bis zum Ablauf des 26. Oktober 1931 verlängert worden. Voraussetzung für die Befreiung von Nachzahlungen war also, daß bis zum 26. Oktober 1931 eine formgerechte Amnestieanzeige bei der Steuerbehörde eingegangen war. Der Erblasser der Klägerin hatte im Steuerstreitverfahren geltend gemacht, er habe rechtzeitig eine solche Anzeige beim Finanzamt eingereicht. Diese Behauptung ist von den Steuerbehörden und den Finanzgerichten, weil damals eine solche Anzeige nicht vorgefunden wurde und die für die rechtzeitige Einreichung angeführten Beweismittel ungenügend erschienen, als nicht bewiesen angesehen worden. Daher ist es bei dem Steuerbescheide des Finanzamts vom 17. August 1932, der eine Nachzahlung von 22000 RM. an Einkommensteuer festgesetzt hatte, verblieben; der Erblasser der Klägerin und sie selbst haben daher erhebliche Zahlungen leisten müssen, von denen sie bei Feststellung rechtzeitigen Eingangs der Amnestieanzeige befreit worden wären.

Nun ist es zwar nicht zutreffend, wenn der Berufungsrichter aus der von ihm angeführten Entscheidung des Reichsfinanzhofs (Amtl. Samml. Bd. 21 S. 85 flg.) schließt, die rechtskräftigen Entscheidungen der Finanzgerichte seien einer materiellen Rechtskraftwirkung unfähig. Die angeführte Entscheidung verneint ausdrücklich, daß auf Grund des § 212 Abs. 3 RAbgO. a. F. — einer Bestimmung, der jetzt im wesentlichen der § 222 Abs. 1 Nr. 3 n. F. entspricht, — eine rechtskräftige Rechtsmittelentscheidung geändert werden kann, wenn derselbe Sachverhalt vorliegt, der erkennbar Gegenstand der Urteilsfindung gewesen ist, der Sachverhalt also nur rechtlich anderweit beurteilt werden soll. § 222 Abs. 1 Nr. 4 RAbgO. läßt eine Änderung des Steuerbescheides (Berichtigungsveranlagung oder Berichtigungsfeststellung) nur zu, wenn bei einer Nachprüfung durch die Aufsichtsbehörde vor dem Ablauf der Verjährungsfrist Fehler aufgedeckt werden, deren Berichtigung eine niedrigere Veranlagung rechtfertigt. Voraussetzung ist mit Rücksicht auf die angeführte Entscheidung, daß eine für die Berichtigung erhebliche Tatsache außerhalb des Erwägungsbereichs der Rechtsmittelinstanz geblieben war. Das sollte nach dem Antrage der Klägerin vom 19. Juni 1936 die nachträglich aufgefundene Amnestieanzeige gewesen sein, die ja bisher bei keiner Entscheidung vorgelegen hatte, sondern erst am 16. Januar 1936 in Akten gefunden war, in die sie nicht hineingehörte. Sie dort unterzubringen, war ein Fehler, aber es steht bisher nicht fest, wer sie dort untergebracht hat — das kann möglicherweise auch von einem Unbefugten geschehen sein —, vor allem aber nicht, ob sie rechtzeitig bei dem Finanzamt eingegangen war. Nur wenn diese Frage zu bejahen wäre, würde ein ursächlicher Fehler im Sinne des § 222 Abs. 1 Nr. 4 RAbgO. aufgedeckt sein, der den Präsidenten des Landesfinanzamts zu einer der Klägerin günstigen Entscheidung hätte veranlassen können. Von dem rechtzeitigen Eingang aber hat sich der Präsident des Landesfinanzamts nicht zu überzeugen vermocht und deshalb den Steuererlaß- und Erstattungsantrag abgelehnt.

An die ablehnende Entscheidung als solche sind die Gerichte gebunden. Sie wird auch von der Klägerin nicht angegriffen. Diese verfolgt vielmehr einen Schadensersatzanspruch, gestützt auf die Behauptung, Finanzbeamte hätten es ihr und ihrem verstorbenen Manne durch schuldhaftes Verhalten unmöglich gemacht, den Nachweis des rechtzeitigen Eingangs der Amnestieanzeige zu führen. Die Klägerin behauptet nämlich, der zuständige Beamte habe seinerzeit die rechtzeitig eingereichte Amnestieanzeige nicht ordnungsmäßig in Verwahrung und nicht zu den richtigen Akten gebracht. Darin erblickt sie die schuldhafte Verletzung einer Amtspflicht, die ihrem Erblasser gegenüber zu erfüllen gewesen sei. Es wird also nicht eine steuerrechtliche Nachprüfung gefordert, sondern das schuldhaft pflichtwidrige Verhalten eines Beamten behauptet, der an der steuerrechtlichen Entscheidung gar nicht beteiligt war. Das behauptete Verhalten kommt natürlich nur dann als ursächliches Verschulden in Betracht, wenn die Amnestieanzeige rechtzeitig eingereicht worden war. Insoweit wird allerdings die Frage, über die bereits der Präsident des Landesfinanzamts in seinem Bescheide vom 6. August 1936 sich schlüssig geworden ist, dem ordentlichen Gericht erneut unterbreitet, aber unter einem anderen Gesichtspunkt und in Verbindung mit bestimmten, eine Amtspflichtverletzung begründenden Behauptungen. Genügen die angeführten Tatsachen den Anforderungen, die an eine Amtshaftungsklage nach den oben zu Eingang der Entscheidungsgründe dargelegten Voraussetzungen zu stellen sind, so ist der Rechtsweg zulässig; von einem unzulässigen Versuch, unter Umgehung des § 242 RAbgO. im Gewand einer Amtshaftungsklage einen Steueranspruch, nämlich den Anspruch auf Rückforderung bezahlter Steuern, vor den ordentlichen Gerichten zu verfolgen, ist dann keine Rede. Der Umstand, daß zur Begründung einer solchen Amtshaftungsklage neben den die Amtspflichtverletzung begründenden Tatsachen zum Nachweise der Entstehung eines ursächlichen Schadens weitere Tatsachen dargetan werden müssen, deren Vorliegen im Steuerstreitverfahren oder bei einer Prüfung nach § 222 Abs. 1 Nr. 4 RAbgO. nicht für bewiesen angesehen wurde, kann, wenn auch diese Tatsachen in genügender Weise behauptet sind und dafür genügende Anhaltspunkte nicht offensichtlich fehlen, die Zulässigkeit des Rechtswegs nicht beeinträchtigen. Ob diese Tatsachen als bewiesen anzusehen sind, hat dann der ordentliche Richter selbst zu prüfen, ohne an die Auffassung der Finanzbehörden oder Finanzgerichte gebunden zu sein. Das übersieht der Berufungsrichter bei seiner Erwägung, die mit der Klage begehrte Feststellung einer Amtspflichtverletzung, nämlich der Beseitigung der Amnestieanzeige durch einen Finanzbeamten, stehe mit der vom Präsidenten des Landesfinanzamts verneinten Frage des rechtzeitigen Eingangs der Amnestieanzeige in so engem Zusammenhange, daß eine Trennung unmöglich sei. Rechtsirrig ist es daher auch, wenn der Berufungsrichter im Anschluß an diese Erwägung weiter sagt, es fehle also an einem außerhalb des rein steuerrechtlichen Tatbestandes liegenden tatsächlichen Vorbringen, das einen Schadensersatzanspruch aus Amtspflichtverletzung rechtfertigen könnte.

Fraglich konnte nur sein, ob in genügend schlüssiger Weise Tatsachen behauptet sind, die eine Amtspflichtverletzung und einen daraus entstandenen Schaden begründen können. Das hätte für das erstinstanzliche Vorbringen zweifelhaft erscheinen können. Denn danach wollte die Klägerin im wesentlichen aus der Tatsache, daß ihr verstorbener Ehemann die Anzeige vom 30. August 1931 damals geschrieben und sie selbst sie innerhalb der Amnestiefrist in den Briefkasten des Finanzamts geworfen habe, und aus der Tatsache der versteckten Unterbringung der erst am 16. Januar 1936 in falschen Akten vorgefundenen Anzeige und ihrer Beschädigung gefolgert wissen, daß ein Finanzbeamter diese Unterbringung vorgenommen und die Urkunde auf diese Weise beseitigt habe. Diese Unterbringung und die oben im Tatbestande näher dargelegte äußere Beschaffenheit der Urkunde sind allerdings im höchsten Maße auffällig. Es mochte jedoch die Möglichkeit bestanden haben, daß irgendein Unbefugter, der nicht zu den Beamten des Finanzamts gehörte, die Urkunde nachträglich in der festgestellten Weise und Beschaffenheit am angeführten Ort untergebracht habe, und mochte also der Schluß nicht geboten sein, daß ein Finanzbeamter sie dort untergebracht habe, mithin noch die Möglichkeit in Frage kommen, daß sie in der festgestellten Beschaffenheit nach Ablauf der Amnestiefrist in jene Akten von einem Unbefugten hineingeschmuggelt worden sei. Die Klägerin hat jedoch im zweiten Rechtsgang ihr erstinstanzliches Vorbringen ergänzt und unter Beweisantritt vorgetragen, der durch Selbstmord aus dem Leben geschiedene Obersteuerinspektor B., der die hier fragliche Steuersache zu bearbeiten hatte, sei dem Erblasser der Klägerin verschuldet gewesen und habe, als der Erblasser auf Rückzahlung des ihm gewährten Darlehns gedrängt habe, geäußert: „Diesem verfluchten Lumpen und Halsabschneider werde ich schon etwas auswischen; er soll sein Lebtag an mich denken". Dieses Vorbringen kann im Zusammenhang mit dem erstinstanzlichen Vortrag nur dahin aufgefaßt werden, daß B. absichtlich die Steueranzeige unterdrückt habe, um für den Erblasser der Klägerin die Gewährung der Amnestie zu hintertreiben. Dazu kommt die unter Beweis gestellte Tatsache, daß der Oberregierungsrat K. geäußert habe: „Ich bin heilfroh, daß B. heute nicht mehr am Leben ist". Diese Tatsache soll ganz offensichtlich ein Beweisanzeichen dafür sein, daß B. ein unzuverlässiger, nicht sorgsamer Beamter gewesen sei, dem die absichtliche Beseitigung oder doch die fahrlässige Versäumung der Ablieferung der Amnestieanzeige und ihrer Bearbeitung zuzutrauen sei. Aus den angeführten beiden neuen Tatsachen in Verbindung mit dem Vorbringen, daß die Steueramnestieanzeige am 30. August 1931 von ihrem Manne nach Angaben des Steuerberaters L. verfaßt und von ihr in den Briefkasten des Finanzamts gelegt worden sei; aus der äußeren Beschaffenheit, die die Urkunde bei ihrer Auffindung aufwies, und ihrer versteckten Unterbringung folgert die Klägerin, daß B. die Urkunde seinerzeit beiseite geschafft und dann später in der vorgefundenen Art und Weise in falschen Akten untergebracht habe; er habe damit verhindern wollen, daß ihrem Manne die Steueramnestie zugute komme; danach müsse angenommen werden, daß die Anzeige rechtzeitig eingegangen sei. Damit ist aber die Amtshaftungsklage tatsächlich genügend begründet worden. Ob die Schlüsse, welche die Klägerin aus den angeführten Tatsachen zieht, gerechtfertigt sind, ist Sache tatrichterlicher Würdigung; daß sie unmöglich seien, kann nicht anerkannt werden. Die Ansicht des Berufungsrichters, es fehle an einem außerhalb des rein steuerrechtlichen Tatbestandes liegenden tatsächlichen Vorbringen, das einen Schadensersatzanspruch aus Amtspflichtverletzung rechtfertigen könnte, ist mithin unhaltbar.

Zuzustimmen ist dem Berufungsgericht darin, daß es nicht darauf ankommen kann, ob gegen den ablehnenden Bescheid des Präsidenten des Landesfinanzamts vom 6. August 1936 mit den ordentlichen Rechtsbehelfen der Reichsabgabenordnung hätte vorgegangen werden können. Selbst wenn diese Frage zu bejahen wäre, würde weder dem Antrage der Klägerin vom 19. Juni 1936 noch den gegen den Bescheid vom 6. August 1936 zulässigen Rechtsmitteln die Bedeutung eines Rechtsmittels im Sinne des § 839 Abs. 3 BGB. zukommen. Denn darunter fallen nur solche Rechtsmittel, die nach gesetzlicher Ordnung die Beseitigung oder Berichtigung der schädigenden Amtshandlung oder Unterlassung eines Beamten herbeiführen können (RGZ. Bd. 138 S. 114 [116]), also solche, die sich unmittelbar gegen die schädigende Amtshandlung oder -Unterlassung richten (RGZ. Bd. 150 S. 323 [328]).

35. Sind die Grundsätze, welche über die Nichtbeachtung von Formmängeln in Willenserklärungen aus dem Gesichtspunkt von Treu und Glauben aufgestellt sind, auch auf den Fall anwendbar, daß eine öffentlich-rechtliche Körperschaft den Vertragsgegner zu der irrigen Annahme verleitet, eine — tatsächlich vorgeschriebene — Genehmigung ihrer Willenserklärung durch die vorgesetzte Behörde sei nicht erforderlich?

BGB. §§ 242, 765.

VI. Zivilsenat. Urt. v. 26. Februar 1938 i. S. Girokasse O. (Bekl.) w. Ostelb. Spr.werke eingetr. Gen. m. b. H. in Liqu. (Kl.). VI 236/37.

I. Landgericht Bautzen.
II. Oberlandesgericht Dresden.

Die Firma K. u. N. hatte gegen die Firma L. H. aus Lieferungen sehr erhebliche Forderungen erworben, über welche Wechsel ausgestellt und die auch durch Bürgschaft und Grundbucheintragungen gesichert waren. Die Gemeinde O. stand als Inhaberin ihrer Girokasse gleichfalls mit der Firma L. H. in Geschäftsverbindung. Für ihre Forderungen hatte sie sich die wesentlichsten Teile des Vermögens der Firma übereignen lassen. Zwecks Regelung ihrer Beziehungen zu dieser Firma schlossen die Firma K. u. N. und die Gemeinde am 10. April 1930 einen schriftlichen Vertrag, der für die Gemeinde von ihrem Bürgermeister U. unterzeichnet wurde. Darin wandelte die Firma K. u. N. ihre Forderungen in eine ganz allmählich zu tilgende, niedrig verzinsliche Darlehnsforderung um; sie verpflichtete sich, die Grundbucheintragungen auf die Gemeinde zu übertragen und die Wechsel aus dem Verkehr zu ziehen. Die von der Firma L. H. dem Bürgen bestellte Grundbuchsicherheit sollte auch auf die Gemeinde übertragen werden. Ferner war bestimmt: „Die Girozentrale der Gemeinde O. stellt die Bezahlung der fälligen Zins- und Tilgungsbeträge sicher und verpflichtet sich, diese Zins- und Tilgungsbeträge an K. u. N. zu zahlen". Die nach der Sächsischen Gemeindeordnung zur Übernahme der Bürgschaft durch eine Gemeinde erforderliche Genehmigung der vorgesetzten Behörde ist weder nachgesucht noch erteilt worden. Nach der Behauptung der Klägerin hat der Bürgermeister den Vertretern von K. u. N. bei dem Abschluß des Vertrages erklärt, seine Unterschrift allein genüge zur Gültigkeit des Vertrages.

Die Firma K. u. N. hat, wie die Klägerin weiter behauptet, alle ihr nach dem Vertrage obliegenden Verpflichtungen, zum Teil in nachträglich vereinbarter etwas veränderter Form erfüllt. Die Gemeinde zahlte die bis zum 30. April 1931 fälligen Zins- und Tilgungsbeträge. Die weiteren Zahlungen verweigerte sie unter Hinweis — neben anderem — darauf, daß die vorgeschriebene Genehmigung fehle. Sämtliche Forderungen der Firma K. u. N. gegen die Gemeinde sind später auf die Klägerin übergegangen.

Diese fordert mit der vorliegenden Klage die seit dem 1. März 1932 fälligen Beträge in Höhe von 6000 RM. von der Beklagten, die auf Grund der Sächsischen Sparkassen- und Girokassenverordnung vom 12. Mai 1932 selbständige Rechtspersönlichkeit erlangt hat und auf die nach demselben Gesetz sämtliche aus Geschäften der alten Kasse entstandenen Verpflichtungen der Gemeinde übergegangen sind. Neben einer Reihe anderer Klagegründe hat sie geltend gemacht: die Gemeinde und damit jetzt die Beklagte hafte unmittelbar aus dem Vertrage; das Fehlen der Genehmigung dürfe sie nach Treu und Glauben nicht geltend machen, da der Bürgermeister U. die Vertreter von K. u. N. über die Erforderlichkeit der Genehmigung getäuscht habe. Die Beklagte hat Abweisung beantragt und unter anderem insbesondere ausgeführt, der Mangel der Genehmigung nehme der Erklärung der Gemeinde unter allen Umständen die Rechtswirksamkeit.

Das Landgericht hat die Beklagte nach dem Klagantrage verurteilt. Das Berufungsgericht hat die Berufung der Beklagten zurückgewiesen und die von ihr im zweiten Rechtsgang erhobene Widerklage auf Feststellung, daß der Klägerin auch weitere Ansprüche in einem gewissen Teilbetrage nicht zuständen, abgewiesen. Die Revision der Beklagten führte zur Aufhebung des Berufungsurteils und zur Zurückverweisung der Sache.

Gründe:

(Das Urteil legt zunächst dar, daß für die Gemeinde, abgesehen von der Frage der Genehmigung, eine selbstschuldnerische Bürgschaft ordnungsmäßig übernommen worden sei, und fährt dann fort:) Der Berufungsrichter hat die Haftung der Beklagten aus ihrer Bürgschaft lediglich dahin begründet: Nach den besonderen Umständen und den Grundsätzen von Treu und Glauben dürfe die

Beklagte — auf die als neues selbständiges Gebilde nach seinen Feststellungen gemäß späterer landesgesetzlicher Regelung alle Schuldverbindlichkeiten der Gemeinde als Inhaberin der Kasse übergegangen sind — die Rechtsunwirksamkeit der Bürgschaft nicht geltend machen, müsse sich vielmehr so behandeln lassen, als ob die Genehmigung erteilt sei. Er stützt sich dabei auf die Rechtsprechung des Reichsgerichts über den Einwand unzulässiger Rechtsausübung, wenn eine Partei, sei es auch unabsichtlich, die andere zum Absehen vom erforderlichen Abschluß eines formgültigen Vertrages veranlaßt hat, indem diese daraufhin annahm, formlose Vereinbarungen genügten. Man hat das besonders in letzter Zeit — so z. B. RGZ. Bd. 153 S. 59, auch RGRKomm. zu § 242 BGB. Anm. 4 — u. a. damit begründet, daß das Verhalten der Partei im Rechtsstreit nicht in einer Treu und Glauben verletzenden Weise ihrem früheren Verhalten widersprechen dürfe. Jedoch ist die Frage nicht auf diesen einen Gesichtspunkt zu beschränken, vielmehr ist entsprechend dem Grundgedanken des § 242 BGB. zu fragen, ob es nach den Beziehungen der Parteien und den gesamten Umständen Treu und Glauben widersprechen würde, die Vertragsansprüche an dem Formmangel scheitern zu lassen.

Daß es sich vorliegend nicht um einen reinen Formmangel handelt, sondern um Willenserklärungen, die noch nicht voll wirksam sind, kann nicht zweifelhaft sein. Abgesehen von dieser Frage würden hier die vom Berufungsgericht festgestellten Umstände genügen, um die von der Rechtsprechung gestellten besonderen Anforderungen an die Nichtbeachtung der Formungültigkeit zu erfüllen. Danach hat der Bürgermeister der Gemeinde O., vielleicht absichtlich, jedenfalls aber grob fahrlässig die Frage, ob seine Unterschrift allein genüge, bejaht, obwohl er allermindestens die größten Zweifel haben mußte, ob nicht Genehmigung erforderlich sei, und auch erkannte, daß der Vertreter der Firma wissen wollte, ob schon mit dieser Unterschrift allein der Vertrag rechtswirksam werde. Der Vertreter der Firma hätte bei richtiger Auskunft den Vertrag nicht vor der Genehmigung unterzeichnet, jedenfalls nicht vorher die Sicherheiten aufgegeben. So aber hat die Firma alle Vertragsverpflichtungen, wenn auch teilweise auf Grund weiterer Vereinbarung in etwas veränderter Form, erfüllt. Statt leicht durchzusetzender, alsbald fälliger Wechselforderungen hatte sie nun eine ganz mäßig zu verzinsende, in langer

Zeit allmählich abzuzahlende Darlehnsforderung. Alle Sicherheiten, mit Ausnahme der wertlosen Hypotheken von 75000 RM. auf dem Mühlengrundstück, hatte sie aufgegeben. Alles nur im Vertrauen auf die Bürgschaft der Gemeinde, die, falls sie wirklich bestand, ihr unbedingte Sicherheit bot. Die Gemeinde hatte also alles, was sie wollte, wenigstens soweit es in der Hand der Firma lag, erreicht, auf ihre Verpflichtungen aber fast nichts geleistet. Wenn unter solchen Umständen das Berufungsgericht annimmt, die Gemeinde müsse sich so behandeln lassen, als wenn die Bürgschaft rechtsgültig sei, so würde das an sich nicht rechtsirrig sein. Daß den Vertreter der Firma kein Verschulden bei dem Vertragschluß treffe, und auch nicht, wenn das überhaupt von Bedeutung ist, den von ihm zugezogenen Rechtsanwalt aus G., ist im wesentlichen tatsächlich begründet und rechtlich nicht zu beanstanden.

Nicht erörtert hat das Berufungsgericht, ob die behördliche Genehmigung erteilt worden wäre, wenn man sie nachgesucht hätte. Die Revision meint, nur unter dieser Voraussetzung könnte die Beklagte an dem Vertrage festgehalten werden, das Berufungsgericht hätte daher diese Frage prüfen müssen. Auch dieses Bedenken erscheint nach Lage der Umstände nicht gerechtfertigt. Es braucht aber darauf nicht näher eingegangen zu werden, da schon aus einem anderen von der Revision geltend gemachten Grunde der Klägerin versagt werden muß, Rechte aus dem Bürgschaftsvertrage herzuleiten.

Es ist der Revision nämlich im Ergebnis darin beizutreten, daß grundsätzlich eine Gemeinde aus einer Willenserklärung, die der behördlichen Genehmigung bedarf, bei deren Fehlen auch dann nicht in Anspruch genommen werden darf, wenn an sich sonst nach den Umständen dem Gegner gegenüber die Ablehnung der Erfüllung gegen Treu und Glauben verstieße. Die Revision stellt die Frage insofern etwas schief, als sie ausführt, dem Bürgermeister habe überhaupt die Vertretungsmacht gefehlt. So ist es nicht. Gemäß §§ 90, 91 der Sächsischen Gemeindeordnung vertritt der Bürgermeister die Gemeinde und verpflichtet sie durch seine Erklärungen. Der Mitunterzeichnung eines anderen bedurfte es, wie bereits oben erwähnt, nicht. Wohl aber war die Genehmigung der Aufsichtsbehörde erforderlich. Vor deren Erteilung war die Erklärung des Bürgermeisters nicht, wie die Revision anzunehmen scheint, ein Nichts. Vielmehr war sie nur schwebend unwirksam. Das ergibt sich aus der

Wahl des Wortes „Genehmigung" und der entsprechenden Anwendung der §§ 182 flg. BGB. Es ist nirgends ersichtlich, daß die Sächsische Gemeindeordnung etwas anderes bestimmen will. Insbesondere erfordert sie nicht, wie das preußische Recht (Städte-, Landgemeinde-, Kreisordnung), die Bezugnahme auf die Genehmigung in der Urkunde oder die Anführung eines der Genehmigung bedürftigen Gemeindebeschlusses — s. dazu jetzt auch die Bestimmung des § 104 der Deutschen Gemeindeordnung vom 30. Januar 1935 und die Entscheidung des II. Zivilsenats in der Zeitschrift der Akademie für Deutsches Recht 1938 S. 97/98 —. Die Gemeinde war also hier durch die Unterzeichnung an den Vertrag zunächst gebunden, und ihre Pflicht wäre es gewesen, die Genehmigung herbeizuführen. Das hat sie offenbar gar nicht versucht. Daß die Genehmigung nach der Versteigerung des Mühlengrundstücks noch zu erreichen wäre, erscheint ausgeschlossen. Aber auch von dieser Grundlage aus kann der Beklagten nicht verwehrt werden, sich auf Rechtsunwirksamkeit zu berufen. Soweit ersichtlich, ist in der Rechtsprechung des Reichsgerichts bisher nur von dem erkennenden Senat diese entscheidende Frage erörtert worden, ob eine Gemeinde oder sonstige öffentlich-rechtliche Körperschaft, für deren Willenserklärungen besondere gesetzliche Anforderungen aufgestellt sind, sich bei deren Nichteinhaltung auf die Rechtsunwirksamkeit der Erklärung auch dann berufen dürfe, wenn an sich Treu und Glauben nach den besonderen Umständen ihr Festhalten an der Erklärung erfordern. In den Entscheidungen vom 27. Februar 1936 — VI 393/35, veröffentlicht in JW. 1936 S. 1826 Nr. 3 — und vom 22. Januar 1938 — VI 226/37 — ist die Frage nach den Umständen verneint worden. Aber die Fälle lagen anders als der vorliegende. In der ersten Entscheidung handelte es sich um eine einseitige Verpflichtungserklärung und wesentlich um die formelle Fassung und Unterzeichnung; eine Genehmigung war dazu nicht erforderlich. Und ebensowenig fehlte eine solche Genehmigung in dem zweiten Fall. Sie war dort erteilt, aber nicht dem Gegner mitgeteilt, auch war sonst die Verpflichtung nicht formgerecht übernommen. Dagegen lag der weitere, vom Senat am 21. Februar 1935 entschiedene Fall — VI 456/34 — wie hier; es fehlte die vorgeschriebene Genehmigung. Dort hat der Senat ausdrücklich ausgeführt, daß die Grundsätze, die über die Zulässigkeit der Arglisteinrede gegenüber der Berufung auf die Formnichtigkeit von Verträgen aufgestellt sind, dann nicht angewendet werden könnten, wenn es sich nicht um die Formnichtigkeit, sondern um die sachliche Unverbindlichkeit handle, die sich aus dem Fehlen der erforderlichen Genehmigung ergibt. Dieser Fall unterscheidet sich also von den anderen, wie in der Entscheidung vom 27. Februar 1936 auch hervorgehoben ist, gerade dadurch, daß in ihm die Zustimmung der Aufsichtsbehörde fehlte. Gerade das aber bedeutet einen grundlegenden Unterschied, ob eine solche Genehmigung überhaupt nicht erteilt war oder ob sie entweder gar nicht erforderlich oder doch nur trotz Erteilung nicht den Vorschriften entsprechend in der Urkunde angezogen war. In dem letzten Falle liegt zwar nach der Rechtsprechung des Reichsgerichts nicht nur ein Formmangel, sondern auch ein solcher in der Vertretungsmacht vor. Für die vorliegende Frage muß aber ein wesentlicher Unterschied gemacht werden, ob die Genehmigung gar nicht erteilt ist oder ob sie nur nicht ordnungsmäßig in der Urkunde in Bezug genommen worden ist. Denn die Nachprüfung der besonders bezeichneten Willenserklärungen einer staatlichen oder gemeindlichen Körperschaft durch die Aufsichtsbehörde und deren Genehmigung ist im öffentlichen Interesse zum Schutze dieser Körperschaften und ihrer Mitglieder gegen unbedachte und sie gefährdende Willenserklärungen ihrer Organe vorgeschrieben worden. Diese Willenserklärungen sollen in ihrer Rechtswirksamkeit von der Zustimmung der Aufsichtsbehörde abhängig gemacht werden, um einen unbedingt wirksamen Schutz gegen Schädigungen aus ihnen zu geben. Diesem entscheidenden Gesichtspunkt gegenüber — Schutz eines öffentlich-rechtlichen Gebildes und seiner Mitglieder im öffentlichen Interesse — muß auch der sonst, vor allem im Privatrecht, grundlegende Gedanke der Wahrung von Treu und Glauben in den Beziehungen von Vertragsteilnehmern zurücktreten. Ordnet das Gesetz ausdrücklich aus obigen Gründen an, daß die Bürgschaft einer Gemeinde mangels Genehmigung rechtsunwirksam ist, weil das Gegenteil dem öffentlichen Interesse widerspricht, dann kann man zu dem vom Gesetzgeber mißbilligten Ergebnis auch nicht unter Umständen kommen, die sonst bei wesentlich formellen Mängeln die Nichtbeachtung einer vom Gesetz vorgeschriebenen Nichtigkeit rechtfertigen würden. Ob diese Grundsätze auch dann Platz zu greifen haben, wenn es sich nicht um die Willenserklärungen öffentlich-rechtlicher Körperschaften, sondern um solche von Einzelpersonen oder

Gesellschaften handelt, die einer Genehmigung, insbesondere etwa der vormundschaftsgerichtlichen Genehmigung, bedürfen, kann hier unerörtert bleiben. Für die öffentlich-rechtlichen Körperschaften, bei denen die Genehmigung der Aufsichtsbehörde im öffentlichen Interesse vorgeschrieben ist, müssen sie jedenfalls gelten, und zwar auch für die Geschäfte, die sie als Inhaber von Kassen und Banken irgendwelcher Art betreiben. Treten dabei durch das Erfordernis der Genehmigung Schwierigkeiten für gewisse Geschäfte auf, wie das Berufungsgericht das hervorhebt, so müssen diese hingenommen werden, so lange der Gesetzgeber sie nicht zum Anlaß nimmt, insoweit Ausnahmen von der Genehmigungspflicht vorzuschreiben. Keinesfalls aber kann das dazu führen, auch in besonderen Fällen, wie dem vorliegenden, ein Ergebnis anzuerkennen, das der im öffentlichen Interesse gegebenen Vorschrift widerspricht, und zwar selbst dann nicht, wenn deshalb gewisse Geschäfte im Bankbetriebe nicht durchzuführen wären.

Rechtfertigt also hiernach die vom Berufungsgericht gegebene Begründung den Klaganspruch nicht, so mußte das angefochtene Urteil aufgehoben und die Sache zurückverwiesen werden, damit das Berufungsgericht die weiteren selbständigen Klagegründe prüfe.

---

36. 1. Zur Haftung der Verwaltungsträger einer Aktiengesellschaft gegenüber Aktionären und solchen Dritten, die nach der schädigenden Handlung Aktien erwerben.

2. Über die Erfordernisse einer Bar-Kapitalserhöhung nach § 279 HGB.

HGB. §§ 195, 279, 284, 312, 313 Nr. 3, § 314 Nr. 1. BGB. §§ 823, 826. Verordnung des Bundesrats zur Erleichterung der Einzahlung auf Aktien vom 24. Mai 1917 (RGBl. S. 431) § 1. Gesetz zur Änderung des Handelsgesetzbuchs vom 7. März 1935 (RGBl. I S. 352) Art. 2.

II. Zivilsenat. Urt. v. 5. März 1938 i. S. Gewerkschaft R. (Kl.) w. O. (Bekl.). II 104/37.

I. Landgericht Berlin.
II. Kammergericht daselbst.

Zu einem J. G. Versicherungskonzern gehörten im Jahre 1930 die J. G. Lebens-, die J. G. Allg.- und die J. Transport- und Rückversicherungs-Aktiengesellschaft. Alleinzeichnungsberechtigtes Vorstandsmitglied dieser drei Gesellschaften war der Generaldirektor Kl.; auch sonst bestand in deren Verwaltungen weitgehende Personengleichheit. Kl. war auch Bevollmächtigter der einem amerikanischen Konzern angehörenden Ross. Int. Corp. (im folgenden Ross.), die damals die Aktienmehrheiten der drei J. Gesellschaften besaß. Man wollte nun die J. Transport- und Rückversicherungs-Aktiengesellschaft zu einer Dach-(Holding-)Gesellschaft machen. Das Grundkapital dieser Aktiengesellschaft hatte bis dahin 1000000 RM. betragen. In der außerordentlichen Generalversammlung vom 2. Dezember 1930 wurde zunächst eine Herabsetzung des Grundkapitals auf den bis dahin eingezahlten Teil von 250000 RM. und darauf eine Erhöhung auf 10000000 RM., also um den Betrag von 9750000 RM. beschlossen. Die Kapitalserhöhung wurde am 23. Dezember 1930 in das Handelsregister eingetragen. In der ordentlichen Generalversammlung vom 30. Januar 1931 wurde eine weitere Erhöhung des Grundkapitals um bis zu 20000000 RM., also bis zu 30000000 RM. beschlossen; diese Erhöhung des Grundkapitals ist nur in Höhe von 13000000 RM., also auf den Betrag von 23000000 RM. angemeldet und durchgeführt worden. Die entsprechende Eintragung im Handelsregister ist am 16. Februar 1931 erfolgt. Beide Anmeldungen zum Handelsregister waren von sämtlichen damaligen Mitgliedern des Vorstandes und des Aufsichtsrates der J. Holding AG., darunter von dem Revisionsbeklagten, Direktor O., vorgenommen worden. Schon in der Generalversammlung der J. Holding vom 8. Juli 1932 wurde die Herabsetzung des Aktienkapitals auf 2 Millionen RM. beschlossen; sie wurde durchgeführt, indem 1 Million eigener Aktien eingezogen und die übrigen Aktien im Verhältnis 11 : 1 zusammengelegt wurden; dieser Beschluß wurde am 6. Oktober 1932 im Handelsregister eingetragen.

Die Klägerin hatte am 20. April 1931 nominell 2250000 RM. und am 30. Oktober 1931 nominell 350000 RM. Aktien der J. Holding zum Kurse von 107% erworben, so daß ihr Aktienbesitz 2600000 RM. betrug. Sie hat diese Aktien nach ihrer Behauptung von der J. Holding, nach der Behauptung der Beklagten von einem Kaufmann St. aus A. gekauft. Damals, wie nach der Herabsetzung des Aktienkapitals der J. Holding besaß sie mehr als 10% dieses Aktienkapitals.

Mit der gegenwärtigen Klage erhebt die Klägerin gegen die Beklagten Schadensersatzansprüche in Höhe von 200000 RM., die sie damit begründet, daß die Beklagten in den Jahren 1930 bis 1932 als Mitglieder des Vorstandes und des Aufsichtsrats der J. Holding eine Reihe von unerlaubten Handlungen nach § 823 Abs. 2 BGB. in Verbindung mit den §§ 312, 313 Nr. 3, § 314 Nr. 1 HGB. und nach § 826 BGB. begangen hätten. Hierzu trägt sie u. a. folgendes vor: Der amerikanische Ross.-Konzern habe in der deutschen Wirtschaft Fuß fassen wollen und zu diesem Zweck Kredite aufgenommen. Um deren Rückzahlung zu ermöglichen, habe man 1930 den Plan gefaßt, die Mittel des J. Konzerns zur Tilgung der Schulden der Ross. zu benutzen. Zu diesem Zwecke sei aus der kleinen J. Transport- und Rückversicherungs-Aktiengesellschaft mit 250000 RM. eingezahltem Aktienkapital das große Finanzinstrument einer J. Holding geschaffen worden, die ihr Kapital auf 10 Millionen und nachher auf 23 Millionen RM. erhöht habe. Diese Erhöhungen seien gesetzwidrig nicht als Bar-Kapitalserhöhungen, sondern als Sach-Kapitalserhöhungen durchgeführt worden, indem die J. Holding von der Ross. deren Aktien der J. G. Leben und der J. G. Allg. zu überhöhten Kursen übernommen habe. Hierdurch und durch weitere — hier im einzelnen nicht in Betracht kommende — Geschäfte, welche die J. Holding im Interesse der Ross. ausgeführt habe, sei die J. Holding so schwer geschädigt worden, daß die Herabsetzung des Kapitals erforderlich geworden sei. Sie, die Klägerin, habe deshalb durch den Erwerb der J. Holding-Aktien hohen Schaden erlitten, den sie in Höhe von 200000 RM. von den Beklagten ersetzt verlange.

Die Beklagten bestreiten ihre Haftung. Sie machen u. a. geltend, die Kapitalserhöhungen seien ordnungsmäßig durchgeführt worden und die übrigen beanstandeten Geschäfte seien nach den damaligen wirtschaftlichen Verhältnissen vertretbar gewesen; jedenfalls falle ihnen kein Verschulden, insbesondere kein vorsätzliches zur Last.

Das Landgericht hat die Klage gegen alle Beklagten abgewiesen, weil der Schadensersatzanspruch verjährt sei. Das Kammergericht hat die Berufung durch Teilurteil zurückgewiesen, soweit sie den Beklagten O. betraf. Im übrigen hat es einen Beweisbeschluß erlassen. Die von der Klägerin gegen das Teilurteil in Höhe von

30000 RM. eingelegte Revision führte zur Aufhebung und Zurückverweisung.

Aus den Gründen:

I. Der Berufungsrichter geht davon aus, daß ein Aktionär bei schuldhafter Verletzung von Gesetzen, die seinen Schutz bezwecken (§ 823 Abs. 2 BGB.), sowie aus vorsätzlicher sittenwidriger Schadenszufügung (§ 826 BGB.) Schadensersatzansprüche unmittelbar gegen Verwaltungsträger der Aktiengesellschaft geltend machen könne, und daß als solche Schutzgesetze die §§ 312, 313 Nr. 3, § 314 Nr. 1 HGB. anzusehen seien, da diese Bestimmungen auch die Aktionäre selbst vor einer Gefährdung ihrer Belange schützen sollten. Weiter nimmt er im Anschluß an die Entscheidungen in RGZ. Bd. 115 S. 296 und Bd. 142 S. 228 an, der Aktionär sei an der Geltendmachung seiner Ansprüche gegen die Verwaltungsträger durch einen etwaigen Schadensersatzanspruch der Gesellschaft selbst jedenfalls so lange nicht gehindert, wie dieser Anspruch nicht befriedigt sei. Allerdings sei eine Beschränkung des unmittelbaren Anspruchs des Aktionärs dann anzunehmen, wenn dessen Klage zu einer Doppelhaftung der Gesellschaftsorgane führen würde, so etwa, wenn die Gesellschaft bereits klagbar geworden und durch ein Obsiegen oder in sonstiger Weise befriedigt sein sollte. Die Voraussetzungen einer solchen Doppelhaftung der Beklagten seien aber im vorliegenden Falle nicht gegeben, nachdem eine Klage der J. Holding gegen die Beklagten rechtskräftig abgewiesen worden sei. Endlich meint der Berufungsrichter, die Schutzbestimmung des § 312 HGB. (aktienrechtliche Untreue) schütze nur die Aktionäre, die zur Zeit der schädigenden Handlung der Verwaltungsträger oder wenigstens zur Zeit des Schadenseintritts schon Aktionäre gewesen seien, nicht aber auch solche, die erst später Aktien erworben hätten.

Im letzten Punkt ist ihm zuzustimmen, da aktienrechtliche Untreue nur dem gegenüber begangen werden kann, zu dem schon ein Treueverhältnis besteht, ein solches aber gegenüber einem Aktionär erst mit dem Zeitpunkte beginnt, in dem er die Aktien erwirbt (s. auch Schlegelberger-Quassowski AktG. 2. Aufl. Anm. 29 Abs. 3 zu § 84). Demnach hat der Berufungsrichter mit Recht eine Haftung des Beklagten gegenüber der Klägerin aus § 312 HGB. (jetzt § 294 AktG.) für die Handlungen verneint, die vor dem Erwerbe der Aktien seitens der Klägerin liegen.

Dagegen nimmt der Berufungsrichter grundsätzlich an, daß die Bestimmungen des § 313 Nr. 3 und des § 314 Nr. 1 HGB. den Schutz der Öffentlichkeit bezwecken und deshalb Schutzgesetze auch zu Gunsten Dritter seien, insbesondere solcher, die die Aktien erst nach den dort behandelten Vorgängen erwerben. Das entspricht der Rechtsprechung des Reichsgerichts (RGZ. Bd. 81 S. 269 [271]; JW. 1935 S. 3301 Nr. 9). Er will aber bei der Frage, ob eine Haftung auch gegenüber mehreren aufeinanderfolgenden Besitzern der gleichen Aktien bestehe, einen Unterschied machen, ob der Zeichner der Aktien bei dem Erwerbe der neuen Aktien die schädigenden Handlungen der Verwaltungsmitglieder gekannt und die Aktien unter Billigung dieser Handlungen erworben oder ob er sich bei deren Erwerb über die maßgeblichen Vorgänge in Unkenntnis befunden habe; im ersten Falle verneint er die Haftung der Organe gegenüber späteren Erwerbern, im zweiten bejaht er sie. Er gelangt dann im vorliegenden Falle zu der Feststellung, daß die Zeichnerin der Aktien, die Ross., und ihr Verkäufer, möge dies, wie die Klägerin behauptet, die Ross. oder, wie die Beklagten behaupten, der Bankier St. gewesen sein, über die fraglichen Vorgänge genau unterrichtet gewesen seien, und nimmt an, daß deshalb die Klägerin aus dem angeblichen Minderwert der Aktien zur Zeit ihres Aktienerwerbs nach den handelsgesetzlichen Bestimmungen des § 313 Nr. 3 und des § 314 Nr. 1 in Verbindung mit § 823 Abs. 2 BGB. keine Ersatzansprüche gegen den Beklagten O. herleiten könne.

Diese Unterscheidung des Berufungsrichters kann jedoch nicht gebilligt werden. Wenn die Schutzbestimmungen des § 313 Nr. 3 HGB. (jetzt § 295 Abs. 1 Nr. 3 AktG.) und des § 314 Nr. 1 HGB. (jetzt § 296 Abs. 1 Nr. 1 AktG.) grundsätzlich auch dem Dritten zugute kommen, so kann dieser Schutz nicht schon deshalb entfallen, weil der Vorbesitzer die Unrichtigkeit der Angaben kannte und billigte; denn das Gesetz will ja gerade dem gutgläubigen Dritten einen Anspruch gegen die schuldhaft handelnden Verwaltungsmitglieder geben. Wenn der Berufungsrichter meint, es könne sonst aus der Aufeinanderfolge von Aktienbesitzern eine Kette von Ansprüchen gegen die Verwaltungsmitglieder entstehen, so spricht das nicht gegen die Annahme einer Haftung; denn wer schuldhaft gegen ein Schutzgesetz verstößt, muß grundsätzlich *jedem*, zu dessen Schutz es erlassen ist, den dadurch verursachten Schaden ersetzen.

Die Revision sagt hierzu, der Schaden des Aktionärs bestehe in der Entwertung des Vermögens der Gesellschaft, er erfasse also die Spanne zwischen dem Betrage, den die Klägerin für die Aktien bezahlt habe, und dem inneren Wert der Aktien unter Berücksichtigung der schädigenden Handlung; im Rahmen dieses Gesamtschadens sei eine Mehrheit von selbständigen Ansprüchen verschiedener Geschädigter denkbar, der Gesamtbetrag dieser Ansprüche könne aber niemals höher sein als der insgesamt eingetretene Schaden, so daß die Haftung der Beklagten nicht erhöht werde, gleichviel ob der Schaden nur von einem Aktionär oder in verschiedenen getrennten Ansprüchen von mehreren Personen, die hintereinander Aktieninhaber waren, geltend gemacht werde.

Die Auffassung der Revision, daß der Schade des Aktionärs in der Entwertung des Vermögens der Gesellschaft bestehe, wird in den Fällen der aktienrechtlichen Untreue (§ 312 HGB., § 294 AktG.), soweit der Aktienwert durch die Untreuehandlung überhaupt beeinflußt wird, in der Regel zutreffen. Es braucht aber nicht immer der Fall zu sein. Insbesondere braucht in den Fällen des § 313 Nr. 3 und des § 314 Nr. 1 HGB. — unrichtige Angaben bei Anmeldungen und unwahre Darstellungen oder Verschleierungen — die Gesellschaft selbst nicht immer geschädigt zu sein, während der Dritte, der im Vertrauen auf die Richtigkeit der Angaben Aktien etwa zu einem zu hohen Preise erworben hat, geschädigt sein kann. Deshalb brauchen sich der Schade der Gesellschaft und der Schade der Aktionäre nicht immer zu decken. Auch wird, wenn die einzelne Aktie den Besitzer wiederholt gewechselt hat, der Gesamtschaden der verschiedenen Besitzer nicht immer dem entsprechenden Schaden der Gesellschaft gleich sein. Das hindert aber nicht, daß derjenige, der gegen die Schutzbestimmungen der §§ 313, 314 HGB. verstoßen hat, grundsätzlich jedem dadurch Verletzten den Schaden ersetzen muß, den er wirklich erlitten hat. Eine andere Frage ist, ob der von dem einzelnen Aktienerwerber geltend gemachte Schaden wirklich durch die von den Verwaltungsträgern begangene Verletzung der Schutzgesetze verursacht ist. Denn wenn Verwaltungsträger einer Aktiengesellschaft gegen die Bestimmungen der §§ 313, 314 HGB. verstoßen haben und nachher Dritte dadurch Schaden erleiden, daß sie Aktien dieser Gesellschaft zu überhöhten Preisen erwerben, so braucht dieser Schaden nicht stets durch die Verletzung der Schutzgesetze verursacht zu sein; das hängt vielmehr ganz von den Umständen des Einzelfalls ab.

Es bedarf hier keines näheren Eingehens auf die oben wiedergegebene Auffassung des Berufungsrichters, die Klage des Aktionärs dürfe nicht zu einer Doppelhaftung der Gesellschaftsorgane gegenüber der Gesellschaft und gegenüber den Aktionären führen, weil eine Haftung der Beklagten gegenüber der Gesellschaft rechtskräftig verneint ist. Es ergibt sich aber schon aus den vorhergehenden Ausführungen, wonach sich der Schade der Gesellschaft und der der Aktionäre nicht zu decken brauchen, daß eine solche Doppelhaftung nicht grundsätzlich ausgeschlossen ist.

Hiernach ist die Auffassung des Berufungsrichters rechtsirrig, eine Haftung des Beklagten O. auf Grund der handelsrechtlichen Bestimmungen der §§ 313, 314 HGB. sei deshalb ausgeschlossen, weil die Vorbesitzer der Aktien über die eine Verletzung der Schutzgesetze begründenden Handlungen genau unterrichtet gewesen seien. Das Berufungsurteil beruht allerdings nicht auf dieser unrichtigen Rechtsauffassung. Denn der Berufungsrichter hat den Sachverhalt hilfsweise auch auf den Fall erörtert, daß die Haftung des Beklagten aus diesen Bestimmungen nicht schon aus dem von ihm in erster Linie herangezogenen Grunde entfalle.

Der Berufungsrichter geht weiter zutreffend davon aus, daß eine Haftung der Beklagten nach § 826 BGB. dann gegeben sein könne, wenn diese, wie die Klägerin behauptet, die J. Holding nach einem einheitlichen Plan zum Vorteil der Ross. ausgehöhlt und dadurch den Aktionären der J. Holding vorsätzlich Schaden zugefügt oder wenn sie dies auch nur durch einzelne Handlungen — so durch bewußt unrichtige Angaben bei den Kapitalserhöhungen — getan haben; zutreffend hält er eine solche Haftung auch zu Gunsten solcher Aktionäre für möglich, die die Aktien erst nach der schädigenden Handlung erworben haben. Die Revisionsbeantwortung meint zu Unrecht, im gegebenen Falle komme eine Haftung nach § 826 BGB. gar nicht in Betracht, weil dazu eine mittelbare Schädigung künftiger Aktienerwerber durch Schädigung des Gesellschaftsvermögens im ganzen überhaupt nicht ausreiche, mehr aber nirgends vorliege. Für den Anspruch des Dritten aus § 826 BGB. gegen die Verwaltungsorgane gilt grundsätzlich nichts anderes als bei sonstigen vorsätzlichen gegen die guten Sitten verstoßenden Handlungen. Es genügt also auch hier, daß jene mit bedingtem Vorsatz handeln und durch ihr Handeln oder Unterlassen dem Dritten in einer gegen die guten Sitten verstoßenden Weise Schaden zufügen. Es ist deshalb nicht richtig, daß, wie die Revisionsbeantwortung meint, stets nur ein unmittelbarer, kein mittelbarer Schade zu ersetzen sei und daß die Aktionäre keinen Schaden geltend machen können, den sie lediglich am Wert ihrer Aktien infolge einer Schädigung des Gesellschaftsvermögens im ganzen erleiden. In den beiden von Schlegelberger-Quassowski (AktG. § 84 Anm. 29) für letztere Auffassung angeführten Entscheidungen des Reichsgerichts hat die in RGZ. Bd. 62 S. 29 abgedruckte eine Schadensersatzklage gegen die Aktiengesellschaft, gestützt auf falsche Angabe der Vorstandsmitglieder, zum Gegenstand. In der Entscheidung RGZ. Bd. 115 S. 295/296 ist nur als sicher ausgesprochen, daß die Kläger ihre Schadensersatzansprüche nicht aus den §§ 241, 249 HGB. (jetzt §§ 84, 99 AktG.) herleiten, daß die Aktionäre aber nach § 826 BGB. als unmittelbar Betroffene klagen können. Der Schade des Aktionärs aus § 826 BGB. kann und wird häufig gerade darin bestehen, daß das Vermögen der Aktiengesellschaft geschädigt ist und die Aktie deshalb an Wert verloren hat. Die Verwaltungsträger brauchen bei ihren schädigenden Handlungen auch nicht die Schädigung bestimmter Aktionäre vor Augen zu haben; es genügt vielmehr, daß sie sich allgemein bewußt sind, zum Nachteil auch künftiger Aktienerwerber zu handeln. Daraus folgt selbstverständlich nicht — wogegen sich die Revisionsbeantwortung deshalb ohne Grund wendet —, daß jeder Aktionär gegen Verwaltungsträger mit Erfolg Schadensersatz wegen ungünstiger Geschäfte erheben könnte, die sie für die Gesellschaft geschlossen haben. Es kommen nur solche Handlungen in Frage, die wenigstens mit bedingtem Vorsatz auch gegen die Aktionäre gerichtet sind, und weiter ist auch hier gerade die Frage des ursächlichen Zusammenhangs von besonderer Bedeutung. Auch werden z. B. vor Jahren aufgestellte unrichtige Bilanzen in der Regel ohne Einfluß auf den Erwerb von Aktien durch den Dritten sein und deshalb als Grundlage eines Schadensersatzanspruchs ausscheiden. Ob im einzelnen Falle die vorsätzliche gegen die guten Sitten verstoßende Handlung der Verwaltungsorgane den Schaden in der Person des Aktionärs wirklich verursacht hat, ist vorwiegend Tatfrage. Jedenfalls geht im vorliegenden Falle der Berufungsrichter zutreffend davon aus, daß, wenn die Klagebehauptungen sich als richtig erweisen sollten, die Voraussetzungen des § 826 BGB. gegeben sind. Die Frage der Doppelhaftung aus § 826 BGB. gegenüber der Gesellschaft und den Aktionären sowie gegenüber mehreren einander folgenden Inhabern derselben Aktien und die weitere Frage, ob der Aktionär seinen Schaden aus unerlaubter Handlung nicht eher verlangen kann, als bis das mangelnde Interesse der Gesellschaft an der Verfolgung des ihr zustehenden Ersatzanspruchs feststeht (so Schlegelberger-Quassowski AktG. § 84 Anm. 29, letzter Absatz), spielt im vorliegenden Falle keine Rolle, weil nach den Feststellungen des Berufungsrichters weder die Ross. noch St. geschädigt sind und weil die Klage der Gesellschaft rechtskräftig abgewiesen worden ist. Im übrigen gilt aber auch hier, daß, ebenso wie bei Verstößen gegen die § 313 Nr. 3, § 314 Nr. 1 HGB., grundsätzlich eine Doppelhaftung nicht ausgeschlossen ist.

II. Von den Einzelhandlungen, die die Klägerin dem Beklagten O. zum Vorwurfe macht, kommen in erster Linie die Kapitalserhöhungen vom 2. Dezember 1930 und 30. Januar 1931 in Betracht. Das Berufungsurteil stellt hierzu folgendes fest:

Nach dem unstreitigen Sachverhalt habe die Ross. das erhöhte Grundkapital der ersten wie der zweiten Kapitalserhöhung der J. Holding in vollem Umfange gezeichnet. In beiden Fällen sei die Zahlung des Kapitalbetrages mit einem von der Reichsbank bestätigten Scheck der Danatbank belegt und sei bei der Anmeldung zum Handelsregister von den Mitgliedern des Vorstandes und des Aufsichtsrates der J. Holding die Erklärung abgegeben worden, daß auf die zu 100% gezeichneten neuen Stammaktien der volle Gegenwert in einem bestätigten Reichsbankscheck eingezahlt worden sei; daß dieser Scheck zur freien Verfügung des Vorstandes stehe, die Verfügung insbesondere nicht durch Gegenforderungen beeinträchtigt sei und daß also auf diese Weise auf jede Aktie der eingeforderte volle Nennbetrag eingezahlt sei und sich im Besitze des Vorstandes befinde. Diese Erklärung habe den Vorschriften des § 284 Abs. 3 und des § 195 Abs. 3 HGB. nebst der Bundesratsverordnung zur Erleichterung der Einzahlung auf Aktien vom 24. Mai 1917 (RGBl. S. 431) entsprochen.

Nach der Beschlußfassung über die Vornahme der Kapitalserhöhungen habe die J. Holding umfangreiche Aktienbestände von der Ross. und von der J. G. Allg. erworben und zwar

1. nach der Kapitalserhöhung vom 2. Dezember 1930:

	am 6. Dezember 1930 von der Ross.		
nom.	1333500 RM. Aktien J. G. Leben	für	2667000 RM.,
„	2000000 „ „ J. G. Allg.	„	4000000 RM.,
	396000 „ „ J. G. Allg.	„	396000 RM.;
	am 8. Dezember 1930 von derselben:		
nom.	675000 RM. J. Holding-Aktien	für	603500 RM.;
	am 6. Dezember 1930 von der J. G. Allg.:		
nom.	584000 RM. Aktien J. G. Leben	für	999500 RM.,
sämtliche Aktien (die fremden voll eingezahlt)			
für insgesamt			8666000 RM.,
wonach ein Betrag von			1084000 RM.
aus der Kapitalserhöhung von			9750000 RM.
zur Verfügung der J. Holding verblieben sei;			

2. nach der Kapitalserhöhung vom 30. Januar 1931:

	am 13. Februar 1931 von der Ross.		
nom.	3509000 RM. Aktien J. G. Allg., eingezahlt mit 2234000 RM.	für	13000000 RM.
nom.	1204500 RM. Aktien J. G. Leben eingezahlt mit 100%.		

Unstreitig sei auch der Erwerb dieser Aktienpakete bereits vor den Kapitalserhöhungen vom 2. Dezember 1930 und 30. Januar 1931 jeweils vorbereitet und seien mit den Veräußerern Vereinbarungen im Sinne der später erfolgten Übernahme durch die J. Holding getroffen gewesen. Die beiden Kapitalserhöhungen seien gerade zu dem Zwecke des Erwerbes der Mehrheitsaktien der J. G. Leben und der J. G. Allg. eingeleitet und durchgeführt worden. Auch sei das Reichsaufsichtsamt für Privatversicherung über diese Ziele der J. Holding laufend unterrichtet worden.

Aber auch beim Vorliegen einer solchen bindenden Verpflichtung zur Übernahme von Aktien der Betriebsgesellschaften gegenüber der Ross. und der J. G. Allg. könne in dem Erwerbe fremder Aktienpakete nach den Kapitalserhöhungen nicht der Tatbestand einer Sach-Kapitalserhöhung im Sinne des § 279 HGB. gefunden werden; weder liege der Fall vor, daß auf das erhöhte Grundkapital eine Einlage gemacht werde, die nicht durch Barzahlung zu leisten sei, noch der Fall, daß auf eine Einlage eine Vergütung für Vermögensgegenstände angerechnet werde, welche die Gesellschaft übernehme. Denn die Beträge von $9^3/_4$ Millionen und 13 Millionen seien auf einem bei der Danatbank für die J. Holding geführten Kapitalerhöhungskonto zur Einzahlung gelangt, so daß die Bank je einen von der Reichsbank bestätigten Scheck über die vorgenannten Beträge habe ausstellen und dem Beauftragten der J. Holding zur Vorlegung beim Notar habe aushändigen können. Es sei nicht anzunehmen, daß es sich hierbei nur um ein Scheinmanöver gehandelt habe. Demnach könne auf Grund des eigenen Vortrags der Klägerin eine Sach-Kapitalserhöhung im Sinne des § 279 HGB. nicht als vorgenommen angesehen werden. Auch sei die Erklärung der Verwaltungsmitglieder nicht unrichtig, der volle Gegenwert der neuen Aktien stehe „zur freien Verfügung des Vorstandes, die Verfügung sei insbesondere nicht durch Gegenforderungen beeinträchtigt". Denn unter „Gegenforderungen" seien hier nur solche Ansprüche der Zeichnerin der neuen Aktien zu verstehen, die sich unmittelbar auf das gezeichnete Kapital erstreckten und mit der Verpflichtung aus der Zeichnung in einem derart engen rechtlichen Zusammenhang stünden, daß die Aktienzeichnung und die Gegenforderung als ein einheitliches Rechtsgeschäft anzusehen seien. Dies sei hier nicht der Fall. Die Ross. sei vielmehr ohne Einschränkung verpflichtet gewesen, das gezeichnete Kapital in voller Höhe einzuzahlen. Die Rechtsgültigkeit ihres Zeichnungsaktes würde unberührt geblieben sein, wenn die J. Holding die Übernahme der Aktien der Betriebsgesellschaften abgelehnt hätte oder wenn die hierauf gerichtete Vereinbarung der Gesellschaften etwa nichtig gewesen oder aufgehoben worden wäre. Auch dann hätte die Ross. ihrer Einzahlungspflicht in voller Höhe nachkommen müssen, ohne aus dem Wegfall der Abnahmeverpflichtung Gegenansprüche herleiten zu können. Aus diesem losen Zusammenhang von Einzahlungsverpflichtung der Ross. und Abnahmeverpflichtung der J. Holding ergebe sich, daß die von jener gezahlten Beträge nicht mit „Gegenforderungen" im Sinne der hier maßgebenden Bestimmungen belastet gewesen seien.

Diese Ausführungen des Berufungsrichters sind in mehrfacher Richtung von Rechtsirrtum beeinflußt. Eine Reihe von Umständen, die der Berufungsrichter selbst anführt, sprechen in hohem Grade gegen die Ernstlichkeit der dem Wortlaut nach beschlossenen Bar-Kapitalserhöhung. Schon der Umstand, daß die Ross., die in beiden

Fällen die Bar-Kapitalserhöhungen zeichnete, im unmittelbaren Anschluß an die Erhöhungsbeschlüsse in ihrem Besitz befindliche Aktien der Betriebsgesellschaften an die Gesellschaft geliefert hat, und zwar zu Kaufpreisen, die im ersten Falle den weitaus größten Teil der Erhöhung, im zweiten Falle den vollen Betrag gerade der Erhöhung ausmachen, spricht in hohem Maße dagegen, daß es den Beteiligten ernstlich auf eine wirkliche Barerhöhung ankam; er spricht vielmehr dafür, daß in Wirklichkeit eine Erhöhung durch Sacheinlage (§ 279 HGB., erster Fall) gewollt war oder wenigstens auf eine Einlage eine Vergütung für Vermögensgegenstände angerechnet werden sollte, welche die Gesellschaft übernahm (§ 279 HGB., zweiter Fall). Dazu kommt, daß diese Übernahmen nicht nur vor der Beschlußfassung in Aussicht genommen, sondern schon vor der Beschlußfassung bindend vereinbart waren, und daß die Gesellschaft die Danatbank schon durch ihre Schreiben vom 14. November 1930 und 13. Februar 1931 unwiderruflich angewiesen hatte, aus ihrem Kapitalerhöhungskonto am 2. Dezember 1930 und 13. Februar 1931 den Verkäufern der J. G. Aktien die Kaufpreise zu überweisen. Die Folge der Vereinbarungen war, daß die Gesellschaft von der ersten Erhöhung von $9^3/_4$ Millionen nur 1084000 RM. als Barbetrag und von der zweiten Erhöhung von 13 Millionen nichts in bar zu ihrer Verfügung behielt. Die zweite Erhöhung scheint danach dem noch vorhandenen Bestand der Roß. an Aktien der Betriebsgesellschaften entsprechend auf 13 Millionen abgestimmt worden zu sein.

Diese starken Bedenken gegen die Ernsthaftigkeit einer Bar-Kapitalserhöhung werden nicht etwa durch die vom Beklagten vorgebrachte Erwägung aus dem Wege geräumt, daß bei Kapitalserhöhungen meistens über die Verwendung des auf die Erhöhung einzuzahlenden Kapitals vorher Bestimmung getroffen sei; denn dieser an sich richtige Gedanke darf nicht dazu führen, eine in Wirklichkeit vorgenommene Sacherhöhung als Kapitalserhöhung zu beschließen und anzumelden. Sonst würde die vom Gesetz gewollte Klarlegung einer Kapitalserhöhung, die insbesondere auch Dritte unterrichten soll, die an den Verhältnissen der Gesellschaft interessiert sind, gerade nicht erreicht werden. — Der Beklagte kann sich für seine Auffassung auch nicht darauf berufen, daß bei der Gründung einer Aktiengesellschaft nach § 186 Abs. 2 HGB. über die übernommenen Vermögensgegenstände nähere Angaben gemacht werden müssen, während dies bei Kapitalserhöhungen im § 279 HGB. nicht vorgeschrieben ist. Daraus folgt nur, daß im Kapitalerhöhungsbeschluß nicht jedes Rechtsgeschäft genannt zu werden braucht, wodurch die Gesellschaft im Hinblick auf die Kapitalserhöhung Gegenstände erwirbt, die sie mit den ihr durch die Kapitalserhöhung zufließenden Mitteln bezahlen will. Hierbei wird vorausgesetzt, daß sie die Barmittel aus der Kapitalserhöhung wirklich erhält und dann diese zu ihrer freien Verfügung stehenden Barmittel zur Tilgung der aus dem Erwerbe der Gegenstände sich ergebenden Verpflichtungen verwendet. Dagegen ergibt sich aus dem Fehlen einer entsprechenden Bestimmung bei der Kapitalserhöhung keineswegs, daß der Zeichner eines auf eine Barerhöhung zu leistenden Betrages statt dessen einen anderen Vermögensgegenstand einbringen darf.

Ähnliche Bedenken bestehen gegen die Annahme des Berufungsrichters, die Erklärung des Vorstandes sei richtig, daß auf die Stammaktien der volle Gegenwert in einem bestätigten Reichsbankscheck eingezahlt worden sei und dieser zur freien Verfügung des Vorstandes stehe, die Verfügung insbesondere nicht durch Gegenforderungen beeinträchtigt sei. Dem Erfordernis des Gesetzes ist selbstverständlich nicht dadurch genügt, daß sich der Vorstand rein äußerlich im Besitz eines bestätigten Reichsbankschecks befindet und deshalb an sich in der Lage wäre, den Scheck einzulösen oder sonstwie darüber zu verfügen. Sondern es kommt zunächst darauf an, daß er hierzu auch dem Aussteller gegenüber berechtigt ist. Gegen eine solche Berechtigung sprechen aber im vorliegenden Falle die stärksten Bedenken. Denn nach den bisherigen Feststellungen muß angenommen werden, daß der Vorstand der J. Holding den von der Danatbank ausgestellten und dem Beklagten O. ausgehändigten Scheck nur zu dem Zweck erhalten hat, um ihn dem Notar vorzuzeigen, daß damit aber die Auflage verbunden war, ihn dann sogleich der Danatbank zurückzugeben. Wenn aber die Sache so liegen sollte, so entspricht schon die Erklärung, der volle Gegenwert der Aktien sei in einem bestätigten Reichsbankscheck eingezahlt worden, nicht der Wahrheit; denn die unter einer solchen Auflage erfolgte Hingabe eines Schecks ist keine wirkliche Zahlung, sondern kann nur als eine Scheinhandlung angesehen werden. Das wird nicht dadurch anders, daß häufig so verfahren worden sein mag. Auch kann die Auffassung des Berufungsrichters nicht gebilligt werden, womit er das Bestehen von Gegenforderungen, welche die freie Verfügung des Vorstandes beeinträchtigten, verneint. Er will dies daraus folgern, daß die Gültigkeit des Zeichnungsaktes der Roff. nicht dadurch berührt werde, daß etwa die auf Übernahme der Aktien gerichtete Vereinbarung nichtig gewesen oder aufgehoben worden sei. Bei Prüfung der Frage, ob eine Beeinträchtigung durch Gegenforderungen vorliegt, darf aber nicht von der Annahme ausgegangen werden, daß die der Gegenforderung zugrunde liegende Vereinbarung nichtig ist — dann mag wohl keine Gegenforderung vorliegen —, sondern es muß umgekehrt von der Gültigkeit der Vereinbarung ausgegangen werden. Dann aber spricht die Sachlage für die Annahme einer solchen Beeinträchtigung. Mangels anderweitiger Feststellung muß jedenfalls für die Revisionsinstanz davon ausgegangen werden, daß der Vorstand auch der Roff. gegenüber gebunden war, den Scheck nur beim Notar vorzuzeigen, ihn insbesondere nicht zu anderen Zwecken für die Gesellschaft zu benutzen, sondern der Danatbank sofort zurückzugeben. Er war dann gerade der Roff. gegenüber nicht frei in der Verfügung der von dieser gezeichneten Beträge, sondern mußte sie der Bank zurückerstatten und in Wirklichkeit statt des gezeichneten Barbetrages von der Roff. deren Aktien der Betriebsgesellschaften als Gegenwert der jungen J. Holding-Aktien übernehmen. Der Berufungsrichter meint, daß die Zeichnung auf die neuen Aktien seitens der Roff. und die Vereinbarung zwischen ihr und der J. Holding über die Übernahme der Aktien der Betriebsgesellschaften in keinem rechtlichen Zusammenhang ständen. Wenn dies richtig sein sollte, so besteht jedenfalls ein so enger wirtschaftlicher Zusammenhang, daß die Verfügung des Vorstandes über die Schecke als durch Gegenforderungen beeinträchtigt angesehen werden muß. Denn ohne die Verpflichtung der J. Holding zur Übernahme der Aktien der Betriebsgesellschaften von der Roff. würde diese die Beträge der Kapitalserhöhung nicht gezeichnet haben, da der Zweck der Kapitalserhöhung die Schaffung einer Holdinggesellschaft war, die gerade die im Besitze der Roff. befindlichen Aktien der Betriebsgesellschaften übernehmen sollte, und weil die Roff. selbst offenbar keine Mittel hatte, um die gezeichneten Beträge bar zu zahlen.

Nach alledem könnte sowohl eine ernstlich gemeinte Bar-Kapitalserhöhung wie die Einzahlung der Barbeträge durch zur freien Verfügung des Vorstandes stehende Reichsbankschecke nur dann angenommen werden, wenn die hiergegen sprechenden starken Bedenken durch Tatsachen widerlegt würden; aus den bisherigen Feststellungen des Berufungsrichters sind solche aber nicht zu entnehmen.

Wenn es sich jedoch in Wirklichkeit um keine Bar-Kapitalserhöhung gehandelt haben und wenn die Angaben über die freie Verfügung des Vorstandes über den Reichsbankscheck in dem vorhin angedeuteten Sinne unrichtig gewesen sein sollten, so sind diese Mängel auch nicht etwa nach Art. 2 des Gesetzes zur Änderung des Handelsgesetzbuchs vom 7. März 1935 (RGBl. I S. 352) — und den damit im wesentlichen übereinstimmenden Bestimmungen des § 5 Abs. 2 EG. z. AktG. — geheilt. Denn nach Satz 2 a. a. O. bleiben die Vorschriften der §§ 186 und 279 HGB. (jetzt §§ 19, 20, 150 AktG.) unberührt; unrichtige Angaben über Sacheinlagen werden also nicht geheilt. Auch würden die von den Zeichnern zu bewirkenden Barleistungen nach den bisherigen Feststellungen durch Lieferung der Aktien nicht als in wirtschaftlich gleichwertiger Weise erbracht angesehen werden können (vgl. auch RGZ. Bd. 156 S. 30). Dagegen kann diese Bestimmung möglicherweise insofern in Frage kommen, als — worauf die Revision hinweist — die Anmeldung der ersten Kapitalserhöhung nicht am 2., sondern erst am 3. Dezember 1930 beim Amtsgericht eingegangen ist, in diesem maßgebenden Zeitpunkt aber — vgl. Schlegelberger-Quassowski AktG. § 28 Anm. 5, letzter Absatz — unstreitig der Reichsbankscheck nicht mehr zur Verfügung des Vorstands war, dagegen möglicherweise noch eine — gleichwertige — Forderung der Aktiengesellschaft gegen die Danatbank bestand. Soweit es darauf noch ankommen sollte, wird der Tatrichter dies prüfen müssen.

Wenn hiernach das Urteil in der objektiven Beurteilung der Kapitalserhöhungen auf Rechtsirrtum beruht, so kann es auch insoweit nicht aufrechterhalten werden, als der Berufungsrichter hilfsweise annimmt, der Beklagte O. sei jedenfalls in gutem Glauben gewesen und habe deshalb nicht gegen die § 313 Nr. 3, § 314 Nr. 1 HGB. verstoßen, und als er weiter meint, es fehle ferner an dem ursächlichen Zusammenhang zwischen einer Verfehlung dieses Beklagten und dem Schaden der Klägerin. In beiden Punkten kommt der Berufungsrichter möglicherweise zu einer anderen Auffassung, wenn der objektive Sachverhalt eine andere Beurteilung findet.

Zum ursächlichen Zusammenhang stellt der Berufungsrichter zu Unrecht darauf ab, daß es für die Wirkung auf die im April 1931 von der Klägerin erworbenen Aktien der J. Holding im Ergebnis gleich geblieben wäre, ob das Kapital durch Sacheinlage erhöht oder ob auf die Erhöhung zunächst eine Barzahlung geleistet, dann aber die Aktien der Betriebsgesellschaften von der Koss. gegen Barzahlung angekauft worden wären. Vielmehr kommt es darauf an, ob der Schade der Klägerin auch dann entstanden wäre, wenn die Beklagten den Sachverhalt bei der Anmeldung der Kapitalserhöhung wahrheitsgemäß angegeben hätten. Das erscheint zunächst schon deshalb fraglich, weil dann die Eintragung einer Barerhöhung voraussichtlich überhaupt nicht erfolgt wäre; sodann aber auch deshalb, weil der Grubenvorstand, wenn er den wirklichen Hergang aus der Anmeldung erkannt hätte, möglicherweise die Aktien nicht zum Kurse von 107% erworben haben würde. Unter diesen Gesichtspunkten wird der Tatrichter die Frage des ursächlichen Zusammenhanges erneut zu prüfen haben ...

---

37. 1. Ist eine Auskunft als solche ein Rechtsgeschäft?

2. Kann der Geschäftsherr, der aus § 831 BGB. haftet, weil der Verrichtungsgehilfe arglistig handelte, dem Geschädigten dessen — fahrlässiges — Verschulden entgegenhalten, das bei der Entstehung des Schadens mitgewirkt hat?

3. Haftet eine juristische Person nach § 831 BGB. für ein vorsätzliches rechtswidriges Handeln eines Verrichtungsgehilfen auch dann, wenn diesem die Verrichtung nur zusammen mit einer anderen Person zusteht und beide die Verrichtung ausführten?

4. Wird die Eigenschaft eines besonderen Vertreters aus § 30 BGB. dadurch ausgeschlossen, daß der Vertreter an Weisungen und Anordnungen eines übergeordneten Organs gebunden ist?

5. Kann darin, daß die juristische Person keinen besonderen Vertreter nach § 30 BGB. bestellt, ein als unerlaubte Handlung der juristischen Person zu vertretender Organisationsmangel liegen?

6. Stellt der Geschäftsbetrieb der Preußischen Staatsbank (Seehandlung) einen privatrechtlichen Geschäftskreis dar?

7. Waren die Mitglieder der Generaldirektion dieser Staatsbank im Jahre 1925 zum mindesten „besondere" Vertreter im Sinne des § 30 BGB?

BGB. §§ 30, 31, 826, 831.

VI. Zivilsenat. Urt. v. 9. März 1938 i. S. Preuß. Staatsbank — Seehandlung — (Bekl.) w. D. L., Vers.AG. (Kl.). VI 212/37.

I. Landgericht Berlin.
II. Kammergericht daselbst.

Die Klägerin hat die Preußische Staatsbank (Seehandlung) sowie ein früheres stellvertretendes Mitglied ihrer Generaldirektion, H., und ein weiteres, im Laufe des Rechtsstreits verstorbenes Mitglied auf Schadensersatz in Anspruch genommen mit der Behauptung, daß H. zusammen mit diesem anderen Direktionsmitglied im April 1924 eine Auskunft, um welche die Klägerin gebeten hatte, arglistig falsch erteilt habe. Nach Klagabweisung in zwei Instanzen war die Sache vom Reichsgericht an das Berufungsgericht zurückverwiesen worden. Dieses hat jetzt den Anspruch sowohl der Staatsbank als auch H. gegenüber dem Grunde nach für gerechtfertigt erklärt. Die hiergegen nur von der Staatsbank eingelegte Revision blieb ohne Erfolg.

Aus den Gründen:

Den Anspruch auf Ersatz des Schadens, welcher der Klägerin nach ihrer Behauptung aus der Erteilung der Auskunft durch die Staatsbank entstanden ist, hatte sie in erster Linie aus Vertrag hergeleitet. Diesen Klagegrund hat das Berufungsgericht mit rechtlich einwandfreier Begründung verneint. Zu untersuchen ist deshalb noch, ob die Ausführungen, mit denen das Berufungsgericht den Klaganspruch auf Zahlung von 770000 RM. aus § 826 BGB. dem Grunde nach für gerechtfertigt erklärt hat, der rechtlichen Nachprüfung standhalten. In der Revisionsinstanz kommt nur noch der Anspruch gegenüber der Staatsbank in Betracht, da der Beklagte H. ein Rechtsmittel gegen das Berufungsurteil, das mit gleichem Inhalt gegen ihn ergangen ist, nicht eingelegt hat.

Das Berufungsgericht hält beim Beklagten H., dem stellvertretenden Mitgliede der Generaldirektion der Staatsbank, eine vorsätzliche Schädigung gegenüber der Klägerin und ein Handeln wider die guten Sitten für gegeben. Demgemäß wendet es auf H. den § 826 BGB. an. Die Haftung der Staatsbank für das Handeln des H. nimmt das Berufungsgericht auf Grund des § 831 BGB. an; es verneint eine Haftung aus §§ 31, 89 BGB. mit folgender Begründung:

Die Verfassung der Seehandlung — gemäß dem Gesetz über die Preußische Staatsbank (Seehandlung) vom 22. Februar 1930 (Pr.GS. S. 19) künftig abgekürzt Staatsbank genannt — beruhe auf der Kabinettsorder vom 17. Januar 1820 (GS. S. 25). Diese sei für die hier in Betracht kommende Zeit — 1924 — noch anzuwenden, nicht das Gesetz vom 22. Februar 1930. An der Spitze der Staatsbank stehe die aus dem Präsidenten und mehreren Mitgliedern bestehende Generaldirektion. Deren Mitglieder hätten aber bei der Geschäftsleitung im Verhältnis zum Präsidenten keine selbständigen Befugnisse; die Entscheidungen lägen allein beim Präsidenten. Den Mitgliedern der Generaldirektion sei zwar für den Verkehr nach außen auf Grund eines Erlasses des Finanzministers vom Jahre 1862 in der Weise eine Vertretungsbefugnis erteilt worden, daß je zwei Mitglieder rechtsverbindliche Erklärungen für die Staatsbank zeichnen konnten. Diese rein rechtsgeschäftliche Vertretung habe jedoch noch nicht die Stellung der Mitglieder der Generaldirektion als verfassungsmäßig berufener Vertreter der Staatsbank begründet, da ihnen damit im Rahmen der Organisation noch keine Selbständigkeit beigelegt worden sei. Das folge auch daraus, daß an der selbständigen Entscheidungsbefugnis und alleinigen Verantwortlichkeit des Präsidenten nichts geändert worden sei, als der Umfang der Geschäftsentwicklung dem Präsidenten die unmittelbare Kenntnis von allen Geschäftsvorgängen nicht mehr ermöglicht und im Jahre 1909 der damalige Präsident tägliche Sitzungen der Generaldirektion angeordnet habe zu dem Zweck, den Präsidenten durch Vorträge der Sachbearbeiter im erforderlichen Umfang an den laufenden Geschäften teilnehmen zu lassen. Die Organisation der Staatsbank sei nach den im Jahre 1924 geltenden Bestimmungen auf dem Präsidialsystem aufgebaut gewesen, im Gegensatz zur Reichsbank, die nach dem Kollegialsystem geleitet werde. Daher habe dem Beklagten H. die Stellung eines verfassungsmäßig berufenen Vertreters im Sinne der §§ 31, 89 BGB. gefehlt. Ob durch das Gesetz über die Preußische Staatsbank (Seehandlung) vom 22. Februar 1930 hieran etwas geändert sei, bedürfe keiner Erörterung.

Das Berufungsgericht unterstellt hiernach den Beklagten H. der Vorschrift des § 831 BGB. und führt aus, die Staatsbank hätte sich von der Haftung durch die Führung des Entlastungsbeweises befreien können. Sie habe sich zwar kurz vor Schluß der mündlichen Verhandlung zum Entlastungsbeweise erboten, diesen jedoch nicht hinreichend dargelegt; der Beweisantritt müsse aber auch nach § 529 Abs. 2 ZPO. als verspätet zurückgewiesen werden.

Am Schlusse seiner Begründung für die Haftung der Staatsbank aus § 831 BGB. führt das Berufungsgericht weiter aus: Soweit das von dem Beklagten H. aus dem Verhalten des Vertreters der Klägerin hergeleitete mitwirkende Verschulden der Klägerin auf Fahrlässigkeit beruhe, sei es gegenüber der arglistigen Handlungsweise des H. nicht zu beachten.

Hiergegen wendet sich die Revision mit mehreren Rügen.

1. Da die Haftung aus § 831 keine Haftung für die unerlaubte Handlung der Hilfsperson, sondern eine Haftung aus vermuteter Fahrlässigkeit des Geschäftsherrn darstelle, greife der Haftungsausschluß durch, der mit der Klägerin bei der Erteilung der Auskunft vereinbart worden sei. Aus einer vorsätzlichen unerlaubten Handlung ihrer Hilfsperson könne die Staatsbank nicht in Anspruch genommen werden.

2. Der aus § 831 BGB. verantwortliche Geschäftsherr könne sich dem Schadensersatzanspruch des Geschädigten gegenüber auf dessen mitwirkendes Verschulden nach § 254 BGB. berufen.

3. Der Beklagte H. habe nur zusammen mit dem anderen früheren Beklagten die ihm übertragene Verrichtung mit Wirkung gegenüber der Staatsbank ausüben können. Deshalb hätte das Berufungsgericht zur Anwendung des § 831 BGB. nur kommen dürfen, wenn es auch bei jenem ein vorsätzliches Handeln im Sinne des § 826 festgestellt hätte. Das sei nicht geschehen.

4. Den § 831 BGB. habe die Klägerin im ersten Berufungsrechtsgang herangezogen; im zweiten habe sie sich, soweit der Beklagte H. in Betracht komme, nur auf die §§ 31, 89 BGB. berufen. Bei dieser Sachlage hätte das Berufungsgericht der Staatsbank Gelegenheit geben müssen, sich vor Anwendung des § 831 über den Entlastungsbeweis zu äußern. Der Antritt dieses Entlastungsbeweises habe sich außerdem aus dem vorgetragenen Strafurteil vollständig ergeben. Da H. nach der Feststellung des Berufungsgerichts zwar nicht Organ-Vertreter, aber Spitzenbeamter der Staatsbank gewesen sei, hätte er nur von dem Präsidenten selbst „angeleitet oder beaufsichtigt" werden können. Das sei nicht vorstellbar und nicht auszuführen. Eine Überwachung habe in völlig ausreichendem Maße

dadurch stattgefunden, daß er nur gemeinschaftlich mit einem zweiten Mitgliede der Generaldirektion habe handeln können und daß er in weitem Umfang zum Vortrag bei dem Präsidenten verpflichtet gewesen sei.

Zu der ersten Rüge der Revision kann eine endgültige Stellung im jetzigen Verfahrensabschnitt nicht eingenommen werden. Grundsätzlich haftet der Geschäftsherr für den Schaden, den ein von ihm zu einer Verrichtung Bestellter in Ausführung der Verrichtung einem Dritten widerrechtlich zufügt, auch dann und erst recht dann, wenn der Schaden vorsätzlich — aber eben in Ausführung und nicht nur bei Gelegenheit der Verrichtung — zugefügt wird. Im vorliegenden Fall ist zunächst unbedenklich die Haftung für fahrlässige Erteilung der Auskunft rechtswirksam von den Parteien ausgeschlossen worden. Nach § 276 Abs. 2 BGB. kann die Haftung wegen Vorsatzes dem Schuldner nicht im voraus erlassen werden; es käme in Frage, ob dieser Haftungsausschluß auch insoweit unzulässig ist, als es sich nicht um Vorsatz des Geschäftsherrn, sondern um einen solchen des Verrichtungsgehilfen handelt. Vorschriften des Bürgerlichen Gesetzbuchs über juristische Personen würden einer solchen Haftungsausschließung nicht entgegenstehen. Für das Haftungsgebiet des § 831 BGB. könnte keine weitergehende Schranke bestehen, als sie für § 31 BGB. gilt. Durch § 40 BGB. wird aber nur die *satzungsmäßige* Ausschließung der Haftung des Vereins aus § 31 BGB. untersagt, nicht die Ausschließung im Wege des Vertrages im Einzelfall. Im Schrifttum und in der Rechtsprechung ist, soweit ersichtlich, die Ausschließung der Vorsatzhaftung nur für die *Organe* des Vereins behandelt und für unzulässig erklärt worden (*Planck* Anm. 6 zu § 31 BGB.; *Oertmann* Anm. 7 zu § 31 BGB.; *Enneccerus-Nipperdey* Lehrbuch des Bürgerlichen Rechts I. Band, § 103 I 7 Anm. 10; Recht 1908 Nr. 1150); im Recht 1907 Nr. 401 wird von der Rechtswirksamkeit einer Ausschließung der Haftung allgemein — ohne Erwähnung vorsätzlichen Handelns — auch für die Vertrauensmänner und Gehilfen des Vereins gesprochen. Die Entscheidung in RGZ. Bd. 115 S. 122 [127] betrifft eine vertragliche Auskunft und unter dem Gesichtspunkt des § 276 Abs. 2 BGB. nur den Vorsatz der *Inhaber* der dortigen Beklagten. § 278 Satz 2 BGB. käme insoweit schon deshalb nicht in Betracht, weil bei der Erteilung einer nicht auf Vertrag beruhenden Auskunft weder eine Verbindlichkeit noch die Erfüllung einer solchen vorliegt. Die Auskunft selbst ist dann kein Rechtsgeschäft; ein solches liegt nur vor, wenn sich ein auf die Hervorbringung rechtlicher Wirkungen gerichteter Wille betätigt, wozu dann noch die Anerkennung dieses Willens durch die Rechtsordnung hinzutreten muß (RGZ. Bd. 122 S. 138 [140]; Bd. 68 S. 322 [324]). Beim Fehlen eines Vertrags will aber der die Auskunft Erteilende keine rechtliche Wirkung hervorrufen (vgl. Urteil des Reichsgerichts vom 10. Juli 1920 VI 143/20 = Bankarchiv XX S. 30, wo auch die Beurteilung einer Auskunft als Willenserklärung abgelehnt wird[1]). Doch kann die Rechtswirksamkeit einer Vereinbarung des erwähnten Inhalts hier dahinstehen, wie noch darzulegen sein wird. Im jetzigen Abschnitt des Verfahrens könnte eine endgültige Stellungnahme nicht erfolgen, weil das Berufungsgericht die von den Parteien getroffene Vereinbarung über Haftungsausschließung noch nicht daraufhin geprüft hat, ob sie auch den Vorsatz von Angestellten umfassen sollte.

Begründet ist die zweite Rüge. Denn § 831 BGB. stellt, wie die Revision mit Recht geltend macht, die Vermutung eines eigenen Verschuldens des Geschäftsherrn auf. Dadurch wird aber die Tat des Verrichtungsgehilfen nicht zu seiner eigenen Tat; der Geschäftsherr wird im Falle der Haftung aus § 831 BGB. nicht als arglistig angesehen, wenn der Verrichtungsgehilfe arglistig handelt. Daraus ergibt sich, daß der Geschäftsherr, der nur aus § 831 haftet, dem Geschädigten dessen bei der Entstehung des Schadens mitwirkendes Verschulden entgegenhalten kann. Denn der Grundsatz, daß der vorsätzlich Handelnde in der Regel den Schaden nicht auf den nur fahrlässig bei der Entstehung des Schadens mitwirkenden Geschädigten abwälzen kann (RGZ. Bd. 148 S. 48 [58] mit Nachweisungen), kann nicht auf einen nach § 831 haftenden Geschäftsherrn angewendet werden, weil dieser nicht arglistig handelt, RGZ. Bd. 71 S. 217, Bd. 139 S. 302 [304] ... (Folgt die Darlegung, daß auch die Staatsbank den Einwand mitwirkenden Verschuldens der Klägerin erhoben habe.)

Unbegründet ist die dritte Revisionsrüge. Nach feststehender Rechtsprechung genügt im Falle der Gesamtvertretung schon das Verschulden eines einzelnen Vertreters, um eine Haftung der juristischen Person zu begründen (RGZ. Bd. 74 S. 250 [257], Bd. 110 S. 145, Bd. 117 S. 61 [64], Bd. 134 S. 375 [377]; für den Fall der Auskunfterteilung durch ein Vorstandsmitglied einer Ge-

[1]) S. ferner Recht 1921 Nr. 2133. D. R.

nossenschaft RGUrt. vom 10. Juli 1920 VI 143/20 = Recht 1921 Nr. 2133[1]). Dieser Grundsatz ist auch dann anzuwenden, wenn zwei Personen im Rahmen der ihnen übertragenen Dienstverrichtungen im Sinne von § 831 BGB. eine Auskunft erteilen und nur für eine von ihnen eine Haftung des Geschäftsherrn aus dieser Vorschrift festgestellt ist.

Was die vierte Rüge angeht, so irrt die Revision, wenn sie eine Pflicht des Berufungsgerichts aus § 139 ZPO. annimmt, in einem Falle der vorliegenden Art eine Frage nach der Richtung zu stellen, ob ein Entlastungsbeweis aus § 831 BGB. angetreten werde. Eine Prüfung dieser Frage wäre vielmehr lediglich die Pflicht der Staatsbank und ihres Prozeßbevollmächtigten gewesen. Vom Berufungsgericht konnte auch die Möglichkeit erwogen werden, daß die Staatsbank gewillt sei, der Klägerin gegenüber für die Handlungen eines Mitgliedes ihres Direktoriums — sei es eines ordentlichen, sei es eines stellvertretenden — einzustehen. Allerdings taucht nun der Zweifel auf, ob nicht mit Rücksicht auf die Stellung, die H. in der Staatsbank einnahm, und mit Rücksicht auf seine dienstliche Laufbahn der Entlastungsbeweis zum mindesten wegen der Auswahl nach dem Inhalt des vorgetragenen Strafurteils ohne weiteres als erbracht angesehen werden konnte. Die ganz allgemeine Bemerkung des Berufungsgerichts darüber, daß über die Entlastung der Staatsbank nähere Darlegungen zur Tätigkeit des H. nicht gemacht worden seien, würde jedenfalls mit Rücksicht auf das, was darüber als aus dem Strafurteil vorgetragen anzusehen ist, das Urteil nicht stützen können. Hier hätten aber die Zweifel Bedeutung gewinnen können, ob die Tätigkeit des H. unter dem Gesichtspunkt eines Verrichtungsgehilfen nach § 831 BGB. zu beurteilen ist. Und diese Frage ist zu verneinen. Vielmehr sind auf seine Tätigkeit die Vorschriften der §§ 30, 31, 89 BGB. anzuwenden. Dazu ist folgendes zu erwägen:

Nach § 30 BGB. kann durch die Satzung bestimmt werden, daß neben dem Vorstand für gewisse Geschäfte besondere Vertreter zu bestellen sind, und erstreckt sich die Vertretungsmacht eines solchen Vertreters im Zweifel auf alle Rechtsgeschäfte, die der ihm zugewiesene Geschäftskreis gewöhnlich mit sich bringt. Die Auswirkung dieser Vorschrift ist im § 31 enthalten, wonach der Verein auch für den Schaden verantwortlich ist, den — außer den Vorstandsmit-

---

[1]) Vgl. auch Bankarchiv XX S. 30. D. R.

gliedern — ein anderer verfassungsmäßig berufener Vertreter durch eine in Ausführung der ihm zustehenden Verrichtungen begangene, zum Schadensersatz verpflichtende Handlung einem Dritten zufügt. Der § 30 war im Entwurf des Bürgerlichen Gesetzbuchs nicht vorgesehen. Erst in der zweiten Lesung (Prot. I S. 521) wurde erwogen, daß es zweifelhaft bleibe, ob die für den Vorstand gegebenen Bestimmungen auch auf andere Vertretungsorgane anwendbar seien, da diese in den Statuten nicht selten vom Vorstand unterschieden würden und zwischen ihnen und dem Vorstand der innere Unterschied bestehe, daß sie zur Leitung des Vereins nicht berufen seien; sachlich müsse § 46 (jetzt § 31) auf jene besonderen Organe angewendet werden. Es wurde ferner hervorgehoben, daß die Bestellung besonderer Personen als Organe des Vereins für einen begrenzten Geschäftskreis neben dem Vorstand bei Vereinen von größerem Umfang häufig und unentbehrlich sei. Der leitende Gedanke ging also dahin, die Haftung der juristischen Personen zu erweitern; sie sollte auch auf solche Personen erstreckt werden, die nicht die Vertretung der juristischen Person in vollem Umfang haben, die aber für die Tätigkeit der juristischen Person nicht entbehrt werden können, weil der Vorstand infolge des Umfangs oder der Art der zu erledigenden Geschäfte nicht imstande ist, von der ihm durch das Gesetz gegebenen Befugnis zur Vertretung der juristischen Person in vollem Umfang und nach allen Richtungen Gebrauch zu machen. Diese Erwägung hat in der Rechtsprechung dazu geführt, sogar einen Organisationsmangel und ein Verschulden der verfassungsmäßigen Vertreter der juristischen Person als gegeben anzusehen, wenn nicht für die Bestellung eines besonderen Vertreters im Sinne des § 30 BGB. gesorgt wird, sobald der Vorstand nicht in der Lage ist, den Verpflichtungen zu genügen, denen eine juristische Person durch ihren Vorstand nicht wie eine andere Person nachkommen kann. Die Sachlage kann dann je nach der Art des Geschäftskreises so sein, daß die juristische Person ihren Pflichten nicht genügt durch Bestellung geeigneter Personen, für die sie sich nach § 831 BGB. entlasten kann. Die tatsächlichen Umstände des täglichen Lebens, insbesondere des wirtschaftlichen Verkehrs, können es vielmehr mit sich bringen, daß ein solcher Vertreter bestellt werden muß, für den eine Entlastung dem Dritten gegenüber nicht möglich ist (RGZ. Bd. 89 S. 136; RGUrt. vom 1. April 1931 VI 487/30 = JW 1932 S. 2076 Nr. 9;

vom 10. Oktober 1932 VI 268/32 = SeuffArch. Bd. 87 Nr. 51 = JW. 1932 S. 3702 Nr. 1; RGUrt. vom 6. Juni 1935 VI 581/34 = Seuff-Arch. Bd. 90 Nr. 32 = HRR. 1935 Nr. 1515).

Der maßgebende Gesichtspunkt ist also zunächst die Verankerung der Stellung des besonderen Vertreters in der Satzung, sodann aber die Wirkung seiner Tätigkeit gerade nach außen hin. Die Rechtslage ist also nicht so, wie das Berufungsgericht annimmt; nicht die Stellung dieses Vertreters im Innenverhältnis dem Vorstande gegenüber entscheidet, sondern vor allem seine Befugnisse nach außen hin haben grundlegende Bedeutung. Deshalb erstreckt sich die Vertretungsmacht eines solchen Vertreters im Zweifel auf alle Rechtsgeschäfte, die der ihm zugewiesene Geschäftskreis gewöhnlich mit sich bringt. Die Satzung kann aber unbedenklich bestimmen, daß die Vertretungsmacht des besonderen Vertreters beschränkter sein soll als sein Geschäftskreis. Ob es möglich ist, wie Staudinger Anm. 8 zu § 30 BGB. annimmt, seine Vertretungsmacht völlig auszuschließen, braucht im vorliegenden Rechtsstreit nicht entschieden zu werden; dort wird der Fall zugrunde gelegt, daß satzungsgemäß der besondere Vertreter den Vereinsvorstand nur mit dessen Vollmacht oder nur zusammen mit einem Vorstandsmitglied im Rechtsgeschäft vertreten könne.

Allerdings muß der besondere Vertreter eine gewisse Selbständigkeit haben. Eine solche Selbständigkeit wird aber nicht dadurch ausgeschlossen, daß der „Vertreter" an Weisungen und Anordnungen eines anderen, im inneren Verhältnis übergeordneten Organs gebunden ist; die Selbständigkeit tritt dann nach außen hervor (RGUrt. vom 19. April 1915 VI 657/14, teilweise wiedergegeben im Recht 1915 Nr. 1704; RGZ. Bd. 94 S. 318 [320], Bd. 53 S. 276 [279, 280]). Das Berufungsgericht schränkt den Begriff des besonderen Vertreters zu sehr ein; nach seiner Auffassung würde der besondere Vertreter sich vom Vorstand nur dadurch unterscheiden, daß er nicht eine so umfassende Vertretungsmacht hat wie dieser. Der grundsätzliche Unterschied zwischen dem Vorstand und dem nicht zur Leitung berufenen Vertreter, wie er bei der Schaffung der Vorschrift dargelegt und oben erwähnt worden ist, würde wegfallen. Dadurch würde der Anwendungsraum des § 30 und folgeweise des § 31 BGB. auf ein geringes Gebiet eingeschränkt werden; eine solche Einschränkung würde weder dem Bedürfnis des Verkehrs und der juristischen Person selbst entsprechen, noch mit der bisherigen Rechtsprechung übereinstimmen. Die juristische Person selbst würde der einheitlichen Leitung entbehren müssen, wenn sie einen besonderen Vertreter für einen bestimmten Geschäftskreis bestellt, vielleicht auch bestellen muß, ohne daß ein Eingreifen des an sich für die gesamte Leitung verantwortlichen Vorstandes möglich wäre; der Verkehr würde im Fall einer geringen Bemessung des Kreises der besonderen Vertreter dadurch leiden, daß die Haftung der juristischen Person zu deren Gunsten mehr eingeschränkt und die Entlastungsbefugnis nach § 831 BGB. erweitert würde. Die Rechtsprechung hat aber beispielsweise keine Bedenken getragen, den Vorsteher der Unterabteilung eines städtischen Bauamts, soweit er die Geschäfte, welche die Unterhaltung der ihm unterstellten Bauten betreffen, selbständig zu erledigen hat, in dieser Eigenschaft als verfassungsmäßig berufenen Vertreter der Stadtgemeinde anzusehen, auch wenn er der Oberaufsicht eines Stadtbaurats unterstellt ist. Das gleiche ist von einer dem Magistrat untergeordneten Baudeputation angenommen worden, zu deren Geschäften die Beaufsichtigung des baulichen Zustandes der Straße gehört ((RGUrt. vom 24. Juni 1907 VI 482/06 = Recht 1907 Nr. 2242). Die Unterscheidung des Berufungsgerichts zwischen Kollegial- und Präsidialsystem gibt also für die Frage, ob jemand besonderer Vertreter oder Verrichtungsgehilfe ist, nichts her; sie geht an dem für § 30 maßgebenden Gesichtspunkt vorbei. Übrigens würde im Einzelfall nichts der Annahme entgegenstehen, daß ein Vorstandsmitglied auch besonderer Vertreter ist.

Auf eine juristische Person des öffentlichen Rechts wie die Staatsbank findet gemäß § 89 BGB. die Vorschrift des § 31 das. entsprechende Anwendung. Auch auf die Staatsbank, die zur Zeit des Inkrafttretens des Bürgerlichen Gesetzbuches bestand, finden die genannten Vorschriften Anwendung (Art. 163 EG. z. BGB.). Soweit solche juristischen Personen keine Satzung haben, treten an ihre Stelle die für die Verwaltungsorganisation maßgebenden Bestimmungen, die durch Gesetz oder allgemeine Verwaltungsvorschrift getroffen worden sind (RGZ. Bd. 74 S. 21). Sachlich-rechtlich besteht kein Bedenken, auf den Geschäftsbetrieb der Staatsbank und auf die in dessen Rahmen erteilte Auskunft die Vorschriften des Bürgerlichen Gesetzbuchs anzuwenden; denn es handelt sich bei dem Geschäftsbetriebe der Staatsbank um einen privatrechtlichen Geschäftskreis, obgleich die Interessen des Staates wesentlich beteiligt sind. Wenn auch die

Vertreter der Staatsbank in ihrer Tätigkeit als Beamte handelten, so blieb diese doch privatrechtliche Betätigung, auch wenn sie im öffentlichen Interesse lag (vgl. RGZ. Bd. 155 S. 257 [274]). Das stimmt auch mit der Auffassung des noch später zu erörternden Erlasses des preußischen Finanzministers vom 9. April 1862 überein. Die gelegentlich vom Beklagten H. geäußerte Auffassung, daß privatrechtliche Belange bei Erteilung der Auskunft nicht wahrgenommen worden seien, geht fehl.

Hiernach bedarf es eines Eingehens auf die Organisation der Staatsbank. Ins Leben gerufen wurde sie durch das Patent Friedrichs des Großen vom 14. Oktober 1772 unter dem Namen Seehandlungsgesellschaft[1]). Sie war als vielseitiges Handelsunternehmen größten Stils gedacht und sollte zum großen Teil der preußischen Ausfuhr dienen (vgl. Annalen des Deutschen Reichs 1905 S. 33). Das Patent bestimmte unter Nr. 12, daß ein Generaldirektionskollegium errichtet werde, bestehend aus einem Chef, zwei Direktoren und einem Kassierer; die Ernennung eines dritten Direktors in Cadix wurde in Aussicht genommen. Unter Nr. 13 hieß es, daß der Chef die Arbeiten unter den Direktoren verteilen werde, welche nach Maßgabe der gemeinschaftlichen Beratschlagungen hernachmals besonders und für sich verfügen könnten, doch mit dem ausdrücklichen Vorbehalt, daß die Verfügungen zu den Ausgaben allezeit von dem Chef unterzeichnet würden. In dem Patent vom 4. März 1794 wegen Verlängerung der Octroy für die Seehandlungs-Societät bis zum 1. Januar 1808[2]) wurde u. a. in Nr. 8 und 9 bestimmt: Das Generaldirektionskollegium sollte aus so viel Mitgliedern bestehen, als zur Betreibung der Geschäfte notwendig seien. Die Mitglieder werden von dem Chef in Vorschlag gebracht; die Auswahl und Anstellung der übrigen Offizianten überläßt der König dem Chef auf den Vortrag der Generaldirektion. Die Verteilung der Arbeiten unter die Mitglieder des Kollegiums hängt allein vom Chef ab, „so wie ihm auch die Autorisation zu den Ausgaben und die ganze Disposition überlassen bleibt, und es kann daher ohne dessen Züstimmung keine neue Handelsoperation angefangen und unternommen werden". Im Jahre 1820 wurde die Sozietät durch die Kabinettsorder vom 17. Ja-

[1]) Vgl. Hellwig, Die Preußische Staatsbank, Seehandlung 1772—1922, Anhang I S. 5. D. R.

[2]) Vgl. Hellwig a. a. O. Anhang I S. 19. D. R.

nuar 1820 im Rahmen des Hardenbergschen Reformwerks auf eine neue Grundlage gestellt. Während sie bisher der Staatsverwaltung untergeordnet war, wurde sie nunmehr ein für sich bestehendes, von dem Ministerium des Schatzes unabhängiges Geld- und Handlungsinstitut des Staates, dessen Oberaufsicht ein besonderes Kuratorium führen sollte; sie wurde damit, wie der neue Chef der Societät, Rother, im Anhang zur Kabinettsorder erklärte, zum Staats- und Hofbankier bestellt (vgl. Hellwig Die Preußische Staatsbank, Seehandlung 1772—1922 S. 53). Dem Chef der Societät wurde mit unumschränkter Vollmacht, jedoch zugleich mit persönlicher Verantwortlichkeit, die spezielle Leitung des Instituts übertragen; die Direktoren und das gesamte Personal des Instituts „sind dem Chef zur Verwaltung der Geschäfte untergeordnet".

Zunächst ist mit Sicherheit anzunehmen, daß nach dem Patent von 1772 die Mitglieder der Generaldirektion Vertreter der Sozietät waren. Es sollten gemeinschaftliche Beratungen stattfinden; dann aber sollte jeder Direktor in dem Arbeitskreise, der ihm zugeteilt war, besonders und für sich verfügen können. Eine Ausnahme sollte nur für die Verfügungen, die Ausgaben betrafen, bestehen; diese sollten von dem Chef unterzeichnet werden. Man wird sagen können, daß die Direktoren vom Sprachgebrauch des Bürgerlichen Gesetzbuchs aus als Vorstandsmitglieder anzusehen waren, eben als Mitglieder der Direktion, in der dem Leiter nur nach einer bestimmten Richtung eine Sonderstellung eingeräumt wurde. Das würde als Satzungsbestimmung auch nach dem Recht des Bürgerlichen Gesetzbuchs nicht ausgeschlossen sein. Daß im Jahre 1794 eine andere Rechtslage herbeigeführt werden sollte, ist nicht ersichtlich. Mit Rücksicht auf die Ausdehnung des Geschäftskreises wurde die Zahl der Mitglieder vermehrt; die Sonderstellung in der Verfügung über Ausgaben blieb aufrechterhalten. Daraus ergab sich, daß neue Unternehmungen nicht ohne Zustimmung des Chefs begonnen werden konnten. Es fragt sich, ob die bisherige Rechtslage im Jahre 1820 geändert worden ist. Daß der Leiter der Direktion die Berechtigung erhielt, maßgebend die Geschäfte der Sozietät zu bestimmen, und ihm die Verantwortung hierfür oblag, ist nicht zu bezweifeln; das hängt anscheinend mit der neuen Organisation und dem Wegfall der bisherigen Unterordnung unter die staatliche Verwaltung zusammen. Allein damit ist nicht gesagt, daß die Verantwortlichkeit der Mitglieder der

Direktion nicht weiter bestand. Daß sie rechtlich nicht dieselbe Stellung wie die übrigen „Offizianten" (wie es im Patent von 1794 hieß) haben sollten, ergibt die Nebeneinanderstellung; der Umstand, daß sie dem Chef unterstellt wurden, betrifft hiernach nur das innerdienstliche Verhältnis. Es erscheint gerade im Hinblick auf die wachsende Bedeutung des Instituts ausgeschlossen, daß der Leiter der Generaldirektion nunmehr alle Geschäfte selbständig, insbesondere auch nach außen selbst erledigen wollte oder konnte. Man muß vielmehr mangels entgegenstehender Umstände annehmen, daß die Direktoren, die ja doch „Direktoren" blieben, auch nach außen hin die ihnen zugewiesenen Geschäfte selbständig zu erledigen hatten, soweit nicht der Leiter der Sozietät sich die Angelegenheit vorbehielt. Es ist überdies durchaus unwahrscheinlich, daß in einer Zeit, in der eben die Rechte und Pflichten der Mitglieder der Regierungen durch die Instruktion zur Geschäftsführung der Regierungen in den Königlich-Preußischen Staaten vom 23. Oktober 1817 (Pr.GS. S. 248) eingehend geregelt und gesichert worden waren (vgl. §§ 34flg. daselbst), die Direktoren eines als so bedeutsam erachteten Instituts, dessen Stellung jetzt gerade verselbständigt und gehoben wurde, etwa in ihren Befugnissen grundsätzlich herabgesetzt worden sein sollten. Ihre Befugnisse wurzelten nicht etwa in einem Auftrage des Leiters der Sozietät in Verbindung mit einer Vollmacht; wenn nur ein solcher vorläge, würde allerdings allein die Vorschrift des § 831 BGB. in Betracht kommen, obwohl andrerseits die Erteilung einer Vollmacht noch nicht die Eigenschaft eines „besonderen Vertreters" ausschließt (RGZ. Bd. 91 S. 3).

In der Revisionsinstanz hat die Staatsbank auf Veranlassung des Gerichts eine Abschrift der Geschäftsinstruktion vorgelegt, die der Finanzminister am 18. Juli 1850 dem Vorsitzenden der Generaldirektion erteilt hat, nachdem die Staatsbank durch den Erlaß des Königs vom 17. April 1848 (GS. S. 109) dem Minister unterstellt worden war. Diese Geschäftsinstruktion verweist auf § 9 des oben angeführten Patents vom 4. März 1794. Sie beläßt es bei der Unterordnung der Mitglieder der Generaldirektion unter den Vorsitzenden. Daß sich diese Unterordnung nur auf das Innenverhältnis bezog, ist auch daraus zu entnehmen, daß nach § 1b die Revision und die Mitvollziehung der unter der Firma der Generaldirektion ergehenden schriftlichen Äußerungen in besonders wichtigen Fällen dem Vorsitzenden oblag, während der Schriftwechsel im gewöhnlichen

Geschäftsverkehr von den Mitgliedern gezeichnet werden konnte. Andrerseits hatte der Vorsitzende in bestimmten, näher ausgeführten Fällen die Genehmigung des Ministers einzuholen. Eine Änderung in der hier zu entscheidenden Frage ist auch damals nicht eingetreten. Das gilt in verstärktem Maße für den Erlaß des Finanzministers vom 9. April 1862, der vom Berufungsgericht mit einer kurzen, an das Strafurteil sich anschließenden Bemerkung herangezogen und in der Revisionsinstanz von der Staatsbank in Abschrift vorgelegt worden ist. Dieser Erlaß enthält die Beantwortung einer Anfrage, welche die Notwendigkeit der Anmeldung des Instituts zum Handelsregister betraf. In Übereinstimmung mit der Seehandlung wurde diese Frage bejaht. Weiterhin wurde aber die rechtliche Stellung der mit der Führung der Geschäfte des Instituts betrauten Beamten erörtert: Der Rechtsbegriff einer Prokura oder überhaupt eines Vollmachtsauftrags könne auf die Stellung der Beamten, denen die Vertretung des Seehandlungsinstituts obliege, nicht angewendet werden. Insofern als die Vertretung der Staatsgewalt für einen gewissen Geschäftskreis einer bestimmten Behörde übertragen worden sei, wäre diese unmittelbar Repräsentantin des Staates, ohne daß erst eine Analogie ihres Verhältnisses in der Stellung eines Bevollmächtigten zu dessen Prinzipal zu suchen sei. Eine näher liegende Analogie gewähre vielmehr das Verhältnis der gesetzlichen Vertreter minderjähriger oder sonst handlungsunfähiger Personen. Dann wird weiter betont, auch der Umstand, daß die zur Vertretung des Staates berufene Behörde den Anordnungen einer höheren Instanz zu folgen habe, rechtfertige nicht die Folgerung, daß die Behörde und deren Beamte nur in dem Verhältnis als Bevollmächtigte gegenüber der höheren Instanz als Auftraggeberin ständen. Der Erlaß führt dann weiter aus, daß die Anmeldung der Firma des Instituts durch die zur Führung der Geschäfte eingesetzte Generaldirektion aus eigener Machtvollkommenheit zu bewirken sein werde. In diesem Zusammenhang wird gesagt, daß mit der Anmeldung die Mitteilung zu verbinden sein werde, die Zeichnung der Firma durch die Mitglieder sei nur dann verpflichtend, wenn sie gleichzeitig von zwei Mitgliedern erfolge.

Durch diesen Erlaß wird die oben dargelegte Auffassung von der Stellung der Mitglieder der Generaldirektion bestätigt. Sie leiteten ihre Befugnisse nicht aus einem Auftrage des Leiters der Generaldirektion her, wiewohl dieser ihnen im Innenverhältnis übergeordnet war. Man muß nach alledem annehmen, daß die Mitglieder der Direktion nach dem Jahre 1820 zum mindesten die Stellung „besonderer Vertreter“ im Sinne des § 30 BGB. gehabt haben. Die „Satzung“ war stets die rechtliche Grundlage ihrer Stellung; dazu tritt die Ermächtigung zur rechtsgeschäftlichen Vertretung der Sozietät für einen bestimmten Geschäftskreis. Damit sind die Voraussetzungen erfüllt, unter denen ein besonderer Vertreter nach § 30 BGB. als bestellt anzusehen ist (RGZ. Bd. 91 S. 4). Unklar wird in den Annalen des Deutschen Reichs 1905 S. 132 von dem Präsidenten als „eigentlichem“ Vertreter gesprochen. Wenn dort weiter ausgeführt wird, es stehe dem Staate frei, neben dem Präsidenten noch anderen Personen eine Vertretungsmacht anzuvertrauen, gewöhnlich seien die beiden anderen Mitglieder des Direktoriums zur gemeinschaftlichen Vertretung des Instituts bevollmächtigt, sie hätten „eine Art Gesamtprokura“, so ist damit offenbar keine Vollmacht gemeint, die von dem Präsidenten ausgeht; die Vertretungsmacht ist eben in den Organisationsvorschriften enthalten. Übrigens würde, wie dargelegt, die Erteilung einer Handlungsvollmacht die Eigenschaft eines Vertreters, wie in RGZ. Bd. 91 S. 3 zutreffend angenommen ist, noch nicht ausschließen, wenn nämlich die Satzung oder die Organisationsvorschriften bereits eine Vertretungsmacht enthalten.

Daß H. tatsächlich einen bestimmten Geschäftskreis verwaltete, ist nicht streitig. Die Geschäfte der Staatsbank waren nach bestimmten äußeren Kennzeichen — Buchstaben — unter die Mitglieder und stellvertretenden Mitglieder der Direktion verteilt, wobei zwischen beiden Arten von Mitgliedern entgegen der Annahme der Revision für die hier zu treffende Entscheidung kein Unterschied zu machen ist. Die einzelnen Abteilungen des Geschäftskreises, die sich untereinander nicht grundsätzlich unterschieden, brauchten naturgemäß noch nicht in der Satzung festgelegt zu werden; sie ergaben sich aus den Bedürfnissen der Verwaltung des Instituts. Grundsätzlich folgte die Art der Tätigkeit der Mitglieder aus der Natur der von der Staatsbank zu erledigenden Geschäfte.

Hiernach ist davon auszugehen, daß H. bei Erteilung der Auskunft vom 15. April 1925 als Organ-Vertreter der Staatsbank aufgetreten ist und daß diese gemäß §§ 31, 30 BGB. für sein Verhalten haftet. (Es folgen Ausführungen über die sachliche Berechtigung des Anspruchs.)

38. Ist der Käufer eines mit einem gesetzlichen Vorkaufsrecht belasteten Grundstücks, der für den Nachweis der Gelegenheit zum Abschlusse des Vertrags oder für dessen Vermittlung einen Mäklerlohn versprochen hat, zur Entrichtung des Mäklerlohnes verpflichtet, wenn das Vorkaufsrecht ausgeübt wird?

BGB. § 652.

VII. Zivilsenat. Urt. v. 22. März 1938 i. S. Sch.-B. (Bekl.) w. Firma R. u. v. C. (Kl.). VII 216/37.

I. Landgericht Hannover.
II. Oberlandesgericht Celle.

Die Frage der Überschrift ist verneint worden aus folgenden

Gründen:

Die Frage, wie die Ausübung eines Vorkaufsrechts auf die Verpflichtung zur Zahlung eines vom Käufer versprochenen Mäklerlohns einwirkt, ist noch nicht Gegenstand höchstrichterlicher Entscheidung gewesen. Dem Reichsgericht hat bisher nur der Fall vorgelegen, daß ein gesetzliches Vorkaufsrecht ausgeübt wurde bei einem Grundstückskaufvertrage, der durch einen vom Verkäufer beauftragten Mäkler vermittelt war (Urteil vom 21. Mai 1921, V 512/1920). Es hat in diesem Falle den Mäklerlohnanspruch gegen den Verkäufer bestehen lassen, weil diesem der wirtschaftliche Erfolg der Vermittlungstätigkeit verblieben sei, da die Ausübung des Vorkaufsrechts lediglich einen Wechsel der Person auf der Käuferseite ausgelöst habe. Indem diese Entscheidung den wirtschaftlichen Erfolg für das Schicksal des Mäklerlohnanspruchs maßgebend sein läßt, ist sie zugleich richtungweisend für die Beurteilung des Falles, daß der Käufer des mit dem gesetzlichen Vorkaufsrecht belasteten Grundstücks den Mäklerlohn versprochen hat, ihm aber infolge der Ausübung jenes Rechts das Grundstück nicht übertragen werden kann oder entwehrt wird. In diesem Fall erweist sich der Kaufvertrag in Auswirkung einer dem Kaufgegenstande bereits beim Vertragsschluß anhaftenden gesetzlichen Belastung als ein wirtschaftlicher Mißerfolg der Mäklertätigkeit. Eine zweckgerechte, den Grundsätzen von Treu und Glauben entsprechende Auslegung des Mäklervertrags wird bei solcher Sachlage in aller Regel zu einer Versagung des Lohnanspruchs führen müssen.

Denn in Ermangelung einer entgegenstehenden Vereinbarung wird es dem Willen der Vertragschließenden entsprochen haben, diesen Anspruch nur dann entstehen zu lassen, wenn das gesetzliche Vorkaufsrecht nicht ausgeübt und damit der erstrebte wirtschaftliche Erfolg für den Käufer erreicht wird (ebenso Reichel Die Mäklerprovision 1913 S. 72, 73).

---

39. Zum Begriff der Bestandteile bei beweglichen Sachen.

BGB. §§ 90, 93, 947 Abs. 2.

VII. Zivilsenat. Urt. v. 8. April 1938 i. S. B. GmbH. (Bekl.) w. W. als Verwalter im Konkurse der B. AG. (Kl.). VII 223/37.

I. Landgericht Göttingen.
II. Oberlandesgericht Celle.

Der Sachverhalt ergibt sich aus den

Gründen:

In der Revisionsinstanz handelt es sich nur noch um die Frage, ob die Düsen aus Edelmetall wesentliche Bestandteile der im Eigentum der Beklagten stehenden Spinnmaschinen bilden und deshalb nach § 947 Abs. 2, § 93 BGB. mit ihrer Anschaffung Eigentum der Beklagten geworden sind. Der Berufungsrichter verneint diese Frage mit Recht.

Die erste Voraussetzung für die Anwendbarkeit des § 93 BGB. ist, daß es sich bei den Düsen überhaupt um Bestandteile der Spinnmaschinen handelt, d. h. um körperliche Gegenstände, welche durch ihre Verbindung mit der Maschine ihre Selbständigkeit dergestalt verloren haben, daß fortan nach der Verkehrsauffassung nur eine einheitliche Sache vorhanden ist. Dafür, ob dies der Fall, ist naturgemäß die Auffassung der Wirtschaft von entscheidender Bedeutung; die Revision irrt, wenn sie dies leugnet.

Nun kann allerdings die Spinnmaschine ohne Düse nicht spinnen. Nach dem Gutachten des vom Oberlandesgericht vernommenen Sachverständigen vollzieht sich das Spinnen in der Weise, daß die Maschine mit einer Pumpe eine geeignete Flüssigkeit durch die Löcher der jeweils an der Maschine angebrachten Düse drückt und dem Werkstoff dabei die Form eines Fadenbündels gibt. Indem dies Fadenbündel gleich nach seinem Austritt aus der Düse durch ein chemisches Bad gezogen wird, bekommt der Faden Festigkeit, so daß er entweder aufgewickelt oder in den Topf einer Zentrifuge befördert werden kann. Für jede Garnstärke und jede Garnbeschaffenheit ist eine besondere Düse mit entsprechender Lochmenge und Lochanordnung erforderlich. Für jede Spinnstelle der Spinnmaschine muß deshalb, um mit ihr verschiedene Garnarten herstellen zu können, eine Vielzahl von Düsen vorhanden sein. Die Verbindung einer Düse mit der Maschine besteht nur für die Zeit, während deren ein bestimmtes Garn hergestellt werden soll.

Schon hieraus ergibt sich, daß die Düsen weder sämtlich noch zum Teil als Bestandteile der Spinnmaschinen angesehen werden können. Zwar schließt die — bei zusammengesetzten Sachen immer vorhandene — Möglichkeit, eine Sache zu zerlegen, die Bestandteilseigenschaft nicht aus. So sind die Räder eines Wagens trotz der Möglichkeit, sie durch andere zu ersetzen, Bestandteile des Wagens, die Gummibereifungen Bestandteile des Kraftwagens. Um Bestandteile einer Sache handelt es sich aber nicht mehr, wenn die Verbindung ihrer Natur nach nur vorübergehend und eine häufige Auswechselung mit anderen mehr oder minder verschiedenen Ergänzungssachen ohne Rücksicht auf ihre Abnutzung von Anfang an vorgesehen ist und dem Wesen der Hauptsache, insbesondere der Maschine, entspricht. Das trifft — entgegen der Annahme der Revision — auf die Bohrer einer Bohrmaschine zu, wenn diese für die Benutzung verschiedener Bohrer eingerichtet ist, ebenso aber auch für die Düsen einer Spinnmaschine.

Daß die Spinnmaschinen im Verkehr ohne Düsen gehandelt werden, ergibt sich aus dem vom Vorderrichter mit Recht herangezogenen Schreiben der Gemeinschuldnerin. Auch das weist darauf hin, daß die Düsen nach der Verkehrsauffassung nicht Bestandteile der Spinnmaschinen sind.

Auf die Bestimmung des § 947 Abs. 2 BGB. kann sich die Beklagte daher nicht berufen. Ob die Düsen *Zubehör* der Spinnmaschinen sind, ist in diesem Rechtsstreit nicht zu entscheiden.

40. 1. Worauf beruht das Recht einer Kirchengemeinde, die Benutzung ihrer Friedhöfe autonom zu regeln? Werden durch diese Regelung objektive Rechtsnormen geschaffen?

2. Welche Grenzen sind der Autonomie der Kirchengemeinden bei dieser Regelung gezogen?

3. Besteht ein allgemeines deutsches Gewohnheitsrecht des Inhalts, daß den Grabstätteninhabern ein Anspruch auf freie Wahl eines bestimmten Berufsgärtners bei der ersten Anlegung einer Grabstätte zusteht?

EG. z. BGB. Art. 133. Verfassung der Evang.-Luth. Landeskirche Schleswig-Holsteins vom 30. September 1922 (GS. 1924 S. 321) § 33 Abs. 3, §§ 70 flg.

IV. Zivilsenat. Urt. v. 25. April 1938 i. S. C. u. a. (Kl.) w. Kirchengemeindeverband Altona (Bekl.). IV 7/38.

I. Landgericht Altona.
II. Oberlandesgericht Hamburg.

Der verklagte Kirchengemeindeverband gehört zur evangelisch-lutherischen Probstei Altona. Für seine Friedhöfe besteht eine am 1. April 1934 in Kraft getretene Friedhofsordnung, die u. a. folgendes bestimmt:

§ 2 Nr. 1: Auf den kirchlichen Friedhöfen werden die verstorbenen Gemeindemitglieder der evangelisch-lutherischen Kirchengemeinden der Probstei Altona beerdigt, für die eine Grabstätte erworben ist.

§ 10 Nr. 2: Der Erwerb gewährt kein Eigentumsrecht. Der Erwerber erhält das Recht, die Grabstätte nach Maßgabe der jeweils geltenden Friedhofsordnung für Beerdigungen zu benutzen sowie auszustatten.

§ 34 Nr. 2: Alle Grabstätten müssen in einer der Würde des Friedhofs entsprechenden Weise angelegt und gepflegt werden. Dies ist Sache der Grabbesitzer. Für die Ausführung wird folgendes bestimmt:

a) die erstmalige Anlegung, Bearbeitung und Bepflanzung jeder Grabstätte ist, soweit gärtnerische Arbeit in Frage kommt, ausschließlich durch die Friedhofsverwaltung nach voraufgegangener Vereinbarung ausführen zu lassen;

b) die weitere Pflege, Bepflanzung mit Blumen und Sträuchern, Aufstellen von Schnittblumen, Niederlegung von Kränzen sowie Winterdeckung kann vom Besitzer selbst ausgeführt oder von diesem gegen eine zu vereinbarende Vergütung der Friedhofsverwaltung oder einem der für die Grabpflege zugelassenen Berufsgärtner übertragen werden.

Die Kläger sind Handelsgärtner, deren Betriebe sich in der Nähe der Friedhöfe des Beklagten befinden. Ihr Klagantrag — soweit er für die Revisionsinstanz noch in Betracht kommt — geht dahin:

dem Beklagten bei Meidung einer vom Gericht für jeden Fall der Zuwiderhandlung festzusetzenden Geld- oder Haftstrafe zu untersagen:

a) sie (Kläger) daran zu hindern, daß sie auf den Friedhöfen des Beklagten im Auftrage von Kirchengemeindemitgliedern die gärtnerische Neuanlage von Gräbern ausführen,

b) den Kirchengemeindemitgliedern bekannt zu geben, daß die erstmalige Anlegung, Bearbeitung und Bepflanzung der Grabstätte, soweit gärtnerische Arbeit in Frage komme, ausschließlich durch die Friedhofsverwaltung nach voraufgegangener Vereinbarung auszuführen sei.

Das Landgericht hatte die Klage zunächst wegen Unzulässigkeit des Rechtswegs abgewiesen, das Oberlandesgericht aber den Rechtsweg unter Billigung des Reichsgerichts für zulässig erklärt. Das Landgericht gab nunmehr den Klaganträgen statt, das Oberlandesgericht dagegen wies die Klage ab. Die hiergegen gerichtete Revision der Kläger blieb erfolglos.

Gründe:

I. Die am 1. April 1934 in Kraft gesetzte Friedhofsordnung des verklagten Kirchengemeindeverbands, um deren § 34 der Streit der Parteien geht, ist, wie das Berufungsgericht an Hand der Vorschriften der Verfassung der Evangelisch-Lutherischen Landeskirche Schleswig-Holsteins vom 30. September 1922 und der Verwaltungsordnung für deren Kirchengemeinden feststellt, ordnungsmäßig und rechtsgültig zustande gekommen. Diese Vorschriften sind, da das Gebiet der

Stadt Altona durch das Gesetz über Groß-Hamburg vom 26. Januar 1937 auf das Land Hamburg übergegangen und durch das Gesetz vom 16. März 1937 dem Oberlandesgerichtsbezirk Hamburg zugelegt worden ist, revisibles Recht geworden (§ 549 ZPO.). Ihre Nachprüfung ergibt keine rechtlichen Bedenken gegen die Rechtsgültigkeit der Friedhofsordnung. Die Verfassung der Evangelisch-Lutherischen Landeskirche Schleswig-Holsteins überträgt in § 33 Abs. 3 der Kirchenregierung die Aufgabe, eine Verwaltungsordnung für die Kirchenvorstände zu erlassen. Diese Verwaltungsordnung ist von der Kirchenregierung in Kiel am 11. Dezember 1929 erlassen und im Februar 1930 veröffentlicht worden. Sie schreibt in § 17 Abs. 3 vor, daß der Kirchenvorstand eine Friedhofsordnung zu erlassen hat, die der Genehmigung des Synodalausschusses bedarf; in § 17 Abs. 6 heißt es, daß der Friedhofsordnung als Anhang eine Gebührenordnung beizufügen ist; diese ist von der Kirchenvertretung zu beschließen und bedarf der Genehmigung des Synodalausschusses und des Regierungspräsidenten. An die Stelle des Kirchenvorstandes tritt, wenn es sich um einen Kirchengemeindeverband handelt, der Verbandsausschuß, an die Stelle der Kirchenvertretung die Verbandsvertretung (§§ 70flg. der Verfassung der Landeskirche). Allen diesen Vorschriften ist hier, wie die in der Berufungsinstanz vorgelegten Originalurkunden ergeben, bei der Friedhofsordnung Genüge geschehen. Diese ist vom Verbandsausschuß des Beklagten aufgestellt und in der Sitzung der Verbandsvertretung vom 8. Februar 1934 genehmigt worden. Die Genehmigung des Synodalausschusses ist am 3. März 1934 erteilt. In Ansehung der Gebührenbestimmungen hat der Regierungspräsident die Friedhofsordnung staatsaufsichtlich am 22. März 1934 genehmigt.

II. Die Friedhofsordnung enthält in § 34 Bestimmungen, wodurch die gewerbliche Grabpflege auf den Friedhöfen des Beklagten nach verschiedenen Richtungen eingeschränkt oder ausgeschlossen wird. Den Streitpunkt der gegenwärtigen Sache bildet die Vorschrift des § 34 Nr. 2 unter a, wonach die erstmalige Anlegung, Bearbeitung und Bepflanzung jeder Grabstätte, soweit gärtnerische Arbeit in Frage kommt, ausschließlich durch die Friedhofsverwaltung auszuführen ist. Die Kläger, deren Betriebe sich in der Nähe der Friedhöfe am Diebsteich und am Bornkamp befinden und die seit Jahren im Auftrage der Grabstätteninhaber jede Art von gärtnerischen Arbeiten auf den genannten beiden Friedhöfen ausgeführt haben, fühlen sich durch diese Bestimmung der Friedhofsordnung in der Ausübung ihres Gewerbes beeinträchtigt und sehen darin einen unzulässigen Eingriff des Beklagten in ihren Gewerbebetrieb.

Das Berufungsgericht geht von der Auffassung aus, daß der verklagte Kirchengemeindeverband „als Eigentümer der Friedhöfe und als verfassungsmäßiges Verwaltungsorgan über sie" befugt sei, in der Friedhofsordnung Vorschriften über die Benutzung der Friedhöfe, insbesondere auch über die Neuanlage und Erstausschmückung von Grabstätten, zu treffen, daß diese Befugnis aber den Beschränkungen unterliege, die sich aus Gesetzen, aus Gewohnheitsrecht und aus dem Widmungszweck des Friedhofs ergeben. Dieser Ansicht des Berufungsgerichts ist im Ergebnis beizupflichten. Gegen ihren rechtlichen Ausgangspunkt werden von der Revision Bedenken erhoben. Es bedarf daher einiger grundsätzlicher Bemerkungen darüber:

Die Auffassung über die rechtliche Natur des Benutzungsrechtes an Friedhöfen hat im Laufe der Zeit eine allmähliche Wandlung erfahren. Früher war man in der Rechtsprechung und im Schrifttum bemüht, die zwischen der Gemeinde oder Kirchengemeinde und den Friedhofsbenutzern bestehenden Rechtsverhältnisse nach bürgerlichrechtlichen Grundsätzen und Rechtsnormen zu beurteilen. Man sah das Eigentumsrecht der Gemeinde am Friedhof und den zwischen der Gemeinde und den Grabstätteninhabern geschlossenen Vertrag als das rechtlich Entscheidende an. Die jetzt vorherrschende Ansicht geht jedoch davon aus, daß die Rechte und Pflichten der einzelnen bei der Benutzung des Friedhofs auf der Eigenschaft des Friedhofs als einer öffentlichen Anstalt beruhen, ihre rechtliche Grundlage also in dem Gewaltverhältnis haben, in dem die Gemeinde oder Kirchengemeinde als Anstaltsträgerin den Anstaltsbenutzern gegenübersteht. Ein Recht auf Benutzung gegenüber einer öffentlichen Anstalt besteht — sofern nicht etwa im einzelnen Fall ein besonderer Rechtstitel vorliegt — grundsätzlich nur insoweit, als dies im Rahmen der öffentlichen Zweckbestimmung dieser Anstalt und der von der Gemeinde als Anstaltsherrin — nicht als Eigentümerin des Grund und Bodens — kraft ihrer Autonomie erlassenen Rechtsnormen festgelegt ist. Diese rechtliche Beurteilung hat sich zuerst durchgesetzt in der Rechtsprechung des preußischen Oberverwaltungsgerichts (Entsch. vom 26. Januar 1926 OVG. Bd. 80 S. 48; Entsch. vom 11. November 1930 JW. 1931

S. 676 Nr. 2, sowie die nichtveröffentlichten Entscheidungen vom 24. Februar 1931 II B 38/30 und II B 3/31). Der erkennende Senat des Reichsgerichts hat sich dieser Anschauung angeschlossen in seiner Entscheidung vom 30. April 1934 (RGZ. Bd. 144 S. 285) sowie auch in der im gegenwärtigen Rechtsstreit ergangenen Entscheidung vom 29. Oktober 1936. Aus der letztgenannten Entscheidung ergibt sich, daß die — soweit es sich um kirchliche Friedhöfe handelt — heute noch bestehende Zuständigkeit der ordentlichen Gerichte für die Entscheidung derartiger Rechtsverhältnisse sich im wesentlichen aus der geschichtlichen Entwicklung erklärt. Auch im Urteil des Berufungsgerichts findet sich die Bemerkung, daß es heute nicht mehr zweifelhaft sein könne, daß das in Frage stehende Rechtsverhältnis öffentlich-rechtlicher Natur ist. Andere Stellen des Berufungsurteils deuten jedoch darauf hin, daß das Berufungsgericht die Befugnis des beklagten Kirchengemeindeverbandes, Vorschriften über die Anlegung und Ausschmückung von Grabstätten zu geben, aus dem Eigentumsrecht des Beklagten herleitet; auch wird vom „Hausrecht" des Beklagten gesprochen. Die Rüge der Revision, daß hinsichtlich der rechtlichen Natur des Verhältnisses, das zwischen dem Kirchengemeindeverband und den Benutzern seiner Friedhöfe besteht, hier eine gewisse Unklarheit erkennbar werde, ist nicht ohne Berechtigung. Es erscheint daher am Platze, zu wiederholen, daß nach der heute herrschenden Ansicht, der sich der erkennende Senat anschließt, der Anstaltscharakter des Friedhofs und die öffentlich-rechtliche Herrschaftsgewalt der Kirchengemeinde die rechtliche Grundlage der Friedhofsordnung und ihrer Vorschriften bilden. Die Vorschriften, welche die Friedhofsordnung des Beklagten über Friedhofsbenutzung und Grabstättenpflege aufstellt, sind keine Geschäftsbedingungen oder Bestimmungen vertraglicher Art, sondern sie sind objektives Recht. Die Befugnis, objektive Rechtsnormen zu setzen, ergibt sich aus der Autonomie der Kirchengemeinde als Trägerin der Anstalt. Diese Autonomie findet — von dem Vorliegen besonderer Rechtstitel der Friedhofsbenutzer im Einzelfall abgesehen — ihre Grenze an entgegenstehendem Gesetzes- oder Gewohnheitsrecht und an der Beschränkung, die sich aus dem Widmungszweck des Friedhofs ergibt. In dieser Hinsicht ist das Ergebnis das gleiche, zu dem auch das Berufungsgericht von seinem sich von privatrechtlichen Vorstellungen nicht ganz freimachenden Rechtsstandpunkt aus gelangt ist.

III. Das Berufungsgericht führt zutreffend aus, daß die Vorschrift des § 34 Nr. 2a der Friedhofsordnung, wodurch die Berufsgärtner bei der erstmaligen Anlegung und Bepflanzung einer Grabstätte ausgeschlossen werden, gegen kein bestehendes geschriebenes Recht verstößt. Reichsgesetzliche Bestimmungen über diesen Gegenstand gibt es nicht; er sollte, wie sich aus Art. 133 EG. z. BGB. ergibt, der Landesgesetzgebung vorbehalten bleiben. Aber auch die preußische Landesgesetzgebung hat davon abgesehen, Bestimmungen hierüber zu erlassen. Es blieb in Preußen den Gemeinden und Kirchengemeinden überlassen, im Rahmen ihrer Autonomie diese Angelegenheit selbständig zu ordnen, ohne hierbei durch andere Rechtsnormen eingeschränkt zu sein als durch etwa bestehende Rechtssätze des ungeschriebenen Gewohnheitsrechts.

Das Bestehen eines Gewohnheitsrechtes, durch das die Autonomie der Gemeinden oder Kirchengemeinden in der bezeichneten Richtung eingeschränkt werde, verneint das Berufungsgericht. Es erörtert die Verhältnisse, wie sie sich im Raume von Groß-Hamburg, wozu Altona, wenn auch nicht politisch, so doch tatsächlich schon immer gerechnet worden sei, mit dem Wachsen der Stadt herausgebildet haben. Dort besteht nach den Feststellungen des Berufungsgerichts seit langem die Übung, die Neuanlage und erstmalige Ausschmückung der Gräber nicht selbst vorzunehmen, sondern sie durch andere besorgen zu lassen. Es ist aber in Groß-Hamburg bei den Grabstätteninhabern keineswegs gebräuchlich, die Anlegung des Grabes gerade durch den Gärtner vornehmen zu lassen, dem sie für ihren Haus- und Gartenbedarf sonst ihr Vertrauen schenken. Im Gegenteil ist es dort vielfach üblich geworden, die gärtnerische Grabpflege der Friedhofsverwaltung und deren Angestellten zu überlassen. Einschränkende Maßnahmen, die bei einer Reihe Groß-Hamburger kirchlicher und kommunaler Friedhöfe getroffen wurden und die Berufsgärtner bei der Anlegung und Pflege der Gräber in mehr oder weniger weitem Umfang ausschlossen, sind, wie das Berufungsgericht feststellt, von den durch diese Maßnahmen in erster Linie betroffenen Grabstätteninhabern überall widerspruchslos aufgenommen worden. Das Berufungsgericht weist auch noch darauf hin, daß das Hamburgische Oberverwaltungsgericht sich wiederholt mit derartigen in Friedhofsordnungen getroffenen Vorschriften befaßt und ihre Gültigkeit bejaht habe.

Gegen diese Ausführungen des Berufungsurteils erhebt die Revision den Einwand, daß hier vom Berufungsgericht nur örtliche Verhältnisse erörtert und das Bestehen eines örtlichen Gewohnheitsrechtes verneint worden sei; daß es sich aber, wie die Kläger auch in den Vorinstanzen immer behauptet hätten, um eine allgemeine, deutsche, in den religiösen Anschauungen des ganzen deutschen Volkes begründete Sitte handele, wonach jeder Grabstätteninhaber nach seiner Wahl einen Berufsgärtner mit der gärtnerischen Neuanlage, Pflege und Ausschmückung der Gräber beauftragen könne. Der Revision ist zuzugeben, daß das Berufungsgericht ausdrücklich keine Feststellung getroffen hat, daß ein Reichsgewohnheitsrecht oder ein Landesgewohnheitsrecht dieses Inhalts nicht bestehe. Allein die von der Revision vermißte Feststellung ist begriffsmäßig in der vom Berufungsgericht festgestellten Tatsache mitenthalten, daß im Raume von Groß-Hamburg ein solches Gewohnheitsrecht nicht bestehe. Denn ein Reichsgewohnheitsrecht oder ein Landesgewohnheitsrecht des angegebenen Inhalts kann es nur geben, wenn allgemein im ganzen Reich oder im ganzen Lande Preußen, also auch in Hamburg und Altona, eine solche Übung besteht. Auch für andere Gebiete Deutschlands liegen übrigens gerichtliche Entscheidungen vor, die das Bestehen eines Gewohnheitsrechtes, wonach den Angehörigen des Bestatteten ein Recht auf freie Wahl eines Berufsgärtners für die Anlegung des Grabes zustehen soll, verneinen (Urt. des Oberlandesgerichts Düsseldorf vom 16. Oktober 1924 JW. 1924 S. 2054 Nr. 18 u. a.). Ebenso wird im Schrifttum die Annahme, daß sich ein allgemeines deutsches Reichsgewohnheitsrecht mit so weitgehendem Inhalt gebildet haben könnte, überwiegend abgelehnt (Brunner in der Deutschen Gemeindebeamtenzeitung 1936 S. 532 flg.; Berner Das Bestattungswesen in Preußen 1932 S. 108). Nicht das Recht auf freie Auswahl unter den Berufsgärtnern, sondern nur das Recht auf eigene Ausschmückung der Grabstätten durch die Angehörigen selbst ist nach der im Schrifttum vorherrschenden Ansicht unbeschränkbar und unverletzlich, weil dies auf einer im Deutschen Volke wurzelnden Sitte beruht; nur insoweit könnte von einem Reichsgewohnheitsrecht gesprochen werden; ein unentziehbares Recht auf freie Wahl des Gärtners für die Anlegung des Grabes besteht dagegen nach Reichsgewohnheitsrecht nicht. Nur durch örtliches Gewohnheitsrecht könnte ausnahmsweise in einzelnen Teilen Deutschlands, wenn die von der Rechtswissenschaft aufgestellten Voraussetzungen gegeben waren, ein so weitgehendes Recht zur Entstehung gelangt sein.

Für den Raum von Groß-Hamburg hat das Berufungsgericht nach dem Gesagten das Bestehen eines örtlichen Gewohnheitsrechts, wodurch die freie Auswahl eines bestimmten Berufsgärtners, und zwar auch bei der erstmaligen Anlegung einer Grabstätte, gewährleistet würde, verneint. Die Revision ist der Meinung, daß diese Feststellung des Nichtbestehens des erwähnten örtlichen Gewohnheitsrechts von rechtsirrigen Vorstellungen des Berufungsgerichts beeinflußt sei; sie meint, daß rechtsgrundsätzliche Bedenken zu erheben seien gegen die Auffassung des Berufungsgerichts, wonach in Altona, das bis zum 1. April 1937 politisch zu Schleswig-Holstein gehörte, Groß-Hamburgische Gebräuche und Rechtsauffassungen gegolten haben könnten. Solche Bedenken sind jedoch nicht gerechtfertigt. Durch Rechtsüberzeugung und deren Übung kann sich örtliches Gewohnheitsrecht innerhalb eines jeden durch Gemeinsamkeit des Rechtslebens verbundenen Gebietes bilden (Gierke Deutsches Privatrecht 1. Band S. 171). Es ist nicht notwendig, daß sich dieses Gebiet mit den politischen Grenzen decke. Deshalb konnten vom Berufungsgericht sehr wohl bei der Untersuchung, ob sich im Altonaer Gebiet eine Observanz bestimmten Inhalts gebildet habe, die Verhältnisse in dem räumlich und städtebaulich damit zusammenhängenden Hamburger Gebiete mitherangezogen werden, obschon bis April 1937 eine politische Zusammengehörigkeit dieser Gebiete nicht bestand. — Seit dem 1. April 1937, wo das Gesetz über Groß-Hamburg vom 26. Januar 1937 (RGBl. I S. 91) in Kraft getreten ist, sind die Gebiete, für welche das Berufungsgericht die Frage des Bestehens eines örtlichen Gewohnheitsrechtes geprüft und verneint hat, auch politisch zu einem einheitlichen Gebiet vereinigt und nach dem Gesetz über die Gerichtsgliederung in Groß-Hamburg vom 16. März 1937 (RGBl. I S. 312) gehören sie nunmehr ausschließlich zum Oberlandesgerichtsbezirk Hamburg. Die Entscheidung des Berufungsgerichts, die das Bestehen einer Observanz verneint, betrifft also irrevisibles Recht und ist daher für das Revisionsgericht maßgebend und bindend (§§ 549, 562 ZPO.). Nur insoweit unterliegt die Entscheidung des Berufungsgerichts der Nachprüfung des Revisionsgerichts, als es sich darum handelt, ob das Berufungsgericht etwa die allgemeinen Rechtsgrundsätze über die Voraussetzungen für die Bildung eines örtlichen Gewohnheitsrechtes verletzt haben sollte. In dieser Hinsicht hat sich aber die Revisionsrüge, wie bereits erörtert, als ungerechtfertigt erwiesen; auch sonst ist nicht ersichtlich, daß das Berufungsgericht bei seiner die Bildung einer solchen Observanz verneinenden Entscheidung die rechtlich maßgebenden Gesichtspunkte verkannt hätte.

IV. Die Autonomie der Kirchengemeinde als Anstaltsträgerin, kraft deren sie befugt ist, für jedermann verbindliche Rechtssätze in bezug auf den Friedhofsgebrauch aufzustellen, findet, wie schon bemerkt, ihre Grenze nicht nur an einem etwa entgegenstehenden geschriebenen oder Gewohnheitsrecht, sondern auch an der Beschränkung, die sich aus der Widmung des Friedhofs ergibt. Das Berufungsgericht führt dazu aus, der Friedhof diene der Beerdigung, der Pflege des Totengedenkens, der Andacht allgemein; diesem Zwecke werde, was die den Gegenstand des Rechtsstreits bildende Frage angehe, voll genügt, wenn von der Kirchengemeinde ausreichende Einrichtungen für die erstmalige Anlegung und Ausschmückung der Gräber zur Verfügung gestellt würden. Bei den Friedhöfen des verklagten Kirchengemeindeverbandes seien diese Einrichtungen so beschaffen, daß sie dem Friedhofszweck im ganzen vermöge der einheitlichen Oberleitung sogar besonders gut zu dienen imstande seien. Wenn das Grab einmal angelegt sei, habe der Grabstätteninhaber nach der Friedhofsordnung ja völlige Freiheit; er könne mit dem einmal angelegten Grab selbst oder durch jeden von ihm gewählten Gärtner ganz nach eigenen Wünschen verfahren. Weiterhin wird vom Berufungsgericht ausgeführt, daß dem Widmungszweck des Friedhofs allerdings auch zuwidergehandelt werden würde, wenn der verklagte Kirchengemeindeverband darauf ausginge, durch eine gewerbebetriebliche Friedhofsverwaltung geldliche Überschüsse zu erzielen. Das kommt aber, wie das Berufungsgericht feststellt, hier nicht in Frage, da die Einnahmen aus der Eigengärtnerei tatsächlich nur zum Ausgleich von Friedhofsausgaben verwendet werden. Das Berufungsgericht erkennt an, daß es nicht nur der Zweckbestimmung eines Friedhofs, sondern auch den an eine öffentliche Körperschaft überhaupt zu stellenden Anforderungen widersprechen würde, wenn die Friedhofsverwaltung in einen Wettbewerb mit der freien Wirtschaft einträte; es meint aber, daß dieser Anforderung auf der anderen Seite der berechtigte Wunsch und die in heutiger Zeit allgemein anerkannte Aufgabe der Friedhofsverwaltung gegenüberstehe, dem Friedhof eine möglichst einheitliche Prägung zu geben und auf diesem Wege ein möglichst hohes Maß von Friedhofspflege zu erreichen.

Diese Ausführungen des Berufungsgerichts lassen ebenfalls keinen Rechtsirrtum erkennen. Die Zweckbestimmung der Friedhöfe besteht in der Ermöglichung einer angemessenen und geordneten Leichenbestattung und in der dem pietätvollen Gedenken der Verstorbenen entsprechenden würdigen Ausgestaltung und Ausstattung des der Totenbestattung gewidmeten Grundstücks. So weit reicht also auch die öffentlich-rechtliche Aufgabe der Gemeinde oder Kirchengemeinde als Anstaltsträgerin und ihre Befugnis, autonom Anordnungen und Verbote in der von ihr erlassenen Friedhofsordnung aufzustellen. Das äußere Bild eines Friedhofs wird in hervorragendem Maße von der Beschaffenheit und dem Aussehen der einzelnen Grabstätten beeinflußt. Deren Aussehen wird aber wieder entscheidend bestimmt durch die Art und Weise ihrer erstmaligen Anlegung und Bepflanzung. Dafür zu sorgen, daß die Anlage der einzelnen Grabstätten dem gewollten Gesamtcharakter des Bestattungsplatzes keinen Abbruch tut, liegt daher ebenfalls im öffentlichen Interesse und gehört zum Aufgabenkreise der Friedhofsverwaltung. Es ist anzuerkennen, daß diese Aufgabe besser gelöst werden kann, wenn die Gemeinde oder Kirchengemeinde sich nicht nur mit der Überwachung begnügt und nur Richtlinien für die Anlegung der einzelnen Grabstätten herausgibt, sondern wenn sie die Anlegung der neuen Gräber selbst übernimmt und die Berufsgärtner von deren erster Anlegung und Bepflanzung ausschließt. Unbegründet ist daher der von der Revision erhobene Einwand, das Berufungsgericht hätte prüfen müssen, ob die Vorschrift, daß die Neueinrichtung der Gräber nur durch die Friedhofsgärtnerei erfolgen dürfe, notwendig gewesen sei. Es entbehrt aber ferner auch der Berechtigung, wenn die Revision bemängelt, das Berufungsgericht habe nicht berücksichtigt, daß der beklagte Kirchengemeindeverband mit der Übernahme der ersten Anlegung und Bepflanzung der Grabstätten in eigene Hand einen privatwirtschaftlichen, auf Gewinnerzielung gerichteten Betrieb eingerichtet habe, daß eine solche kapitalistische Erwerbstätigkeit aber nicht mit den Zwangsmitteln der öffentlichen Hoheitsgewalt ausgestattet und daß auf Grund solcher bevorrechtigten Stellung den privaten Unternehmern kein Wettbewerb bereitet werden dürfe. Das Berufungsgericht hat diese rechtlichen Gesichtspunkte, wie weiter oben schon erwähnt, nicht übersehen. Es stellt ausdrücklich fest, daß im vorliegenden Fall die Einnahmen aus der Eigengärtnerei der Friedhofsverwaltung nicht zur Bestreitung fiskalischer Bedürfnisse des Kirchengemeindeverbandes verwendet werden, sondern ausschließlich dem Friedhofe selbst zugute kommen. Damit ist in einer mit der Revision nicht angreifbaren Weise festgestellt, daß der eigene Gärtnereibetrieb der Friedhofsverwaltung nicht den privatwirtschaftlichen Interessen des beklagten Kirchengemeindeverbandes dient und daß der Beklagte daher bei der Ausübung seiner autonomen Hoheitsgewalt auf die dem Wettbewerb privater Gewerbetreibender auferlegten Beschränkungen keine Rücksicht zu nehmen braucht.

V. Erweist sich sohin, daß der verklagte Kirchengemeindeverband mit der Vorschrift des § 34 Nr. 2a seiner Friedhofsordnung unter keinem rechtlichen Gesichtspunkt die Grenzen der ihm als Herrn der Friedhofsanstalt zustehenden Autonomie überschritten hat, so wirkt diese Vorschrift als eine dem objektiven Recht angehörige Norm gegenüber allen. Sie hat unmittelbare gesetzliche Verbindlichkeit nicht nur gegenüber den Grabstätteninhabern, sondern auch gegenüber den Gärtnern, die Grabanlegungsarbeiten auf dem Friedhof verrichten wollen. Richtet sich aber das Verbot der ersten Anlegung und Bepflanzung von Grabstätten auf den Friedhöfen des Beklagten in rechtswirksamer Weise allgemein gegen alle Berufsgärtner, so können die drei Berufsgärtner, die die Klage erhoben haben, auch keinen besonderen Einwand gegen die Zulässigkeit dieses Verbotes ihnen gegenüber daraus herleiten, daß sie bis zum 1. April 1934 auf den beiden in Frage stehenden Friedhöfen jede Art von gärtnerischen Arbeiten ausgeführt haben. Denn weder aus der Gewerbefreiheit noch aus seinem eingerichteten und ausgeübten Gewerbebetrieb kann der Gewerbetreibende ein Recht herleiten, sein Gewerbe auf fremden Grundstücken oder in öffentlichen Anstalten unbehindert zu betreiben.

41. Kann die Eingehung einer nicht registrierten (sog. faktischen) Ehe im Sinne der Art. 3, 11, 12, 16 des sowjetrussischen Gesetzbuchs, betr. Ehe, Familie und Vormundschaft, vom 19. November 1926 eine auch nach deutschem Recht wirksame Eheschließung darstellen?

EG. z. BGB. Art. 11, 30.

IV. Zivilsenat. Urt. v. 7. April 1938 i. S. Ehemann G. (Kl.) w. Ehefrau G. (Bekl.). IV 12/38.

I. Landgericht Berlin.
II. Kammergericht daselbst.

Die Parteien, des Lesens und Schreibens unkundige Zigeuner, sind im Jahre 1930 als deutsche Reichsangehörige aus der Sowjetunion ausgewiesen und im Flüchtlingslager Schn. aufgenommen worden. Dort sind sie am 2. Oktober 1930 nach römisch-katholischem Ritus kirchlich getraut worden. Seit 1935 leben sie getrennt. Von 1919 ab hatten sie in Rußland, als Musiker und vielleicht auch als Pferdehändler von Ort zu Ort wandernd, zusammengelebt und vier Kinder erzeugt, von denen zwei noch am Leben sind. Der Kläger behauptet, er habe mit der Beklagten im Jahre 1921 vor dem Dorfrat in Krasnokut nach Sowjetrecht die Ehe geschlossen; die Eheschließung sei unter der Nr. 443 im dortigen Personenstandsregister eingetragen. Auch wenn aber eine Registrierung der Ehe nicht nachzuweisen sei, so lägen doch die Voraussetzungen einer faktischen Ehe vor, die nach Sowjetrecht der registrierten Ehe gleichstehe. Die Beklagte habe ihn ohne Grund verlassen. Der Kläger hat daher mit der Klage beantragt, die Beklagte zur Herstellung der häuslichen Gemeinschaft zu verurteilen. Die Beklagte hat um Klagabweisung gebeten und Widerklage erhoben mit dem Antrage, die Ehe aus Alleinschuld des Klägers zu scheiden. In erster Linie bestreitet sie, mit dem Kläger verheiratet zu sein. Sie habe mit ihm lediglich zusammengelebt. Eine Registrierung der Ehe habe niemals stattgefunden. Wenn die kirchliche Trauung in Schn. auf Grund von Urkunden erfolgt sei, so seien diese gefälscht gewesen. Die Widerklage stützt sie auf Ehebrüche des Klägers, Bedrohungen, Mißhandlungen sowie auf Aufforderungen, sich durch unsittlichen Lebenswandel Geld zu verdienen.

Das Landgericht hat Klage und Widerklage abgewiesen, weil das Bestehen einer nach deutschem Recht gültigen Ehe zwischen den Parteien nicht nachgewiesen sei. Der Kläger hat Berufung eingelegt. Er hat im zweiten Rechtsgang in erster Reihe gebeten, die Ehe aus Alleinschuld der Beklagten zu scheiden, und hat dieses Begehren auf ehebrecherische Beziehungen der Beklagten zu einem gewissen H. gestützt. Den Herstellungsantrag hat er als Hilfsantrag aufrechterhalten. Die Beklagte hat sich der Berufung angeschlossen mit dem Antrage, die Ehe auf die Widerklage zu scheiden. Das Kammergericht hat beide Berufungen zurückgewiesen. Die Revision des Klägers führte zur Aufhebung und Zurückverweisung.

Gründe:

Das Berufungsgericht hat die Scheidungsanträge der Parteien sowie den auf Herstellung der häuslichen Gemeinschaft gerichteten Hilfsantrag des Klägers abgewiesen, weil diese Anträge das Bestehen einer Ehe zwischen den Parteien voraussetzten. Eine registrierte Eheschließung sei jedoch nicht nachgewiesen, und eine faktische Sowjetehe sei von den deutschen Anschauungen über eine Ehe so weit entfernt, daß sie nicht als solche anerkannt werden könne. Es trifft zu, daß der Ausspruch der Scheidung sowie die Verurteilung eines Ehegatten zur Herstellung der häuslichen Gemeinschaft das Bestehen einer Ehe zwischen den Parteien zur Voraussetzung haben. Im vorliegenden Falle wendet die Beklagte ein, daß überhaupt keine Eheschließung oder wenigstens keine im Deutschen Reich als solche anzuerkennende Eheschließung zwischen den Parteien stattgefunden habe. Über diese Vorfrage muß im gegenwärtigen Rechtsstreit entschieden werden; die Vorschriften der §§ 1329, 1343 Abs. 2 BGB. kommen nicht in Betracht. Daß eine Eheschließung stattgefunden habe, muß derjenige beweisen, der die Scheidung der Ehe oder die Verurteilung der anderen Partei zur Herstellung der häuslichen Gemeinschaft begehrt. Wenn das Berufungsgericht die Behauptung des Klägers, daß die Eheschließung im Jahre 1921 von dem Dorfrat in Krasnokut registriert worden sei, nicht für erwiesen hält, so beruht dies lediglich auf einer Würdigung der vom Kläger hierfür angebotenen Beweise, die sich der Nachprüfung des Revisionsgerichts entzieht und von der Revision auch nicht angegriffen wird.

Es kann sich mithin nur darum handeln, ob zwischen den Parteien ohne Registrierung eine Ehe wirksam dadurch zustande gekommen ist, daß sie tatsächlich in ehelichen Beziehungen gestanden haben (sog.

faktische Ehe im Sinne der Art. 3, 11, 12, 16 des in der Russischen Sozialistischen Föderativen Sowjet Republik — RSFSR. — seit dem 1. Januar 1927 in Geltung befindlichen Gesetzbuchs, betr. Ehe, Familie und Vormundschaft, vom 19. November 1926). Den Ausgangspunkt für die Beurteilung, ob deutsche Reichsangehörige in dieser Weise im Gebiete der RSFSR. rechtswirksam eine Ehe eingehen können, bildet die Vorschrift des Art. 11 Abs. 1 Satz 2 EG. z. BGB., wonach für die Form eines Rechtsgeschäfts die Beobachtung der Gesetze des Ortes genügt, an dem das Rechtsgeschäft vorgenommen wird. In der Rechtsprechung ist anerkannt, daß diese Vorschrift auch für die Eheschließung gilt (RGZ. Bd. 88 S. 191, Bd. 138 S. 216). In der zuletzt angeführten Entscheidung ist weiter ausgeführt, daß die Anwendung eines ausländischen Gesetzes, das für die Eheschließung die Beobachtung erleichterter Formen oder gar formlose Gültigkeit vorsieht, nicht schon aus diesem Grunde gemäß Art. 30 EG. z. BGB. abgelehnt werden kann als mit dem Zweck der deutschen Gesetzgebung über die Form der Eheschließung im Widerspruch stehend. Diese Entscheidung behandelt (ebenso wie die in JW. 1902 S. 361 Nr. 11 abgedruckte) die Frage, ob die völlig formlose Eingehung einer Ehe durch deutsche Reichsangehörige nach common law, wie sie in einigen Staaten von Nordamerika anerkannt ist, auch im Deutschen Reich als eine rechtsgültige Eheschließung angesehen werden kann. Diese Frage ist bejaht worden. Es ist nicht zu verkennen, daß zwischen der common law-Ehe und der faktischen Sowjetehe, was die Art ihrer Eingehung anlangt, eine Übereinstimmung besteht, die in der Tat als vollkommen bezeichnet werden kann, sofern es richtig ist, daß auch nach common law das einfache Zusammenleben zweier Personen verschiedenen Geschlechts, das längere Zeit hindurch dauert, dieselben Wirkungen wie eine vorschriftsmäßig eingegangene Ehe hat (vgl. Freund in „Rechtsverfolgung im internationalen Verkehr" Bd. IV[1] 2. Aufl. S. 371 und in JW. 1928 S. 879, je mit weiteren Nachweisungen). Die Beurteilung der Frage, ob die von deutschen Reichsangehörigen im Auslande gemäß dem dort geltenden Recht formlos vorgenommene Eheschließung im Deutschen Reich als solche anerkannt werden kann, ist vom vormaligen IX. Zivilsenat in der Entscheidung RGZ. Bd. 138 S. 214flg. darauf abgestellt worden, ob nach dem in Betracht kommenden ausländischen Recht die ehelichen Rechte und Pflichten oder die Art der Lösung der Ehe erheblich von der deutschen Grundauffassung abweichen oder nicht. Dem hat sich das Berufungsgericht angeschlossen. Nach Ansicht des erkennenden Senats kann es jedoch in dem hier in Rede stehenden Zusammenhang auf die Vorschriften des ausländischen Rechts über den Inhalt der ehelichen Rechte und Pflichten und über die Art der Lösung der Ehe nicht ankommen, weil deutsche Reichsangehörige, die im Ausland die Ehe miteinander schließen, damit eine Ehe im Sinne des deutschen Rechts begründen (Bergmann, 4. Nachtrag zum Internationalen Ehe- und Kindschaftsrecht S. 73; Freund JW. 1931 S. 1335 Anm. zu Nr. 1 unter 2 und das. 1932 S. 3812 Anm. zu Nr. 3 unter 3). Soweit etwa dem angeführten Urteile des IX. Zivilsenats, was diesem Urteil nicht mit völliger Sicherheit entnommen werden kann, eine andere Auffassung zugrunde gelegen haben sollte, könnte sich der erkennende Senat ihr nicht anschließen. Gebunden ist er an sie schon deshalb nicht, weil der IX. Zivilsenat mit dem 1. Dezember 1932 aufgelöst worden ist. Nach Art. 14 EG. z. BGB. werden die persönlichen Rechtsbeziehungen deutscher Ehegatten zueinander nach den deutschen Gesetzen beurteilt, auch wenn die Ehegatten ihren Wohnsitz im Auslande haben. Für die Scheidung der Ehe sind nach Art. 17 Abs. 1 EG. z. BGB. die deutschen Gesetze maßgebend. Gemäß Art. 13 Abs. 1 bestimmen sich nach deutschem Recht auch die Fähigkeit zur Eingehung der Ehe, die Frage, ob der Eingehung Hindernisse im Wege stehen, sowie ihre Anfechtbarkeit wegen Willensmängel. Hinzuweisen ist weiter auf die Vorschriften der Art. 15, 18 und 19 EG. z. BGB. Die Bestimmungen des Sowjetrechts, nach denen in der Sowjetunion die Wirkungen der Ehe auch bei Ausländern nur nach Sowjetrecht behandelt werden und die Scheidung ebenfalls nur nach diesem Recht erfolgt (vgl. Bergmann a. a. O. S. 72), kommen demgegenüber nicht in Betracht. Urteilen sowjetrussischer Gerichte, in denen zum Nachteil einer deutschen Partei von den Vorschriften der Art. 13 Abs. 1, Art. 17, 18 abgewichen ist, wäre die Anerkennung im Deutschen Reiche zu verweigern (§ 328 Abs. 1 Nr. 3 ZPO.). Ebensowenig wären Urteile sowjetrussischer Gerichte anzuerkennen, die einem deutschen Ehegatten den Anspruch auf Herstellung der ehelichen Gemeinschaft versagen (vgl. WarnRspr. 1928 Nr. 13 unter II). Mit diesem Standpunkt des deutschen Rechts sind die Erörterungen des Berufungsgerichts unvereinbar, die davon ausgehen, daß eine von deutschen Reichsangehörigen in der Sowjetunion geschlossene Ehe erst nach dem Grenzübertritt der Ehegatten die gleichen Wirkungen wie eine in Deutschland geschlossene Ehe habe.

Ob im einzelnen Falle der Anwendung der Gesetze des Eheschließungsortes, nach denen die Eingehung der Ehe völlig formlos möglich ist, die Vorschrift des Art. 30 EG. z. BGB. entgegenstehen kann, wie Raape bei Staudinger Bem. C III 1 c zu Art. 13 EG. z. BGB. S. 252 flg. annimmt, braucht nicht näher erörtert zu werden, da besondere Umstände, die im vorliegenden Falle die Anwendung der sowjetrussischen Gesetze über die Formlosigkeit der Eheschließung als gegen die guten Sitten oder gegen den Zweck eines deutschen Gesetzes verstoßend erscheinen ließen, nicht dargetan und auch sonst nicht ersichtlich sind. Die Beklagte hat bei ihrer persönlichen Vernehmung vor dem Berufungsgericht nur erklärt, daß der Kläger, den sie im Jahre 1918 kennengelernt habe, sie in Sibirien ihren Eltern gestohlen habe. Daraus braucht aber noch nicht geschlossen zu werden, daß ihr Zusammenleben mit dem Kläger unfreiwillig gewesen sei, um so weniger, als sie selbst dieses Zusammenleben als eine „wilde Ehe" bezeichnet. Die Beklagte hat auch nicht geltend gemacht, daß sie sich nicht bewußt gewesen sei, durch das Zusammenleben mit dem Kläger eine gültige Ehe einzugehen. Daher kann es auch dahingestellt bleiben, ob beim Fehlen dieser Kenntnis der Eingehung der faktischen Sowjetehe die Anerkennung als Eheschließung ohne weiteres auf Grund des Art. 30 EG. z. BGB. zu versagen ist oder ob es in einem solchen Falle der Anfechtung der Ehe nach § 1332 BGB. bedarf.

Unanwendbar wäre die Vorschrift des Art. 11 Abs. 1 Satz 2 EG. z. BGB. aber von vornherein dann, wenn das ausländische Recht, auf das diese Vorschrift verweist, überhaupt keine Rechtseinrichtung enthielte, die sich nach deutscher Auffassung als eine Ehe bezeichnen ließe. Denn Art. 11 Abs. 1 Satz 2 setzt voraus, daß das ausländische Recht das Rechtsverhältnis oder das Rechtsgeschäft kennt, um dessen Form es sich handelt. Andernfalls bleibt es, ohne daß es der Heranziehung des Art. 30 bedürfte, bei dem Grundsatze des Art. 11 Abs. 1 Satz 1, wonach sich die Form eines Rechtsgeschäfts nach den Gesetzen bestimmt, welche für das den Gegenstand des Rechtsgeschäfts bildende Rechtsverhältnis maßgebend sind (Raape bei Staudinger Bem. B VII 1 a zu Art. 11 EG. z. BGB., S. 181), im vorliegenden Falle also nach den deutschen Gesetzen. In diesem Zusammenhange, den möglicherweise auch der vormalige IX. Zivilsenat im Auge gehabt hat, ist daher die Stellungnahme des Berufungsgerichts von Bedeutung, daß die faktische Sowjetehe nicht als Ehe anerkannt werden könne. Das Berufungsgericht begründet dies in folgender Weise: Der deutschen Auffassung von der Ehe widerstreite es schon, daß sich bei der faktischen Sowjetehe ein bestimmter Zeitpunkt als Beginn der Ehe überhaupt nicht feststellen lasse. Außerdem seien nach Sowjetrecht die Wirkungen der Eheschließung außerordentlich abgeschwächt. So brauche die Ehefrau den Namen des Mannes nicht zu führen. Sie erwerbe nicht seine Staatsangehörigkeit. Die Ehegatten seien einander auch nicht zur ehelichen Gemeinschaft verpflichtet. Die Ehe begründe keinen gemeinschaftlichen Wohnsitz. Ein gemeinschaftlicher Haushalt könne nur im beiderseitigen Einverständnis begründet werden, und dessen Ausgestaltung unterliege der freien Vereinbarung der Ehegatten. Eine Treupflicht bestehe nicht. Die Ehe sei auch jederzeit wieder lösbar. Hinzu komme, daß das Sowjetrecht Ehehindernisse im deutschen Sinne weder bei der registrierten noch bei der nichtregistrierten (faktischen) Ehe kenne; es sehe nur eine Anzahl Registrierungshindernisse vor. Daher sei es möglich, daß eine faktische Ehe auch zwischen Personen bestehe, die noch nicht das Ehealter erreicht hätten; es könne sogar mit rechtlicher Wirkung eine Person, die mit einer anderen eine registrierte Ehe geschlossen habe und noch in dieser lebe, mit einer dritten Person in einer faktischen Ehe leben, obwohl an sich auch die Sowjetgesetzgebung grundsätzlich die Mehrehe verwerfe und bekämpfe.

Soweit das Berufungsgericht hiernach dem Umstande Bedeutung beimißt, daß sich bei der faktischen Sowjetehe der Beginn der Ehe nicht feststellen lasse, kann ihm nicht beigetreten werden. Es handelt sich dabei nur um eine Beweisschwierigkeit, die ebenso wie bei der faktischen Sowjetehe auch bei der common law-Ehe auftreten kann. Für diese hat sich aber bereits der vormalige IX. Zivilsenat in RGZ. Bd. 138 S. 218 auf den Standpunkt gestellt, daß das Wesen der Ehe hierdurch nicht berührt werde. Dem schließt sich der erkennende Senat an. Aber auch die Tatsache, daß nach Sowjetrecht die Ehe jederzeit sowohl auf Grund beiderseitiger Übereinstimmung der Ehegatten als auch auf den einseitigen Wunsch eines von ihnen aufgelöst werden kann (Art. 18 des Gesetzes vom 19. November 1926), rechtfertigt es nach Ansicht des erkennenden Senats — im Gegensatz zu der vom vormaligen IX. Zivilsenat in dem mehrfach angeführten

Urteil (S. 217, 219) ersichtlich vertretenen Auffassung — noch nicht, der Sowjetehe die Eigenschaft einer Ehe überhaupt abzusprechen. In der Frage der Auflösbarkeit der Ehe weichen die verschiedenen Gesetzgebungen weit voneinander ab. Während manche Rechte in der Ehe eine nur durch den Tod eines der Ehegatten lösbare Lebensgemeinschaft erblicken und daher eine Scheidung dem Bande nach überhaupt nicht zulassen, gewähren andere Rechte weitgehende Erleichterungen für die Lösung des Ehebandes. Auch soweit darin eine von der deutschen durchaus verschiedene Grundauffassung über das Wesen der Ehe zutage tritt (vgl. für das Sowjetrecht Bergmann, Zeitschrift für Standesamtswesen 1925 S. 6), geht es nicht an, einer nach dem Willen der Beteiligten auf die Dauer berechneten Lebensgemeinschaft die Eigenschaft einer Ehe deshalb abzusprechen, weil ihre Lösung nach dem in Betracht kommenden ausländischen Recht gegenüber dem deutschen Recht außerordentlich erleichtert ist (ebenso Bergmann JW. 1932 S. 3806). Dies ist auch der Standpunkt, den der englische Court of Appeal in dem Urteil vom 15. Mai 1930 (Zeitschrift für Ostrecht 1930 S. 654flg., insbes. S. 661) eingenommen hat (anders die Königlich Ungarische Kurie in der Entscheidung vom 23. Februar 1927, Zeitschrift für Ostrecht 1927 S. 620). Schließlich vermag der Senat im Gegensatz zum Berufungsgericht auch dem Fehlen von Ehehindernissen im Sowjetrecht keine ausschlaggebende Bedeutung für die Beurteilung der Frage beizumessen, ob die Sowjetehe als Ehe angesehen werden kann. Mag auch das Fehlen von Ehehindernissen in einzelnen Fällen zu unerträglichen, übrigens aber nach der Feststellung des Berufungsgerichts von der Sowjetgesetzgebung selbst nicht gebilligten Folgeerscheinungen führen, so kann dies doch noch nicht dazu Anlaß geben, die Rechtseinrichtung als solche in Frage zu stellen. Soweit im einzelnen Falle deutsche Belange berührt werden sollten, bietet die Vorschrift des Art. 30 EG. z. BGB. eine völlig ausreichende Sicherung.

Entscheidend kann nach Ansicht des Senats nur sein, welchen Inhalt nach Sowjetrecht die von ihm als „Ehe" bezeichnete Rechtseinrichtung hinsichtlich der Beziehungen der Ehegatten zueinander hat. Insoweit bestehen allerdings, wie Bergmann JW. 1932 S. 3806 mit Recht ausführt, erhebliche Zweifel, ob in der Sowjetehe ein — sei es auch noch so locker gestaltetes — Eheverhältnis oder nicht vielmehr lediglich ein Konkubinat mit gewissen vermögensrechtlichen

Wirkungen zu erblicken ist, das einer Ehe im deutschen Sinn und im Sinn anderer Kulturstaaten nicht gleichgestellt werden könnte. Dabei könnte zwischen der registrierten und der nichtregistrierten (faktischen) Ehe kein Unterschied gemacht werden. In ihren Wirkungen unterscheiden sich die registrierte und die faktische Ehe nur dadurch, daß bei der registrierten Ehe die Ehegatten das Recht (nicht die Pflicht) zur Führung eines gemeinsamen Familiennamens haben (Art. 7 des Gesetzes vom 19. November 1926), während das bei der faktischen Ehe nicht der Fall ist. Im übrigen hat die faktische Ehe dieselben Rechtswirkungen, die das Sowjetrecht der registrierten Ehe zuerkennt (vgl. hinsichtlich der güterrechtlichen Verhältnisse die Art. 10, 11 und hinsichtlich der gegenseitigen Unterhaltspflicht die Art. 14, 15, 16 des genannten Gesetzes). Die registrierte Sowjetehe hat auch der vormalige IX. Zivilsenat in seinem Urteil vom 29. Oktober 1930 (JW. 1931 S. 1334 Nr. 1) als Ehe anerkannt. Dem tritt der erkennende Senat auch für die faktische Ehe bei. Das deutsche Recht stellt zwar in § 1353 Abs. 1 BGB. den Grundsatz auf, daß die Ehegatten einander zur ehelichen Lebensgemeinschaft verpflichtet sind. Diese Verpflichtung ist unter Rechtszwang gestellt. An einer solchen Verpflichtung fehlt es, wie die Feststellungen des Berufungsgerichts ergeben, nach Sowjetrecht. Die Herstellung der ehelichen Lebensgemeinschaft ist vielmehr der freiwilligen Entschließung der Ehegatten überlassen. Gerade die faktische Ehe beruht aber darauf, daß eine solche Lebensgemeinschaft tatsächlich hergestellt worden ist; denn bewiesen wird das Bestehen der Ehe, wenn sie nicht gemäß Art. 1 des Gesetzes vom 19. November 1926 registriert worden ist, durch das tatsächliche Vorhandensein eines ehelichen Zusammenlebens. Als Beweismittel hierfür gelten — außer der gegenseitigen Anerkennung als Ehegatten (Art. 11 des gen. Gesetzes) — nach Art. 12 u. a. die Tatsache gemeinschaftlichen Zusammenlebens, das Vorhandensein einer gemeinschaftlichen Wirtschaft, die Bekundung ehelicher Beziehungen Dritten gegenüber, gegebenenfalls gegenseitige materielle Unterstützung sowie gemeinschaftliche Erziehung der Kinder. Hieraus folgt, daß nicht schon jedes gelegentliche oder vorübergehende Zusammenleben zweier Personen verschiedenen Geschlechts vom Sowjetrecht als eine faktische Ehe behandelt wird, sondern daß Voraussetzung für das Zustandekommen einer als solche anzuerkennenden faktischen Ehe das tatsächliche wenn auch lediglich auf Freiwilligkeit beruhende Bestehen einer der Gestaltung des ehelichen Verhältnisses entsprechenden, auf die Dauer berechneten und nicht bloß dem Geschlechtsgenuß dienenden Lebensgemeinschaft ist. Dies ist nach Freund (Rechtsverfolgung im Internationalen Verkehr Bd. IV[1] 2. Aufl. S. 334) auch die Auffassung der sowjetrussischen Gerichte. Bei dieser Sachlage muß Freund (a. a. O. S. 371 und JW. 1928 S. 879) darin beigetreten werden, daß die Sowjetehe — auch die faktische — gegen ein bloßes Konkubinat hinreichend abgegrenzt ist. Wesentlich ist hierfür, daß sich die Ehegatten, wenn ihnen das Sowjetrecht die Möglichkeit einer rechtlichen Bindung versagt, doch jedenfalls sittlich binden wollten, ihre gesamten Lebensschicksale miteinander zu verknüpfen. Trotz der von ihm an der oben angeführten Stelle geäußerten Bedenken nimmt auch Bergmann (Rechtsvergleichung und internationales Privatrecht der religiösen und De Facto-Ehen, in „Deutsche Landesreferate zum Internationalen Kongreß für Rechtsvergleichung im Haag 1932", S. 192) an, daß ein Deutscher, der sich in der Sowjetunion nach den daselbst geltenden Vorschriften durch einfache Vereinbarung verheiratet, ebenso wie am Eheschließungsort auch in Deutschland als gültig verheiratet gilt. Es müßte auch zu erheblichen Unzuträglichkeiten führen, wenn eine nach Sowjetrecht geschlossene Ehe, mag sie registriert worden sein oder nicht, im Deutschen Reiche nicht als Ehe angesehen würde. Sowohl Deutschen wie auch Angehörigen anderer nichtrussischer Staaten wäre es dann unmöglich, in der Sowjetunion eine auch für ihren Heimatstaat gültige Ehe miteinander einzugehen. Die Eheschließung vor dem Konsul (Art. 19 des deutschrussischen Konsularvertrags vom 12. Oktober 1925, RGBl. 1926 II S. 60) wird meist an tatsächlichen Schwierigkeiten scheitern. Die aus einer nach Sowjetrecht geschlossenen Ehe hervorgegangenen Kinder müßten im Deutschen Reiche als unehelich behandelt werden. Angehörige der Sowjetunion, die nach ihrem Heimatrecht gültig verheiratet sind, wären im Deutschen Reich als im Konkubinat lebend zu betrachten, und dies selbst dann, wenn sie später die deutsche Reichsangehörigkeit erworben haben oder erwerben.

Nach alledem muß davon ausgegangen werden, daß gemäß Art. 11 Abs. 1 Satz 2 EG. z. BGB. die Eingehung einer sog. faktischen Ehe eine auch nach deutschem Recht wirksame Eheschließung darstellen kann. Daher konnte es vom Berufungsgericht nicht dahingestellt gelassen werden, ob die tatsächlichen Merkmale einer faktischen

Ehe bei den Parteien vorliegen. Aus diesem Grunde muß das Berufungsurteil, und zwar mit Rücksicht auf die Notwendigkeit einheitlicher Entscheidung in Ehesachen im vollen Umfang, aufgehoben und die Sache zu neuer Verhandlung und Entscheidung an das Berufungsgericht zurückverwiesen werden. Für die neue Verhandlung mag noch darauf hingewiesen werden, daß vom deutschen Richter an den Beweis, daß die Parteien eine wirkliche dauernde Ehe schließen und als Eheleute mit allen sich daraus ergebenden sittlichen Verpflichtungen zusammenleben wollten, strenge Anforderungen zu stellen sind (RGZ. Bd. 138 S. 218). Ferner wird im Hinblick darauf, daß die Parteien sich nach den Angaben der Beklagten nacheinander in verschiedenen Bundesrepubliken der Sowjetunion aufgehalten haben, zu beachten sein, daß die faktische Ehe nicht in allen Bundesrepubliken gesetzlich anerkannt ist (vgl. hierzu Freund in Rechtsverfolgung im Internationalen Verkehr Bd. IV[1] 2. Aufl. S. 353, 357, 376).

---

42. Ist ein Vergleich unwirksam, wenn der nach dem Inhalt des Vertrages als feststehend zugrunde gelegte, der Wirklichkeit nicht entsprechende Sachverhalt nur in Rechtssätzen besteht und überhaupt keine Tatsache umschließt?

BGB. § 779.

VII. Zivilsenat. Urt. v. 12. April 1938 i. S. Land Preußen (Kl.) w. Provinzial-Lebensverf. Anstalt Brandenburg (Bekl.). VII 220/37.

I. Landgericht Frankfurt a. O.
II. Kammergericht Berlin.

Bei der Beklagten war der Kaufmann K. gegen Haftpflicht versichert. Dieser stieß am 25. September 1927, als er in seinem Kraftwagen auf der Straße von F. nach Z. fuhr, mit dem Rennfahrer T. zusammen, der eben bei einem vom Regierungspräsidenten genehmigten Straßenrennen für Motorradfahrer durchs Ziel gegangen war. K. kam zu Fall und starb an den Folgen des Zusammenstoßes, T. trug Verletzungen davon. T. verklagte die Erben des K. auf Schadensersatz. Beide Parteien verkündeten dem Kläger den Streit. Dieser trat den K.schen Erben bei, für welche die Beklagte den Rechtsstreit bearbeitete. Am 3. Juli 1930 erklärte das Kammergericht

T.s Ansprüche dem Grunde nach zu zwei Dritteln für gerechtfertigt; das Urteil wurde rechtskräftig. Nachdem das Kammergericht in einem anderweitigen Rechtsstreit der K.schen Erben gegen den Kläger auf Ersatz des durch den Zusammenstoß entstandenen Schadens den Klaganspruch dem Grunde nach zu einem Drittel für gerechtfertigt erklärt und der Kläger sich auf eine Anfrage der Beklagten bereit erklärt hatte, ihr ein Drittel der Beträge zu erstatten, die sie auf Grund des Versicherungsvertrags an die K.schen Erben oder für diese an T. bezahlen werde; nachdem er der Beklagten auch ein Drittel des Teilbetrags von 6366,21 RM. erstattet hatte, erging am 20. Dezember 1934 in der Sache T.s gegen die K.schen Erben vor dem Landgericht das Schlußurteil. T. legte Berufung ein. Im Termine vom 20. Juli 1935, in dem der Prozeßbevollmächtigte des Klägers und ein Regelungsbeamter der Beklagten erschienen waren, schlossen die Parteien jener Sache einen Vergleich, wonach sich die verklagten K.schen Erben verpflichteten, an T. neben den bisher bezahlten und bis zum 15. August 1935 fälligen Beträgen weitere 16000 RM. zu zahlen, T. dagegen auf alle — auch zukünftigen — Ansprüche aus dem Unfall auch gegenüber dritten Personen, insbesondere gegenüber dem Fiskus und den Trägern der Sozialversicherung, verzichtete. Die K.schen Erben und ihr Streitgehilfe, der jetzige Kläger, behielten sich das Recht vor, den Vergleich bis zum 20. August 1935 durch Anzeige zu den Akten zu widerrufen.

Ein Widerruf ist nicht erfolgt. Der Kläger schrieb aber am 20. August 1935 an die Beklagte, er habe den Vergleich nicht widerrufen, weil er an der Auseinandersetzung unter den Prozeßparteien nicht beteiligt sei; vom Reichsgericht sei, wie er erst jetzt erfahren habe, entschieden, daß der Fiskus in einem Falle wie dem vorliegenden nicht aus § 839 BGB. hafte; eine Erstattungspflicht des Staates komme also nicht in Frage. Unstreitig waren den Parteien dieses Rechtsstreits am 20. Juli 1935 die beiden in dem Schreiben erwähnten Entscheidungen des Reichsgerichts vom 15. November 1932 und 29. Juni 1934 (RGZ. Bd. 138 S. 209, Bd. 145 S. 56) nicht bekannt.

Der Kläger fordert nun von der Beklagten die von ihm gezahlten 2122,07 RM. zurück und begehrt die Feststellung, daß ihr aus dem Vergleich in der Sache T. wider Erben K. ein Anspruch gegen ihn nicht zustehe. Das Landgericht gab der Klage im vollen Umfange statt, das Kammergericht wies sie ab. Die Revision des Klägers hatte keinen Erfolg.

Gründe:

In den Verhandlungen der Parteien, die mit dem Schreiben des Klägers an die Beklagte vom 3. Februar 1934 endeten, sieht das Kammergericht den Abschluß eines Vergleichs, bei dem beide Parteien von dem Bestehen eines Schadensersatzanspruchs der K.schen Erben gegen den Kläger aus § 839 BGB. und dem Staatshaftungsgesetz vom 1. August 1909 ausgegangen seien, eines Anspruchs, der im Falle der Zahlung von Versicherungsbeträgen an T. seitens der Beklagten gemäß § 67 VVG. auf diese übergehen würde. Ein solcher Anspruch habe aber, wie die beiden im Tatbestand erwähnten Entscheidungen des Reichsgerichts ergäben, nicht bestanden. Daher sei der Vergleich nach § 779 BGB. unwirksam. Die Parteien hätten jedoch auf der Grundlage des am 20. Juli 1935 zwischen T. und den K.schen Erben widerruflich geschlossenen Prozeßvergleichs ihrerseits einen neuen Vergleich geschlossen. Ein Widerruf sei nicht erfolgt. Der Kläger habe aber vor Ablauf der Widerrufsfrist davon Kenntnis erlangt, daß er der Beklagten nach den beiden Entscheidungen des Reichsgerichts nicht zum Schadensersatz verpflichtet sei, er sei also zur Zeit des Wirksamwerdens des neuen Vergleichs nicht mehr im Irrtum über die Grundlage des früheren Vergleichs gewesen, § 779 BGB. finde deshalb hier keine Anwendung. Der zweite Vergleich aber umfasse den ersten und bestätige ihn, der Kläger könne sich also auf seine Unwirksamkeit nicht mehr berufen.

Es kann unerörtert bleiben, ob die Angriffe der Revision gegen das angefochtene Urteil gerechtfertigt sind, die sich insbesondere gegen die sachliche Beurteilung der mit dem Prozeßvergleich vom 20. Juli 1935 zusammenhängenden Vorgänge richten; denn die Entscheidung des Kammergerichts stellt sich als richtig aus einem von diesen Vorgängen unabhängigen Grunde dar. Es mag auf sich beruhen, ob das angefochtene Urteil überall davon ausgeht, daß die Parteien beim Abschluß des Vertrages im Jahre 1934 das Bestehen eines Anspruchs der K.schen Erben gegen den Kläger aus § 839 BGB. in Verbindung mit dem Staatshaftungsgesetz vom 1. August 1909 als feststehend angenommen haben oder ob nicht einzelne Wendungen in dem Urteil darauf schließen lassen, daß der Vergleich nach der Meinung des Kammergerichts gerade auch über das Bestehen eines solchen Anspruchs geschlossen sein sollte. Denn der Vergleich ist in keinem der beiden Fälle gemäß § 779 BGB. unwirksam. Stritten die Parteien über das Bestehen eines solchen Anspruchs bis zum Vergleichsabschluß und haben sie sich gerade auch über den Grund und die Möglichkeit eines solchen Anspruchs verglichen, so kann von einer Anwendung des § 779 BGB. um deswillen keine Rede sein, weil der Vergleich gerade diesen Streitpunkt erledigen sollte. Haben aber beide Parteien bei Abschluß des Vergleichs das Bestehen eines solchen Anspruchs als feststehend zugrunde gelegt, so ist auch in diesem Falle der Tatbestand des § 779 BGB. nicht gegeben. Der Anspruch würde, wie jeder Anspruch, auf einer tatsächlichen und einer rechtlichen Grundlage beruhen. Daß irgendwelche Tatsachen, welche die Parteien bei Abschluß des Vergleichs als feststehend angenommen hätten, der Wirklichkeit nicht entsprächen, behauptet der Kläger nicht. Er stützt seine Meinung von der Unwirksamkeit des Vergleichs vielmehr nur darauf, er und die Beklagte seien bei seinem Abschluß davon ausgegangen, daß im Falle nur fahrlässiger Verletzung einer einem Dritten gegenüber obliegenden Amtspflicht durch einen Beamten eine Haftung des Beamten nach § 839 Abs. 1 Satz 1 BGB. und damit eine Haftung des Staates nach dem Staatshaftungsgesetz trotz § 839 Abs. 1 Satz 2 BGB. selbst dann bestehe, wenn der Geschädigte gegen den eingetretenen Schaden versichert sei. Da diese Rechtsauffassung irrig sei, so sei der Vergleich nach § 779 BGB. unwirksam. Diese auch vom Kammergericht vertretene Rechtsmeinung ist aber ihrerseits irrig.

Die Unwirksamkeit eines Vergleichs erfordert nach § 779 BGB., daß der nach dem Inhalt des Vertrages als feststehend zugrunde gelegte Sachverhalt der Wirklichkeit nicht entspricht und daß der Streit oder die Ungewißheit bei Kenntnis der Sachlage nicht entstanden sein würde. Schon unter einem Sachverhalt kann man kaum eine Rechtsfrage verstehen. Sachverhalt und Rechtsgrundlage sind sogar unmittelbar Gegensätze. Vollends aber ist es ausgeschlossen, unter einem Sachverhalt, bei dem man nach seiner Wirklichkeit fragen könnte, und einer Sachlage, von deren Unkenntnis die Unwirksamkeit dieses Vergleichs abhängen soll, einen Rechtssatz zu verstehen. Eine Rechtsfrage kann richtig oder unrichtig beantwortet werden; ein Rechtssatz kann gelten oder nicht gelten. Man kann aber bei einem Rechtssatz nicht nach seiner Wirklichkeit fragen und sein

Bestehen nicht als einen Sachverhalt oder eine Sachlage bezeichnen. Wenn man die Auslegung nur auf den Wortlaut des § 779 BGB. abstellt, kann man also einen Irrtum über eine reine Rechtsfrage nicht als einen nach dieser Gesetzesvorschrift beachtlichen Irrtum ansehen.

Allerdings hat das Reichsgericht ausgeführt, das Bestehen eines Rechtsverhältnisses, z. B. eines Anspruchs aus einem Versicherungsvertrage (RGZ. Bd. 112 S. 215 [218]) oder einem Mietverhältnisse (RGUrt. vom 5. Januar 1932 VII 119/22, abgedr. LZ. 1923 Sp. 316 Nr. 6) sei ein Sachverhalt im Sinne des § 779 BGB., aber, wie es in der ersten Entscheidung heißt, nur deshalb, weil unter dem Ausdruck „Sachverhalt" alles begriffen sei, was die Parteien als geschehen und bestehend angesehen hätten. Daß ein reiner Rechtsirrtum ohne einen Irrtum über irgendwelche Tatsachen kein Irrtum über einen Sachverhalt ist, wie ihn § 779 BGB. voraussetzt, hat das Reichsgericht mehrfach ausgesprochen (RGUrteile vom 8. März 1929 VII 393/28, abgedr. JW. 1929 S. 1456 Nr. 1, und vom 30. Oktober 1930 VIII 396/30, abgedr. JW. 1932 S. 1132 Nr. 4). Dabei muß es bewenden. Irren die Vertragschließenden über Tatsachen, deren Kenntnis den Streit ausschlösse, so ist der Vergleich nach § 779 BGB. unwirksam, mögen diese Tatsachen allein stehen oder die Grundlage eines Rechtsverhältnisses sein. Irren sie lediglich über die Entscheidung einer Rechtsfrage, so hat dieser Irrtum nicht die Unwirksamkeit des Vergleiches zur Folge. Diese verschiedene Beurteilung ist auch sachlich begründet. Über Rechtsfragen können sich die Beteiligten vor dem Abschluß eines Vergleiches unterrichten. Jede Partei darf davon ausgehen, daß die andere dies auch getan habe. Aufklärung über Tatfragen kann sich die Partei oft überhaupt nicht, jedenfalls nicht mit der wünschenswerten Sicherheit verschaffen. Haben sich beide Parteien über Tatfragen geirrt, so erscheint es deshalb gerechtfertigt, daß keine an den auf einer irrigen tatsächlichen Grundlage geschlossenen Vergleich gebunden ist. Haben sie über die Entscheidung einer Rechtsfrage geirrt, so erscheint es recht und billig, daß jede Partei die durch ihre Rechtsunkenntnis hervorgerufenen Nachteile ebenso trage wie in allen Fällen, in denen jemandem aus einem Rechtsirrtum Schaden erwächst. Dies gilt im vorliegenden Fall um so mehr, als beim Abschluß des hier in Betracht kommenden Vergleichs (Februar 1934) die erste der beiden mehrerwähnten Reichsgerichtsentscheidungen (vom 15. November 1932) schon ergangen war. Ob man etwa einfache Rechtsbegriffe den Tatsachen gleichstellen kann, wie z. B. die Abtretung (RGUrt. vom 17. Juni 1919 VII 49/19, abgedr. WarnRspr. 1919 Nr. 189) oder das Eigentum (RGUrt. vom 2. Mai 1936 V 186/35, abgedr. WarnRspr. 1936 Nr. 104), mag auf sich beruhen, da es sich hier nicht um einen solchen einfachen Rechtsbegriff handelt. Ebenso mag es dahingestellt bleiben, ob die Rechtsprechung nicht zuweilen über die hier gezogene Grenze hinausgegangen ist oder ob sie mit den dort angegebenen Rechtsbegriffen doch nicht auch die Tatsachen meinte, welche diese Begriffe verwirklichten (RGUrt. vom 20. November 1928 VII 270/28, abgedr. WarnRspr. 1929 Nr. 5, vgl. auch RGUrt. vom 14. November 1917 V 189/17, abgedr. im Recht 1918, Deutschlands oberstrichterliche Rechtsprechung Nr. 228); denn wenn die Grenze zuweilen weiter gezogen sein sollte, so könnte dies nicht aufrechterhalten werden. Ein reiner Rechtsirrtum, bei dem überhaupt kein Tatsachenirrtum in Frage steht, kann einem Tatsachenirrtum nicht gleichgestellt werden, er genügt nicht als Voraussetzung der Unwirksamkeit eines Vergleiches nach § 779 BGB.

Im vorliegenden Fall irrten die Parteien ausschließlich über die richtige Beantwortung der Rechtsfrage, ob § 839 Abs. 1 Satz 2 BGB. die Haftung eines Beamten und damit die Haftung des Staates nach dem Staatshaftungsgesetz ausschließe, wenn der Geschädigte auf Grund einer Versicherung schon gegen die Versicherer einen Anspruch auf Ersatz seines Schadens habe. Sie irrten also über eine reine Rechtsfrage, ein Irrtum über irgendwelche Tatsachen liegt nicht vor. Aus § 779 BGB. folgt deshalb die Unwirksamkeit des im Februar 1934 zustande gekommenen Vergleiches nicht.

Ein reiner Rechtsirrtum kann aber im vorliegenden Fall auch kein beachtlicher Irrtum in der Geschäftsgrundlage sein. Ebensowenig verstößt die Beklagte gegen Treu und Glauben, wenn sie sich auf den Vergleich als Rechtsgrund für die Zahlung des Klägers beruft; diese Zahlung entbehrt also nicht des rechtfertigenden Grundes, und der Kläger kann die gezahlten Beträge nicht nach § 812 BGB. zurückfordern, mag man die Vorgänge im Jahre 1935 wie auch immer beurteilen.

43. 1. Über die Pflicht zur Unterhaltung der Vorflut und über Folgen ihrer Vernachlässigung.
2. Zur Frage der Benutzung eines Wasserlaufs.

Preuß. Wassergesetz vom 7. April 1913 (GS. S. 53) — WassG. — §§ 40 flg., 113 flg. BGB. §§ 823, 1004.

V. Zivilsenat. Urt. v. 25. April 1938 i. S. Land Preußen (Bekl.) w. K. u. Gen. (Kl.). V 170/37.

I. Landgericht Lüneburg.
II. Oberlandesgericht Celle.

Die Kläger sind Eigentümer landwirtschaftlich genutzter Grundstücke im Neuhäuser Polder östlich der Elbe, zwischen dieser und deren Nebenfluß, der Sude, mit linkem Nebenarm, der Krainke. Der Polder liegt tief und leidet allgemein unter Nässe. Im unteren nördlichen Teil sind die Vorflut-Verhältnisse durch eine dort gebildete Wassergenossenschaft geregelt. Im oberen Teil, der die Unterbezeichnung „Sumter-Polder" trägt, wo die Grundstücke der Kläger liegen, scheiterte eine solche Maßnahme am Widerstand einer Mehrzahl der Grundbesitzer. Die dortigen Grundstücke entwässern größtenteils zum Sumter See hin, der durch den Sumter Kanal mit der unteren Sude in Verbindung steht. Vom Sumter See aus geht in nordöstlicher Richtung zur Krainke hin der Knickgraben, der Gegenstand dieses Rechtsstreits. Er verläuft in der Nähe der Mecklenburger Grenze, aber ganz auf preußischem Gebiet, quert die Landstraße Gülze—Sumte und läuft durch einen Deich hindurch in die Krainke. Er ist ein Wasserlauf dritter Ordnung und steht in seiner ganzen Ausdehnung im Eigentum des Beklagten in dessen Eigenschaft als Eigentümers der Domäne Gülze. Der Graben, ursprünglich als Grenze gegen Mecklenburg bestimmt, wurde im 18. Jahrhundert als Vorflutgraben ausgebaut. Der Beklagte ist als Eigentümer von Gülze zu seiner Unterhaltung verpflichtet. Früher befand sich beim Durchlauf des Grabens durch den Krainkedeich eine Schleuse, die eine lichte Höhe von 1,46 m und eine lichte Weite von 2,40 m hatte. Diese wurde am 28. Januar 1920 bei einem Deichbruch weggespült und dann bei Wiederherstellung des Deichs durch ein Siel von 70 cm Durchmesser ersetzt. Gleichzeitig erneuerte der Beklagte den Brückenübergang der Landstraße Sumte—Gülze. Der Grabendurchlaß unter der Holzbrücke hatte bis dahin eine lichte Höhe von 3,81 m und eine lichte Weite von 3,75 m gehabt; er wurde nun durch einen kreisförmigen Rohrdurchlaß von 1 m Durchmesser ersetzt.

Die Kläger beschweren sich darüber, daß diese Neuanlagen zu eng seien und dem abfließenden Wasser keinen genügenden Durchlaß gewährten; ferner darüber, daß der Knickgraben mangelhaft gereinigt und unterhalten worden sei. Alles das soll zur Störung der Vorflut für ihre Grundstücke und so zu einer erheblichen Beeinträchtigung in deren Ertrag geführt haben. Im Prozeß wurden Nivellements des Knickgrabens aus den Jahren 1866, 1910, 1920, 1927 und 1933 vorgelegt. Die Kläger sehen einen Zustand des Grabens, wie aus dem Nivellement von 1866 ersichtlich, als den ordnungsmäßigen, den Soll-Zustand an. Sie begehren insgesamt Wiederherstellung dieses alten Zustandes und haben beantragt, den Beklagten zu verurteilen, an der Ausmündung des Knickgrabens in die Krainke eine Schleuse und in der Landstraße Bleckede—Neuhaus eine Brücke in den Abmessungen wiederherzustellen, welche die dort vor 1920 vorhandenen Bauwerke hatten, sowie den Knickgraben ordnungsgemäß instandzusetzen, insbesondere gehörig nachgraben zu lassen. Der Beklagte bestreitet den Klägern das Recht, ihn wegen der Instandhaltung des Knickgrabens und wegen seiner Bauten am Graben in Anspruch zu nehmen. Denn der Knickgraben komme nicht als Vorflutgraben für die Grundstücke der Kläger in Betracht, so daß für deren Durchfeuchtung Veränderungen an ihm einflußlos seien. Auch liege ihm (Beklagten) wegen des Wasserlaufs keine Verpflichtung gegenüber den Klägern ob. Jedenfalls seien die Nachteile, die diesen aus dem Zustande des Grabens etwa erwüchsen, so geringfügig, daß sie ertragen werden müßten, zumal die Kosten einer Änderung der Durchlässe sehr hoch sein würden.

Das Landgericht wies die Klage ab. Unter Abweisung der Klage im übrigen verurteilte das Berufungsgericht den Beklagten, die Beeinträchtigungen zu beseitigen und für die Zukunft zu unterlassen, welche für die Grundstücke der Kläger durch die im Jahre 1920 in geringeren Maßen, als früher, ausgeführte Erneuerung der genannten Knickgrabenbauten entstanden seien, sowie den Knickgraben wieder in den Zustand nach dem Nivellement von 1910 zu versetzen und darin zu unterhalten.

Der Beklagte legte Revision mit dem Ziele der Klagabweisung ein. Die Kläger forderten mit ihrer Anschlußrevision, daß für die Instandsetzung und weitere Unterhaltung des Knickgrabens statt des Nivellements von 1910 das von 1866 als maßgebend erklärt werde. Nur die Revision des Beklagten hatte einen Teilerfolg.

Gründe:

I. Das Berufungsurteil leidet unter dem sein Verständnis wesentlich erschwerenden Mangel, daß der Sachverhalt, den das Oberlandesgericht als festgestellt ansieht, nicht von vornherein zusammenhängend und klar geschildert wird. Aus der Gesamtheit des Urteilsinhalts ist aber doch zu entnehmen, daß das Berufungsgericht bei seiner rechtlichen Beurteilung von folgenden Feststellungen ausgeht: Der Knickgraben befindet sich in einem durch ungenügende Reinigung, durch Verschlammung und Verkrautung herbeigeführten schlechten Zustand; seine Sohle ist zum Teil verengt und liegt höher als früher. Über den ehemaligen Zustand des Grabens liegen Nivellements von 1866 und von 1910 vor. Die Wiederherstellung der früheren Zustände ist durch die gewöhnlichen jährlichen Reinigungsarbeiten nicht zu erreichen, erfordert vielmehr zum Teil eine etwas umfangreiche Aufgrabung. Die dafür aufzuwendenden Kosten werden verhältnismäßig gering sein und schätzungsweise kaum 1000 RM. betragen. Die Vernachlässigung ist derart augenscheinlich, daß sie nicht ohne Verschulden verfassungsmäßig berufener Vertreter des Beklagten eingetreten sein kann, indem diese jedenfalls eine ausreichende Überwachung des Domänenpächters, dem die Reinigung obgelegen haben mag, versäumt haben. Die Weiten der im Jahre 1920 angelegten Bauwerke, nämlich des Brückendurchlasses (1 m Durchmesser) und des Deichsiels (70 cm Durchmesser) sind zu gering. Diese Verengungen in Verbindung mit dem verschlechterten Zustande des Knickgrabens haben die Vorflutverhältnisse im Sumter-Polder ungünstig beeinflußt, und zwar auch für die Grundstücke der Kläger. Das Wasser von diesen gelangt teilweise in den Knickgraben, und zwar zunächst durch andere Gräben in den Sumter See, teilweise in den Sumter Kanal. Der Knickgraben ist Vorfluter für den Sumter See. Der Abfluß vom See durch ihn kommt besonders bei hohen Wasserständen in Betracht, wenn durch den Sumter Kanal und die

Bleckeder Schleuse kein Wasser aus dem See abströmen kann. Sind der Tage solcher Inanspruchnahme des Knickgrabens auch verhältnismäßig wenige, so sind sie doch so zahlreich, daß die Verschlechterung der Vorflut Einfluß auf die Ertragsfähigkeit der Grundstücke der Kläger hat. Bei der Bemessung der Bauwerke im Jahre 1920 wurde diese besondere Aufgabe des Knickgrabens fehlerhaft nicht berücksichtigt; auch wurde nur der damalige besonders schlechte Zustand des Grabens in Rechnung gestellt. Die beteiligten Dienststellen haben damals auf unsicherer Grundlage gefußt und nicht ganz mit der erforderlichen Sorgfalt gearbeitet. Die Veränderungen am Knickgraben, teils bewirkt durch die engeren Bauwerke, teils durch die vernachlässigte Instandhaltung, haben den Klägern fühlbare Ertragsminderungen verursacht. Der Beklagte wird für eine ordnungsgemäße Herstellung der Durchlässe schätzungsweise 13000 bis 15000 RM. aufzuwenden haben. Daraus werden sich dann aber Vorteile nicht nur für die Kläger, sondern für das ganze Poldergebiet ergeben.

Aus diesem Sachverhalt zieht das Berufungsgericht den rechtlichen Schluß, der Beklagte habe die Beeinträchtigungen zu beseitigen und in Zukunft zu unterlassen, welche für die Grundstücke der Kläger dadurch entstanden seien, daß im Jahre 1920 Brücken- und Deichdurchlaß in geringeren Maßen, als vorher bestanden, hergestellt wurden; weiter, daß der Knickgraben wieder in den Zustand nach dem Nivellement von 1910 zu versetzen und darin zu unterhalten sei. Nicht dagegen soll dem Beklagten vorgeschrieben werden, Schleuse und Brücken genau in den früheren Abmessungen wiederherzustellen. Auch sollen die Kläger nicht die Aufräumung des Grabens bis zu dem sich aus dem Nivellement von 1866 ergebenden Zustande verlangen dürfen. Zu beachten ist, daß das Berufungsgericht bei der Verurteilung zu 2) nur die Ausräumung und Unterhaltung des Grabens außerhalb der in seinem Zuge liegenden Bauwerke an Brücken und Deich meint, während die Durchlässe an diesen nur von der Verurteilung zu 1) getroffen werden.

II. Keine rechtlichen Bedenken bestehen hinsichtlich der zu 2) ausgesprochenen Verurteilung, den Knickgraben wieder in den durch das Nivellement von 1910 ausgewiesenen Zustand zu versetzen und darin zu unterhalten. Das Berufungsgericht gründet sie auf die Bestimmungen der §§ 114, 115 WassG. in Verbindung mit den §§ 31, 89, 249, 823 Abs. 1 BGB.

Bei einem Wasserlauf dritter Ordnung besteht die Pflicht des Eigentümers zur Erhaltung der Vorflut. Diese Verpflichtung liegt hier dem Beklagten ob, da er als Eigentümer der Domäne Gülze Eigentümer des Wasserlaufs ist (§§ 114, 115 Abs. 1 WassG.). Er muß den zur ungestörten Abführung des zufließenden Wassers dienenden Zustand des Grabens erhalten und, wenn er gestört ist, wieder herstellen.

Die Annahme des Berufungsgerichts, daß der Knickgraben Vorfluter für die Grundstücke der Kläger sei, greift die Revision zu Unrecht deshalb an, weil diese nicht unmittelbar in ihn entwässerten. Unter „Vorflut" ist der ungehinderte Abfluß des Oberflächenwassers zu verstehen, welches einem Wasserlauf nach den natürlichen Bodenverhältnissen zufließt und das er bei regelrechtem Zustande von Bett und Ufer aufzunehmen vermag. Dabei macht es keinen Unterschied, ob dem Graben das Wasser von einem oberliegenden Grundstück unmittelbar oder nur mittelbar zufließt. Erforderlich ist lediglich, daß das Wasser ihm nicht nur in wildem Ablauf, sondern in geregeltem Zuge durch Gräben oder sonstige Wasserläufe zuströmt. Auch das Dränagewasser muß der Vorfluter aufnehmen. Insgesamt ist ein Grundstück für seine Entwässerung sowohl darauf angewiesen, daß der Ablauf nicht in einem Wasserlauf gestört werde, in den das Wasser mittelbar von ihm gelangt, wie darauf, daß das nicht in dem mit ihm unmittelbar in Verbindung stehenden Wasserlaufe stattfinde. Ist die Vorflut in einem fernliegenden unteren Graben gestört, so kann das die Entwässerung der oben liegenden Flächen beeinträchtigen. Wie weit ein in einem Vorfluter bestehendes Hindernis nach oben hinauf schädigend wirkt, ist eine von der örtlichen Lage abhängige Tatfrage. Da der Knickgraben den Sumter See entwässert, so ist er Vorfluter für alle Grundstücke, von denen Wasser — mittelbar oder unmittelbar — in den See gelangt. Das geschieht nach den Feststellungen des Berufungsgerichts bei den Grundstücken der Kläger, soweit sie nicht in den Sumter Kanal ohne Inanspruchnahme des Sumter Sees entwässern. Dies letztere ist nach der Annahme des Oberlandesgerichts bei einem Teil der Grundstücke des Erstklägers und wohl auch bei den Grundstücken des Drittklägers der Fall. Deswegen ist aber doch nicht ausgeschlossen, daß auch sie Schaden erleiden, wenn Vorflutmängel im Knickgraben die Entwässerung des Poldergebiets überhaupt ungünstig beeinflussen.

Das Oberlandesgericht geht für seine Annahme, daß der Wasserablauf durch Vernachlässigung der Grabenunterhaltung unzulässig verschlechtert worden sei, von einem Soll-Zustande des Grabens aus, wie er sich aus dem Nivellement von 1910 ergibt. Demgegenüber meint die Revision des Beklagten, es sei auf den Zustand von 1920 abzustellen, während die Anschlußrevision der Wiederherstellung das Nivellement von 1866 zugrunde gelegt wissen will. Der Standpunkt des Berufungsgerichts ist jedoch rechtlich zu billigen. Bei nachteiligen Veränderungen des einmal von Natur oder durch künstliche Herstellung geschaffenen Zustandes ist derjenige wieder herzustellen, der früher bestanden hat. Nur wenn der durch die Veränderung geschaffene neue Zustand schon so lange besteht, daß er nach natürlicher Auffassung nunmehr als der ordentliche erscheint, ist er beizubehalten (vgl. Holtz-Kreutz WassG. § 41 Erl. 3, § 114 Erl. 4; OVG. Bd. 35 S. 302; OVG. in Zeitschrift für Agrar- und Wasserrecht Bd. 5 S. 349). Nun können aber die seit Inkrafttreten des Wassergesetzes durch Vernachlässigung unter den Einwirkungen der Kriegs- und Nachkriegsschwierigkeiten eingetretenen wesentlichen Verschlechterungen in Breite, Tiefe und Ausräumung des Grabens keinenfalls als zulässige Veränderungen, welche die Oberlieger hinzunehmen hätten, angesehen werden. Der Zustand von 1910 steht fest. Ihm entsprach im wesentlichen der am 1. Mai 1914 vorhandene, nach den Vorschriften des Wassergesetzes aufrechtzuerhaltende Zustand.

Der sich aus dem Nivellement von 1866 ergebende Zustand, auf den die Kläger zurückgreifen möchten, ist dem von 1910 ähnlich, aber den Klägern doch noch günstiger als dieser. Das Berufungsgericht berücksichtigt das Nivellement von 1866 deswegen nicht, weil es sich bei ihm möglicherweise nur um einen Ausbauplan gehandelt habe und nicht festzustellen sei, daß der Graben einmal längere Zeit so ausgebaut gewesen sei. Die Prozeßrügen, mit denen sich die Anschlußrevision gegen diese tatsächliche Annahme wendet, können auf sich beruhen. Denn es ergibt sich aus Rechtsgründen, daß sich die Kläger nicht auf einen Zustand von 1866 berufen können. Erstens liegt er in seiner Abweichung von dem von 1910 und 1914 so weit zurück, daß er jetzt nicht mehr als der regelrechte Zustand angesehen werden kann. Ferner wird nach dem Vortrag der Kläger dieser alte Zustand nur durch Ausgrabung zu erreichen sein. Dazu aber war der Eigentümer nach hannoverschem Wasserrecht nicht verpflichtet (§ 2 des

Gesetzes vom 22. August 1847 GS. S. 263; OVG. Bd. 16 S. 313; Holtz-Kreutz I S. 580). Deswegen kann auch nach dem jetzt geltenden Wassergesetz nicht mehr verlangt werden als der bei seinem Inkrafttreten gegebene Zustand, der im wesentlichen so war, wie im Nivellement von 1910 festgelegt.

Die Vernachlässigung der Knickgrabenräumung, die eine erhebliche Verschlechterung gegenüber dem Sollzustand von 1910 herbeigeführt hat, beeinträchtigt den Wasserabfluß aus dem Sumter See und damit aus dem gesamten oberen Poldergebiet. Dadurch wird eine vermehrte Durchfeuchtung der Grundstücke der Kläger und so deren Schädigung im Ertrage bewirkt. Da die erhebliche Verlandung des Knickgrabens allgemein die Entwässerung des ohnehin sehr nassen Poldergebiets verlangsamt und eine stärkere Belastung des Sumter Kanals bewirken wird, so ist eine solche Schädigung auch bei Grundstücken denkbar, die ihre natürliche Vorflut nicht nach dem Knickgraben hin haben. Auf das Maß des durch mangelhafte Unterhaltung herbeigeführten Schadens und auf dessen zahlenmäßige Feststellung kommt es für die Berechtigung der Kläger zur Abwehr nicht an.

Als Rechtsbehelf steht den Klägern sowohl die Schadensersatzklage wegen Beschädigung ihres Eigentums (§ 823 Abs. 1 BGB.) wie auch die Abwehrklage zur Seite. Für jene kommt es nicht darauf an, ob die Vorschriften der §§ 113 flg. WassG. über die Unterhaltung der Wasserläufe und ihrer Ufer Schutzgesetze im Sinne des § 823 Abs. 2 BGB. sind (vom Reichsgericht verneint in IV 906/23 = Gruch. Bd. 68 S. 76 und in V 369/34 vom 22. März 1935 = HRR. 1935 Nr. 1068; RVBl. 1936 S. 232), da jedenfalls das gesetzlich geschützte Rechtsgut der Kläger verletzt ist. Ohne Rechtsirrtum zieht das Oberlandesgericht aus dem Grade und der langen Dauer der Vernachlässigung den Schluß auf fahrlässig schuldhaftes Verhalten der leitenden Beamten der Domänenabteilung (§§ 31, 89 BGB.) in der Beaufsichtigung des Domänenpächters, der nach der Angabe des Beklagten die Reinhaltung zu besorgen hatte. Dabei kommt es nicht, wie die Revision meint, darauf an, ob den Organen des Beklagten erkennbar war, daß die Grundstücke gerade der Kläger durch nicht gehörige Räumung des Grabens geschädigt werden könnten; es genügt vielmehr, daß ihnen die Gefährdung des Poldergebiets überhaupt ersichtlich war. Aber auch abgesehen davon ist der Beklagte jetzt jedenfalls auf die Fehlerhaftigkeit des gegenwärtigen Zustandes hingewiesen und hat er die Schadensursache für die Zukunft zu beseitigen. Eben das ergibt sich auch aus der Eigentumsfreiheitsklage. Die Vermehrung der Durchfeuchtung der Grundstücke ist eine durch den Beklagten verursachte Eigentumsbeschädigung. Die Revision irrt mit ihrer Meinung, diese Klage greife nicht gegenüber wasserwirtschaftlichen Störungen ein. Die Pflichten des Beklagten in der Grabenunterhaltung bestimmen sich lediglich nach dem Wasserrecht. Aber die Frage, welche Folgen sich aus den Einwirkungen ihrer Verletzung auf fremde Rechtsgüter ergeben, gehört dem Gebiete des allgemeinen bürgerlichen Rechts an. Das berechtigte Ziel der einen wie der anderen Klage ist die Beseitigung des die Störung und die Schädigung verursachenden unrechten Zustandes in der Unterhaltung des Knickgrabens.

Die Berechtigung des Vorgehens der Kläger wird auch nicht dadurch beeinflußt, daß die Grabenzüge im Sumter-Polder auch an anderen Stellen, wo der Beklagte nicht unterhaltungspflichtig ist, nicht in Ordnung sein mögen. Nach der tatsächlichen Lage, wie sie das Berufungsgericht ohne Rechtsirrtum festgestellt hat, wirkt der gegenwärtige Zustand des Knickgrabens schädigend auf die Grundstücke der Kläger ein. Da das rechtswidrig ist, besteht die Verpflichtung des Beklagten zur Abhilfe. Dies wird nicht anders dadurch, daß noch andere Schadensursachen bestehen mögen. Das könnte bei einem Anspruch auf Geldersatz beachtlich sein, ist es aber nicht gegenüber dem Verlangen auf Beseitigung der Störungs- und Schadensursache. Ähnliches gilt für die vom Gutachter L. angedeutete Möglichkeit, durch Änderungen am Sumter Kanal Abhilfe zu schaffen. Mag den Klägern auch noch auf andere Weise geholfen werden können, so beseitigt das doch nicht die Verpflichtung des Beklagten, in seinem Wirkungskreise die geschuldete Ordnung zu schaffen.

Gegen die unter 2) ausgesprochene Verurteilung zur Versetzung des Grabens in den ordnungsmäßigen Unterhaltungszustand spricht schließlich auch nicht eine Abwägung des Schadens und der dem Beklagten durch die Befolgung des Urteils erwachsenden Kosten. Mag auch die Schädigung des einzelnen Klägers durch die Vernachlässigung des Grabens nicht sehr erheblich sein, so wird doch andrerseits die durch die Wiederherstellung des Grabens entstehende Aufwendung nach der Schätzung des Berufungsgerichts kaum 1000 RM. betragen. Damit wird dann eine Verbesserung der Vorflut für das ganze Poldergebiet erreicht, die zudem nur die Folgen einer rechtswidrigen Unterlassung beseitigt.

Hiernach sind die Revision des Beklagten zu der unter 2) ausgesprochenen Verurteilung und die Anschlußrevision unbegründet.

III. Bisher nicht ausreichend gerechtfertigt aber ist die zu 1) ausgesprochene Verurteilung zur Beseitigung der durch die Anlage von Brücke und Schleuse im Jahre 1920 herbeigeführten Beeinträchtigung der Kläger. Mit dem Berufungsgericht ist in der Neuanlegung der Brücke und in der Überbauung der Mündung des Knickgrabens mit dem Krainkedeich sowie in den damit in Verbindung stehenden Rohrverlegungen eine Benutzung des Wasserlaufs im Sinne der §§ 40 flg. WassG. zu erblicken (vgl. Holtz-Kreutz I S. 255; OVG. in Zeitschrift für Agrar- und Wasserrecht Bd. 5 S. 251). Denn damit wird das Bett des Grabens und der darüber befindliche Raum in Anspruch genommen. Dann gilt aber zugunsten der Oberlieger die Bestimmung des § 41 Abs. 1 Nr. 1 WassG., daß durch die Benutzung die Vorflut nicht zu ihrem Nachteil verändert werden darf. Dies jedoch mit der Einschränkung des Abs. 2, daß geringfügige Nachteile nicht in Betracht kommen. Die Anlegung der Rohrdurchlässe an Stelle der bis dahin anders gestalteten Bauwerke mit erheblichen lichten Weiten, durch die der Graben wahrscheinlich in der Ausdehnung seines natürlichen Betts hindurchging, bedeutet aber auch eine Arbeit der Unterhaltung des Wasserlaufs im Sinne der §§ 113 flg. WassG. Auch aus diesen Bestimmungen heraus mußte der Beklagte dabei auf die Erhaltung der Vorflut Bedacht nehmen. Durch die neuangelegten Rohrdurchlässe wird die Vorflut dann beeinträchtigt, wenn sie den Durchfluß einer Wassermasse hemmen und verzögern, wie sie der Knickgraben bei regelrechtem Zustande von Bett und Ufer aufzunehmen vermag und wie sie ihm nach den natürlichen Verhältnissen zufließt. Die Kläger haben aber kein Recht auf Beibehaltung früherer Durchlaßmaße, wenn diese etwa unnötig weit waren, und haben keinen Anspruch auf eine Änderung der Bauwerke von 1920, wenn diese den Vorfluterfordernissen genügen. Zur Beantwortung der Frage, ob die Verengung der Durchlässe die Vorflut nachteilig beeinflußt, muß davon ausgegangen werden, welche Wassermasse dem Graben nach den natürlichen Bodenverhältnissen zufließt und wieviel er bei regelrechtem Zustande von Bett und Ufer aufzunehmen vermag. Dieser regelrechte Zustand ist nach der zutreffenden Ansicht des Oberlandesgerichts der, wie er sich aus dem Nivellement von 1910 ergibt. Daher kommt es darauf an, ob die Durchlässe für die Wassermassen ausreichen, die der Graben in solcher Beschaffenheit führen wird.

Das Berufungsgericht geht zunächst richtig vor, wenn es feststellt, daß im allgemeinen Verlauf des Grabens Bett und Ufer so wiederherzustellen sind, wie sie im Jahre 1910 waren. Weiter aber trifft hinsichtlich der Bauwerke die vom Oberlandesgericht angestellte Untersuchung nicht das Richtige. Sie geht darauf, ob „durch die Maßnahmen des Beklagten (d. h. die Bauwerke in Verbindung mit der Verschlechterung des Sollzustandes des Knickgrabens)" eine Beeinträchtigung der Kläger eingetreten sei (was das Berufungsgericht in dieser Zusammenstellung bejaht). Wie sich aus Obigem ergibt, mußte vielmehr darauf abgestellt werden, wie weit die Durchlässe sein müssen, um die Wassermasse abzuleiten, die der Knickgraben führen wird, wenn er sich in dem erst noch herzustellenden ordnungsmäßigen Zustande befindet. Nur in dieser Begrenzung konnte dann eine Verurteilung des Beklagten hinsichtlich der Bauwerke erfolgen. Dabei wird es gegebenenfalls zur Vermeidung von Unklarheiten und weiteren Streitigkeiten geboten sein, genau das Mindestmaß zu bestimmen, das die Durchlässe haben müssen. Da die nötige Durchlaßweite nur auf der Grundlage ordnungsmäßiger Grabenbeschaffenheit und von dieser aus ermittelt werden kann, durfte keine Vermengung und ungetrennte Prüfung beider Fragen stattfinden. Eine gesonderte Behandlung der Ansprüche auf Wiederherstellung des Grabenbetts im alten Zustande und auf Änderung der Bauwerke ist auch deswegen von besonderer Bedeutung, weil die Änderung der Bauten zu einer hohen Belastung des Beklagten führen möchte, die unnötig sein könnte, wenn zunächst der Graben als solcher wiederhergestellt wird.

Auf die von der Revision näher erörterte Frage eines Verschuldens der Beamten des Beklagten bei Errichtung der Bauwerke kommt es nicht an, weil die Kläger die ihnen durch diese zugefügten Eigentumsbeeinträchtigungen mit der vom Nachweis eines Verschuldens unabhängigen Klage aus § 1004 BGB. abwehren können.

Die Gesamtbeeinträchtigung der Kläger wurde als nicht sehr erheblich befunden. Es wird zu prüfen sein, was an Nachteilen übrig bleibt, wenn der Graben in Bett und Ufern in den Zustand von 1910 versetzt sein wird und wenn dann die Durchlässe zu eng sein sollten. Sind die hieraus verbleibenden Nachteile nur geringfügig im Sinne von § 41 Abs. 2 WassG., so müssen die Kläger sie hinnehmen. Ist zwar eine solche Einschränkung in den hier gleichfalls heranzuziehenden Bestimmungen über Unterhaltung der Wasserläufe (§§ 113 flg. WassG.) nicht enthalten, so ist doch eine Maßnahme, die überhaupt unter § 41 WassG. fällt, allgemein dieser Rechtsregel zu unterwerfen, zumal sich darin ein gesunder, für das Gemeinschaftsleben überall beachtlicher Grundsatz ausdrückt. Müssen die Oberlieger eine bestimmte Benutzung und die sich daraus ergebenden Folgen gemäß § 41 Abs. 2 WassG. dulden, so können sie sich dagegen auch nicht auf dem Wege über § 114 das. wehren.

---

44. 1. Steht die Vorschrift des § 898 RVO. der Ausgleichungspflicht eines Unternehmers gegenüber dem Besteller entgegen, wenn durch zusammenwirkendes Verschulden beider ein bei dem Unternehmer Beschäftigter getötet worden ist?

2. Kann insbesondere trotz der vorgenannten Bestimmung der Unternehmer dem Besteller für die Erfüllung der ihm nach § 618 BGB. seinen Arbeitern gegenüber obliegenden Pflichten verantwortlich sein?

RVO. §§ 898, 1542. BGB. §§ 276, 278, 426, 618.

VII. Zivilsenat. Urt. v. 26. April 1938 i. S. Firma R. S. (Bekl.) w. Deutsche Reichsbahn (Kl.). VII 14/38.

I. Landgericht Stettin.
II. Oberlandesgericht daselbst.

Die Beklagte hatte für die Klägerin die Ausführung von Gleisoberbauarbeiten auf der Strecke Berlin-Stettin übernommen. Während dieser Arbeiten wurde am 14. November 1934 der von der Beklagten beschäftigte Arbeiter P. von einem Schnellzug überfahren und getötet. Die Tiefbau-Berufsgenossenschaft Berlin-Wilmersdorf zahlt an die Witwe des P. und an sein Kind erster Ehe vom Unfallstage ab eine Rente. Die Klägerin hat der Berufsgenossenschaft die bis zum 1. Februar 1937 an die Witwe P. und einen Teil der bis dahin für das Kind entrichteten Leistungen ersetzt. Die Witwe P. hat in einem anderen Rechtsstreit von der Reichsbahn Ersatz des weiteren Schadens für sich und das Kind des P. verlangt. Dort hatte die Reichsbahn der jetzigen Beklagten den Streit verkündet, und das Oberlandesgericht hat den erhobenen Anspruch zur Hälfte dem Grunde nach für gerechtfertigt erklärt; dementsprechend hat dann das Landgericht die Klägerin zu Leistungen an die Witwe P. verurteilt. Vergleichsweise hat noch die Klägerin an Frau P. für das Kind zur Abgeltung des von der Berufsgenossenschaft nicht gedeckten Schadens einen Betrag gezahlt.

Im vorliegenden Rechtsstreit verlangt die Klägerin von der Beklagten Erstattung von drei Vierteilen des von ihr geleisteten und noch zu leistenden Schadensersatzes. Sie beruft sich dabei auf die zwischen den Parteien getroffenen Vereinbarungen: Din 1961, Allgemeine Vertragsbedingungen für die Ausführung von Bauleistungen § 10, und Din A 4, Besondere Vertragsbedingungen, Zusatz zu § 10. An jener Stelle ist bestimmt, daß die Vertragsparteien gegenseitig für das Verschulden aller Personen, deren sie sich zur Erfüllung ihrer Verbindlichkeiten bedienen, im gleichen Umfange wie für eigenes Verschulden haften sollen (§§ 276 und 278 BGB.). An dieser Stelle heißt es, daß der Auftragnehmer (die Beklagte) für alle Schäden einzustehen hat, welche die von ihm bestellten Personen bei Gelegenheit der Ausführung der Arbeiten an ihrer Person oder an ihren Sachen, insbesondere auch auf dem Wege von und zur Arbeitsstelle, erleiden, es sei denn, daß den Auftraggeber (die Klägerin) ein Verschulden trifft; für Unfälle beim Eisenbahnbetrieb soll „dies" jedoch nur gelten, wenn den Auftragnehmer (die Beklagte) oder einen seiner Angestellten (Geschäftsführer, Aufseher und dgl.) ein Verschulden trifft.

Die Klägerin erklärt sich bereit, ein Viertel des aus dem Tode des P. entstandenen Schadens zu tragen, weil nach dem oben angeführten Urteil des Oberlandesgerichts ihren Aufsichtsposten R. ein gewisser Vorwurf treffe; sie hält aber das ursächliche Verschulden der Beklagten in der Person ihres Schachtmeisters (Vorarbeiters) S., der gegen das unbefugte Überschreiten der Gleise durch P. keine genügende Vorsorge getroffen habe, für überwiegend. So erklärt sich ihr vorerwähntes Klagebegehren.

Das Landgericht hat die Beklagte antragsgemäß verurteilt, an die Klägerin 2038,51 RM. nebst Zinsen zu zahlen, weiter die Klägerin zu befreien von drei Vierteilen sowohl ihrer urteilsmäßigen Zahlungspflicht gegenüber der Witwe P., wie auch der ihr gegenüber der Tiefbau-Berufsgenossenschaft Berlin-Wilmersdorf gemäß § 1542 RVO. obliegenden Zahlungspflicht in näher bezeichneter Höhe.

Die Berufung der Beklagten hiergegen ist zurückgewiesen worden, ebenso ihre Revision.

Gründe:

Die Klägerin begehrt von der Beklagten Erstattung und Verpflichtungsbefreiung zu drei Vierteilen sowohl hinsichtlich des durch die Unfallversicherung des Verunglückten gedeckten Schadens, zu dessen Ersatz sie von der Berufsgenossenschaft herangezogen ist, wie des diese Deckung überschreitenden Schadens, auf dessen Erstattung die Witwe des Getöteten sie im Vorprozeß mit Erfolg (zur Hälfte) in Anspruch genommen hat.

Das Berufungsgericht entnimmt den oben angeführten Vertragsbestimmungen, insbesondere dem § 10 der Besonderen Bedingungen zu § 10 der Allgemeinen Bedingungen, im Einklang mit der Auffassung der Klägerin, daß für den Fall eines gemeinsamen ursächlichen Verschuldens beider Vertragsteile an dem Schaden § 254 BGB. entsprechend anzuwenden sei. Die Vorschrift des § 898 RVO. stehe einer solchen vertraglichen Regelung nicht entgegen.

Schon diese Auslegung (deren Richtigkeit an sich der Nachprüfung des Revisionsgerichts unterliegt, weil es sich unstreitig um sogenannte typische Vertragsbedingungen handelt, deren Anwendung in einer unbestimmten Zahl von Fällen im gesamten Reichsgebiet in Frage kommt) wird von der Revision nach verschiedenen Richtungen hin beanstandet. Ihr Haupteinwand aber gründet sich, entsprechend den Ausführungen der Beklagten in den Vorinstanzen, auf die Rechtslage, die sich aus § 898 RVO. ergebe; danach sei im vorliegenden Falle, wo eine strafgerichtliche Verurteilung der Beklagten wegen vorsätzlicher Herbeiführung des Unfalls nicht in Frage komme, der Witwe und dem Kinde des P. gegenüber eine Verbindlichkeit der Beklagten überhaupt nicht zur Entstehung gelangt (RGZ. Bd. 84 S. 415 [431 flg.], Bd. 153 S. 38 [42, 43]), und eine auf Gesetz beruhende Ausgleichungsmöglichkeit im Sinne des § 426 BGB. habe ebensowenig bestanden, wie ein Rückgriffsanspruch der Berufsgenossenschaft aus § 1542 RVO. zu mindern sei um einen von der Beklagten zur Entschädigung etwa beizusteuernden Betrag (wie noch RGZ. Bd. 134 S. 293 angenommen hatte). Insbesondere habe daher von Anfang an keine Verpflichtung der Beklagten aus § 618 BGB. oder aus irgendeiner anderen gesetzlichen Bestimmung zum Ersatze des der Witwe und dem Kinde des Verunglückten durch dessen Tod entstandenen Schadens bestanden. Die Beklagte habe mangels Vorliegens der einzigen Voraussetzung, unter der dies möglich gewesen wäre (§ 898 RVO. Satz 1 Schlußhalbsatz), von der Witwe und dem Kinde P. überhaupt nicht in Anspruch genommen werden können. Mit jeder Verbindlichkeit der Beklagten gegenüber den Hinterbliebenen des P. entfalle aber auch die Grundlage nicht bloß für einen gesetzlichen Ausgleichungsanspruch der Klägerin, wie das Reichsgericht am angeführten Ort ausgesprochen habe, sondern auch für die vom Berufungsgericht im Wege der Auslegung festgestellte Ausgleichungsvereinbarung. Die Annahme einer solchen widerspreche dem Grundgedanken des § 898 RVO. ebenso wie die vom Reichsgericht abgelehnte Annahme einer gesetzlichen Ausgleichungspflicht.

Es kommt weder auf die Richtigkeit der Vertragsauslegung des Berufungsrichters noch auf die von der Revision weiter erhobenen Bedenken an; vielmehr erweist sich die angefochtene Entscheidung, unabhängig von der vom Berufungsgericht angenommenen vertraglichen Regelung, aus den Vorschriften des bürgerlichen Rechts als zutreffend.

Durch den Werkvertrag, den die Beklagte mit der Klägerin geschlossen hat, übernahm sie als Unternehmerin die Verpflichtung, das Werk so auszuführen, daß die Klägerin als Bestellerin dadurch nicht geschädigt wurde. Wenn sie nun durch Verletzung der ihr nach § 618 BGB. gegenüber den von ihr beschäftigten Personen obliegenden Pflichten die Entstehung von Schadensersatzansprüchen solcher Personen oder ihrer Hinterbliebenen gegen die Klägerin schuldhaft verursacht hat, so hat sie die ihr der Klägerin gegenüber obliegenden Vertragspflichten verletzt und muß dieser den ihr dadurch entstandenen Schaden ersetzen. Trifft die Klägerin an eben diesem Schaden selbst ein ursächlich mitwirkendes Verschulden, so ergibt sich die unmittelbare Anwendung des § 254 BGB. von selbst. Daran ändert sich nichts um deswillen, weil Ansprüche des Verletzten oder seiner Hinterbliebenen gegen die Beklagte im vorliegenden Falle wegen der Vorschrift des § 898 RVO. nicht entstanden sind; denn es handelt sich nicht um ihre Verpflichtung, einen Schaden des Verletzten oder seiner Hinterbliebenen zu ersetzen, sondern um ihre Verpflichtung, einen der Klägerin entstandenen Schaden wieder gutzumachen. Es ist auch nicht so, wie die Revision meint, daß durch die Vorschrift des § 898 RVO. die Verpflichtungen der Beklagten aus § 618 BGB. entfallen wären; davon kann keine Rede sein. Von der Frage, ob von einem Verletzten oder dessen Hinterbliebenen Ansprüche aus einer Verletzung der sich aus § 618 BGB. ergebenden Pflichten gegen die Beklagte erhoben werden konnten, blieb unberührt ihre Verpflichtung aus dieser Bestimmung, alles zu tun, um eine Gefährdung und Verletzung der bei ihr beschäftigten Personen zu verhüten. Die Einhaltung dieser Verpflichtung gehörte aber insofern auch der Klägerin gegenüber zur Vertragspflicht der Beklagten, als der Klägerin durch die Nichteinhaltung der Verpflichtung ein Schaden entstehen konnte. Die Auffassung der Revision, durch die Vorschrift des § 898 RVO. entfalle jede Verantwortlichkeit der Beklagten aus § 618 BGB., ist irrig. Selbst für das Gebiet der Reichsversicherungsordnung trifft sie nicht zu. Keineswegs besteht Sinn und Zweck jener Vorschrift darin, daß in dem in § 898 RVO. vorgesehenen Fall eine Verpflichtung des Unternehmers zum Schadensersatz überhaupt nicht entstehen solle. Das ergibt schon die Vorschrift des § 903 RVO., wonach auch in den Fällen, in denen eine Verpflichtung des Unternehmers gegen den Versicherten oder dessen Hinterbliebene nach § 898 RVO. nicht zur Entstehung kommt, der Unternehmer gleichwohl (und zwar im Falle des Abs. 4 a. a. O. auch ohne strafgerichtliche Feststellung) gewissen Körperschaften ersatzpflichtig sein kann. In diesen und ähnlichen Fällen bleibt es also bei der Verantwortlichkeit des Unternehmers für die Verletzung von Pflichten, die ihm dem Verletzten gegenüber obliegen, wenn er auch diesem selbst oder dessen Hinterbliebenen gegenüber, falls er die Pflichten nicht erfüllt, im Rahmen des § 898 RVO. nicht verpflichtet wird. Der Gesetzgeber läßt dadurch erkennen, daß die Vorschriften der §§ 898 flg. RVO. eine Einschränkung der Vorschriften des allgemeinen bürgerlichen Rechts über die Verpflichtung zum Schadensersatz darstellen, die nicht verallgemeinert werden darf (vgl. Schulte-Holthausen RVO. Unfallvers., Vorbem. zu

§§ 898flg. S. 495). Deshalb kann diese Vorschrift nicht auf die Pflichten selbst einwirken, die dem Unternehmer durch die Vorschrift des § 618 BGB. auferlegt sind. Noch weniger Einfluß kann sie aber äußern auf die aus dem Werkvertrage der Parteien entspringenden gegenseitigen Rechte und Pflichten. Dieser Folgerung stehen nicht etwa die hier getroffenen vertraglichen Vereinbarungen entgegen; das ist auch von der Beklagten nicht geltend gemacht worden. Im Gegenteil ergibt die Vorschrift des § 10 Nr. 1 der Allgemeinen Vertragsbedingungen für die Ausführung von Bauleistungen (Din 1961), daß sich die Verfasser jener Bedingungen im allgemeinen dieser Rechtsgrundsätze bewußt gewesen sind.

Die Feststellung des Berufungsgerichts, daß die Beklagte ihre Pflichten aus § 618 BGB. dem Arbeiter P. gegenüber verletzt habe, ist von der Revision nicht angegriffen. Sie unterliegt auch keinen rechtlichen Bedenken. Damit ergab sich aber aus dem zwischen den Parteien geschlossenen Werkvertrage die dargelegte Vertragsverletzung gegenüber der Klägerin. Die ohnehin im wesentlichen dem Gebiet tatrichterlicher Würdigung angehörige Abwägung des Anteils, den jede der beiden Parteien an der schuldhaften Verursachung des Schadens hat, um dessen Ersatz gestritten wird, ist von der Revision nicht beanstandet und stößt auch nicht auf rechtliche Bedenken.

---

45. 1. Zur Auslegung des § 127 Abs. 1 ZVG.

2. Ist eine Hypothek dadurch, daß das belastete preußische Grundstück infolge der Grenzziehung des Versailler Vertrags zum Teil an Polen fiel, Gesamthypothek an dem preußischen und dem polnischen Grundstück geworden?

BGB. § 1132. Deutsch-polnisches Abkommen, betr. die Überleitung der Rechtspflege, v. 20. September/8. Dezember 1920 (RGBl. S. 2043) § 7 und Anl. § 4 Abs. 3.

V. Zivilsenat. Urt. v. 28. April 1938 i. S. Deutsches Reich (Bekl.) u. B. (Streitgehilfe) w. H. u. F. (Kl.). V 212/37.

I. Landgericht Schneidemühl.
II. Oberlandesgericht Marienwerder.

Auf dem Grundbesitz des Rittergutsbesitzers W. in P. war am 30. April 1918 in Abt. III unter Nr. 25 des Grundbuchs von Z. Bl. 4 eine Darlehnsbriefhypothek von 100000 M. eingetragen worden. Diese Hypothek wurde in vier gleiche Teile zerlegt, über die je ein besonderer Teilhypothekenbrief gebildet wurde. Durch die Grenzziehung des Versailler Vertrags wurde das Grundstück in zwei Stücke zerrissen. Der kleinere Teil verblieb bei dem Deutschen Reiche, während der größere Teil an Polen kam. Eigentümer dieses Teiles wurde später der polnische Staat. Im Februar 1925 wurden die unter polnische Gebietshoheit gelangten Teile des Grundstücks mit den bestehenden Belastungen vom Grundbuchbestand abgeschrieben und nach dem Abgabebande V Bl. 104 übertragen. Der im Gebiet des Deutschen Reiches verbliebene Rest des Grundbesitzes ist im Grundbuch von U. Bl. 5 eingetragen. Bei der dort in Abt. III Nr. 25 eingetragenen Hypothek ist vermerkt, daß die Post zur Mithaft nach dem polnischen Abgabebande V Bl. 104 übertragen sei. Die Mithaft wurde auch auf dem Hypothekenbriefe des Klägers zu 2) vermerkt. Der an Polen gefallene Teil des Grundbesitzes ist in dem Grundbuch von C. Bl. 4 und die Hypothek dort in Abt. III unter Nr. 2 eingetragen. Die Teilbeträge von je 25000 PM. wurden später auf je 5000 GM. aufgewertet. Nach der Aufwertung erwarb die Klägerin zu 1) den dritten und vierten Teilbetrag und der Kläger zu 2) den ersten Teilbetrag durch Abtretung, während der zweite Teilbetrag auf den Major a. D. Freiherrn H. v. G. in A.-W., Freistaat Danzig, überging.

Im Jahre 1931 kam das deutsche Grundstück U. Bl. 5 zur Zwangsversteigerung. Die Hypothek der Kläger fiel dabei, von Zinsen und Kosten abgesehen, aus. Auf Anordnung des Versteigerungsrichters, Amtsgerichtsrats B., wurden die Hypothekenbriefe der Kläger und des Gläubigers Freiherrn H. v. G. unbrauchbar gemacht.

Auf die Vorstellungen der Klägerin zu 1) stellte das Grundbuchamt für diese zwei Ersatzhypothekenbriefe aus. Die späteren Anträge der beiden anderen Hypothekengläubiger auf Herstellung neuer Briefe wurden dagegen abgelehnt. Hiergegen legte der Kläger zu 2) Beschwerde und weitere Beschwerde ein, die jedoch durch Beschlüsse des Landgerichts zu Schn. und des Kammergerichts zurückgewiesen wurden. Das Kammergericht sprach aus, daß zur Herstellung von Ersatzhypothekenbriefen für die nur noch an dem polnischen

Grundstück bestehende Hypothek das polnische Grundbuchamt in K. zuständig sei. Die beiden für die Klägerin zu 1) bereits vom Grundbuchamt in Schl. ausgestellten neuen Briefe wurden alsdann von dem polnischen Grundbuchamt in K. nicht anerkannt.

Um ihre Rechte aus der auf dem polnischen Grundstück C. Bl. 4 eingetragenen Hypothek geltend machen zu können, die inzwischen auf 18000 Zloty aufgewertet worden war, beauftragten die Kläger und der Gläubiger Freiherr H. von G. einen Rechtsanwalt in Schl. mit der Beschaffung neuer Ersatzhypothekenbriefe bei dem polnischen Grundbuchamt in K. Dieser wandte sich zwecks Erledigung seines Auftrages an den polnischen Rechtsanwalt S. in K. Nach längeren Verhandlungen wurden im Jahre 1934 die vier Ersatzteilhypothekenbriefe der Kläger und des Freiherrn H. von G. hergestellt und der Aufwertungsbetrag im Juli 1935 ausgezahlt. Wegen der Kosten dieser Neubeschaffung der Hypothekenbriefe bei dem polnischen Grundbuchamt in K. nehmen die Kläger den Beklagten aus schuldhafter Amtspflichtverletzung des Versteigerungsrichters auf Schadensersatz in Anspruch. Der Beklagte hat dem Amtsgerichtsrat B. den Streit verkündet. Dieser ist dem Beklagten zur Unterstützung im Rechtsstreit als Streitgehilfe beigetreten. Landgericht und Oberlandesgericht haben der Klage teilweise stattgegeben. Die hiergegen von dem Streitgehilfen für den Beklagten eingelegte Revision hatte keinen Erfolg.

Gründe:

Der Ansicht des Berufungsgerichts, daß die von dem Streitgehilfen verfügte Unbrauchbarmachung der Hypothekenbriefe der Kläger rechtlich unzulässig war, ist im Ergebnis beizutreten. Die im § 127 Abs. 1 Satz 1 ZVG. angeordnete Unbrauchbarmachung des Briefes verfolgt den Zweck, daß ein gegenstandslos gewordener Brief aus Gründen der Rechtssicherheit dem Verkehr entzogen werde. Demgemäß hat die Unbrauchbarmachung nur zu erfolgen, wenn das Recht vollständig erloschen ist. Hat dagegen der Brief noch eine Bedeutung für den Rechtsverkehr, so kommt eine Unbrauchbarmachung nicht in Frage, wird vielmehr der vorerwähnte Zweck dadurch erreicht, daß die durch das Zwangsversteigerungsverfahren herbeigeführte Veränderung des Rechts auf dem Briefe vermerkt wird. Im Satz 2 des § 127 Abs. 1 ZVG. ist lediglich der eine Fall ausdrücklich genannt, daß das Recht nur teilweise erlosch. Der Grund und Zweck dieser

Vorschrift trifft aber auch auf die Fälle zu, bei denen von einem teilweisen Erlöschen im eigentlichen Sinne nicht die Rede sein kann. So wird in der Rechtslehre allgemein angenommen, daß die Bestimmung des Satzes 2 des § 127 Abs. 1 auch dann zutrifft, wenn die im Zwangsversteigerungsverfahren erloschene Hypothek eine Gesamthypothek ist, welche noch auf einem anderen nicht versteigerten Grundstück haftet. Das Oberlandesgericht nimmt nun zwar an, daß eine Gesamthypothek im gegebenen Falle nicht vorgelegen habe, da eine solche an einem inländischen und einem ausländischen Grundstück nicht bestehen könne; es entnimmt aber dem deutsch-polnischen Abkommen, betr. die Überleitung der Rechtspflege, vom 20. September/8. Dezember 1920, daß die Bestimmungen über die Gesamthypothek entsprechend anzuwenden seien.

Wenn das Oberlandesgericht sich für seine Ansicht, daß eine Gesamthypothek nicht an einem in- und einem ausländischen Grundstück bestehen könne, auf die Rechtsprechung des Reichsgerichts bezieht, so ist darauf hinzuweisen, daß das Reichsgericht zu dieser Frage, soweit ersichtlich, noch keine Stellung genommen hat. Die im RGRKomm. Anm. 4 zu § 1132 BGB. angeführte Entscheidung in RGZ. Bd. 55 S. 260 [263] läßt die Frage ausdrücklich offen. Dagegen hat das Kammergericht in einer kostenrechtlichen Entscheidung in KGJ. Bd. 39 S. B 45 [47] den Standpunkt vertreten, daß eine der inländischen Gesetzgebung entsprechende Hypothek nur dann vorhanden sei, wenn sie an einem inländischen Grundstück bestehe, und daß daher als Gesamthypothek nur eine solche gelten könne, die an mehreren inländischen Grundstücken bestellt sei. Im Schrifttum hat Jaeckel (ZBlFG. Bd. 4 S. 209) ausgeführt, die Vorschriften über die Gesamthypothek bildeten ein geschlossenes System, das auch im Zwangsversteigerungsverfahren eine seiner materiellen Bedeutung entsprechende Berücksichtigung gefunden habe (§ 50 Abs. 2, §§ 64, 122, 123 ZVG.). Alle diese Vorschriften bedingten und ergänzten sich gegenseitig. Anwendbar seien sie nur in Ansehung der Belastung solcher Grundstücke, die gleicherweise ihrer Geltung unterlägen. Das sei aber nicht der Fall, wenn ein ausländisches Grundstück mitbelastet sei, für dessen Haftung andere Hypothekengrundsätze gälten. Auch von Güthe-Triebel GBO. (Vorbem. 38 vor dem 2. Abschnitt Bd. I S. 204) wird, ebenso wie vom RGRKomm. a. a. O. derselbe Standpunkt vertreten. Planck-Strecker (Anm. 1 a α zu § 1132) und Staudinger (Anm. 10 zu § 1132) nehmen zwar auch an, daß eine eigentliche Gesamthypothek in der Regel nur an mehreren im Inland belegenen Grundstücken bestehen könne; sie fordern aber bei einer Mitbelastung eines ausländischen Grundstücks die entsprechende Anwendung der einen oder anderen Vorschrift des Bürgerlichen Gesetzbuches über die Gesamthypothek.

Im gegebenen Falle liegt nun die Besonderheit vor, daß ursprünglich eine Hypothek an einem deutschen Grundstück bestanden hat, dieses aber durch die Grenzziehung des Versailler Vertrags in zwei selbständige Teile zerlegt worden ist, von denen der eine nunmehr im Auslande liegt. Es widerspricht an sich schon dem Billigkeitsgefühl, daß die bei Teilung eines hypothekarisch belasteten Grundstücks ohne weiteres eintretende Folge des Entstehens einer Gesamthypothek an den Teilgrundstücken hier deshalb nicht eingetreten sein soll, weil der eine Teil durch ein von dem Willen des Gläubigers und des Eigentümers unabhängiges Ereignis an das Ausland gefallen ist. Dazu kommt, daß die Erwägungen, die gegen die Zulässigkeit der Begründung einer Gesamthypothek an in- und ausländischen Grundstücken sprechen, im vorliegenden Falle nicht zutreffen. Denn in dem an Polen gefallenen früheren preußischen Teil sind das Bürgerliche Gesetzbuch, die Grundbuchordnung und das Gesetz über die Zwangsversteigerung und Zwangsverwaltung auch nach dem Übergang an Polen in Geltung geblieben (vgl. Meyer Der poln. Staat, seine Verwaltung und sein Recht S. 41/42; Ruffer Die Rechtsstellung der Deutschen in Polen S. 10; Friese in JW. 1926 S. 446—448). Das polnische Valutagesetz vom 20. November 1919 hat zwar die deutsche Mark beseitigt und an deren Stelle die polnische Mark zum Nennwert gesetzt. Abgesehen jedoch von der Frage, ob die nicht in Polen wohnenden deutschen Gläubiger dieses Gesetz gegen sich gelten lassen müßten (vgl. auch RGZ. Bd. 121 S. 337 [344]), hat es im Ergebnis nur die Wirkung, daß die Summe, für die das in Polen gelegene Grundstück haftet, herabgesetzt wurde; eine andere Wirkung kommt auch der polnischen Aufwertungsverordnung vom 14. Mai 1924 nicht zu. Diese Wirkung ist aber für die Frage des Bestehens einer Gesamthypothek ohne Bedeutung. Denn auch bei einer Gesamthypothek kann der Umfang der Belastung der einzelnen Grundstücke verschieden sein. Es kann ein Grundstück mit der ganzen Forderung, ein anderes nur mit einem Teilbetrag der Forderung belastet sein. Die Gesamthypothek besteht dann nur in Höhe des Teilbetrags, während es sich für den Mehrbetrag um eine Einzelhypothek handelt. Daß das durch das polnische Valutagesetz vom 20. November 1919 gewährte Moratorium dem Charakter der Gesamthypothek nicht entgegensteht, bedarf keiner Ausführung, selbst wenn man annehmen will, daß die vereinbarten Zahlungsbedingungen bei der Gesamthypothek für die einzelnen Grundstücke dieselben sein müssen. In Betracht kommen vor allem aber die Bestimmungen des deutsch-polnischen Abkommens, betr. Überleitung der Rechtspflege, vom 20. September/8. Dezember 1920. Dieses Abkommen, welches durch die Verkündung im Reichsgesetzblatt Reichsgesetz geworden ist, hat nicht nur verwaltungsrechtliche Bedeutung, sondern auch sachlichrechtlichen Inhalt zum Schutze der wohlerworbenen Rechte. Hierzu gehören gerade die Bestimmungen über die im Grundbuch eingetragenen Rechte. Wenn im § 4 Abs. 3 der Anlage vorgesehen ist, daß die Gesamthaft in Abt. II und III sowohl des ursprünglichen wie des Abgabeblattes zu vermerken ist, so ergibt sich hieraus, daß die Hypotheken und Grundschulden auf den durch die Abschreibung entstandenen Teilgrundstücken als Gesamthypotheken und -grundschulden anzusehen sind. Weiter folgt aus § 7 des Abkommens, daß der Hypothekenbrief auch für die an Polen gefallenen Grundstücksteile seine Bedeutung behalten hat. Andernfalls hätte es wegen der Hypotheken- und Grundschuldbriefe besonderer Überleitungsbestimmungen bedurft, wenn nicht eine außerordentliche Rechtsverwirrung in den Grenzgebieten herbeigeführt werden sollte, die dem Grundkredit beiderseits der neuen Grenzen in gleicher Weise abträglich gewesen wäre. Da nach § 62 GBO. Eintragungen, die bei der Hypothek erfolgen, auf dem Hypothekenbriefe zu vermerken sind, so waren die Übertragung nach dem Abgabeband und die Mithaft auf dem Briefe zu vermerken. Nach alledem ist im Einklang mit der Entscheidung des Kammergerichts vom 1. Dezember 1932 anzunehmen, daß es sich bei den Hypotheken der Kläger um Gesamthypotheken gehandelt hat. Das Kammergericht hat sich mit diesem Beschlusse keineswegs, wie der Streitgehilfe meint, mit der oben erwähnten, in KGJ. Bd. 39 S. B 45 veröffentlichten Entscheidung in Widerspruch gesetzt, sondern zutreffend angenommen, daß die Erwägungen der letztgenannten Entscheidung auf die hier vorliegende Sachlage nicht zutreffen.

Die Ausführungen des Oberlandesgerichts, daß der Streitgehilfe durch die Anordnung der Unbrauchbarmachung der Briefe fahrlässig seine Amtspflicht verletzt habe, halten ebenfalls der rechtlichen Nachprüfung stand. Auf die in dem Urteil des III. Zivilsenats des Reichsgerichts vom 9. Juni 1931 (RGZ. Bd. 133 S. 142) enthaltenen Ausführungen kann sich der Streitgehilfe schon deshalb nicht berufen, weil er nach der Feststellung des Oberlandesgerichts die Unbrauchbarmachung nicht aus falschen rechtlichen Erwägungen angeordnet hat, sondern deshalb, weil er den Mithaftungsvermerk im Grundbuch und auf dem Briefe des Klägers zu 2) übersehen hatte. Die von der Revision gegen diese Feststellung erhobenen Verfahrensrügen greifen nicht durch (wird näher ausgeführt). Der Streitgehilfe kann sich auch keineswegs durch den Hinweis auf die Entscheidung des Kammergerichts in KGJ. Bd. 39 S. B 45 entlasten. Wie bereits oben ausgeführt ist, paßt diese Entscheidung gar nicht auf den hier vorliegenden Fall. Der Streitgehilfe hätte vielmehr unter Beachtung der Bestimmungen des deutsch-polnischen Abkommens vom 20. September/8. Dezember 1920 die Rechtslage unter dem Gesichtspunkt des Schutzes von Belangen der deutschen Gläubiger prüfen müssen. Hierzu war er als Richter im Grenzgebiet verpflichtet, zumal er, wie das Oberlandesgericht feststellt, auch noch durch die Gläubiger bei der Übersendung der Briefe auf deren Bedeutung für die Geltendmachung ihrer Rechte an den mithaftenden polnischen Grundstücken ausdrücklich hingewiesen worden war. Gerade dieser Hinweis hätte ihn, auch wenn er mit Arbeit stark in Anspruch genommen war, zu besonderer Vorsicht veranlassen müssen.

Zutreffend hat ferner das Oberlandesgericht eine Verletzung der dem Streitgehilfen den Klägern gegenüber obliegenden Amtspflicht angenommen. Die Hypothekenbriefe verhielten sich, auch soweit die Übertragung nach dem Abgabeband auf ihnen nicht vermerkt war, über den gesamten belasteten Grundbesitz einschließlich des polnisch gewordenen Teils. Sie behielten, wie oben erörtert, ihre Bedeutung für die Hypothek an dem polnischen Grundstück. Da die Vorschrift des § 1154 BGB. in dem von Preußen an Polen übergegangenen Teil in Geltung geblieben war, so hat das Oberlandesgericht mit Recht den Übergang der Hypotheken auf die Kläger durch die schriftliche Abtretungserklärung und Übergabe des deutschen Hypothekenbriefs bejaht. Wenn das polnische Grundbuchamt die Abtretung zunächst nicht anerkannt hat, so entsprach dies nicht dem sachlichen Recht.

Soweit das Oberlandesgericht die Ursächlichkeit der Amtspflichtverletzung des Streitgehilfen für den den Klägern entstandenen Schaden angenommen hat, handelt es sich um eine Entscheidung gemäß § 287 ZPO. Die hierbei vom Berufungsgericht angestellten Erwägungen sind, weil nicht von einem Rechtsfehler beeinflußt, der Nachprüfung in der Revisionsinstanz entzogen.

Nicht beschieden hat das Oberlandesgericht allerdings den von dem Streitgehilfen erhobenen Einwand aus § 254 BGB. Dieser ist jedoch offensichtlich unbegründet. Wie oben ausgeführt, behielten die Hypothekenbriefe ihre Gültigkeit auch für den an Polen gelangten Grundstücksteil. Es kann an sich schon zweifelhaft sein, ob der § 59 Abs. 2 GBO. auf diesen Fall überhaupt zutrifft. Jedenfalls handelt es sich nur um eine Ordnungsvorschrift, die vom Grundbuchamt von Amts wegen zu beachten ist. Den Klägern kann es nicht als Verschulden angerechnet werden, wenn sie bei der Zweifelhaftigkeit der Rechtslage nicht bei dem polnischen Grundbuchamt im Sinne dieser Bestimmung vorstellig geworden sind. Die Eintragung der polnischen Währung und Aufwertung auf ihren Briefen brauchten die Kläger keineswegs von sich aus zu betreiben. Es war ihnen nicht zuzumuten, die durch die polnische Gesetzgebung hervorgerufene Beeinträchtigung ihrer Rechte damit anzuerkennen. Schließlich kann es der Klägerin zu 1) auch nicht als Fahrlässigkeit ausgelegt werden, wenn sie gegen die Nichtanerkennung der Ersatzbriefe durch das polnische Grundbuchamt keine Beschwerde einlegte, zumal das polnische Gericht sich gerade auf die Ausführungen des Beschlusses des Kammergerichts vom 1. Dezember 1932 stützte.

---

46. Kann der Verwalter im Nachlaßkonkurse die Löschung einer Hypothek verlangen, die nach dem Eintritt des Erbfalls auf einem Nachlaßgrundstück im Wege der Zwangsvollstreckung eingetragen worden ist?

KO. § 221.

VII. Zivilsenat. Urt. v. 29. April 1938 i. S. W. als Verwalter im Konkurse über den Nachlaß G. (Kl.) w. Z.-F.er Eisenbahnges. AG. (Bekl.). VII 233/37.

I. Landgericht Berlin.
II. Kammergericht daselbst.

Die Frage ist bejaht worden aus folgenden

Gründen:

Daß der Tatbestand des § 221 KO. gegeben ist, verkennt das Berufungsgericht nicht; es meint aber, diese Bestimmung rechtfertige nicht das Verlangen des Konkursverwalters auf Löschung der Hypothek, sondern gebe ihm nur einen Anspruch auf Eintragung eines Vermerkes im Grundbuch, daß die Hypothek den Konkursgläubigern gegenüber unwirksam sei. Dem kann nicht zugestimmt werden. § 221 KO. nimmt nach seinem Wortlaut einem Gläubiger, der nach dem Erbfall in den Nachlaß vollstreckt hat, zunächst nur das Recht auf abgesonderte Befriedigung auf Grund seiner Vollstreckungsmaßregel. Es handelt sich insoweit nur um eine Verfahrensvorschrift. Es ist aber nicht zweifelhaft, daß diese auch einen sachlich-rechtlichen Gehalt hat. Es hätte keinen Sinn, dem Gläubiger für die Zeit des Konkurses das Recht auf abgesonderte Befriedigung abzusprechen, wenn nicht der Konkursverwalter zugleich das Recht haben sollte, die Sache, in die vollstreckt wurde, ohne Rücksicht auf die dadurch erworbenen Rechte auf abgesonderte Befriedigung in Erfüllung seiner Aufgaben zu verwerten (§ 117 KO.). § 221 KO. schafft also für die Dauer des Konkurses einen Zustand sachlichen Rechts, der im Falle der Verwertung der Sache, in die vollstreckt wurde, ein Dauerzustand wird, im anderen Fall aber nach Beendigung des Konkurses oder Freigabe der Sache endigt, so daß die durch die Vollstreckung erworbenen Rechte wieder in vollem Umfange gelten. Dieser Rechtszustand besteht in der Unwirksamkeit des durch die Vollstreckung erworbenen Rechts auf abgesonderte Befriedigung, d. h., da diese Art der Befriedigung das Wesen des erworbenen Rechts ausmacht, in der Unwirksamkeit des erworbenen Rechts, zunächst für die Dauer des Konkurses, unter Umständen aber auch nach Beendigung des Konkurses. Ob man die zeitlich beschränkte Unwirksamkeit der Rechte, wie sie § 221 KO. ausspricht, in jeder Beziehung als Unwirksamkeit gegenüber allen, aber nur für die Zwecke des Konkurses anzusehen hat, gleich der Unwirksamkeit bei der Bestellung eines dinglichen Rechts durch den Gemeinschuldner nach der Eröffnung des Konkurses gemäß § 7 KO. (RGZ. Bd. 71 S. 38; Mentzel KO. 5. Aufl. § 7 Anm. 3; Jäger KO. 5. Aufl. § 7 Anm. 8), und wie sich die in den §§ 28, 87, 104 der Vergleichsordnung vom

26. Februar 1935 (RGBl. I S. 321) ausgesprochene Unwirksamkeit dazu verhält, mag auf sich beruhen. Auf keinen Fall liegt nur eine derart beschränkte Unwirksamkeit vor, daß, wie das Berufungsgericht meint, die Eintragung eines Vermerks ins Grundbuch über die Unwirksamkeit gegenüber den Konkursgläubigern zur Berichtigung des infolge der Konkurseröffnung unrichtig gewordenen Grundbuchs genügte, daß also eine Art Verfügungsbeschränkung vorläge. Dem Konkursverwalter soll durch § 221 KO. die Möglichkeit einer Verwertung ohne Rücksicht auf die erworbenen Rechte gegeben werden. Es hieße ihn ungebührlich beschränken, wenn man ihm nicht das Recht geben wollte, die Einwilligung zur Löschung einer nach § 221 KO. unwirksamen Zwangshypothek zu verlangen. Kraft seines Amtes hat er die Verwertung der zur Konkursmasse gehörenden Gegenstände vorzunehmen. Will er ein Grundstück verwerten, so kann man ihn nicht darauf verweisen, zunächst darüber zu verfügen und dann erst, nötigenfalls nach einem langwierigen Rechtsstreit, die Löschung der Hypothek herbeizuführen. Die Aussichten auf einen Verkauf würden ungebührlich geschmälert, eine Verwertung oft unmöglich gemacht werden, wenn die Hypothek bei Verkaufsverhandlungen noch im Grundbuche stünde und der Kaufliebhaber nicht wüßte, wie sich der Hypothekengläubiger zu dem Verkaufe stellen werde. Nur in Ausnahmefällen, z. B. wenn eine Zwangshypothek auf ein schon vorher überlastetes Grundstück eingetragen wäre, so daß sie für die Verwertung durch den Konkursverwalter keine Bedeutung hätte, mag ein Anspruch auf ihre Löschung nicht gegeben sein; daß aber ein solcher Fall hier vorläge, ist nicht behauptet worden. Im übrigen muß es dem Konkursverwalter möglich sein, die Löschung der Hypothek zu verlangen (Mentzel KO. 5. Aufl. § 221 Anm. 6). Jäger (KO. 5./6. Aufl. § 221 Anm. 5) äußert sich dazu folgendermaßen: „Beeinträchtigt eine nach § 221 Abs. 1 der Absonderungskraft ermangelnde Zwangshypothek die konkursmäßige Verwertung, so muß der Konkursverwalter zum Zweck der Erfüllung seiner gesetzlichen Aufgabe (§ 117) berechtigt sein, die Löschung zu erwirken. Das Grundbuch ist nun unrichtig." Wenn dies dahin zu verstehen sein sollte, daß der Konkursverwalter erst dann die Löschung verlangen könnte, wenn er einen Kaufliebhaber gefunden oder das Grundstück gar schon verkauft hätte, so könnte dem aus den oben dargelegten Gründen nicht zugestimmt werden. Es ist nicht

anzunehmen, daß der Konkursverwalter die Zwangshypothek löschen ließe, wenn ein Verkauf des Grundstücks nicht oder nicht mehr in Frage kommt. Hatte er sie aber löschen lassen und wurde das Grundstück nicht verkauft, so würde es als seine Amtspflicht anzusehen sein, vor der Beendigung des Konkurses die Wiedereintragung der Hypothek zu veranlassen. Geht man hiervon aus, so sind auch die Belange des Gläubigers gewahrt, die das Berufungsgericht in den Vordergrund seiner Erörterungen stellt.

---

47. 1. Kommt es in den Fällen des § 1173 BGB. für das Erlöschen der Hypothek an den übrigen Grundstücken auf den Beweggrund oder den Zweck der Zahlung an, die der Eigentümer des einen Grundstücks an den Hypothekengläubiger leistet?

2. Hat es in diesen Fällen auf das Erlöschen Einfluß, ob der Zahlende in seiner Eigenschaft als Eigentümer des einen Grundstücks zu handeln gewillt war oder nicht?

V. Zivilsenat. Urt. v. 5. Mai 1938 i. S. Stadtsparkasse R. (Bekl.) w. R.er bäuerlichen Ein- und Verkaufsverein, e. G. m. b. H. (Kl.). V 233/37.

I. Landgericht Köslin.
II. Oberlandesgericht Stettin.

Der Landwirt B. war Eigentümer der Grundstücke R. Bl. 56, 812, 813 und 814. Auf diesen Grundstücken lasteten als Gesamthypotheken eine Reihe von Briefhypotheken, darunter unter Nr. 1, [10] eine auf 1200 GM., unter Nr. 1, [18] eine auf 7300 GM. aufgewertete Kaufgeldhypothek, die beide dem Landwirt P. zustanden und von diesem später an die Pommersche Bank für Landwirtschaft und Gewerbe AG. in St. abgetreten wurden; endlich unter Nr. 1, [21] eine auf 8000 GM. aufgewertete Kaufgeldhypothek, die der Ehefrau Kr. zustand. Der Eigentümer B. war zugleich persönlicher Schuldner der durch diese Hypotheken gesicherten Forderungen. Auf Betreiben der Beklagten, die im Range hinter den vorbezeichneten Belastungen Inhaberin mehrerer Hypotheken war, kamen die Grundstücke im Jahre 1929 zur Zwangsversteigerung mit Ausnahme des Grundstücks Bl. 813. In diesem Verfahren wurden die Gesamthypotheken gemäß § 64 ZVG. auf die drei zu versteigernden Grundstücke in der Weise verteilt, daß auf die Grundstücke Bl. 56 und Bl. 812 zur Nr. 1, [10] 1046,16 RM., zur Nr. 1, [18] 6326,67 RM. und zur Nr. 1, [21] 6797 RM., auf das Grundstück Bl. 814 zur Nr. 1, [10] 153,84 RM., zur Nr. 1, [18] 973,33 RM. und zur Nr. 1, [21] 1203 RM. entfielen. Unter Bestehenbleiben der Hypotheken in dieser Verteilung fand ein Gesamtausgebot der beiden Grundstücke Bl. 56 und Bl. 812 und ein Einzelausgebot des Grundstücks Bl. 814 statt.

Auf das Gesamtausgebot von Bl. 56 und Bl. 812 erhielt am 15. November 1929 die Beklagte den Zuschlag. Die auf diese Grundstücke verteilten Hypotheken blieben bestehen. Die Beklagte selbst fiel mit ihren Ansprüchen in Höhe von mehr als 8000 RM. aus. Sie wurde am 2. Februar 1931 im Grundbuch als Eigentümerin eingetragen. Wie sie behauptet, hatte sie die ersteigerten Grundstücke alsbald an den Landwirt Sch. mit der Abrede verkauft, daß der Käufer die Aufwertungshypotheken P. und Kr. in Anrechnung auf den Kaufpreis übernähme, während sie dagegen verpflichtet sein sollte, dem Käufer im Falle der Kündigung der Hypotheken das zur Ablösung erforderliche Kapital zur Verfügung zu stellen, dergestalt, daß sie alsdann die Hypotheken von den Gläubigern erwürbe. Wie sie in Übereinstimmung mit der Klägerin weiterhin vorträgt, hat sie in den Jahren 1932 bis 1935 die obenbezeichneten, im Zwangsversteigerungsverfahren auf die Grundstücke Bl. 56 und Bl. 812 verteilten Beträge der Hypotheken an die Gläubiger ganz oder teilweise bezahlt und dafür jedenfalls die Hypotheken Nr. 1, [10] und 1, [18] mit den Briefen abgetreten erhalten. An die Gläubigerin Kr. — Hypothek Nr. 1, [21] — hat sie nach der Feststellung des Berufungsgerichts 2000 (richtiger 3000 RM.) zurückgezahlt, wofür sie, wie sie behauptet, eine Teillöschungsbewilligung in gleicher Höhe, nach der Behauptung der Klägerin eine Löschungsbewilligung für den ganzen Betrag der Hypothek erhielt. Dem Berufungsurteil ist nicht mit Sicherheit zu entnehmen, ob die Beklagte auch den Besitz des Hypothekenbriefes über diese Post erlangt hat. Im Grundbuch ist keine der Rechtsänderungen eingetragen worden.

Die Beklagte hat sodann, angeblich weil der Käufer Sch. sich als unfähig zur Erfüllung des Kaufvertrages erwies, durch notarielle Verträge vom 2. Mai und 14. Juli 1934, ergänzt durch eine notarielle Verhandlung vom 5. März 1936, die beiden ersteigerten Grundstücke an die Landwirtin Bön. verkauft. Diese übernahm im Kaufvertrag eine Anzahl von Hypotheken, darunter die obengenannten Hypotheken Nr. 1, ^{10}; 1, ^{18} und 1, ^{21} in Höhe der im Zwangsversteigerungsverfahren den beiden Grundstücken zugeteilten Beträge von 1046,16 RM., 6326,67 RM. und 6797 RM. als Selbst- und Alleinschuldnerin mit den Zinsen vom 14. Juli 1934 ab. Der Restkaufpreis von 15597,21 RM. wurde für die Beklagte auf den beiden Grundstücken hypothekarisch sichergestellt. Die Erwerberin, Witwe Bön., wurde am 12. März 1936 als Eigentümerin im Grundbuch eingetragen.

Das im *Einzelausgebot* versteigerte Grundstück Bl. 814 war im obengenannten Verfahren am 15. November 1929 dem Kaufmann W. zugeschlagen worden. Auch hier blieben die der Beklagten vorgehenden Hypotheken in den zugeteilten Beträgen von 153,84 RM., 943,33 RM. und 1203 RM. bestehen. W. wurde am 2. November 1931 als Eigentümer im Grundbuch eingetragen. Dies Grundstück kam aber im Jahre 1934 erneut zur Zwangsversteigerung. Die Beklagte erhielt nunmehr auch hier den Zuschlag. Die vorbezeichneten Teilhypotheken kamen einschließlich der Zinsen aus dem Versteigerungserlöse voll zur Hebung und wurden im Grundbuch gelöscht.

Für die Klägerin war schon seit dem Jahre 1925 auf dem dem Landwirt B. zu Eigentum verbliebenen Grundstück Bl. 813 in Abt. III unter Nr. 2 eine Darlehnshypothek von 6500 RM. eingetragen, der die eingangs bezeichneten Hypotheken im Range vorgingen. Sie ist der Ansicht, daß infolge Rückzahlung der auf die Grundstücke Bl. 56 und Bl. 812 zugeteilten Teilbeträge der Hypotheken durch die Beklagte sowie infolge der weiteren Befriedigung der Hypothekengläubiger aus dem Versteigerungserlöse des Grundstücks Bl. 814 auch die auf dem nicht mitversteigerten Grundstück Bl. 813 in voller Höhe bestehen gebliebenen, als Gesamthypotheken eingetragenen Belastungen erloschen seien. Unter Einschränkung ihres anfänglich weitergehenden Begehrens hat sie schließlich beantragt, die Beklagte zu verurteilen, in die Löschung der auf dem Grundstück Bl. 813 eingetragenen Hypotheken Nr. 1, ^{10} in Höhe von 1046,16 RM., Nr. 1, ^{18} in Höhe von 6326,67 RM. und Nr. 1, ^{21} in Höhe eines rangletzten Teilbetrags von 3000 RM. zu willigen und die Hypothekenbriefe dem Grundbuchamt vorzulegen.

Die Beklagte ist der Klage aus tatsächlichen und rechtlichen Gründen entgegengetreten.

Das Landgericht hat die Klage abgewiesen, das Oberlandesgericht die Beklagte nach dem beschränkten Klagantrage verurteilt. Die Revision der Beklagten blieb erfolglos.

Aus den Gründen:

Zutreffend geht der Berufungsrichter davon aus, daß die Hypotheken Abt. III Nr. 1, [10]; 1, [18] und 1, [21] auf dem nichtversteigerten Grundstück Bl. 813 auch nach der Versteigerung der drei übrigen Grundstücke in ihrem Verhältnis zu den an diesen Grundstücken bestehen gebliebenen Teilposten weiterhin Gesamthypotheken insoweit blieben, als die Beträge sich deckten. Er knüpft sodann an die Tatsache, daß die Beklagte, nachdem sie kraft Zuschlags im Zwangsversteigerungsverfahren Eigentümerin zweier der für die Hypotheken mithaftenden Grundstücke geworden war, die Gläubigerinnen der Hypotheken Nr. 1, [10] und 1, [18] in voller Höhe, die Gläubigerin der Hypothek Nr. 1, [21] in Höhe von 3000 RM. abfand, die dem § 1173 BGB. entnommene Rechtsfolge, daß diese Hypotheken in Höhe der geleisteten Zahlungen an dem nicht versteigerten Grundstück erloschen und von der Beklagten nur an den von ihr ersteigerten Grundstücken erworben worden seien; gleichzeitig verneint er einen Ersatzanspruch der Beklagten wegen der bewirkten Leistungen gegen den Eigentümer des nicht versteigerten Grundstücks, B. Das Berufungsgericht nimmt an, daß die Beklagte mit ihren Zahlungen eine „Befriedigung" der Forderungsberechtigten, also eine Tilgung der persönlichen Ansprüche im Umfang ihrer Aufwendungen vorgenommen habe. Es ist der Ansicht, daß es für die Anwendbarkeit des § 1173 BGB. unerheblich sei, aus welchen Gründen der Eigentümer den Hypothekengläubiger befriedige. Der Gesetzgeber habe die Rechtswirkung des Erlöschens der Hypothek auf den mithaftenden Grundstücken ohne Rücksicht auf den Beweggrund der Zahlung nur davon abhängig gemacht, ob derjenige, der die Gläubiger befriedige, Eigentümer des anderen Grundstücks sei. Aus diesem Grunde läßt das Berufungsgericht es dahingestellt, aus welchem wirtschaftlichen Anlaß die Beklagte die Gläubiger befriedigt habe, und deshalb hält es auch für bedeutungslos, ob der Beklagten die Hypotheken abgetreten worden sind oder ob sie, wie etwa im Falle der Rückzahlung an die Gläubigerin Kr., eine Löschungsbewilligung erhalten hat.

Die Revision rügt Verletzung des materiellen und prozessualen Rechts, insbesondere des § 1173 BGB. und des § 286 ZPO. Unter Berufung auf eine Entscheidung des Reichsgerichts in RGZ. Bd. 81 S. 82flg. beanstandet sie die Auffassung des Vorderrichters, daß es unerheblich sei, zu welchem Zwecke die Zahlung an die Gläubiger erfolgt sei. Eine „Befriedigung" im Sinne des § 1173 Abs. 1 BGB. liege, so führt sie aus, nur dann vor, wenn der Zweck der Zahlung der sei, die Hypothekenforderung zu tilgen, nicht etwa sie zu erwerben. Gerade dies aber sei von der Beklagten behauptet worden. Fernerhin liege die Bedeutung und Wirkung des § 1173 BGB. darin, daß der „Eigentümer" eines mit einer Gesamthypothek belasteten Grundstücks den Gläubiger befriedige. Es komme also darauf an, ob die Beklagte in ihrer Eigenschaft als Eigentümerin der Grundstücke Bl. 56 und Bl. 812 die Zahlungen vorgenommen habe. In dieser Hinsicht aber sei es von Belang, daß die Beklagte vorgetragen habe, nicht in ihrer Eigenschaft als Grundstückseigentümerin, sondern auf Grund einer mit dem Käufer Sch. getroffenen Vereinbarung die Zahlungen an die Hypothekengläubiger geleistet zu haben. Wenn das Berufungsgericht der Ansicht Ausdruck gebe, daß dieser Umstand unerheblich sei, weil die Beklagte im Augenblick der Geldzahlungen an die Hypothekengläubiger noch Eigentümerin der Grundstücke gewesen sei, und daß *diese* Tatsache ohne Rücksicht auf den Beweggrund und den wirtschaftlichen Anlaß der Zahlungen den Ausschlag gebe, so trete auch hierin wieder eine Verkennung der rechtlichen Bedeutung des § 1173 BGB. zutage. Die Auffassung des Berufungsgerichts widerspreche dem Wortlaut der Vorschrift und der Tatsache, daß der § 1173 als Ausnahme von der Regel des § 1172 das. eng auszulegen sei. Sie führe zu wirtschaftlich unerwünschten Folgen und in Fällen der hier in Frage kommenden Art zu einer nicht zu billigenden Beschränkung der wirtschaftlichen Entschließungsfreiheit des Grundstückseigentümers.

Diesen Ausführungen kann nicht beigetreten werden.

Das Berufungsgericht beachtet allerdings nicht, daß die Beklagte geltend gemacht hatte, sie habe die Zahlungen an die Hypothekengläubiger nicht geleistet, um deren Forderungen an den Schuldner B. zu tilgen, sondern um die Hypotheken mit den Forderungen zu erwerben. Und weiterhin, sie habe die Hypotheken auch abgetreten erhalten, im Falle Kr. eine Teillöschungsbewilligung bekommen. Das Berufungsgericht wäre aber zu dem von ihm gefundenen Ergebnis — dem Erlöschen der Gesamthypotheken an dem nicht versteigerten Grundstück — auch dann gelangt, wenn es diesen Sachvortrag beachtet hätte. Denn bei Unterstellung seiner Richtigkeit hätte es feststellen müssen, daß das Erlöschen nach Maßgabe der ersten Möglichkeit des § 1173 Abs. 1 Satz 2 eingetreten sei. Und wenn vollends anzunehmen wäre, daß die Beklagte auf Grund des § 53 ZVG. in Verbindung mit § 416 BGB. persönliche Schuldnerin der Hypothekenforderungen an Stelle des persönlich haftenden Vollstreckungsschuldners B. geworden sei, dann hätte es dahin erkennen müssen, daß die Zahlungen an die Hypothekengläubiger das Erlöschen der Gesamthypotheken an dem nicht versteigerten Grundstück nach Maßgabe der zweiten Möglichkeit des Abs. 1 Satz 2 zur Folge gehabt hätten. Die Rüge der Revision ist mithin gegenstandslos.

Der Gesetzgeber hat in § 1173 Abs. 1 drei verschiedene Tatbestände geregelt, deren Eintritt das Erlöschen der Gesamthypotheken an den anderen Grundstücken zur Rechtsfolge haben soll. Keiner dieser Tatbestände ist ein Anwendungsfall des anderen. Aber jeder von ihnen soll nach dem Willen des Gesetzgebers hinsichtlich des Fortbestandes der Gesamthypothek dieselbe Rechtsfolge haben. Gerade aus dieser Gleichstellung erhellt, daß der wirtschaftliche Anlaß und Beweggrund der Zahlung des Eigentümers der Rechtsfolge des Erlöschens der Hypothek an den übrigen Grundstücken in keinem Fall im Wege stehen soll. Insofern ist also dem Berufungsgericht jedenfalls im Ergebnis beizutreten. Der Beweggrund und Zweck der Zahlung könnte im einzelnen Fall nur insofern von Bedeutung sein, als es sich um die Frage handelte, ob der Eigentümer durch seine Zahlung gemäß § 1163 Abs. 1 Satz 2, § 1177 Abs. 1 BGB. eine Grundschuld oder gemäß § 1143 Abs. 1 und 2, §§ 1173, 1176, 1177 Abs. 2 das. eine forderungsbekleidete Eigentümerhypothek an seinem Grundstück erworben habe. Diese Frage steht jedoch hier nicht zur Entscheidung.

Hat im vorliegenden Fall eine Übertragung der Hypotheken mit den Forderungen auf die zahlende Eigentümerin stattgefunden, dann hat dies nach der zwingenden Vorschrift des Gesetzes dieselbe Wirkung gehabt wie eine „Befriedigung" der Gläubiger. Ist es dagegen, was für den nicht ganz geklärten Fall der Gläubigerin Kr. zutreffen könnte, zu einer Übertragung des Gläubigerrechts nicht gekommen, ist es vielmehr ohne Entlassung der Grundstücke der Beklagten aus der Mithaft für die Gesamthypothek bei der Abfindung des Hypothekengläubigers verblieben, dann hat der Tatbestand der Tilgung der Schuld, also der Befriedigung des Hypothekengläubigers im Sinne des § 1173 Abs. 1 Satz 1 als erfüllt zu gelten, aus dem allein der Berufungsrichter das Erlöschen der Gesamthypotheken an dem nicht versteigerten, nach wie vor im Eigentume des Schuldners B. verbliebenen Grundstück herleitet.

Schon diese Erwägungen zeigen, daß der Eintritt der Rechtsfolgen des § 1173 Abs. 1 BGB. im gegebenen Falle auch nicht dadurch bedingt sein kann, daß der Eigentümer mit dem Willen handelte, als Eigentümer zu zahlen. Spielen im Rahmen der durch diese Vorschrift geregelten Tatbestände Anlaß und Beweggrund der rechtsgeschäftlichen Maßnahmen des Eigentümers für das Schicksal der Hypothek an den übrigen Grundstücken keine Rolle, dann ist es auch unerheblich, ob der Eigentümer bei seiner rechtsgeschäftlichen Maßnahme sich seiner Eigenschaft als Eigentümer bewußt ist oder ob er gar den Willen hat, dem Gläubiger gegenüber für die betreffende Maßnahme als Nichteigentümer zu gelten. Das würde bedeuten, daß über das Erlöschen der Hypotheken an den übrigen Grundstücken in den Fällen des § 1173 Abs. 1 der Wille des Eigentümers entschiede. Dies kann nicht der Sinn der Vorschrift sein.

Die Regelung, daß in den im § 1173 Abs. 1 BGB. bezeichneten Fällen der die Hypothekengläubiger abfindende Eigentümer eines der mit einer Gesamthypothek belasteten Grundstücke beim Fehlen eines Ersatzanspruchs gegen den oder die Eigentümer der übrigen Grundstücke nur die Hypothek an seinem Grundstück erwirbt, während sie an den übrigen erlischt, hat ihren guten Grund. Es sollte verhindert werden, daß der die Gesamthypothekengläubiger abfindende Eigentümer die Hypothek auf seinem Grundstück löschen ließe und an einem der anderen Grundstücke mit der Folge geltend machte, daß, wenn er von dem Eigentümer dieses Grundstücks befriedigt würde, der Vorgang sich entsprechend wiederholen und so schließlich der Erfolg eintreten könnte, daß der zuletzt belangte Eigentümer den ganzen Betrag der Gesamthypothek zahlen müßte (vgl. Planck zu § 1173 Anm. 1). Die Regelung des § 1173 BGB. bezweckt also den

Schutz der übrigen Eigentümer. Sie würde aber diesen ihren Zweck verfehlen, wenn die Auffassung der Revision von der rechtlichen Bedeutung der Vorschrift zuträfe.

Die Revision kann sich zur Stütze ihrer Auffassung auch nicht auf die Entscheidung des erkennenden Senats RGZ. Bd. 81 S. 82 flg. berufen. Diese Entscheidung betraf einen Fall, der ganz anders lag. Denn dort war der Ersteigerer eines der mit einer Gesamthypothek belasteten Grundstücke oder eines Teilstücks davon in dem Zeitpunkt, in dem er die Hypothek an den übrigen Grundstücken auf Grund Abtretungsvertrages mit später nachfolgender Übergabe des Hypothekenbriefes erwarb, nicht mehr Eigentümer des ersteigerten Grundstücks gewesen, da er es zwischen der Abgabe der Abtretungserklärung und der Übergabe des Hypothekenbriefs weiter veräußert und an den dritten Erwerber aufgelassen hatte (vgl. S. 85 das.). Weiter kommt hinzu, daß in jenem Falle der Gesamthypothekengläubiger gleichzeitig mit der Abgabe der Abtretungserklärung Zug um Zug gegen Zahlung des Abtretungsentgelts das von dem Zahlenden ersteigerte Grundstück aus der Pfandhaft entlassen hatte. Dort hat der damals erkennende Senat gegenüber der Auffassung des Vorderrichters, daß auf den festgestellten Sachverhalt der § 1173 Abs. 1 Satz 1 zur Anwendung gelangen müsse, allerdings ausgeführt, es komme auf den Zweck der Zahlung an; der Ansicht des Berufungsgerichts stehe entgegen, daß gezahlt worden sei: nicht, um die Hypothekenforderung zu tilgen, sondern um sie, und zwar nach Enthaftung der von dem zahlenden Ersteigerer erstandenen Grundstückshälfte, zu erwerben. Für den damals zur Entscheidung stehenden Fall traf der Satz, daß es auf den Zweck der Zahlung ankomme, in dem dort gegebenen Zusammenhang ohne Zweifel zu. Der Satz läßt sich aber nicht — losgelöst von dem damaligen Sachverhalt — verallgemeinern und auf einen Fall wie den hier vorliegenden anwenden. Sollte das Erläuterungsbuch von Staudinger-Kober in der Anm. 3 zu § 1173 (10. Aufl. S. 1317/18) mit der Bezugnahme auf jene Entscheidung im 81. Bande eine andere Ansicht vertreten, so könnte ihm darin nicht gefolgt werden.

Die Entscheidung des Berufungsgerichts läßt auch insoweit keinen Rechtsirrtum erkennen, als sie einen Ersatzanspruch der Beklagten gegen den Eigentümer des nichtversteigerten Grundstücks Bl. 813, B., verneint und infolgedessen zu dem Ergebnis gelangt, daß die auf diesem Grundstück eingetragenen Hypotheken Nr. 1, 10; 1, 18 und 1, 21 in Höhe der von der Beklagten an die Gläubigerinnen geleisteten Zahlungen erloschen seien, das Grundbuch also insoweit unrichtig geworden sei und demgemäß die Klägerin als nachstehende, zu der Beklagten in keinem Haftungsverhältnis stehende Hypothekengläubigerin von dieser nach § 894 BGB. die Zustimmung zur Löschung der Hypotheken in dem beantragten Umfange sowie die Einreichung der Hypothekenbriefe an das Grundbuchamt zum Zwecke der Grundbuchberichtigung verlangen könne.

Wenn das Berufungsgericht in diesem Sinn entschieden hat, so ist das auch vom wirtschaftlichen Standpunkt aus zu billigen. Die Beklagte erhielt als Ersteherin der Grundstücke Bl. 56 und Bl. 812 im Umfange der an diesen Grundstücken als Teil des geringsten Gebotes bestehenbleibenden Hypotheken, um deren Betrag sich ihre Barzahlungspflicht verringerte, den Gegenwert in der Substanz der Grundstücke. Als Ersteherin der beiden Grundstücke war ihr nach der Feststellung des Berufungsgerichts gemäß § 53 ZVG., § 415 Abs. 3 BGB. dem persönlich haftenden Vollstreckungsschuldner B. gegenüber die Verpflichtung zur Befriedigung der Hypothekengläubiger erwachsen. Dieser Verpflichtung entledigte sie sich, wenn sie die Hypothekengläubiger abfand. Damit verblieb ihr der Substanzwert der ersteigerten Grundstücke endgültig. Die Möglichkeit, darüber hinaus die Hypotheken als Gesamthypotheken zu erwerben und sie gegen den Eigentümer des ursprünglich mitverhafteten, nicht mitversteigerten Grundstücks Bl. 813 geltendzumachen, hätte ihr einen Vorteil verschafft, der wirtschaftlich nicht zu rechtfertigen gewesen wäre.

---

48. 1. Kann der Notweg über ein Nachbargrundstück nur in Höhe des Erdbodens beansprucht werden?

2. Wird das Recht auf den Notweg durch das Bestehen einer schuldrechtlichen Gebrauchsbefugnis (Miete) ausgeschlossen?

3. Kann ein Notwegrecht auch dann entstehen, wenn von zwei einheitlich eingerichteten, aber rechtlich selbständigen Grundstücken das eine durch Zwangsversteigerung in fremde Hand gelangt?

BGB. §§ 917, 918.

V. Zivilsenat. Urt. v. 5. Mai 1938 i. S. S. Bank (Kl.) w. Frau L. (Bekl.). V 241/37.

I. Landgericht Frankfurt a. M.
II. Oberlandesgericht daselbst.

Die Klägerin betreibt auf ihrem Eckgrundstück von 9,13 ar an der Stift- und Kellerstraße in W. eine Großgarage. Drei sich südwestlich anschließende Grundstücke von nur 3,69 ar Gesamtgröße stehen im Eigentum der Beklagten. Beide Parteien haben ihre Grundstücke aus Zwangsversteigerungen erworben. Mit der Klage begehrt die Klägerin, daß die Beklagte das Ein- und Ausfahren von Kraftwagen über ihre Grundstücke in die Garagenhallen der Klägerin dulde. Zur Begründung hat sie vorgetragen: Eigentümer aller vier Grundstücke sei früher ein Kaufmann S. gewesen, der darauf einen einheitlichen Garagenbetrieb eingerichtet habe. Bei dieser einheitlichen Benutzung sei es auch nach dem Auseinanderfallen des Eigentums — Ende 1930 — geblieben; denn ihr (der Klägerin) Angestellter D., durch den sie das Unternehmen betreibe, habe mit dem Mieter der Beklagten einen Vertrag geschlossen, laut dessen er deren Anwesen für die Zwecke der Garage benutzen dürfe. In Wirklichkeit bestehe aber zugunsten ihres Grundstücks ein Notwegrecht, das mit der Klage geltend gemacht werde.

Die örtlichen Verhältnisse stellt das Oberlandesgericht dahin fest: Im Erdgeschoß der auf dem Grundstücke der Klägerin stehenden Großgarage befinde sich eine Tankstelle. Im ersten Obergeschoß lägen eine große Garagenhalle und zwei nach oben führende Treppenhäuser. Das zweite Obergeschoß enthalte neben einer weiteren Garagenhalle mehrere Wohnungen. Dann folgten Bodenräume. Die Kellerstraße steige von der Stiftstraße ziemlich steil nach Südwesten an. Oben münde die Weilstraße ein, die aus noch größerer Höhe komme und dort (im Südosten des Gesamtanwesens) mit dem Boden der Halle im zweiten Geschoß der Großgarage sowie mit dem Betondach einer kleinen, auf dem Grundbesitz der Beklagten erbauten Garagenhalle in gleicher Höhe liege. Daher fahre man von der Weilstraße aus über das vorerwähnte Betondach in die dort zu öffnende Halle im zweiten Obergeschoß des Gebäudes der Klägerin. Umgekehrt gehe die Ausfahrt daraus. Auch die große Halle im ersten Obergeschoß habe ursprünglich nur e i n e Verbindung mit der Straße — der Kellerstraße — gehabt; von dieser fahre man nämlich auf das

Anwesen der Beklagten und dann durch die kleine Halle daselbst hindurch, die eine Öffnung nach der Halle der Klägerin habe. Später sei eine zweite Verbindung dieser großen unteren Halle zur Kellerstraße geschaffen worden, die aus der Halle unmittelbar zur Straße führe.

Die Klägerin hatte geltend gemacht, diese neue Ein- und Ausfahrt in die untere Halle genüge den Anforderungen sicheren Verkehrs nicht, sodaß zwei Einfahrten notwendig seien. Die obere Halle aber könne nur auf dem Wege über das Betondach der kleinen Garage der Beklagten erreicht werden; denn mit ganz erheblichen Kosten einen Aufzug zu errichten, könne ihr (Klägerin) nicht zugemutet werden. Das Recht auf den Notweg ergebe sich aus § 917, § 918 Abs. 2 BGB. Das Bauwerk der Beklagten sei nur eine Ergänzung und ein Bestandteil des Gebäudes der Klägerin, das insoweit auf das Nachbaranwesen übergreife, und sei für ihre Großgarage lebensnotwendig.

Die Klage war in den Vorinstanzen abgewiesen worden. Die Revision der Klägerin hatte nur wegen der Verbindung zum zweiten Obergeschoß ihrer Garagenhalle dahin Erfolg, daß die Sache an das Berufungsgericht zurückverwiesen wurde.

Aus den Gründen:

Das Berufungsgericht hat ausgeführt:

Der Tatbestand des § 917 BGB. sei nicht gegeben. Das erste Obergeschoß des Garagengebäudes der Klägerin stehe in unmittelbarer Verbindung mit der Kellerstraße durch die neu eingerichtete — ausreichende und auch verbesserungsfähige — Einfahrt. Beim zweiten Obergeschoß könne dahingestellt bleiben, ob der Einbau eines Aufzugs zu hohe Kosten erfordern würde; denn hier fehle die andere Voraussetzung des § 917, die ordnungsmäßige Benutzung. Auch verstehe das Gesetz unter Notweg nur eine Verbindung „über die natürliche Grundstücksoberfläche", nicht auch über Bauwerke. Ferner sei das zweite Obergeschoß von vornherein nicht ausschließlich für eine Benutzung als Garage vorgesehen gewesen, der vordere Teil werde zu Wohnungen verwendet; der Klägerin sei, wenn sie einen Aufzug nicht einbauen könne oder wolle, zuzumuten, das zweite Obergeschoß ganz für andere Zwecke als für die Garage zu verwenden. Zudem habe sie das Anwesen der Beklagten kraft Mietvertrags in Besitz und könne es, so wie mit der Klage beansprucht, ohnedies befahren. Ein Überbau im Sinne des § 912 BGB. liege nicht vor, da die Gebäude unstreitig zu einer Zeit erbaut seien, als die Grundstücke demselben Eigentümer gehörten. Schikane (§ 226 BGB.) lasse sich der Beklagten nicht vorwerfen.

1. (Dem Berufungsgericht wird zunächst beigetreten in der Versagung des Anspruchs auf eine zweite Einfahrt zum ersten Obergeschoß der Garage der Klägerin. Sodann wird weiter dargelegt:)

2. Der Garage im zweiten Obergeschoß als solcher fehlt die unmittelbare (kein fremdes Grundstück benutzende) Verbindung mit der Straße; nach dem vom Berufungsgericht zugrunde gelegten Sachverhalt läßt sich eine solche Verbindung auch nicht durch Benutzung anderer Grundstücke auf anderem Wege als bisher, sondern nur durch Einbau eines Aufzugs vom ersten zum zweiten Obergeschoß schaffen. In der Revisionsinstanz muß unterstellt werden, daß dieser Einbau so unverhältnismäßig kostspielig wäre, daß die Wirtschaftlichkeit der Garagenanlage unterbunden würde. Wäre dem aber so, dann fehlte dem zweiten Obergeschoß für die Zwecke der Benutzung als Garagenhalle die erforderliche unmittelbare, fremde Grundstücke vermeidende Verbindung zu einem öffentlichen Wege, so daß die Beschaffung eines „Notwegs" in Frage käme.

a) Dem darauf gerichteten Anspruch hält das Berufungsgericht entgegen, der Besitz kraft Mietvertrags biete der Klägerin die Möglichkeit zur gewünschten Fahrbenutzung. Die Revision hält das für rechtsirrig, weil dem Grundstücke die Verbindung auch dann fehle, wenn sein Eigentümer auf Grund nur schuldrechtlichen Vertrags den Weg benutzen könne. Dem ist, auch wenn man den Notweganspruch nur durch eine *sichere* Verbindung als beseitigt ansieht (vgl. JW. 1925 S. 474 Nr. 18), in dieser Allgemeinheit nicht beizutreten. Es lassen sich sehr wohl Verträge schuldrechtlicher Art denken, durch die der Eigentümer ebenso wie durch ein dingliches Recht ausreichend gesichert ist, sodaß für ihn während der Vertragszeit keine Wege-Notlage mehr angenommen werden darf. Der bislang vorgelegte Mietvertrag aber gewährt eine solche Sicherheit nicht; er ist kurzfristig zu jedem Monatsende kündbar, nicht mit der Beklagten, sondern deren Mieter geschlossen und an mancherlei Bedingungen geknüpft, die bislang nicht geklärt worden sind. Nach dem Vortrag der Klägerin könnte es scheinen, als ob nicht mehr der vorgelegte, sondern eine neuer Vertrag gelte. Ob dieser, wie die Klägerin meint, wegen Wuchers nichtig ist, was von Amts wegen zu prüfen wäre, läßt sich zur Zeit nicht übersehen. Die bisherige Begründung im angefochtenen Urteile reicht also nicht aus, die Klage schon wegen des Mietbesitzes der Klägerin abzuweisen.

b) Nicht zu billigen ist auch die Ansicht des Berufungsgerichts, ein Notweg könne nur über den Grund und Boden selbst führen. In gebirgigen Gegenden, unter Umständen aber auch sonst (vgl. RG. im Recht 1914 Rspr. Nr. 211), kann es vorkommen, daß ein Notweg oberhalb des Bodens oder unter ihm der einfachste, zweckmäßigste und auch für den Verpflichteten günstigste ist.

c) Nicht genügend geklärt erscheint bislang die Frage, ob sich aus der Art der Benutzung des Grundstücks der Klägerin Gründe gegen den Notweganspruch ergeben. Es läßt sich nicht mit dem Berufungsgericht der Rechtssatz aufstellen, die Benutzung von oberen Stockwerken eines Gebäudes als Garage könne nur dann als ordnungsmäßig angesehen werden, wenn im Gebäude von vornherein die dafür erforderlichen Anlagen vorhanden seien oder ohne Inanspruchnahme von Nachbargrundstücken eingebaut werden könnten. Nur aus der Betrachtung des Einzelfalls kann über die im wesentlichen wirtschaftliche Frage der ordnungsmäßigen Benutzung befunden werden. Nach dem Vortrag der Parteien liegt aber hier der Fall so, daß das zweite Obergeschoß von vornherein seine Fahrverbindung zur Weilstraße über ein damals im selben Eigentum stehendes Grundstück besaß, fremdes Eigentum also nicht in Anspruch genommen wurde. In technisch-wirtschaftlich günstiger Weise hatte danach der Eigentümer des Gesamtanwesens, statt etwa eine Brücke zur Weilstraße zu bauen, durch den einen Bau der kleinen Garage auf der anstoßenden Parzelle zwei Zwecke erreicht, den Fahrweg zum zweiten Obergeschoß und einen neuen Garagenraum mit Durchfahrt zum ersten Geschoß. Die Ordnungsmäßigkeit dieser Benutzung des Gesamtanwesens durch den Eigentümer kann nicht etwa aus dem Grunde verneint werden, weil er es unterlassen habe, im Wege des § 890 BGB. die vier Grundstücke rechtlich zu vereinigen oder die kleinen dem großen als Bestandteil zuschreiben zu lassen. War aber die Ordnungsmäßigkeit einmal gegeben, so widerspricht es dem Sinn von § 918 Abs. 2 BGB., sie dann zu verneinen, wenn eines der Anwesen an einen andern — hier im ebenso zu bewertenden Wege der Zwangsversteigerung — veräußert wird. Dem grundsätzlich gegenteiligen Standpunkt der beiden Instanzgerichte kann nicht beigetreten werden.

Auch bei Anwendung des § 918 Abs. 2 BGB. bleibt Voraussetzung, daß eine Wegenotlage besteht, daß also ein Notweg erforderlich ist. Dies wäre aber, wie das Berufungsgericht schon zum ersten Obergeschoß ausgeführt hat, zu verneinen, wenn der Eigentümer durch eigene zumutbare, keine unverhältnismäßig hohen Kosten verursachende Maßnahmen Abhilfe schaffen könnte, wodurch er sich ja auch die Notwegvergütungen ersparte. Diese Prüfung für den Einbau eines Aufzugs vorzunehmen, muß dem Oberlandesgericht überlassen werden. Im Zusammenhang damit wird auch zu erörtern sein, wie groß der obere Garagenraum im Verhältnis zu den — nach Zahl und Bedeutung zu ermittelnden — Wohnungen und andererseits zu den übrigen Großgarageeinrichtungen ist, sowie ob ein Aufgeben der teilweisen Benutzung des zweiten Obergeschosses zu Garagezwecken wirtschaftlich tragbar und nach Lage der Umstände zumutbar ist.

3. (Es folgen Ausführungen über das Nichtzutreffen der §§ 226, 826 BGB. usw.)

---

49. Ist eine Wundinfektion, bei welcher der Ansteckungsstoff durch eine Unfallverletzung in den Körper gelangt ist, auch dann ein Versicherungsfall nach § 2 II 1b der Allgemeinen Versicherungsbedingungen für die Einzel-Unfallversicherung, wenn die Unfallverletzung aus der Zeit vor Beginn der Versicherung stammt?

Gesetz über den Versicherungsvertrag vom 30. Mai 1908 (RGBl. S. 263) — VVG. — § 179.

VII. Zivilsenat. Urt. v. 10. Mai 1938 i. S. P. (Kl.) w. M.er Lebensversicherungsgesellschaft (Bekl.). VII 51/38.

I. Landgericht Magdeburg.
II. Oberlandesgericht Naumburg a. S.

Am 12. Januar 1936 ist der praktische Arzt Dr. P. im Landeskrankenhause zu G. verstorben. Er war bei der Beklagten gegen Unfall versichert, und zwar bis zum 1. Oktober 1935 nur für den Fall dauernder oder vorübergehender Arbeitsunfähigkeit, vom 1. Oktober 1935 bis zum 1. Oktober 1936 auch für den Todesfall, in diesem Falle mit einer Summe von 50000 RM. Als Bezugsberechtigter war der Kläger, ein Neffe des Versicherten, bezeichnet. Der Kläger teilte der Beklagten am 16. Januar 1936 telegraphisch den Tod des Versicherten mit und erhob Ansprüche auf die Versicherungssumme. Am nächsten Tage wiederholte er beides schriftlich. Durch Schreiben vom 29. Januar 1936 lehnte die Beklagte die Zahlung der Versicherungssumme ab.

Der Kläger behauptet, der Versicherte sei an einer Halsphlegmone gestorben, und diese sei durch Eitererreger hervorgerufen, die bei der Behandlung von furunkelkranken Patienten durch eine Wunde in den Körper des Verstorbenen eingedrungen seien. Er verlangt die Versicherungssumme von 50000 RM. nebst 4% Zinsen seit dem 29. Januar 1936 und beruft sich auf zwei Bestimmungen des Versicherungsvertrages. Nach § 2 II 1b der Allgemeinen Versicherungsbedingungen (AVB.) gelten als Unfälle auch „Wundinfektionen, bei denen der Ansteckungsstoff durch eine Unfallverletzung in den Körper gelangt ist", und nach einer besonderen Bedingung sind in die Versicherung „alle in Ausübung der versicherten Berufstätigkeit entstandenen Infektionen eingeschlossen, bei denen aus der Krankengeschichte hervorgeht, daß die Krankheitserreger durch einen Defekt der äußeren Haut (gleichviel wie dieser entstanden sein mag) ... in den Körper gelangt sind". Der Kläger erachtet die Voraussetzungen beider Vorschriften für gegeben. Die Beklagte hat dies bestritten.

Landgericht und Oberlandesgericht haben die Klage abgewiesen. Die Revision des Klägers führte zur Aufhebung und Zurückverweisung.

Gründe:

Das Oberlandesgericht meint, die Infektion der Wunde des Versicherten, Dr. P., die seinen Tod zur Folge hatte, sei keine Wundinfektion der in § 2 II 1b AVB. bezeichneten Art gewesen, stelle also keinen Versicherungsfall dar, weil die Unfallverletzung, die das Eindringen des Ansteckungsstoffes in den Körper des Versicherten ermöglicht und damit die Infektion herbeigeführt habe, aus der Zeit vor dem Beginn der Unfallversicherung stamme, aus welcher der Kläger seine Ansprüche herleite, sie auch allein herleiten könne. Diese Auslegung der erwähnten Vertragsbestimmung beruht auf dem Gedanken, daß ein Versicherungsfall nach § 2 II 1b AVB. nur dann vorliege, wenn auch die dort erforderte Unfallverletzung ein unter die Versicherung fallender Unfall sei. Da die Auslegung allgemeine, zweifellos als typisch anzusehende Versicherungsbedingungen zum Gegenstande hat, so unterliegt sie der freien Nachprüfung durch das Revisionsgericht. Sie kann aber nicht als richtig anerkannt werden. Die Unfallverletzung, die in der mehrerwähnten Bestimmung gemeint ist, steht in keinem Zusammenhang mit der Versicherung; sie braucht also auch nicht in die Versicherungszeit zu fallen, wenn sie den vertraglich gestellten Anforderungen genügen soll. Das ergibt sich aus folgenden Erwägungen:

Zunächst widerstreitet der Wortlaut des § 2 II 1b der Auslegung des Oberlandesgerichts. Nach der besonderen Infektionsklausel, die auch im vorliegenden Falle vereinbart worden ist, gilt ebenso wie nach § 2 II 1b die Infektion als Unfall, d. h. als Versicherungsfall. Hier ist es die Infektion einer Wunde, dort eine Infektion, die in Ausübung der versicherten Berufstätigkeit entstanden ist. In beiden Fällen aber wird ausdrücklich die Infektion als Versicherungsfall hingestellt. Daran ändert auch nichts, daß die beiden schon angeführten Beschränkungen des Begriffs „Infektion" nicht die einzigen sind, welche die Versicherungsbedingungen einführen, sondern daß auch aus der Zahl der Wundinfektionen oder der Infektionen, die in Ausübung der versicherten Berufstätigkeit entstanden sind, nur besonders bezeichnete unter die Versicherung fallen sollen. In beiden Fällen wird noch erfordert, daß „der Ansteckungsstoff", oder, wie es bei der besonders vereinbarten Infektionsklausel heißt: „die Krankheitserreger" auf bestimmte Weise in den Körper gelangt sind, nämlich bei der Wundinfektion durch eine Unfallverletzung, nach der besonderen Infektionsklausel durch einen Defekt der äußeren Haut, gleichviel wie dieser entstanden ist, oder durch Einspritzen infektiöser Massen in Auge, Mund oder Nase. Wie bei der besonderen Klausel die Beschränkung in keinem Zusammenhang mit der Versicherung steht, so kann man auch bei der Wundinfektion als Versicherungsfall keinen solchen Zusammenhang als gewollt annehmen. § 2 II 1b erklärt eine Wundinfektion zum Unfall im Sinne der Versicherung, allerdings nur eine bestimmt geartete, aber doch eben nur die Infektion. Es ist nichts davon gesagt, daß die Artbestimmung der Wundinfektion in Beziehung zu der Versicherung stehen müsse. Das Berufungsgericht entnimmt dies Erfordernis offenbar dem Worte „Unfallverletzung". Das Wort „Unfall" in den Allgemeinen Versicherungsbedingungen braucht aber keineswegs immer zu bedeuten: unter die Versicherung fallender Unfall, und dies ist um so weniger anzunehmen, wenn es, wie hier, in der Zusammensetzung mit dem Worte „Verletzung" als „Unfallverletzung" erscheint. Es ist in keiner Weise ersichtlich, daß der Zusatz „Unfall" zu dem Worte „Verletzung" in § 2 II 1b AVB. etwa mehr bedeuten soll als die allgemeine Abgrenzung gegen Verletzungen anderer Art, z. B. durch das Messer des Arztes, infolge langen Liegens auf dem Krankenbett, infolge bewußter Selbstverletzungen oder dgl. mehr.

Nur diese Auslegung, von der übrigens offensichtlich auch die Beklagte in ihrem Ablehnungsschreiben an den Kläger vom 29. Januar 1936 ausgegangen ist, ergibt einen guten Sinn. Müßte die Unfallverletzung, die das Eindringen des Ansteckungsstoffes in den Körper ermöglichte und so die Wundinfektion hervorrief, ein unter die Versicherung fallender Unfall sein, so würde sie selbst schon den Versicherungsfall darstellen. Die Leistungspflicht des Versicherers würde dann aber den Fall einer nachträglich eintretenden Wundinfektion schon umfassen; es wäre also nicht ersichtlich, wie eine solche Wundinfektion überhaupt nochmals ein selbständiger Versicherungsfall sein könnte und welche Bedeutung sie als solcher haben sollte. Es kann auch nicht anerkannt werden, daß die hier gegebene Auslegung aus dem Grunde unbillig wäre, weil der Versicherer dann auch für Wundinfektionen haftete, die auf alte, ihm bei Abschluß des Versicherungsvertrags unbekannte Unfallverletzungen zurückzuführen seien. Vor solcher Unkenntnis und ihren Folgen kann sich der Versicherer durch Stellung einer Frage vor Abschluß des Vertrages schützen. Auch das kann der Revisionsbeklagten nicht zugegeben werden, daß mindestens das Eindringen des Ansteckungsstoffes in den Körper in die Versicherungszeit fallen müsse. In § 2 II 1b AVB. ist ein solches Erfordernis nicht aufgestellt; es kann in diese Bestimmung auch nicht hineingetragen werden. Es werden dort nur die Begriffe Wundinfektion und Unfallverletzung nebeneinandergestellt, und es wird gesagt, die Unfallverletzung müsse mit der Wundinfektion in ursächlichem Zusammenhang stehen (wodurch es dann gerechtfertigt erscheint, die Wundinfektion bei einer Unfallversicherung als Versicherungsfall anzusehen); der Weg von der Unfallverletzung zur Wundinfektion ist aber nicht zeitlich nochmals untergeteilt und in irgendwelchen Teilen zu der Versicherung in Beziehung gesetzt. Die Auslegung würde deshalb fehlgehen, wenn sie eine solche Teilung vornähme und eine solche Beziehung erforderte.

50. 1. Unter welchen Umständen handelt es sich bei der Versicherung von Maschinen um eine Gebäudeversicherung?

2. Entsteht der Anspruch des Hypothekengläubigers aus § 101 VVG. auch dann, wenn der Versicherer wegen des Verhaltens des Versicherten diesem gegenüber von der Verpflichtung zur Leistung freigeworden ist?

4. Ist im Zweifel anzunehmen, daß der Ehemann einen Versicherungsvertrag, den er über Sachen der Ehefrau im eigenen Namen schließt, für Rechnung seiner Ehefrau abschließt?

4. Beseitigt bei Versicherung einer Sache durch mehrere Miteigentümer die vorsätzliche Herbeiführung des Versicherungsfalls durch einen von ihnen auch den Anspruch der anderen gegen den Versicherer?

BGB. §§ 1128, 1129. Gesetz über den Versicherungsvertrag vom 30. Mai 1908 (RGBl. S. 263) — VVG. — §§ 61, 74, 101, 106.

VII. Zivilsenat. Urt. v. 13. Mai 1938 i. S. Tr. (Kl.) w. D. V., Allg. Vers. AG. (Bekl.). VII 6/38.

I. Landgericht Göttingen.
II. Oberlandesgericht Celle.

Die Eheleute von W. waren je zur Hälfte Miteigentümer eines Grundstücks, auf dem sie eine Mühle betrieben. Die für diesen Betrieb erforderlichen Maschinen hatten sie im Jahre 1928 gemeinschaftlich bezogen von der Firma B., die sich bis zur vollständigen Bezahlung des Kaufpreises das Eigentum daran vorbehalten, nach Behauptung des Klägers aber im Jahre 1929 auf den Eigentumsvorbehalt verzichtet hatte.

Im Jahre 1932 wurde die Zwangsversteigerung des Mühlengrundstücks eingeleitet, aber vorläufig wieder eingestellt. Auf Antrag eines Hypothekengläubigers wurde dann am 25. Juni 1935 gemäß § 25 ZVG. die Verwaltung des beschlagnahmten Grundstücks angeordnet, weil der Schuldner es zur Kündigung der Feuerversicherung habe kommen lassen und dadurch die Sicherheit der Gläubiger gefährde. Zum Verwalter wurde der Bürgermeister E. bestellt. Am 21. September 1935 wurde der Beschluß dahin geändert, daß die gerichtliche Verwaltung sich nur auf den Abschluß und die Aufrechterhaltung einer Feuerversicherung für die der Beschlagnahme unterliegenden Gegenstände erstrecken sollte. Schon durch Beschlüsse vom 9. und 27. Juni 1933 war jedoch das Zwangversteigerungsverfahren aufgehoben worden, soweit es sich auf die von der Firma B. gelieferten Maschinen bezog.

Ein Feuerversicherungsvertrag über Gebäude, Hausrat, Vieh, Ernte und totes Inventar mit Maschinen wurde zunächst von dem Ehemann von W. bei der Beklagten abgeschlossen (Versicherungsschein vom 17. September 1935). Der Verwalter E. schrieb dann am 10. Oktober 1935 an die Beklagte, die Ehefrau von W. müsse in den Versicherungsvertrag mit aufgenommen werden, da sie Miteigentümerin der versicherten Gegenstände sei. Am 17. Oktober 1935 erwiderte ihm die Beklagte, daß nachträglich die Ehefrau von W. in den Versicherungsvertrag eingeschlossen worden sei, worauf E. sein Einverständnis erklärte.

Am 6. November 1936, wenige Stunden vor dem Beginn des angesetzten Versteigerungstermins, brannte das gesamte Gehöft nieder. Dabei entstanden auch Brandschäden an den Maschinen und maschinellen Betriebseinrichtungen. Die Eheleute von W. wurden verhaftet und wegen vorsätzlicher Brandstiftung angeklagt. Durch Urteil des Schwurgerichts in G. vom 27. April 1937 wurde die Ehefrau wegen vorsätzlicher Brandstiftung verurteilt, der Ehemann dagegen freigesprochen.

Am 4. Dezember 1936 erhielt der Kläger, ein Grundschuldgläubiger, bei der nunmehrigen Zwangsversteigerung des Grundstücks den Zuschlag; Hypotheken oder Grundschulden blieben nicht bestehen. Bei der Verteilung des Erlöses sind die dem Kläger vorgehenden Gläubiger bis auf etwa 100 bis 200 RM. befriedigt worden, während er selbst mit einem Anspruch von 12300 RM. einschließlich Zinsen und Kosten und die Gläubiger einer nachstehenden Hypothek mit 9100 RM. ausfielen. Diese haben ihm ihre etwaigen Rechte gegen die Beklagte abgetreten. Die nach dem Brande vorgenommene Schätzung des Schadens hat für den Fall des Wiederaufbaus als Gebäudeschaden 8246 RM. und als Maschinenschaden 14067 RM., für den Fall des Nichtwiederaufbaus 5498 und 9378 RM. ergeben. Die Beklagte ist bereit, den auf den Gebäudeschaden entfallenden Betrag von 5498 RM. gemäß § 101 VVG. an die Hypotheken- und Grundschuldgläubiger zu leisten, hält sich aber nicht für verpflichtet, ihnen den auf den Maschinenschaden entfallenden Betrag zu zahlen.

Der Kläger klagt auf Zahlung von 9378 RM. Das Landgericht hat die Beklagte verurteilt, das Oberlandesgericht die Klage abgewiesen. Die Revision des Klägers führte zur Aufhebung und Zurückverweisung.

Gründe:

Die Verpflichtung des Versicherers gegenüber den Hypotheken- und Grundschuldgläubigern nach §§ 101, 106 VVG., worauf der Kläger seinen Anspruch stützt, setzt erstens voraus, daß es sich um eine Gebäudeversicherung handelt und die versicherten Gegenstände den Hypothekengläubigern (im Sinne der §§ 101, 106 VVG.) haften, weiter aber auch, daß der Versicherer wegen des Verhaltens des Versicherungsnehmers diesem gegenüber von der Verpflichtung zur Leistung freigeworden ist. Der Berufungsrichter nimmt in Ansehung der Maschinen keine Gebäudeversicherung an. Seine Ausführungen dazu vermögen jedoch die Abweisung der Klage nicht zu tragen.

Maschinen, die Bestandteile oder Zubehör eines Grundstücks sind und deshalb nach näherer Bestimmung der §§ 1120 flg. BGB. der Hypothekenhaftung unterliegen, können von einer Gebäudeversicherung mitumfaßt werden. Erfahrungsgemäß werden sie aber häufig auch als bewegliche Sachen versichert. Nach ständiger Rechtsprechung des erkennenden Senats (vgl. RGZ. Bd. 69 S. 316, Bd. 74 S. 106; RGUrt. vom 26. November 1909 VII 46/09 in JW. 1910 S. 71 Nr. 27) regelt sich die Frage, ob der Versicherer bei Auszahlung der Entschädigung die für die Gebäudeversicherung geltenden strengeren Vorschriften des § 1128 BGB. beachten muß oder ob er nach den Regeln der Mobiliarversicherung (§ 1129 BGB.) auszahlen darf, nicht danach, ob die versicherten Maschinen als Bestandteile oder Zubehör den Grundstücksgläubigern haften, sondern danach, ob sie in den Gebäudeversicherungsvertrag einbezogen oder als bewegliche Sachen versichert worden sind. Maßgebend ist die Art der abgeschlossenen Versicherung. An dieser Rechtsprechung ist festzuhalten. Daraus ergibt sich auch weiter, daß die Bestimmung des § 101 VVG. nur dann auf eine Maschinenversicherung anwendbar ist, wenn die Maschinen als Bestandteile oder Zubehör des Gebäudes, nicht aber, wenn sie als bewegliche Sachen versichert worden sind. Insoweit ist dem Berufungsrichter beizutreten. Aber die vorliegende Sache unterscheidet sich von den bisher entschiedenen Fällen dadurch, daß dort ein Versicherungsvertrag über die Gebäude und ein zweiter über die Maschinen abgeschlossen worden war, während hier nur ein einziger Versicherungsvertrag über die Gebäude mit ihrem Inhalt vorliegt. Der Vorderrichter meint, nicht feststellen zu können, daß die Maschinen in die Gebäudeversicherung hätten einbezogen werden sollen. Er hält den Kläger für beweispflichtig und kommt zur Klagabweisung, weil dieser Beweis nicht erbracht sei. Damit verkennt er, wie die Revision mit Recht rügt, die Sachlage. Ob die Maschinen in die Gebäudeversicherung einbezogen werden sollten, läßt sich nur durch Auslegung des abgeschlossenen Versicherungsvertrags feststellen. Fragen der Beweislast spielen dabei keine Rolle. In dem Versicherungsscheine sind aber die versicherten Gebäude und ihr Inhalt ohne besondere Trennung hintereinander aufgeführt. Die Maschinen sind nach der eigenen Angabe der Beklagten Zubehör des Mühlengrundstücks. Unter diesen Umständen war es Sache der Beklagten, in dem Versicherungsscheine klarzustellen, daß die Maschinen als bewegliche Sachen versichert werden sollten. Da sie das nicht getan hat, muß sie sich gefallen lassen, daß die Versicherung der Maschinen, soweit sie der Hypothekenhaftung unterliegen, auch als Teil der Gebäudeversicherung behandelt wird. Der Berufungsrichter spricht von gewissen Anzeichen, die auf den Willen der Parteien schließen ließen, die Maschinen als bewegliche Sachen zu versichern. Zu einer Feststellung dieses Willens kommt er aber nicht, seine Überlegungen sind auch ersichtlich von seiner unrichtigen Annahme über die Bedeutung der Beweislast beeinflußt und vermögen die Abweisung der Klage nicht zu rechtfertigen.

Der Anspruch des Klägers aus § 101 VVG. setzt aber weiter voraus, daß die versicherten Maschinen auch wirklich der Hypothekenhaftung unterliegen. Das würde nur dann der Fall sein, wenn die Eheleute von W. das Eigentum daran erworben hatten. Es bedarf daher noch der Klärung der strittigen Frage, ob die Maschinen wesentliche Bestandteile des Mühlengebäudes geworden sind (§ 947 Abs. 2 BGB.) oder die Firma B., wie der Kläger behauptet, auf ihren Eigentumsvorbehalt verzichtet hat.

Weiter bleibt zu prüfen, ob die Beklagte durch die vorsätzliche Herbeiführung des Versicherungsfalls durch die mitversicherte Ehefrau von W. — wie der Berufungsrichter meint — nicht nur dieser, sondern auch deren Ehemanne gegenüber von der Verpflichtung zur Leistung freigeworden ist. Auch die Ausführungen des Vorderrichters hierzu sind nicht frei von Rechtsirrtum.

Bei der Versicherung für fremde Rechnung wird der Versicherer von der Verpflichtung zur Leistung gegenüber seinem Vertragspartner auch dann frei, wenn nicht der Versicherungsnehmer, sondern der

Versicherte den Versicherungsfall vorsätzlich herbeigeführt hat. Das ergibt sich bei der hier vorliegenden Versicherung aus § 13 Abs. 3 mit § 17 der Allgemeinen Versicherungsbedingungen der Beklagten (AVB.). Einer solchen Bestimmung hätte es für den Fall der vorsätzlichen Herbeiführung des Versicherungsfalls nicht einmal bedurft. Aus § 61 VVG. geht die Gleichstellung zwar nicht ausdrücklich hervor; es würde aber Treu und Glauben widersprechen, wenn die vorsätzliche Herbeiführung des Versicherungsfalles durch denjenigen unberücksichtigt bleiben sollte, dem die Entschädigungsleistung des Versicherers zugute käme (RGZ. Bd. 117 S. 327 [331 flg.]).

Auch § 101 VVG. enthält nichts darüber, ob er Anwendung findet, wenn der Versicherer wegen des Verhaltens des Versicherten von der Verpflichtung zur Leistung frei geworden ist. Der Zweck der Bestimmung, Schutz des Realkredits, würde jedoch nicht erreicht werden, wenn die Hypothekengläubiger in einem derartigen Falle keinen Anspruch gegen den Versicherer haben sollten. Die Ausdehnung der Bestimmung des § 101 VVG. auf diesen Fall liegt im Sinne des Gesetzes; es würde eine ungerechtfertigte Besserstellung des Versicherers enthalten, wenn dieser den Hypothekengläubigern zwar verpflichtet bliebe, falls er wegen des Verhaltens des Versicherungsnehmers von der Verpflichtung zur Leistung frei geworden, nicht aber, falls dies Ergebnis wegen des Verhaltens des Versicherten eingetreten wäre.

Nach den Feststellungen des Berufungsrichters hat die Ehefrau von W. das versicherte Grundstück in Brand gesetzt; eine Beteiligung des Ehemanns ist nicht bewiesen. Die Eheleute waren je zur Hälfte Miteigentümer des Grundstücks; ob auch der Maschinen, ist bisher nicht festgestellt. Den Versicherungsvertrag hat der Ehemann abgeschlossen. Auf die Ehefrau hat ihn die Beklagte im Oktober 1935 auf Veranlassung des Grundstücksverwalters ausgedehnt. Aber dessen Berechtigung bezog sich seit dem 21. September 1935 nur auf den Abschluß und die Aufrechterhaltung einer Feuerversicherung für die der Beschlagnahme unterliegenden Gegenstände, und die Beschlagnahme wegen der Maschinen war schon durch die Beschlüsse vom 9. und 27. Juni 1933 aufgehoben worden. Er konnte daher über diese einen Versicherungsvertrag nicht mehr abschließen. Für die Maschinen kommt deshalb die Ehefrau als Versicherungsnehmerin nicht in Betracht. Dem Berufungsrichter ist aber darin zuzustimmen, daß er die Ehefrau für ihren Anteil an den Maschinen als Versicherte ansieht. Der Vorderrichter gibt zwar keine weitere Begründung, geht aber ersichtlich davon aus, daß der Ehemann den von ihm geschlossenen Versicherungsvertrag, soweit er sich auf den Eigentumsanteil seiner Frau bezog, zwar im eigenen Namen, aber für deren Rechnung abgeschlossen hat, weil die Versicherung insoweit weniger in seinem als in ihrem Interesse lag (vgl. RGUrt. vom 5. März 1913 V 477/12, abgedr. in Veröffentl. des Aufsichtsamts für Privatversicherung 1913 Anhang S. 125 Nr. 774). Daß die Beklagte mit einer Versicherung für die Ehefrau einverstanden war, geht aus ihrem späteren Verhalten gegenüber dem Wunsche des Grundstücksverwalters hervor, die Versicherung auf die Ehefrau auszudehnen. Es bedarf hiernach keines Eingehens auf die Frage, ob der Ehemann auch nach § 1381 Abs. 1 und 2 BGB. die Forderung aus der Versicherung, soweit sie sich auf den Eigentumsanteil seiner Frau bezog, für diese erworben hat (RGZ. Bd. 76 S. 133 [136]).

Der Berufungsrichter nimmt, wie bereits gesagt, an, daß die vorsätzliche Herbeiführung des Versicherungsfalls durch die Ehefrau nach § 61 VVG., § 13 Abs. 3, § 17 AVB. die Beklagte nicht nur der Ehefrau, sondern auch dem Ehemanne gegenüber von ihrer Leistungspflicht befreit hat. Dem kann nur bedingt beigetreten werden. Darüber, ob bei der Versicherung mehrerer Miteigentümer die Verletzung der zu erfüllenden Obliegenheiten oder die vorsätzliche Herbeiführung des Versicherungsfalls durch einen der Versicherungsnehmer oder einen der Versicherten den Versicherer auch gegenüber den übrigen leistungsfrei macht, enthalten weder das Versicherungsvertragsgesetz noch die Allgemeinen Versicherungsbedingungen der Beklagten eine Bestimmung. Die Frage ist auch nur selten Gegenstand der höchstrichterlichen Rechtsprechung gewesen. Die Entscheidung des erkennenden Senats vom 3. März 1916 VII 417/15 (Veröffentl. des Aufsichtsamts für Privatversicherung 1916 Anhang S. 56 Nr. 938), auf die Raiser in seinem Erläuterungsbuch zu den Allgemeinen Feuerversicherungsbedingungen 2. Aufl., Anm. 9 zu § 17, verweist, gibt nichts her, weil dort der Brandstifter zwar Miteigentümer zur Hälfte und zugleich Miterbe in ungeteilter Erbengemeinschaft zur anderen Hälfte, aber auch der alleinige Versicherungsnehmer war. Vor dem Inkrafttreten des Versicherungsvertragsgesetzes hat das Reichsoberhandelsgericht die Frage bei Bruchteilsmiteigentum der Versicherungsnehmer verneint (ROHG. Bd. 4 S. 84). Die Rechtsprechung der Oberlandesgerichte und die Rechtslehre bejahen sie überwiegend. Dem ist zuzustimmen für den Fall, daß die mehreren Versicherungsnehmer oder Versicherten dem Versicherer gegenüber zur gesamten Hand berechtigt sind, wie im Falle der ungeteilten Erbengemeinschaft und der Gesellschaft. Denn der Miterbe oder Gesellschafter, welcher die Obliegenheit verletzt oder vorsätzlich den Versicherungsfall herbeiführt, steht zu der ganzen versicherten Sache in Beziehung. Das ist aber nicht der Fall, wenn die Versicherungsnehmer an der versicherten Sache zu Bruchteilen berechtigt sind und jeder nur seinen Bruchteil versichert hat oder wenn dem einzelnen Versicherten nur ein Bruchteil der Versicherungssumme zusteht. In diesen Fällen kann die Herbeiführung des Versicherungsfalls durch einen von ihnen den Anspruch der anderen Berechtigten nur dann beseitigen, wenn dies vertraglich vorgesehen ist. Das muß vor allem dann gelten, wenn ein Miteigentümer neben seinem Anteil auch den Anteil des anderen für diesen versichert und der andere den Versicherungsfall herbeigeführt hat.

Für die Frage, ob durch die Brandstiftung der Ehefrau auch der Versicherungsanspruch des Ehemannes wegen der Maschinen weggefallen war, ist demnach entscheidend, ob die Eheleute an den Maschinen Eigentum zur gesamten Hand oder — wie wohl näher liegt — Eigentum nach Bruchteilen erworben haben oder erwerben sollten (§ 2 Abs. 1 Satz 2 AVB.). Handelt es sich bei ihnen um Miteigentum zur gesamten Hand, so ist auch der Anspruch des Ehemanns gegen die Beklagte weggefallen. Kommt aber Miteigentum je zur Hälfte in Frage, so ist die Brandstiftung der Ehefrau für den Anspruch des Ehemanns auf Auszahlung der Hälfte der für die Maschinen festgestellten Entschädigungsgelder ohne Belang. Dieser würde fortbestehen, so daß insoweit für einen Anspruch aus § 101 VVG. kein Raum wäre. Der Anspruch des Ehemanns würde allerdings auch dann weggefallen sein und dem Anspruch des Klägers nicht mehr im Wege stehen, wenn die Ehefrau, die nach dem Schwurgerichtsurteil die geschäftliche Leitung des Mühlenbetriebes in Händen hatte, als Repräsentantin ihres Mannes anzusehen sein sollte (vgl. RGZ. Bd. 149 S. 69 und die dort genannten Entscheidungen).

Die Sachlage bedarf demnach in verschiedenen Richtungen noch weiterer Klärung.

51. 1. Ist die Pfändung von Ansprüchen des Schuldners gegen einen Dritten „aus Verträgen oder sonstigen Rechtsgründen" wegen unzureichender Bezeichnung des Gegenstandes der Pfändung unwirksam?

2. Wie ist bei einer Mehrheit von selbständigen Zahlungsansprüchen ein eingeklagter Teilbetrag geltend zu machen? Welche Folgen hat es, wenn die mehreren Ansprüche nicht klar auseinandergehalten werden?

ZPO. § 253 Abs. 2 Nr. 2, §§ 260, 829.

II. Zivilsenat. Urt. v. 13. April 1938 i. S. v. H. u. a. (Bekl.) w. O.-Werke AG. (Kl.). II 194/37.

I. Landgericht Hannover.
II. Oberlandesgericht Celle.

In den Jahren 1924/25 waren der Erstbeklagte Vorsitzer und die übrigen Beklagten Mitglieder des Aufsichtsrats des Kartells landwirtschaftlicher Genossenschaften, eingetr. Gen. m. b. H., in H. (im folgenden kurz „Kartell" genannt). Am 14. Februar 1925 schloß namens des Kartells dessen Vorstandsmitglied Th. mit der Klägerin einen Vertrag, wodurch sich das Kartell verpflichtete, der Klägerin ein Darlehen von 4000000 RM. gegen Sicherheit zu gewähren. Als Sicherheit übersandte die Klägerin dem Kartell demnächst vereinbarungsgemäß eigene Aktien zum Nennwert von 100000000 Papiermark, die nach Maßgabe der späteren Umstellung auf Goldmark im Verhältnis von 20:1 einen Wert von 5000000 RM. darstellten, sowie 5 Akzepte über je 100000 RM. Das Kartell verzögerte aber die Hergabe des versprochenen Darlehns, so daß die Klägerin schließlich im Juni 1925 vom Vertrage zurücktrat und die Rückgabe ihrer Sicherheiten verlangte. Nunmehr stellte es sich heraus, daß Th. die Aktien unberechtigterweise weitergegeben hatte, und zwar teils im Namen des Kartells, teils im eigenen Namen; auch über die Akzepte der Klägerin hatte er unberechtigterweise verfügt. Insbesondere hatte er weitergegeben: 1. im Namen des Kartells an den B.er Bankverein Aktien zum Nennwert von 17400000 PM. sowie drei Wechsel über zusammen 300000 RM.; 2. im eigenen Namen an die Bankfirma W. & T. Aktien zum Nennwert von 68500000 PM.

Die Klägerin hat ihre Aktien und Wechsel, soweit möglich, eingelöst und hierfür erhebliche Beträge aufgewendet. Unter anderem hat sie zur Einlösung der an den B.er Bankverein weitergegebenen Aktien und Wechsel 535000 RM. aufwenden müssen. Sie hat das Kartell sodann auf Ersatz dieses Betrages in Anspruch genommen und schließlich ein obsiegendes Urteil erwirkt. Am 6. Februar 1935 wurde daraufhin das Konkursverfahren über das Vermögen des Kartells eröffnet.

Um den Rückgriffsanspruch des Kartells gegen dessen frühere Aufsichtsratsmitglieder noch vor Ablauf der fünfjährigen Verjährungsfrist des § 41 Abs. 4 GenG. geltend machen zu können, erwirkte die Klägerin ferner gegen das Kartell wegen ihres rechtshängigen Anspruchs von 535000 RM. in Höhe eines Teilbetrags von 50000 RM. ein Arresturteil vom 27. März 1930. Nach vorausgehendem Zahlungsverbot vom 29. März 1930, den Drittschuldnern zugestellt am 1. April 1930, erlangte sie einen Pfändungsbeschluß vom 3. April 1930, zugestellt am 5. April 1930, laut dessen die angeblichen Forderungen des Kartells gegen den Erstbeklagten „aus Verträgen oder sonstigen Rechtsgründen" sowie gegen die übrigen Beklagten „auf Grund der Haftung als Mitglieder des Aufsichtsrats der Schuldnerin" gepfändet wurden. Am 31. März 1930 reichte sie außerdem (mit Rücksicht auf § 496 Abs. 3 ZPO.) beim Amtsgericht H. die vorliegende Klage ein, womit sie auf Grund der Pfändung Schadensersatzansprüche des Kartells gegen die Beklagten in Höhe eines Teilbetrages von 50000 RM. geltend machte, und zwar zunächst nur mit dem Antrag auf Verurteilung zur Hinterlegung des Betrages. Zur Darlegung des angeblich von den Beklagten durch Verletzung ihrer Aufsichtspflicht verschuldeten Schadens hat sie in dieser Klage lediglich vorgetragen: das Kartell habe die ihm nur zur Sicherheit übergebenen Aktien „anderweitig an verschiedene Stellen" verpfändet, und zwar „insbesondere 17400000 Papiermark Aktien" bei dem B.er Bankverein; zur Einlösung dieser Aktien und dreier Wechsel bei dem B.er Bankverein habe sie 535000 RM. aufwenden müssen; diesen Betrag müsse ihr das Kartell ersetzen; die Beklagten seien verpflichtet, das Kartell von dieser Zahlungspflicht zu befreien. Die Sache hat dann, nachdem sie an das Landgericht verwiesen worden war, bis Ende 1934 geruht, weil das Ergebnis des Prozesses gegen das Kartell wegen der 535000 RM. abgewartet wurde. Demnächst ließ sich die Klägerin auf Grund des jetzt erlangten vollstreckbaren Schuldtitels den gepfändeten Anspruch zur Einziehung überweisen und beantragte nunmehr die Verurteilung zur Zahlung von 50000 RM. nebst Zinsen. Sie begründete diesen Antrag sowohl auf § 41 GenG., wie auf unerlaubte Handlung der Beklagten (§§ 823, 826 BGB.) und machte den zweiten Klagegrund nicht nur als Pfändungs- und Überweisungsgläubigerin, sondern auch aus eigenem Rechte geltend. Das Landgericht hat die Klage abgewiesen, weil es eine Schädigung des Kartells nicht als hinreichend dargetan ansah.

Im Berufungsverfahren hat die Klägerin gemäß ihrem Schriftsatz vom 14. September 1935 ferner geltend gemacht, daß sie und mit ihr das Kartell nicht nur um die 535000 RM. geschädigt seien, die sie zur Einlösung von Aktien und Wechseln bei dem B.er Bankverein habe aufwenden müssen und die ihr im Prozeß gegen das Kartell zugesprochen seien, sondern um noch weitere Beträge, die sie zur Rückerlangung von Aktien habe aufwenden müssen, sowie um den Wert der Aktien, die nicht zurückzuerlangen gewesen seien. Ferner hat sie dargelegt, daß die Beklagten das Kartell auch sonst durch Verletzung ihrer Aufsichtspflichten verschiedentlich geschädigt hätten, und hat auch hierauf den Klaganspruch nunmehr gestützt. Die Beklagten haben bestritten, daß dem Kartell durch das Verhalten des Th. oder der Beklagten ein Schaden entstanden sei. Ferner haben sie eingewendet, daß der Aufsichtsrat seiner Aufsichtspflicht voll genügt und daß die Generalversammlung ihm auch Entlastung erteilt habe. Endlich haben sie die Einrede der Verjährung erhoben.

Das Berufungsgericht hat die Beklagten nach Beweisaufnahme unter Abänderung des landgerichtlichen Urteils antragsgemäß verurteilt. Die hiergegen eingelegte Revision führte zur Wiederherstellung des landgerichtlichen Urteils.

Aus den Gründen:

1. Soweit der Klaganspruch auf unerlaubte Handlung (§§ 823, 826 BGB.) gestützt ist und von der Klägerin daher nicht nur auf Grund der Pfändung und Überweisung der Ansprüche des Kartells gegen die Beklagten, sondern zugleich aus eigenem Recht geltend gemacht wird, hat das Berufungsgericht zutreffend ausgeführt, daß weder ein Verstoß der Beklagten gegen ein den Schutz eines anderen

bezweckendes Gesetz im Sinne des § 823 Abs. 2 BGB. noch ein gegen die guten Sitten verstoßendes Verhalten der Beklagten schlüssig dargetan seien. Es kommt daher als Klagegrund nur die Verletzung der Aufsichtspflichten der Beklagten gemäß § 41 GenG. in Betracht. Insoweit aber kann die Klägerin Rechte nur auf Grund der Pfändung und Überweisung der angeblichen Ansprüche des Kartells geltend machen, also nur dann, wenn dem Kartell solche Ansprüche zustehen.

2. Die Klägerin klagt somit aus abgeleitetem Recht. In dieser Hinsicht ergibt sich zunächst ein sachlich-rechtliches und von Amts wegen zu berücksichtigendes Bedenken aus der Art, wie gegen den Erstbeklagten gepfändet worden ist. Das Berufungsgericht geht ohne weiteres davon aus, daß die von der Klägerin unter dem 3. April 1930 erwirkte Pfändung und die später unter dem 29. Dezember 1934 erwirkte Überweisung von Ansprüchen des Kartells gegen die Beklagten wirksam erfolgt und daß die Klägerin daher die Schadensersatzansprüche des Kartells geltend zu machen befugt sei. Hierbei war jedoch zu beachten, daß der Gegenstand der Pfändung und Überweisung gegen den Erstbeklagten nur ganz unbestimmt bezeichnet worden war; denn es heißt in dieser Hinsicht in den Beschlüssen lediglich, daß die angeblichen Forderungen „aus Verträgen oder sonstigen Rechtsgründen" gepfändet und zur Einziehung überwiesen würden. Wenn auch in der Rechtsprechung an die Genauigkeit der Bezeichnung des Gegenstandes der Pfändung keine allzustrengen Anforderungen gestellt werden, so ist doch im Interesse der Rechts- und Verkehrssicherheit stets daran festgehalten worden, daß das bestimmte einzelne Rechtsverhältnis, aus dem die Forderung hergeleitet wird, wenigstens in allgemeinen Umrissen anzugeben sei (vgl. RGZ. Bd. 108 S. 318, Bd. 139 S. 97). Die Bezeichnung „aus Verträgen oder sonstigen Rechtsgründen" ist jedoch völlig nichtssagend und läßt jede nähere Bestimmung vermissen. Gleichwohl ließe sich die Wirksamkeit auch dieses Pfändungsbeschlusses vielleicht damit rechtfertigen, daß darin der Drittschuldner als früherer Aufsichtsratsvorsitzender (des Kartells) bezeichnet ist und daß es für alle Beteiligten, insbesondere für den Drittschuldner selbst und auch für die Pfändungsschuldnerin außer Zweifel stand, daß in erster Linie die Geltendmachung von Rückgriffsansprüchen aus § 41 GenG. auch gegen den Erstbeklagten beabsichtigt war und daß daher jedenfalls diese Ansprüche Gegenstand der Pfändung sein sollten. Hierfür spricht auch der Umstand,

daß im Laufe des Rechtsstreits, dessen Gegenstand dieser Rückgriffsanspruch auf Grund der Pfändung war, deren Wirksamkeit niemals in Zweifel gezogen worden ist. Jedoch handelt es sich insoweit im wesentlichen um Tatfragen, über die in der Revisionsinstanz nicht ohne weiteres entschieden werden könnte. Die Frage bedarf aber hier keiner Entscheidung, weil die Klage auch im Falle der Wirksamkeit der Pfändung auf Grund der Verjährungseinrede abzuweisen ist, wie spätere Ausführungen (zu 4 und 5) dartun werden.

3. Ein weiteres Bedenken ergibt sich aus der Art der Geltendmachung mehrerer Ansprüche. Die Klägerin hat mit den eingeklagten 50000 RM. nur einen Teilbetrag ihres Gesamtschadens geltend gemacht, der sich aus verschiedenen angeblich von den Beklagten infolge Verletzung ihrer Aufsichtspflicht verschuldeten Schadensfolgen zusammensetzt. Als solche Schadensfolgen kommen nach dem Vorbringen der Klägerin in Betracht:

a) die Verpflichtung des Kartells, der Klägerin deren Aufwendungen bei dem B.er Bankverein in Höhe von 535000 RM. nebst Zinsen und Kosten zu ersetzen;

b) die Verpflichtung des Kartells, der Klägerin deren Aufwendungen zur Einlösung von 34200000 Papiermark Aktien bei der Bankfirma W. & T. in Höhe von rund 221000 RM. nebst Zinsen und Kosten zu ersetzen;

c) die Verpflichtung des Kartells, der Klägerin für die durch Th. selbst anderweit weiterverkauften 2400000 Papiermark Aktien im Werte von 120000 RM. Ersatz zu leisten;

d) die Verpflichtung des Kartells, der Klägerin für die durch W. & T. weiterverkauften 1490000 Papiermark Aktien im Werte von 74500 RM. Ersatz zu leisten;

e) der Schade, der dem Kartell dadurch entstanden sei, daß die Beklagten 19000000 Papiermark Aktien, die am 27. Mai 1925 bei W. & T. angeblich noch frei zur Verfügung von Th. gelegen haben, nicht alsbald erfaßten;

f) der Schade, der dem Kartell dadurch entstanden sei, daß der Vorstand den Geschäftsanteil und den zur Verlustdeckung zu zahlenden Betrag von einer Genossin des Kartells, der Genossenschaft O., nicht einforderten (Angaben über die Höhe des Schadens fehlen);

g) der Schade, der dem Kartell dadurch entstanden sei, daß im Jahre 1926 mit Zustimmung der Beklagten gewisse Grundschuldbriefe an eine Kreditgenossenschaft zu Unrecht herausgegeben wurden (Angaben über die Höhe des Schadens fehlen).

Hierzu ist vorweg folgendes zu bemerken: Wird ein Teilbetrag von einer Mehrheit selbständiger Ansprüche eingeklagt, so ist es nicht zulässig, diese wahllos nebeneinander geltend zu machen, ohne sie in irgendeiner Weise gegeneinander abzugrenzen. Ein solches Verlangen genügt nicht dem für die Klage wesentlichen Erfordernis der bestimmten Angabe des Gegenstandes und des Grundes des erhobenen Anspruchs (§ 253 Abs. 2 Nr. 2 ZPO.). Beim Fehlen jeglicher Abgrenzung bleibt unklar, in welchem Umfange die einzelnen Ansprüche anhängig gemacht werden sollen. Ein daraufhin ohne Abgrenzung der Ansprüche in der Sache ergehendes Urteil würde zu einer Unklarheit über seine Rechtskraftwirkung und, falls es ein Grundurteil nach § 304 ZPO. wäre, über das Maß der Bindung an dieses Urteil führen (vgl. RG. in JW. 1931 S. 2482 Nr. 12, 1933 S. 2949 Nr. 1, 1934 S. 2974 Nr. 8, 1936 S. 46 Nr. 13). Entweder sind für jeden einzelnen Anspruch die Teilbeträge anzugeben, die zusammen den Betrag des Klagantrages ausmachen, oder die einzelnen Ansprüche sind unter Bezifferung eines jeden Anspruchs derart in ein Abhängigkeitsverhältnis zueinander zu bringen, daß der eine Anspruch als Hauptanspruch und die übrigen Ansprüche in genau anzugebender Reihenfolge als Hilfsansprüche geltend gemacht werden; gegen die Zulässigkeit auch einer Anspruchshäufung der letzten Art bestehen keine grundsätzlichen Bedenken (vgl. RGZ. Bd. 144 S. 71).

In der Regel wird nun freilich die Absicht des Klägers dahin gehen und wird man das Klagebegehren ohne weiteres auch dahin auslegen können, daß jeder der verschiedenen Ansprüche, mangels niedrigerer Begrenzung, bis zum Betrage des Klagantrags ganz geltend gemacht werden soll und daß dem Gericht die Wahl überlassen wird, auf Grund welchen Anspruchs oder auf Grund welcher Ansprüche es den Klagebetrag zusprechen will. In Fällen dieser Art werden die Ansprüche zwar in der Weise gegeneinander abgegrenzt, daß sie in ein Wahlverhältnis (entweder-oder) gebracht werden; es wird dadurch also immerhin jeder Anspruch bis zur Höhe des Klagebetrages (bedingt) anhängig. Jedoch genügt das wegen der sich daraus ergebenden Unzuträglichkeiten noch nicht den verfahrensrechtlich an ein Klagbegehren zu stellenden Anforderungen. Soweit daraufhin eine Verurteilung wegen eines Anspruchs erfolgt und die Berechtigung der übrigen Ansprüche dahingestellt bleibt — wie im vorliegenden Falle bei dem Urteil des Berufungsgerichts —, ergeben sich zwar hinsichtlich der Rechtskraftwirkung keine Bedenken; mißlich bleibt jedoch, daß die Unklarheit sich auf die höhere Instanz überträgt. Auch der Abweisung aller Ansprüche und damit des Klagantrages im ganzen steht an sich nichts im Wege, sofern nur klargestellt wird, in welcher Höhe damit Rechtskraftwirkung für die Abweisung eines jeden Anspruchs geschaffen wird. Freilich unterbleibt diese Klarstellung häufig; alsdann sind erhebliche Unklarheiten über die Tragweite des Urteils die unvermeidliche Folge. Das gleiche gilt, wenn das Gericht zu einer Verurteilung nach dem Klagantrage gelangt, ohne klarzustellen, welchem Anspruch damit stattgegeben wird, oder wenn es über ein solches Klagebegehren ein Grundurteil nach § 304 ZPO. erläßt, ohne die einzelnen Ansprüche auseinanderzuhalten. Grundsätzlich ist zu sagen, daß jegliche Unklarheit über die Abgrenzung der einzelnen Ansprüche gegeneinander den glatten Verlauf eines Rechtsstreits zu hemmen und sich ungünstig auf ihn auszuwirken pflegt; unter einer solchen Unklarheit leidet nicht nur die Übersichtlichkeit des Prozeßstoffes, sondern auch die Straffheit der Prozeßführung; dies wird gerade durch den Verlauf der vorliegenden Sache, wie die nachfolgenden Ausführungen deutlich machen werden, besonders augenfällig erwiesen. Die Gerichte sollten deshalb in Fällen der Anspruchshäufung stets von vornherein auf völlige Klarstellung dringen, in welcher Höhe und, sofern die Summe der Ansprüche den Klagbetrag übersteigt, in welcher Reihenfolge die einzelnen Ansprüche geltend gemacht werden.

Im vorliegenden Falle hat das Berufungsgericht offenbar angenommen, daß die Klägerin dem Gericht in der angegebenen Weise die Auswahl unter den verschiedenen Ansprüchen habe überlassen wollen. Es hat auch keine Bedenken gegen die Zulässigkeit eines solchen Klagebegehrens gehabt und demgemäß die Verurteilung der Beklagten allein darauf gestützt, daß sie die noch am 27. Mai 1925 bei dem Bankhaus W. & T. frei zur Verfügung von Th. liegenden 19000000 Papiermark Aktien der Klägerin nicht alsbald erfaßt hätten. Alle übrigen Ansprüche hat das Berufungsgericht teils für unberechtigt erklärt — so insbesondere auf Grund der Verjährungseinrede den Anspruch auf Befreiung des Kartells von der Verpflichtung, der

Klägerin ihre Aufwendungen bei dem B.er Bankverein in Höhe von 535000 RM. zu ersetzen (zu a der oben zusammengestellten Ansprüche) —, teils unentschieden gelassen. Es bedarf keiner Erörterung, ob die Beklagten etwa schon dadurch beschwert sind, daß das Berufungsgericht ohne Klarstellung einer bestimmten Reihenfolge diesen einen Anspruch herausgegriffen und seiner Entscheidung zugrunde gelegt hat. Denn es handelt sich insoweit nicht um einen von Amts wegen zu berücksichtigenden Verfahrensmangel, und eine Revisionsrüge hat die Revision hieraus nicht hergeleitet. Aber die Verurteilung der Beklagten wegen Nichterfassung der 19000000 Papiermark Aktien läßt sich deshalb unter keinen Umständen halten, weil das Berufungsgericht, wie die Revision mit Recht rügt, nicht klargestellt hat, inwiefern dem Kartell durch die Nichterfassung dieser Aktien ein Schaden entstanden ist. Das Berufungsgericht meint, daß durch rechtzeitigen Zugriff „der Schaden des Kartells“ um mindestens 50000 RM. hätte verringert werden können. Jedoch ist aus seinen Ausführungen in keiner Weise ersichtlich, welchen Schaden es hierbei im Auge hat. Denn in den vorhergehenden Ausführungen legt es zum einen Teil dar, daß dem Kartell durch die einzelnen Vorgänge überhaupt kein Schaden entstanden sei, und läßt es zum anderen Teil die Frage der Schädigung des Kartells ausdrücklich dahingestellt; nirgends aber stellt es einen bestimmten Schaden fest, den das Kartell durch die Pflichtversäumnis der Beklagten erlitten hätte. Es läßt sich nicht einmal aus dem Berufungsurteil oder aus den Akten mit Zuverlässigkeit entnehmen, was die Klägerin in dieser Hinsicht geltend gemacht hat (wird näher ausgeführt). Damit ist dem Berufungsurteil bereits die Grundlage entzogen, so daß es keinenfalls bestehen bleiben konnte.

Hierdurch ist das Revisionsgericht in die Lage versetzt, zu den mit dem Klagantrag geltend gemachten Ansprüchen, soweit der feststehende Sachverhalt eine Entscheidung ermöglicht, im ganzen selbständig Stellung zu nehmen. Das ist auch insoweit zulässig, als das Berufungsgericht über die einzelnen Ansprüche noch nicht endgültig befunden hat; denn das Berufungsgericht hat nicht etwa nur ein Teilurteil erlassen, sondern über die Klage im ganzen entschieden (vgl. RGZ. Bd. 77 S. 120).

Der bisherige Klagvortrag leidet nun in der Tat an dem Mangel, daß der Antrag auf mehrere selbständige Ansprüche gestützt ist, von denen ohne nähere Erläuterung ein Teilbetrag geltend gemacht wird. Auf das sich hieraus ergebende förmliche Bedenken, das vor erneuter Sachentscheidung von Amts wegen zu berücksichtigen war, sind die Parteien vor der mündlichen Verhandlung hingewiesen worden; hierbei ist der Klägerin (Revisionsbeklagten) nahegelegt worden, — möglichst unter Zustimmung der Gegenpartei — die Reihenfolge, in der die mehreren Ansprüche geltend gemacht werden, noch in der Revisionsinstanz klarzustellen und außerdem darzulegen, inwiefern durch Versäumung rechtzeitiger Erfassung der 19000000 Papiermark Aktien bei dem Bankhaus W. & T. für das Kartell ein Schaden entstanden sei. Die Klägerin hat daraufhin in der mündlichen Verhandlung folgendes vorgetragen: Der Klagantrag werde durchweg auf die Behauptung gestützt, daß die Beklagten ihre Pflichten als Mitglieder des Aufsichtsrats des Kartells in den Jahren 1924 bis 1926 nicht erfüllt und dadurch dem Kartell Schaden zugefügt hätten. Es handele sich daher um einen einheitlichen Schaden, von dem nur ein Teil eingeklagt sei. Höchstens seien die Ansprüche zu unterscheiden, die in folgender Reihenfolge geltend gemacht würden:

1. Anspruch auf Ersatz des Schadens, der dem Kartell durch die unberechtigte Weiterbegebung der von der Klägerin ihm überlassenen Aktien und Wechsel entstanden sei (oben zu a bis e),
2. Anspruch auf Ersatz des Schadens, der dem Kartell durch Nichteinziehung des auf den Geschäftsanteil und zur Verlustdeckung von der Genossenschaft O. zu zahlenden Betrages entstanden sei (oben zu f);
3. Anspruch auf Ersatz des Schadens, der dem Kartell durch Herausgabe gewisser Grundschuldbriefe an die Kreditgenossenschaft entstanden sei (oben zu g).

Für den Fall, daß der vorstehend zu 1. aufgeführte Anspruch sich aus mehreren selbständigen Ansprüchen zusammensetze, hat die Klägerin jetzt auch deren Reihenfolge bestimmt.

Die Beklagten haben sich nicht damit einverstanden erklärt, daß die jetzige Klarstellung der Ansprüche durch die Klägerin in dieser Instanz verwertet werde. Sie haben ferner nachträglich gerügt, daß ein Teilbetrag von mehreren selbständigen Ansprüchen ohne nähere Abgrenzung eingeklagt sei, und haben die Revision auch hierauf gestützt.

Der Klägerin ist zwar zuzugeben, daß sie ihre Ansprüche auf eine fortgesetzte Pflichtverletzung und insofern auf eine einheitliche Handlung der Beklagten gestützt hat. Hieraus folgt aber noch nicht, daß es sich um einen einheitlichen Anspruch handelt. Die Pflichtverletzung, die in der Nichtbeaufsichtigung des Vorstandes besteht, macht die Aufsichtsratsmitglieder nur insoweit schadensersatzpflichtig, als das pflichtwidrige Verhalten des Vorstandes einen Schaden verursacht hat. Ebenso wie jeder auf einer selbständigen pflichtwidrigen Handlung des Vorstandes beruhende Schadenserfolg einen selbständigen Schadensersatzanspruch gegen den Vorstand zur Folge hat, handelt es sich daher auch um selbständige Ansprüche, soweit aus solchen Handlungen des Vorstandes die Haftung der Aufsichtsratsmitglieder hergeleitet wird. Soweit bei den verschiedenen Schadensposten, die im Eingang der obigen Ausführungen zu 3. zusammengestellt worden sind, sowohl der Haftungsgrund (die Schadensursache) wie auch der Schadenserfolg verschieden sind, hat man es weder mit gleichartigen Teilen desselben Schadens, mit bloßen Rechnungsposten eines einheitlichen Anspruchs zu tun, die beliebig miteinander vertauscht, noch mit verschiedenen Klaggründen für denselben Anspruch, die beliebig nebeneinander geltend gemacht werden könnten, sondern mit mehreren selbständigen Ansprüchen, die gegeneinander abzugrenzen sind. Zunächst sind in diesem Sinne die von der Klägerin in der mündlichen Verhandlung hervorgehobenen drei Hauptgruppen von Ansprüchen zu unterscheiden, da sie auf völlig verschiedenartigen Handlungen des Vorstandes beruhen und ganz verschiedene Schäden zum Gegenstande haben. Aber auch die einzelnen Schadensposten von 535000 RM., 221000 RM., 120000 RM. und 74500 RM., die auf die unberechtigten Verfügungen über die Aktien und Wechsel der Klägerin gestützt sind, muß man auseinanderhalten, da hier jeweils eine weitere Ursache einen weiteren Schadenserfolg herbeigeführt haben soll. Die Haftung der Beklagten hängt jeweils davon ab, durch welche Umstände, insbesondere durch welche Handlungen des Vorstandes der Schaden verursacht worden ist. Als verschiedene die Haftung des Kartells und damit gegebenenfalls auch der Beklagten begründende Handlungen des Th. sind vor allem die im Namen des Kartells erfolgte Verpfändung eines Teils der Wertpapiere bei dem B.er Bankverein und die im eigenen Namen erfolgte Weitergabe eines anderen Teils an das Bankhaus W. & T.

zu unterscheiden. Aus ihnen ergeben sich zugleich getrennte Schadensfolgen. Teils besteht der Schaden darin, daß die Aktien für die Klägerin endgültig verloren gegangen sind und das Kartell ihr deshalb für den Wert der Aktien einzustehen hat; teils darin, daß die Klägerin die Aktien und die Wechsel hat einlösen müssen und das Kartell ihr deshalb Ersatz in Höhe ihrer Aufwendungen leisten muß. Eine besondere Stellung nimmt der auf die Nichterfassung der 19000000 Papiermark Aktien gestützte Anspruch ein. Hierbei war bisher nicht ersichtlich, ob die Klägerin die Beklagten damit für eine Schadensfolge haftbar machen will, die sich mit einer der vorerwähnten Schadensfolgen deckt, und ob es sich daher insoweit nur um einen weiteren Haftungsgrund für denselben Schaden handelt, oder ob damit ein weiterer Schaden geltend gemacht werden soll. Die Klägerin hat nunmehr auf Befragen vorgetragen, daß diese Aktien einen Teil der 34200000 Papiermark Aktien bildeten, die sie für 221000 RM. eingelöst hat, daß es sich insoweit also um einen Teil des Schadens von 221000 RM. handele. Wenn nun auch die Beklagten nicht darein gewilligt haben, daß die erst in der Revisionsinstanz erfolgte Ergänzung des Klagvorbringens berücksichtigt werde, so steht doch dieser Berücksichtigung insoweit nichts im Wege, als die Beklagten dadurch nicht beschwert werden. Die Klägerin muß ihr jetziges Vorbringen auf alle Fälle gegen sich gelten lassen, so daß es zur Grundlage einer sofortigen Entscheidung in der Sache selbst gemacht werden kann, wenn daraufhin der Anspruch reif zur endgültigen Abweisung ist. Dies trifft aber, wie unten noch näher ausgeführt wird, wegen der Verjährungseinrede zu.

Im übrigen bestehen keine Bedenken gegen die Annahme, daß die Klägerin dem Gericht die Auswahl unter den verschiedenen Ansprüchen überlassen wollte. Soll dies auch aus den oben dargelegten Gründen im allgemeinen nicht zugelassen werden, so hindert es doch nicht, daß jeder einzelne Anspruch bis zum Betrage des Klagantrages in Streit befangen ist, wenn auch die Verurteilung der Beklagten über diesen Betrag nicht hinausgehen darf. Damit wird im vorliegenden Falle bereits eine endgültige Entscheidung in der Sache selbst ermöglicht auch ohne Berücksichtigung der von der Klägerin jetzt angegebenen Reihenfolge, in der sie die einzelnen Ansprüche geltend machen will; denn nach dem feststehenden Sachverhalt sind sämtliche Ansprüche, wie noch auszuführen ist, auf Grund der Verjährungseinrede abzuweisen. In welcher Reihenfolge dies geschieht, ist völlig belanglos. Es kommt daher nicht mehr darauf an, ob der Entscheidung trotz des fehlenden Einverständnisses der Beklagten auch die Reihenfolge zugrunde gelegt werden dürfte, in der die Klägerin nach ihrer in der Revisionsinstanz abgegebenen Erklärung die einzelnen Ansprüche geltend machen möchte.

4. Das Berufungsgericht geht ohne weiteres davon aus, daß mit der am 31. März 1930 bei dem Amtsgericht H. eingereichten Klagschrift alle Schadensersatzansprüche anhängig geworden seien, die dem Kartell gegen die Beklagten als frühere Mitglieder seines Aufsichtsrats nach § 41 GenG. zustehen. Dies ist aber, wie die Revision mit Recht rügt, nicht richtig . . . (wird näher ausgeführt). Auf weitere Schadensfolgen hat die Klägerin ihre Klage zum erstenmal gemäß dem Berufungsschriftsatz vom 14. September 1935 erstreckt, indem sie dort darlegte, daß sie von dem Kartell, außer den ihr zugesprochenen 535000 RM., auf Grund der Vorkommnisse des Jahres 1925 noch weitere 1120676 RM. zu fordern, daß sie diesen Anspruch auch zur Konkursmasse angemeldet habe und daß daher dem Kartell und, auf Grund der Pfändung und Überweisung, nunmehr auch ihr gegen die Beklagten ein Anspruch auf Zahlung dieses weiteren Betrages zustehe. Mit Unrecht geht die Klägerin hier davon aus, dadurch, daß die Klage auf die Pfändung und Überweisung aller Ansprüche gestützt sei, die dem Kartell gegen die Beklagten aus deren Haftung als Aufsichtsratsmitglieder zustehen, seien auch alle diese Ansprüche in Höhe des eingeklagten Teilbetrages ohne weiteres rechtshängig geworden, also auch solche, die in der Klage selbst in keiner Weise hervorgehoben, geschweige denn irgendwie gegeneinander abgegrenzt waren. Diese Annahme beruht auf einer Verkennung der oben geschilderten Bedeutung des § 253 Abs. 2 Nr. 2 ZPO. Mag man sich auch im Pfändungs- und Überweisungsbeschluß mit einer ungenauen Bezeichnung der zu pfändenden und zu überweisenden Ansprüche begnügen, so stellt doch der § 253 Abs. 2 Nr. 2 ZPO. „die bestimmte Angabe des Gegenstandes und des Grundes des erhobenen Anspruchs" als wesentliches Erfordernis der Klagschrift hin und werden mit der Klagerhebung nur diejenigen Ansprüche anhängig, die in der Klagschrift nach Grund und Betrag hinreichend bestimmt geltend gemacht sind.

5. Wegen des in der Klagschrift von vornherein geltend gemachten Anspruchs des Kartells gegen die Beklagten zu a (535000 RM.) läßt das Berufungsgericht ohne Rechtsirrtum die Einrede der Verjährung durchgreifen ... (wird näher ausgeführt). Erst recht muß die Verjährungseinrede durchgreifen, soweit neue Ansprüche auf Ersatz weiterer Schäden erst im Jahre 1935 anhängig geworden sind. Denn die Ansprüche aus § 41 GenG. verjähren ohne Rücksicht auf den Zeitpunkt der Kenntnis und des Schadenseintritts in fünf Jahren seit Begehung der Tat; die angeblichen Pflichtverletzungen der Beklagten fallen aber sämtlich in das Jahr 1925, in einem Fall in das Jahr 1926.

---

52. Sind die §§ 4 und 7 der Ausführungsbestimmungen vom 27. Juli 1934 zum Generalabkommen zwischen den deutschen bergbaulichen Syndikaten und dem deutschen Kohlenhandel vom 15. Juni 1933/27. Juli 1934 vereinbar mit den §§ 50 und 64 der Ausführungsbestimmungen vom 21. August 1919 (RGBl. S. 1449) zum Gesetz über die Regelung der Kohlenwirtschaft vom 23. März 1919 (RGBl. S. 342) und mit der Bekanntmachung des Reichskohlenrats betr. die Voraussetzungen für den waggonweisen Bezug von Brennstoffen vom 8. April 1936 (Deutscher Reichsanzeiger Nr. 85 vom 9. April 1936)?

II. Zivilsenat. Urt. v. 4. Mai 1938 i. S. P. (Bekl.) w. Gewerkschaft B. (Kl.). II 27/38.

I. Landgericht Wuppertal.
II. Oberlandesgericht Düsseldorf.

Die Klägerin ist Kohlengroßhändlerin und Kohleneinzelhändlerin in B. Der Beklagte ist Kohleneinzelhändler in W.-E. Beide Parteien sind dem Generalabkommen zwischen den deutschen bergbaulichen Syndikaten und dem deutschen Kohlenhandel vom 15. Juni 1933 in der Fassung vom 27. Juli 1934 und den dazu ergangenen Ausführungsbestimmungen vom 27. Juli 1934 unterworfen.

Als der Beklagte im Juni 1936 den Pächter der Stadthalle in W.-E., namens E., aufsuchte, um ihm Koks anzubieten, sagte dieser, er habe den Koks bei der Klägerin bestellt. Die Klägerin trägt vor, der Beklagte habe hierauf erwidert, sie dürfe nach W.-E. überhaupt keine Brennstoffe liefern; mindestens habe er erklärt, sie dürfe nach W.-E. Kohlen und Koks nur zu den von der Vereinigung der Kohlenhändler in W.-E. festgesetzten Kleinverkaufspreisen liefern. Diese Behauptungen seien unrichtig und zu Wettbewerbszwecken gemacht. Als Kohlengroßhändlerin könne sie auch nach W.-E. liefern und insbesondere dürfe sie auch die Stadthalle beliefern, da diese unstreitig einen Koksbedarf von jährlich etwa 300 Tonnen habe. Im ersten Rechtsgang hat sie beantragt, 1. dem Beklagten zu untersagen, die genannten Behauptungen aufzustellen, 2. festzustellen, daß sie als Kohlengroßhändlerin anerkannt und als solche berechtigt sei, auch in W.-E. jeden Verbraucher mit einem Bedarf von wenigstens 15 Tonnen jährlich zu beliefern, ohne hierbei an die von der Vereinigung der Kohlenhändler in W.-E. festgesetzten Kleinverkaufspreise gebunden zu sein. Der Beklagte hat widersprochen, er behauptet, nur gesagt zu haben, E. könne bei der Klägerin nicht billiger kaufen als bei ihm, weil diese ihn nach dem § 3 Nr. I und dem § 4 Nr. I der Ausführungsbestimmungen zum Generalabkommen nur als Einzelhändlerin beliefern dürfe und als Mitglied der Kohlenhändler-Vereinigung an die in W.-E. geltenden Kleinverkaufspreise gebunden sei.

Das Landgericht hat die Klage abgewiesen; es hält nicht für nachgewiesen, daß der Beklagte gesagt habe, die Klägerin dürfe nach W.-E. überhaupt keine Brennstoffe liefern. Die von ihm zugegebene Behauptung, die Klägerin dürfe dorthin nur zu den Kleinhandelspreisen liefern, hält es für zutreffend und deshalb die diese Behauptung betreffenden Anträge für unbegründet.

Im zweiten Rechtsgang hat die Klägerin ihren Antrag dahin gefaßt, dem Beklagten zu untersagen, daß er zum Zwecke des Wettbewerbs die Behauptung aufstelle, sie dürfe nach W.-E. überhaupt keine Brennstoffe und dürfe dorthin Kohlen oder Koks nur zu den von der Vereinigung der Kohlenhändler in W.-E. festgesetzten Kleinverkaufspreisen liefern. Der Beklagte hat um Zurückweisung der Berufung gebeten.

Das Berufungsgericht hat dem Beklagten untersagt, zum Zwecke des Wettbewerbs die Behauptung aufzustellen, die Klägerin dürfe an den Pächter der Stadthalle in W.-E. Kohlen oder Koks nur zu den von der Vereinigung der Kohlenhändler in W.-E. festgesetzten

Kleinverkaufspreisen liefern. Im übrigen hat es die Berufung zurückgewiesen. Die Revision des Beklagten führte zur vollen Wiederherstellung des ersten Urteils.

Gründe:

Der Berufungsrichter hält mit dem Landgericht nicht für erwiesen, daß der Beklagte gesagt habe, die Klägerin dürfe nach W.-E. überhaupt keine Brennstoffe liefern, und kommt insoweit zur Zurückweisung der Berufung. Er ist aber im Gegensatz zum Landgericht der Auffassung, das, was der Beklagte nach seiner eigenen Darstellung geäußert habe, nämlich (dem Sinne nach) die Klägerin dürfe an den Pächter der Stadthalle nur zu den von der Vereinigung der Kohlenhändler in W.-E. festgesetzten Kleinverkaufspreisen liefern, sei unzutreffend. Nach den §§ 3 und 4 der Ausführungsbestimmungen zu dem genannten Generalabkommen sei die Stadthalle dem Kleinhandel zugewiesen. „Entgegenstehende" Bestimmungen im Sinne des § 9 dieses Abkommens, wonach darin übernommene Verpflichtungen nur insoweit gelten, als nicht gesetzliche Bestimmungen entgegenstehen, seien aber die §§ 50 und 64 der Ausführungsbestimmungen vom 21. August 1919 zum Kohlenwirtschaftsgesetz vom 23. März 1919 (abgekürzt KWGAusf.) in Verbindung mit der Bekanntmachung des Reichskohlenrats betr. die Voraussetzungen für den waggonweisen Bezug von Brennstoffen vom 8. April 1936. Nach diesen dürfe die Klägerin als Großhändlerin den Pächter der Stadthalle in W.-E. zu Großhändlerpreisen beliefern. Da ferner die hiernach unzutreffende Äußerung des Beklagten zu Zwecken des Wettbewerbs gemacht und geeignet sei, den Geschäftsbetrieb der Klägerin zu schädigen, der Beklagte auch noch im Rechtsstreit die Richtigkeit seiner Behauptung vertrete, so sei der Unterlassungsanspruch nach § 14 UnlWG. gerechtfertigt.

Die Revision rügt Verletzung sachlichen Rechts, insbesondere der §§ 50 und 64 des Ausführungsgesetzes zum Kohlenwirtschaftsgesetze. Sie ist begründet.

Das Generalabkommen zwischen den deutschen bergbaulichen Syndikaten und dem deutschen Kohlenhandel vom 15. Juni 1933/27. Juli 1934 und die dazu ergangenen Ausführungsbestimmungen vom 27. Juli 1934 unterliegen als typische Vereinbarungen der bergbaulichen Syndikate und des Zentralverbandes der Kohlenhändler der freien Auslegung durch das Revisionsgericht. Wie sich aus der gemeinschaftlichen Erklärung der beiden Vertragsteile vom 27. Juli 1934 zu den §§ 3 und 4 der Ausführungsbestimmungen zum Generalabkommen ergibt, soll durch diese der Geschäftskreis des Großhandels von dem des Einzelhandels abgegrenzt werden; hierbei ist die Erwägung leitend gewesen, daß es im Interesse einer Erstarkung des mittelständischen Kohleneinzelhandels und damit einer klaren Scheidung der Aufgabenbereiche des Groß- und des Kleinhandels erwünscht sei, den waggonweisen Bezug nach Möglichkeit auf die in § 3 Nr. I 2 genannten Verbrauchergruppen zu beschränken. Demnach ist in § 3 bestimmt, daß Großhändler zur Abgabe von Brennstoffen nur an 1. registrierte Kohlenhändler zum Zwecke des Wiederverkaufs, 2. an bestimmte landwirtschaftliche und industrielle Verbraucher und 3. an näher umgrenzte Genossenschaften berechtigt sind. Dagegen sind im § 4 dem Kohleneinzelhandel als alleinigem Lieferungsberechtigten zugewiesen 1. Privatverbraucher, 2. Kleingewerbetreibende, 3. Banken, Geschäftshäuser, Hotels, Gasthöfe und ähnliche Verbraucher. Über die Belieferung des sogenannten 15-Tonnen-Bezugs ist in § 7 der Ausführungsbestimmungen gesagt, die waggonweise Belieferung von Verbrauchern, die nicht ohnehin schon auf Grund der §§ 3 bis 6 die Möglichkeit des waggonweisen Bezugs haben, sei nur auf Grund der Vorschrift des § 64 der KWGAusf. zulässig; die Ausführung derartiger Lieferungen sei Sache des Einzelhandels.

Der Berufungsrichter nimmt zutreffend an, daß der Pächter der Stadthalle unter die Nummer 3 des § 4 „Hotels, Gasthöfe und ähnliche Verbraucher" falle. Daraus folgt, daß er nach den Ausführungsbestimmungen zum Generalabkommen nur durch Einzelhändler beliefert werden darf, und zwar auch dann, wenn er die Brennstoffe auf Grund des § 64 KWGAusf. waggonweise bezieht, da auch die Ausführung derartiger Lieferungen Sache des Einzelhandels ist. Das nimmt an sich auch der Berufungsrichter an. Er meint aber, diese Vereinbarung stehe zu zwingenden gesetzlichen Bestimmungen, nämlich zu den §§ 50 und 64 KWGAusf. in Widerspruch. Wenn dies richtig wäre, würde sie allerdings schon nach § 134 BGB. im Zweifel nicht rechtsverbindlich sein. Zudem ist im § 9 des Generalabkommens bestimmt, daß darin übernommene Verpflichtungen nur insoweit gelten, als nicht gesetzliche Bestimmungen entgegenstehen.

Die Revision greift aber diese Auffassung des Berufungsrichters mit Recht als rechtsirrig an. Nach § 50 KWGAusf. hat der Reichskohlenrat alljährlich in den ersten drei Monaten des Jahres Anordnung zu treffen, unter welchen Voraussetzungen Verbraucher, die mindestens eine Waggonladung von 15 Tonnen Brennstoff ab Werk, Umschlagsplatz oder Stapelplatz abnehmen, diese Brennstoffe beziehen können; er kann die Bezugszeit für die Verbraucher, deren Bestellungen nicht auf innerhalb des Jahres regelmäßig wiederkehrende Lieferungen gerichtet sind, auf die Monate April bis August beschränken. In engem Zusammenhang mit dieser Vorschrift steht § 64 Abs. 1 KWGAusf., wonach der Reichskohlenverband dafür sorgt, daß jedem Verbraucher, der mindestens eine Waggonladung von 15 Tonnen Brennstoff ab Werk, Umschlagplatz oder Stapelplatz abnimmt, die Möglichkeit gegeben ist, die Brennstoffe unter den vom Reichskohlenrat bestimmten Voraussetzungen gegen Barzahlung zu beziehen. Durch diese Bestimmungen sollte — worauf die Revision zutreffend hinweist — nicht etwa für den Händler eine Berechtigung geschaffen, sondern den Verbrauchern, die mindestens 15 Tonnen beziehen, die Möglichkeit eines solchen Bezugs gesichert werden. Sie beruhten u. a. darauf, daß zur Zeit ihres Erlasses der Bezug von Kohlen zu angemessenen Preisen nicht ohne weiteres gesichert erschien (vgl. Lüttig Anm. zu §§ 50 und 64 der Ausführungsbestimmungen zum Kohlenwirtschaftsgesetz), und führen den Gedanken des § 49 a. a. O. näher aus, wonach der Reichskohlenrat das Recht hat, allgemeine Richtlinien für die Brennstoffwirtschaft zu geben, insbesondere zur Ausschaltung unwirtschaftlichen Wettbewerbs und zum Schutze der Verbraucher. Deshalb muß die Frage, ob die Ausführungsbestimmungen zum Generalabkommen, insbesondere die §§ 4 und 7, in Widerspruch mit den §§ 50 und 64 KWGAusf. stehen, unter dem Gesichtspunkt geprüft werden, ob dadurch das den Verbrauchern zustehende Recht unzulässig beeinträchtigt wird. Nur wenn dies der Fall sein sollte, sind sie als „gesetzlichen Bestimmungen entgegenstehend" im Sinne des § 9 des Generalabkommens anzusehen.

Ein solcher Widerspruch liegt jedoch nicht vor. Denn durch die Vorschriften der §§ 50, 64 der KWGAusf. wird nicht etwa jedem Bezieher eines 15-Tonnen-Waggons das Recht zuerkannt, von jedem Händler die Lieferung eines solchen Wagens zu verlangen. Wenn nach § 64 Abs. 2 das. kein Anspruch auf unmittelbare Lieferung durch die Syndikate und ihre Mitglieder gegeben ist, so folgt daraus nicht etwa, daß ein solcher Anspruch gegen jeden Händler begründet wäre; die genannte Bestimmung bringt nur zum Ausdruck, daß die Syndikate und deren Mitglieder sich nicht mit Kleinverkauf abzugeben brauchen. Dem einzelnen Verbraucher wird der Anspruch auf solchen Bezug vielmehr nur unter bestimmten Voraussetzungen zugesichert. Denn der Reichskohlenrat muß nach § 50 erst die Voraussetzungen bestimmen, unter denen die Verbraucher solche Lieferungen beziehen können. Dann ist es nach § 64 Pflicht des Reichskohlenverbandes, dafür zu sorgen, daß der einzelne Verbraucher, bei dem die Voraussetzungen für den Bezug vorliegen, diese Brennstoffe auf Verlangen auch wirklich erhält. In der Auskunft des Reichskohlenrats vom 4. März 1937 heißt es zwar, solange Besteller und Lieferer einig seien, blieben sie in ihren Vertragsabschlüssen frei, sofern die Vertragsbedingungen sich in den durch § 118 KWGAusf. gezogenen Grenzen hielten; erst wenn der Besteller, um seine Ware zu bekommen, sich auf die §§ 50 und 64 a. a. O. berufen müsse, kämen die von ihm erlassenen Bekanntmachungen, hier die vom 8. April 1936, in Betracht. Das ist insofern richtig, als nach dem Gesetz Besteller und Lieferer grundsätzlich in der Vereinbarung ihrer Vertragsbedingungen im Rahmen des genannten § 118 frei sind und die in den §§ 50 und 64 a. a. O. getroffene Regelung erst in Kraft zu treten braucht, wenn sich Besteller und Lieferer nicht einigen. Die Sachlage ist aber für den Lieferer durch das Generalabkommen und die dazu erlassenen Ausführungsbestimmungen insofern anders geworden, als der einzelne Kohlenhändler nur noch nach Maßgabe dieser Bestimmungen liefern darf und als nach § 7 daselbst die waggonweise Belieferung von Verbrauchern, die nicht schon auf Grund der §§ 3 bis 6 diese Bezugsmöglichkeit haben, nur auf Grund der Vorschrift des § 64 zulässig ist. Dem Berufungsrichter ist zwar darin beizupflichten, daß es dem Zweck und Sinn der §§ 50, 64 a. a. O. widersprechen würde, wenn es dem Kohlenhandel erlaubt wäre, durch Vereinbarungen untereinander das Recht des Großabnehmers auf Bezug von Brennstoffen zu Großhändlerpreisen praktisch zunichte zu machen. Das ist aber durch das Generalabkommen und die dazu erlassenen Ausführungsbestimmungen nicht geschehen; denn sie stehen zwar dem 15-Tonnenbezug durch Privatverbraucher und diesen Gleichzustellende nicht wohlwollend gegenüber und erklären, dieser Bezug solle keine Ausdehnung erfahren; sie erkennen aber andrerseits ihre Verpflichtung an, solche Bestellungen nach den gemäß § 64 a. a. O. erlassenen Bestimmungen auszuführen. Mithin halten sich Generalabkommen und Ausführungsbestimmungen im Rahmen der gesetzlichen Vorschriften.

Hiernach ist der Standpunkt der Klägerin, sie sei allgemein berechtigt, als Großhändlerin nach W.-E., insbesondere an den Pächter der Stadthalle, 15-Tonnen-Lieferungen zu Großhändlerpreisen auszuführen, unrichtig. Der Beklagte war grundsätzlich berechtigt, zu behaupten, die Klägerin dürfe diesem nur zu den von der Vereinigung der Kohlenhändler in W.-E. festgesetzten Kleinverkaufspreisen liefern. Er hätte diese Behauptung nur dann nicht aufstellen dürfen, wenn die von der Klägerin für E. übernommene Lieferung auf Grund des § 7 der Ausführungsbestimmungen zum Generalabkommen in Verbindung mit § 64 KWGAusf. erfolgt wäre. Das ist aber nicht geschehen, weil die vom Reichskohlenrat für solche Lieferungen durch die Bekanntmachung vom 8. April 1936 festgesetzten Voraussetzungen nicht erfüllt sind. Diese Bekanntmachung bestimmt u. a. folgendes:

Ein Brennstoffverbraucher, der unter Berufung auf die §§ 50 und 64 a. a. O. mindestens eine Wagenladung von 15 t Brennstoffe ab Werk, Umschlagsplatz oder Stapelplatz abnimmt, kann diese Brennstoffe von jetzt ab bis auf weiteres mit folgender Maßgabe beziehen:

1. Die Bestellung ist bei einem Syndikat einzureichen. Das Syndikat bestimmt den Lieferer unter möglichster Wahrung des seitherigen Anteils an den Bezügen des Liefergebiets.

2. . . .

3. Der Kaufpreis ist vor Lieferung der Brennstoffe zu entrichten . . .

Der Revision wird zwar darin nicht beigetreten werden können, daß sich der Besteller bei Abgabe der Bestellung ausdrücklich auf die §§ 50 und 64 a. a. O. berufen müsse. Vielmehr kann sich die Berufung aus den Umständen ergeben. Auch wird im vorliegenden Fall — im Gegensatz zur Revisionsbegründung — das Erfordernis der Barzahlung als erfüllt angesehen werden können, da nach den Feststellungen des Berufungsurteils die bei der Bestellung hergegebenen Wechsel vor der Lieferung eingelöst waren. Der Berufungsrichter hat keine Feststellungen darüber getroffen, wie die Lieferungen der Klägerin an E. erfolgt sind, ob in Eisenbahnwagen oder, wie die Revision behauptet, mittels Lastkraftwagen. Es kann aber dahingestellt bleiben, ob auch Sendungen mit Lastkraftwagen unter die Lieferungen im Sinne der §§ 50, 64 a. a. O. sowie der Bekanntmachung des Reichskohlenrats vom 8. April 1936 gerechnet werden können. Denn auch wenn man diese Frage im Gegensatz zur Revisionsbegründung bejahen wollte, so fehlt es doch an dem weiteren Erfordernis der Bestellung beim Syndikate. Während es in der Bekanntmachung des Reichskohlenrats betr. die Voraussetzungen für den waggonweisen Bezug von Brennstoffen vom 2. April 1935, veröffentlicht im Reichsanzeiger vom 4. April 1935, noch hieß, die Bestellung sei „bei einem Händler oder Syndikat" einzureichen, war nach der oben wiedergegebenen Bekanntmachung vom 8. April 1936 die Bestellung nicht mehr bei einem Händler, sondern nur bei einem Syndikat einzureichen. Es mag auf sich beruhen, ob diese Änderung etwa auf das Bestreben zurückgeht, den Bezug der 15-Tonnenwagen möglichst einzuschränken, weil der einzelne Händler, auch wenn er den Kunden zu einem solchen Bezuge veranlaßt, nun keine Gewißheit mehr hat, die Ausführung des Auftrags zu erhalten. Jedenfalls ergibt sich aus dem klaren Wortlaut dieser Bestimmung, daß die Bestellung jetzt nur mehr bei einem Syndikat erfolgen kann. Daß es sich hierbei um eine bewußte Änderung der bisherigen Regelung handelt, erhellt auch daraus, daß weiter die Bestimmung des Lieferers allgemein dem Syndikat übertragen ist, während dies in der früheren Bekanntmachung nur für den Fall bestimmt war, daß die Bestellung bei einem Syndikat eingereicht wurde. Da E. unstreitig nicht beim Syndikat bestellt hatte, durfte die Klägerin ihm nur zu den Kleinhandelspreisen liefern, so daß die entsprechende Behauptung des Beklagten auch bei Berücksichtigung der hier vorliegenden Bestellung zutreffend war.

Es ist unerheblich, daß ein Syndikat, bei dem etwa in Zukunft aus W.-E. eine Bestellung unter Berufung auf die §§ 50 und 64 KWGAusf. eingeht, der Klägerin die Lieferung zuteilen könnte; denn die Parteien sind sich darüber einig, daß in einem solchen Falle die Klägerin die Lieferung entsprechend der Bekanntmachung des Reichskohlenrats ausführen dürfte.

Hiernach hat der Beklagte durch die beanstandete Behauptung nicht gegen § 14 UnlWG. verstoßen. Die Entscheidung ist auch zur Endentscheidung in dem Sinne reif, daß die Klage im ganzen Umfang abzuweisen ist . . . (wird näher dargelegt).

---

53. 1. Grenzen der Beschränkung — im Gegensatz zur Ausschließung — der Öffentlichkeit der Verhandlung (im Ortstermin).

2. Kann eine Partei auf die Befolgung des Grundsatzes der Öffentlichkeit der Verhandlung wirksam verzichten?

3. Zur Feststellung von Zeugenaussagen.

ZPO. §§ 161, 164, 295, 551 Nr. 6. GVG. §§ 169, 172.

VI. Zivilsenat. Urt. v. 4. Mai 1938 i. S. K. (Bekl.) w. H. (Kl.). VI 17/38.

I. Landgericht Detmold.
II. Oberlandesgericht Celle.

Am 8. September 1935 spätabends stieß der Kläger, der seinen Personenkraftwagen steuerte, mit dem Beklagten, der auf seinem Kraftrad aus der entgegengesetzten Richtung kam, auf einer Kreisstraße am Eingang des Ortes W. zusammen. Der Beklagte und seine hinter ihm sitzende Frau wurden herabgeschleudert und — der Ehemann besonders schwer — verletzt. Mit der vorliegenden Klage verlangt der Kläger Ersatz für die Beschädigung seines Wagens. Der Beklagte begehrt mit der Widerklage die Erstattung von Heilungskosten. Das Landgericht wies die Widerklage ab und erklärte den Klaganspruch dem Grunde nach für gerechtfertigt. Das Berufungsgericht wies die Berufung zurück. Die Revision des Beklagten führte zur Aufhebung und Zurückverweisung.

Gründe:

1. Die Revision rügt in erster Linie, daß das Berufungsurteil auf Grund einer mündlichen Verhandlung ergangen sei, bei der die Vorschriften über die Öffentlichkeit des Verfahrens verletzt worden seien (§ 551 Nr. 6 ZPO.). Die Rüge ist begründet.

Durch Beschluß des Berufungsgerichts vom 18. September 1937 wurde die Vernehmung von Zeugen und die Einnahme des Augenscheins angeordnet; zugleich wurde der dafür angesetzte Termin vom 12. Oktober 1937 auch zur weiteren mündlichen Verhandlung bestimmt. Die Niederschrift über die Vorgänge von diesem Tage enthält den Eingangsvermerk „Sitzung des 6. Zivilsenats des Oberlandesgerichts Celle". Es wird festgestellt, daß die Örtlichkeit besichtigt und den Parteien Gelegenheit gegeben sei, den Hergang des Unfalls zu schildern, daß auch die beiden Kraftfahrzeuge an Ort und Stelle waren. Weiter wird gesagt, daß 8 Zeugen vernommen wurden; nach der Angabe der persönlichen Verhältnisse jedes Zeugen heißt es: „Der Zeuge wurde zur Sache vernommen". Demnächst folgt der Vermerk, daß sich der Senat und der Protokollführer ohne die Parteien und ihre Vertreter, aber mit deren Einverständnis in die Wohnung einer erkrankten Zeugin begeben haben, über deren Vernehmung dasselbe gesagt ist wie bei den anderen Zeugen. Nach der Feststellung, daß der im Ortstermin vorgeführte Kraftwagen derselbe sei wie der beim Unfall benutzte, heißt es in der Niederschrift:

> Nach Einbruch der Dunkelheit wurde nochmals eine Ortsbesichtigung vorgenommen und hierbei sowohl der Kraftwagen wie das Motorfahrrad ... vorgeführt. Die Zeugen wurden ... entlassen ... Hierauf verlasen die Parteien die Anträge ... und verhandelten zur Sache. Vor Beginn der Ortsbesichtigung nach Einbruch der Dunkelheit war eine Pause von reichlich $1/2$ Stunde eingetreten.

Schließlich wurde Termin zur Verkündung einer Entscheidung anberaumt und bekanntgegeben. In diesem neuen Termine wurde das Urteil verkündet, nachdem ein Antrag des Beklagten, die Verhandlung mit Rücksicht auf ein von ihm nunmehr vorgelegtes umfangreiches Gutachten eines Sachverständigen wiederzueröffnen, abgelehnt worden war.

Nachdem der Beklagte im Armenrechtsgesuch die Verletzung der Öffentlichkeit im Termine vom 12. Oktober 1937 gerügt und die einzelnen Vorgänge von diesem Tage geschildert hatte, ließ der erkennende Senat das Berufungsgericht hierzu Stellung nehmen. Danach müssen bei dem Verlauf des Termins mehrere Abschnitte unterschieden werden, die aber rechtlich als Einheit aufzufassen sind.

Zunächst fand die Ortsbesichtigung und die Vernehmung von Zeugen auf der Straße statt; hierzu wurden nur die am Rechtsstreit Beteiligten zugelassen. Demnächst begaben sich die Gerichtspersonen mit den anderen Prozeßbeteiligten in das Gemeindehaus, wo ein im Obergeschoß belegener, zweifenstriger, einfacher, höchstens 20 qm großer Raum zur Verfügung stand. Das Berufungsgericht beurteilt diesen Raum dahin, daß es unmöglich gewesen sei, außer den Gerichtspersonen, den Parteien und ihren Angehörigen sowie den Rechtsanwälten noch eine größere Zahl von Personen darin unterzubringen; deshalb sei jeder Zeuge gebeten worden, nach seiner Vernehmung den Saal zu verlassen. Alsdann wurde nach einer Pause die Unfallstelle nochmals besichtigt. Im Anschluß hieran begab sich der Gerichtshof, nachdem die Zeugen unter Einverständnis der Parteien entlassen waren, mit den übrigen Beteiligten in das Gasthaus; dort wurde in einem wesentlich größeren Zimmer verhandelt.

Im Anschluß an die Äußerung des Berufungsgerichts haben die Urkundspersonen, welche die Niederschrift vom 12. Oktober 1937 unterzeichnet hatten, diese dahin berichtigt, daß die Sitzung öffentlich gewesen sei. Diese Berichtigung ist nicht unter dem Gesichtspunkt des § 164 ZPO. zu werten, wonach gegen den Inhalt der Niederschrift, der die für die Verhandlung vorgeschriebenen Förmlichkeiten betrifft, nur der Nachweis der Fälschung zulässig ist. Es handelt sich vielmehr um eine Aufklärung der Vorgänge, deren Feststellung an sich Bestandteil der Niederschrift sein mußte, aber nicht stattgefunden hat. Die Niederschrift ist nicht durch Ergänzung im Wege der Aufnahme jener Vorgänge berichtigt worden, sondern die Urkundspersonen haben nach der Beanstandung durch eine Partei eine rechtliche Beurteilung der Vorgänge vorgenommen, die in der Revisionsinstanz nachzuprüfen ist. Das ist hier um so weniger zu bezweifeln, als der Inhalt der Niederschrift selbst ihre Unvollständigkeit ergibt; denn es war naturgemäß ausgeschlossen, daß die Verhandlung der Parteien etwa an der Unfallstelle stattgefunden habe, wie aus dem Inhalt der Niederschrift entnommen werden könnte.

Nach § 169 GVG. ist die Verhandlung vor dem erkennenden Gericht öffentlich. Die Verhandlung in diesem Sinne schließt, wenn in dem Verhandlungstermin auch die Beweisaufnahme stattfindet, diese ein; beides ist dann eine Einheit. Was für die Verhandlung der Parteien gilt, gilt auch für die Beweisaufnahme. Darüber besteht auch im Schrifttum kein Streit. Nun hat aber der Grundsatz der Öffentlichkeit nicht die Bedeutung, daß der Zutritt jedermann und allezeit gewährt wird. Auch wenn die vom Gesetz für eine vollkommene — vom Berufungsgericht im vorliegenden Falle nicht beabsichtigte — Ausschließung der Öffentlichkeit im § 172 GVG. erschöpfend angeführten Voraussetzungen nicht vorliegen, können die örtlichen und räumlichen Verhältnisse die volle Verwirklichung des Grundsatzes der Öffentlichkeit verhindern. Das ist in der Rechtsprechung der Strafsenate des Reichsgerichts anerkannt (RGSt. Bd. 54 S. 225, Bd. 52 S. 137, Bd. 47 S. 322). Die Zivilsenate haben bisher, soweit ersichtlich, keine Gelegenheit zur Stellungnahme gehabt, weil die Beweisaufnahme früher seltener durch die Gesamtheit des Gerichtshofs erledigt und die Verhandlung auch nicht mit der Beweisaufnahme verbunden zu werden pflegte. Die schärfere Betonung der Unmittelbarkeit der Beweisaufnahme und der Notwendigkeit der Beschleunigung bei der Erledigung der Rechtsstreitigkeiten in der neueren Zeit haben zwangsläufig zu einer Änderung des früheren Verfahrens geführt. Im vorliegenden Fall konnten besondere Gründe für die Einschränkung der Öffentlichkeit bei der Beweisaufnahme sprechen. Die zu besichtigende Unfallstelle, an der auch die Zeugen zu vernehmen waren, befand sich auf einer öffentlichen Straße am Eingang einer Ortschaft; dabei sollten Kraftfahrzeuge vorgeführt werden. Es mag also Anlaß vorgelegen haben, dritte nicht zu den Beteiligten gehörende Personen räumlich von der Vornahme der gerichtlichen Handlungen fernzuhalten; dabei konnte mit Rücksicht auf die Nähe der Ortschaft auch die Fernhaltung unerwachsener Personen (§ 175 GVG.) in Frage kommen. Es soll nicht verkannt werden, daß dem Gericht bei der Ausübung des für die Einschränkung der Öffentlichkeit notwendigen Ermessens im allgemeinen die Freiheit der Entschließung gewahrt bleiben muß. Aber eine Grenze findet dieses Ermessen dort, wo für seine Ausübung Erwägungen maßgebend sind, die mit den örtlichen und räumlichen Verhältnissen des Einzelfalls in keinerlei Zusammenhang stehen. Und so war die Sachlage im vorliegenden Fall. Zu Beginn des Termins haben beide Parteien an der Unfallstelle mitgeteilt, daß sie zu ihrer Unterstützung Sachverständige — der Beklagte einen Oberingenieur — mitgebracht hätten. Diesen Sachverständigen ist nicht gestattet worden, den Vorgängen in einer Weise beizuwohnen, daß sie so, wie die Gerichtspersonen und die Parteien, das Gesprochene mitanhören konnten; es verblieb auch bei der Ausschließung der Sachverständigen, als der Prozeßbevollmächtigte des Beklagten im Laufe der Verhandlung nochmals um die Zulassung bat. Das Berufungsgericht hat sich in seiner Stellungnahme zu der Darstellung des Beklagten wiederholt dahin geäußert, es habe keine Veranlassung vorgelegen, zugunsten der Privatgutachter irgendeine Ausnahme zu machen; das Gericht sei auch der Ansicht gewesen, daß die Zuziehung der beiden Privatgutachter zum Termin überflüssig sei. Am Schluß seiner Äußerung faßt es seine Stellungnahme dahin zusammen, es habe sich darum gehandelt, ob der Aufenthalt der Privatgutachter unmittelbar in der Nähe des Senats erzwungen werden konnte zu dem Zweck, jedes Wort der Beteiligten zu hören und unmittelbar oder mit Hilfe des Anwalts in die Vernehmung einzugreifen; der Senat habe keine Veranlassung gehabt, den Privatgutachtern vor anderen am Rechtsstreit nicht beteiligten Personen eine bevorzugte Stellung einzuräumen. Danach handelt es sich nicht mehr um eine Beschränkung der Öffentlichkeit aus Gründen der oben dargelegten Art, sondern um eine Ausschließung der Öffentlichkeit, eine Ausschließung, die vom Berufungsgericht selbst aber nicht gewollt war. Die Öffentlichkeit soll naturgemäß den Zuhörern die Möglichkeit geben, die vor Gericht sich abspielenden Vorgänge zu verfolgen. Den Parteien war daran gelegen, die von ihnen gestellten sachverständigen Personen zuhören zu lassen, und diese selbst hatten ein Recht darauf im Rahmen der öffentlichen Verhandlung. Von dem Eingreifen eines Zuhörers in die Verhandlung kann keine Rede sein; wäre der Versuch gemacht worden, wofür aber irgendein Anhalt nicht angeführt wird, so hätten die Vorschriften der §§ 176 flg. GVG. den Weg zur Abhilfe gewiesen. Die Ausführung des Berufungsgerichts, es habe die Zuziehung der Sachverständigen seitens der Parteien für überflüssig gehalten, liegt neben der Sache; sie hat mit den sachlichen Gründen der oben erörterten Art nichts zu tun und hätte nur dazu führen können, von einem Beschluß über sofortige Vernehmung der Sachverständigen (§ 357a ZPO.) abzusehen, wenn sie beantragt worden wäre. Dieses Verfahren würde in Übereinstimmung mit der Auffassung des Berufungsgerichts gestanden haben, daß auch die Zuziehung eines gerichtlichen Sachverständigen nicht nötig sei. Gewiß sollte die Anwesenheit der Sachverständigen dazu dienen, die Parteien über die mit dem Unfall zusammenhängenden Fragen technischer Art zu unterrichten. Daß damit aber ein anderer Zweck als die Erforschung der Wahrheit verfolgt werden sollte, erhellt nicht. Alles das hat aber mit der Beschränkung der Öffentlichkeit nichts zu tun.

Von derselben nicht zu billigenden Erwägung hat sich das Berufungsgericht anscheinend auch bei der Vernehmung der Zeugen im Gemeindehause leiten lassen. Es kam, soweit es sich um zwei sachverständige Personen handelte, nicht darauf an, ob noch eine „größere Zahl" von Personen dort untergebracht werden konnte; wenn die Angehörigen der Parteien dort noch Unterkunft fanden, so kann man wohl annehmen, daß dies auch bei zwei anderen Personen möglich gewesen wäre; vermutlich würden die Parteien deren Anwesenheit für notwendiger gehalten haben als die ihrer Angehörigen. Daß die Beweisaufnahme mit der Vernehmung der Zeugen an der Unfallstelle noch nicht abgeschlossen war, sondern im Gemeindehause fortgesetzt wurde, kann nicht in Abrede gestellt werden.

Schließlich ist es durch das beanstandete Verfahren dazu gekommen, daß die Sachverständigen auch der Verhandlung im Gasthause nach Erledigung der Beweisaufnahme nicht beigewohnt haben. Der Prozeßbevollmächtigte des Beklagten hatte den von ihm zugezogenen Sachverständigen bereits entlassen, wahrscheinlich weil er sich nun keinen hinreichenden Nutzen mehr von dessen Anwesenheit versprach oder weil er annahm, daß diese auch weiterhin in der Verhandlung nicht möglich sein werde. Der Sachverständige des Klägers war in diesem Abschnitt des Termins noch anwesend; der Prozeßbevollmächtigte des Klägers bat aber auch ihn — auf den Widerspruch des Beklagten hin —, den Sitzungsraum zu verlassen. Daß die Belange der Parteien durch die Beschränkung der Öffentlichkeit im vorliegenden Fall verletzt worden sind, kann man auch aus dem weiteren Verlaufe des Rechtsstreits ersehen. Als der Beklagte vor dem Verkündungstermin ein umfangreiches Gutachten seines Sachverständigen einreichte und um Wiedereröffnung der Verhandlung bat, machte der Kläger geltend, dieses Gutachten sei schon deshalb nicht verwertbar, weil der Sachverständige an der Beweisaufnahme nicht teilgenommen habe, und das Berufungsgericht lehnte es dann ab, die Verhandlung wieder zu eröffnen.

Die Versuche des Klägers und Revisionsbeklagten, in der Verhandlung vor dem Revisionsgericht darzulegen, daß die Öffentlichkeit gewahrt worden sei, gehen fehl. Er meint, die Öffentlichkeit der Verhandlung habe nur allgemein den Zweck, daß unbeteiligte Personen der Verhandlung beiwohnen könnten, diese Erwägung treffe aber auf Privatgutachter der Parteien nicht zu. Eine solche Unterscheidung ist dem Gesetz nicht bekannt. Wollte man diesem Gedanken nachgehen, so könnte er nur dazu führen, die Anwesenheit sachkundiger Personen für bedeutsamer zu halten als die von Personen, welche auf dem zur Verhandlung stehenden Gebiet keine Fachkenntnisse besitzen.

Der Kläger nimmt ferner darauf Bezug, daß der Privatgutachter des Beklagten und Revisionsklägers in seinem nach dem Verhandlungstermin eingereichten Gutachten die Bemerkung vorausgeschickt habe, die Stellung von Wagen und Kraftrad bei der Augenscheinseinnahme könne nur in dem Umfange benutzt werden, wie sie habe beobachtet werden können aus der Entfernung, wohin die Sachverständigen der Parteien durch das Gericht verwiesen worden seien. Der Kläger meint, daraus gehe hervor, daß der Gutachter doch gewisse Beobachtungen habe machen können. Das ist unwesentlich. Das Erfordernis der Öffentlichkeit ist grundsätzlich zu bedeutsam, als daß man es für ausreichend halten könnte, wenn mehr oder weniger zuverlässige Wahrnehmungen allein mit dem Auge in gewissem Umfange möglich sind; im vorliegenden Falle wollte außerdem das Berufungsgericht die Privatgutachter von der Verhandlung — mit unzulässiger Begründung — fernhalten.

2. Schließlich meint der Kläger, daß der Beklagte auf die Rüge der Verletzung des Grundsatzes der Öffentlichkeit stillschweigend verzichtet habe; er leitet dies daraus her, daß die Rüge nach seiner Annahme nicht in dem Abschnitte des Termins erhoben worden sei, der die Verhandlung der Parteien zum Gegenstande hatte. Diese Rüge ist schon deshalb unbegründet, weil eine Vorschrift verletzt ist, auf deren Befolgung eine Partei wirksam nicht verzichten kann (§ 295 Abs. 2 ZPO.). Die — vereinzelt vertretene — Auffassung Baumbachs (Bem. 1 zu § 169 GVG.), daß der Öffentlichkeit der Verhandlung nach heutiger Auffassung nicht mehr die Bedeutung zukomme, die ihr in der Begründung des Gesetzes beigelegt wurde, ist abzulehnen. Die Bedeutung, welche die Ausübung der Rechtspflege grundsätzlich für die Volksgemeinschaft hat, spricht keineswegs dafür, daß diese jetzt über den vom Gesetz bestimmten Rahmen hinaus in der Möglichkeit beschränkt sein sollte, sich auch durch eigene Wahrnehmungen über den Gang des Verfahrens von der Rechtssicherheit zu überzeugen. Es würde andrerseits mit der im neuen Recht eingeführten Beschränkung der Parteibefugnis, den

Verlauf des Rechtsstreits maßgebend zu bestimmen, nicht vereinbar sein, wenn man einer Partei die Verfügung darüber einräumen wollte, ob eine zu Gunsten der Volksgemeinschaft verordnete Grundlage des Verfahrens beiseite geschoben werden soll.

3. Das angefochtene Urteil war aus den angegebenen Gründen gemäß § 551 Nr. 6 ZPO. aufzuheben, ohne daß eine Nachprüfung in sachlich-rechtlicher Beziehung erfolgen konnte. Die erneute Verhandlung wird dem Beklagten Gelegenheit geben, auch seine sachlich-rechtlichen Rügen — insbesondere zur Frage der Entlastung des Klägers — dem Berufungsgericht vorzutragen, das den gesamten Prozeßstoff von neuem zu prüfen hat. Dazu sei noch auf das folgende formelle Bedenken hingewiesen: Das Berufungsurteil enthält den Vermerk, daß die Zeugen „im wesentlichen" ihre früheren Aussagen wiederholt hätten. Zwar konnte die Feststellung der Zeugenaussagen in der Sitzungsniederschrift unterbleiben, weil die Vernehmung vor dem Prozeßgericht erfolgte und das Endurteil der Berufung nicht unterlag (§ 161 ZPO.). Dann ist aber, wie im Urteil des erkennenden Senats RGZ. Bd. 145 S. 392 im einzelnen dargelegt ist, die Wiedergabe der Zeugenaussagen im Urteil unerläßlich und geht es nicht an, diese auf das zu beschränken, was das Berufungsgericht für wesentlich hält. Vielmehr muß die Wiedergabe so erfolgen, daß nachgeprüft werden kann, ob das Berufungsgericht bei der Beurteilung, inwieweit eine Aussage als wesentlich zu erachten sei, von rechtlich zutreffenden Gesichtspunkten ausgegangen ist (JW. 1937 S. 35 Nr. 17 u. a.).

---

54. Unter welchen Umständen hat der Schadensersatzpflichtige nach § 843 Abs. 2 Satz 2 BGB. Sicherheit zu leisten? Welche Bedeutung hat dabei der Umstand, daß der Ersatzpflichtige gegen Haftpflicht versichert ist?

VI. Zivilsenat. Urt. v. 7. Mai 1938 i. S. T. u. Gen. (Bekl.) w. M. (Kl.). VI 1/38.

I. Landgericht Plauen i. V.
II. Oberlandesgericht Dresden.

Der Kläger, der am 15. Juni 1929 bei einem Zusammenstoß von Kraftfahrzeugen verletzt worden war, hat die Beklagten als

Gesamtschuldner auf Schadensersatz in Anspruch genommen und ihre Verurteilung zur Zahlung von Rentenbeträgen erreicht. Die Beklagten haben nur insoweit Revision eingelegt, als sie das Oberlandesgericht (abweichend vom Landgericht) im Schlußurteil weiter verurteilt hat, wegen der dem Kläger zu zahlenden Renten Sicherheit nach §§ 232flg. BGB. in Höhe von 25000 RM. zu leisten. Die Revision führte zur Aufhebung und Zurückverweisung.

Aus den Gründen:

Das Berufungsgericht erkennt an, es sei nichts dafür dargetan, daß in absehbarer Zeit mit einer Zahlungsunfähigkeit der Beklagten oder der hinter ihnen stehenden Versicherungsgesellschaften zu rechnen wäre; auch stünde dem Kläger, falls etwa die Beklagten in Konkurs geraten sollten, der § 157 des Gesetzes über den Versicherungsvertrag schützend zur Seite. Es erkennt endlich auch an, daß die Versicherer, eine ausländische Versicherungs-Aktiengesellschaft mit dem Hauptsitz in Z. und die K. Versicherungs-AG., angesehene und als „wohl fundiert" bekannte Gesellschaften seien. Es hält aber trotzdem unter Berufung auf das Urteil des erkennenden Senats vom 6. Mai 1935 VI 616/34 (JW. 1935 S. 2949 Nr. 4) die Verurteilung der Beklagten zur Leistung einer Sicherheit nach § 843 Abs. 2 Satz 2 BGB. für angemessen, weil die Renten zusammengenommen verhältnismäßig hoch seien und sich auf die verhältnismäßig lange Dauer von noch etwa 25 Jahren erstreckten, weil auch zur Zeit noch nicht zu übersehen sei, welchen Wandlungen und etwaigen Erschütterungen die allgemeine Wirtschaftslage in dieser langen Zeit ausgesetzt sein werde, insbesondere wegen der nicht ohne weiteres von der Hand zu weisenden Gefahr, daß feindlich gesinnte Staaten dem Deutschen Reich kriegerische oder auch nur wirtschaftliche Verwicklungen aufzwingen könnten. Es meint, es sei auch nicht undenkbar, daß eine künftige Devisengesetzgebung die Zahlungen von seiten ausländischer Versicherungsgesellschaften an Reichsangehörige erschweren, beschränken oder gar unterbinden könnte, und berücksichtigt endlich auch, daß die Beklagten als Versicherungsnehmer über ihre Ansprüche an den Versicherer, solange sie nicht in Konkurs verfallen seien, jederzeit frei verfügen, sie also dem Zugriff des Klägers entziehen könnten.

Die Bestimmung darüber, ob und in welcher Art und Höhe im Einzelfall dem Verletzten Sicherheit zu leisten ist, überläßt das Gesetz dem Ermessen des Gerichts. Die Ermessensentscheidung des Tatrichters kann mit der Revision nur angefochten werden, wenn sie auf einem Rechtsirrtum beruht oder doch der Verdacht eines solchen Irrtums besteht.

1. Der Revision ist zuzugeben, daß wegen der Beträge, die bei der Verkündung des Urteils sofort fällig waren und derentwegen der Kläger nötigenfalls sofort die Zwangsvollstreckung betreiben könnte, eine Verpflichtung zur Sicherheitsleistung nicht in Frage kommen kann, daß daher diese Beträge auch bei der Bemessung der Höhe der Sicherheit nicht mitberücksichtigt werden durften ...

2. Im übrigen hat das Berufungsgericht dafür, daß eine Sicherheitsleistung angemessen sei, mehrere Gründe angeführt. Da dem Urteil nicht zu entnehmen ist, ob auch ein Teil davon dem Berufungsgericht genügt haben würde, die Leistung der Sicherheit als erforderlich zu bezeichnen, so machen rechtliche Bedenken gegen auch nur einen der vom Berufungsgericht angeführten Gründe die erneute Prüfung der Frage durch den Tatrichter erforderlich.

Ob es den Umständen nach angemessen erschien, die Beklagten zur Leistung einer Sicherheit und gegebenenfalls in welcher Art und in welcher Höhe zu verpflichten, mußte für jeden Beklagten auf Grund seiner wirtschaftlichen Verhältnisse besonders geprüft werden. Es würde eine Verkennung des Wesens der Haftpflichtversicherung bedeuten, wollte man aus dem Umstande, daß die Beklagten zur Zeit des Unfalls gegen Haftpflicht versichert waren, irgendeine Schlußfolgerung zu ihren *Ungunsten* ziehen. Denn die Haftpflichtversicherung soll den Haftpflichtigen für das schadlos halten, was er auf Grund seiner Verantwortlichkeit zu leisten hat und was daher zunächst feststehen muß (§ 149 VVG.). Ebensowenig wie deshalb die Haftpflichtversicherung nach der feststehenden Rechtsprechung des Reichsgerichts bei der Bemessung des Schmerzensgeldes zu berücksichtigen ist (RGZ. Bd. 63 S. 104 und Bd. 136 S. 60), darf sie bei der Entscheidung darüber, ob und in welcher Höhe dem Haftpflichtigen nach seinen Verhältnissen die Leistung einer Sicherheit zugemutet werden kann und muß, zu seinen Ungunsten berücksichtigt werden. Wohl aber kann sich der Umstand, daß ein Versicherer dem Haftpflichtigen Versicherungsschutz gewährt, bei der Prüfung der Frage, ob eine Sicherheitsleistung geboten erscheint, zu *Gunsten* des Haftpflichtigen auswirken. Beim Bestehen eines solchen Versicherungsschutzes muß geprüft werden, ob dieser Schutz eine Sicherheitsleistung, die sonst dem Haftpflichtigen zuzumuten wäre, entbehrlich macht; und diese Frage kann nur beantwortet werden auf Grund einer Würdigung der Sicherheit, die sich für den Verletzten aus dem Bestehen jenes Versicherungsschutzes ergibt. Wenn die Beklagten bei verschiedenen Versicherungsgesellschaften versichert sind, dann kann diese Frage bei beiden Beklagten verschieden beantwortet werden, je nachdem, welches Maß von Sicherheit für den Kläger den Ansprüchen eines jeden Beklagten gegen seinen Versicherer innewohnt. Aber auch wenn der von dem einen Versicherer zu gewährende Versicherungsschutz keine hinreichende Gewähr für die dauernde Erfüllung der Ansprüche des Klägers bietet, bleibt zu prüfen, ob nicht der von dem Versicherer des anderen Beklagten zu gewährende Schutz, da die beiden Beklagten dem Kläger als Gesamtschuldner, jeder auf das Ganze haften, die Leistung einer weiteren Sicherheit für den Kläger entbehrlich macht.

Die Annahme des Berufungsgerichts, daß der Rentenanspruch des Klägers, soweit seine Erfüllung auf der dauernden Zahlungsfähigkeit der beiden Beklagten beruht, bei der Höhe und der langen Dauer der Rente einer gewissen Gefährdung unterliege, kann aus Rechtsgründen nicht beanstandet werden. Der Revision ist aber zuzugeben, daß die Gründe, aus denen das Berufungsgericht die Ansprüche gegen die hinter den Beklagten stehenden Versicherungsgesellschaften als auf die Dauer nicht hinreichend gesichert ansieht, die den Beklagten auferlegte Sicherheitsleistung nicht rechtfertigen können. Das Berufungsgericht überläßt den Beklagten die Wahl, in welcher der in den §§ 232flg. BGB. vorgesehenen Arten sie Sicherheit leisten wollen, so daß es den Beklagten u. a. freistellt, die Sicherheit durch Hinterlegung von Geld oder von kurshabenden mündelsicheren Wertpapieren oder durch Verpfändung von Reichsschuldbuchforderungen zu leisten. Gegen schwere Erschütterungen der allgemeinen Wirtschaftslage, die, wie das Berufungsgericht meint, etwa durch Krieg oder auch nur durch wirtschaftliche Verwicklungen verursacht werden könnten, würde keine dieser Arten der Sicherheitsleistung Schutz gewähren; denn erfahrungsgemäß würden von derartigen schweren Erschütterungen gerade auch das Geld und jene Wertpapiere sowie die Schuldbuchforderungen betroffen werden. Umstände aber, gegen deren Folgen eine Sicherheitsleistung ihrem

Wesen nach keinen Schutz gewähren kann, sind nicht geeignet, die Zuerkennung dieser Art von Sicherheit zu rechtfertigen. Ob nicht gegenüber einer der anderen Arten von Sicherheitsleistung, die das angefochtene Urteil den Beklagten freigestellt hat, dieselben Bedenken bestehen würden, kann unerörtert bleiben, da eine Beschränkung der Beklagten in der ihnen zugestandenen Wahl eine Änderung des angefochtenen Urteils zu ihrem Nachteil bedeuten würde, solche Abänderung des Urteils aber nur auf eine Revision des Klägers hin zulässig gewesen wäre (§ 559 ZPO.).

Da nach der tatsächlichen Annahme des Berufungsgerichts die hinter den Beklagten stehenden Versicherer angesehene und als wohl fundiert bekannte Gesellschaften sind, die überdies, was das Berufungsgericht anscheinend übersehen hat, nach dem Gesetz über die Beaufsichtigung der privaten Versicherungsunternehmen usw. vom 6. Juni 1931 (RGBl. I S. 315) dem Reichsaufsichtsamt für Privatversicherung unterstellt sind und über den zur Sicherung ihrer Leistungen zu bildenden Deckungsstock nur mit Zustimmung eines Treuhänders oder des Reichsaufsichtsamtes verfügen können (§§ 72 und 110 Abs. 2 des Gesetzes vom 6. Juni 1931), so kann das, was das Berufungsgericht bisher über die Lage der beiden Gesellschaften festgestellt hat, das Bedürfnis nach Sicherheitsleistung der beiden Beklagten zu Gunsten des Klägers nicht begründen. Bei der Erwägung des Berufungsgerichts, es sei nicht undenkbar, daß eine künftige Devisengesetzgebung die Zahlung von seiten ausländischer Versicherungsgesellschaften an Reichsangehörige erschweren, beschränken oder gar unterbinden könnte, kann das Berufungsgericht nur die Z.er Gesellschaft im Auge gehabt haben, da die andere Gesellschaft im Inlande ihren Sitz hat. Aber auch bei jener werden die Ansprüche der inländischen Versicherten durch die §§ 105 flg. des genannten Gesetzes gesichert. Der Deckungsstock, den danach die ausländische Gesellschaft für die im Inlande abgeschlossenen Versicherungen zu bilden hat, ist gemäß § 110 des Gesetzes in derselben Weise, wie das in § 68 für inländische Gesellschaften vorgeschrieben ist, nach näherer Bestimmung des Reichsaufsichtsamtes anzulegen und so sicherzustellen, daß nur mit Genehmigung dieses Amtes darüber verfügt werden kann, so daß selbst bei devisenrechtlichen Schwierigkeiten in der Überführung von Mitteln der Gesellschaft aus dem Auslande nach Deutschland der im Inland angelegte Deckungsstock für die Deckung der Ansprüche der inländischen Versicherten zur Verfügung stehen würde. Im übrigen kann, wie die Revision mit Recht ausführt, nicht angenommen werden, daß der deutsche Gesetzgeber jemals durch eine künftige Devisengesetzgebung die Zahlungen von seiten ausländischer Versicherungsgesellschaften an Inländer unterbinden könnte, da dem Devisengesetzgeber solche Zahlungen nur erwünscht sein könnten. Endlich ist auch die Erwägung von Bedeutung, daß es mit den Belangen der gesamten deutschen Volkswirtschaft nicht vereinbar wäre, die Mittel der Versicherungsgesellschaften, die vielfach zur Befruchtung der deutschen Volkswirtschaft nutzbar gemacht werden, festzulegen und dadurch der gesamten Volkswirtschaft zu entziehen, wenn solche Festlegung nicht zur Wahrung der berechtigten Belange des Klägers notwendig ist. Ob gleichwohl die Lage der Gesellschaften und insbesondere das Vorhandensein der Deckungsstöcke für den Kläger keine hinreichende Sicherheit bietet, muß der Aufklärung und Prüfung durch den Tatrichter überlassen bleiben. Bei der hiernach gebotenen Prüfung wird auch die Frage einer näheren Klärung bedürfen, ob für den Kläger die Gefahr besteht, daß die Beklagten als Versicherungsnehmer über ihre Ansprüche gegen die Versicherer zum Nachteil des Klägers verfügen und sie seinem Zugriff entziehen könnten. Die Ansicht der Revision, daß der Kläger sich gegen eine Abtretung und gegen einen Verzicht ohne weiteres durch Pfändung auf Grund des — inzwischen rechtskräftig gewordenen — Urteils schützen könne, ist nicht richtig, da nach § 751 Abs. 1 ZPO. die Zwangsvollstreckung wegen jedes künftigen Rentenbetrages erst beginnen darf, wenn jeweils der Kalendertag der Fälligkeit abgelaufen ist. Wenn aber die Deckungsstöcke der Versicherer an sich geeignet sind, dem Kläger eine genügende Sicherheit zu gewähren, dann bleibt zu erwägen, ob nicht etwaige Bedenken gegen die Gefahr von Verfügungen der Beklagten über ihre Ansprüche gegen die Versicherer beseitigt würden, falls die Beklagten bereit wären, die Ansprüche gegen ihre Versicherer an den Kläger abzutreten, und die Versicherer die vermutlich ihnen vorbehaltene Genehmigung zu solcher Abtretung erteilten.

---

55. Kann ein nach dem 14. November 1935 erlassenes Urteil mit der Nichtigkeitsklage angefochten werden, wenn dabei ein jüdischer Richter mitgewirkt hat?

Erste Verordnung zum Reichsbürgergesetz v. 14. November 1935 (RGBl. I S. 1333) §§ 1, 3, 4 Abs. 1, § 5. Zweite Verordnung zum Reichsbürgergesetz v. 21. Dezember 1935 (RGBl. I S. 1524) § 5. Runderlaß des Reichs- und Preußischen Ministers des Innern v. 21. Dezember 1935 (MinBliV. S. 1506).

IV. Zivilsenat. Urt. v. 16. Mai 1938 i. S. Eheleute Qu. (Kl.) w. Sch. (Bekl.). IV 2/38.

I. Landgericht Berlin.
II. Kammergericht daselbst.

Durch Urteil des Kammergerichts vom 14. November 1936 sind die Kläger auf Berufung der Beklagten mit einer Vollstreckungsgegenklage in Abänderung des dieser stattgebenden landgerichtlichen Teilurteils vom 12. Mai 1936 abgewiesen worden. Ihre Revision gegen dieses Urteil haben sie zurückgenommen, so daß es rechtskräftig geworden ist. Bei der Entscheidung hat als Beisitzer ein Richter mitgewirkt, von dem der Justizverwaltung erst im Februar 1937 bekannt wurde, daß bei ihm die Voraussetzungen des § 4 der Ersten Verordnung zum Reichsbürgergesetz vom 14. November 1935 vorlagen, weil drei seiner Großeltern Volljuden gewesen waren; laut Mitteilung in der Deutschen Justiz vom 12. März 1937 wurde er daraufhin in den Ruhestand versetzt. Hiervon haben die Kläger erst nach Ablauf der Frist zur Begründung ihrer Revision gegen das Urteil vom 14. November 1936 erfahren, so daß sie darauf das Rechtsmittel nicht mehr stützen konnten. Mit der gegenwärtigen Klage begehren sie deshalb die Nichtigerklärung dieses Urteils auf Grund des § 579 Abs. 1 Nr. 1 ZPO. und die Zurückweisung der Berufung der Beklagten gegen das landgerichtliche Urteil vom 12. Mai 1936. Die Beklagte hat sich demgegenüber auf § 5 Abs. 4 der Zweiten Verordnung zum Reichsbürgergesetz berufen. Ihrem Antrage gemäß hat das Kammergericht die Nichtigkeitsklage abgewiesen. Die Revision der Kläger hatte keinen Erfolg.

Gründe:

Der von drei volljüdischen Großeltern abstammende Richter konnte seit dem 15. November 1935 kein öffentliches Amt, also auch kein Richteramt mehr bekleiden (Erste Verordnung zum Reichsbürgergesetz vom 14. November 1935 §§ 1, 3, 4 Abs. 1, § 5 und Runderlaß des Reichs- und Preußischen Ministers des Innern vom 21. Dezember 1935). Bei dem Urteil vom 15. November 1936 war deshalb das erkennende Gericht nicht vorschriftsmäßig besetzt (ZPO. § 579 Abs. 1 Nr. 1). Gemäß § 5 Abs. 4 der Zweiten Verordnung zum Reichsbürgergesetz vom 21. Dezember 1935 war aber die von ihm mitgetroffene Entscheidung trotzdem nicht rechtsunwirksam und kann darum auch nicht durch Nichtigkeitsklage angefochten werden. Die Ansicht der Revision, daß diese Vorschrift sich nicht auch auf Amtshandlungen von Beamten beziehe, (so auch Hubrich bei Pfundtner-Neubert Anm. 3) kann nicht gebilligt werden. Auch sie gilt vielmehr, ebenso wie die Bestimmung des § 4 Abs. 1 der Ersten Verordnung, gleichmäßig für Amtsträger jeder Art, d. i. für alle Personen, die dazu bestimmt waren, obrigkeitliche oder hoheitliche Aufgaben zu erfüllen, nicht bloß für solche, die nicht Beamte waren. Alle diese Personen ohne Unterschied sind, soweit sie Juden sind, mit dem 15. November 1935 unfähig geworden, weiter ein öffentliches Amt zu bekleiden. Daß die Beamten unter ihnen gemäß § 4 Abs. 2 der Ersten Verordnung erst mit dem 31. Dezember 1935 in den Ruhestand getreten sind, hat Bedeutung nur für die von der Fortdauer der Amtsfähigkeit unabhängigen sonstigen Rechtsfolgen des Beamtenverhältnisses für sie, ändert aber nichts daran, daß auch sie schon mit dem 15. November 1935 die Fähigkeit, ein öffentliches Amt zu bekleiden, eingebüßt haben und deshalb auch ihre Amtstätigkeit einstellen mußten. Es ist zuzugeben, daß diese Unterscheidung in den beiden Verordnungen und dem vorerwähnten Runderlaß nicht mit voller Klarheit und Deutlichkeit zum Ausdruck gekommen ist. Trotzdem kann es nach dem offensichtlichen Zweck der Bestimmung des § 5 Abs. 4 der Zweiten Verordnung nicht zweifelhaft sein, daß dort mit dem „Ausscheiden des Amtsträgers“ aus dem ihm übertragenen Amte der bei allen Amtsträgern gleichmäßig mit dem 15. November 1935 eingetretene Verlust der Fähigkeit zur Bekleidung eines öffentlichen Amtes und das daraus für alle folgende Aufhören ihrer Bestellung zur Erfüllung der ihnen bis dahin anvertrauten obrigkeitlichen oder hoheitlichen Aufgaben gemeint ist; es kann daher der Anwendung der Vorschrift auch auf jüdische Beamte nicht entgegengehalten werden, daß diese doch erst mit dem 31. Dezember 1935 in den Ruhestand getreten seien. Es trifft nicht zu, daß bei den Beamten kein Bedürfnis für eine solche Regelung bestanden hätte. Denn auch sie sind zur Erfüllung obrigkeitlicher oder hoheitlicher Aufgaben nicht erst mit dem 31. Dezember, sondern schon mit dem 15. November 1935 unfähig geworden; zudem zeigt der vorliegende Fall, daß auch für die spätere Zeit noch mit der Möglichkeit des unentdeckten Verbleibens von Juden in Beamtenstellungen gerechnet werden muß. Ob und inwieweit etwa einem Beteiligten, der die Zugehörigkeit des Amtsträgers zur jüdischen Rasse bei der Erwirkung oder Entgegennahme der Amtshandlung gekannt hat, der Schutz des § 5 Abs. 4 versagt werden müßte (vgl. § 1319 BGB.), kann dahingestellt bleiben, da eine solche Kenntnis der Beklagten nicht behauptet war und dafür auch nichts vorlag. Die aus § 5 Abs. 4 folgende Rechtswirksamkeit der Mitwirkung des jüdischen Richters bei der Entscheidung vom 14. November 1936 kann aber nur bedeuten, daß der Entscheidung die gleiche Kraft zukommt, wie wenn der Richter bei ihr noch die Fähigkeit zur Bekleidung des Richteramtes gehabt hätte. Für eine Nichtigkeitsklage wegen vorschriftswidriger Besetzung des erkennenden Gerichtes ist daher entgegen der Meinung der Revision kein Raum.

---

56. Kann die Anfechtungsfrist nach § 1594 BGB. (in der Fassung des Gesetzes vom 12. April 1938) zu laufen beginnen, bevor der Mann Kenntnis von den Umständen erlangt hat, nach denen er als ehelicher Vater des Kindes gilt?

BGB. §§ 1593, 1594, 1596. Gesetz über die Änderung und Ergänzung familienrechtlicher Vorschriften usw. vom 12. April 1938 (RGBl. I S. 380) §§ 3, 4, 26.

IV. Zivilsenat. Urt. v. 23. Mai 1938 i. S. K. (Bekl.) w. K. (Kl.). IV 8/38.

I. Landgericht Berlin.
II. Kammergericht daselbst.

Die Ehe des Klägers mit der Mutter der Beklagten ist durch Urteil des Landgerichts zu Berlin vom 22. November 1930 aus alleinigem Verschulden der Ehefrau geschieden; das Urteil ist mit Ablauf des 11. Januar 1931 rechtskräftig geworden. Am 12. Juli 1931 ist die Beklagte in Wien geboren. Im Juni 1936 hat der Kläger Anfechtungsklage erhoben mit dem Antrage, festzustellen, daß die Beklagte nicht sein eheliches Kind sei. Das Landgericht wies die Klage wegen Versäumung der Anfechtungsfrist ab, das Kammergericht dagegen gab ihr statt. Die Revision der Beklagten führte zur Aufhebung und Zurückverweisung.

Gründe:

Das Berufungsgericht stellt fest, daß die Beklagte nicht vom Kläger erzeugt sei, da dieser der Mutter der Beklagten in der gesetzlichen Empfängniszeit nicht beigewohnt habe; Erzeuger der Beklagten sei vielmehr, wie unter allen Beteiligten völlig feststehe, ein Schneider, mit dem die Mutter der Beklagten bereits seit Juni 1930 ehebrecherische Beziehungen unterhalten habe, wegen deren sie im Scheidungsprozeß für alleinschuldig erklärt worden sei. Das Berufungsgericht wirft die Frage auf, ob es einer Anfechtungsklage überhaupt bedürfe in einem Falle, in dem wie hier die Vermutung des § 1591 Abs. 2 Satz 1 BGB., daß der Mann innerhalb der Empfängniszeit der Frau beigewohnt habe, gegenstandslos sei, weil ihr Gegenteil unter allen Beteiligten bereits feststehe. Diese Frage ist jedoch zu bejahen, wie sich zweifelsfrei aus § 1596 Abs. 1 BGB. ergibt, wonach die Anfechtung der Ehelichkeit bei Lebzeiten des Kindes durch Erhebung der Anfechtungsklage erfolgt. Diese Vorschrift ist auch durch § 6 des inzwischen in Kraft getretenen Gesetzes vom 12. April 1938 nicht beseitigt oder abgeändert worden.

Wie das Berufungsgericht weiter feststellt, hat der Kläger zum erstenmal im September 1932, als er auf Ersuchen der österreichischen Behörde vom Bezirksvorsteher in St. wegen Erstattung der in Wien entstandenen Entbindungskosten seiner früheren Ehefrau vernommen wurde, Kenntnis von der Geburt der Beklagten erhalten. Von dem Tage der Geburt der Beklagten hat er aber nach seiner Angabe, der das Berufungsgericht Glauben schenkt, damals keine Kenntnis erlangt. Er hat vielmehr, da er schon seit September 1930 von seiner damaligen Ehefrau getrennt lebte und da die Scheidung seiner Ehe bereits am 22. November 1930 ausgesprochen worden war, nach der Feststellung des Berufungsgerichts die Überzeugung gehabt, daß er nicht der Erzeuger der Beklagten sei und nichts mit der Sache zu tun habe, und ist in dieser Überzeugung bestärkt worden durch den

Bescheid des Bezirksvorstehers, daß damit die Sache für ihn erledigt sei. Das Berufungsgericht führt aus, unter diesen Umständen liege keine Erlangung der Kenntnis von der Geburt des Kindes im Sinne des § 1594 Abs. 2 BGB. (bisheriger Fassung) vor, und beruft sich auf die Entscheidung des erkennenden Senats vom 3. März 1913 (WarnRspr. 1913 Nr. 229 = JW. 1913 S. 544 Nr. 9). In dieser Entscheidung ist jedoch die Frage, ob im Sinne des § 1594 Abs. 2 (bisheriger Fassung) der Mann auch Kenntnis vom Tage der Geburt des Kindes erhalten haben müsse, dahingestellt geblieben. Später hat der erkennende Senat wiederholt entschieden, daß die Kenntnis des Mannes im Sinne der genannten Gesetzesbestimmung nur die Tatsache der Geburt des Kindes zu umfassen habe, und daß der Mann, wenn er von der Tatsache der Geburt Kenntnis erlangte, die näheren Umstände — Tag der Geburt, Zeitpunkt der Rechtskraft des Scheidungsurteils usw. — innerhalb der Jahresfrist des § 1594 Abs. 1 zu prüfen habe und sich gegen den Beginn der Frist nicht darauf berufen könne, hierüber im ungewissen geblieben zu sein (RGZ. Bd. 109 S. 394; HRR. 1931 Nr. 226; WarnRspr. 1933 Nr. 131).

Seitdem das Urteil des Berufungsgerichts ergangen ist, hat jedoch der § 1594 BGB. durch das Gesetz vom 12. April 1938 eine grundlegende Änderung erfahren. Nach der neuen Fassung, die er durch § 4 des genannten Gesetzes erhalten hat, beginnt die Anfechtungsfrist nicht mehr mit dem Zeitpunkt, in welchem der Mann die Geburt des Kindes erfährt, sondern erst mit dem Zeitpunkt, in dem er Kenntnis von den Umständen erlangt, die für die Unehelichkeit des Kindes sprechen. Die neue Fassung des § 1594 gilt nach § 26 Abs. 1 des genannten Gesetzes grundsätzlich auch dann, wenn das Kind vor dem Inkrafttreten dieses Gesetzes geboren ist. Diese neue Fassung nötigt zu einer von der bisherigen Rechtsprechung abweichenden Beurteilung des hier zur Entscheidung stehenden Falles. Zu den Umständen, von denen der Mann nach der neuen Fassung Kenntnis erlangt haben muß, damit die Jahresfrist zur Erhebung der Anfechtungsklage zu laufen beginne, gehören auch die Umstände, nach denen das Kind als *sein* eheliches Kind gilt. Dem Manne muß zum Bewußtsein gekommen sein, daß er nach dem Gesetz als der eheliche Vater des Kindes zu gelten hat. Er muß also Anhaltspunkte dafür haben, daß das Kind vor Auflösung der Ehe erzeugt sein kann (§ 1593 BGB. alter und neuer Fassung). Es genügte also im vorliegenden Fall nicht, daß sich der Kläger bei seiner Vernehmung im September 1932 darüber klar war, daß er nicht der Erzeuger der Beklagten sei. Die Vernehmung vom September 1932 hätte vielmehr die Anfechtungsfrist gegen ihn nur dann in Lauf setzen können, wenn er bei dieser Vernehmung auch erfahren hätte, daß die Beklagte schon sechs Monate nach der am 11. Januar 1931 eingetretenen Rechtskraft des Scheidungsurteils geboren worden war, daß es also an ihm war, Schritte zu unternehmen, um die gesetzliche Folge, daß er als ehelicher Vater des Kindes zu gelten habe, von sich abzuwenden. Darüber hat der Kläger bei seiner im September 1932 erfolgten Vernehmung durch den Bezirksvorsteher nichts erfahren; im Gegenteil hat ihn dieser, wie das Berufungsgericht feststellt, mit dem Bescheide entlassen, daß die Sache für ihn damit erledigt sei.

Es kann sich daher lediglich noch um die Frage handeln, ob der Kläger damals von anderer Seite und bei einer anderen Gelegenheit Kenntnis davon erhalten hat, daß die Geburt der Beklagten im Juli 1931, also schon sechs Monate nach der Auflösung der Ehe erfolgt war. In dieser Beziehung hatte die Beklagte Beweis dafür angetreten, daß er spätestens bis 1933 durch eine Frau B. von der Geburt der Beklagten im Juli 1931 erfahren habe. Die Revision erhebt die Verfahrensrüge, daß diese Zeugin vom Berufungsgericht nicht vernommen worden sei. Die Rüge ist gerechtfertigt, da die Erwägungen, aus denen das Berufungsgericht dieses völlig eindeutige Beweisangebot abgelehnt hat, eine unzulässige Vorwegnahme des Beweisergebnisses darstellen.

---

57. Sind die Prozeßhandlungen, die ein Anwaltsassessor für den an der Ausübung seines Berufs zeitweise verhinderten Rechtsanwalt vorgenommen hat, unwirksam, solange er nicht gemäß § 29 Abs. 2 Reichs-Rechtsanwaltsordnung zum Stellvertreter des Rechtsanwalts bestellt worden war?

Reichs-Rechtsanwaltsordnung vom 21. Februar 1936 (RGBl. I S. 107) — RRAO. — §§ 12, 13, 29, 34.

IV. Zivilsenat. Beschl. v. 30. Mai 1938 i. S. Ehel. Th. (Bekl.) w. T. (Kl.). IV B 17/38.

I. Landgericht Stuttgart.
II. Oberlandesgericht daselbst.

Die Frage ist verneint worden aus folgenden, den Sachverhalt ergebenden

Gründen:

Am 22. Februar 1938 hat für den Rechtsanwalt W. der Anwaltsassessor G. namens der Beklagten Berufung gegen das Urteil der 1. Zivilkammer des Landgerichts Stuttgart vom 15. Februar 1938 eingelegt und das Rechtsmittel zugleich begründet. Assessor G. ist dem Rechtsanwalt W. mit Wirkung vom 17. Februar 1937 an zur Leistung des Anwärterdienstes überwiesen worden. W. befindet sich seit dem 20. Januar 1938 auf einer Weltreise. Nach der Angabe in der Beschwerdebegründung hat er mit einem Schreiben vom 20. Januar 1938 dem Präsidenten des Oberlandesgerichts Stuttgart mitgeteilt, daß er für die Dauer seiner Abwesenheit anläßlich einer Überseereise in der Zeit vom 21. Januar bis Ende Juni 1938 zu seinem Vertreter den Anwaltsassessor G. bestelle. Auf den ihm durch Luftpost mitgeteilten Hinweis der Präsidialabteilung des Oberlandesgerichts Stuttgart, daß die Bestellung des Vertreters gemäß § 29 Abs. 2 RRAO. durch den Reichsminister der Justiz erfolgen müsse, bat W. mit einem an den Reichsminister der Justiz gerichteten, durch die Hände des Oberlandesgerichtspräsidenten in Stuttgart geleiteten Schreiben vom 31. Januar 1938, für die Dauer seiner Weltreise in der Zeit vom 20. Januar bis 10. August 1938 den Anwaltsassessor G. zu seinem Vertreter zu bestellen. Mit einem weiteren, an den Oberlandesgerichtspräsidenten in Stuttgart gerichteten Schreiben vom 10. März 1938 benannte er bis zur Entscheidung über sein Gesuch als seinen Stellvertreter den Rechtsanwalt B. Der Oberlandesgerichtspräsident in Stuttgart bestellte mit Ermächtigung des Reichsministers der Justiz am 21. März 1938 für die Zeit von diesem Tage an bis zum 10. August 1938 unter Vorbehalt des Widerrufs den Anwaltsassessor G. zum Stellvertreter von W. Inzwischen hatte am 8. März 1938 Rechtsanwalt B. vorsorglich Berufung für den Fall eingelegt, daß G.s Unterschrift unter der Berufungsschrift beanstandet werde.

Durch den angefochtenen Beschluß hat das Oberlandesgericht die Berufung der Beklagten als unzulässig verworfen und zur Begründung ausgeführt: Der Anwaltsassessor habe nicht die Stellung eines Generalsubstituten des Anwalts, da er nach § 12 Abs. 2 RRAO. die ihm vom Anwalt übertragenen Geschäfte nach dessen Weisungen zu erledigen habe, während ein Generalsubstitut die Praxis des Anwalts selbständig und unter eigner Verantwortung weiterführe. Nach § 13 RRAO. stünden dem Anwaltsassessor die anwaltlichen Befugnisse des Rechtsanwalts zu, dem er überwiesen sei. Der Anwaltsassessor könne also keine Befugnis ausüben, die sein Rechtsanwalt wegen einer unter § 34 RRAO. fallenden Verhinderung nicht ausüben könne. G. habe daher unter keinem Gesichtspunkt einem beim Oberlandesgericht zugelassenen Rechtsanwalt gleichgestanden. Die vom Rechtsanwalt B. vorsorglich vorgenommene Berufungseinlegung sei zwar geeignet gewesen, die Berufung wirksam zu machen; sie sei aber nicht, wie erforderlich gewesen wäre, von B. selbst bis zum 8. April 1938 begründet worden.

Die hiergegen von den Beklagten in der rechten Form und Frist eingelegte sofortige Beschwerde mußte Erfolg haben.

Der Rechtsanwalt, der sich über eine Woche hinaus von seinem Wohnsitz entfernen will, ist nach seinem Berufsrecht — § 34 RRAO. — verpflichtet, für seine Stellvertretung, und zwar nach Maßgabe des § 29 RRAO., zu sorgen, dem Vorsitzenden des Gerichts, bei dem er zugelassen ist, sowie dem Amtsgericht, in dessen Bezirk er seinen Wohnsitz hat, Anzeige zu machen und den Stellvertreter zu benennen. Diesen Verpflichtungen ist Rechtsanwalt W. jedenfalls insoweit, als sie ihm gegenüber dem Oberlandesgerichtspräsidenten — als Vorsitzenden des Gerichts, bei dem er zugelassen ist, — oblagen, nach den Angaben der Beschwerdebegründung durch das Schreiben vom 20. Januar 1938 auch nachgekommen. Er mag sich, wie die Fassung des Schreibens ergibt, nur darüber im unklaren gewesen sein, daß nicht er selbst den Anwaltsassessor G. zu seinem Vertreter im Sinne des § 29 RRAO. bestellen konnte, sondern daß die Bestellung gemäß § 29 Abs. 2 das. durch den Reichsminister der Justiz erfolgen mußte. Die Ermächtigung des Oberlandesgerichtspräsidenten nach Abschnitt B Ziffer V, 3 der Allgemeinen Verfügung vom 29. Januar 1936 (Deutsche Justiz S. 202) griff im vorliegenden Falle nicht Platz, weil die Vertretung länger als drei Monate dauern sollte. Von hier aus braucht nicht dazu Stellung genommen zu werden, ob nicht schon das Schreiben des Rechtsanwalts W. vom 20. Januar 1938 als ein Gesuch im Sinne des § 29 Abs. 2 RRAO. hätte behandelt werden können. Ebensowenig kommt es darauf an, ob etwa Rechtsanwalt W. durch die Art, wie er die Regelung seiner Vertretung behandelte, gegen Berufspflichten verstoßen hat. Ein Verstoß des Rechtsanwalts gegen die sich für ihn aus den §§ 34, 29 RRAO. ergebenden Pflichten würde unter Umständen zu einem Einschreiten im Aufsichtswege (§ 57 RRAO.) oder auch zur Einleitung eines ehrengerichtlichen Verfahrens Anlaß geben können. Die verfahrensrechtliche Wirksamkeit der von dem Stellvertreter vorgenommenen Prozeßhandlungen wird aber nicht dadurch in Frage gestellt, daß der Rechtsanwalt die Stellvertretung anders geregelt hat, als ihm durch die Vorschriften seines Berufsrechts zur Pflicht gemacht war. Übertrüge z. B. der an der Ausübung seines Berufs zeitweise verhinderte Rechtsanwalt, statt gemäß § 29 Abs. 1 RRAO. einen anderen Rechtsanwalt als Generalsubstituten zu bestellen, die Vertretung in den schwebenden Prozeßsachen durch Einzelvollmachten auf mehrere andere Rechtsanwälte, so könnte die Rechtswirksamkeit der von diesen vorgenommenen Prozeßhandlungen nicht bezweifelt werden. Ebensowenig steht es deren Rechtswirksamkeit entgegen, daß der Rechtsanwalt im Falle zeitweiser Verhinderung an der Berufsausübung seine Stellvertretung, sei es auch unter Verstoß gegen die sich aus den §§ 29, 34 RRAO. für ihn ergebenden Berufspflichten, dem ihm überwiesenen Anwaltsassessor überläßt, der nach § 13 RRAO. gesetzlich ermächtigt ist, die dem Rechtsanwalt zustehenden anwaltlichen Befugnisse auszuüben. Die sich aus § 12 Abs. 2 Satz 2 RRAO. ergebende Einschränkung betrifft nur das Innenverhältnis. Der Ansicht des Berufungsgerichts, daß mit einer unter § 34 RRAO. fallenden Verhinderung des Rechtsanwalts auch die anwaltlichen Befugnisse des ihm überwiesenen Anwaltsassessors ohne weiteres erlöschen, kann nicht beigetreten werden. § 13 RRAO. gesteht dem Anwaltsassessor die anwaltlichen Befugnisse des Rechtsanwalts, dem er überwiesen ist, schlechthin und unabhängig davon zu, ob der Rechtsanwalt im einzelnen Falle tatsächlich in der Lage ist, selbst diese Befugnisse auszuüben. Die auf § 13 RRAO. beruhende Vertretungsmacht des Anwaltsassessors endigt erst mit seinem Ausscheiden aus dem Anwärterdienst oder mit seiner Überweisung an einen anderen Rechtsanwalt oder mit dem Ausscheiden des Rechtsanwalts aus der Anwaltschaft. Ob sie auch mit dem Tode des Rechtsanwalts ohne weiteres endigt oder ob in diesem Falle, wie Noack Kommentar zur RRAO. 2. Aufl. Anm. 12a zu § 14 annimmt, der § 30 RRAO. entsprechend anwendbar ist, bedarf hier nicht der Erörterung.

Zu Unrecht hat hiernach das Berufungsgericht dem Anwaltsassessor G. die für die Berufungseinlegung und -begründung erforderlichen Befugnisse eines beim Oberlandesgericht zugelassenen Rechtsanwalts abgesprochen und aus diesem Grunde die Berufung als unzulässig verworfen.

---

58. Kann der Pächter einer Schankwirtschaft dem Verpächter gegenüber die Rechte aus § 537 in Verb. mit § 581 Abs. 2 BGB. geltend machen, wenn sein Unterpächter unter bewußtem Verstoß gegen die dem Pächter obliegende Gebrauchspflicht den Schankwirtschaftsbetrieb einstellt und auf die ihm erteilte Schankerlaubnis verzichtet und wenn alsdann dem Pächter die Schankerlaubnis, die er nunmehr für sich selbst nachsucht, mit Rücksicht auf die örtliche Lage der Pachträume nach § 1 Abs. 2 des Gaststättengesetzes wegen Fehlens eines Bedürfnisses versagt wird?

BGB. §§ 242, 278, 323flg., 537, 581. Gaststättengesetz vom 28. April 1930 (RGBl. I S. 146) § 1 Abs. 2.

IV. Zivilsenat. Urt. v. 30. Mai 1938 i. S. D. U.-Brauerei A. G. (Bekl.) w. B. (Kl.). IV 32/38.

I. Landgericht Leipzig.
II. Oberlandesgericht Dresden.

Der Kläger ist Eigentümer der Grundstücke G.gäßchen 1b und 2 in L., in denen sich zwei miteinander verbundene Schankwirtschaften befanden. Durch Vertrag vom 21. Mai 1930 verpachtete er der Beklagten diese bis dahin von ihm selbst betriebenen Schankwirtschaften auf die Zeit vom 1. Juni 1930 bis zum 30. Juni 1942 für einen Pachtzins von jährlich 28000 RM. und verkaufte ihr zugleich das Inventar zum Preise von 90000 RM. Die Art der Bewirtschaftung wurde der Beklagten freigestellt. Wie von vornherein in Aussicht genommen war, verpachtete diese die Schankwirtschaftsräume nebst Inventar auf die Dauer des Hauptpachtvertrags weiter an den Gastwirt L. für einen jährlichen Unterpachtzins von 36000 RM. Die Schankerlaubnis wurde dem Unterpächter erteilt. Ende Oktober 1934 stellte aber L. den Betrieb der Schankwirtschaften ein; auch verzichtete er gegenüber der Kreishauptmannschaft L. auf die Schankerlaubnis durch Erklärung vom 16. Januar 1935. Der Beklagten wurde die Schankerlaubnis, die sie nunmehr für sich selbst nachsuchte, abgelehnt. Durch ein Schreiben vom 16. November 1934 sagte sich darauf die Beklagte dem Kläger gegenüber von ihren Vertragspflichten los und stellte vom Dezember 1934 an die Pachtzinszahlungen ein.

Mit der Klage forderte der Kläger die Zahlung des Pachtzinses für Dezember 1934 in Höhe von 2333,35 RM nebst Zinsen. Die Beklagte bat um Klagabweisung und erhob Widerklage mit dem Antrag auf Feststellung, daß für sie eine Verpflichtung zur Zahlung von Pachtzins seit dem 1. Januar 1935 nicht mehr bestehe. Hilfsweise begehrte sie

1. die Feststellung, daß für sie seit dem 1. Januar 1935 eine Verpflichtung zur Zahlung von Pachtzins auf Grund des Pachtvertrags vom 21. Mai 1930 so lange nicht bestehe, als a) ihr von der zuständigen Behörde die Schankerlaubnis nicht erteilt sei; b) der Unterpächter L. den ordnungsmäßigen Betrieb der Gastwirtschaften nicht wieder aufgenommen habe;

2. gegebenenfalls die Feststellung, daß sie vom 1. Januar 1935 ab nur zur Zahlung eines vom Gericht auf Grund Sachverständigengutachtens festzusetzenden angemessenen Pachtzinses verpflichtet sei.

Die Beklagte machte geltend: Das Pachtverhältnis sei infolge der in ihrem Schreiben vom 16. November 1934 erklärten Anfechtung und Kündigung erloschen. Jedenfalls sei sie wegen des in der Versagung der Schankerlaubnis liegenden Mangels des Pachtgegenstandes von ihrer Zahlungspflicht befreit. Der Pachtzins sei auch von vornherein wucherisch gewesen, mindestens aber im Laufe der Pachtzeit nachträglich unangemessen hoch geworden. Die Umsätze des Unterpächters L. seien ohne dessen Verschulden erheblich zurückgegangen. Sie sei auch zum Rücktritt vom Vertrage wegen Verzugs des Klägers mit seiner Leistung berechtigt. Der Kläger verstoße gegen Treu und Glauben, wenn er sie am Vertrage festhalte.

Das Landgericht verurteilte die Beklagte nach dem Klagantrage und wies die Widerklage ab. Hiergegen legte die Beklagte Berufung ein. Im Wege der Anschlußberufung erweiterte der Kläger den Klaganspruch um den Pachtzins bis einschließlich November 1937. Die Beklagte erklärte ihre Widerklage im Umfange der Klagerweiterung für erledigt. Das Oberlandesgericht wies die Berufung der Beklagten zurück, soweit nicht Erledigung der Widerklage eingetreten sei. Auf die Anschlußberufung des Klägers erweiterte es die Verurteilung der Beklagten dahin, daß diese dem Kläger insgesamt 84000 RM. nebst Zinsen zu zahlen habe. Die Revision der Beklagten blieb erfolglos.

Gründe:

Das Berufungsgericht entnimmt aus den besonderen Umständen des Falles eine stillschweigende Vereinbarung der Parteien, wodurch der Beklagten über die gesetzliche Obhutspflicht hinaus die Verpflichtung auferlegt worden sei, die beiden Schankwirtschaften während der ganzen Dauer des Vertrages zu betreiben. Bei beiden Schankwirtschaften handele es sich um in L. seit Jahrzehnten bekannte und viel besuchte Gaststätten. Die Räume seien zum Betriebe der Schankwirtschaft besonders eingerichtet und nach ihrer baulichen Beschaffenheit und sonstigen Einrichtung wie auch insbesondere nach dem Parteiwillen nur zur Ausübung des Schankgewerbes zu benutzen. Der Wert der infolge ihres Alters an sich baufälligen Hausgrundstücke liege hauptsächlich darin, daß sich darin die beiden sich eines alten guten Rufs erfreuenden Schankwirtschaften befänden. Ihre Schließung habe den Wert der beiden Grundstücke zum Schaden des Klägers außerordentlich herabgemindert, was der Beklagten als Großbrauerei mit besonderer fachmännischer Erfahrung nicht unbekannt habe sein können. In Erfüllung ihrer Verpflichtung, die Schankwirtschaften weiter zu betreiben, habe die Beklagte mit Zustimmung des Klägers die Fortführung des Unternehmens ihrem Unterpächter L. für die ganze Dauer des Pachtvertrags übertragen. Dieser habe die ihm obliegende Pflicht zur Weiterführung vorsätzlich verletzt, indem er den Betrieb am 31. Oktober 1934 eingestellt und mit Schreiben vom 16. Januar 1935 auf die ihm erteilte Schankerlaubnis verzichtet habe. Für dieses Verschulden ihres Unterpächters, dessen sie sich im Verhältnis zum Kläger als Erfüllungsgehilfen bedient habe, hafte die Beklagte in gleichem Umfang wie für eigenes Verschulden. Den Verlust der Schankerlaubnis habe in diesem besonders liegenden Falle der Kläger nicht als Mangel des Pachtgegenstandes zu vertreten. Es würde gegen Treu und Glauben verstoßen, ihm das Fehlen der Schankerlaubnis als Mangel der Pachtsache entgegenzuhalten. Die Schankerlaubnis sei dem Unterpächter L.

erteilt gewesen. Wenn er sie schuldhaft aufgegeben habe, brauche der Kläger nicht für die Folgen einzustehen. Hiernach könne keine Rede davon sein, daß die Beklagte infolge der Niederlegung der Schankerlaubnis durch L. und der Versagung der Schankerlaubnis ihr selbst gegenüber gemäß §§ 537, 581 Abs. 2 BGB. von der Pachtzinszahlung befreit worden sei. Sie habe deshalb das Pachtverhältnis auch nicht gemäß § 542 Abs. 1, § 581 Abs. 2 BGB. fristlos aufkündigen können. Ebensowenig habe der Kläger den Anspruch auf den Pachtzins nach § 323 BGB. verloren. Schließlich sei die Beklagte auch nicht nach § 325 oder § 326 BGB. zum Rücktritt vom Vertrage berechtigt. Aus denselben Gründen seien auch Hauptantrag und Hilfsanträge der Widerklage nicht gerechtfertigt.

Diesen Ausführungen des Berufungsgerichts liegt kein Rechtsirrtum zugrunde. Sie werden von der Revision ohne Erfolg angegriffen. Richtig ist, daß nach der neueren, sich auf das Gaststättengesetz und die Ausführungsverordnung dazu vom 21. Juni 1930 (RGBl. I S. 191) stützenden Rechtsprechung des Reichsgerichts die Versagung der Schankerlaubnis wegen fehlenden Bedürfnisses einen Mangel der zum Betriebe einer Schankwirtschaft vermieteten oder verpachteten Räume jedenfalls dann darstellt, wenn sie erfolgt, weil in der Nähe dieser Räume schon genügend Schankwirtschaften vorhanden seien (RGZ. Bd. 144 S. 176). Aus diesem Grunde ist nach der — insoweit allein maßgebenden — Rekursentscheidung der Kreishauptmannschaft L. vom 5. Februar 1935 der Beklagten die Erteilung der nachgesuchten Schankerlaubnis versagt worden. Ihr Rekurs ist verworfen worden, „weil bei der großen Anzahl von Schankwirtschaften gleichen Charakters, die in unmittelbarer Nähe des Grundstücks G.gäßchen 2 liegen, ein Bedürfnis für das Weiterbestehen einer Schankwirtschaft in dem genannten Grundstück nicht anerkannt werden" könne. Ein Mangel der Pachträume im Sinne der §§ 537, 581 Abs. 2 BGB. liegt daher an sich vor. Mit Recht hat das Berufungsgericht aber angenommen, daß die Beklagte sich auf diesen Mangel dem Kläger gegenüber nicht berufen könne.

Dem Unterpächter L. war die Schankerlaubnis noch vor dem am 1. Juli 1930 erfolgten Inkrafttreten des Gaststättengesetzes erteilt worden. Unter der Geltung dieses Gesetzes war während der Dauer des Vertrags zur erneuten Prüfung der Bedürfnisfrage durch die für die Erlaubniserteilung zuständige Behörde kein Raum, solange L. den Schankwirtschaftsbetrieb ausübte und im Besitze der Schankerlaubnis blieb (vgl. § 12 des genannten Gesetzes). Nur dadurch, daß L. den Betrieb einstellte und auf die Schankerlaubnis verzichtete, ist die zuständige Behörde in die Lage versetzt worden, die Bedürfnisfrage erneut zu prüfen und mangels Nachweises eines Bedürfnisses die Erteilung der Schankerlaubnis an eine andere Person zu versagen (§ 1 Abs. 2 des genannten Gesetzes). Der Eintritt des Mangels ist mithin durch das Verhalten des Unterpächters L. herbeigeführt worden. Aus dem das Miet- und Pachtverhältnis beherrschenden Grundsatz von Treu und Glauben, überdies aber auch, soweit durch den Mangel der Gebrauch der Miet- oder Pachtsache unmöglich geworden ist, aus der Vorschrift des § 324 Abs. 1 BGB. folgt nun, daß der Mieter oder Pächter sich von seinen Vertragspflichten nicht durch Berufung auf einen von ihm selbst verschuldeten Mangel der Miet- oder Pachträume lossagen kann (RGZ. Bd. 98 S. 287; RG. in JW. 1911 S. 359 Nr. 5 und LZ. 1917 Sp. 189 Nr. 4; Planck Bem. 1, Staudinger Bem. II 4c, Oertmann Bem. 6, je zu § 537 BGB.; Enneccerus Lehrbuch des bürgerl. Rechts I 2 S. 397 unter 3). Das gleiche muß gelten, wenn der Mangel von einer Person verursacht worden ist, deren Verschulden der Mieter oder Pächter zu vertreten hat. So verhält es sich hier. Auch wenn es von vornherein dem Willen der Vertragsteile entsprach, daß die Beklagte den Betrieb der Schankwirtschaften nicht selbst ausübte, sondern ihn einem Unterpächter überließ, so hatte sie doch in Erfüllung der Gebrauchspflicht, die sie nach der rechtlich nicht zu beanstandenden und von der Revision auch nicht angegriffenen Feststellung des Berufungsgerichts dem Kläger gegenüber übernommen hatte, dafür einzustehen, daß ihr Unterpächter den Gebrauch ausübte und nicht unter grober Verletzung der ihr dem Kläger gegenüber obliegenden Gebrauchspflicht Handlungen vornahm, die den Gebrauch der Räume zum Betriebe der Schankwirtschaft für die weitere Vertragsdauer unmöglich machten. Es beruht im Gegensatz zur Ansicht der Revision nicht auf Rechtsirrtum, wenn das Berufungsgericht angenommen hat, daß L. in der Ausübung der Gebrauchspflicht der Erfüllungsgehilfe der Beklagten war und daß er im Verhältnis zum Kläger schuldhaft gehandelt hat. Ihm war bekannt, daß der Beklagten dem Kläger gegenüber eine Gebrauchspflicht oblag; er hat diese Verpflichtung also vorsätzlich verletzt.

Hierfür muß die Beklagte dem Kläger nach § 278 BGB. einstehen. Die Absicht, einen bestimmten Erfolg herbeizuführen, ist für den Begriff des Vorsatzes im Sinne des § 276 BGB. nicht erforderlich. Es kommt daher im Gegensatze zur Ansicht der Revision nicht darauf an, ob L. mit seinem Vorgehen die Absicht verfolgt hatte, den Verlust der Schankerlaubnis für die Pachträume herbeizuführen. Nicht weiter erörtert zu werden braucht, ob nicht im Hinblick darauf, daß ein vertragswidriger Nichtgebrauch einem vertragswidrigen Gebrauch gleichzustellen ist (RG. in JRRspr. 1925 Nr. 1742), auch schon die Vorschrift des § 549 Abs. 2 BGB. zu dem Ergebnis führen würde, daß die Beklagte sich dem Kläger gegenüber auf den von ihrem Unterpächter L. verschuldeten Mangel der Pachträume nicht berufen kann . . .

Ohne Erfolg versucht die Revision für ihren Standpunkt noch das in WarnRspr. 1936 Nr. 19 abgedruckte Urteil des erkennenden Senats vom 18. November 1935 heranzuziehen. Der diesem Urteil zugrunde liegende Sachverhalt war gerade in den entscheidenden Punkten anders als der hier gegebene. Abgesehen davon, daß in jenem Falle keine Gebrauchspflicht vereinbart war, war dort auch weder ein Verschulden des Pächters noch ein von ihm zu vertretendes Verschulden des Unterpächters an der Entstehung des Mangels festgestellt.

Die Revision macht weiter geltend, daß, wenn auch L. als Unterpächter vorgesehen gewesen sei, der Vertrag doch sicherlich nicht seinen Bestand hätte verlieren sollen, falls jener aus irgendeinem Grunde weggefallen wäre, sei es durch Tod, durch Bankrott oder sonst. Sie hat hierbei ersichtlich solche Ereignisse im Auge, die ohne ein Verschulden der Beklagten oder des L. einen Wechsel in der Person des Unterpächters und Inhabers der Schankerlaubnis während der Dauer des Hauptpachtvertrags notwendig gemacht hätten. Ein solcher Fall liegt jedoch hier nicht vor. Der Verlust der Schankerlaubnis beruht vielmehr, wie oben ausgeführt, auf einem von der Beklagten zu vertretenden Verschulden L.s . . . (Weitere Ausführungen betreffen die Zurückweisung des Raumwuchereinwands.)

59. 1. Kann eine Kommanditgesellschaft in Liquidation, vertreten durch den bisherigen persönlich haftenden Gesellschafter als Liquidator, Klägerin sein, wenn der bisherige persönlich haftende Gesellschafter das Vermögen der Gesellschaft mit Aktiven und Passiven schon vor Klagerhebung unter Abfindung des bisherigen Kommanditisten übernommen hatte, dies aber nicht in das Handelsregister eingetragen worden war?

2. Unter welchen Voraussetzungen kann der Alleininhaber der Firma nachträglich als Kläger in den Rechtsstreit eintreten? Genügt es, wenn er sich zum Eintritt nur für den Fall bereit erklärt, daß seine in erster Linie aufrechterhaltene Rechtsauffassung, er könne noch namens der Kommanditgesellschaft in Liquidation klagen, vom Gericht nicht gebilligt wird?

HGB. § 17 Abs. 2, § 124 Abs. 1, § 161 Abs. 2. ZPO. § 264.

II. Zivilsenat. Urt. v. 25. Mai 1938 i. S. A. & Co. (Kl.) w. B. u. a. (Bekl.). II 165/37.

I. Landgericht München I.
II. Oberlandesgericht daselbst.

Im Jahre 1923 war die Kommanditgesellschaft A. & Co. mit dem Sitz in M. gegründet und daselbst in das Handelsregister eingetragen worden; sie bestand aus dem Kaufmann A. als persönlich haftendem Gesellschafter und dem Ingenieur S. als Kommanditisten. Am 5. März 1926 wurde die Auflösung der Gesellschaft und die Bestellung des A. zum Liquidator in das Handelsregister eingetragen. Zufolge privatschriftlichen Vertrages vom 14. November 1927 schied S. mit Wirkung vom 30. November 1927 aus der Kommanditgesellschaft aus; er erhielt abredegemäß zur Abfindung für seine Rechte und Anteile ein dem A. persönlich gehöriges Grundstück. Sein Ausscheiden aus der Kommanditgesellschaft ist jedoch bisher zum Handelsregister nicht angemeldet worden, so daß noch immer die Kommanditgesellschaft als in Liquidation befindlich eingetragen steht.

Auf den Namen der Kommanditgesellschaft A. & Co. als Eigentümerin ist im Grundbuch ein in M. gelegener Grundbesitz eingetragen, der u. a. mit einer Grundschuld von 20000 RM. belastet ist. Aus dieser Grundschuld hat der Erstbeklagte als eingetragener

Gläubiger und Treuhänder der übrigen Beklagten die Zwangsversteigerung und Zwangsverwaltung des Grundbesitzes betrieben. A. hält das Vorgehen der Beklagten für unberechtigt, da der vereinbarte Sicherungszweck durch Einlösung gewisser Wechselakzepte erfüllt sei und die Grundschuld für weitere Forderungen nicht hafte. Er hat deshalb die vorliegende Klage erhoben, wobei als Klägerin die Firma A. & Co., Kommanditgesellschaft in Liquidation, vertreten durch ihren Liquidator A., angegeben wurde. Mit der Klage wird die Zwangsvollstreckung als unzulässig bekämpft, die Herausgabe der Schuldurkunden und des Grundschuldbriefs, die Bewilligung der Abtretung der Grundschuld an die Klägerin, die Feststellung, daß die übrigen Beklagten nicht berechtigt seien, dem Erstbeklagten in Ansehung der Grundschuld Weisungen zu erteilen, sowie die Feststellung der Schadensersatzpflicht der Beklagten wegen Vorenthaltung der Grundschuld verlangt.

Die Beklagten haben die Einlösung der Wechselakzepte nicht bestritten, aber geltend gemacht, daß sie die Zwangsvollstreckung wegen weiterer Ansprüche zu betreiben berechtigt seien.

Das Landgericht hat die Zwangsvollstreckung gegenüber dem Erstbeklagten für unzulässig erklärt, im übrigen jedoch die Klage abgewiesen, weil das angerufene Gericht für vertragliche Ansprüche örtlich unzuständig, eine unerlaubte Handlung der Beklagten aber nicht dargetan sei. Hiergegen haben beide Teile, soweit sie unterlegen sind, Berufung eingelegt. Die Klägerin hat, da inzwischen der Erstbeklagte seine Vollstreckungsanträge zurückgenommen hatte und die Zwangsversteigerung und Zwangsverwaltung deshalb aufgehoben worden waren, den bisherigen Antrag auf Unzulässigkeit der Zwangsvollstreckung für erledigt erklärt und nur noch die übrigen Anträge aufrechterhalten. Demgegenüber haben die Beklagten nunmehr in erster Linie geltend gemacht, daß eine Kommanditgesellschaft A. & Co. und somit die Klägerin nicht mehr bestehe und schon zur Zeit der Klagerhebung (6. August 1935) nicht mehr bestanden habe. Die Klägerin hat sich hiergegen auf die noch bestehende Eintragung ihrer Firma berufen. Obwohl sie zugibt, daß „im Innenverhältnis" A. der Alleininhaber sei, hält sie sich nach wie vor für befugt, unter der Firma der Kommanditgesellschaft zu klagen, zumal da auch das Grundstück noch auf deren Namen eingetragen und daher auch die Zwangsvollstreckung gegen sie betrieben worden sei. Nach ihrer Meinung ist, da die Firma noch als Kommanditgesellschaft im Handelsregister eingetragen stehe, die Aufdeckung ihres Innenverhältnisses nach den §§ 5, 123, 161 Abs. 2 HGB. überhaupt unzulässig und deshalb davon auszugehen, daß die Kommanditgesellschaft „im Außenverhältnis mit Willen des Kommanditisten" nach wie vor bestehe. Sie glaubt deshalb noch als Kommanditgesellschaft (in Liquidation) klagen zu können, sieht aber äußerstenfalls in der Parteiangabe nur eine unrichtige Parteibezeichnung (sog. falsa demonstratio), die sie für unschädlich erachtet. Das Berufungsgericht hat wegen Nichtbestehens der Klägerin deren Berufung zurückgewiesen und auf die Berufung des Erstbeklagten das landgerichtliche Urteil dahin abgeändert, daß es die Klage auch gegen ihn im vollen Umfang abwies; die Kosten beider Rechtsgänge hat es dem A. auferlegt.

Die Revision der Klägerin führte zur Aufhebung und Zurückverweisung.

Aus den Gründen:

Das Berufungsgericht nimmt an, daß die als Klägerin bezeichnete Firma A. & Co., Kommanditgesellschaft in Liquidation, schon zur Zeit der Klagerhebung nicht mehr bestanden habe. Wenn sie auch nach ihrer im März 1926 erfolgten Auflösung zunächst rechtlich insoweit noch fortbestanden habe, als der Liquidationszweck dies erforderte, so sei doch die Liquidation mit dem Ausscheiden des Kommanditisten S. am 30. November 1927 beendet gewesen und die Gesellschaft endgültig und vollständig dadurch aufgelöst worden, daß das Gesellschaftsvermögen, ohne daß es eines Übertragungsaktes bedurfte, auf A. allein übergegangen sei. Die Klägerin berufe sich mit Unrecht auf die noch bestehende Eintragung der Firma; insbesondere besage auch der § 5 HGB. nichts weiter, als daß das unter der eingetragenen Firma etwa betriebene Gewerbe als Handelsgewerbe und zwar als das eines Vollkaufmanns anzusehen sei. Auch der § 123 HGB. setze den Abschluß eines rechtsgültigen Gesellschaftsvertrages, also das Bestehen einer Gesellschaft voraus. Die Eintragung einer Firma als Kommanditgesellschaft schließe keinesfalls die Feststellung aus, daß eine solche nicht mehr bestehe und daß das frühere Gesellschaftsvermögen auf eine Einzelperson übergegangen sei. Zwar würden nach § 15 HGB. Dritte, die sich auf den durch die Eintragung hervorgerufenen Rechtsschein verlassen hätten, Rechtsschutz genießen. Jedoch könne sich die Klägerin — außer im Rahmen der §§ 5, 123 HGB. — auf den Rechtsschein nicht berufen. Da sie trotzdem nach wie vor als Kommanditgesellschaft (in Liquidation) klage, sei die Klage wegen ihres Nichtmehrbestehens abzuweisen.

1. Die Revision bittet zunächst um Nachprüfung der Erwägungen des Berufungsgerichts zu der Frage, ob der Eintragung der Kommanditgesellschaft nach den §§ 5, 123, 161 Abs. 2 HGB. rechtsbegründende (und daher auch rechtserhaltende) Bedeutung zukomme. Insoweit sind jedoch die (verneinenden) Ausführungen des Berufungsgerichts rechtlich nicht zu beanstanden.

Nach § 5 HGB. kann, wenn eine Firma im Handelsregister eingetragen ist, gegenüber dem, der sich auf die Eintragung beruft, nicht geltend gemacht werden, daß das unter der Firma betriebene Gewerbe kein Handelsgewerbe sei oder daß es nicht über den Umfang des Kleingewerbes hinausgehe. Hieraus ergibt sich für den vorliegenden Fall nur, daß die Klägerin, falls sie unter ihrer Firma ein Gewerbe betreibt, unter allen Umständen als Kaufmann und zwar als Vollkaufmann anzusehen ist. Die Vorschriften der §§ 123, 161 Abs. 2 HGB. gehen nur insofern weiter, als es hiernach für das Wirksamwerden der offenen Handelsgesellschaft oder der Kommanditgesellschaft, falls eine solche in das Handelsregister eingetragen ist, nicht auf den Beginn des Gewerbes ankommt. Voraussetzung für das Wirksamwerden einer solchen Gesellschaft bleibt jedoch das Vorliegen eines gültigen Gesellschaftsvertrages, der den Erfordernissen der §§ 105, 161 Abs. 1 HGB. genügt. Ist das Gesellschaftsverhältnis aufgelöst, dann besteht die Gesellschaft zunächst noch als Abwicklungsgesellschaft fort und bleibt daher auch die offene Handelsgesellschaft oder Kommanditgesellschaft zunächst noch als solche bestehen. Dies gilt aber nur insoweit, als der Abwicklungszweck es erfordert (§§ 156, 161 Abs. 2 HGB.). Dieser Abwicklungszweck ist mit der endgültigen Auseinandersetzung der Gesellschafter erfüllt. Die Auseinandersetzung braucht nicht durch Verteilung des nach Berichtigung der Schulden verbleibenden Gesellschaftsvermögens (§ 155 HGB.) zu erfolgen; sie kann vielmehr auch darin bestehen, daß ein Gesellschafter das bisherige Gesellschaftsvermögen mit Aktiven und Passiven übernimmt. Eine solche Übernahme hat nach ständiger Rechtsprechung auch dann, wenn die Gesellschaft nur aus zwei Gesellschaftern bestand, zur Folge, daß der übernehmende Gesellschafter ohne weiteres kraft Anwachsung (§ 738 BGB.) das gesamte Gesellschaftsvermögen erwirbt (vgl. RGZ. Bd. 136 S. 99). Damit ist die Auseinandersetzung beendet und der Abwicklungszweck erfüllt (§ 158 HGB.) und hat demzufolge die offene Handelsgesellschaft oder Kommanditgesellschaft aufgehört, als solche zu bestehen. Diese Wirkung tritt ohne Rücksicht darauf ein, ob sie in das Handelsregister eingetragen ist. Auch der Geltendmachung dieser Tatsache im Rechtsstreit steht, selbst wenn sie noch nicht in das Handelsregister eingetragen ist, weder die Vorschrift des § 5 HGB. noch die des § 123 HGB. im Wege.

2. Da hiernach eine Kommanditgesellschaft A. & Co. nicht mehr besteht, können zum bisherigen Geschäftsvermögen gehörige Ansprüche nur noch von A. persönlich geltend gemacht werden. Dies schließt freilich nicht aus, daß er, solange er das Gewerbe noch weiter betreibt, sei es auch nur im Zustand einer — von der Abwicklung zum Zwecke der Auseinandersetzung zu unterscheidenden — sonstigen Abwicklung, d. h. zwecks Veräußerung des (nach Aufgabe des Geschäftsbetriebes nicht mehr benötigten) Geschäftsvermögens (vgl. RG. in JW. 1903 S. 64 Nr. 3), noch befugt ist oder zumindest nach § 5 HGB. für den vorliegenden Rechtsstreit noch als befugt gilt, die Firma A. & Co., die nur seinen Namen enthält, fortzuführen (§ 24 HGB.); auch könnte er daher unter dieser Firma nach wie vor klagen. Als Partei kommt aber auch in diesem Falle nur der Inhaber der Firma als solcher, nicht etwa die Firma in Betracht; denn diese besitzt keine Rechtspersönlichkeit, sondern dient nur zur Parteibezeichnung (vgl. RGZ. Bd. 54 S. 18, Bd. 66 S. 416). Zur Führung des Zusatzes „Kommanditgesellschaft" oder „Kommanditgesellschaft in Liquidation" ist A. allerdings, seitdem er Alleininhaber der Firma ist, nicht mehr berechtigt; denn ein solcher Zusatz zur Firma eines Einzelkaufmanns ist irreführend im Sinne des § 18 Abs. 2 HGB. (vgl. RGZ. Bd. 104 S. 341 f.; auch KG. in JFG. Bd. 5 S. 206). Jedoch könnte ihm die Beifügung des Zusatzes nur nach Maßgabe des § 37 HGB. (oder nach den Vorschriften des Wettbewerbsgesetzes) verwehrt werden. Einen Anlaß zur Abweisung der Klage könnte sie allein also nicht geben. Die Frage, ob im vorliegenden Falle die Klage tatsächlich von A. unter seiner Firma oder von einer nicht mehr bestehenden Kommanditgesellschaft erhoben worden ist, bleibt hier zunächst unerörtert.

Falls A. inzwischen etwa den Gewerbebetrieb endgültig eingestellt haben sollte — worüber es bisher an Feststellungen fehlt —, wäre auch die Firma A. & Co. ohne Rücksicht auf das Fortbestehen der Eintragung erloschen und A. nicht einmal befugt, unter dieser Firma zu klagen (§ 17 HGB.). Er dürfte die Klage nur unter seinem Namen erheben. Klagt er trotzdem unter einer ihm nicht zustehenden Firma, so kann darin unter Umständen eine bloße unrichtige Parteibezeichnung liegen. Eine solche hätte das Gericht von Amts wegen richtigzustellen.

3. Die weitere Frage ist nun die, ob die Klage im vorliegenden Falle namens der — nicht mehr bestehenden — Kommanditgesellschaft oder aber im Namen von A. persönlich (unter der bisherigen Firma) erhoben worden ist. Das Berufungsgericht hat jenes angenommen. Die Revision greift diese Auffassung an. Sie meint, daß es sich äußerstenfalls nur um eine unrichtige Partei*bezeichnung* handle, die nach Klarstellung der wirklichen Rechtslage ohne weiteres richtiggestellt werden könne und müsse; falls die Kommanditgesellschaft aufgehört habe zu bestehen, sei ohne weiteres A. persönlich als Kläger anzusehen. Die Beklagten haben diesen Ausführungen in ihrer Revisionsbeantwortung widersprochen. Sie weisen darauf hin, daß die Klägerin in ihren Schriftsätzen ausdrücklich den Standpunkt vertreten und aufrechterhalten habe, die Kommanditgesellschaft klage als solche. Die Frage sei auch nicht nur von formaler, sondern von wesentlicher materieller Bedeutung insofern, als die Klägerin in ihren Schriftsätzen ständig zwischen sich (der Kommanditgesellschaft) und dem Kaufmann A. unterschieden und daraus rechtliche Vorteile für sich hergeleitet habe, indem sie die Geltendmachung von Gegenansprüchen gegen A. persönlich als unzulässig bezeichnete. Ferner habe sie den Unterschied zwischen der klagenden Kommanditgesellschaft und dem A. auch durch die Behauptung betont, dieser habe ihr seine Schadensersatzansprüche abgetreten und ihr Prozeßbevollmächtigter lege die Wechsel namens der Klägerin vor, der A. sie zur Verfügung gestellt habe.

Der Revision ist darin beizustimmen, daß für die Beurteilung der in Rede stehenden Frage die Partei*bezeichnung* nicht, jedenfalls nicht allein ausschlaggebend ist. Das hat aber auch das Berufungsgericht nicht verkannt. Trotz unrichtiger und ungenauer Bezeichnung ist grundsätzlich die Person als Partei anzusprechen, die erkennbar durch die Parteibezeichnung betroffen wird, mag sich die Erkennbarkeit auch erst aus einer Klarstellung der wirklichen Sachlage ergeben. Demgemäß hat das Reichsgericht wiederholt die gegen eine „offene Handelsgesellschaft" erhobene Klage, wenn sich nachher herausstellte, daß es sich um das Unternehmen eines Einzelkaufmanns handelte, als gegen diesen gerichtet angesehen (vgl. RGZ. Bd. 54 S. 17flg., Bd. 86 S. 65). Es geht hierbei davon aus, daß nach § 17 Abs. 2 HGB. ein Kaufmann unter seiner Firma klagen und verklagt werden könne und daß daher die gegen eine Firma gerichtete Klage sich gegen die Person oder die Personen richte, die zur Zeit der Klagerhebung die Inhaber der beklagten Firma seien, gleichviel wer sich hinter der Firma verberge. Den Zusatz „offene Handelsgesellschaft" hält es für unschädlich. In der erstgenannten Entscheidung hat das Reichsgericht noch besonders erwogen, ob die Klagepartei etwa — wie das Berufungsgericht angenommen hatte — ausdrücklich die Absicht kundgegeben habe, die offene Handelsgesellschaft als solche trotz ihres Nichtbestehens zu verklagen; dies glaubte es aus der bloßen zusätzlichen Bezeichnung der Beklagten als offener Handelsgesellschaft nicht entnehmen zu können; auch hielt es sonst hinreichende Anhaltspunkte für eine solche Annahme nicht für gegeben. Es gibt zu erkennen, daß es anderenfalls zu einer anderen Beurteilung gelangt wäre. An dieser Auffassung ist festzuhalten. Um eine Klage als gegen eine nicht bestehende Person gerichtet anzusehen, müssen in der Tat ganz besonders zwingende Gründe vorliegen. Im Fall einer unrichtigen und ungenauen Parteibezeichnung ist es grundsätzlich die Aufgabe des Gerichts, klarzustellen, wer nach Lage der Sache wirklich als Partei in Betracht kommen kann, und die Parteibezeichnung sodann von Amts wegen richtigzustellen. Hierbei ist zwar das tatsächliche Vorbringen der Klagepartei zu Grunde zu legen, kommt es aber auf deren Rechtsauffassung nicht an.

Nicht wesentlich anders ist die Sache zu beurteilen, wenn eine angebliche „offene Handelsgesellschaft" oder „Kommanditgesellschaft" unter ihrer Firma klagt, und wenn sich dann herausstellt, daß es sich um das Unternehmen eines Einzelkaufmanns handelt. Allerdings ist zuzugeben, daß die Klagepartei in dieser Hinsicht weniger schutzbedürftig erscheint, weil sie an sich eher in der Lage ist, die tatsächlichen Verhältnisse zu übersehen. Jedoch wird man auch hier im Zweifel davon auszugehen haben, daß der, der die Klagerhebung tatsächlich veranlaßt, dies nicht für jemanden tut, der überhaupt nicht vorhanden ist, sondern daß er, falls die von ihm bezeichnete Person nicht besteht und falls er mit der Klagerhebung seine eigenen Belange wahrnimmt, im eigenen Namen handelt. Auch hierbei ist der Beurteilung das tatsächliche Vorbringen der Klagepartei, nicht aber ihre Rechtsauffassung zugrunde zu legen.

Im vorliegenden Falle hat nun A. die Klage nicht nur für eine angebliche „Kommanditgesellschaft" A. & Co. erhoben, hinter der in Wahrheit er selbst als Einzelkaufmann steht; sondern er hat diese Kommanditgesellschaft als in Liquidation befindlich und sich selbst als deren Liquidator bezeichnet. Damit hat er unverkennbar die Absicht zum Ausdruck gebracht, die Klage gerade nicht im eigenen Namen zu erheben, sondern für ein aus mehreren Personen bestehendes, durch einen Kommanditvertrag zusammengehaltenes Rechtsgebilde, und zwar in seiner Eigenschaft als dessen nach Auflösung der Kommanditgesellschaft bestellter Liquidator. Er hat damit also nicht nur einen unwesentlichen Zusatz zur Firmenbezeichnung gemacht, sondern aus diesem Zusatz für sich das Recht hergeleitet, im Namen der mit dieser Firma bezeichneten Kommanditgesellschaft als deren gesetzlicher Vertreter zu klagen. Es liegt darin zugleich die tatsächliche Behauptung, daß die Klägerin eine in Liquidation befindliche Kommanditgesellschaft sei und als solche noch bestehe. Denn eine durch einen besonderen Liquidator vorzunehmende Liquidation setzt das Bestehen eines der Auseinandersetzung unterliegenden Gesellschaftsvermögens voraus. Seine Absicht, die Klage namens einer Kommanditgesellschaft als deren Liquidator und nicht im eigenen Namen zu erheben, hat er — worauf die Revisionsbeantwortung mit Recht hinweist — dadurch noch besonders hervorgehoben, daß er im Laufe des Rechtsstreits wiederholt ausdrücklich einen Unterschied zwischen der Klägerin und sich selbst gemacht und daraus rechtliche Vorteile für die Klägerin hergeleitet hat. Wenn unter diesen Umständen das Berufungsgericht die Klage als von einer in Wahrheit nicht bestehenden „Kommanditgesellschaft in Liquidation" und nicht nur als unter der Firma A. & Co. von deren wahrem Inhaber erhoben ansieht, so ist dies rechtlich nicht zu beanstanden.

Hiernach ist im ersten Rechtsgang für und gegen die — in Wahrheit schon zur Zeit der Klagerhebung nicht mehr bestehende — Kommanditgesellschaft (in Liquidation) gestritten worden; so ist das Urteil des Landgerichts ergangen und so ist Berufung eingelegt worden. Erst im zweiten Rechtsgang ist dann aufgedeckt worden, daß dieses Rechtsgebilde schon längst vor der Klagerhebung erloschen war. Das Erlöschen hätte zwar im Handelsregister eingetragen werden müssen, ist aber mangels Anmeldung nicht eingetragen worden. Daher hätten sich die Beklagten im Prozeß auf § 15 HGB. berufen und geltend machen können, daß ihnen gegenüber die Kommanditgesellschaft noch als fortbestehend zu gelten habe. Das haben sie aber nicht getan. Sie haben vielmehr aus dem aufgedeckten Sachverhalt die — rechtlich nicht zu beanstandende — Folgerung hergeleitet, daß das als Klägerin auftretende Rechtsgebilde gar nicht bestehe. Dies müßte — bei unveränderter Streitlage — dahin führen, daß die im Namen dieses Rechtsgebildes von A. erhobene Klage auf dessen Kosten angebrachtermaßen abzuweisen wäre, wie es das Berufungsgericht getan hat. Alles, was die Revision insoweit vorbringt, ist also unbeachtlich.

4. Zu prüfen bleibt jedoch noch, ob nicht A. noch nachträglich, nachdem die wahre Sachlage in der Berufungsinstanz aufgeklärt wurde, persönlich an Stelle der nicht mehr bestehenden Klägerin in den Prozeß einzutreten befugt war, sowie ferner, falls dies — sei es auch nur bedingt — bejaht wird, ob im vorliegenden Falle die Erklärungen der Klagepartei dahin aufzufassen waren, daß A. nunmehr persönlich als Kläger einzutreten gewillt sei. Das Berufungsgericht hat die Frage der Zulässigkeit eines solchen Parteiwechsels nicht besonders erörtert, weil es davon ausging, daß A. nach wie vor nicht selbst Partei sein wolle, sondern die namens der — nicht bestehenden — Kommanditgesellschaft erhobene Klage aufrechterhalte. Diese Auffassung ist jedoch, wie unten noch ausgeführt wird, unzutreffend.

Die Rechtsprechung hat den Wechsel in der Parteirolle unter den Begriff der Klagänderung gebracht (vgl. RGZ. Bd. 49 S. 376, Bd. 108 S. 350, Bd. 141 S. 277 [283]). Hiergegen bestehen insbesondere dann keine Bedenken, wenn sich — wie im vorliegenden Falle — herausgestellt hat, daß die Klage für eine nicht bestehende Partei erhoben ist, und wenn dann an deren Stelle als der eigentlich Berechtigte der eintreten will, der in Wahrheit den Rechtsstreit bisher bereits betrieben hatte und auf dessen Kosten die bisherige Prozeßführung deshalb gehen würde. Voraussetzung für einen solchen Parteiwechsel im Wege der Klagänderung ist jedoch im vorliegenden Falle, daß A. erklärt habe, selbst als Partei eintreten zu wollen, und daß entweder die Gegenpartei dem zustimme oder das Gericht die Klagänderung gemäß § 264 ZPO. als sachdienlich zulasse.

Ob die Annahme des Berufungsgerichts zutrifft, daß die namens der — nicht bestehenden — Kommanditgesellschaft erhobene Klage unverändert aufrechterhalten worden sei, unterliegt der Nachprüfung des Revisionsgerichts, da es sich hierbei um eine Erklärung prozessualer Art handelt. Ist die Erklärung, daß A. als Partei eintreten wolle, als abgegeben anzusehen, dann hat das Berufungsgericht nicht geprüft, ob die hierin liegende Klagänderung, der die Beklagten vorsorglich bereits widersprochen haben, als sachdienlich zuzulassen sei, hat es also den § 264 ZPO. verletzt. Nun hat die Revision freilich eine ausdrückliche Verfahrensrüge wegen Verletzung dieser Vorschrift nicht erhoben. Jedoch ist sachlich ihr Vorbringen in dem Sinne aufzufassen, daß jedenfalls der Sachverhalt auch unter diesem Gesichtspunkt zu würdigen gewesen wäre. Denn in der Revisionsbegründung wird ausgeführt: das Berufungsgericht lege zu Unrecht den (oben im Tatbestand wiedergegebenen) Erklärungen der Klagepartei Bedeutung in dem Sinne bei, daß A. nicht Klagepartei sein wolle; indem sie die Parteiangabe für den Fall der Unrichtigkeit der in erster Linie von ihr vertretenen Rechtsauffassung als falsa demonstratio bezeichne, gebe sie zu erkennen, daß A. der Kläger sei. Damit hat die Revision in der Tat zum Ausdruck gebracht, daß A. sich in der Berufungsinstanz grundsätzlich bereit erklärt habe, als Partei einzutreten, und daß das Berufungsgericht dies verkannt habe. Die Beklagten haben in der Revisionsbeantwortung dieser Auffassung widersprochen und obendrein geltend gemacht, daß nach ihrer Meinung eine etwaige Klagänderung auch nicht sachdienlich sei.

Wenn nun auch A. nicht klar und uneingeschränkt erklärt hat, daß er an Stelle der nicht bestehenden Kommanditgesellschaft als Klagepartei in den Rechtsstreit eintreten wolle, so läßt sich doch aus seinen Erklärungen seine Bereitwilligkeit hierzu zum mindesten für den Fall entnehmen, daß seine Rechtsauffassung, die Kommanditgesellschaft bestehe im Außenverhältnis als solche noch, vom Gericht für irrig erachtet werden sollte. Dadurch hat er sich damit einverstanden erklärt, daß als Klagepartei der angesehen werde, der den Umständen nach den Anspruch geltend zu machen befugt ist; wer dies sei, hat er der Beurteilung des Gerichts unterstellt. Hierin liegt insofern keine unzulässige Beifügung einer Bedingung, als die Wirksamkeit der Erklärung lediglich von der gerichtlichen Beurteilung der Rechtsfragen abhängig gemacht worden ist, ob der Anspruch nicht mehr namens der Kommanditgesellschaft geltend gemacht werden könne und ob trotzdem die Klage bisher als für die Kommanditgesellschaft erhoben anzusehen sei (vgl. RGZ. Bd. 144 S. 71). In einer solchen Stellungnahme ist daher bereits der Versuch des Parteiwechsels im Wege der Klagänderung zu erblicken.

Hiernach war das Berufungsurteil aufzuheben und die Sache zur anderweitigen Verhandlung und Entscheidung an das Berufungsgericht zurückzuverweisen. Dieses wird nunmehr zunächst zu der Frage Stellung zu nehmen haben, ob es den Parteiwechsel im Wege der Klagänderung für sachdienlich erachtet; wegen der Voraussetzungen, unter denen in der Regel eine Klagänderung für sachdienlich zu erachten ist, wird auf die Entscheidungen des RG. in JW. 1935 S. 2896 Nr. 19 und 1936 S. 928 Nr. 17 verwiesen. Wenn das Berufungsgericht die Klagänderung zuläßt, wird es ferner zu beachten haben, daß A. nur dann noch unter der Firma A. & Co. zur Klage befugt ist, wenn er unter dieser Firma noch ein Gewerbe betreibt; ist dies zu bejahen, dann greift im übrigen der § 5 HGB. ein; andernfalls kann er nur unter seinem persönlichen Namen klagen und ist die unrichtige Parteibezeichnung von Amts wegen richtigzustellen.

---

60. Hat die Änderung der Vorschriften über das Ruhen des Verfahrens (ZPO. §§ 251, 251a) den Anwendungsbereich des § 211 Abs. 2 BGB. beschränkt?

II. Zivilsenat. Urt. v. 16. März 1938 i. S. H. (Kl.) w. P. u. a. (Bekl.). II 163/37.

I. Landgericht Berlin.
II. Kammergericht daselbst.

Der Kläger war Aktionär, die Beklagten waren Mitglieder des Aufsichtsrats der D.-O. Zinkindustrie-Aktiengesellschaft. Die Generalversammlung der Gesellschaft vom 10. Februar 1927 hatte die Zusammenlegung des Grundkapitals auf 1000000 RM. und die Umwandlung in Vorzugsaktien für diejenigen zusammengelegten Stammaktien beschlossen, auf die eine Zuzahlung von 100% geleistet werde. Der Kläger hatte auf seinen Aktienbesitz diese Zuzahlung im Betrage von 150000 RM. im April 1927 geleistet. Im Mai 1929 wurde über das Vermögen der Gesellschaft Konkurs eröffnet.

Im Januar 1932 erhob der Kläger gegen die Beklagten Klage auf Schadensersatz. Er berief sich auf § 314 HGB., § 826 BGB. und behauptete, der Generalversammlung vom Februar 1927 sei mit Wissen der Beklagten eine zu günstige Bilanz vorgelegt worden; diese hätten später auch ihm persönlich bewußt unwahre Angaben über den Stand des Unternehmens gemacht; dadurch sei er getäuscht und zur Leistung der Zuzahlung bestimmt worden. Die Beklagten bestritten die Klagebehauptungen und wandten Verjährung des Anspruchs ein.

Das Verfahren ist mit Rücksicht auf eine schon länger anhängige gleichartige Klage eines anderen Aktionärs zunächst nicht weiter betrieben worden. Im Termine zur mündlichen Verhandlung vom 4. Juli 1932 war zufolge einer Vereinbarung der Prozeßbevollmächtigten keine Partei erschienen. Das wurde in der Sitzungsniederschrift festgestellt. Mit Schriftsatz vom 12. März 1936 lud der Kläger die Beklagten zur Fortsetzung des Verfahrens. Diese stützten nunmehr die Einrede der Verjährung auch darauf, daß die Frist des § 852 BGB. seit dem 4. Juli 1932 abgelaufen sei.

Das Landgericht hat die Einrede der Verjährung nicht durchgreifen lassen, die Klage aber aus anderen Gründen abgewiesen. Das Berufungsgericht hat die Abweisung bestätigt, aber mit der Begründung, daß die Klageforderung in der Zeit nach dem 4. Juli 1932 verjährt sei. Die Revision des Klägers ist zurückgewiesen worden, zur Frage der Verjährung aus folgenden

Gründen:

Nach der Auffassung des Berufungsgerichts greift die Berufung der Beklagten auf Verjährung der Forderung während des Rechtsstreits durch. Unter Hinweis auf die Entscheidung in RGZ. Bd. 145 S. 241 führt der Berufungsrichter dazu aus, der Anwendungsbereich des § 211 Abs. 2 BGB. sei durch die Verordnung über das Verfahren in bürgerlichen Rechtsstreitigkeiten vom 13. Februar 1924 (RGBl. I S. 135) nicht beschränkt worden. Es sei unstreitig, daß der Rechtsstreit mit Rücksicht auf den anderen, bereits laufenden Prozeß mehr als drei Jahre nicht betrieben worden sei. Der Stillstand sei spätestens eingetreten mit der Feststellung im Protokoll vom 4. Juli 1932, daß niemand erschienen sei. Spätere Anfragen des Gerichts an die Parteien seien stets dahin beantwortet worden, daß der Rechtsstreit zur Zeit nicht betrieben werden solle. Im Zeitpunkte der Ladung vom 12. März 1936 sei, wie auch der Kläger nicht verkenne, die dreijährige Verjährungsfrist bereits abgelaufen gewesen.

Die Revision hält dieses Ergebnis für rechtsirrig. Sie meint, der bloße Stillstand des Verfahrens infolge Nichtbetreibung durch die Parteien sei nach der Änderung des § 251 ZPO. durch die vorerwähnte Verordnung nicht mehr geeignet, die durch die Klage bewirkte Unterbrechung der Verjährung (§ 209 Abs. 1 BGB.) zu beenden, weil das Ruhen des Verfahrens nach § 251 ZPO. einen Beschluß des Gerichts voraussetze. Die Vorschrift des § 211 Abs. 2 BGB. müsse deshalb jetzt sinngemäß dahin angewendet werden, daß die Unterbrechung der Verjährung erst durch die richterliche Anordnung des Ruhens des Verfahrens beendet werde. Dem ist nicht zu folgen.

Die Revision kann sich für ihre gegenteilige Meinung nicht auf das Urteil des Senats vom 29. April 1932 (RGZ. Bd. 136 S. 193) berufen. Der Senat hat gerade in diesem Urteil, das allerdings einen Fall des Ruhens des Verfahrens auf Grund eines Gerichtsbeschlusses nach § 251a ZPO. betraf, darauf hingewiesen, daß zwischen den sachlich-rechtlichen Bestimmungen des Bürgerlichen Gesetzbuchs über die Anspruchsverjährung und den durch die Verordnung vom 13. Februar 1924 neu geregelten Vorschriften der Zivilprozeßordnung über Ruhen des Verfahrens zu unterscheiden sei. Dazu war in Übereinstimmung mit den Motiven zum Bürgerlichen Gesetzbuch Bd. 1 S. 291 („Grund und Zweck der Anspruchsverjährung") dargelegt, die Anspruchsverjährung diene dem öffentlichen Interesse. Grundsatz des sachlichen Verjährungsrechts sei die Bestimmung des § 225 BGB., daß die Verjährung rechtsgeschäftlich weder ausgeschlossen noch erschwert werden könne. Die Bestimmung des § 211 Abs. 2 BGB. wolle verhüten, daß dieser Erfolg auf Umwegen erreicht werde, nämlich durch Erhebung einer Klage, die dann nicht betrieben werde. Es war auf die Motive zum Bürgerlichen Gesetzbuch Bd. 1 S. 332 verwiesen. Dort ist ausgeführt, die Zivilprozeßordnung enthalte keine Vorschrift über die Beendigung der Wirkungen der Rechtshängigkeit infolge Untätigkeit der Parteien. Die Rechtshängigkeit bestehe der Regel nach fort, bis der Rechtsstreit erledigt sei. Der materiell-rechtlichen Frage nach der Dauer der Unterbrechung der Verjährung bei Stillstand des Rechtsstreits werde durch diesen verfahrens-rechtlichen Grundsatz selbstverständlich nicht vorgegriffen. Das Prozeßrecht könne guten Grund haben, den Fortgang des Rechts-streits vom Willen der Parteien abhängig zu machen; das bürgerliche Recht müsse im Auge behalten, daß die Verjährung, soweit möglich, dem Parteiwillen entzogen werde. Der Senat hatte daraus gefolgert, es müsse (materiell-rechtlich) gleichgültig sein, ob die Untätigkeit der Parteien den Stillstand des Prozesses unmittelbar oder durch einen auf ihr beruhenden Gerichtsbeschluß herbeiführe.

Dieser Rechtsauffassung hat sich der V. Zivilsenat im Urteil vom 27. Oktober 1934 (RGZ. Bd. 145 S. 241) unter Ablehnung der ab-weichenden Ansicht der in RGZ. Bd. 128 S. 191 (196) abgedruckten Entscheidung angeschlossen. Auch er kommt (allerdings auch in einem Fall der gerichtlichen Anordnung des Ruhens des Verfahrens) zu dem Ergebnis, die Änderung des Verfahrensrechts in den §§ 251, 251a ZPO. habe den Anwendungsbereich der sachlich-rechtlichen Vorschrift des § 211 Abs. 2 BGB. nicht beschränkt. Der V. Senat stimmt der Meinung des erkennenden Senats bei, auch im Falle der gerichtlichen Anordnung des Ruhens des Verfahrens sei schließlich der übereinstimmende Antrag der Parteien (§ 251 ZPO.) oder ihr tatsächliches Nichtverhandeln (§ 251a ZPO.) der Grund des Stillstandes des Prozesses, dem das bürgerliche Recht mit der Vorschrift begegne, daß nunmehr die Unterbrechung der Verjährung (durch die Klagerhebung, § 209 Abs. 1 BGB.) ende. An dieser Rechts-auffassung ist festzuhalten. Daß die Verordnung vom 13. Februar 1924 dem § 211 Abs. 2 BGB. nicht Abbruch tun wollte, ergibt sich rein äußerlich schon daraus, daß sie an den Vorschriften des Bürgerlichen Gesetzbuches nicht etwa vorübergegangen ist. Denn durch Art. IV der Verordnung sind die Bestimmungen der §§ 209, 210, 213 BGB. geändert und § 212a BGB. ist neu geschaffen worden, um so den Einklang der Vorschriften des sachlichen und der des Ver-fahrenrechts wiederherzustellen. Die Tatsache, daß zu einer Ände-rung des § 211 Abs. 2 BGB. kein Grund gefunden wurde, spricht dafür, daß die Bestimmung von der Änderung des Verfahrensrechts unberührt blieb.

Es lag auch sachlich kein Grund zu einer Änderung vor, und ebensowenig ist die Ansicht begründet, § 211 Abs. 2 BGB. sei auch nur teilweise wirkungslos geworden. Die Änderung der verfahrensrechtlichen Bestimmungen über das Ruhen des Verfahrens hebt die freie Herrschaft der Parteien über den Rechtsstreit im Sinne des § 251 ZPO. a. F. auf. Zur Beschleunigung und rascheren Erledigung der Prozesse ist den Parteien die Möglichkeit genommen worden, nach Belieben das Ruhen des Verfahrens zu vereinbaren oder durch Untätigkeit herbeizuführen. Nach der neuen Regelung soll das Gericht darüber entscheiden, ob die vorgebrachten Gründe den gemeinsamen Antrag der Parteien auf Anordnung des Ruhens des Verfahrens (§ 251 ZPO.) rechtfertigen oder ob bei Untätigkeit einer oder beider Parteien diese Anordnung zweckmäßig ist. Mißbräuchlicher Verwendung der Verfahrensruhe sollte auch die Erschwerung der Fortsetzung des ruhenden Verfahrens (§ 251 Abs. 2 ZPO.) entgegenwirken. Die Bestimmung des § 211 Abs. 2 BGB. verfolgt auf dem Gebiete des sachlichen Rechts einen gleichlaufenden Zweck, wenn sie, wie oben dargelegt, verhüten will, daß die Klagerhebung dazu mißbraucht wird, die vom Gesetz gewollte Anspruchsverjährung zu umgehen. Der Gesetzgeber der Verordnung von 1924 hätte geradezu dem von ihm verfolgten Zwecke selbst entgegengehandelt, wenn er zugleich mit der Verschärfung der Verfahrensbestimmungen die sachlich-rechtlichen Wirkungen des Stillstandes des Verfahrens im Sinne des § 211 Abs. 2 BGB. eingeschränkt hätte. Das ist nicht anzunehmen. Er kann aber auch unmöglich gewollt haben, daß die Wirkungen dieser Gesetzesbestimmung auf den Fall des beschlußmäßig angeordneten Ruhens des Verfahrens beschränkt blieben. Denn dann wäre eine Änderung der Fassung des § 211 Abs. 2 BGB. notwendig gewesen, der ganz allgemein darauf abstellt, daß der Prozeß infolge einer Vereinbarung oder dadurch, daß er nicht betrieben werde, in Stillstand gerät, also schon jeden Fall tatsächlichen Stillstandes erfaßt. Wenn auch die §§ 251, 251a ZPO. davon ausgehen mögen, daß das Ruhen des Verfahrens im Sinne dieser Bestimmungen einen Gerichtsbeschluß erfordert, so läßt sich doch nicht in Zweifel ziehen, daß das Prozeßverfahren auch dann zum Stillstand im Sinne des § 211 Abs. 2 BGB. gelangt, wenn beide

Parteien vereinbart haben, in dem bestimmten Verhandlungstermine nicht zu erscheinen, und das Gericht die ihm bekannte Absicht der Parteien, das Verfahren so zum Stillstande zu bringen, stillschweigend dadurch billigt, daß es weder eine Entscheidung erläßt, noch einen neuen Termin zur mündlichen Verhandlung bestimmt.

Die Revision ist allerdings der Meinung, auch wenn man im gegebenen Fall einen Stillstand des Rechtsstreits annehme, weil die Parteien von der Möglichkeit, ihn nach der Umgehung des Termines vom 4. Juli 1932 durch Ladung weiter zu betreiben, keinen Gebrauch gemacht hätten, so habe das Berufungsgericht gleichwohl die Beendigung der Verjährungsunterbrechung durch jenen Stillstand nicht feststellen können, weil mindestens bis zum Ende des Jahres 1935 noch Prozeßhandlungen des Gerichts stattgefunden hätten, nämlich in den Anfragen des Gerichts an die Parteien vom 19. April 1933, 3. April und 16. Oktober 1934, 26. April und 13. Dezember 1935. Dieser Angriff der Revision greift nicht durch. War, wie das Berufungsgericht darlegt, die Aufnahme des Sitzungsprotokolls vom 4. Juli 1932 mit der Feststellung, daß bei Aufruf der Sache niemand erschienen sei, die letzte Handlung des Gerichts, mit der der Rechtsstreit zum Stillstand gekommen ist, dann könnten die Anfragen nach dem Stande der Sache, die anscheinend von der Geschäftsstelle später an die Prozeßbevollmächtigten der Parteien gerichtet worden sind, die Beendigung der Unterbrechung der Verjährung nicht wieder beseitigt haben. Denn ganz abgesehen davon, ob solche Anfragen überhaupt als Prozeßhandlungen im Sinne des § 211 Abs. 2 BGB. betrachtet werden könnten, wird die nach der Beendigung der Unterbrechung beginnende neue Verjährung nach Satz 2 dieser Gesetzesbestimmung nur durch eine den Prozeß weiter betreibende Parteihandlung wieder unterbrochen. Die Antworten der Rechtsanwälte lauteten aber immer dahin, der Rechtsstreit werde vorerst nicht weiter betrieben; sie waren also zweifellos keine auf Führung und Erledigung des Rechtsstreits gerichteten Handlungen.

61. Zur Frage der Rechtskraftwirkung des landwirtschaftlichen Entschuldungsplans.

Gesetz zur Regelung der landwirtschaftlichen Schuldverhältnisse vom 1. Juni 1933 (RGBl. I S. 331) — SchRG. — §§ 51, 99. Verordnung zur Durchführung der Entschuldung im Osthilfegebiet (Sechste Osthilfedurchführungsverordnung) vom 7. Juli 1933 (RGBl. I S. 464) — 6. OsthDurchfVO. — § 7.

VII. Zivilsenat. Urt. v. 31. Mai 1938 i. S. Landwirtschafts- und Gewerbebank W., e. Gen. m. b. H. (Kl.) w. Witwe R. (Bekl.). VII 24/38.

I. Landgericht Breslau.
II. Oberlandesgericht daselbst.

Der verstorbene Ehemann der Beklagten, Johannes R., welcher Eigentümer des Ritterguts L. war, schuldete im Juli 1931 der Klägerin auf Kontokorrent 32275,90 RM. Hierauf erhielt diese im Juli 1931 in einem nach den damaligen Osthilfevorschriften durchgeführten Umschuldungsverfahren von der Landstelle Br. 16170 RM. aus der Umschuldungshypothek ausgezahlt. Auf Grund einer am 3. August 1931 mit den Eheleuten R. getroffenen Abmachung eröffnete sie der Beklagten ein laufendes Konto, zu dessen Lasten diese am gleichen Tage 16105,90 RM. samt Zinsen an ihren Ehemann überweisen ließ, der seinerseits sich für die Ansprüche der Klägerin gegen die Beklagte aus dem ihr von der Klägerin gewährten Kredit bis zur Höhe von 16500 RM. selbstschuldnerisch verbürgte. Im Jahre 1933 kam es auf R.s Antrag gemäß § 99 SchRG. zu einer Wiederaufnahme der Umschuldung im Wege eines Osthilfe-Entschuldungsverfahrens. Die Klägerin meldete dazu einen Anspruch gegen R. aus dessen selbstschuldnerischer Bürgschaft in Höhe von noch 15650,90 RM. an. Der am 26. Mai 1936 vom Osthilfekommissar bestätigte Entschuldungsplan ging auf die ursprüngliche Forderung der Klägerin von 32275,90 RM. zurück, ordnete eine 50%ige Kürzung dieser Forderung auf 16138 RM. an und stellte fest, daß sich die Klägerin darauf die 1931 empfangenen 16170 RM. anrechnen zu lassen und daher nichts mehr zu beanspruchen habe. Der Ehemann der Beklagten ist während des Entschuldungsverfahrens verstorben. Die Klägerin hat im ersten Rechtsgang auf Feststellung geklagt, daß die Beklagte ihr aus ihrem laufenden Konto mindestens 10000 RM. schulde, im zweiten diesen Antrag auf Feststellung einer Schuld von 16109,29 RM. samt Zinsen erweitert. Die Beklagte hat um Klagabweisung gebeten.

Beide Vorinstanzen haben die Klage abgewiesen. Die Revision der Klägerin blieb erfolglos aus folgenden

Gründen:

Das Berufungsgericht legt die von der Klägerin mit den Eheleuten R. im August 1931 getroffenen Vereinbarungen dahin aus, daß die im Umschuldungsverfahren nicht getilgte Kontoschuld des Ehemanns R. von 16105,90 RM. samt Zinsen mit Hilfe des damals der Beklagten von der Klägerin eingeräumten Kredites habe abgedeckt, die Beklagte in Höhe dieses Betrages statt ihres Ehemanns Schuldnerin der Klägerin habe werden und ihr Ehemann für ihre Schuldverbindlichkeit der Klägerin gegenüber die selbstschuldnerische Bürgschaft habe übernehmen sollen. Das angefochtene Urteil betrachtet diese Vereinbarungen auch als ausgeführt, und von seinen in dieser Richtung getroffenen Feststellungen geht auch die Revision aus. Wenn der Vorderrichter auf die hiernach begründete Rechtslage den § 7 der 6. OsthDurchfVo. vom 7. Juli 1933 anwenden zu können glaubt, so stellt er sich dabei auf den Standpunkt, daß diese Vorschrift allerdings den Inhaber des landwirtschaftlichen Betriebes als Hauptschuldner voraussetze und somit den vorliegenden Fall, wo die Hauptschuld des Betriebsinhabers gerade zum Erlöschen gebracht worden sei, an sich nicht treffe; daß aber doch im Hinblick auf den Zweck des Gesetzes und die wirtschaftliche Lage die Eheleute R. auch vom Gesichtspunkt der Vereinbarungen vom August 1931 aus im Sinne der erwähnten gesetzlichen Bestimmung als Mitschuldner anzusehen seien und somit die durch den Entschuldungsplan vom 26. Mai 1936 ausgesprochene Streichung der Ansprüche der Klägerin gegen den Betriebsinhaber auch der im Fall der Befriedigung der Klägerin ihm gegenüber ersatzberechtigten Beklagten habe zugute kommen müssen.

Die Revision bekämpft diese Darlegungen des Berufungsgerichts in erster Linie deshalb, weil der neue Entschuldungsplan zu Unrecht die bereits im Jahre 1931 erloschene Kontoschuld R.s als wiederaufgelebt behandelt habe und weil die Klägerin an dem wiederaufgenommenen Verfahren nur wegen ihrer Bürgschaftsforderung beteiligt gewesen sei, so daß der Entschuldungplan ein Erlöschen der Kontoschuld des Ehemanns R. gar nicht habe aussprechen können. Indessen geht die Revision hierbei an der auf § 51 des Schuldenregelungsgesetzes vom 1. Juni 1933 beruhenden Rechtskraftwirkung des bestätigten Entschuldungsplanes vorbei, die auch der Vorderrichter nicht für seine Entscheidung heranzieht. Die Klägerin hatte im wiederaufgenommenen Entschuldungsverfahren (§ 99 SchRG.) ihre Forderung aus selbstschuldnerischer Bürgschaft gemäß den Vereinbarungen vom August 1931 gegen die R.schen Erben angemeldet und ist dabei auch trotz des Hinweises der Landstelle auf die unvermeidlichen Zwangskürzungsmaßnahmen stehen geblieben. Im Entschuldungsplan ist dann die Landstelle auf die ursprüngliche Kontokorrentforderung der Klägerin zurückgegangen, hat diese um 50% gekürzt und auf den Rest die im Juli 1931 an die Klägerin gezahlten 16170 RM. verrechnet. Ob das rechtlich einwandfrei war, ist im gegenwärtigen Rechtsstreit nicht zu prüfen, die Einwendung der Revision, daß die Landstelle unrichtig verfahren sei, daher nicht zu beachten. Jedenfalls steht mit der Bestätigung des Entschuldungsplanes gegenüber der Klägerin als am Verfahren beteiligter Gläubigerin verbindlich fest, daß damit ihre sämtlichen Ansprüche gegen den Ehemann R. oder dessen Erben, sei es aus der alten Kontokorrent-, sei es aus der Bürgschaftsschuld erloschen sind, und daß die im Entschuldungsverfahren berücksichtigte und gekürzte Forderung der Klägerin 32275,90 RM. betragen hat, also ihre ursprüngliche Kontokorrentforderung gewesen ist. Offenbar hat die Klägerin dagegen im Entschuldungsverfahren auch keinen Widerspruch erhoben.

Hat aber hiernach der bestätigte Entschuldungsplan das Fortbestehen der alten Kontoforderung der Klägerin gegen den Ehemann R. zur Grundlage gehabt, so steht der Anwendung des § 7 der 6. OsthDurchfVo. nichts im Wege. Es ist dafür ohne Belang, ob die Beklagte, was die Revision für erforderlich zu halten scheint, am Entschuldungsverfahren beteiligt gewesen ist. Mit Recht sieht jedenfalls der Vorderrichter die Beklagte für die Zeit des Entschuldungsverfahrens als Mitschuldnerin ihres verstorbenen Ehemannes an. Denn ihre auf dem Abkommen vom August 1931 beruhende Kreditschuld an die Klägerin war in Wirklichkeit nichts anderes als die durch Vereinbarung der Klägerin mit den Eheleuten R. auf sie übertragene, nach dem ersten Umschuldungsverfahren als ungetilgt verbliebene Kontokorrentschuld ihres Ehemannes, so daß, wenn der bestätigte Entschuldungsplan die Kontoschuld des Ehemanns als noch bestehend behandelte, die Beklagte notwendigerweise in Ansehung des ihr von der Klägerin kreditierten Betrages tatsächlich Mitschuldnerin des Betriebsinhabers war. Daß die Mitschuld auf einem Gesamtschuldverhältnis beruht, verlangt der § 7 der 6. OsthDurchfVo. nicht. Dem von der Vorinstanz und der Revision aufgestellten Erfordernisse, daß der Betriebsinhaber im Sinne des erwähnten § 7 Hauptschuldner sein müsse, wäre jedenfalls durch die Stellungnahme des Entschuldungsplans genügt. Die vertragliche Gestaltung, die die Beteiligten im August 1931 ihren Rechtsbeziehungen gegeben haben, insofern danach die alte Schuld des Ehemanns hat erlöschen, die Beklagte Hauptschuldnerin werden und der Ehemann nur noch für sie als Bürge hat haften sollen, muß zurücktreten hinter der durch die Rechtskraftwirkung des Entschuldungsplanes geschaffenen anderen Rechtslage. Es bedarf demgemäß keines Eingehens auf die Ausführungen, mit denen das Berufungsgericht die Mitschuldnerstellung der Beklagten begründet, und auf die von der Revision dagegen erhobenen Bedenken.

Das Eingreifen des § 7 der 6. OsthDurchfVo. zu Gunsten der Beklagten hängt hiernach nur davon ab, ob der Beklagten bei Befriedigung der Klägerin ein Ersatzanspruch an ihren Ehemann oder dessen Erben zugestanden haben würde. Das aber nimmt der Vorderrichter in tatsächlicher, aus den Umständen, insbesondere aus den Beweisergebnissen hergeleiteter Feststellung an. Die Einwendungen der Revision gegen diese für das Revisionsgericht bindende Feststellung sind nicht begründet. Ein Verstoß gegen § 286 ZPO. ist aus dem angefochtenen Urteil nicht ersichtlich. Die Annahme des Berufungsgerichts, daß nach dem Willen der Eheleute R. die Beklagte jenen Ersatzanspruch haben sollte, ist weder tatbestandswidrig, noch steht sie etwa zum Inhalt der Abmachungen vom August 1931 in unvereinbarem Gegensatz, vielmehr lag es im Rahmen nächstliegender Erwägungen, daß die Beklagte mit dem Eintreten für die Schuld ihres Mannes diesem damit nicht auf die Dauer ein Geschenk machen wollte und sollte. Daß der in § 7 der 6. OsthDurchfVo. gemeinte Ersatzanspruch ein auf Gesetz beruhender sein müsse, nicht aber auf Vertrag sich stützen dürfe, folgt weder aus dem Wortlaut noch aus dem Sinne der Gesetzesvorschrift.

Steht nach alledem der Beklagten der § 7 der 6. OsthDurchfVo. zur Seite, so beruft sie sich mit Recht auf das im Entschuldungsplan festgestellte Erlöschen der Kontoforderung der Klägerin gegen den Betriebsinhaber und ist somit die gegen sie erhobene Klage unbegründet.

---

62. 1. Wie ist der Einwand, daß ein Schiff als fremdes Staatsschiff der deutschen Gerichtsbarkeit nicht unterliege, rechtlich zu würdigen? Kann dieser Einwand die Einrede der örtlichen oder sachlichen Unzuständigkeit des deutschen Gerichts oder der Unzulässigkeit des Rechtswegs begründen?

2. Unter welchen Voraussetzungen kann für ein dem ausländischen Staate nicht gehöriges, aber von ihm gechartertes Schiff die Immunität der Staatsschiffe in Anspruch genommen werden?

Brüsseler Internationales Abkommen zur einheitlichen Feststellung von Regeln über die Immunitäten der Staatsschiffe vom 10. April 1926 (RGBl. 1927 II S. 484) Art. 1, 2, 3, 6. Zusatzprotokoll vom 24. Mai 1934 (RGBl. 1936 II S. 303). ZPO. § 263 Abs. 2 Nr. 2, § 274 Abs. 2 Nr. 1, §§ 275, 303, 512a, 549 Abs. 2. GVG. § 18.

I. Zivilsenat. Urt. v. 16. Mai 1938 i. S. G. (Bekl.) w. A. (Kl.). I 232/37.

I. Landgericht Bremen.
II. Oberlandesgericht Hamburg.

Am 20. Mai 1937 sind in der Nordsee der Dampfer V. der Klägerin und der Dampfer S., mit dem die Beklagte die Seeschiffahrt betreibt, zusammengestoßen. Der Dampfer V. ist schwer beschädigt worden und nach kurzer Zeit gesunken.

Die Beklagte ist eine Aktiengesellschaft unter der Kontrolle eines ausländischen Staates. Der Dampfer S. steht nicht in dessen Eigentum, ist aber von ihm der Beklagten zur Ausrüstung und Verwendung, ausschließlich im Dienste jener Regierung, überlassen worden. Der Dampfer ist im Schiffsregister einer Hafenstadt jenes Landes als Schiff der Beklagten eingetragen worden. Seine Besatzung ist von der Beklagten, nicht von jenem Staat angestellt.

Die Klägerin hat am 24. Mai 1937 bei dem Amtsgericht Bremen wegen eines ihr aus dem Unfall angeblich erwachsenen Schadensersatzanspruchs von 500000 RM. sowie wegen 100000 RM. Zinsen und Kosten gegen die Beklagte einen dinglichen Arrest in Höhe von 600000 RM. erwirkt und demnächst zustellen lassen. Die Beklagte hat keinen Widerspruch erhoben. In den Arrestakten befindet sich eine — von dem Vertreter jenes Landes in Berlin am 29. Juli 1937 auf Grund des Brüsseler Internationalen Abkommens zur einheitlichen Feststellung von Regeln über die Immunitäten der Staatsschiffe vom 10. April 1926 und des Zusatzprotokolls dazu vom 24. Mai 1934 abgegebene, über das Auswärtige Amt an das Amtsgericht Bremen zwecks Aufhebung der Beschlagnahme übermittelte — Erklärung, wonach das Schiff S. von jener Regierung gechartert worden war und eine ausschließlich ihr gehörige Ladung beförderte, die nicht zu Handelszwecken bestimmt war.

Mit der Mitte Juni 1937 zugestellten Klage verlangte die Klägerin unter der Behauptung schuldhafter Navigierung der S. Duldung der Zwangsvollstreckung in diesen Dampfer wegen einer Schadensersatzforderung von 500000 RM. nebst Zinsen; sie stellte ferner vor dem Landgericht einen Hilfsantrag auf Zahlung dieser Beträge.

Die Beklagte beantragte Abweisung der Klage, indem sie jegliches Verschulden ihres Dampfers bestritt. In erster Reihe machte sie aber geltend, das Landgericht Bremen sei sachlich und örtlich unzuständig. Maßgeblich sei das erwähnte Internationale Abkommen in Verbindung mit dem Zusatzprotokoll. Nach Artikel 3 § 1 des Abkommens, I des Zusatzprotokolls könnten Ansprüche gegen den Dampfer S. aus dem Zusammenstoß nur vor den Gerichten ihres Landes erhoben werden. Der Dampfer S. sei von ihrem Staat auf eine bestimmte Zeit zu ausschließlich staatlichen Diensten gechartert worden und werde nicht zu Handelszwecken verwendet.

Das Landgericht hat die abgesonderte Verhandlung über die von der Beklagten erhobene „prozeßhindernde Einrede der sachlichen und örtlichen Unzuständigkeit des Landgerichts Bremen" angeordnet und die Einrede durch Zwischenurteil vom 15. Juli 1937 verworfen. Hiergegen hat die Beklagte Berufung eingelegt mit dem Antrage, das Zwischenurteil aufzuheben und die Klage abzuweisen. Die Klägerin hat Verwerfung der Berufung beantragt, weil diese nach § 512a ZPO. unzulässig sei. Sie hat auf Befragen erklärt, daß sie den „Hilfsantrag" auf Zahlung nicht als „Eventualantrag", sondern neben und gleichberechtigt mit dem Hauptantrage gestellt habe. Die Beklagte hat dagegen nichts eingewandt. Das Oberlandesgericht hat die Berufung als unbegründet zurückgewiesen. Die Revision der Beklagten blieb erfolglos.

Gründe:

A. Die Zulässigkeit der Revision hängt gemäß § 549 Abs. 2 ZPO. davon ab, ob sie darauf gestützt ist, daß das Gericht seine örtliche Zuständigkeit mit Unrecht angenommen habe. Dabei kommt es nicht auf die von der Revisionsklägerin oder in dem Urteil gebrauchten Worte, sondern auf den sachlichen Gehalt der von der Beklagten erhobenen Einrede an. Diese geht dahin, daß eine individuelle Befreiung von der deutschen Gerichtsbarkeit gegeben sei, weil der Dampfer S. ein immunes Staatsschiff sei, das zur Zeit des Zusammenstoßes Kohlen für einen ausländischen Staat als Charterer beförderte, dessen Verfügung und Kontrolle es unterstanden habe. Damit ist keine internationale Unzuständigkeit, sondern eine auf der völkerrechtlichen Stellung jenes Staates beruhende Herausnahme aus der deutschen Gerichtsbarkeit geltend gemacht.

Zwar hat das Reichsgericht wiederholt entschieden, daß die Vorschriften der Zivilprozeßordnung über die örtliche Zuständigkeit die Gerichtsgewalt der deutschen Gerichte nicht nur in deren Verhältnis zueinander regeln, sondern zugleich mittelbar dem Auslande gegenüber die Grenze für die Ausübung der deutschen Gerichtsbarkeit ziehen und daß deshalb auch die Frage, ob diese überhaupt ausgeübt werden durfte, mit der Bejahung der örtlichen Zuständigkeit durch das Landgericht endgültig entschieden sei (WarnRspr. 1915 Nr. 247; JW. 1926 S. 1337 Nr. 2; RGZ. Bd. 126 S. 196 [199]; LZ. 1930 Sp. 1502 Nr. 6; JW. 1936 S. 1291 Nr. 9; RGZ. Bd. 150 S. 268). Allein in diesen Fällen handelte es sich immer darum, daß das Landgericht entschieden hatte, ob ein deutsches oder ein ausländisches Gericht (nach deutschem internationalem Prozeßrecht) örtlich zuständig war; diese Entscheidung wurde der Nachprüfung in den höheren Instanzen entzogen. Soweit in jenen Reichsgerichtsurteilen von Bejahung oder Verneinung der Gerichtsbarkeit die Rede ist, war, wie aus JW. 1936 S. 1291 deutlich hervorgeht, die internationale Zuständigkeit in dem ihr hier beigelegten Sinne gemeint, nicht die völkerrechtliche Immunität (anders: Neuner Internationale Zuständigkeit in den Beiträgen zum Zivilprozeß, herausgegeben von Kisch und anderen, Heft 6 S. 1 und 13). Daß diese beiden Begriffe sich nicht decken, wird klar durch die Erwägung, daß eine völkerrechtliche Befreiung von der einheimischen Gerichtsbarkeit selbst dann beachtet werden muß, wenn auch im Auslande keine Klagemöglichkeit besteht, der Kläger also rechtlos ist. So genießen insbesondere ausländische Staaten (und Staatsoberhäupter) das Vorrecht der Exterritorialität selbst dann, wenn sie auch vor ihren eigenen Gerichten nicht belangt werden können. Wenn in Artikel 3 § 1 Abs. 2 des Brüsseler Internationalen Immunitäten-Abkommens den Beteiligten das Recht eingeräumt ist, ihre Ansprüche u. a. aus Schiffszusammenstößen bei den zuständigen Gerichten des Staates, dem das Schiff gehört oder der es verwendet, geltend zu machen, ohne daß dieser Staat sich auf seine Immunität berufen könnte, so wird auch dadurch an dem rechtlichen Charakter der schon auf älterem Völkerrecht beruhenden und durch das Internationale Abkommen nur näher geregelten Immunität der Staatsschiffe als einer von internationaler Zuständigkeit grundsätzlich unabhängigen Befreiung von fremder Gerichtsbarkeit nichts geändert. Ebenso ordnet auch Pagenstecher (Zeitschrift für ausländisches und internationales Privatrecht 1937 S. 344 oben) den Fall des § 18 GVG. (Befreiung der ausländischen Diplomaten, Staaten und Staatsoberhäupter) nicht unter die internationale Zuständigkeit, sondern im Gegensatz dazu unter die fehlende facultas jurisdictionis (Gerichtsbarkeit) ein. Die Gründe, aus denen in RGZ. Bd. 154 S. 302 der Satz abgeleitet worden ist, daß über die örtliche Zuständigkeit des Gerichts nicht mehr gestritten werden solle, wenn einmal die Zuständigkeit durch eine gerichtliche Entscheidung bejaht worden sei, auch der Gesichtspunkt einer Entlastung des Reichsgerichts (RGZ. Bd. 93 S. 351) treten zurück hinter der Notwendigkeit, die die außenpolitischen Beziehungen des Deutschen Reiches berührenden Entscheidungen der Landgerichte über die Befreiungen fremder Staaten und ihrer Schiffe von der inländischen Gerichtsbarkeit einer Nachprüfung im Instanzenzuge zugänglich zu machen und damit zugleich auf diesem völkerrechtlich wichtigen Gebiete eine einheitliche Rechtsprechung herbeizuführen. Diese Notwendigkeit besteht auch und gerade dann, wenn Sachurteile, die trotz mangelnder facultas jurisdictionis ergehen, als nichtig anzusehen sind (vgl. Pagenstecher in JW. 1931 S. 2516 Anm. zu Nr. 4).

Hat somit das Landgericht nicht über seine örtliche Zuständigkeit, sondern über die Frage der Immunität des Dampfers S. entschieden, so ergibt sich nicht nur die Zulässigkeit der Revision, sondern es greifen auch gegen die Zulässigkeit der Berufung keine Bedenken aus § 512a ZPO. durch. Solche Bedenken können aber noch daraus hergeleitet werden, daß nach den §§ 275, 303 ZPO. ein Zwischenurteil nur dann selbständig anfechtbar ist, wenn es eine prozeßhindernde Einrede verwirft, nicht, wenn es einen sonstigen Zwischenstreit entscheidet.

Mit der Rechtsnatur der völkerrechtlichen Befreiung außerdeutscher Staaten von der inländischen Gerichtsbarkeit hat sich der erkennende Senat schon in seinem Urteil vom 4. Juni 1930 I 39/30 (JW. 1931 S. 150 Nr. 6) beschäftigt. Auch dort ist eine Einordnung unter die örtliche Unzuständigkeit, ferner unter die Unzulässigkeit des

Rechtswegs abgelehnt worden. Angenommen wurde, daß die Befreiung die sachliche Zuständigkeit des angerufenen Gerichts betreffe. Wenn in jenem Zusammenhang ausgeführt wurde, daß die deutschen Gerichte sich der Entscheidung enthalten müßten, weil nach Völkerrecht nicht sie, sondern die bürgerlichen Gerichte des Heimatstaates sachlich zuständig seien, so kann diese Begründung nach dem oben Dargelegten nicht aufrechterhalten werden. Weiter kann aber auch daran nicht festgehalten werden, daß die völkerrechtliche Befreiung eines ausländischen Staates von der deutschen Gerichtsbarkeit einen Fall der sachlichen Unzuständigkeit bilde. Vielmehr ist mit Pagenstecher (Zeitschrift für ausländisches und internationales Privatrecht 1937 S. 339flg.) die facultas jurisdictionis als eine selbständige Prozeßvoraussetzung anzusehen. Hat hiernach das Landgericht allerdings nicht über eine der in § 274 ZPO. aufgezählten prozeßhindernden Einreden, insbesondere nicht über die des Abs. 2 Nr. 1 entschieden, so ist Pagenstecher aber weiter auch darin (a. a. O. S. 358) beizutreten, daß ein dringendes praktisches Bedürfnis besteht, den § 275 ZPO. auf den Einwand der individuellen völkerrechtlichen Befreiung von der inländischen Gerichtsbarkeit entsprechend anzuwenden. Sonach ergibt sich die selbständige Anfechtbarkeit des Zwischenurteils und damit die Zulässigkeit der Berufung.

Da nach dem Dargelegten die Immunität eines ausländischen Staatsschiffes weder unter die örtliche noch unter die sachliche Unzuständigkeit des deutschen Prozeßgerichts fällt, so scheidet der weitere prozessuale Gesichtspunkt des § 263 Abs. 2 Nr. 2 ZPO. schon aus diesem Grunde aus. Es kommt aber darauf, daß das einschlägige Brüsseler Abkommen und das Zusatzprotokoll „für" den hier beteiligten Staat erst nach Erhebung der vorliegenden Klage in Kraft getreten sind, auch deshalb nicht an, weil die Wirksamkeit „für das Deutsche Reich" schon am 8. Januar 1937 eingetreten war (RGBl. 1936 II S. 303). Aus Artikel 6 Abs. 1 des Abkommens ergibt sich, daß jeder Vertragsstaat das Recht hat, es Nichtvertragsstaaten nicht zugute kommen zu lassen. Von diesem Rechte hat aber das Deutsche Reich keinen Gebrauch gemacht. Also hatten die deutschen Gerichte schon seit dem 8. Januar 1937 das Abkommen auch zu Gunsten derjenigen Staaten anzuwenden, die es noch nicht ratifiziert, ja nicht einmal unterzeichnet hatten (ebenso Farsleben in Hansa 1927 S. 1119 a. E.).

B. Sind somit die bisher erörterten prozessualen Bedenken überwunden, so war als Kern des Streites zu prüfen, ob der Klage der von der Beklagten erhobene Einwand der völkerrechtlichen Immunität entgegensteht. Dabei müssen beide Klaganträge behandelt werden. Nicht zu entscheiden war in diesem Rechtsgang, ob der von der Klägerin gestellte Hilfsantrag ohne Beachtung des § 297 ZPO. in einen Hauptantrag übergeführt werden konnte, ob eine solche Überführung sachlich richtig war und ob der auf Zahlung gerichtete Antrag im Recht — und in welchem maßgeblichen — begründet ist.

Ein Überblick über das ältere Völkerrecht, wie es vor dem Brüsseler Immunitäten-Abkommen galt, ergibt, daß nach dem damaligen Rechtszustande weder die Beklagte von der Zahlungsklage noch ihr Schiff von der dinglichen Klage befreit gewesen wäre.

Auch die Revision behauptet nicht, daß das ältere Völkerrecht einer in die Rechtsform einer privatrechtlichen Aktiengesellschaft gekleideten Reederei Immunität gegenüber persönlichen Zahlungsansprüchen gewährt hätte; eine derartige Befreiung wäre auch durch keine inneren Gründe, wie Unantastbarkeit der Souveränität eines fremden Staates, Achtung seines Eigentums oder seiner öffentlichen Betätigungen, zu rechtfertigen gewesen. Nach der Rechtsprechung des Reichsgerichts (z. B. RGZ. Bd. 110 S. 317) sind von der deutschen Gerichtsbarkeit nicht einmal ausländische öffentlich-rechtliche juristische Personen wie Landkreise oder Stadtgemeinden befreit, geschweige denn Personen des Privatrechts.

Der Revision kann aber auch nicht zugegeben werden, daß vor dem Internationalen Abkommen vom 10. April 1926 die Befreiung eines dem fremden Staate nicht gehörigen, sondern von ihm nur gecharterten, wenn auch ausschließlich für öffentliche Zwecke bestimmten Schiffes von der dinglichen Klage völkerrechtlich, insbesondere in der deutschen Auffassung des Völkerrechts, anerkannt gewesen sei.

Dabei war in diesem Rechtsgang in tatsächlicher Beziehung davon auszugehen, daß der Dampfer S. zur Zeit des Zusammenstoßes ausschließlich Bunkerkohlen für Übungen der Kriegsmarine seines Heimatstaates befördert hat. Weiter soll daher zu Gunsten der Beklagten auch unterstellt werden, daß das Schiff nicht für Handelszwecke bestimmt war oder verwendet wurde.

Gerade Mittelstein, auf den sich die Revision in erster Reihe beruft, widerlegt die von ihr vorgetragene Auffassung des allgemeinen internationalen Rechts. Wenn er an der von ihr angeführten Stelle (Zeitschrift für Internationales Privat- und Strafrecht Bd. 2 S. 252) erklärt, das Privilegium der Arrestfreiheit — um das es sich im gegenwärtigen Rechtsstreit gar nicht handelt — genössen alle Staatsschiffe, welche staatlichen Interessen dienten, so fragt sich eben, was hier unter Staatsschiffen zu verstehen ist. Das wird deutlich erst a. a. O. S. 255. Dort heißt es: wenn der Staat Privatschiffe chartere, um Kriegsbedürfnisse zu transportieren, so veränderten diese Schiffe dadurch nicht ihre Natur; würden sie aber weitergehend von der Regierung bemannt, unter das Kommando eines in ihrem Dienste stehenden Offiziers gestellt und führten sie die Kriegsflagge, so erschienen sie allerdings wie sonstige Staatsschiffe als Repräsentanten des Staates.

Feine hatte in seiner Abhandlung „Die völkerrechtliche Stellung der Staatsschiffe" (S. 24/25) ausgeführt, daß für jede der beiden Anschauungen, die das Kriterium des Staatsschiffes einerseits in den Eigentumsverhältnissen und andrerseits in der Bestimmung des Schiffes sähen, gewichtige Gründe sprächen. Er hat dann als geltendes Völkerrecht die Anschauung festgestellt, die das Eigentum am Schiff zur Grundlage des Staatsschiffsbegriffes mache. Nachdem inzwischen die Entscheidung RGZ. Bd. 103 S. 274 über den amerikanischen Dampfer „Ice King" veröffentlicht worden war, bezeichnet Feine in der Hanseatischen Rechts-Zeitschrift 1922 Sp. 248 als derzeit herrschende Meinung, der sich auch das Reichsgericht angeschlossen habe, die, wonach die Eigenschaft als Staatsschiff ausschließlich von den Eigentumsverhältnissen und nicht von der Zweckbestimmung abhänge. In der Tat hat der erkennende Senat in dem soeben erwähnten Urteil (RGZ. Bd. 103 S. 276 o.) den Begriff des Staatsschiffes dahin bestimmt, daß es sich um ein im Eigentum eines souveränen Staates stehendes Seeschiff handeln müsse.

Böger, auf den sich die Revision weiter beruft, will zwar (in Die Immunität der Staatsschiffe, Heft 2 der vom Institut für internationales Recht an der Universität Kiel herausgegebenen Abhandlungen zur fortschreitenden Kodifikation des internationalen Rechts, S. 28 u.) auch jedes vom Staate gecharterte Schiff als Staatsschiff bezeichnen, jedoch nur dann, wenn der Staat in ein Ausrüsterverhältnis zu dem privaten Eigentümer tritt. Strupp (Grundzüge des positiven Völkerrechts 5. Aufl. S. 159) bezeichnet als Staatsschiff das einem Staate gehörige Schiff, das ausschließlich für einen öffentlichen Dienst bestimmt ist und einem zu diesem Zwecke besonders in Gemäßheit der Landesgesetze bestellten Offizier untersteht.

Aufschlußreich ist namentlich die Denkschrift des englischen Richters Sir Maurice Hill, in der das Internationale Immunitäten-Abkommen angeregt worden ist. Dort (Bulletin No. 57 des Comité Maritime International S. 5 flg.) wird auseinandergesetzt, daß sich die Immunität derjenigen Schiffe, die zwar Privateigentum, aber dem Dienste eines Staates gewidmet (affectés) seien oder sich in seinem Besitze befänden, nach der britischen Rechtsprechung nur auf die Legung an die Kette erstrecke, dagegen nicht auf ein gerichtliches Verfahren in rem. Wenn ein Schiff Privateigentum sei, aber zeitweilig von einem souveränen Staate verwendet (employé) werde, so sei die Zustellung der Klage in rem wirksam und könne auch die Klage selbst nicht für unzulässig erklärt werden. Die in Rede stehende Immunität komme nur souveränen Staaten zu. Sie könne nicht von dem Eigentümer des Schiffes in Anspruch genommen werden. Die bloße Zustellung der Klage stelle keinen Eingriff in die Rechte des souveränen Staates dar. Sie nötige diesen nicht, zu erscheinen und sich der Gerichtsbarkeit zu unterwerfen. Er werde nur betroffen, wenn das Schiff beschlagnahmt (saisi) werde. Nun stelle die Legung an die Kette eine Behinderung in der Benutzung des Schiffes durch den souveränen Staat dar. Im Anschluß an diese Darlegungen wird übrigens weiter (S. 7) ausgeführt, man könne in Ermangelung jeglicher Vorentscheidung nicht als geltendes Recht anerkennen, daß die Immunität sich beispielsweise auf ein Schiff erstrecke, das, obwohl Privateigentum, durch eine Regierung gechartert würde, um eine Ladung Kohlen für ihre Staatseisenbahnen zu befördern.

Auch McNair stellt (im British Year Book of International Law 1921—22 S. 74) die englische Gerichtsübung so dar, daß Schiffe, die nicht Eigentum eines ausländischen souveränen Staates, sondern von ihm gechartert oder requiriert oder sonst in seinem Besitze seien, zwar nicht auf Anordnung des Seegerichts arrestiert werden dürften, solange sie einer derartigen Charteparti, Requirierung oder sonstigen Besitznahme unterlägen; daß aber gerichtliche Maßnahmen in personam gegen den Eigentümer des Schiffes und (abgesehen von Arrest) gerichtliche Maßnahmen in rem unberührt blieben und ein Schiffsgläubigerrecht oder ein Urteil in rem im Wege der Zwangsvollstreckung durchgesetzt werden könnten, sobald der Besitz des fremden Staates endige.

Bemerkenswert ist schließlich aus dem Bulletin No. 65 des Comité Maritime International S. 249 flg. eine auf der Gotenburger Konferenz am 16. August 1923 gepflogene Erörterung. Der britische Delegierte Sir Norman Hill sprach von dem Fall, daß ein Schiff im ganzen durch die Regierung gechartert sei, zum Beispiel ein Kohlenschiff für die Flotte, das nicht von Offizieren der Kriegsmarine (naval ratings) geführt (operated), aber doch ganz im Dienste der Kampfschiffe verwendet werde. Der amerikanische Delegierte Englar äußerte die Meinung, daß solche Schiffe bisher nicht immun seien und daß der Zweck des Entwurfs sei, gewisse Immunitäten abzuschaffen, nicht sie zu vermehren; ein von einer Privatgesellschaft betriebenes (operated) und zufällig Öl für die britische Flotte beförderndes Schiff wäre in den Vereinigten Staaten nicht immun. Der damalige Präsident des Internationalen Seerechts-Ausschusses, der inzwischen verstorbene belgische Minister Louis Franck, gab dem Delegierten Englar Recht. Nach dem geltenden Recht des europäischen Festlandes bestehe, wenn ein derartiger durch die britische Admiralität gecharterter Dampfer zum Beispiel nach Antwerpen kommen und auf der Schelde einen Zusammenstoß haben sollte, keine Immunität.

Wenn auch hiernach die Meinungen über den Begriff der Staatsschiffe und den Umfang der ihnen zustehenden Immunitäten nicht ganz einheitlich waren, so kann doch die bezeugte kontinentaleuropäische, britische und amerikanische Rechtsanschauung unbedenklich dahin zusammengefaßt werden, daß, wenn ein Schiff von einem Staate gechartert war, aber nicht durch einen von diesem eingesetzten Kapitän befehligt wurde, das Schiff jedenfalls nicht von der dinglichen Klage und noch weniger sein Eigentümer von der Zahlungsklage befreit war. Diese Feststellung des älteren völkerrechtlichen Zustandes trägt zur Auslegung des Immunitäten-Abkommens bei. Da dieses nämlich auf eine Einschränkung der bis dahin den Staatsschiffen eingeräumten Vorrechte abzielte, ist von vornherein nicht zu erwarten, daß es die Rechtsstellung der Charterschiffe und ihrer Eigentümer namentlich gegenüber der britischen Rechtsübung verbessert haben sollte. Eine solche Erweiterung der Immunität ist denn auch in der Tat nicht eingetreten, wie nunmehr an der Hand des Abkommens und des Zusatzprotokolls darzulegen ist.

Die Artikel 1 und 2 des Abkommens stellen grundsätzlich die einem Staate gehörigen oder von ihm verwendeten (exploités) Seeschiffe, die einem Staate gehörigen Ladungen sowie die Staaten, denen diese Schiffe gehören oder die sie verwenden oder denen diese Ladungen gehören, den privaten Schiffen, Ladungen und Reedereien gleich. Von diesen Grundsätzen macht der Artikel 3 gewisse Ausnahmen u. a. für Hilfsschiffe, navires de ravitaillement und andere Fahrzeuge, die einem Staate gehören oder von ihm verwendet (exploités) werden und zur Zeit der Entstehung der Forderung ausschließlich einem staatlichen Dienst und nicht Handelszwecken gewidmet sind.

Der Beklagten kann zugegeben werden, daß unter „ravitaillement“ nicht nur die Verproviantierung im engeren Sinne, die Versorgung mit Mundvorrat, sondern auch mit sonstigem Flottenbedarf zu verstehen ist und daß der Dampfer S. unter die „navires de ravitaillement“ oder auch „navires auxiliaires“ im Sinne des Artikels 3 § 1 Abs. I des Brüsseler Abkommens zu rechnen sein mag. Daraus allein ergibt sich aber noch nicht die Immunität des Schiffes, sondern es muß hinzukommen, daß es entweder einem Staate gehört oder von ihm „verwendet“ (exploité) wird. Dies folgt schon daraus, daß der erwähnte Absatz Ausnahmen von den beiden ersten Artikeln des Abkommens macht und daß in diesen nur solche Schiffe behandelt werden, die einem Staate gehören oder von ihm „verwendet“ werden.

Aus dem von der Revision angeführten Schrifttum (Böger a. a. O. S. 27, Annuaire de l'Institut de Droit International 1927 I S. 227) ergibt sich nur, daß Kohlenschiffe der Kriegsmarine für einen staatlichen Dienst und nicht für Handelszwecke bestimmt sind; das genügt aber nach Art. 3 § 1 Abs. 1 des Brüsseler Abkommens nicht, um die Eigenschaft als immunes Staatsschiff zu begründen, sondern es ist außerdem das Eigentum eines Staates oder die „Verwendung" (exploitation) durch ihn erforderlich (ebenso van Slooten a. a. O. S. 470 oben).

Daß der Dampfer S. ihrem Heimatstaate nicht gehörte, gibt die Beklagte zu. Zu der von der Revision gewünschten ausdehnenden Anwendung des Wortes „appartenant" besteht schon deshalb keine Veranlassung, weil die Fälle, in denen dem Staate zwar nicht das Eigentum an dem Schiff, aber eine gewisse Verfügungsmacht darüber zusteht, in dem Immunitäten-Abkommen durch die Worte „exploités par lui" erfaßt werden.

Dieses in dem maßgeblichen französischen Text gebrauchte Wort „exploiter" bedeutet nicht nur ausnutzen oder benutzen, sondern auch verwalten, betreiben, sich betätigen. Es ist (vgl. Comité Maritime International Bulletin No. 57 S. 437 u.) an die Stelle des englischen Wortes to operate getreten, das nicht „verwenden" im Sinne einer bloßen Benutzung bedeutet, sondern „betreiben, verwalten, führen, leiten".

Die Revision wendet sich gegen die Auffassung des Berufungsgerichts, daß eine Charterung durch den Staat den Begriff der exploitation nur dann erfülle, wenn das Schiff auch „sous les ordres ou sous le contrôle" des Staates stehe. Eine Auseinandersetzung hierüber erscheint aber entbehrlich, weil die Nr. I des Zusatzprotokolls vom 24. Mai 1934 gerade zur Behebung von Zweifeln über die Auslegung des Wortes „exploités" vereinbart worden ist und den vorliegenden Fall trifft.

Auch die Beklagte selber hatte in ihrem Schriftsatz vom 8. Juli 1937 das Zusatzprotokoll für anwendbar erklärt und hinzugefügt, es handele sich bei der S. um ein vom Staat für eine bestimmte Zeit zu ausschließlich staatlichen Diensten gechartertes Schiff im Sinne von I des Zusatzprotokolls. Jetzt hingegen sucht die Beklagte das Zusatzprotokoll auszuschalten, und zwar mit der Begründung, daß es nur bei Charterung auf bestimmte Zeit oder für eine bestimmte Reise gelte, während im vorliegenden Falle der Dampfer S. auf unbestimmte Zeit gechartert gewesen sei. Diesem Gedankengange steht entgegen, daß der maßgebende französische Text „à temps“ zu einer Unterscheidung zwischen bestimmter und unbestimmter Zeit nicht nötigt. Diese Unterscheidung spielt auch sonst im Seerecht keine Rolle. Als auf der Antwerpener Konferenz des Comité Maritime International (Bulletin No. 91 Seite 268) der britische Delegierte Sir Leslie Scott das Zusatzabkommen durch die Mitteilung ankündigte, daß seine Regierung an die anderen Regierungen die Bitte gerichtet habe, eine leichte Abänderung oder vielmehr einen Zusatz zu dem Abkommen von 1926 anzunehmen, um die durch eine Regierung auf Zeit gecharterten Schiffe zum Genusse gewisser Bestimmungen des Abkommens zuzulassen, bediente auch er sich des allgemeinen Ausdrucks time-charter und war von bestimmter Zeit nicht die Rede. Die weite Fassung des Zusatzprotokolls „affrétés, soit à temps, soit au voyage“ will ersichtlich alle vorkommenden Fälle der Zeit- oder Reisecharter eines ganzen Schiffes einbeziehen. Es ist auch nicht einzusehen noch von der Revision dargelegt worden, weshalb bei der Regelung der Immunitäten von Staatsschiffen eine Charterung auf unbestimmte Zeit anders behandelt werden sollte als eine solche auf bestimmte Zeit.

Käme es dennoch hierauf an, so könnte an Hand der Chartepartie nur festgestellt werden, daß die Charterung auf 12 Monate, also auf bestimmte Zeit, erfolgt ist. Etwas anderes hat auch die Beklagte selber nach den Tatbeständen der beiden Instanzurteile und ihrem bereits angeführten Schriftsatz vom 8. Juli 1937 nicht behauptet. Die von der Beklagten unmittelbar dem Landgericht übergebene Bescheinigung vom 4. Juni 1937 ist überholt durch die — auf dem in Artikel 5 des Immunitäten-Abkommens (I Abs. 2 Satz 2 des Zusatzprotokolls) vorgeschriebenen Wege über das Auswärtige Amt und das Reichsjustizministerium vorgelegte — Bescheinigung vom 29. Juli 1937, in der von einer Charterung für unbestimmte Zeit nicht mehr die Rede ist.

Aus dem hiernach auf den vorliegenden Fall anwendbaren Zusatzprotokoll ergibt sich nun, daß die von den Staaten auf Zeit (oder für eine Reise) gecharterten Schiffe, falls sie ausschließlich zu einem staatlichen Dienst und nicht zu Handelszwecken bestimmt sind, zwar nicht Gegenstand irgendwelcher Beschlagnahmen, Arreste oder Zurückhaltungen sein können, daß aber diese Immunität in keiner Weise alle anderen den Beteiligten etwa zustehenden Rechte oder Rechtsmittel beeinträchtigt. Zu den hiernach von der (teilweisen) Immunität der Charterschiffe unberührt bleibenden Rechtsbehelfen gehören sowohl die dingliche Klage als auch die Zahlungsklage gegen den Eigentümer des Schiffes. Insbesondere zwingt der Unterschied des Wortlautes in I Abs. 2 Satz 1 des Zusatzprotokolls von dem sonst gleichen des Artikels 3 § 1 Abs. 1 des Abkommens zu der Auslegung, daß gegen die in dem Zusatzprotokoll behandelten Charterschiffe ein gerichtliches Verfahren in rem völkerrechtlich nicht ausgeschlossen ist. Ob im einzelnen Fall eine solche dingliche Klage, um die es sich im gegenwärtigen Rechtsstreit handelt, zulässig ist, bestimmt sich also allein nach dem Landesrecht ohne völkerrechtliche Schranken. Dies Ergebnis wird auch durch innere Gründe gerechtfertigt. Wie die Revision zutreffend ausführt, steht nicht eine Exterritorialität des Schiffes in Frage, sondern wird nur die der Sicherung eines öffentlichen Zweckes dienende Befreiung von der Gerichtsbarkeit in Anspruch genommen. Dieser öffentliche Zweck ergab sich aus der Bestimmung der Kohlenladung für Übungen der Kriegsmarine. Er konnte zwar durch eine Zurückhaltung des Schiffes insbesondere im Wege des Arrestes beeinträchtigt werden, aber nicht durch die dingliche Klage und noch weniger durch die Zahlungsklage gegen die private Schiffseigentümerin. Schon in seinem erwähnten Urteil RGZ. Bd. 103 S. 176flg. über den amerikanischen Dampfer „Ice King" hat der erkennende Senat (Seite 277) ausgeführt, daß wenigstens nach deutschem Recht der Anspruch eines Schiffsgläubigers, dem der Reeder mit Schiff und Fracht verhaftet sei, weder hinsichtlich seiner Geltendmachung vor deutschen Gerichten noch sogar hinsichtlich seiner Durchführung im Wege der Zwangsvollstreckung grundsätzlich von dem Aufenthalt des Schiffes im deutschen Inland abhänge. Daraus ergibt sich, daß die Erhebung und Durchführung der dinglichen Klage gegen ein von einem ausländischen Staat gechartertes Privatschiff mit einer Zurückhaltung des Schiffes und folglich einer Störung des staatlichen Dienstes, zu dem es verwendet wird, nicht verknüpft zu sein braucht, und so erklärt sich auch die Beschränkung des Zusatzprotokolls vom 24. Mai 1934 auf die Befreiung der Charterschiffe von Beschlagnahmen, Arresten und Zurückhaltungen ohne Einbeziehung der dinglichen Klagen, in Übereinstimmung mit dem dargelegten Rechtszustande, wie er in Großbritannien gegolten hatte, auf dessen Wunsch das Zusatzprotokoll die teilweise Immunität der Charterschiffe eingeführt hat.

Schließlich kann die Revision auch damit nicht gehört werden, daß im Grunde die Übergabe des Schiffes vom Staate an die Beklagte, seine Ausrüstung durch diese und die dann erfolgte Charterung durch den Staat nur eine Form sei, hinter der sich die Tatsache verberge, daß der Staat das Schiff für seine öffentlichen Zwecke in Betrieb genommen habe. Der internationale Rechtsverkehr muß sich auf klaren Rechtsverhältnissen aufbauen. Will ein Staat die volle Immunität des Brüsseler Abkommens genießen, so muß er für den Betrieb seiner Schiffahrt auch die entsprechende äußere Rechtsform wählen. Entschließt er sich aus Gründen, die hier nicht zur Erörterung stehen, zur Charterung, so kann er nicht nachträglich geltend machen, daß „im Grunde" gar keine Charterung vorliege, und sich dadurch den Rechtsfolgen aus dem Internationalen Abkommen und namentlich dem Zusatzprotokoll entziehen.

Hinsichtlich des eine Verurteilung der Beklagten zur Zahlung begehrenden Klagantrages soll noch hinzugefügt werden, daß insoweit die Revision ohne weiteres, d. h. ohne Rücksicht auf die Bedeutung des Wortes „exploités", der Zurückweisung unterlag, selbst wenn das Zusatzprotokoll nicht für die Fälle der Charterung alle Rechte und Rechtsmittel, mit alleiniger Ausnahme von Beschlagnahmen, Arresten und Zurückhaltungen, ausdrücklich vorbehalten hätte. Das Abkommen beschäftigt sich nämlich nur mit Staaten und Staatsschiffen (sowie Ladungen und Reisenden), nicht mit privaten Reedereien. Wenn in Artikel 3 § 1 Abs. 1 des Abkommens gewisse Staatsschiffe von den Bestimmungen der Artikel 1 und 2 ausgenommen werden, so kann diese Ausnahme nicht die persönliche Zahlungspflicht von privaten Schiffahrtsunternehmungen betreffen, weil solche auch schon durch die beiden ersten Artikel nicht erfaßt sind. Was die Zahlungsansprüche gegen Staaten aus den Zusammenstößen gewisser Staatsschiffe anbelangt, so trifft hier Artikel 3 § 1 Abs. 2 des Abkommens die besondere Regelung, daß solche Ansprüche nur bei den eigenen Gerichten des zu verklagenden Staates geltend gemacht werden können. Diese Regelung gilt aber eben nur für die Staaten, nicht für private Reedereien. Eine andere als die hier vertretene Auffassung ist auch aus dem von der Revision angeführten Schrifttum nicht zu entnehmen; insbesondere sprechen Alfred Sieveking (JW. 1926 S. 1309 Spalte 2), van Slooten (a. a. O. S. 468) und Böger (a. a. O. S. 185) nur von Klagen gegen Staaten, nicht auch gegen private Schiffseigentümer.

Nach alledem mußte die Revision als unbegründet zurückgewiesen werden.

Register.

Die Zahlen bedeuten die Seiten.

A. Sachregister.

A

W

Z

B. Gesetzesregister.

1. Reichsrecht.

a) Bürgerliches Gesetzbuch.

b. Einführungsgesetz zum Bürgerlichen Gesetzbuche.

c. Handelsgesetzbuch von 1897.

d. Gerichtsverfassungsgesetz.

e. Zivilprozeßordnung.

f. Einführungsgesetz zur Zivilprozeßordnung.

g. Gesetz über die Angelegenheiten der freiwilligen Gerichtsbarkeit.

h. Gesetz über die Zwangsversteigerung und die Zwangsverwaltung.

i. Grundbuchordnung in der Fassung der Bekanntmachung vom 5. August 1935 (RGBl. I S. 1073).

k. Konkursordnung

l. Gerichtskostengesetz

2. Landesrecht.

Hannover.

Preußen.

a. Allgemeines Landrecht.

b. Einzelne Gesetze und Verordnungen.

Sachsen.

3. Ausländisches Recht.

Lettland.

Polen.

C. Zusammenstellung der Entscheidungen nach der Zeitfolge.

Zusammenstellung

der

im 157. Bande

mitgeteilten Entscheidungen

nach

Oberlandesgerichtsbezirken

(bei Sprungrevisionen und bei Beschwerden in Angelegenheiten der freiwilligen Gerichtsbarkeit nach Landgerichtsbezirken).

Die Zahlen bezeichnen die Nummern der Entscheidungen.

Berlin	1. 9. 10. 11. 12. 13. 15. 19. 21. 25. 30. 32. 36. 37. 41. 42. 46. 55. 56. 60.
Breslau	34. 61.
Celle	33. 38. 39. 43. 50. 51. 53.
Dresden	2. 5. 35. 54. 58.
Düsseldorf	28. 52.
Frankfurt a. M.	48.
Hamburg	26. 40. 62.
Hamm	23. 24. 29.
Kiel	14. 18.
Köln	17. 22. 31.
Marienwerder	45.
München	59.
Naumburg a. S.	3. 27. 49.
Stettin	44. 47.
Stuttgart	4. 8. 57.
Zweibrücken	7. 20.

Landgericht Beuthen O. S.	6.
Reichsgericht unmittelbar	16.

FSC
www.fsc.org
MIX
Papier | Fördert
gute Waldnutzung
FSC® C083411

Kolibri 360 GmbH
Ferdinand-Jühlke-Straße 7
99095 Erfurt, Deutschland
produktsicherheit@kolibri360.de